공자 사상의 현대적 의미

공자 사상의 현대적 의미

초판 인쇄   2018년 5월 18일
초판 발행   2018년 5월 25일

저자 장기윤 | **영어판 2판 역자** 정선웅 | **한국어판 역자** 전종훈 | **감수** 최우석
펴낸이 박찬익 | **편집기획** 권이준 | **편집장** 황인옥 | **책임편집** 조은혜
펴낸곳 ㈜**박이정** | **주소** 서울시 동대문구 천호대로 16가길 4
전화 02) 922-1192~3 | **팩스** 02) 928-4683
홈페이지 www.pjbook.com | **이메일** pijbook@naver.com
등록 2014년 8월 22일 제305-2014-000028호

ISBN 979-11-5848-381-4 (93140)

*책값은 뒤표지에 있습니다.

공 자
사상의
현대적
의 미

장기윤 張其昀 저
정선웅 丁善雄 영어판 2판 번역
전종훈 한국어판 번역
최우석 한국어판 감수

Confucianism
A Modern
Interpretation

(주)박이정

머리말

저자는 중국뿐만 아니라 전 세계의 젊은이들에게 이 책을 바친다. 젊은이는 유교의 가르침에 대한 총체적인 지식을 이제까지 접했던 것 이상으로 갖추어야 한다고 본다. 여기에는 중국학자들이 이룬 업적을 들 수 있으며 이러한 업적은 유교의 한 가지 측면이나 혹은 여러 가지 측면을 제시하고 있는데 이를 개관함으로써 유교에 대한 부족한 면을 채워줄 수 있을 것이다.

본서의 중국어 원전은 홍콩, 대만, 싱가포르, 말레이시아 등지의 독자들에게 커다란 호평을 받았으며 한국어와 일본어에 정통한 저자의 친구들이 원전의 번역에 참여하기도 했다. 더 나아가 중국문화대학中國文化大學 이동방黎東方 교수는 서구의 젊은이들에 공자의 풍부한 지혜를 습득하게 하고자 각고의 노력 끝에 원저의 영어판을 완성했다.

장기윤張其昀 (중국문화대학中國文化大學 설립자)
1980년 10월 31일

역자 머리말

2016년 8월 중국 학생들에게 한국어와 한국 문화를 가르치겠다는 꿈을 안고 혈혈단신으로 장사長沙의 Hunan International Economics University 湖南涉外經濟學院에 온지 벌써 일 년 반이 흘렀다. 이곳에서 생활하면서 중국어와 중국문화에 심취해 있던 나에게 『Confucianism: A Modern Interpretation(공자 사상의 현대적 의미)』의 한국어판 번역은 새로운 시각으로 중국문화를 탐구할 수 있는 계기를 마련해 주었다.

『공자 사상의 현대적 의미』를 번역하면서 공자가 인仁에 대해서 설명한 다음의 두 구절은 유교적 전통이 뿌리 깊게 남아 있는 한국에서 자라온 역자에게 공자의 진정한 위대성을 깨닫게 해 주었다.

"사람을 사랑하는 것이다."

"다른 사람에 대해서는 상대방을 자신과 같이 대하며 자신이 원하지 않는 것을 상대방에게 행하지 않는다."

1992년 한·중 수교 이후 25년이 흐르는 동안 한국과 중국 두 나라는 경제, 문화 등 많은 분야에서 활발한 교류를 해오고 있다. 특히 한국은 중국의 제3대 수출시장, 제2대 수입시장이며 중국은 한국의 최대 교역상대국으로 두 나라는 경제적으로 상당히 밀접한 관계를 맺고 있다. 오늘날 한중관계 속에서 경제적 측면 외에도 문화적 측면에서 중국을 깊게 이해할 필요성이 대두되고 있다. 이러한 시대적 흐름에서 『공자 사상의 현대적 의미』는 중국의 정신문명에 가장 크게 영향을 미친 공자의 사상에 대한 새로운 현대적 해석을 보여 주고 있기 때문에 우리가 중국 문화를 새로운 시각으로 이해하는 데 구체적이고도 실제적인 도움이 될 수 있으리라 생각한다.

『공자 사상의 현대적 의미』는 총 16장으로 구성되어 있다. 1장은 공자의 위대성을 중심으로 공자 사상의 전반에 대해 개괄적으로 소개하고 있다. 2장은 공자의 인본철학과 함께 인仁, 의義, 효孝, 신信, 충서忠恕 등에 대해 설명하고 있다. 3장은 공자의 교육철학과 더불어 공자가 이상적으로 생각하는 교육 목표와 제도를 제시하고 있다. 4장은 공자의 민치民治를 근본으로 하는 정치철학을 설명하고 있는데 특히 유교儒敎와 손문孫文의 삼민주의三民主義의 관계, 대동大同의 이상을 구체적으로 보여 주고 있다. 5장은 공자의 법철학을 설명하고 있으며 예와 법에 대한 관계와 공자의 사상에서 법을 바라보는 시각을 잘 나타내고 있다. 6장은 공자의 예술철학으로 공자의 사상에서 보는 악樂과 미美의 개념을 논하고 있다. 7장은 『주역周易』, 『서경書經』, 『춘추春秋』를 중심으로 역사를 해석하는 공자의 역사철학을 설명하고 있다. 8장은 무사武士로서 인仁을 근본으로 하는 공자의 군사철학과 더불어 인자仁者들의 예를 보여 주고 있다. 9장은 천도天道, 천인합일天人合一, 경천애인敬天愛人 등의 개념들을 포괄하는 공자의 종교철학을 설명하고 있다. 10장은 공자 시대 이전의 인자仁者, 성인聖人, 현자賢者를 예로 들면서 공자 사상이 지향하는 완벽한 인격을 보여 주고 있다. 11장은 공자의 제자들을 소개하고 있는데 공자의 제자들 중 가장 뛰어난 열 명을 일컫는 공문십철孔門十哲을 자세히 설명하고 있다. 12장은 중국의 전국시대戰國時代부터 청나라까지 변천해 온 공자의 학통, 즉 유교의 역사를 개괄하고 있다. 13장은 『시경詩經』, 『악경樂經』, 『서경書經』, 『예기禮記』, 『주역周易』, 『춘추春秋』 등을 비롯한 유교의 경전들을 소개하고 있다. 14장은 한국, 일본, 유구沖繩, 베트남 등의 동양에서 발전해 온 유교의 역사와 더불어 유교를 중심으로 한 중국과 이들 동양 국가의 문화 교류사를 보여 주고 있다. 15장은 중국의 초기 천주교 선교사를 중심으로 한 유교 경전 번역과 함께 독일, 프랑스, 영국, 미국 등의 서양의 유교 연구사를 소개하고 있다. 16장은 공자의 시대정신과 함께 공자가 우리에게 미친 공헌, 공자의 현대화와 세계화 등을 논하고 있다.

끝으로 『Confucianism: A Modern Interpretation(공자 사상의 현대적 의미)』의 한국어판 번역을 할 수 있는 계기를 마련해 준 Zhejiang University Press(浙江大學出版社)와 박이정 출판사의 박찬익 사장님, 이 외에도 지속적인 관심과 응원을 해 주신 Hunan International Economics University(湖南涉外經濟學院)의 符华兴 부총장님, School of Foreign Language(外国语学院)의 李明清 학장님, 文建奇 부학장님, 姚佩芝 부학장님, 刘林 교수님, 余君 교수님, 董璐丹 교수님, 申文迪 교수님, 王珂婧 교수님, 熊艺芸 교수님, Rumman Khan 교수님, International Cooperation & Exchange Office(国际合作与交流处)의 宋丽 선생님, 그리고 이 책을 번역하는 데 항상 격려의 말을 건네준 아내 최소영과 아들 전태현에게 깊은 감사의 마음을 드린다.

2018년 4월 27일
전종훈

저자 및 역자 소개

■ 저자

장기윤(張其昀, 1901~1985)은 중국의 저명한 역사학자이자 교육자로 1923년 오늘날 남경대학(南京大學)의 전신인 남경고등사범학교(南京高等師範學校)를 졸업했다. 남경대학은 1902년 삼강사범학당(三江師範學堂)으로 시작하여 1906년 양강사범학당(兩江師範學堂), 1915년 남경고등사범학교(南京高等師範學校)를 거쳐 1923년 국립동남대학(國立東南大學)에 합병되어 1928년 국립중앙대학(國立中央大學), 1949년 국립남경대학(國立南京大學), 1950년 현재의 남경대학(南京大學)으로 교명이 바뀌었다. 장기윤의 역사지리학 분야의 많은 저서가 상해(上海) 소재 출판사인 상무인서관(商務印書館)에서 출판되었는데 이러한 학문적 업적으로 일찍부터 높은 명성을 얻었다. 장기윤은 모교에서 교편을 잡은 것을 시작으로 1927년 국립중앙대학(国立中央大学) 지리학과 교수를 거쳐 1936년 절강대학(浙江大學) 역사지리학과 설립에 기여하여 동 학과의 교수 겸 학과장으로 재직했고 1943년 미국 국무성의 초청을 받아 1945년까지 연구교수 자격으로 하버드 대학(Harvard University)에서 연구를 했으며 1945년 8월 중국으로 돌아온 직후 절강대학 문리대 학장으로 임명되었다. 장기윤은 1959년 공직에서 은퇴한 후 1962년 대북(臺北)에 중국문화대학(中國文化大學)을 설립했을 뿐만 아니라 혼신을 다해 1962년 출간된 『중화오천년사(中華五千年史)』전집 32권을 비롯하여 수많은 저술 작업에 몰두했다. 장기윤의 저서로는 『중화오천년사』외에도 『중국구역지(中國區域志)』, 『중화민국사강(中華民國史綱)』, 『금사(金史)』, 『원사(元史)』, 『청사(淸史)』, 『국부전서(國父全書)』, 『항일전사(抗日戰史)』, 『초급중학인문지리편집예언(初級中學人文地理編輯例言)』, 『강절량성인문지리지비교(江浙兩省人文地理之比較)』, 『인생지리학지태도여방법(人生地理學之態度與方法)』, 『인생지리학(人生地理學)』, 『중국인지관계개론(中國人地關係槪論)』등이 있다. 본서『공학금의

(孔學今義)』는『중화오천년사』전집 가운데 제5권으로 1981년 중국문화대학(中國文化大學) 역사학과의 이동방(黎東方) 교수에 의해『Confucianism: A Modern Interpretation(유교의 현대적 해석)』이라는 책이름으로 영어로 번역되었으며, 2011년 국립대만사범대학(國立臺灣師範大學) 영어학과 정선웅(丁善雄) 교수에 의해『Confucianism: A Modern Interpretation(유교의 현대적 해석)』제2판이 출간되었다.

■ 영어판 역자

　이동방(黎東方, 1907~1998)은 저명한 중국 역사학자로 1931년 파리대학교(University of Paris)에서 우수한 성적으로 역사학 분야에서 문학박사 학위를 취득했는데 그의 학위 논문은 19세기 이후 최초로 우수 평가를 받았다. 이동방은 북경대학(北京大學), 청화대학(淸華大學), 복단대학(復旦大學), 중국문화대학(中國文化大學)을 비롯한 유수의 대학에서 역사와 철학을 가르쳤다. 이동방의 저서로는 『세설명조(細說明朝)』, 『세설청조(細說淸朝)』, 『세설민국(細說民國)』 등이 있다.

■ 영어판 2판 역자

　정선웅(丁善雄)은 국립대만사범대학(國立臺灣師範大學) 영어학과의 교수 겸 학과장으로 재직했으며 1976년 미국 워싱턴대학(University of Washington)에서 비교문학 분야에서 박사학위를 취득했다. 정선웅은 임록(林綠)이라는 이름으로 잘 알려져 있는데 그의 저서로는 세 권의 시집 『Unique Sounds in December』(1966), 『Nights in our Hands』(1969), 『Letters in Reply』(1978)이 있고 산문이나 소설로 『Love Song on the West Coast』(1961), 『The Rose』(1963), 『Forest and Bird』(1972) 등이 있으며 평론집으로 『The Hidden Scene』(1974), 『Essays on Literature』(1977), 『Huang Ting-chien(1045-1105) and the Use of Tradition』(1976), 『From Style to Type-Comparative Topics in Poetry』(1992)가 있다. 정선웅은 1976년부터 2002년까지 국립대만사범대학의 교수로 재직했으며 1995년부터 1996년까지 교환 교수로 홍콩대학(University of Hong Kong) 중국어학과에서 연구를 했다.

■ 한국어판 역자

전종훈(全鍾勳)은 현재 전종훈 언어학연구소(www.chunlingo.com) 소장, 한국 번역학회 기관협력이사로 2016년부터 Hunan International Economics University(湖南涉外經濟學院) 한국어학과 조교수로 재직하고 있다. 전종훈은 한양대학교를 졸업하고 동국대학교 일어일문학과에서 문학석사, 일본의 Tohoku University에서 국제문화 석사, 호주의 The University of New South Wales에서 언어학 박사 학위를 취득하고 신안산대학교에서 실용 영어 작문, 국립한국교통대학교에서 「동서양의 이해」와 「동양사의 이해」를 가르쳤으며 코리아타임스 영어교육용 별지 NIE Times에 『그림으로 이해하는 전종훈의 영어교실』 칼럼을 기고했다. 전종훈은 역서로 「재진입(Re-entry)」(『depaysement더페이즈망』 중)(2011), 『Korean Culture for Curious New Comer(통으로 읽는 한국문화)』(2013), 『Talk Talk Seoul Story(톡톡 서울 이야기)』(2014), 『March of Ordeal: Story of North Korean Defectors(고난의 행군시기 탈북자 이야기)』(2014) 등이 있으며, 저서로 『형상화로 영어 쉽게 쓰기(Practical English Writing)』(2013), 『그림으로 영어 쉽게 쓰기(Easy and Practical English Writing)』(2014), 『그림으로 연상하는 영어 표현 1(Imagine English Expressions 1)』(2014), 『100일 동안 그림으로 배우는 일본어 한자 1』(2014), 『그림으로 연상하는 영어 표현 2』(2015), 『100일 동안 그림으로 배우는 일본어 한자 2』(2015), 『100일 동안 그림으로 연상하는 영어문장 파헤치기 1(Enjoy English with Pictures 1)』(2015), 『그림으로 연상하는 영어단어 오디세이 1(Odyssey to the Master of English Words with Pictures 1)』(2015), 『그림으로 연상하는 영어단어 오디세이 2』(2016)가 있다. 논문으로 「A contrastive linguistic study of Korean and Japanese adverbial clause based on Minami's」(1974), 「hierarchical structural model」(2000), 「Nŭnte as a Sentence-Final Suffix in Korean: a Relevance Theory Approach」(2005), 「연결 어미와 화용론」(2009)이 있다.

목차

01

공자의
위대성

1.1 공자의 위대한 인격

공자(孔子, 기원전 551~479)는 여전히 우리 마음속에 살아 숨 쉬고 있다. 공자 외에도 추앙을 받는 세계 5대 성인[1]이 있다.

공자는 이전 시기 2,500년 동안 축적된 중국 전통문화를 집대성했다. 당시 전통문화는 다양했지만 어느 정도 도식적이었다. 공자는 전통문화를 조직화하고, 재정리·평가하여 후대를 위해 하나의 심오한 윤리·정치철학의 신체제로 발전시켜서, 사후 2,500년 동안 중국의 국가 존립에 확고한 토대를 마련해 주었다.

인류 최고의 사상가이자 교육자인 공자의 지식은 제자들이 기록한 『논어論語』에 잘 나타나 있다. 공자의 전례前例를 통해서 배우고자 하는 사람들에게 놀랍게도 논어에서 공자는 말을 간결하게 하고 행동을 매우 분명히 하는 하나의 평범한 사람으로 그려져 있는데, 이 사실은 공자의 가르침이 현재까지 2,500년 동안 중국 사상의 주류를 형성해 온 이유를 역력하게 보여 주고 있다.

공자는 보편적인 중국 문화의 특징, 염원, 이상을 전형적으로 보여 주었기 때문에 공자를 이해하는 것은 중국, 중국어, 중국 역사를 이해하는 것이다.

모든 중국인은 기념비적인 업적을 이루고 위대하고 영원한 인격체로서 스스로 선택한 사명에 대해 헌신한 사람이 중국인 가운데 있었다는 데 자부심을 가질 수 있다.[2]

따라서 공자의 전기와 주周왕조 중기(기원전 770~479)를 다룬 『춘추사전기春

---

1   다른 세계 5대 성인은 노자(老子), 석가모니, 소크라테스(Socrates), 예수, 모하메드(Mohammed)를 말한다. 공자는 노자(老子)보다 50세 연하이며, 석가모니보다 12세 연하일 것이다. 공자는 소크라테스보다 82세 연상이고, 예수보다 551세 연상이며 모하메드보다는 1,022세 연상이다. 일부 학자는 공자가 예수보다 547년 앞서 태어났다고도 한다.
2   공자는 제자를 가르쳤을 뿐만 아니라 공자 시대 당시의 제후국 군주들에게 상당히 시급한 개혁을 실시하도록 끈질기게 설득했지만, 앎을 실천하지 않는 은자들에게 비난을 받았다.

秋史前期』,『춘추사중기春秋史中期』와 함께『춘추사후기春秋史後期: 공학금의公學
今義』가 졸저『중화오천년사中華五千年史』전집 32권에 들어 있다. 저자는 중국
과 전 세계의 젊은 독자가 중국 문화의 기원과 경향뿐만 아니라 지대한 영향
을 미치고 있지만 겉으로 쉽게 드러나지 않는 중국 문화의 중요성을 완벽하
게 이해하기를 바란다.

저자는 역사상 가장 위대한 인물 공자에게 경의를 표한다. 공자는 중국의
역사와 사상사에서 상당히 중요하고 유일무이한 위치를 차지하고 있다고 분
명하게 말할 수 있다. 왜냐하면 공자는 많은 세대의 왕조와 현자를 계승하고
이들의 업적을 집대성하여 공자 자신의 도道를 우리에게 전하고 있기 때문이
며 공자의 도道는 그 자체로 일관되어 있고 그 범위가 장대하며 본질적으로
중요하고 훌륭한 내용을 담고 있다.

1.2 공자의 인문주의

유교는 처음부터 끝까지 일관되게 사람에 대해 탐구하고 있다. 사람은 유
교의 궁극적인 대상으로 가장 원대하고 직접적인 목표이다. 유교는 사람의
일상생활을 통해 진리를 추구하고 발견한 진리로 인격을 함양시키고 사람의
잠재능력을 개발하며 사람의 본성을 밝히는 데 노력을 다한다. 유교는 일종
의 인문주의로 서구의 인문주의와 마찬가지라고 할 수 있다. 유교는 문명에
대한 희망을 개인의 실천에 두고 있다.

공자는 처음 사상을 펼치기 시작했을 때부터 사람은 우주에서 가장 고귀하
고 스스로 깨닫는 존재이기 때문에 사람은 자기 수양과 완성을 할 수 있는
능력이 있다고 단언했다.

공자의 철학은 인仁이라는 한 마디로 집약될 수 있다. 공자는 인仁이 인간
관계의 근본이라고 했다. 인仁은 원래 우주의 모든 생물을 싹 틔우는 "씨앗"
을 상징했으며, 인人과 이二의 합자이다. 이 합자는 "사람의 본질"을 뜻한다.

공자의 손자로 호가 자사子思인 공급公伋(기원전 483~402)은 『중용中庸』에서 다음과 같이 말했다. "인仁이란 인人이다."[3]

공자가 많은 덕목 가운데 하나로 어질 인仁자를 사용하기 전에도 윤리학자들 일부는 이 仁자를 사용했다. 공자는 仁자의 전통적인 뜻 "어질다"를 그대로 받아들이면서도 仁자를 모든 덕목德目 중 가장 최고의 덕德으로 삼았다.

최고의 덕德 인仁은 사람이 100퍼센트 온전하고, 완벽하고, 참되고, 거짓 없는, 다시 말해서 완전무결한 사람이 되기를 요구한다. 『논어論語』에서 인자仁者라고 칭할 수 있는 사람은 단지 여섯 명만 언급되어 있다. 공자의 제자 가운데에서 오직 한 사람의 마음만이 3개월 동안 인仁에서 떠나지 않았다. 그가 바로 안회顔回이다. 『논어論語』에서 언급된 공자의 또 다른 제자는 중궁仲弓인데, 주위 사람들은 중궁이 말없이 조용한 사람이라고 여겼다. 하지만 공자는 중궁에 대한 사람들의 생각에 긍정도 부정도 하지 않았다.[4]

제자 번수樊須가 인仁이란 어떤 것인가를 묻자 공자는 이렇게 대답했다. "인仁한 자는 남을 사랑한다."[5]

대체로 공자는 인仁을 사람이 100퍼센트 온전함을 뜻하는 글자로 사용하곤 했다. 공자는 인문주의 사상을 지녔는데, 자사子思는 『중용中庸』에서 다음과 같이 말했다. "하늘이 명한 것을 성性이라고 하고 성性을 따르는 것을 도道라 하고 도道를 닦는 것을 교敎라 한다."[6]

공자는 가장 위대한 교육자였다. 공자가 사람들에게 인仁을 구함을 강조한 목적은 그야말로 도道를 따르는 것을 말한다.

자사子思가 『중용』에서 말한 이 구절에 대해서 오경웅(吳經熊, John C. H. Wu) 박사는 다음과 같이 뛰어난 논평을 했다. "그것은 천명天命이 뿌리이고, 도道

---

3   『중용(中庸)』 제20장.

4   『논어(論語)』, 옹야편(雍也篇) 제5장, 공야장편(公冶長篇) 제4장.

5   『논어(論語)』 안연편(顔淵篇) 제22장.

6   역주: 『중용(中庸)』 제1장.

가 기둥이며, 문화와 교육이 줄기·잎·꽃인 커다란 나무의 그림을 우리에게 보여준다. 이 나무는 개인의 아름다운 인격, 국가의 선한 정부, 세계의 평화, 인류의 행복이라는 열매를 맺는다. 사회는 소강(小康: 소란이나 분란·혼란 따위가 그치고 조금 잠잠함)의 단계를 거쳐 대동(大同: 온 세상이 번영하여 화평하게 됨)의 단계로 발전될 것이다."[7]

1.3 최초의 민주적인 교육자

모든 사람이 온전하게 될 수 있음을 굳게 믿었던 공자는 그 때까지 귀족의 전유물이었던 지식을 공유할 수 있도록 교육 수혜의 기회를 보통 사람에게 부여하는 데 자신의 의무를 다했다. 당시 육예六藝를 가르치던 모든 학당의 문은 귀족의 자제들에게만 열려 있었다. 공자는 사회적 신분의 귀천에 상관없이 모든 사람을 위한 학당을 세웠다.[8]

당시 6과목 예(禮: 예의범절), 악(樂: 음악), 사(射: 활쏘기), 어(御:: 말타기와 마차몰기), 서(書: 붓글씨), 수(數: 수학)가 육예六藝에 해당된다.[9]

공자는 자신이 세운 학당에서 육예 외에도 많은 것을 제자들에게 가르쳤다. 공자는 사원·기록 보관소·관청에 소장된 각종 사기史記, 역서易書, 시가詩歌, 사서史書의 필사본을 제자들에게 익히게 했다.

공자는 제자들에게 가르쳤던 서적들을 수정하고 자신의 사상을 담아 마침내 『시경詩經』, 『악경樂經』, 『서경書經』, 『예기禮記』, 『주역周易』, 『춘추春秋』 등의 『육경六經』을 편찬했다.

이후 『육경』은 제자들에 의해 필사본으로 공자의 고국인 노魯나라뿐만 아

---

7 吳經熊: 《公子思想與中華文化》, 見《"中央"月刊》第6卷第3期, 臺北, 1974年1月。
8 梁啟超: 『儒家哲學』。
9 첫 번째와 두 번째로 우선하는 예(藝)는 인격 수련이며 세 번째와 네 번째는 신체 단련이고 다섯 번째는 붓글씨, 작문, 독해, 일반 문학으로 구성된 서(書)이며 여섯 번째는 과학의 기초까지 포함하는 수학이다.

니라 다른 제후국까지 전해졌다. 또한『육경』은 공자 제자들의 제자들과 바로 그 제자들의 친구들에 의해 필사되었다. 오래지 않아『육경』의 필사본은 거의 중국 전역에서 읽혀졌으며, 마침내 중국 밖으로 전파되었다.[10]

『육경』은 당시 주周나라 제후국 전체에 영향을 크게 미쳤다. 공자가 말했다. "그 나라에 들어가면 그 나라 사람의 가르침을 알게 된다. 그 사람됨이 온유溫柔하고 돈후敦厚한 것은 시詩의 가르침이요. 소통지원疏通知遠한 것은 서書의 가르침이며 광박이량廣博易良한 것은 악樂의 가르침이요. 결정정미潔靜精微한 것은 역易의 가르침이며 공검장경恭儉莊敬한 것은 예禮의 가르침이요. 촉사비사屬辭比事한 것은 춘추春秋의 가르침인 것이다."[11]

공자가 세운 학당은 자신이 노魯나라를 떠나 여러 제후국을 주유하던 기간(기원전 496~483)을 제외하고 기원전 479년 죽기 전까지 거의 반세기 동안 운영되었으며 학당 이상의 의미를 갖고 있었다. 공자의 학당은 학생 수가 3,000명이나 되는 새로운 문화를 전파하는 중심지였다. 제자들의 출신은 노魯나라 전역과 이웃 제후국의 사람들이었다. 제자들 중 72명이 공자의 강의를 들었는데 정기적으로 과제를 제출했으며 전문적인 성과를 달성하고 기술을 갖추어 학업을 마쳤다. 제자 12명이 "학문" 연구를 지속하여 다양한 분야에서 독립적인 활동을 하면서 공자가 죽을 때까지 공자와 동행했다.

공자는 교육 활동을 하면서 정치에도 관여했다. 하지만 당시의 위정자들은 공자를 전폭적으로 지원하지 않았다. 만일 공자가 그들의 지원을 받았다면 육경六經 편찬은 물론 많은 제자를 길러내지 못했을 뿐만 아니라 나아가 중국 문화의 토대도 이루지 못했을 것이다. 북송北宋의 왕개조王開祖는 공자의 정치적 실패는 정말로 중국인들을 위한 축복이었다고 말했다.[12]

---

10 한(漢)나라 이후 육경(六經)은 현재도 한국과 베트남에서 교사와 학생들이 사용하고 있다.
11 『예기(禮記)』제26편 경해.
12 王開祖, 字景山, 永嘉人, 學者稱儒志先生, 與胡安定同時。見《宋元學案》卷六, 《士劉諸儒學案》, 第1冊, 臺北, 正中書局本, 1966年, 第89頁。

1.4 위대한 철인

"철인哲人"은 공자가 죽기 며칠 전 스스로 붙인 호칭이었다. 공자가 노魯나라의 수도 곡부曲阜의 공공장소를 걷고 있을 때 한숨을 쉬며 다음과 같이 말했다. "철인은 식물처럼 시들어가고 있다."

공자가 말한 철인은 현대적 의미의 철학자는 아니지만 덕德을 갖추고 삶을 현명하게 이해하는 사람을 말한다.

공자는 모든 것에 시작과 끝이 있고 삶에도 예외가 없다는 것을 알고 있었다. 어찌 되었든 삶은 끝을 맺어야 했다. 철인哲人에게 죽음은 탄생과 같이 자연스러운 것이었다. 목표를 가진 사람에게 중요한 것은 그 목표를 어느 정도 달성했는가를 말한다. 공자가 세운 목표는 전 생애를 통해 추구했던 도道에 이르는 것이었다.

공자는 제자들에게 다음과 같이 말했다.

"아침에 도를 들으면 저녁에 죽어도 좋은 것이다."[13]

공자는 이 도道를 『주역周易』에서 발견했다. 아무도 공자만큼 진지하게 『주역』을 연구하지 않았는데 특히 말년에 공자는 『주역』에 심취했다. 공자는 『주역』에 나오는 64괘卦의 두 가지 부호, 중간이 끊어진 선과 중간이 이어진 선에 강한 호기심을 가지고 있었는데, 중간이 끊어진 선과 중간이 이어진 선은 각각 음陰과 양陽을 나타낸다. 공자는 64괘에서 천지天地 운행運行에 주기가 있으며 사람이 그 중심에 있다는 것을 발견했다.

평생에 걸친 『주역』 연구를 통해 이룩한 공자의 철학은 천체를 대상으로 하는 우주론도 아니었으며 지구나 지리를 열쇠로 역사를 해석하려고 하는 것도 아니었다. 그러나 공자의 철학은 천지天地의 역할을 배제하지 않았다. 더나아가 공자는 자신의 철학 체제에서 천지와 사람을 분리하지도 않았다. 공자는 사람人, 하늘天, 땅地 이 3개가 하나를 이룬다고 했다.

---

13 『논어(論語)』 이인편(里仁篇) 제8장.

공자는 우리에게 영감과 희망이 가득 찬 풍부한 지혜를 유산으로 물려주었다. 두 요소 음과 양은 적대적인 것이 아니라 서로 마주보며 반대쪽에 위치하고 있을 뿐이다. 음과 양은 상호 "모순"이 아니라 보완적인 관계에 있다. 때때로 어려움에 처하게 되더라도 사람이 노력하면 어떤 목표를 달성할 수 있는데, 모든 것은 선택, 결정, 지속의 문제이다. 한 마디로 공자의 철학은 낙관주의자의 철학인 것이다. 공자의 철학은 지진, 가뭄, 홍수, 기근, 전염병, 민란, 내란, 외국의 침략과 같은 국난을 겪을 때마다 중국인들에게 커다란 힘을 주었다.

1.5 새로운 시대의 시작

중국 역사에서 지난 2,500년의 기간을 "유교 시대"라고도 한다. 그것은 그 이전의 봉건 시대와 사뭇 다르다. 사회는 더 이상 신분 계층으로 나누어지지 않았으며 모두에게 자유가 주어졌다. 중국인은 모두 공자에게 상당 부분 이러한 자유를 빚졌는데, 이는 그가 보통 사람에게도 교육의 혜택을 베풂으로써 사회적 평등을 이루는 데 이바지했기 때문이다. 또한 공자는 중국의 두 황제 요(堯, 기원전 2377~2259)와 순(舜, 기원전 2233~2185)을 늘 칭송하며 실제로 공화정을 주창했다. 중국 역사상 다른 지배자와 달리 두 황제 요堯와 순舜은 자신의 왕위를 아들 대신 가장 뛰어난 사람을 후계자로 세워 왕위를 물려주었다.

공자의 고귀한 사상은 한층 더 발전했다. 공자는 제자들에게 지구상에 낙원을 만들도록 했다. 이는 우리 시대 "자유"에 대한 유토피아의 꿈을 훨씬 뛰어 넘어서 전 세계를 아우르는 "복지 국가"를 말한다.

공자가 말했다. "옛날 큰 도가 행하여진 일과 3대의 영현한 인물들이 때를 만나 도를 행한 일을 내가 비록 눈으로 볼 수는 없었으나 3대의 영현들이 한 일에 대하여는 기록이 있다. 큰 도가 행하여진 세상에는 천하가 모두 만인의 것으로 되어 있다. 사람들은 현자와 능자를 선출하여 관직에 임하게 하고, 온갖 수단을 다하여 상호간의 신뢰친목을 두텁게 하였다. 그러므로 사람들은 각자의 부모만을 부모로 여기지 않았고, 각자 자기 자식만을 자식으로 여기지 아니하여, 노인에게는 그의 생애를 편안히 마치게 하였으며 장정에게는 충분한 일을 시켰고, 어린이에게는 마음껏 성장할 수 있게 하였으며, 과부, 고아, 불구자 등에게는 고생 없는 생활을 할 수 있게 했고, 성년 남자에게는 직분을 주었으며, 여자에게는 그에 합당한 남편을 갖게 하였다. 재화라는 것은 헛되이 낭비되는 것을 미워하였지만 반드시 자기에게만 사사로이 독점 하지 않았으며, 힘이란 것은 사람의 몸에서 나오지 않으면 안되는 것이지만 그 노력을 반드시 자기 자신의 사리를 위해서만 쓰지는 않았다. 모두가 이러한 마음가짐이었기 때문에 모략이 있을 수 없었고, 절도나 폭력도 없었으며 아무도 문을 잠그는 일이 없었다. 이것을 대동의 세상이라고 말하는 것이다."[14]

이러한 대동大同의 세상에 대한 이상과 공자의 다른 가르침은 중국 역사상 많은 위정자, 학자, 저술가뿐만 아니라 특히 손문(孫文, 호 일선逸仙, 별호 중산中山)과 같이 개혁가나 혁명가에게 원동력을 주고 있다. 손문은 1911년 중화민국을 건국하였으며 언제나 공자의 정신적인 계승자가 되고자 했다.

공자가 제자들과 함께 송宋나라에 인접한 위衛나라 국경 지방 의儀에 왔을 때 그곳을 관장하는 관리가 공자에게 뵙기를 청했다. 공자가 그 청을 받아들여 관리는 공자를 만날 수 있었다. 공자와의 만남을 가진 후 관리는 제자들에게 다음과 같이 말했다. "그대들은 공자가 벼슬을 잃는다고 하여 무엇을 걱정하는가? 하늘의 도가 없어진 지 오래되었다. 하늘이 앞으로 그 사람을 목탁木鐸으로 삼으실 것이다."[15] 다시 말해서 이것은 하늘이 공자에게 사람들이

---

14 『예기(禮記)』 제9편 예운(禮運).
15 『논어(論語)』 팔일편(八佾篇) 제24장. 목탁(木鐸)은 쇠로 만든 방울에 나무로 된 혀를 끼워 넣은 것이다. 옛날에는 새로운 호령을 반포할 때 이 목탁을 흔들어서 사람들의 주의를 환기시켰다.

도를 깨닫게 하는 임무를 주었다는 것이다.

1.6 4단계

『논어論語』에서 공자는 다음과 같이 말했다. "도道에 뜻을 두며, 덕德에 근거하고, 인仁에 의하며, 예술의 세계에서 노닌다."[16]

이것은 수양의 4단계를 보여주는 매우 중요한 구절인데, 4단계는 공자의 가르침의 네 가지 주요 항목이며 유교 전체를 아우른다.

우리는 4단계 중 하나를 건너뛰거나 두 세 단계를 동시에 밟지 말고 하나하나씩 4단계를 밟아야 한다. 다른 말로 우선 도道에 목표를 세우고 덕德을 실천하여 다음 단계에 대한 토대를 세우고. 그 다음에 인仁에 의지해야 한다. 마지막으로 예술 안에서 마음을 편히 가져야 한다.

1.7 도道에 대한 목표

무엇이든지 노력에 앞서 목표를 세워야 한다. 목표가 없는 사람은 쉽사리 포기하거나 시작한지 며칠 되지 않아 지쳐버리고 만다. 공자는 15세가 되었을 때 "배움"에 목표를 두기로 결심했다. 공자는 배우기를 갈망했다. 공자는 무엇을 배우고자 했는가? 물론 육예六藝이다. 한 걸음 더 나아가 공자는 육예 외에도 호기심을 불러일으키는 모든 것을 배우고자 했다.[17]

이후 장성함에 따라 공자는 도道에 이르기 위해 그가 배울 수 있는 모든 것을 배우기로 결심했다.

맹자(孟子, 이름 가軻)는 공자의 5대代 제자 중 하나로 가장 왕성하게 활동했다. 어느 날 왕자점(王子墊: 제齊나라 임금의 아들. 점墊이 이름이다.)이 맹자에게 물었

---

16 『논어(論語)』 술이편(術而篇) 제6장.
17 『논어(論語)』 위정편(爲政篇) 제4장.

다. "사(士: 士라는 글자는 도끼를 든 형태를 기원으로 한다. 선비 사士라고 하는 이 글자는 원래 지식인의 의미가 강한 선비가 아니라 무사를 가리켰다. 중국 주周나라 때에 일반 백성 사민四民의 위이며 대부大夫의 아래에 있던 신분을 가리켰다)는 무엇을 일삼습니까?" 그러자 맹자는 다음과 같이 대답했다.

"뜻을 고상하게 가진다."[18]

학자가 세울 수 있는 가장 최대 목표는 도道이다. 이 말은 맹자가 공자뿐만 아니라 후주後周 시대 이후 수많은 유학자와 같이 하는 의견이다.

도道는 시공을 초월하는 것을 목표로 한다. 도는 하늘, 사람, 땅으로 이루어져 괘卦로 나타난다.

사람은 수동적이 아닌 능동적인 역할을 한다. 사람은 스스로 선택하고 자신의 운명을 설계하여 하늘과 땅이 도道를 이루게 한다. 공자는 다음과 같이 말했다. "사람이 도道를 넓힐 수 있는 것이지, 도道가 사람을 넓힐 수 있는 것이 아니다."[19]

순자(荀子, 기원전 313~238)는 말했다. "선왕先王의 도道라는 것은 천도天道도 아니고 땅의 도道도 아니며 사람의 도道 곧 사람으로서 마땅히 걸어가야 할 길로서 군자君子가 밟아 나가야 할 길을 말한다."[20]

도道는 "길"뿐만 아니라 "사람의 머리"를 상징하는 글자다. 이 두 상징은 삶에서 "길잡이로 삼은 길"과 사람이 진리에 이르는 원리를 나타낸다.

도道는 문에 비유되기도 한다. 공자는 다음과 같이 말했다. "누구인들 나갈 적에 문을 지나지 않을 수 있겠는가? 어찌 도道를 말미암지 아니하는가?"[21]

도道는 공자의 사상 체제에서 기본적으로 윤리적 개념이다. 하지만 도道는 형이상학적 색체가 가미되어 있다. 도道는 "통합" 보다 엄격히 말해서 천인합

---

18 『맹자(孟子)』 진심장구상(盡心章句上) 제33장.
19 『논어(論語)』 위령공편(衛靈公篇) 제28장.
20 『순자(荀子)』 유효(儒效).
21 『논어(論語)』 옹야편(雍也編) 제15장.

일(天人合一: 하늘과 사람이 하나라는 말), 심물합일(心物合一: 몸과 마음이 하나라는 말), 지행합일(知行合一: 지식과 행동이 서로 맞음)이라고 할 수 있다.

1. 천인합일天人合一

『중용中庸』에서 자사子思는 사람의 본성과 그 근본에 대해 단호하게 말했다. 자사는 하늘이 명한 것을 성性이라 하고 성을 따르는 것을 도道라 하고 도를 닦는 것을 교敎라 했다. 실제로 사람의 도는 단지 하늘의 도의 일부에 지나지 않는다.[22]

공자의 동시대 사람 자산子産도 자사子思의 학설과 정확히 일치하지 않지만 다음과 같이 도道에 대해서 밝혔다. "천도天道는 심원深遠하지만 인도人道야 천근(淺近: 지식이나 생각 따위가 깊지 않고 얕다)한 것이오."[23]

하늘의 도道는 알 수 없지만 느낄 수 있으며 하늘이 암시하는 것을 따르는 일이 결코 어렵지 않다는 것을 덧붙여야 한다. 공자는 『주역周易』에서 다음과 같이 말했다. "하늘의 운행이 굳건하니 군자는 이를 본받아 스스로 강하게 하기 위해 쉬지 않는다."[24]

2. 심물합일心物合一

공자의 직계 제자 중 한 사람인 증삼曾參이 저술했다고 하는 『대학大學』에 따르면 다음과 같다. "마음을 바로잡고자 하는 자는 먼저 그 뜻을 정성되게 하고, 그 뜻을 정성되게 하고자 하는 자는 먼저 그 지혜를 이룬다. 지혜를 이루는 것은 사물에 접하여 사물을 연구하는 데 있다."[25]

다시 말해서 공자는 제자들이 사물을 연구하는 데 앞서 의지를 가지고 마

---

22 『중용(中庸)』 제1장.
23 『춘추좌씨전(春秋左氏傳)』 소공(昭公) 18년.
24 『주역(周易)』 중천건(重天乾).
25 역주: 『대학(大學)』 경일장(經一章).

음을 닦기를 바랐다.

공자는 마음과 물物을 동일한 것의 두 가지 단계로 보았는가? 평소 공자가 말하는 것에 비추어 볼 때 분명히 그렇지는 않다. 하지만 공자는 물物이 하나가 아니라는 것과 도道의 관계에 대해서 긍정적이었다. 공자는 『주역』에서 다음과 같이 말했다. "도道는 형체가 없으며 물物은 하나가 아니다." 공자가 말하고자 하는 바는 도와 물이 하나가 아니라는 것의 차이는 단지 형체의 문제이다. 다시 말해서 본질적으로는 차이가 없다. 도는 "실재"이며 물은 도가 나타나 보이는 것이다.

3. 지행합일知行合一

공자는 일평생 배움을 추구했지만 실천을 더 강조했다. 공자는 다음과 같이 말했다. "실천에 힘씀은 인仁에 가깝다."[26]

양명학의 창시자 왕수인(王守仁, 호 양명陽明, 1472~1528)은 배움을 "실천의 시작", 실천을 "배움의 완성"으로 보았다. 왕수인은 다음과 같이 말했다. "실천이 없는 배움은 참된 배움이 아니다." 왕수인이 염두에 둔 것은 주로 윤리적인 문제였다. 예를 들어 어떤 사람이 효도의 중요성을 알고 있음에도 부모님께 효도하는 데 아무것도 하지 않았다는 것은 그 사람이 진정으로 효도의 중요성을 알고 있다고 인정할 수 없다는 것이다.[27]

1.8 덕德의 토대를 세움

북송北宋의 유학자 주돈이(周敦頤, 1017~1073)는 다음과 같이 말했다. "세상에서 가장 숭고한 것은 도道이며 가장 고귀한 것은 덕德이다."[28]

---

26 『중용(中庸)』 제20장.

27 王陽明:《答徐愛問》, 見《明儒學案》卷七,《姚江學案》, 上冊, 第83頁。손문(孫文)은 아는 것은 힘들지만 실천하는 것은 쉽다는 새로운 이론을 제시했다.

도道는 이상이며 덕德은 이상을 향해 노력하는 것이다.

덕德은 2개의 구성 요소로 이루어지는 글자인데, 하나는 "마음"이며 다른 하나는 "직(直: 곧음)"이다. 즉, 덕은 "정직"과 "강직함"을 뜻한다고 했다.

현대적 해석으로 덕德은 위의 2개의 요소 외에도 세 번째 구성 요소가 있다고 보는데 세 번째 구성 요소는 "두 사람"이다. 현대적 해석에 따르면 덕은 두 사람이 함께 있을 때 서로 정직하고 성실하게 상대방을 대해야 한다는 것을 뜻하는 글자이다.

중국어에서 덕德의 동음이의어에 "얻다"를 뜻하는 득得이 있다. 德과 得 모두 [dé]로 발음한다. 이로 인해 대다수 학자가 덕을 "도덕적 선함을 얻는 것"이라고 정의했다. 덕은 얻어지는 것이다. 왜냐하면 사람이 덕을 실천하면 실천할수록 덕을 더 많이 얻게 되기 때문이다.

그러나 사람은 새것을 얻어도 좋은 습관이 된 옛 것은 잃지 않는다. 이는 공자가 제자들에게 덕의 토대를 세우기를 권할 때 염두에 두었던 것이다. 공자는 군인들이 전장에서 기지를 구축하는 것처럼 제자들이 덕을 얻기를 바랐다.

공자가 가장 사랑했던 제자 안회顔回는 공자가 말한 그대로 실천했다. 공자는 다음과 같이 말했다. "안회의 사람됨은 중용中庸을 골라서 실천하는 것이니 하나의 착한 것이라도 얻으면 받들어 가슴에 꼭 붙잡고 잃어버리지 않는다."[29]

덕德은 날마다 "닦아야" 하고 "새롭게 해야" 한다. 그렇게 하지 않으면 무엇을 얻든지 사라져 없어져 버리는데 다시 말해서 잊어버리게 된다. 하지만 덕을 닦는 것은 쉬운 일이 아니다. 공자는 자신도 이를 자주 등한시하고 있다는 것을 자인했다.[30] 덕을 새롭게 닦는 것은 분명히 아직도 힘든 일이다. 만

---

28   周敦頤, 字茂叔, 湖南道縣人。見《宋元學案》卷九, 《濂溪學案》, 第1冊, 第130頁。
29   『중용(中庸)』 제8장.
30   『논어(論語)』 술이편(術而篇) 제3장.

일 어떤 사람이 날마다 새롭게 활력을 불어넣어 덕을 실천하면 공자는 그 사람을 "뛰어난 덕을 갖추고 있는 자"라고 칭송할 것이다. 『주역周易』은 다음과 같이 말하고 있다. "넉넉하게 가지는 것을 큰 사업이라고 하고 날마다 새로워지는 것을 성대한 공덕이라고 한다."[31]

덕이 있는 사람은 항상 덕을 잃지 말아야 한다. 만일 단 한 번만이라도, 단 하루라도, 짧은 시간 동안 덕을 상실하면 덕이 있다고 할 수 없다. 다시 말해서 수동적이 아니라 적극적으로 덕을 행해야 한다. 즉 덕이 있는 사람은 다른 사람을 대할 때마다 솔선수범하여 친절하고, 상냥하고, 도움이 되고, 호의적이고, 이타적으로 상대방을 대한다.

무엇보다 중요한 것은 이 문제에 대해서 공자가 "쉼"의 특혜를 누리려고 했던 것 같지 않다는 것이다. 공자가 제자들과 함께 냇가에 서 있을 때 다음과 같이 말했다. "가는 세월은 이 물과 같으니 밤낮 없이 흘러가는 구나."[32]

불행히도 덕을 아는 자는 드물고[33] 덕을 좋아하기를 색을 좋아하듯이 하는 자를 볼 수 없다.[34]

그러나 모든 사람은 선해지기를 바란다. 교육이 바로 여기에서 비롯된다. 사회와 국가의 지도자들은 국민들이 선한 행동을 하고 훌륭한 성향을 개발하며 잘못된 습관을 고치도록 힘써야 한다.

"virtue(덕목)"는 사람을 뜻하는 라틴어 "vir"에서 유래된 영어 단어이다. "virtue"는 인仁과 어원적으로 유사하다. 仁은 유교 체계에서 가장 중요한 말이며 공자는 때때로 모든 덕목德目에 대한 총체적인 말로 인을 사용했다.

인 뿐만 아니라 다음의 덕목도 『논어論語』에 언급되어 있다.

---

31 『주역(周易)』 계사전상(繫辭傳上) 제5장.
32 『논어(論語)』 자한편(子罕篇) 제16장.
33 『논어(論語)』 위령공편(衛靈公篇) 제3장.
34 『논어(論語)』 위령공편(衛靈公篇) 제12장.

(1) 충효(忠孝: 충성과 효도)

충서(忠恕: 솔직하고 동정심이 많음), 충신(忠信: 충성과 신의), 효제(孝弟: 부모에 대한 효도와 형제에 대한 우애)

(2) 인애(仁愛: 어진 마음으로 사랑함)

지인용(智仁勇: 지혜와 어짊과 용기), 온량(溫良: 성품이 온화하고 무던함), 관(寬: 관대함), 혜(惠: 자애로움)

(3) 신의(信義: 믿음과 의리)

공검(恭儉: 공손하고 검소함), 독경(篤敬: 말과 행실이 착실하며 공손함), 강의(剛毅: 의지가 굳세고 강직하여 굽힘이 없음), 목눌(木訥: 고지식하고 느리며 말재주가 없음), 정직(正直: 마음에 거짓이나 꾸밈이 없이 바르고 곧음)

(4) 평화(平和: 평온하고 화목함)

예양(禮讓: 예의를 지켜 공손한 태도로 사양함), 중용(中庸: 지나치거나 모자라지 않고 한쪽으로 치우치지도 않음)

1.9 인仁에 의존함

모든 덕목德目 가운데 인仁에 의존해야 한다. 인이 우선한다. 인은 인격 형성의 출발점이며 동시에 사람이 행동하는 데 가장 높은 수준을 말한다.

인은 『논어論語』에서 110번 나오며 59번이나 논의되고 있다. 공자는 인을 가장 중시했는데 왜냐하면 사람이 살아가는 동안 인이 항상 따라다닌다고 보았기 때문이다. 다시 말해서 이는 사람이 평생 무엇을 생각하든지 무엇을 하든지 무슨 말을 하든지 인에 의지해야 한다는 것을 말한다.

인은 세 가지 측면이 있다. 하늘에 대해서는 인을 실천하는 사람은 부모를 섬기는 것과 인을 지킨다. 자신에 대해서는 사람은 자기 자신에 충실한데 다시 말해서 자신에 대해서 정직하고 진실하게 행동한다.[35] 다른 사람에 대해

---

35 "만물이 모두 나에게 갖추어져 있으니 몸을 돌이켜보아 성실하면 즐거움이 이보다 더 클

서는 상대방을 자신과 같이 대하며 자신이 원하지 않는 것을 상대방에게 행하지 않는다.[36]

공자와 유가儒家가 말하는 인은 묵자(墨子, 이름 적翟, 기원전 489~406)의 겸애兼愛 사상과 구별된다. 인과 겸애 모두 차별 없이 널리 사랑하는 것을 의미할지도 모르지만 양자 사이에는 커다란 차이가 있다. 인은 사람에게 다른 사람의 부모자녀보다 자신의 부모자녀를 더 사랑하고 상대방이 자신을 어떻게 대하느냐에 따라 그 사람에게 친절을 베풀기를 요구한다. 묵가墨家는 자신의 부모자녀에게 하는 것과 마찬가지로 온 세상의 모든 사람을 차별 없이 대하려고 했다.

양자의 접근법은 180도로 반대되는 것이지만 유가와 묵가는 모두 사랑에 토대를 둔 완벽한 세상을 추구하는 공통된 목표가 있다. 유가는 사랑을 서서히 베풀지만 "인자仁者는 그 사랑하는 것으로써 그 사랑하지 않는 것까지 파급시킨다."[37] 유가의 최종 목표는 "사람들이 자신의 부모자녀뿐만 아니라 다른 사람의 부모자녀까지" 소중히 여기는 "대동(大同: 온 세상이 번영하여 화평하게 됨)의 세상"이다.

덧붙여 말하면 중국인의 국민성을 형성하게 한 것은 묵가의 겸애 사상이 아니라 유가의 인과 인의 필연적인 결과인 효孝라는 것이다.

1.10 예술 안에서 마음을 편히 가짐

수양의 4단계 중 마지막 단계는 "예술 안에서 마음을 편히 가지는 것"이다. 여기서 말하고 있는 예술은 당시 나라에서 관장하는 학당에서 가르치던 육예

수 없다."(진심장구상(盡心章句上) 제4장).

36 이 "황금률"은 긍정적인 측면도 있다. "인자(仁者)는 자신이 자립을 원할 때 다른 사람이 자립하도록 도와주며, 자신이 성공을 원할 때에도 다른 사람이 성공하도록 도와준다."

37 『맹자(孟子)』 진심장구하(盡心章句下) 제1장.

六藝를 가리키며 공자는 자신이 세운 학당에서 귀족뿐만 아니라 평민의 자제도 함께 이 육예를 배울 수 있도록 했다.

"마음을 편히 가짐"은 무엇을 뜻하는 것인가? 이 말에 대한 중국어는 유游이다. 游는 물고기처럼 헤엄치고 여러 곳을 다니며 즐거운 시간을 보내거나 노는 것을 뜻하는 글자이다. 공자는 제자들이 냇가에서 헤엄치는 물고기처럼 육예를 탐구하고 느긋하게 육예를 배우고 익히기를 바랐다. 제자들이 육예에 익숙해질 때 맑은 물이 논으로 흘러가는 것처럼 자신들의 의문에 대한 답도 어느 정도 시간이 지나면 저절로 나오게 된다는 것이다. 실제로 제자들은 냇가의 따뜻한 물에 발을 씻는 것처럼 육예를 즐길 수 있었다. 진秦나라의 두예杜預는 공자의 이러한 가르침을 잘 묘사하고 있다.[38]

육예六藝 가운데 예禮가 가장 중요하다. 악(樂: 음악), 사(射: 활쏘기), 어(御: 말타기와 마차몰기), 서(書: 붓글씨), 수(數: 수학) 등의 나머지 다섯 가지 예藝는 유용하지만 예禮만큼 필수적인 것은 아니다.

예를 들어 활 쏘는 사람이 시합을 시작할 때 해야 하는 일과 같은 예禮를 알아야 한다. 하지만 예禮에 능통한 사람이 활 쏘는 법을 알 필요는 없다.

마찬가지로 도道에 이르려고 하는 사람뿐만 아니라 음악, 마차몰기, 붓글씨, 수학을 공부하는 학생에게 예禮에 관한 지식은 전제 조건이 된다.

예禮는 무엇이었나? 예는 여러 가지가 모여서 이루어진 것으로 문화 그 자체를 가리켰다. 예는 하루하루 개인이 하는 행동, 사회의 관습, 국가의 제도를 모두 포괄했다.

사람은 반드시 예의 바른 모습을 보여주고, 바른 몸가짐으로 걸어 다니며, 알기 쉬운 어조로 말하고, 집이나 방을 청소하는 집안일을 하고, 문을 드나들 때 윗사람에게 양보하며, 친구나 낯선 사람과 대화를 나눌 때 공손해야 한다. 공자는 아들 공리(公鯉, 기원전 532~483)에게 다음과 같이 말했다. "예禮를 배우

---

38 『춘추좌씨전(春秋左氏傳)』 서(序).

지 않으면 설 수 없다."[39]

공자 시대에 미성년자가 관冠을 쓰고 한 사람의 성인으로 인정하던 성인식, 활쏘기 대회, "이웃들과 함께 하는 술잔치" 등의 의식이 있었다. 당시에도 오늘날의 장례, 결혼, 성묘나 제사와 같은 의식이 있었다. 모든 의식은 예에 따라 거행되었다.

정치 제도에서 오늘날의 법과 규제도 예의 일부로 보았다. 행정, 사법, 교육 및 토지 제도, 군사, 외교 관계 모두 예를 따랐다.

예의 중요성을 과장해서는 안 된다. 중국과 북방 민족, 문명과 야만성, 사람과 동물, 도안도屠安道가 말한 "군자君子와 악당" 사이에는 구분이 있었다.[40]

주周의 "사관史官" 내사과內史過는 예禮를 "나라를 보유함의 근본"이라고 했다.[41] 진晉나라의 정치가 숙향叔向은 "예禮는 좋은 정치를 떠받치는 것"이라고 했다.[42] 한 걸음 더 나아가 주周의 제후국 정鄭나라의 유력 정치가인 자산子産은 다음과 같이 말했다. "예禮라는 것은 하늘의 도道이고 땅의 덕德인 것이며 사람이 행해야 할 일이다."[43]

『춘추좌씨전春秋左氏傳』의 익명 저자는 예에 종교적인 속성을 부여하는 데 주저했지만, 예는 "국가를 다스리고, 사원을 수호하며, 사람들의 질서를 유지하고, 섭정으로 왕의 후계자를 지키는 것"이었다.[44]

당시 사람들은 예를 기준으로 사람을 평가하는 것이 관례적이었는데, 이는 그 사람이 예에 따라 처신했는가를 말한다. 때때로 사람들은 이 기준에 따라 그 사람의 운이나 그 사람이 속한 나라나 군대의 미래를 예측했다.

공자는 교육자이지 예언을 하거나 점을 치는 사람이 아니었다. 공자는 예

---

39 『논어(論語)』 계시편(季氏篇) 제13장.
40 屠安道, 字子高, 浙江嘉興人.見《清儒學案》, 第1冊, 第28頁。
41 『춘추좌씨전(春秋左氏傳)』 희공(僖公) 11년.
42 『춘추좌씨전(春秋左氏傳)』 양공(襄公) 21년.
43 『춘추좌씨전(春秋左氏傳)』 소공(昭公) 25년.
44 『춘추좌씨전(春秋左氏傳)』 은공(隱公) 11년.

가 죄를 막고 올바른 습관을 들이는 데 효과적이라고 믿었다. 공자는 예로써 문무文武에 대해 균형 있는 교육을 통해 제자들을 완벽하게 가르쳤다. 예禮는 문文의 최고 과목인데 반해, 활쏘기와 마차 몰기는 무武의 과목이었다. 붓글 씨와 수학은 제자들이 택한 분야에서 경력을 쌓는 데 도움을 주는 과목이었다.

제齊나라 대부大夫 이미犁彌가 제齊나라 군주에게 말했다. "공구孔丘는 예의 는 알지만 용기가 없사옵니다. 만일 내莱 사람에게 무기를 가지고 노魯나라 군주인 후작을 위협케 한다면 반드시 군주의 뜻대로 할 수 있을 것이옵니 다."[45] "천하의 왕자王者는 공을 한 가지 세우면 기념의 음악을 만들고 평화스 러운 세상이 되면 예의를 규정한다. 왕자의 공적이 크면 기념 음악도 우수한 것이 되고 평화가 방방곡곡에 미치면 규정하는 예의도 풍성豊盛한 것이 된다. 다만 간척干戚을 쥐고 부산하게 춤추는 것이 우수한 음악이라고 할 수 없으며 생육生肉을 잘 삶아서 바치는 것이 풍성한 예의가 될 수 없다. 그러므로 고대 의 오제五帝나 삼왕三王은 시대와 세대의 변천에 따라서 예악禮樂을 개수改修하 고 반드시 전대前代의 것을 그대로 사용하는 일이 없었던 것이다."[46]

"예禮라는 것은 의義의 열매인 것이다. 의義를 제도制度로 결실하게 한 것이 바로 예禮이기 때문이다. 의에 맞추어 보아서 화합하면 그것이 곧 예인 것이 다. 비록 선왕先王의 예법에 그러한 예가 없을지라도 의에 참작하여 적절한 것이면 새로 일으킬 수 있는 것이다."[47]

청淸나라 말기의 저명한 학자로 주周나라의 예禮에 대해서 두 권의 책을 저 술한 손이양(孫詒讓, 1848~1908)은 대담하게 예의 규율 대다수가 단지 과거의 흔적에 지나지 않다고 말했다.[48] 이 말에서 중요한 것은 예의 규율을 나타내

---

45 『춘추좌씨전(春秋左氏傳)』 정공(定公) 10년.

46 『예기(禮記)』 제19편 악기(樂記).

47 『예기(禮記)』 제9편 예운(禮運).

48 張其昀:《孫詒讓百歲誕辰紀念文》, 見《民族思想》一書, 臺北, 正中書局本, 1951年, 第46頁。孫 詒讓, 字仲容, 浙江瑞案人(1948生, 1908年卒)。

는 표현이 아니라 그 정신이라는 것이었다. 고대의 모든 것을 복원하고자 하는 우리는 예의 역사를 정말로 알지 못한다는 것이다.

적어도 예는 대다수 형태가 바뀌었다. 사람들은 서로 엎드려 절을 하곤 했지만 지금은 허리 숙여 절을 한다. 주周나라 초기 토지는 왕의 소유였다. 각 농가에서 토지 100무(畝: 주나라 당시의 땅을 재는 단위)까지 소출은 농가가 취했고 12.5무畝에서 나오는 소출은 왕에게 바쳤다. 현재 대만에서 토지의 소출은 모두 농민들의 것이다. 장례와 결혼 예식도 변화했다. 19세가 될 때까지 "성인식"을 치르지 않는다.

이러한 변화 속에서도 변하지 않는 것이 하나 있다. 그것은 예의 정신이며, 공자가 말한 본本이다. 예에서 이러한 정신이나 본 외에는 아무 것도 없다. 그것은 인仁을 말한다.

공자는 다음과 같이 대답했다. "사람이 되어서 어질지 못하면 예를 어떻게 하겠는가?"**49** 또 다른 경우에 공자는 다음과 같이 외쳤다. "예禮라 예禮라 하지만, 그것이 단순히 옥이나 비단 같은 예물을 말하는 것이겠는가?"**50**

인仁은 예禮의 정신이자 근본이다. 왜냐하면 예를 실천하는 사람이 "사람답게 행동"하려고 하지 않는다면 모든 의식은 어리석은 짓에 지나지 않기 때문이다. 다시 말해서 진실한 마음과 감정이 없고 진실로 "거짓 없는 사람"이 되려고 하는 의지가 없다면 그 의식은 부질없는 것이 되고 만다.

왜냐하면 이는 공자가 다음과 같이 말했기 때문이다. "상례喪禮는 슬픔이 부족하고 예가 넘치는 것보다는 예가 부족할지언정 슬픔이 지극하니만 못하고 제례祭禮는 공경함이 부족하고 예가 넘치는 것보다는 예는 부족할지언정 공경함이 지극하니만 못하니라." 그리고 공자가 제자들에게 다음과 같이 권고한 것은 지극히 당연한 일이다. "예는 사치하기보다는 차라리 검소한 것이

---

49 『논어(論語)』 팔일편(八佾篇) 제3장.
50 『논어(論語)』 양화편(陽貨篇) 제11장.

낫다."⁵¹

1.11 사람의 마음, 본성, 감정

사람의 마음은 배의 키와 같아 조절해야 한다.⁵²

『논어論語』에서 공자는 다음과 같이 말했다. "안회顏回는 그 마음이 3개월 동안 인仁에서 떠나지 않았으나 그 나머지 사람들은 하루나 한 달 정도 거기에 이를 뿐이다."⁵³ 공자는 또 다음과 같이 술회했다. "일흔 살에 마음이 하고 싶은 대로 따라 해도 법도에 어긋나지 않았다."⁵⁴

사람들 대다수가 깜짝 놀라게 하거나 재앙을 가져오는 것에 마음에 두지 않는 것 같다. 공자는 다음과 같이 말했다. "배부르게 먹고 하루해를 마치도록 마음을 쓰는 곳이 없다면 곤란하다. 바둑이라도 있지 않은가? 그것을 하는 것이 하지 않는 것보다는 나을 것이다."⁵⁵

공자의 만년 제자 중 한 사람인 증삼曾參은 도道를 후대 유학자들에게 전했다. 증삼은 자신이 발견할 것을 다음과 같이 말했다. "이른바 몸을 닦음이 그 마음을 바르게 함에 있다 하는 것은 몸이란 마음속에 성내거나 노여워하는 것이 있으면 그 바른 것을 얻지 못하고 두려워하는 것이 있으면 그 바른 것을 얻지 못하며 좋아하는 것이 있으면 그 바른 것을 얻지 못하고 근심하고 걱정하는 것이 있으면 그 바른 것을 얻지 못한다."⁵⁶

일단 어떤 한 사람이 마음을 바로잡으면 자신, 가족, 나라, 세계를 쉽게

---

51 『예기(禮記)』 제3편 단궁(檀弓), 『논어(論語)』 팔일편(八佾篇) 제4장.
52 羅倫, 字彝正, 江西永豊人, 學者稱一峰先生。見《明儒學案》卷三十五,《諸儒學案》, 第2冊, 第391頁。 명(明)나라의 학자 나윤(羅倫)이 말했다. "먼저 배의 키를 맞추지 않고 올바른 방향으로 항해할 수 있는가?"
53 『논어(論語)』 제6편 옹야편(雍也篇) 제5장.
54 『논어(論語)』 제2편 위정편(爲政篇) 제4장.
55 『논어(論語)』 양화편(陽貨篇) 제22장.
56 『대학(大學)』 전칠장(傳七章).

변화시킬 수 있다. 비록 그 사람이 천지天地의 중심을 모른다고 해도 그의 중심에 마음이 있기 때문이다. 왕응린(王應麟, 1223~1296)은 이에 대해 긍정적이었다.[57]

마음이 사람의 중심이 될 때 마음은 천지의 중심 이상의 역할을 할 수 있다. 마음은 우주 전체가 될 수 있다. 적어도 육구연(陸九淵, 호 상산象山, 1139~1192)과 같은 사람의 주관적인 입장에 따르면 우주는 단지 마음에 불과하다.[58]

왕양명(王陽明, 이름 수인守人) 또한 마음을 "이理 자체"로 보았다. 왕양명은 이理는 마음 밖에 있지 않고 사(事: 일)도 마음 밖에 있지 않다고 믿었다. 마음은 사事를 처리하는 법을 알기 때문에 이理가 된다. 또한 마음은 인仁과 선과 악을 구분하는 의義가 있기 때문에 덕德이 되기도 한다. 물음에 대한 올바른 답을 구하는 데 사람이 해야 하는 것은 자신의 마음을 살펴보는 일이다. 왕양명이 말한 양지(良知: 양명학에서 마음의 본성을 이르는 말)가 바로 그것이다.[59]

왕양명은 양지의 개념을 『맹자孟子』에서 가져왔는데 맹자는 다음과 같이 말했다. "헤아려보지 않고서도 알 수 있는 것은 양지(良知: 선천적인 지혜와 능력)이다."[60] 맹자는 사람은 태아 때부터 인仁, 의義, 예禮, 지知가 있는 선한 마음을 가지고 태어났다고 했다. 맹자는 다음과 같이 말했다. "사람들에게 모두 남에게 차마 하지 못하는 마음이 있다고 말하는 근거가 되는 것은 지금 사람들이 갑자기 어린 아이가 우물에 들어가려는 것을 보고는 모두 깜짝 놀라고 측은하게 여기는 마음을 갖는 것이다. 측은하게 여기는 마음이 없으면 사람이 아니며, 부끄러워하고 미워하는 마음이 없으면 사람이 아니며, 사양하는 마음이 없으면 사람이 아니며, 시비是非를 가리는 마음이 없으면 사람이 아니다. 측은하게 여기는 마음은 인仁의 단서이고, 부끄러워하고 미워하는 마음

---

57 王應麟, 字伯厚, 號深寧, 鄞縣人。見《宋元學案》卷八十, 《深寧學案》, 第4冊, 第1037頁。

58 Lu Jiu-yuan(陆九渊). Complete Works. Taipei: Chung-hwa Book Co.

59 張其昀:《圓蝸統一的陽明學》, 見《陽明學論文集》, 臺北, 華岡書局本, 1972年, 第11頁。

60 『맹자(孟子)』 진심장구상(盡心章句上) 제15장.

은 의義의 단서이고, 사양하는 마음은 예禮의 단서이고, 시비를 가리는 마음은 지知의 단서이다."[61]

맹자는 자신의 생각과 공자의 가르침을 토대로 하여 "성선설性善說"을 확립했다. 공자는 다음과 같이 말했다. "본성은 서로 가깝지만, 습관은 서로 먼 것이다."[62]

맹자 시대 이후 중국인 학자 가운데 공자가 근본적으로 인간이 선하다고 했는가에 대해 논쟁을 벌여왔다. 고염무(顧炎武, 호 정림亭林, 1613~1682)는 공자가 맹자의 성선설을 은연중에 시사했다는 입장을 견지했다. "만일 공자가 사람이 선한 본성과 악한 본성이 동시에 있다고 생각했다면 어떻게 사람들은 본성이 크게 다르지 않다고 말할 수 있었겠는가?"[63]

우리는 맹자에 이의를 제기하여 순자荀子가 제창한 성악설性惡說에 대해 공자는 아무것도 언급하지 않았다는 것을 덧붙인다.

『시경詩經』에 다음과 같은 시詩가 있다.

> 하늘이 뭇 백성을 낳으셨으니
> 모든 것엔 제각기 법칙이 있도다
> 그러기에 백성들의 떳떳한 본성
> 아름다운 인품을 좋아한다네[64]

따라서 자사子思는 하늘이 부여한 이러한 법칙을 본성이라고 불렀다. 공자는 위의 시를 제자들에게 가르칠 때 다음과 같이 말했다. "이 시를 지은 사람

---

61 『맹자(孟子)』 공손추장구상(公孫丑章句上) 제6장.
62 『논어(論語)』 양화편(陽貨篇) 제2장.
63 顧炎武: 《日知錄》, 黃侃, 張繼校本。
64 『시경(詩經)』 대아(大雅) 탕지습(蕩之什) 증민(烝民: 뭇 백성).

은 도道를 알았구나." 위 시에 대해 맹자는 다음과 같이 말했다. "『시경詩經』에 이르기를 '하늘이 뭇 백성을 낳으시니 물체가 있으면 법칙이 있도다. 백성들이 본마음을 가지고 있는지라 이 아름다운 선善을 좋아한다' 하였다."[65] 하지만 이 세상의 시인들 모두 이와 같이 말하지 않았을지도 모른다.

선善은 하늘로부터 사람의 마음과 본성에 스며든 법칙이다.[66]

사람의 본성은 하나이지만 사람의 감정은 여러 가지로 일어난다.[67] 사람이 본성에서 우러나올 때에는 선한 감정이 일어나지만 그렇지 않을 경우 악한 감정이 일어난다.[68] 악한 감정은 본성에서 벗어나서 일어난다고 할 수 있다.

고염무顧炎武는 또 다른 이론을 제시했다. 고염무는 선한 감정과 악한 감정 모두 본성에서 발현된다고 생각했다. 악한 감정은 양이나 질적으로 많거나 적을 때 일어난다는 것이다.[69]

실제로 공자는 다음과 같이 고염무의 이론과 비슷한 말을 했다. "도道가 행하여지지 아니함을 나는 알겠다. 지혜로운 자는 지나치고 어리석은 자는 미치지 못하기 때문이다. 도道가 밝아지지 아니함을 나는 알겠다. 어진 자는 지나치고 못난 자는 미치지 못하기 때문이다."[70]

중국인은 공자의 윤리에 대한 위의 세 가지 학설을 모두 믿었으며, 언제나 정도程道, 존엄尊嚴 존중, 본성本性 함양, 국가 발전을 위해 공동 협력을 하는 것을 중요시했다.

---

65 『맹자(孟子)』 공손추장구상(公孫丑章句上) 제4장, 고자장구상(告子章句上) 제6장.

66 《宋元學案》卷十一, 《伊川學案》, 第1册, 第157頁。송(宋)나라의 유가(儒家) 정이(程頤, 1033~1107)는 말했다. "사람이 하늘로부터 받은 것은 인간의 본성이라고 하고 사람이 그 받은 것을 지키는 것을 마음이라고 한다. 이러한 선(善)의 원칙은 이(理)라고 부르며 하늘은 이(理)가 나오는 곳이다."

67 黃道周, 號石齋, 福建東山人。見《明儒學案》卷四十一, 《諸儒學案》八, 第2册, 第467頁。

68 王開祖, 字景山, 永嘉人, 學者稱儒志先生, 與胡安定同時。見《宋元學案》卷六, 《土劉諸儒學案》, 第1册, 臺北, 正中書局本, 1966年, 第89頁。

69 張其昀:《圓蝸統一的陽明學》, 見《陽明學論文集》第21頁。

70 『중용(中庸)』 제4장.

1.12 호학好學, 지지至知, 격물格物

공자의 성격 중 두드러진 특징은 호학(好學: 학문을 좋아함)이었다. 공자는 다음과 같이 말했다. "나는 배우기를 싫어하지 않고 가르치기를 게을리하지 않는다."[71] 또한 공자는 호학에 상당한 자부심을 가지고 있었으며 제자들에게 다음과 같이 말했다. "열 집쯤 되는 조그만 고을에도 반드시 충성스럽고 신실함이 나와 같은 자가 있으나, 나와 같이 학문을 좋아하는 자는 없느니라."[72]

공자의 제자 중 공자를 가장 존경한 자공子貢은 공자의 말에 동의하고 공자를 성인聖人으로 부르는데 주저하지 않았다. "배우기를 싫어하지 아니함은 지혜로운 것이고 가르치기를 게을리 하지 아니함은 어진 것이니 어질고 또한 지혜로우시니 선생님께서는 이미 성인聖人이십니다."[73]

공자는 또한 생각하는 법을 알고 있었으며 무엇을 배우든지 자신의 생각을 보완했다. 공자는 배우는 것을 잊어버리고 "생각만 했지만" 아무런 도움이 되지 못한 것을 강조하면서 다음과 같이 말했다. "내 일찍이 종일토록 먹지 않고 밤새도록 자지 않고서 생각하였으나 유익함이 없었다. 배우는 것만 같지 못했다."[74]

공자는 또한 다음과 같이 말했다. "배우기만 하고 생각하지 않으면 오묘한 진리를 이해할 수 없고, 생각하기만 하고 배우지 않으면 위태롭다."[75]

공자는 지식을 습득하는 두 가지 방법을 알고 있었다. 첫 번째 방법은 될 수 있는 한 많이 배우는 것이며 두 번째 방법은 배운 것을 요약하는 것이다. 두 가지 방법 모두 중요했기 때문에 공자는 이 두 가지를 모두 사용했다. 하지만 두 번째 방법은 "지식을 습득하는" 데 필요한 마지막 단계이다. 공자는

---

71 『맹자(孟子)』 공손추장구상(公孫丑章句上) 제2장.
72 『논어(論語)』 공야장편(公冶長篇) 제27장.
73 『맹자(孟子)』 공손추장구상(公孫丑章句上) 제2장.
74 『논어(論語)』 위령공편(衛靈公篇) 제30장.
75 『논어(論語)』 위정편(爲政篇) 제15장.

다음과 같이 말했다. "나는 하나를 가지고 모든 것을 꿰뚫고 있다."[76]

당시나 지금이나 사람들은 정보가 지식이 아니라는 사실을 알고 있었다. 정보는 우리가 읽고 보고 듣는 것이다. 비록 우리가 읽고 보고 듣는다고 해도 우리는 아무 것도 모른다. 우리는 우리가 읽는 것을 이해하고 암기해야 하며, 우리가 보고 들은 것도 반드시 요약해야 한다.

유학자들이 사용하는 말로 요약하는 방법은 모든 정보 안에 감추어져 있는 사유인 "논리"를 발견하는 것이다. 『대학大學』에서 다음과 같이 말하고 있다. "사물物이 연구格된다고 하는 것이며 이것이 지혜知의 이루어짐至이라 하는 것이다."[77]

격格이라는 글자는 두 가지 의미가 있다. 하나는 '오다'·'접하다', 다른 하나는 '치다'·'바로잡다'·'제거하다' 등의 의미를 나타낸다.

남송南宋의 저명한 주자학자 주희(朱熹, 1130~1200)는 격格에 대한 위의 의미 중 첫 번째를 택하여 공자의 말을 다음과 같이 해석했다. "사물에 접하여 사물을 연구한 후에 지혜가 이루어진다."[78]

명明나라의 왕양명王陽明은 주희朱熹의 주장에 찬성하지 않았다. 왕양명은 두 번째 의미를 택하여 공자의 말을 다음과 같이 해석했다. "사물에 대하여 바로잡힌 것은 무엇이든지 바로잡고, 자신의 마음을 살펴보고, 본성에 따라 선한 자신의 격물格物을 믿어야 한다."[79]

공자의 말에 대한 주희와 왕양명의 접근 방법은 모두 옳다. 주희는 지식의 객관적인 면을 강조한 반면에 왕양명은 도덕적 실천에 더 많은 관심을 기울

---

76 『논어(論語)』 제15편 위령공편(衛靈公篇) 제2장.
77 『대학(大學)』 전오장(傳五章). 『대학(大學)』은 본래 『예기(禮記)』 속에 들어 있는 편명(篇名) 이었다. 주자(朱子)는 『대학(大學)』의 내용을 경(經) 1장과 전(傳) 10장으로 나누어 경(經)은 공자의 뜻을 증자(曾子)가 기술한 것이고 전(傳)은 증자(曾子)의 뜻을 그 제자들이 찬술한 것이라 했다.
78 『대학집주(大學集註)』.
79 『전습록(傳習錄)』 답고동교서(答顧東橋書).

였다. 주희는 말년에 어떤 의견을 제시했는데, 왕양명은 기뻐하면서 격물치지格物致知에 대한 자신의 이론이 주희가 내놓은 이 의견과 일치한다고 주장했다.[80]

왕양명의 이론은 주로 맹자의 "성선설"에 토대를 두고 있다. 맹자는 다음과 같이 말했다. "시비是非를 가리는 마음은 지知의 단서이다."[81] 따라서 왕양명은 『대학大學』의 8조목에 나와 있는 바와 같이 "뜻을 정성되게 하는" 다음 단계에 들어가기 위해서 반드시 "사물을 연구한" 후 "지혜를 이룰" 필요는 없다고 결론을 내렸다.

『대학』의 8조목은 아래와 같다.

(1) 격물(格物: 사물에 접하여 사물을 연구하는 것)

(2) 치지(致知: 지혜를 이루는 것)

(3) 성의(誠意: 뜻을 정성되게 하는 것)

(4) 정심(正心: 마음을 바로잡는 것)

(5) 수신(修身: 몸을 닦는 것)

(6) 제가(齊家: 집을 안락하게 하는 것)

(7) 치국(治國: 나라를 다스리는 것)

(8) 평천하(平天下: 천하를 화평하게 하는 것)

우리가 8조목을 생각해 볼 때 왕양명의 의견에 치우칠 수 있다. 왜냐하면 사물에 대한 객관적인 지식은 사람이 "뜻을 정성되게 하기" 위해 준비하는 것과 직접적인 관련성이 없기 때문이다. 만일 물질적 성공에 대한 이전의 관점을 수정하는 것과 같이 사물에 대한 관점을 "바로잡는다"면 이것은 확실히 뜻을 정성되게 하는 것의 중요성을 깨닫게 하는 데 도움이 될지도 모른다.

80 張其昀:《王陽明誕生五百年紀念》, 見《陽明學論文集》, 第」2頁。

81 『맹자(孟子)』 공손추장구상(公孫丑章句上) 제6장.

명明나라의 고반룡(高攀龍, 1562~1626)도 주희와 왕양명의 두 이론 사이에서 조화를 이루는 데 업적을 남겼다. 고반룡은 다음과 같이 말했다. "사물에 접하여 사물을 연구하는 것은 사물을 때때로 하나씩 실제로 관찰하고 철저하게 조사하는 것이지만 사물이 연구된 후에는 모든 논리가 우리 마음에서 밖으로 드러나야 한다."[82]

주희의 과학적인 정신과 다른 학자들의 노력으로 중국은 과학 기술의 불모지가 되지 않았으며, 이 사실은 죠셉 니덤(Joseph Needham, 1900~1995)이 저술한 『중국의 과학과 문명Science and Civilization in China』 전집에 의해 입증되었다.

1.13 역행力行

주희와 왕양명 모두 지식이 그 자체가 끝이라고 믿지 않았다. 지식은 단지 수단일 뿐이다. 최종 단계는 실천이다.

왕양명에게 지식과 실천은 하나였는데, 단일 과정에서 2개의 단계를 뜻했다. 지식은 처음이고 동기이자 법칙이다. 그리고 실천은 완성이며 깨달음이고 응용이었다. 만약 지식이 참되고 공고鞏固하다면 실천이 되며, 실천도 명료하고 예측 가능하다면 지식이 된다.[83]

주희와 왕양명이 하고자 했던 거의 같은 방식으로 지식은 사람이 스스로 모든 것을 실천하게 한다고 생각했다. "실천하지 않는 사람은 알지 못하는 사람이다. 알면 알수록 더 많이 실천하게 된다. 실천하면 할수록 더 많이 알게 된다. 그것은 마치 산에 오르는 것과 같다. 높게 올라가면 갈수록 산봉우리를 더 많이 보게 되어 더 높은 곳으로 오르고자 할 것이다."[84]

---

82 《明儒學案》卷2, 第288頁.

83 《明儒學案》卷七,《姚江學案》一, 上册, 第81, 85頁,《明儒學案》卷二十一,《姚江學案》一五, 上册, 第239頁.《明儒學案》卷二十三,《姚江學案》十七, 上册, 第257頁.

청淸나라의 저명한 유학자 이옹李顒, 손기봉(孫奇逢, 1587~1675), 방경方坰은 주희와 왕양명의 전통과 업적을 계속 이어나갔다. 이 세 학자도 위의 주제에 대해 주희와 왕양명의 주장을 마치 반복하는 것처럼 들리는 의견을 제시했지만 실제로는 평생에 걸친 경험을 통해 내린 결론이었다.[85]

공자는 제자들에게 다음과 같이 말했다. "실천에 힘씀은 인仁에 가깝다."[86]

공자는 말이 역행力行보다 중요하지 않다고 생각했다. 공자는 말이 많은 제자에게 다음과 같이 말했다. "군자는 말은 어눌하게 하고 행동은 민첩하게 하려고 해야 한다."[87]

필요하면 군자는 말을 하지 않으려고 한다. 공자는 침묵을 지키고자 했다. 자공子貢이 "선생님께서 만일 말을 하지 않으시면 저희들이 어떻게 가르침을 이어받겠습니까?"라고 묻자, 공자는 다음과 같이 대답했다. "하늘이 무슨 말을 하더냐? 그러나 사계절이 운행되고 만물이 자라난다. 하늘이 무슨 말을 하더냐?"[88]

공자는 말을 가치 있게 만드는 것은 진실함이라고 생각했으며 다음과 같이 말했다. "말이 진실하고 미더우며 행실이 돈독하고 경건하면 비록 오랑캐의 나라라 하더라도 통할 것이다. 말이 진실하지도 않고 미덥지도 않으며 행실이 돈독하지도 않고 경건하지도 않으면 비록 중앙이라도 통하겠는가?"[89]

공자는 말과 행동이 다른 사람을 가장 싫어했다. 공자는 다음과 같이 말했

84 《宋元學案》卷三十六, 《橫浦學案》, 第2册, 第435頁。《宋元學案》卷三十八, 《五峰學案》, 第2册, 第447頁。

85 李顒, 字中孚, 陝西盩厔人(今作周至), 學者稱夏峰先生。見同書, 卷二十九, 《二曲學安》, 卷1册, 第508頁。孫奇逢, 字啓泰, 河北容城人, 學者稱夏峰先生。見同書, 卷一, 《夏峰學案》, 第1册, 第15頁。方坰, 號子春, 浙江平湖人, 學者稱生齋先生。見同書, 卷一五七, 《生齋學案》, 第4册, 第2735頁。

86 『중용(中庸)』 제20장.

87 『논어(論語)』 이인편(里仁篇) 제24장.

88 『논어(論語)』 양화편(陽貨篇) 제19장.

89 『논어(論語)』 위령공편(衛靈公篇) 제5장.

다. "처음에 나는 사람을 대할 때 그의 말을 듣고 그의 행실을 믿었다. 그러나 지금은 사람을 대할 때 그의 말을 듣고 그의 행실을 살피게 되었다."[90]

하지만 우리는 무엇인가에 대해서 말하는 것을 주저하지 않는다. 그래도 우리는 말을 간단히 해야 한다.[91]

사람이 하는 말이 길고 짧음에 상관없이 결국 말은 행동을 대신할 수 없다. 엄복嚴復과 라이프니츠G. W. Leibnitz는 다른 나라와 다른 시대에 살았지만 이 점에 대해서 완전히 의견을 같이 하고 있다.[92]

1.14 성의誠意

『주역周易』에서 공자는 다음과 같이 조언했다. "말을 가다듬고 그 정성스러운 마음을 간직하는 것은 수업을 하는 방법이 된다."[93]

성의誠意는 참됨, 정직, 진지함, 존경으로 정의될 수 있다. 성의는 북송北宋의 위대한 역사가 사마광(司馬光, 1019~1086)이 유안세劉安世에게 "결코 거짓말을 하지 말라"고 말을 시작하면서 평생 실천하라고 했던 덕목이다.[94] 손문孫文에게 성의는 혁명가가 갖추어야 할 태도였다. 왜냐하면 성의가 없다면 아무도 대의를 위하여 자기의 목숨을 희생할 수 없기 때문이다.

증삼曾參은 『대학大學』에서 다음과 같이 말했다. "대개 사람 마음의 신령함은 지혜를 가지고 있지 아니함이 없다."[95]

---

90 『논어(論語)』 공야장편(公冶長篇) 제9장.

91 《宋元學案》卷三十六,《橫浦學案》, 第2冊, 第435頁。《宋元學案》卷三十八,《五峰學案》, 第2冊, 第447頁。魏際瑞, 字伯子, 江西寧都人。見《清儒學案》卷二十二,《寧都三魏學案》, 第1冊, 第383頁。남송(南宋)의 주희(朱熹)와 청(淸)나라의 위제서(魏際瑞)는 말의 간결함을 주장했다.

92 Adolf Reichwein著, 徐維娟譯《孔子學說對啓蒙時代的影響》, 見《孔子學說對世界之影響》, 臺北, 復興書局出版, 1971年, 第179頁。엄복(嚴復)은 학문적인 주제에만 시간을 허비하면서 국가의 실질적인 문제를 무시하는 것에 대해 개탄했다. 라이프니츠는 그것은 말이 아니라 실천이라고 주장했는데 이는 꿈이나 정치적인 목표를 이루게 할 수 있는 것이었다.

93 역주: 『주역(周易)』 중천건(重天乾).

94 劉安世, 字器之, 河北大名人, 學者稱元城先生。見《元城學案》, 第1冊, 第245頁。

우리가 다른 사람을 속일 때 우리 자신도 속이곤 한다. 왜냐하면 하늘이 우리에게 준 선악善惡에 대한 직관을 상실했기 때문이다.

증삼의 제자이자 공자의 손자인 자사子思는 다음과 같이 말했다. "몸을 성실하게 하는 데에도 방법이 있으니 선善에 밝지 않으면 몸에서 성실하게 되지 않는다."[96]

자사子思는 "밝아짐"에 대단한 관심을 가지고 있었다. 자사는 다음과 같이 말했다. "성誠은 물物의 처음부터 끝까지를 유지하는 원동력이다. 성하지 아니하면 물이 없다. 이 때문에 군자는 성을 귀하게 여긴다. 성은 스스로 자기를 완성시키는 것일 뿐만 아니라 남을 완성시키는 수단이 된다." 자사가 말하고자 하는 바는 다음과 같다. 어떤 사람들은 처음부터 성을 지니고 태어났기 때문에 지혜를 가지고 있다. 그렇지 못한 사람들은 "밝아짐"이 없기에 교육이 필요하다는 것이다. 따라서 이들은 성의 중요성에 대해 배워야 한다는 것이다.[97]

성의誠意는 많은 이유로 필요하며 도道와 동시에 일어나는 것 중에서 가장 중요한 것이다. 도는 모든 것에게 성의 즉 진실함이 있기를 요구한다. 따라서 하늘도 성의가 있어야 한다. 공자는 『주역周易』에서 다음과 같이 말했다. "하늘은 힘써 나아간다." 그렇지 않으면 우리에게 하늘은 없는 것이다.

자사는 성이 없으면 아무것도 존재할 수 없다고 역설했다. 그것은 분명한 사실이다. 그러나 우리는 언제나 성을 깨닫지 못한다. 만일 성이 거기에 없다면 무엇이 있을 수 있겠는가? 마찬가지로 사람도 바로 그러한 존재이다. 사람은 자신이 무엇이라고 생각하는 존재는 아니다.

---

95 『대학(大學)』 전오장(傳五章). 『대학(大學)』의 내용을 경(經) 1장과 전(傳) 10장으로 나누어, 경(經)은 공자의 뜻을 증자(曾子)가 기술한 것이고 전(傳)은 증자(曾子)의 뜻을 그 제자들이 찬술한 것이라고 한다.

96 『중용(中庸)』 제20장.

97 역주: 『중용(中庸)』 제25장.

사람은 하늘 아래 천하의 만물이나 하늘과 같이 성의가 있어야 한다. 만일 성해지고자 하여 결국 그것을 이룬다면 그는 다시 우주의 일부가 된다. 자사는 다음과 같이 말했다. "성해지려고 하는 자는 선善을 선택해서 굳게 붙잡는 자이다."[98]

우주의 존재와 쉼 없는 움직임의 이유는 무엇인가? 그 답은 바로 성이다. 자사는 다음과 같이 말했다. "지극히 성실한 것은 쉼이 없다. 쉬지 아니하면 오래 지속되고, 오래 지속되면 효험이 나타나고, 효험이 나타나면 유원해지고, 유원해지면 넓고 두터워지며, 넓고 두터워지면 높고 밝아진다."[99]

결과적으로 진실로 성誠한 사람은 성의 작용에 의해 물物을 성숙시킬 수 있다. 성한 사람은 공고한 도덕적 기초가 갖추어진 세상의 중요한 구조를 구축할 수 있으며 물의 탄생과 변화에 대한 천지의 작용을 알 수 있다.[100]

소사의蕭師毅는 성의誠意를 유교의 가장 높은 개념으로 보았는데 성의는 철학적인 개념일 뿐만 아니라 홀로 생각하고 행동하는 데 엄격한 교육 과정이기도 하다.[101]

성의는 성인聖人이 천지의 일을 가능하게 할 뿐만 아니라 보통 사람이 자신의 인격을 발현하고 자신이 회복한 밝아짐의 정도에 따라 친척·친구·이웃에게 영향을 미치게 할 수 있는 것이다.

정호(程顥, 1032~1085)는 다음과 같이 말했다. "뜻을 정성되게 하면 할수록 다른 사람에게 영향을 크게 미치게 된다."[102] 주희朱熹도 다음과 같이 말했다. "천지의 도道는 성의라는 한 단어로 요약할 수 있다."[103] 그리고 왕부지(王夫之, 1619~1692)도 성의에 대해서 다음과 같이 말했다. "천지에 퍼져나가는 것은 성

---

98   역주: 『중용(中庸)』 제20장.

99   『중용(中庸)』 제26장.

100 『중용(中庸)』 제26장.

101 蕭師毅: 《孔孟學說的整體觀》, 見《文藝復興月刊》第2卷第1期, 臺北, 1971年1月。

102 《宋元學案》卷十, 《明道學案》, 第1冊, 第148頁。

103 Ibid. "Biography of Zhu Xi".

의이다."104

성의가 있으면 누구든지 세상을 바꾸고 적을 진정시키며 기적을 일으킬 수 있다. 하지만 성의가 없다면 홀로 생존할 수도 없다.

성의가 없다면 사람은 자신의 마음을 바로잡지도 못하며 인격을 도야하지도 못한다.(마음을 바로잡는 것에 대해서는 본서 1장 11절에서 이미 논했다.)

사람의 인격을 높이는 데 지知, 인仁, 용勇이 필요하다. 이 세 가지는 성誠에 의해서만 이루어질 수 있다. 자사子思는 다음과 같이 말했다. "지, 인, 용 세 가지는 천하의 달덕達德이니 이를 행하는 까닭은 한 가지이다. 혹 나면서 알며 혹 배워서 알고 혹 고심해서 알지만 안다는 점에서 보면 같은 것이다. 혹 편안하게 행하며 혹 이롭게 여겨서 행하며 혹 애쓰고 억지로 힘써서 행하지만 그 공을 이루는 점에서 보면 같은 것이다."105

성誠은 "말"과 "성공"을 뜻하는 두 부분으로 이루어진 글자이다. 誠이라는 글자는 "말을 성공적으로 받아들이게 한다"는 뜻을 나타낸다. 실제로 성의는 말에 신뢰성을 부여한다. 더욱이 성의는 뜻을 정성되게 하는 사람이 다른 사람이 성공을 하는 데 도움을 줄 수 있게 한다.

자사子思는 다음과 같이 말했다. "자기를 완성시키는 것은 인仁이고 남을 완성시키는 것은 지知이다."106

지知와 인仁을 결합한 사람은 지극히 행복한 사람이다.

1.15 도道 안에서 찾는 행복

공자는 정치가가 되는 데 좌절을 계속 맛보았지만 그의 마음은 만족스럽고 평화로웠다. 공자는 도道 안에서 살았으며 도道 안에서 행복을 찾았다.

---

104 Wang Fu-zhi, Biographies of the Qing Confucianists.
105 『중용(中庸)』 제20장.
106 『중용(中庸)』 제25장.

공자는 자신의 삶이 헛되지 않았음을 깨달았으며 마음속은 평화로웠다. 공자는 언제나 무엇인가를 했으며 새로운 것을 배우면서 매일 인격을 도야하려고 했다. 따라서 공자는 결코 쉬지 않았다.

공자는 남자나 여자나 가릴 것 없이 모두 받아들여 그들이 더 나은 사람이 되는 것을 확신하며 우리 인류의 미래에 대해서 끊임없는 희망을 품었다.

적극적으로 실천하는 것은 물론 희망 속에서 모든 걱정을 지워버렸다. 공자가 개인적으로 겪은 삶의 굴곡은 마치 하늘에 떠다니는 구름과 같았다. 공자는 이러한 것에 관심을 두지 않았다. 공자가 마음을 쓴 것은 자신의 행운이 아니라 세상과 자신의 학당에서 일어나는 일뿐이었다. 공자는 정치가, 학자, 혹은 제자가 발전하는 모든 모습을 보면서 대단히 기뻐했다.

공자는 학생들에게 크게 만족을 했다. 공자는 제자들과 함께 배우며 제자들이 새로운 것을 깨달을 때마다 기쁨을 함께 나누었는데, 제자들에게 다음과 같이 말했다. "배우고 때때로 그것을 익히니 또한 기쁘지 아니한가!"[107]

맹자의 입장에서 군자君子를 행복하게 하는 세 가지 중의 하나는 천하의 영재를 제자로 삼는 것이다. 공자는 안회顔回, 자공子貢, 증삼曾參과 같은 소수의 영재를 제자로 두었다. 안회는 자신의 덕행을 공자로부터 인정받았고 자공은 외교관으로 성공했으며 증삼은 공자의 정신적 유산의 중요한 부분을 후세에 전했다.

증삼은 자신의 아버지 증점曾點과 함께 공자의 학당에서 수학修學하는 행운을 얻게 되었다. 증曾씨 부자가 같은 방에서 공자에게 배웠는지는 확인할 수 없다. 증점은 다른 학생보다 공자와 가까운 사이로 공자의 가장 친한 친구 중의 하나였다. 증점은 정치에 관심이 없는 것을 공자에게 고백하는 데 전혀 주저하지 않았다. 증점은 공자에게 다음과 같이 말했다. "늦봄에 봄옷이 만들어지고 나면 갓을 쓴 사람 5~6명 동자 6~7명과 더불어 기수沂水에서 목욕

---

107 『논어(論語)』 학이편(學而篇) 제1장.

하고 무우(舞雩: 하늘에 기우제를 지내는 제단이 있는 곳)에서 바람 쐬고 노래하면서 돌아오겠습니다." 그러자 공자는 감탄하면서 증점과 함께 하겠다고 말했다.[108]

공자가 위와 같은 일은 자주 했다는 것은 가능성이 매우 많다. 공자는 여행과 노래를 즐겼다. 공자는 매일 학당에서 다른 사람들과 노래를 부를 때 상대방이 노래를 잘 하면 반드시 다시 부르게 하고 그 뒤에 답가를 불렀다.[109]

공자는 비파와 같은 악기를 학생들과 같이 연주하면서 노래를 부르기도 했다.[110] 공자의 학당은 마치 음악 학교와 같았다.

공자는 음악이 사회적 행동을 조절하고 필요한 경우에 감정을 많이 해소시켜 주는 데 효과적인 수단이라는 신념이 있었다. 공자는 음악에 대한 조예가 깊었기에 노魯나라의 태사(大師: '태사'로 발음함. 음악을 담당하는 수장)와 동등한 수준으로 음악을 논했다.

공자가 제齊나라 수도에 있을 때에 순舜임금의 음악인 소韶를 듣고 배우는 석 달 동안 고기 맛을 몰랐다. 당시 공자는 다음과 같이 말했다. "음악을 하는 것이 이러한 경지에 이를 줄은 생각하지 못했다."[111]

공자는 소韶가 없어도 거의 언제나 행복을 느꼈다. 게다가 멀리서 친구가 찾아와도 행복을 느꼈다.

때때로 밥상에 고기와 술 대신에 채소와 물이 놓였지만 공자는 전혀 개의치 않고 식사를 했다. 공자는 가난 때문에 의기소침하지 않았다. 공자는 다음과 같이 말했다. "거친 밥을 먹고 물을 마시며 팔을 굽혀 베고 누워도 즐거움은 또한 그 가운데 있으니 의롭지 않으면서 부자 되고 귀하게 되는 것은 나에게는 뜬구름과 같다."[112]

---

108 『논어(論語)』 선진편(先進篇) 제25장.
109 『논어(論語)』 술이편(述而篇) 제31장.
110 『논어(論語)』 양화편(陽貨篇) 제4장, 제20장, 선진편(先進篇) 제14장.
111 『논어(論語)』 술이편(述而篇) 제13장.
112 『논어(論語)』 술이편(述而篇) 제15장.

공자가 사랑하는 제자 안회顔回도 공자와 마찬가지로 가난 속에서도 행복을 느꼈는데 공자는 이를 두고 다음과 같이 말했다. "어질도다, 안회여! 한 그릇의 밥과 한 표주박의 마실 것으로 누추한 골목에 산다. 사람들은 그 근심을 견뎌내지 못하지만 안회는 그 즐거움을 바꾸지 않는다. 어질도다, 안회여!"[113]

안회는 42세의 나이로 세상을 떠났고 공자는 74세까지 살았다.

『논어論語』에서 행복을 뜻하는 글자 낙樂은 45번이나 나오지만 고통을 나타내는 글자는 전혀 언급되지 않았다.

공자는 제자가 존경한 스승이며 공자는 그의 제자들을 칭송했는데 공자와 제자들은 도道를 향유하면서 한께 신성한 삶을 영위했다. 배움에 대한 사랑으로 공자와 제자들은 세상사의 근심 걱정을 하지 않았다.

어느날 초楚나라의 섭공[114]이 자로子路에게 스승 공자에 대해 물었는데 자로는 대답하지 않았다. 자로가 이것에 대해 공자에게 이야기하자, 공자는 다음과 같이 말했다. "너는 어찌 '그 사람됨을 분별하여 먹는 것도 잊고 즐거워하여 걱정거리도 잊어버리며 늙음이 눈앞에 다가오는 것도 알지 못한다'고 말하지 않았는가?"[115]

공자는 글을 읽는 것보다 인仁을 더 많이 실천했고 매 순간 인仁을 즐거워했다. 공자는 제자들에게 다음과 같이 말했다. "아는 것은 좋아하는 것만 못하고 좋아하는 것은 즐거워하는 것만 못하다."[116]

맹자는 다음과 같이 말했다. "만물이 모두 나에게 갖추어져 있으니 몸을 돌이켜보아 성실하면 이보다 더 클 수 없고 서(恕: 남과 같은 마음)를 억지로 힘써서 행하면 인仁을 구하는 것이 이보다 더 가까울 수 없다."[117]

---

113 『논어(論語)』 옹야편(雍也篇) 제9장.

114 역주: 葉은 지명일 때 음이 '섭'이다. 초(楚)나라 땅인데 지금의 하남성(河南省) 섭현(葉縣)이다. 섭공(葉公)은 초(楚)나라의 대부로서 섭(葉)이 그의 식읍(食邑)이었다. 성은 침(沈), 이름은 제양(諸梁), 자(字)는 자고(子高)이며, 명망 있는 사람이었다.

115 『논어(論語)』 술이편(述而篇) 제18장.

116 『논어(論語)』 옹야편(雍也篇) 제18장.

15세기 이후에 정호(程顥, 1032~1085)와 정이(程頤, 1033~1107) 이정자二程子는 스승 주돈이(周敦頤, 1017~1073)에게 인생의 가르침을 구했다. 주돈이는 두 제자에게 공자와 안회顏回가 함께 한 행복의 근원을 찾도록 노력하라고 말했다.

미국의 시카고 대학 중국학 교수였던 크릴(Herrlee G. Creel, 1905~1994)은 「공자와 인간의 행복을 위한 투쟁Confucius and the Struggle for Human Happiness」을 자신의 저서 『중국인의 행복Chinese Happiness』에서 장章의 제목으로 사용한 것은 일리가 있다.[118]

1.16 중도中道

유교儒敎의 길은 중도(中道: 어느 한쪽으로 치우치지 않는 바른 길)이다.

'中'이라는 글자는 '가운데', '부합하다', '맞다' 등의 여러 가지 뜻이 있다. 나라 이름 '中國'은 '중국인이 세운 나라' 혹은 '전 세계의 중앙에 있는 나라'라고 풀이할 수도 있다. 어떤 의견이나 행동을 언급하는 경우 '中'이라는 글자를 사용할 때 '맞다'라는 의미로 사용된다.

공자는 역사적 문헌의 연구를 통해 순舜 황제의 정치 예술에서 발견한 것을 토대로 하여 최초로 中이라는 글자에 철학적으로 함축적인 의미를 부여했다. 공자는 다음과 같이 말했다. "순舜은 크게 지혜로운 분이시다. 순은 묻기를 좋아하시고 평범한 말을 살피기 좋아하시며 악을 숨기고 선을 드러내시며 그 두 끝을 붙잡아 그 가운데를 백성에게 쓰시니 그로써 순이 된 것이다."[119] 주공周公은 규제와 해제를 동시에 허용했는데 예禮는 규제를 악樂은 해제를 하는데 이용했다.

영감의 세 번째 원천은 『주역周易』의 신탁인데 이는 사람이 무엇인가 하고

---

117 『맹자(孟子)』 진심장구상(盡心章句上) 제4장.
118 Herrlee G. Creel. Chinese Thought. University of Chicago Press, 1953, 1971.
119 『중용(中庸)』 제6장.

자 할 때 적시적소適時適所가 얼마나 중요한가를 강조하고 있다.

공자는 『주역』을 가르칠 때 적시적소를 가리키는 말로 '中'이라는 글자를 사용했다.

공자가 상당히 다양한 조건과 상황을 요약하는 데 '中'이라는 이 글자를 선택하여 조건과 상황에 따라 사람이 취할 적절한 태도를 말할 수 있었던 것은 주목할 만한 사실이다. 중국에서 위魏나라·오吳나라·촉蜀나라 세 나라가 맞서 있던 삼국시대三國時代의 영재 왕필(王弼, 226~249)은 공자는 상이한 논리의 우연적인 발생뿐만 아니라 인간사人間事를 통합하는 원칙을 밝혀야만 했다고 지적했다.[120]

자사子思는 『중용中庸』에서 다음과 같이 말했는데 이는 왕필王弼이 의견을 정립하는 데 영향을 미쳤다. "중中이란 천하天下의 큰 뿌리이다."[121]

공자에게 '中'은 가운데를 말하며 '用'의 뜻은 너무 많지도 않고 너무 적지도 않으며 너무 강하지도 않고 너무 약하지도 않으며 너무 딱딱하지도 않고 너무 부드럽지도 않으며 너무 긴장하지도 않고 너무 해이하지도 않으며 너무 무겁지도 않고 너무 가볍지도 않으며 너무 길지도 않고 너무 짧지도 않으며 너무 엄격하지도 않고 너무 관대하지도 않은 것을 말한다.

'中'은 꼭 그럴 필요는 없지만 선의 양 끝에 등거리에 있는 점과 같은데 저울의 눈금과 유사하여 정확한 무게를 가리킨다.

'中'은 평면의 기하학적 중심이나 무게가 있는 딱딱한 3차원 물체의 중력 중심과도 같은 것이다.

'中'의 개념은 공자의 위대한 창작물로 그의 학문 깊이와 뛰어난 천재성을 보여 준다. 공자는 자기가 아는 많은 것을 단 하나의 말로 압축할 수 있었는데 이 말은 그 내용이 아무리 많은 내용을 담고 있어도 평범한 사람도 쉽게

---

120 皇侃: 《論語義疏》第1册, 卷二, 藝文印書館印行, 第31頁。
121 『중용(中庸)』 제1장.

알 수 있는 것이었다.

'中'은 모든 경우에 적용할 수 있다. 범죄 사건의 경우 '中'은 적절한 형벌을 뜻하며 사회적인 관계에서는 질서와 조화를 나타낸다. 교육에 대해서 '中'은 그 목표가 평범한 행동으로 제자들을 훈육하는 것임을 보여 준다. 철학에서도 '中'은 음陰과 양陽과 같은 두 개의 반대적인 성질이 내부적으로 하나로 융합되는 것을 보여 주는데 이 두 성질의 중간에 무엇인가 있기 때문에 이러한 성질들 외에 절대적인 것을 만들 필요가 없다는 것이다.

'中'을 보다 효과적으로 논하기 위해 다섯 가지 측면에서 하나씩 살펴보고자 한다.

1. 중정(中正: 어느 한쪽으로 지나치거나 모자람이 없이 곧고 올바름)

'중정中正'은 『주역周易』의 첫 번째 괘卦 건乾에 대한 문언文言에 나타나 있는데 건이 나타나는 하늘에 대한 칭송을 표현한다. "크도다 건의 작용이여 굳세고 꿋꿋하고 알맞고 바르며 순수하고 정밀하다."[122]

마찬가지로 이 세상에는 누구에게나 맞는 적소適所가 있다. 이 적소는 각자의 인격에 걸맞으며 하고자 하는 바를 성취할 수 있고 다른 사람과 충돌하지 않으며 만약 그른 길로 들어선 자신이 찾아가야 할 곳이다. 결과적으로 적소는 반드시 같지는 않으며 지금 적소라고 하더라도 경우에 따라서는 그렇지 않게 되는 경우도 일어나며 어떤 사람에게는 적소라고 하더라도 다른 사람에게 똑같이 적용되지 않는다.

군자君子는 자신이 적시적소에 있는지 자문하려고 한다. 정치가도 나라가 올바른 상황에 있고 국민이 자기가 있는 자리에서 개인적으로 총체적으로 행복한지 보고자 한다.

정치가나 위정자는 좌로도 우로도 치우치거나 그러한 가능성을 배제하고

---

122 역주: 『주역(周易)』1 중천건(重天乾).

중심을 잡고 적소適所에 있는지를 확인해야 하며 모든 사람도 (정신적으로) 위와 같이 적소에 있는지 볼 수 있는 위치에 있어야 한다.

　주희朱熹는 정치가가 자신의 권력 아래 모든 일에 올바른 결정을 하고 이러한 결정을 내리는 동안에 이理에 대해서만 주의 깊게 들어야 하고 따라서 정치가는 시시때때로 자신의 결점을 스스로 찾아내고 마지막에는 과오를 범하지 않는 것을 목표로 삼아야 하며 백성이나 군주의 과오를 바로잡기 위해 나라 안에서 뛰어난 자를 등용하여 자신을 보좌하도록 해야 한다고 말했다.[123]

　군주의 과오를 바로잡는 데는 정치가의 용기가 필요한데 이를 위해 유가儒家 정치가는 흔히 자신의 목숨을 바쳐야 한다. 과거의 대다수 유가儒家는 순교자처럼 행복하게 자신의 목숨을 내던졌는데 이때 자신이 올바른 일을 했다고 확신했다.

　백성들이나 조정에서 누구나 과오를 범하기 쉽기 때문에 대다수 군주는 과오를 바로잡을 필요가 있다. 군주는 매우 막강한 권력이 있기에 산 정상의 용龍과 같은 존재이다. 만일 군주가 산 정상에서 뛰어 내린다면 깊은 구렁에 빠지기 쉽기 때문에 『주역周易』의 「중천건重天乾」 후반에는 다음과 같은 대목이 있다.

　상구上九는 고자세의 용龍이라면 후회함이 있을 것이다. 상에서 말했다. "고자세의 용龍이라면 후회함이 있는 것은 가득 차면 오래갈 수 없기 때문이다." 문언文言에서 말했다. "상구上九에서 '고자세의 용龍이라면 후회함이 있을 것이다'라고 했는데 무엇을 말한 것입니까? 공자가 말했다. '귀한 데도 자리가 없고 높은 데도 백성이 없으며 현인이 아랫자리에 있는 데도 보좌해 주는 자가 없다. 이 때문에 움직이면 후회함이 있다.' 고자세의 용龍이라면 후회함이 있는 것은 궁극에 갔기 때문에 나타나는 재앙이다. 고자세의 용龍이라면 후회함이 있는 것은 상황과 더불어 함께 극에 달했기 때문이다. 고자세를 취

---

123 《朱子答梁丞相書》, 見 《晦庵先生朱文公文集》卷二十七, 《四部叢書》刊本。

한다는 말의 뜻은 나아갈 줄만 알고 물러날 줄을 모르며 있는 줄만 알고 없는 줄을 모르며 얻는 줄만 알고 잃을 줄을 모르는 것의 의미한다. 그 오직 성인 이로다! 나아갈 바와 물러날 바, 있어야 할 바와 없어야 할 바를 알아서 그 바른 처신을 잃지 않는 자는 그 오직 성인이로다!"[124]

2. 중화(中和: 감정이나 성격이 치우치지 않고 바른 상태)

『중용中庸』에서 '和'라는 글자는 감정을 적절히 해소한 후에 일어나는 사람의 조건을 나타내는데 이러한 해소는 크건 작건 간에 딱 맞는 것이다. 이는 실컷 우는 것과 같다. 예를 들어 한 여성이 어떤 이유로 실컷 울고 난 후 마음이 후련해지는 현상을 말한다.

자사子思는 『중용』에서 중中과 화和에 대해 다음과 같이 말했다. "기뻐하고 성내고 슬퍼하고 즐거워하는 정情이 아직 나타나지 않는 상태를 '속'이라는 의미로서 중이라 하고, 나타나서 모두 절도에 알맞게 된 상태를 화라 한다."[125]

계속해서 자사는 말했다. "중이란 천하의 큰 뿌리이고 화란 천하에 통하는 도리이다."

따라서 중은 원리이며 화는 이 원리의 응용이라고 덧붙일 수 있다.

명明나라의 왕서(王恕, 1416~1508)는 '중中'의 원칙이 지켜지지 않는다면 아무런 성공도 이룰 수 없으며 그 길이 선행되지 않는다면 아무런 목표도 이루어지지 않는다고 말했다.[126]

적절하게 감정을 해소하는 것을 알게 되면 예禮의 규칙으로 돌아가는 것이다. 예는 감정을 적절히 해소하면서 억제하는 것을 강조한다.

당군의唐君毅는 자사의 말을 발전시켜 다음과 같은 결론에 도달했다. "모든

---

124 역주: 『주역(周易)』1 중천건(重天乾).

125 『중용(中庸)』 제1장.

126 王恕, 字忠貴, 號石渠, 陝西三原人。見《明儒學案》券五, 《三原學案》, 上冊, 第55頁。

범죄의 뿌리는 과도한 감정 표출이다. 군자君子는 범죄나 과오를 막기 위해 감정을 잘 살피고 필요한 경우에 정상적인 조건을 유지하거나 복구하려고 감정을 조절하는 것이다.[127]

미국의 장군이자 대통령이었던 드와이트 아이젠하워(1890~1969)는 공화주의는 조화 · 균형 · 진보의 세 가지 요소로 구성되어 있다는 신념이 있었다. 균형이 없으면 진보가 없으며 조화가 없으면 균형을 이룰 수 없다. 아이젠하워의 사상은 자사와 어느 정도 일치했다.[128]

3. 중용(中庸: 지나치거나 모자라지 않고 한쪽으로 치우지지도 않는 떳떳하며 변함이 없는 상태나 정도)

'庸'이라는 글자는 동음이의어 '用'이라는 글자에서 비롯되었는데 '用'은 '쓰다', '적용하다' 등의 뜻을 나타낸다. 한漢나라의 학자 허신(許慎, 30~124)이 지은 중국에서 가장 오래된 자전字典『설문해자說文解字』도 '庸'의 뜻을 '쓰다', '적용하다'라고 하고 있다. '中庸'은 가장 적절한 순간에 가장 적절하게 쓰는 것을 뜻하는데 바로 딱 들어맞아야 한다.[129]

다른 좋은 대안이 없다면 그것은 상당히 좋은 선택이어야 한다.[130]

공자는 수차례 중용中庸을 실천하는 데 따르는 어려움을 인정했다. 공자는 다음과 같이 말했다. "천하나 국가도 고르게 할 수 있으며 벼슬이나 녹도 사양할 수 있으며 시퍼런 칼날도 더딜 수 있으나 중용은 할 수 없다." "중용의 덕이 지극하구나! 백성 중에 오래 하는 이가 드물다." "군자는 중용에 의지하는 것이니 세상에 숨어서 알려지지 아니하여도 후회하지 않는다."[131]

중용은 선택, 결정, 헌신과 관련되기 때문에 어려운 것이다. 선택은 중용

---

127 唐君毅:《哲學概論》下冊, 臺北, 學生書局, 1974年, 第1089~1090頁.

128 Chang Chi-yun. American Culture and Sino-American Relations. 22.

129 Takezoe Koukou(竹添光鴻). Consolidated Notes on the Analects(論語會箋). Vol. 1, 31.

130 이 말은 송(宋)나라의 유가(儒家) 정이(程頤)가 편찬한 『중용(中庸)』의 서문에 들어 있다.

131 『중용(中庸)』 제9장, 『논어(論語)』 옹야편(雍也篇) 제27장, 『중용(中庸)』 제11장.

을 실천하는 사람이 모든 선택 사항에서 자기 자신만을 위해서가 아니라 자신이 속한 공동체 다시 말해서 가족, 나라, 세계를 위해서 궁극의 선善으로 가는 것을 취해야 한다.

이타주의적인 관점에서 용庸이 선하지 않다면 그것은 중용이 아닌 것이다.

또 다른 어려움은 중용을 "어느 정도" 실천해야 하는가 하는 판단에 있다. 공자는 다음과 같이 말했다. "도道가 행하여지지 아니함을 나는 알겠다. 지혜로운 자는 지나치고 어리석은 자는 미치지 못하기 때문이다. 도道가 밝아지지 아니함을 나는 알겠다. 어진 자는 지나치고 못난 자는 미치지 못하기 때문이다."[132]

"사람은 마시고 먹지 아니함이 없지만 맛을 알기 어렵다."[133]

하지만 안회顔回는 공자의 가장 뛰어난 제자로 예외적이었다. 공자는 다음과 같이 말했다. "안회의 사람됨은 중용을 골라서 실천하는 것이니 하나의 착한 것이라도 얻으면 가슴에 꼭 붙잡고 잃어버리지 않는다."[134]

가장 적절한 선택은 사람의 감정, 하늘의 이理, 국가의 법을 따르는 것이다. 이러한 선택을 하기로 결정한 사람은 정의의 짐을 감당하는 것을 준비해야 하는데 이는 맞서서 부정, 부패, 무기력과 맞서 싸우는 것을 말한다.

고익군顧翊群은 자신의 저서 『철학논집哲學論集』에서 '하나'와 '다수' 이 두 개념 사이의 충돌에 대해서 하버드 대학의 로만스 언어학과 교수였던 어빙 배빗(Irving Babbitt, 1865~1933)이 제기한 문제는 중용의 개념으로 쉽게 다루어질 수 있다고 했다.[135]

실제로 공자는 제자들에게 몸소 모범을 보였다. 공자는 사사로운 의견이

---

132 『중용(中庸)』 제4장.

133 역주: 『중용(中庸)』 제4장.

134 『중용(中庸)』 제8장.

135 Gu Yi-qun(顧翊群), "On Chinese Culture: form a 20th Century Perspective(从20世纪观点看中华文化)". Philosophical Essays(《哲学论集》). Taipei: Hua-kang Book Co., 1974, 219.

없었으며 반드시 해야 된다는 것도 없었고, 고집함이 없었으며, 자신이 아니면 안 된다고 말하지도 않았다.[136]

4. 중행(中行: 한쪽으로 치우치지 않은 바른 행실)

문자적으로 중행中行은 길의 중앙선 위를 걷는 사람을 뜻하는데 너무 열정적이지도 않고 너무 내성적이지도 않는 사람을 가리킨다.

공자가 진陳나라에 있을 때 고향 노魯나라에 두고 온 제자들 생각이 나 다음과 같이 말했다. "돌아가자. 돌아가자. 우리 고향의 제자들은 학문에 미친 듯이 몰두하고 고집스럽게 매달려서 진전된 모습이 환하게 얼굴에 드러났으나 마무리할 줄을 모른다."[137]

이에 대해 맹자孟子는 다음과 같이 말했다. "공자는 '중용中庸의 도道를 행하는 사람을 만나서 함께 하지 못한다면 반드시 광견(狂獧: 지나치게 이상만 높고 실행이 따르지 못하거나 생각이 부족하여 고루한 사람)을 택하겠다. 광자(狂者: 말과 행동이 보통과 다른 사람)는 진취적이고 견자(獧者: 고집이 세고 지조가 굳은 사람)는 하지 않는 것이 있다' 하셨으니 공자께서 어찌 중용의 도를 행하는 자를 원하지 않으셨겠는가마는 반드시 얻을 수는 없기 때문에 그 다음의 인물을 생각한 것이다."[138]

위예개(魏裔介, 1616~1686)는 너무 열정적인 사람과 너무 내성적인 사람을 공자가 말한 도道의 옹호하는 사람이며 길의 중앙선 위를 걷는 사람을 공자의 가르침으로 나타난 결과의 정수라고 보았다.[139]

그러나 너무 열정적이거나 너무 내성적인 것은 군자君子가 취할 가장 좋은 태도가 아니며 이 극단적인 두 가지를 삼가고 주의하여 열정을 품는 것이 보다 바람직한 것이다.

---

136 『논어(論語)』 자한편(子罕篇) 제4장.
137 『논어(論語)』 공야장편(公冶長篇) 제21장.
138 『맹자(孟子)』 진심장구하(盡心·章句下) 제37장.
139 魏裔介, 字石生, 河北栢鄉人。見《淸儒學案》卷十九,《栢鄉學案》, 第1冊, 第351頁。

5. 시중時中

공자는 『중용中庸』에서 중용을 실천하는 데 적시適時에 하는 자를 군자君子라고 보았다. 다시 말해서 군자는 시기를 중요시한다고 말했다. 어떤 행동이 시기적절하지 않는다면 기다리는 것이 나으며 그렇지 않다면 바로 실천에 옮겨야 할 것이다.

맹자는 공자에 대해 다음과 같이 말했다. "공자는 성인 중에서 상황에 맞게 행동하는 자이다."[140]

역사에 상당히 박식한 공자는 결코 역사에 속박을 당하지 않았다. 공자는 요堯임금과 순舜임금 때 중국의 상황이 얼마나 좋았는지 알고 있었지만 그러한 상황이 당대에 재현될 수 없다는 것도 잘 알고 있었다.

만물의 성질은 변화하는 것이다. 공자는 누구보다도 이러한 뻔한 것을 알고 있었으며 『주역周易』의 최초이자 가장 위대한 주석가였다.

공자는 『주역』에서 몇 가지 사례를 보여 주면서 때의 중요성을 강조했다. "천지가 찼다가 비었다가 하는 것도 때에 따라 줄었다가 불었다가 하는 것이다."[141] "군자君子가 덕을 진전시키고 업을 닦는 것은 상황에 알맞게 대처할 수 있게 되기를 바라서이다."[142] "종일 노력하는 것은 상황에 따라 함께 행한다는 것이다."[143] "때가 멈추어야 하는 경우라면 멈추고 때가 가야 하는 경우라면 가서 움직이고 멈춤이 그 때를 잃지 않으면 그 도가 빛나고 밝을 것이다."[144]

주희朱熹의 제자 엽무자葉武子는 다음과 같이 시간 요소의 중요성을 논했다. "시간 요소는 두 가지 측면이 있는데 하나는 나의 시간이며 다른 것은 상황 시간이다. 내 시간이 더 중요한데 다시 말해서 외부 요인이 아무리 좋다고

---

140 『맹자(孟子)』 만장장구하(萬章章句下) 제1장.
141 역주: 『주역(周易)』 55 뇌화풍(雷火豊).
142 역주: 『주역(周易)』 1 중천건(重天乾).
143 역주: 『주역(周易)』 1 중천건(重天乾).
144 역주: 『주역(周易)』 52 중산간(重山艮).

해도 내가 준비를 갖추지 못하면 실천하지 말아야 한다. 따라서 모든 것은 자신한테 달려 있다. 결과에 대해서 결정하고 답하는 것은 바로 나이다."[145]

엽무자葉武子가 한 말을 토대로 고대 전략가가 세운 다음의 전략으로 결론을 지을 수 있다. 전쟁에 대비하고 너무 이르거나 늦지 않게 전쟁을 벌일 적시適時를 알게 된다면 승리를 확신할 수 있다.

주周나라의 문왕文王과 그의 아들 무왕武王은 백성의 호응을 얻어 은殷나라의 31대 마지막 군주 제신帝辛의 군대를 물리치고 은나라의 복고를 위해 반란을 일으킨 제신의 아들 무경武庚을 물리쳤는데 이때 문왕과 무왕의 시기적절한 행동은 널리 알려져 있다. 이들은 기회가 주어졌을 때 그것을 알았을 뿐만 아니라 기회는 두 번 다시 오지 않는 것도 알고 있었다.

어떤 행동에 대한 적시를 안다는 것은 쉬운 일이 아니다. 사람은 그 순간에 적절한 요소가 갖추어져 있는가를 깨닫기 위해 많은 분야에서 교육을 잘 받아야 한다. 시간 요소의 정점에서 개인적 요소와 지리적 요소를 고려해야 한다. 따라서 적, 우방, 백성이나 가족에 대한 신뢰할 만한 정보 외에도 심리학, 역사, 철학 그리고 과학에 대한 깊은 지식도 갖추어야 한다. 더 나아가 자기 자신에 대해서도 가능한 한 많이 알고 있어야 한다.

공자와 공자 사후의 유가儒家는 사회 변동에 반동적이지도 않았으며 보수적이지도 않았다. 이들은 변화를 믿었기에 다른 무엇보다도 시간의 흐름을 따라잡으려고 했다. 한 마디로 말해서 공자와 유가儒家는 시간을 의식하는 사람들이었다.

1.17 내성외왕內聖外王

내성외왕內聖外王이 되는 것은 유교에서 추구하는 인격 수양의 이상적 상태

---

145 葉武子, 號息庵, 福建邵武人。見《宋元學案》卷六十三,《滄州諸儒學案》, 第2册, 第788頁。

로 안으로는 성인이며 밖으로는 임금의 덕을 갖춘 사람을 말하며 요堯임금과 순舜임금과 같은 성왕聖王은 아니다. 요임금과 순임금은 성인聖人의 지혜를 갖춘 군주이다. 공자와 같은 내성외왕內聖外王은 왕의 능력을 갖춘 성인이었다.

공자는 스스로 왕이 되기를 원치 않았다. 공자가 가장 염원한 것은 주周나라의 조정에서 무왕武王과 성왕聖王을 보필한 주공周公과 같은 정치가가 되는 것이었다. 만약 공자가 중국 동부의 어디선가 제후국의 군주를 보필했다면 평화와 질서를 회복하고 대동大同의 이상 국가와 당시의 시대적 혼란 사이의 무엇인가를 확립했을 것이다. 이것이 무한한 행복의 상태이다.

공자는 주周나라 제후국의 군주들을 찾아가 여러 관직에 등용되었지만 자신의 정치적, 도덕적 개혁을 추진할 수 없었다. 공자는 다년간 주나라 일대의 제후국을 주유周遊하면서 많은 은자로부터 비평과 비웃음을 받았다. 공자가 단지 제자를 키우면서 세상을 변화시키는 것을 잊었다면 수많은 문제와 고난을 겪지 않았을 것이다. 그러나 공자는 고결한 사명이 있었다. 공자는 은자가 되어 새와 동물들과 살고 싶지 않았기에 인간 사회를 떠날 수 없었으며 세상이 그만큼 악하지 않았다면 고향에 머물렀을 것이라고 제후국을 주유周遊할 때 같이 한 제자들에게 말했다.

공자는 69세가 되어서야 고향에 돌아왔으며 불과 5년 만에 주석과 해설을 달아 『춘추春秋』를 편찬했다. 공자는 외왕外王이 아니라 내성內聖의 위업을 달성했다.

외왕外王의 위업을 이루겠다고 공자가 꾸었던 꿈의 달성은 공자의 수제자와 후대 유가儒家에게 남겨졌다. 오늘날도 유가는 성인聖人이 되는 데에 만족하지 않으며 왕이 되고자 한다.

이러한 목적을 달성하는 방법은 『대학大學』의 8단계인데 본서의 1.1절에 나와 있다. "사물이 연구된 후에 지혜가 이루어지고, 지혜가 이루어진 후에 뜻이 정성스러워지며, 뜻이 정성스러워진 후에 마음이 바르게 되고, 마음이 바르게 된 후에 몸이 닦이며, 몸이 닦인 후에 집이 안락해지고, 집이 안락해진 후에 나라가 다스려지며, 나라가 다스려진 후에 천하가 화평해진다."[146]

8단계의 여섯 번째 사람이 그 집을 안락하게 하면 성인聖人이 될 수 있으며 마지막 두 단계는 그 사람을 왕의 능력을 가질 수 있게 하는데 이는 외왕外王의 능력을 지닌 성인聖人을 말한다.

유가儒家는 모두 공자와 마찬가지로 사회 개선론자이다. 우선 유교儒教는 도덕과 정치가 융합된 철학이다. 이러한 철학에 따르면 선한 사람은 착한 이웃, 착한 아들, 착한 남편, 착한 아버지, 착한 동생, 착한 친구, 선한 스승, 착한 목수 등을 가리킬 뿐만 아니라 만약 기회가 주어진다면 선한 사람은 선한 시민과 선한 정치가도 포함되어야 한다.

하지만 공자에게 자선은 집에서만 끝나지 않는다. 사람은 단지 고립된 개인일 뿐만 아니라 가족, 사회, 국가, 세계를 구성하는 일원이기도 하다.

위와 같은 체재에서 정치는 윤리의 일부분에 지나지 않는다. 정치는 도덕 이외에 다른 그 무엇도 고려해서는 안 된다. 공자는 정치에 대해서 다음과 같이 말했다. "백성을 인도하기를 정치적 술수로써 하고 질서 잡는 것을 형벌로써 하면 백성들은 형벌을 면하려고만 하고 부끄러워함이 없다. 인도하기를 덕德으로써 하고 질서 잡는 것을 예禮로써 하면 백성들은 부끄러워함이 있고 또 마음 씀씀이를 바르게 할 것이다."[147]

도덕은 원칙이며 정치는 단지 이 원칙을 적용한 것에 불과하다. 도덕은 도道이며 정치는 도道를 적용한 것이다. 군자의 사명은 도를 명예롭게 하거나 확장시키는 것으로 다시 말하면 도의 혜택을 더 많은 사람들에게 확대하는 것이다.

자로子路가 공자에게 군자에 대하여 물으니 공자는 다음과 같이 대답했다. "자기를 닦기를 경敬으로써 한다." 자로는 다시 물었다. "그 정도뿐입니까?"

---

146 역주: 『대학(大學)』 경일장(經一章).
147 『논어(論語)』 위정편(爲政篇) 제3장.

그러자 공자는 다음과 같이 대답했다. "자기를 닦아서 남을 편안하게 하는 것이다." 그러자 자로는 재차 공자에게 물었다. "그 정도뿐입니까?" 마지막으로 공자는 아래와 같이 대답했다. "자기를 닦아서 모든 사람을 편안하게 하는 것이니 자기를 닦아서 모든 사람을 편안하게 하는 것은 요순堯舜도 오히려 그렇게 하지 못하는 것을 병으로 여겼다."[148]

왕부지(王夫之, 1619~1692)는 유교儒教를 불교佛教, 도교道教와 구별 짓는 것을 불교, 도교가 원칙만을 고수하는 데 반해 유교는 적용에 중점을 두는 것이라고 보았다.[149] 불가, 도가 또한 자신이 믿는 종교를 적용하고 있다는 것을 덧붙일 수 있다. 실제적인 차이는 불가, 도가가 유가와 달리 자신의 관심을 정치에 두지 않는다는 것이다.

정이(程頤, 1033~1107)는 학자는 세상일에 대해서 스스로 공부를 해야 하며 사람은 사람을 돌보야 하는데 세상은 우리 모두에게 속하기에 세상일은 우리 가족의 일이기도 하다고 말했다.[150]

정이도 제자들이 내성외왕內聖外王이 되기를 바랐다. 모든 유가는 제자들을 가르칠 때 이러한 마음을 가졌다.

요순堯舜은 언제나 공자의 이상형이었다. 요순시대는 요堯임금과 순舜임금이 덕으로 천하를 다스리던 태평한 시대를 말하며 치세의 모범으로 삼았다. 주周나라의 무왕武王이 은殷나라를 이기고 기자箕子에게 찾아가 천도天道를 물었을 때 기자가 홍범洪範을 말했다. 『서경書經』에서 기자는 다음과 같이 말했다. "내가 들으니 옛날 곤鯀이 홍수를 막아 오행을 헷갈리게 펼치니 하느님이 진노하사 홍범구주(洪範九疇: 정치의 아홉 가지 큰 방법)를 내려주지 않으시어 인륜이 무너지게 되었다. 곤이 귀양 가 죽고 우禹가 뒤를 이어 일어나자 하늘이 우에게 홍범구주를 내려주시어 인륜이 펼쳐지게 되었다."[151]

---

148 『논어(論語)』 헌문편(憲問篇) 제45장.
149 《淸儒學案》卷八, 《船山學案》, 第1册, 第190頁。
150 《宋元學案》卷十一, 《伊川學案》第1册, 第160頁。

오경웅(吳經熊, 1899~1986)은 자신의 저서 『철학과 문화』에서 왕동王道의 개념을 중국 문화와 철학에서 다른 많은 보물보다 우선하는 중국 문화 정신을 가장 대표하는 것이라고 지적했다.[152]

연설문 가운데 손문孫文은 왕도王道를 힘으로 통치한 진秦나라 시황제始皇帝, 진晉나라 문공文公 등이 걸었던 권력자의 길을 구별 짓는 대목이 있다. 요堯임금, 순舜임금, 그리고 주周나라 문왕文王이 실천한 왕도王道는 설득, 호의, 박애로 지켜지는 지도력이었다는 것이다.[153]

더 나아가 오경웅吳經熊은 자신의 논문에서 중국 문화와 서양 문화는 하나의 기본적인 차이가 있다고 지적했는데 서양 문화는 외부 세계 도전에 직면하는 데 주의를 기울이는 반면에 동양 문화는 내부 발전이나 마음의 개발에 중점을 둔다고 말했다. 그러나 서양의 최근 경향은 이러한 차이의 인식을 명백히 하는데 오늘날 소수의 서양 사상가는 마음에 자신의 주의를 기울이는 데 관심을 두고 있다. 진실로 심신 개발은 사람의 가장 개인적이고 시급한 필요성을 만족시킬 수 있다.[154]

손문孫文은 바로 내성외왕內聖外王인 것이다.

1.18 민치民治

중국은 수천 년 동안 군주제였지만 몇 가지 사례를 제외하고 전제 군주제는 아니었다. 공자 시대 이전의 정치가와 학자는 한 나라의 백성은 군주는 아니지만 주인이라는 확신을 가지게 되었다. 『서경書經』에서 오자지가五子之歌와 태서중泰誓中은 이를 확인해 주고 있다.[155]

---

151 『서경(書經)』 주서(周書) 홍범(洪範).
152 John C. H. Wu. Philosophy and Culture(哲學與文化). Taipei: San-min Book Company(三民書局), 1971.
153 孫文:《國父全書》, 臺北, 華岡書局本, 1972年, 第1022~1026頁.
154 Essays on Philosophy. 148.

공자 시대 이전에 세 명의 중요한 인물 사백史伯, 범무녕範無寧, 계량季梁도 유사한 말을 했다.[156]

공자는 사람의 가치, 개인의 위엄, 모든 덕목 중의 인仁의 최고 지위, 백성의 선한 의미, 모든 인류가 완벽해질 가능성 등을 강조하여 민주적인 목표를 향하여 몇 단계를 더 나아갔다.

본서에서는 민족, 민주주의, 민생에 대해서 하나씩 논하고자 한다.

1. 민족

공자의 입장에서 중국인의 정체성은 위치, 혈통, 언어가 아니라 예禮이며 이는 하늘을 공경하며 동포를 사랑하는 것이다. 만일 중국인이 예를 실천하지 않고 다시 말해서 하늘을 공경하지 않고 동포를 사랑하지 않는다고 하면 더 이상 중국인이라고 할 수 없다. 마찬가지로 이민족이 예를 실천하는 데 하늘을 공경하고 동포를 사랑한다면 더 이상 이민족이 아니라 중국인이 된다고 하는 것이다.

공자 시대에도 그렇고 오늘날에도 중국은 중국인은 물론 많은 이민족이 섞여서 살면서 인구를 구성하고 있다. 공자 시대 당시 일부 이민족의 세력이 상당히 강력하여 주周나라의 제후국을 정복할 수 있었다. 애국자였던 공자는 『춘추春秋』를 편집하면서 동시대뿐만 아니라 후대를 위해 최선을 다했는데 중국인 모두 직면했던 위험으로 이민족의 갑작스런 침략에 대항하여 중국인

---

155 "백성은 나라의 근본이니 근본이 견고해야 나라가 편안하다."(『서경(書經)』「하서(夏書)」오자지가(五子之歌)) "하늘이 듣는 것은 우리 백성들이 듣는 것으로 말미암는다."(『서경(書經)』「주서(周書)」태서중(泰誓中)).

156 사백(史伯)이 말했다. "백성이 하고자 하는 것은 하늘은 반드시 따른다."(『국어(國語)』제16권 사백위환공론흥쇠(史伯爲桓公論興衰)) 범무녕(範無寧)도 말했다. "하늘을 아는 것은 백성을 아는 것이다. 왜냐하면 백성은 하늘의 주인이기 때문이다."(『국어(國語)』) 게다가 계량(季梁)이 수(隨)나라 군주에게 말했다. "백성은 신에게 제사 지내는 주인공이옵니다. 그러므로 옛날의 어진 임금은 먼저 백성들이 잘 살게 하고 그리고 난 뒤에야 신에게 정성을 드리었나이다."(『춘추좌씨전(春秋左氏傳)』환공(桓公) 6년).

이 함께 스스로 지키려는 공동의 노력을 가지게 하였던 정치가들을 칭송했다. 그러나 공자는 중국인으로 귀화한 이민족을 중국인 동포로 받아들여야 할 필요성을 지적하는 것을 결코 배제하지 않았다. 중국인으로 귀화한 이민족은 예禮를 토대로 세워진 중국 문화를 포용한 사람이다. 그리고 공자는 중국인 가운데 예를 어기고 하늘을 공경하지 않고 동포를 사랑하지 않은 사람들을 질책했는데 이러한 사람을 이민족이라고 불렀다.[157]

2. 민주주의

중국은 오래 전에 공화정에 관한 이야기가 전해 오고 있다. 요堯임금은 자기 아들이 아닌 순舜을 후계자로 삼았으며 그 다음에 순舜임금도 마찬가지로 자기 아들을 제쳐 두고 우舜를 후계자로 세웠다. 이러한 사건은 역사적인 상황에 의해 그리 오래 지속되지 않았다.

공자는 과거의 어느 군주보다 요임금과 순임금을 가장 존경했다.

실제로 사심이 없는 것은 공화주의와 민주주의의 기본이다. 민주정의 또 다른 필수요건은 종교와 정치가 다른 사람과 함께 살아가려는 의지, 즉 관용의 정신이다. 공자는 제자들에게 다음과 같이 말했다. "만물은 함께 자라도 서로 방해하지 않고 도道는 함께 행하여져도 서로 어긋나지 않는다."[158]

공자가 생각하는 세계는 모든 남성과 여성으로 이루어져 이들이 지배하고 향유해야 할 곳이다. 공자가 바라보는 세계는 미국 대통령 링컨Lincoln이 한 게티즈버그Gettysburg 연설문 "인민의, 인민에 의한, 인민을 위한 정부는 이 지상에서 결코 사라지지 않을 것입니다."이 지칭하는 미국 정부와 같은 것이다.

유교儒敎 체계는 미국의 민주주의 개념과 정확히 일치하는 개념은 없지만

---

157 蕭公權: 《孔子學說的現代意義》, 見《孔子研究集》第455頁, 《中華叢書》, 臺北, 1960年。
158 『중용(中庸)』 제30장.

'공존공영'이라는 기본 원칙은 공자의 가르침으로 인해 대부분의 중국 유가儒家의 사고에는 낯설지 않은 것이었다.

기원전 16세기와 기원전 15세기로 거슬러 올라가서 중국의 마을에 자치제가 있었고 공자가 이러한 자치 정부의 제도를 왕도王道 즉 성왕聖王의 도道가 실현 가능한 확실한 증거로 보았다는 사실에 대해 서양인은 관심을 가질 수 있다. 공자가 말했다. "내 향음주鄕飮酒에서 보고 왕도王道의 다스려짐을 알았다. 주인이 친히 빈賓과 개介를 초청하니 중빈이 스스로 이를 따라 문밖에 이르고 주인이 빈과 개에게 절하니 중빈이 스스로 들어와서 귀천貴賤의 의義가 분별되더라. 세 번 읍하여 섬돌에 이르고 세 번 사양하며 빈이 오르면 빈이 이르기를 기다려 절하고 헌수獻酬하니 사양하는 절차가 번다하도다. 개에 미쳐서는 생략하고 중빈에 이르러서는 올라와 받는다. 앉아서 제사하고 서서 마시며 작酢함이 없어 내려오니 융쇄隆殺의 의義가 분별되는 것이다."[159]

오랜 역사를 거쳐 오는 동안에 중국인은 진秦나라 시황제始皇帝의 전제정치 기간을 제외하고 자신이 가고 싶은 곳에 자유롭게 왕래를 했다. 알프레드 노스 화이트헤드(Alfred North Whitehead, 1861~1947)이 이동의 자유에 대해 말한 것과 옛날부터 이어져 내려오는 중국인의 상황을 비교하는 것은 흥미로운 일이다.

3. 민생

고대 중국 마을의 자치 정부는 다리 건설, 자갈이나 때로는 석판으로 까는 도로 포장, 궁술 대회, 주연 등과 같이 마을 주민의 많은 경제적 요구에 관심을 기울였다.

공자는 고대 마을 자치에 이루어진 것에 깊은 감명을 받아 사람은 같이 모여 살고 서로 친하게 지내는 것을 좋아한다는 결론을 내렸다. 공자는 말했다.

---

159 『禮記(예기)』 향음주의(鄕飮酒義).

"따르는 것이 길한 것은 따르는 것이 돕는 것이기 때문이다."[160]

공자는 제자들에게 사회 구성원이 화목한 가족처럼 서로 돕고 사는 것은 매우 중요하다고 역설하며 다음과 같이 말했다. "내가 들으니 '나라를 소유하고 집을 소유한 자는 백성들이 적은 것에 대해서는 걱정하지 않고 고르지 못한 것에 대해서 걱정하며 가난한 것에 대해 걱정하지 않고 불안한 것에 대해 걱정한다.'고 했다."[161]

공자는 빈부의 격차를 해결하는 방법은 소비재의 생산을 증대하고 천연자원을 잘 활용하는 것이라고 제안했다. 사람들은 자신의 요구를 충족시킬 만큼 재화가 있다면 행복하게 될 것이다. 진晉나라의 극결郤缺이 다음과 같이 말했다. "백성의 덕을 빠르게 하는 정덕正德과 백성들이 쓰고 하는 데 편리하게 하는 이용과 백성들의 생활을 풍부하게 하는 후생 이것을 삼사三事라고 이른다."[162]

공자는 백성들 가운데 상부상조 정신 육성의 중요성을 무시하지 않았다. 공자는 대동大同의 이상 국가에 접할 때 사람은 예외 없이 자신만을 위해서 노력해서는 안 된다고 분명히 말했다. 각자는 모든 사람의 유익을 위해 무엇인가를 해야 하고 세상은 모든 사람이 공유해야 한다는 것이다.

공자는 자신의 학당에 평민을 받아들임으로써 평등을 주창한 세계 최초의 교육자였다. 공자의 평등 개념은 정치적인 범위를 넘어섰다. 다른 말로 공자는 평등권뿐만 아니라 평등한 능력까지 믿었다. 공자에게 감화를 받은 그의 제자들은 자신들도 순舜임금과 같은 성왕聖王이 될 수 있다고 확신했다.

---

160 역주: 『주역(周易)』 8 수지비(水地比).
161 『논어(論語)』 계씨편(季氏篇) 제1장.
162 『춘추좌씨전(春秋左氏傳)』 문공(文公) 7년.

1.19 혁명革命

서양인은 공자가 혁명 사상에 긍정적이었다는 사실은 거의 모르고 있다. "탕湯·무武가 혁명하여 하늘에 따르고 사람에게 응한 것이다."[163]

하夏나라 군주 걸桀과 은殷나라 군주 제신帝辛은 모두 악명 높은 폭군이었는데 탕湯과 무武는 각각 그들의 신하였다. 탕은 걸桀을 무너트렸으며 무는 제신帝辛을 쓰러트렸다. 결국 걸桀은 살해당했으며 제신帝辛은 자살했다고 한다.

맹자孟子는 공자 사후 가장 위대한 유학자이다. 제齊나라의 제선왕(齊宣王, ?~기원전 301)이 맹자에게 물었다. "탕(湯: 은殷나라의 제1대 왕)이 걸(桀: 하夏나라의 마지막 왕)을 추방하고 무왕(武王: 주周나라의 제1대 왕)이 주(紂: 은殷나라의 마지막 왕)를 정벌하였다 하니 그러한 일이 있습니까?" 맹자가 대답했다. "전(傳: 전승되어 오는 말을 기록한 책)에 있습니다." 제선왕이 다시 물었다. "신하가 자기의 임금을 시해해도 됩니까?" 그러자 맹자가 대답했다. "인仁을 해치는 자를 적賊이라고 하고 의義를 해치는 자를 잔殘이라 하며 잔적殘賊하는 사람을 일부一夫라 하니 일부一夫인 주紂를 죽였다는 말은 들었어도 임금을 시해했다는 말은 듣지 못했습니다."[164]

맹자의 입장에서 제신은 스스로 군주의 자격을 상실한 것이다. 제신은 전제 정치를 행한 후 평범한 인간이 되어 보통 사람처럼 처벌을 받았다.

공자와 맹자는 혁명을 주창한 최초의 사람들은 아니었다. 『서경書經』에서는 다음과 같이 혁명에 대한 대목이 있다. "하늘이 하민下民을 도우시어 임금을 만드시었다."[165] "옛 사람이 말하기를 '나를 어루만져주면 임금이고 나를 학대하면 원수'라고 했다."[166] "하늘이 듣는 것은 우리 백성들이 듣는 것으로 말미암는다."[167]

---

163 역주: 『주역(周易)』 49 택화혁(澤火革).
164 『맹자(孟子)』 양혜왕장구상(梁惠王章句上) 제8장.
165 역주: 『서경(書經)』 「주서(周書)」 태서상(泰誓上).
166 역주: 『서경(書經)』 「주서(周書)」 태서하(泰誓下).

맹자는 또한 이에 대해 다음과 같이 밝혔다. "걸桀이나 주紂가 천하를 잃은 것은 그 백성을 잃은 것이며 그 백성을 잃었다는 것은 그 백성의 마음을 잃은 것이다. 천하를 얻는 것에는 방법이 있으니 백성을 얻으면 천하를 얻을 것이다. 백성을 얻는 것에는 방법이 있으니 그 백성의 마음을 얻으면 백성을 얻을 것이다. 마음을 얻는 것에는 방법이 있으니 좋아하는 것을 백성들과 함께 모으고 싫어하는 것을 베풀지 않는 것이다."[168]

또 다른 경우에 맹자는 다음과 같이 주장했다. "백성이 가장 귀중하고 국가가 그 다음이고 임금이 가벼운 것이다."[169]

'혁명革命'은 본래 변화 즉 천명天命이나 왕조 교체를 뜻했지만 단지 왕조 교체만을 가리키지 않았다. 혁명은 더 나은 변화를 의미하는데 이는 국민 생활의 새로운 출발, 사회의 선한 질서의 회귀, 사람들의 생계 개선을 말하는 것 같다.

유가儒家는 탕湯과 무武가 백성을 도왔기 때문에 이 두 군주에 호의적이다.

유가는 탕과 무보다 더 깊게 호의적인 것이 있다. 이는 백성이 자신에게 가장 필요한 것을 알고 압제자를 제거할 수 있다는 확신이라는 것이다. 백성과 하늘은 하나인데 백성과 하늘은 같은 생각을 하고 같은 것을 이룰 수 있다.

최종 분석을 해 보면 백성의 삶은 단지 천도天道를 드러내는 것이다. 백성의 삶을 방해하는 사람은 누구든지 하늘의 분노를 사게 된다.

무력은 독재자를 무너트리는 데 절대적으로 필요한 것은 아니다. 혁명의 지도자는 폭군에게 있는 대규모 영토나 군사력도 필요하지 않다. 손문孫文은 지지자에게 2천여 년 전에 한 말을 계속 되풀이했다. 탕湯은 지름이 70여 리里 밖에 되지 않는 영토를 가졌으며 무武의 영토도 그 지름이 불과 백 리里에 지나지 않았지만 두 사람 모두 거대한 나라를 다스리던 폭군을 전복시켰다.

---

167 역주: 『서경(書經)』「주서(周書)」태서중(泰誓中).
168 역주: 『맹자(孟子)』이루장구상(離婁章句上) 제9장.
169 『맹자(孟子)』진심장구하(盡心章句下) 제14장.

탕과 무는 어디를 가든지 백성의 환영을 받았으며 다른 곳에 살고 있던 백성도 탕과 무가 자기 지역으로 오기를 기대하면서 그들이 도착할 때까지 기다리는 것을 참지 못했다.

손문은 혁명은 폭력 쟁탈전이 아니라 평화적인 설득으로 사람들의 지지를 받는 투쟁이다. 사람들이 전제적인 압제에 시달릴 때 혁명은 쉽게 이루어진다. 그럼에도 불구하고 혁명 지도자는 옛것을 파괴한 후 새로운 것을 재건할 수 있음을 입증해야 한다.

1.20 대동大同

손문孫文은 많은 연설문 중에서 본장의 1.4절에서 논한 『예기禮記』 예운편禮運篇에 나오는 대동大同 세계를 자주 인용했다.

게다가 손문은 친구나 지지자가 자필 서명을 부탁할 때 커다란 종이에 '大同'이라는 글자를 써 넣는 것을 좋아했다.

손문이 이루고 싶은 꿈은 대동의 세계가 열리는 중화민국이었다.

손문의 지지자와 동포가 완성하려는 일은 아직 이루어지지 않았다. 대동의 이상적인 국가가 손문이 제장한 삼민주의三民主義의 핵심이라는 사실은 의심할 여지가 없다.

손문孫文은 말했다. "국가 독립을 이룩한 후에 평화와 덕德으로 전 세계에 우리 대동大同의 이상을 전파해야 합니다.""공자는 모든 사람이 함께 하는 세계를 원했습니다. 공자와 맹자는 2천년이 넘는 과거의 인물이었지만 민주주의의 선구자라고 생각할 수 있습니다. 사회 복지에 대한 저의 원칙은 대동의 원칙입니다."

대동의 이상은 세 가지를 강조하고 있다. 첫 번째 생산을 강조하는 것으로 공동체의 모든 일원에게 실직·고통·두려움의 굴레로부터 해방시켜 직업이나 삶의 터전을 주는 것이다. 두 번째 강조점은 상부상조이며 모두 보물을 찾아 기꺼이 대중에게 주며 게으름을 피우기보다는 대중을 위해 최선을 다하고 사회·국가·세계에 대한 충성과 공감의 개인적인 덕을 확대시키는 것이다. 세 번째로 국제 관계 신뢰를 강조하는 것인데 이는 각국이 다른 모든 나라로부터 신뢰를 고취시키며 함께 평화적으로 살고 따라서 모두를 위해 한 번에 전쟁에 종식시키는 것이다.

"태평의 세상이란 화순和順의 도道가 실현된 세계인 것이다."[170] 명明나라의 왕수인王守仁은 이 구절에 깊은 감명을 받았는데 이는 공자가 제자들을 가르치는 목적으로 보았다. 공자는 제자들이 전 세계 가족의 일원으로서 조화롭고 평화로운 세상을 만들 것을 바랐다. 『대학大學』에서 군자君子가 되는 8단계는 전 세계는 한 가족이라는 개념을 토대로 이루어진 것이다.

"하늘은 사사로이 덮는 것이 없고 땅은 사사로이 싣는 것이 없으며 해와 달은 사사로이 비쳐 주는 것이 없다."[171]

바로 위 구절은 공자가 대동의 이상을 주창하는 이유를 선명하게 보여 주기 때문에 매우 중요하다. 공자는 법적·정치적 평등뿐만 아니라 경제적·종교적 평등까지 믿었다.

1.21 학통學統

유교儒敎와 『오경五經』은 세월이 흐르면서 오늘날까지 발전했다. 수 세대에 걸쳐 맹자, 동중서(董仲舒, 기원전 176~기원전 104), 주희朱熹, 왕수인王守仁 등의 가장 위대한 학자들을 비롯하여 많은 학자들이 유교를 전파하고 발전시켰다.

진秦나라 시황제始皇帝의 분서갱유焚書坑儒 사건으로 소실된 『악경樂經』이 복원되지 못한 것은 불행한 사실이다.

한漢나라 학자들이 복원한 『오경五經』은 이미 전 세계에서 다른 어느 나라

---

170 역주: 『예기(禮記)』 제9편 예운(禮運).
171 역주: 『예기(禮記)』 제29편 중니한거(仲尼閒居).

보다 더 풍부한 국가 유산이다. 『시경詩經』과 『서경書經』을 편집하고, 『예기禮記』에서 예禮의 규칙을 단순화하고, 『춘추春秋』를 개정하고, 『주역周易』에 종합적인 주를 다는 데 공자가 한 공헌은 결코 과소평가할 수 없다.

복원된 유교 경전은 『오경』 외에도 『예기』, 『의례儀禮』, 『논어論語』, 『맹자孟子』 등이 있다.

『춘추』는 대표적인 주석서로 『춘추삼전春秋三傳』이 전해지는데 공양고公羊高의 『춘추공양전春秋公羊傳』, 곡량적谷梁赤의 『춘추곡량전春秋谷梁傳』, 좌구명左丘明의 『춘추좌씨전春秋左氏傳』으로 이루어져 있다.

한漢나라 학자는 또 다른 두 권의 경전도 복원했다. 그 하나는 사전 『이아爾雅』로 표제어가 수 천 단어이며 대부분이 오늘날 쓰이고 있지 않은 단어다. 이 표제어들은 과거 한 시기에 청동제기에 새겨진 금석문에 상당히 많이 사용되었다. 또 다른 경전은 『주례周禮』이다. 『주례』는 주공周公이 지었다고 전해지며 주周나라 조정의 행정적인 측면을 다루고 있으며 주나라의 관제官制도 매우 자세히 기술하고 있다.

이후 유가儒家 유교儒教 경전을 『오경』에서 『십삼경十三經』으로 늘렸다. 여기에는 위에서 언급한 『춘추삼전』, 『예기』, 『논어』, 『맹자』, 『이아』, 『주례』가 들어간다.

전한(前漢, 기원전 202~9) 시기 국립 교육기관은 『오경』만을 가르쳤다. 정확하게 말해서 『오경』을 채택한 이는 한漢나라 1대 군주 태조太祖가 아니라 5대 군주 무제武帝였다. 무제는 치세 기간(기원전 141~기원전 87) 동안 동중서董仲舒의 의견을 받아들여 현재 중국 섬서성陝西省 서안시西安市에 위치하고 있는 도읍지 장안長安에 설치할 국립대학 태학太學에서 유교儒教 이외의 제자백가諸子百家 사상을 가르치는 것은 금한다는 칙령을 반포했다.

남송南宋의 주희朱熹는 『예기』의 두 장章 「대학」과 「중용」을 따로 떼어 내서 각각 책으로 만들고 여기에 『논어』와 『맹자』를 더하여 『사서四書』를 만들었다. 그리고 여기에 광범위한 주를 넣어 『사서집주四書集註』를 편찬했다.

공자와 주희 사이에는 공자 학통의 오랜 역사가 존재했다. 공자 생존 당시 가장 어린 제자 중에 하나였던 증삼會參은 군자君子의 8단계를 설명하는 『대학』의 대부분을 지었다. 증삼의 제자이자 공자의 손자인 공급孔伋 자사子思는 논리를 확신하고 성誠의 개념을 발전시켰다. 자사의 제자 맹자는 인간의 성선설性善說을 제시한 위대한 이론가로 그의 언행은 『맹자』로 편찬되었는데 이 책에는 오늘날 우리가 잘 쓰고 있는 대장부大丈夫라는 개념이 잘 나타나 있다. 학문적으로 맹자에 대립하는 순자荀子는 인간의 성악설性惡說을 주장했다. 순자는 자신의 이론이 전통적인 유교 사상에서 벗어났음에도 불구하고 후대 유가儒家는 순자가 예禮의 중요성과 교육의 필요성을 자세히 설명했기에 그를 뛰어난 공자의 전파자로 인정했다.

한漢나라의 동중서(董仲舒, 기원전 176~기원전 104)는 당시 수많은 유가儒家를 대표하는 지도적인 학자로 받아들여지고 있다. 동중서는 한漢나라의 6대 군주 무제武帝가 즉위한 이듬해 답을 제출했는데 군주와 신하가 마치 편지를 받는 듯했다. 무제가 세 번 묻고 동중서가 세 번 대답하여 서두에 하늘과 사람의 관계를 논하여 천인삼책天人三策이라고 했고 이는 태학을 세우고 현명한 선생을 두어 천하의 사士를 양성한다는 내용을 담고 있다. 동중서의 천인삼책은 답으로 상소로 낸 다른 학자보다 더 뛰어났으며 공자의 가르침으로 가득 차 있었다.

위대한 역사가 사마천(司馬遷, 기원전 145~기원전 86)은 동중서와 동시대 사람으로 전설상으로 전해 내려오던 중국 최초의 임금 황제黃帝로부터 한漢나라의 무제武帝에 이르기까지의 중국 역사 전체를 기록한 『사기史記』를 집필했다. 『사기』는 「본기本紀」 12권, 「표表」 10권, 「서書」 8권, 「세가世家」 30권, 「열전列傳」 70권으로 구성된 기전체 형식의 역사서이다. 「세가」 중에 「공자세가孔子世家」는 『논어』 각 편의 내용을 기본 틀로 공자의 일화가 들어 있는 공자의 전기이다. 사마천이 제후국의 군주가 아닌 공자를 「세가」에 넣은 이유는 공자를 숭배하고 존경했기 때문이다.

동중서 이후 가장 뛰어난 유가儒家로는 주희朱熹를 들 수 있다. 주희는 송宋나라 초기의 저명한 학자들이 공자의 여러 가지 계율에 대한 설명 특히 장재(張載, 1020~1077), 주돈이(周敦頤, 1017~1073), 이정자二程子 정호(程顥, 1032~1085)와 정이(程頤, 1033~1107)가 제기한 이론에 대해 이룬 모든 것을 융합했다. 『사서집주四書集註』 외에도 주희의 가장 중요한 공헌은 하늘의 본성과 인간의 욕망에 대한 새로운 논저였다.

전목(錢穆, 1895~1990)은 유교에 새로운 정신과 힘을 준 사람은 주희라고 했다.[172]

남송南宋의 또 다른 유가儒家인 육구연(陸九淵, 1139~1192)은 유교의 몇 가지 측면에 대한 해석에서 주희와 반대 입장을 취했다. 그러나 주희와 달리 육구연은 명明나라의 왕수인(王守仁, 1472~1528)이 등장할 때까지 수백 년 동안 아무런 영향을 미치지 못했다. 왕수인은 주희의 가정을 선택해 자신의 독창적인 사고로 발전시켰다. 그 결과는 하늘의 본성과 인간의 욕망뿐만 아니라 다른 많은 문제에 대한 전적으로 새로운 접근법을 제시한 것이다. 왕수인에게 마음은 가장 중요한 것이며 마음에 인간 본성의 타고난 선善에 토대를 둔 양지良知가 있다고 보았다. 게다가 왕수인은 격물格物, 지행합일知行合一 등의 개념에 대해서 새로운 설명을 제시했다. 왕수인은 헌신적이고 격렬한 삶을 살았는데 중국과 일본에서 많은 사람들이 그의 삶을 존경하게 되었다. 19세기 일본의 많은 지도자들은 왕수인의 가르침을 실천했으며 중국인 가운데 손문孫文도 왕수인의 확고한 지지층의 한 사람이었다.

공자의 학통學統에 대해서는 본서의 12장에 자세히 논하게 될 것이다. 중국에서 도가道家, 묵가墨家, 법가法家, 병가兵家, 농가農家, 명가名家, 음양가陰陽家 등의 다른 제자백가諸子百家도 유교儒敎와 같이 받아들여졌지만 크던 작던 유교의 발전에 영향을 미치지는 못했다.

---

172 錢穆：《朱子新學案》第1册，1971年出版，第1頁。

도교道敎나 중국에 전파되어 중국인이 받아들인 외래 종교인 불교佛敎, 경교景敎, 이슬람교, 천주교, 개신교의 경우도 마찬가지이다.

외래 종교가 전파된 후 16세기 말에 서양 철학이나 과학이 중국에 소개되었다.

하지만 중국의 제자백가, 서양 철학, 그리고 중국·인도·서양의 종교, 서양 과학은 유교를 중심으로 하는 중국 문화를 대체하지 못했다.

1.22 유교儒敎의 신세기新世紀

중국 밖에 더욱 더 많은 사람들이 유교儒敎를 이해하고 받아들이는 징표가 있다.

유교는 종교는 아니며 따라서 어떤 종교라도 그것을 대신하는 데에 목표를 두지 않는다. 유교는 도덕 철학이자 정치 철학이지만 사변적이고 실질적인 사상을 모두 감당하는 철학이 아니다. 따라서 유교는 서양 사상의 모든 학파에 위협이 되지 않는다.

다른 한편으로 사람·종교·철학·국가 간에 존재하는 유사성을 강조하여 서양 문화에 있는 간극을 메우는 것이다.

유교의 가장 중대한 전제는 인간 본성에 있는 선善이며 그 필연적인 결과는 마찬가지로 모든 사람은 선하기 때문에 서로 다르지 않다는 것이다. 인종 편견은 근거가 없으며 세상은 하나의 가족이며 모든 국가는 하나의 가족으로 형제·자매지간이다.

예수와 마찬가지로 공자는 사랑을 가르쳤지 증오를 가르치지 않았다. 소크라테스처럼 공자도 자신의 무지를 인정할 정도로 겸손했다. 공자는 자신이 아는 것이 무엇인가라고 자문했다. 소크라테스는 내가 알고 있는 유일한 것은 내가 아무것도 모르는 것이라고 말했다. 공자와 노자(老子, 기원전 604~기원전 531)는 상당히 많은 것에 대해 다른 시야를 가지고 있지만 도道가 존재하고 있다는 사실에 대해서는 모두 뜻을 같이하고 있다. 공자는 석가모니와 마호메트의 위대성을 공유하고 있는데 이 위대성은 종교 지도자가 아니라 평범한 남자와 여자에게 사람답게 사는 방법을 가르친 스승이었다.

볼테르(Voltaire, 1694~1778)의 입장에서 공자는 인류에 대한 새로운 학습 즉, 인간 행동의 지식을 창조했다. 볼테르는 백과사전 편찬자와 마찬가지로 예수를 프랑스뿐만 아니라 독일 등의 프랑스 인근 유럽 국가에 공자의 이름을 누구나 아는 이름으로 만들었다. 독일에서 라이프니츠(Leibnitz, 1646~1716)는 초대 프로이센의 국왕 브란덴부르크 선제후 프리드리히 1세에게 중국의 한림원翰林院[173]을 모델로 한 '브란덴부르크 선제후립 과학학회Kurfürstlich Branden-burgische Societät der Wissenschaften'를 건의했고 『주역周易』의 저자가 만물을 음陰과 양陽 두 가지의 기호로 환원했기 때문에 그를 존경하면서 64괘卦의 배치를 자세히 설명했는데 훗날 이와 같은 방식으로 모든 수를 0과 1의 기호를 표시하는 이진법을 발명했다.

영국의 저명한 교수 러셀(Russell, 1872~1970)은 중국 북경대학北京大學에서 1년 동안 교환교수로 재직하고 나서 『러셀 북경에 가다The Problem of China』(1922)를 출판했다. 러셀은 이 책에서 문명화된 중국인이 가장 문명화된 사람이라고 언급했다. 영국의 저명한 역사 철학가 토인비(Toynbee, 1889~1975)도 중국 문명은 가장 개방적이기 때문에 살아남은 다른 문명을 뛰어넘을 것이라는 확신이 있었다. 토인비는 또한 고대 로마와 고대 중국의 차이를 밝혔는데 팍스 로마나[174]는 일정한 시기 동안 탄생 · 성장 · 붕괴 · 해체의 4단계의 문명

---

173 역주: 한림원(翰林院)은 당(唐)나라 때 처음 생긴 이후 주로 왕실과 국가의 문화 · 예술 사업과 왕실의 실록 등 학술 활동을 총괄하는 기관이다. 이곳에서 일하는 학사를 한림학사(翰林學士)라 부르며 조선의 집현전(集賢殿) · 홍문관(弘文館)과 같은 일을 행한다. 명(明)나라 이후로는 국자감(國子監)을 졸업한 학생들이 특채로 한림원에 들어가 한림학사로 일했다.

174 역주: 팍스 로마나(Pax Romana)는 로마의 평화를 의미하며 로마 제국이 전쟁을 통한 영토 확장을 최소화하면서 오랜 평화를 누렸던 1세기와 2세기경의 시기를 말한다. 초대 황제인 아우구스투스가 통치하던 시기부터 시작되었기 때문에 아우구스투스의 평화(Pax Augusta)로 불리기도 한다. 대체적으로 기원전 27년에서 180년까지의 기간을 의미한다.

주기를 마친 후 다시 소생하지 못한 반면에 팍스 시니카[175]는 고대로부터 흥망성쇠를 계속하면서 아직도 그 자리에 있다는 것을 입증했다.

물론 오늘날 동아시아에 팍스 시니카Pax Sinica나 1945년 이후 강대국으로 등장한 미국에 대해 쓰이는 팍스 아메리카나Pax Americana[176]는 여기에서 말하는 초점이 아니다. 우리에게 필요한 것은 어떤 특정 국가가 아닌 전 세계 국가가 지원하고 유지하는 팍스 글로발리스Pax Globalis이다.

이 팍스 글로발리스Pax Globalis의 토대는 강대국이 아니라 덕德이 되어야 한다. 손문孫文은 모든 나라는 덕이 없으면 존재하지 못한다는 말을 수 없이 많이 했다. 마찬가지로 평화로운 세계는 덕 없이는 존재할 수 없다고 말할 수 있다.

구소련 정부, 미국 정부, 그리고 유엔UN은 덕이 무엇인가에 대해 물어 보고자 할 것이다. 이에 대해 유가儒家는 기꺼이 덕은 오래 전부터 당신 국가가 하고 있는 일에 반대적인 것으로 당신 정부가 가고 있는 방향을 거꾸로 바꾸면 저절로 당신 국가는 도덕적으로 바뀌게 될 것이라고 말할 것이다.

덕은 인仁이다. 덕은 포식 동물이 아니라 진정으로 사람이 되는 것이다. 덕은 동포를 사랑하고 정의에 헌신하며 자신이 하고자 하는 일을 남에게 시키지 않는 것이고 갖고 싶은 것을 모두 함께 나누어 가지는 것을 뜻한다. 덕은

---

175 역주: 팍스 시니카(Pax Sinica)는 중국에 의한 평화를 가리키는 라틴어로 중국의 패권에 의해 동아시아에 평화가 오는 것을 의미한다. 특히 한(漢)나라, 당(唐)나라, 명(明)나라, 청(淸)나라의 경우 중화 문명을 계승하고 이를 유지하여 그 주변 지역의 안정과 평화를 유지했다. 한(漢)나라의 경우 팍스 로마나 시대 당시 로마 제국과 시기가 일치한다.

176 역주: 팍스 아메리카나(Pax Americana)는 미국의 평화를 뜻하며 20세기 후반부 서양세계의 평화와 관련한 역사적 개념이다. 미국의 역사에서 종종 남북 전쟁 이후의 시기를 의미하는 경우도 있지만 대개는 세계의 역사에서 제2차 세계대전 이후 미국이 강력한 국력을 바탕으로 팍스 브리타니카(Pax Britannica)에 뒤이은 국제 평화 질서를 이끈 것을 뜻한다. 팍스 아메리카나(Pax Americana)라는 용어가 일반적으로 사용되기 시작한 것은 제2차 세계대전이 끝난 1945년 이후이다. 팍스 아메리카나(Pax Americana)는 로마의 팍스 로마나(Pax Romana), 스페인의 팍스 히스파니카(Pax Hispanica), 영국의 팍스 브리타니카(Pax Britannica)와 같이 세계적 패권 국가로서의 미국을 비유하는데 쓰인다.

겸손이고 배우려고 하는 의지이며 자기 수양의 열망이다. 이러한 덕은 오만과 독선을 부리며 충고를 거부하고 나와 반대 의견을 가지는 사람은 악인惡人이라고 하는 위험한 가정을 세우는 것과 반대되는 성질이 있다.

유가儒家는 다른 사람을 나쁘게 부르는 대신에 자신이 선善한 사람인가에 대한 답을 찾으려고 애를 쓴다. 유가는 자신이 선하다는 것을 알고 있다고 해도 자신이 절대 선에 이르기 전까지 매일 자기 계발을 하고 수양하며 더 나은 사람이 되려고 끊임없이 노력하며 이를 멈추지 않는다. 절대 선은 아들에게는 효도이며 아버지에게는 부모의 자애로운 사랑이고 친구에게는 신의이며 남편에게는 자상함 등을 말한다.

자기 몸을 닦기 전에는 다음의 네 단계를 이루어야 한다. 첫 번째 사물에 접하여 사물을 연구해야 한다. 왕수인王守仁은 이 첫 번째 단계를 물질적인 성공에 대한 유혹을 극복하는 것으로 보았다. 두 번째로 그 지혜를 이루어야 하며 이는 올바른 방향으로 자신의 직관을 깨닫는 것이다. 세 번째로 그 뜻을 정성되게 하고 마지막으로 마음을 바로잡아야 한다. 결국 몸이 닦인 후에는 그 나라를 다스리는 데 최선을 다하고 나라가 다스려지면 천하를 화평하게 해야 한다.

선善한 사람이 세상에서 자신의 사명을 이루는 완벽한 단계는 사물에 접하여 사물을 연구하는 격물格物에서 천하를 화평하게 할 때까지 모든 유가儒家와 중국인뿐만 아니라 모든 나라의 선한 정치가가 모두 이루어야 하는 것이다. 이 단계는 유교儒敎의 핵심을 구현하고 다른 철학자가 설계한 개인의 발전이나 정치적 개혁을 설정하는 것은 무엇이든지 뛰어넘는 것을 말한다.

삼민주의三民主義를 제창한 손문孫文은 정신적으로 유가라고 할 수 있다. 삼민주의는 민족주의와 국제주의, 중앙 집권화와 분권화, 사회주의와 자본주의 사이의 중도中道를 나타낸다.

최근에 산호세San Jose시, 산타 클라라Santa Clara, 캘리포니아California주, 미국의 하원은 공자의 탄생일을 스승의 날로 제정했다.

인류 역사상 모든 교육자 가운데 공자보다 더 큰 명성을 이룬 인물은 없다. 다른 교육자보다 먼저 개인과 국가의 평등을 믿었다. 더욱이 공자는 다른 어느 국가의 정치가보다 먼저 세계를 하나의 큰 국가로 보고 나라를 그 일원으로 보았다.

세계는 간절히 변화가 필요하다. 본 저자의 스승인 유이징柳詒徵은 세계를 바꾸는 길은 먼저 자신을 바꾸는 것이라고 말했다. 유이징은 자기 자신을 조절하고 정복하고 더 나은 상태로 만들어 완전히 자신을 성숙시켜 마지막으로 세계에서 정의의 승리를 거두는 것을 목표로 해야 한다고 말했다.[177]

따라서 모두 공통의 목표를 달성하기 위해 노력하여 다른 나라의 선善한 사람들과 유가儒家의 경험을 공유해야 한다. 21세기는 중국과 전 세계를 위한 공자 세기가 됨을 증명하게 될 것이다.

---

177 柳詒徵:《中國文化史》第1册, 第305頁。

02

인생철학

2.1 인본주의 철학

유교(儒敎)의 중심 주제는 사람의 삶인데 사람의 본성과 그 본성을 계발하는 방법에 대한 이론을 강조하는 것이다.

유교는 개성뿐만 아니라 인종, 성, 계층, 재정 상태, 체력에 관계없이 모든 사람의 평등을 존중하면서 사람을 보기 때문에 인문 철학이라고 할 수 있다. 이러한 면에서 유교는 서양의 인문주의와 필적할 만하다. 유교의 특징은 가족과 사회, 정치적 삶 속에서 지켜야 하는 의무와 사람에게 닥치는 실질적인 문제의 현실적 접근을 강조하는 것이다.

아리스토텔레스(기원전 384~기원전 322)와 스피노자(1632~1677)는 사람을 정치 · 사회적 동물로 보았지만[1] 유가(儒家)는 사람을 하나의 인간이자 가족의 일원으로 보고 있다.

유교는 주로 윤리학으로 보지만 윤리의 소산인 정치학이라고도 할 수 있다.

이러한 유교 윤리는 인(仁)의 개념을 바탕으로 세워졌다. 부자(父子) 간에는 의(義)로움이 있으며, 부부(夫婦) 간에는 구별함이 있으며, 장유(長幼: 어른과 어린이를 아울러 이르는 말) 간에는 차례가 있으며, 친구 간에는 믿음(信)이 있는 것이다.[2]

이러한 인의 개념과 그 적용에 대해서 더 많은 것을 말할 수 있는데 중국의 사상 체계에서 가족, 사회, 국가에서 각 개인의 기능적 의의를 유교(儒敎)만큼 강조한 철학 체제는 존재하지 않았다고 하는 것만 여기서 밝혀 둔다. 유교가 지향하고 있는 목표는 교육을 통해 각자의 도덕적 의무를 자각한 사람들이 집단적으로 그리고 개별적으로 세우려는 화목한 가정, 정치적으로 안정된 국가, 조화로운 사회를 말한다. 공자 자신은 물론 공자 사후 무수한 유가(儒家)뿐만 아니라 손문(孫文)까지도 이러한 숭고한 목표를 달성하는 데 일생을 바쳤다. 정말로 이 목표는 다름 아닌 중국인 공통의 목표이자 국민정신이다.

---

1   Baruch de Spinoza. Ethics. Oxford: Oxford University Press, 1927, 206.
2   『맹자(孟子)』 등문공장구상(滕文公章句上) 제4장.

2.2 공자가 창시한 인仁의 개념

'仁'이라는 글자는 공자 시대 이전에 동판으로 된『서경書經』에 새겨져 있었는데 대체로 '仁'은 어질다는 것을 뜻했다.

공자는 '仁'에 많은 의미를 부여하여 전혀 새로운 개념을 창조했는데 덕德을 총칭하기도 하고 여러 덕목德目 가운데 가장 이상적인 상태를 가리키기도 한다.

공자는 '仁'을 모든 덕을 총칭하는 것으로 사용했는데 다음과 같이 말했다. "군자는 밥을 먹는 동안이라도 인을 어김이 없으나, 황급한 상황에도 반드시 이에서 벗어나지 않으며, 넘어지더라도 반드시 이에서 벗어나지 않는다." 공자가 여기서 말한 뜻은 군자君子는 모든 상황에서 도덕적이 되어야 한다는 것이다.[3]

번지樊遲가 공자에게 인을 묻자, 공자는 대답했다. "인은 사람을 사랑하는 것이다."[4] 또 다른 경우에 공자는 다음과 같이 말했다. "진실로 인에 뜻을 두어야 나쁜 것이 없다."[5]

공자는 인을 기본적인 의미로 사용하여 다음과 같이 말했다. "인이 멀리 있는가? 내가 인을 하고자 하면 곧 인에 이른다."[6]

공자는 인을 최고의 덕목으로 삼았으며, 인을 사용하여 관중管仲, 백이伯夷, 숙제叔齊와 같은 역사상 극소수의 영웅과 순교자를 자주 언급했다. 공자는 관중에 대해서 다음과 같이 말했다. "환공이 제후들을 규합하되 병거로써 하지 않은 것은 관중의 힘이었다. 그의 인만 같겠는가? 그의 인만 같겠는가?" 어느 날 염유冉有가 공자에게 백이와 숙제에 대해서 묻자 옛날의 현인이라고 대답하면서 인을 사용하여 자신의 생각을 말했다. "인을 구하여 인을 얻었으니

3　『논어(論語)』 이인편(里仁篇) 제5장.
4　『논어(論語)』 안연편(顏淵篇) 제22장.
5　『논어(論語)』 이인편(里仁篇) 제1장.
6　『논어(論語)』 술이편(術而篇) 제29장.

더 이상 무엇을 원망했겠느냐?"[7]

공자는 가장 뛰어난 제자 안회顔回가 인에 대해서 묻자 다음과 같이 대답했다. "자기를 이기고 예禮로 돌아가는 것이 인이다."[8]

또 다른 제자 중궁仲弓이 인을 실천하는 방법을 공자에게 묻자 문 밖에 나가서 사람을 만날 때 큰 손님을 대하듯 존중하라고 했다.[9]

공자가 내린 인의 정의는 59개나 되는데 이들 사이에는 모순이 보이지 않는다.

인仁과 덕德은 나눌 수 없지만 실천하는 사람과 시기에 따라서 다르게 적용되므로 다양한 인간관계에 대한 덕목은 본서의 1.1에 나와 있다.

여기에서는 다섯 가지 덕이 사실상 상호 보완적임을 언급하려고 한다. 군주와 신하는 상대방에게 충실하기를 바라는 권리를 가지기 전에 예禮을 실천하면서 공손해야 한다. 마찬가지로 아버지도 자식에게 효도를 바라기 전에 자식을 친절하게 대하면서 사랑해야 한다. 자상한 남편은 부인과 잘 지낼 수 있는 데 남편과 화목한 부인도 남편이 자신을 부드럽게 대할 수 있도록 해야한다. 형제들 간에도 우애가 돈독하면 서로 경쟁자가 아니라 좋은 친구처럼 지내게 된다.

상호 협력은 솔선수범率先垂範과 반응으로 나타나는데 누군가는 솔선수범을 먼저 해야 한다. 대체로 솔선수범을 해야 하는 사람은 군주君主, 아버지, 형 그리고 친구 간에는 군자君子가 되어야 한다.

상호협력은 공감대가 없으면 이루어질 수 없으며 공감대는 친한 사람이 나와 마찬가지로 상대방을 긍정적으로 생각하거나 느끼고 있다는 확신이 없다면 형성될 수 없는 것이다. 사람의 본성은 기본적으로 선하며 모두 이러한 본성을 갖추고 있다.

7　『논어(論語)』 헌문편(憲問篇) 제17장, 술이편(術而篇) 제14장.
8　『논어(論語)』 안연편(顔淵篇) 제1장.
9　『논어(論語)』 안연편(顔淵篇) 제2장.

사람이 기본적으로 선하다고 하는 것은 사람의 본질이자 씨앗이다. 인자仁者가 된다고 하는 것은 이러한 본질에 따라 처신하는 것이다.

'仁'이라고 하는 글자는 어원적으로 두 가지 기원이 있는데 과거에 학자들은 이에 따라 '仁'에 대해 두 가지 상반된 설명을 했다. 남송南宋의 사량좌(謝良佐, 1050~1103)는 인은 사람의 씨앗을 뜻한다고 믿는 대표적인 학자였으며, 한漢나라의 정현(鄭玄, 127~200)은 인이 두 사람 간에 이루어지는 올바른 관계라고 믿고 있는 학자를 대표한다.[10]

사량좌가 한 다음의 말은 올바른 것이었다. "살아 있는 것은 무엇이든지 인이며 죽은 것은 무엇이든지 불인이다."

현대 중국어에서 '不仁'은 '무감각하다'를 뜻하는데 '麻木不仁'이라는 현대 중국어는 몸이 마비되어 감각이 없는 것을 나타낸다.

게다가 중국 사람들은 복숭아씨의 알맹이와 아몬드를 가리킬 때 각각 桃仁과 杏仁이라는 말을 사용하고 있다.

주희朱熹도 인은 사람의 본질이자 복숭아와 살구의 씨라고 보았는데 인을 윤리적 개념에서 논할 때 인은 애愛와 불가분의 관계에 있다고 했다. 주희에게 인은 원칙이며 애는 인을 적용한 것이었다.

위대한 이론가였던 주희는 인을 마음의 덕德이자 애의 논리뿐만 아니라 만 가지 논리의 기원이며 사람의 만 가지 행동의 토대라고도 했다.[11]

주희는 강의와 저서에서 사람의 선한 본성과 악한 본성을 자주 비교했는데 욕망을 조절하는 것은 마음에 달려 있다고 했다.

주희는 인을 실천하지 않는 사람은 본성(정신)이 없는 몸이며 사람이 죽어 화장하여 타고 남은 잿가루에 불과하며 어리석은 돌덩어리에 지나지 않다고 했다.

---

10 《宋元學案》卷七十五,《北山四先生學案》第4册, 第969頁.阮元:《論語論仁論》引, 見《清儒學案》卷一百二十一,《儀徵學案》, 第4册, 第2164頁。

11 錢穆:《朱子新學案》, 第21, 61, 75, 223, 349, 364頁。

주희와 사량좌가 살던 시대보다 훨씬 이전에 맹자는 말했다. "인仁이란 인人을 말하는 것이다." 맹자는 또한 다음과 같이 말하기도 했다. "인은 사람의 마음이다."[12]

아마도 맹자는 『중용中庸』을 통해 인을 배웠을 것이다. 『중용中庸』은 공자의 말을 다음과 같이 전하고 있다. "배우기를 좋아함은 지知에 가깝고 실천을 함은 인仁에 가까우며 부끄러움을 아는 것은 용庸에 가깝다."[13]

다른 한 편으로 다음의 주장에 대해 『중용』도 옳다고 할 수 있다. "인을 실천하는 데 두 사람이 필요하다. 혼자 하기를 좋아하는 사람은 두 눈을 감고 서재에 홀로 앉아 있을 때 마음속에 덕의 논리는 있지만 공자가 제시한 인의 기준을 충족한다고 할 수는 없다."[14]

사량좌와 주희가 제시한 두 이론 사이에는 실제로 대립 현상이 보이지 않는다. 진심으로 마음이 친절한 사람은 다른 사람을 사랑할 수 있다. 그리고 이 사람은 주위의 사람들에게 사랑을 표현하여 이들을 도와주거나 이들이 앞서 성공할 수 있도록 조력해야 한다.

당唐나라의 한유韓愈는 모든 사람을 사랑하는 것이 인이라고 했지만 북송北宋의 정이程頤는 이를 받아들이지 않았다. 정이는 인은 모든 사람을 사랑하는 그 이상의 의미를 가지고 있다고 했는데 분명히 인이라는 말을 더 넓은 의미로 보았다. 여기서 정이가 보는 인의 개념은 모든 덕목을 총칭하는 것이었다.

인에 대해 다양한 해석이 이루어졌지만 인을 하나로 해석할 수 없음은 분명한 사실이다. 고홍명辜鴻銘은 인을 '도덕적인 삶'이나 '도덕적인 성격'으로 해석했고[15] 휴즈Hughes는 인을 '서로 정직하고 동등하게 대하는 개인 대 개인'

---

12 『맹자(孟子)』 진심장구하(盡心章句下) 제16장, 고자장구상(告子章句上) 제11장.

13 『중용(中庸)』 제20장.

14 阮元: 《論語論仁論》引, 見《清儒學案》卷一百二十一, 《儀徵學案》, 第4冊, 第2164頁。

15 Ku Hong-ming tr.(辜鴻銘). The Discourses and Sayings of Confucius(《論語譯英文》).

으로 해석했다.[16]

저자가 원하는 인의 해석은 위에 제시된 것이 아닌 음역이다.[17]

사유위謝幼偉는 인의 특성을 6가지로 분석하여 다양한 관점을 융합하려고 노력했다.[18]

(1) 보편성普遍性 : 인은 차별과 편파 없이 모든 사람과 사물을 사랑하는 것이다.

(2) 영속성永續性 : "하늘의 도道는 변하지 않고 오래 가기에 그치지 않는다."[19]

(3) 창생성創生性 : 인은 생명을 낳는 씨라는 뜻에서 생명이다. "천지天地의 큰 덕德은 만물을 살리는 것이다."[20]

(4) 감통성感痛性 : 무감각의 반의어로서 인은 자극에 반응하는 능력을 뜻하는데 민감성을 말한다.

(5) 강유성剛柔性 : 인은 겉으로 부드럽게 보이지만 행동으로 드러날 때는 매우 강건剛健하다. 공자가 말했다. "굳세고 꿋꿋하고 질박하고 어눌함이 인에 가깝다."[21] 공자는 또한 다음과 같이 말했다. "말을 교묘하게 하고 얼굴빛을 곱게 꾸미는 사람 중에는 인한 사람이 드물다!"[22]

(6) 애착성愛着性 : 인은 모든 사람과 만물에 대한 사랑이다. 인의 목적은 이

---

16 Edwin A. Burtt. "The Moral and Social Philosophy of Confucius(孔子的道德和社会哲学)". Tr. Wu Chang-zhi(吳昌智). In Chen Li-fu(陳立夫) ed. Influences of Confucianism on the West(《孔子學說對世界之影響》). 400.

17 벤저민 프랭클린(Benjamin Franklin, 1706~1790)은 사랑을 기독교 사상에 입각하여 정의했는데 사랑은 모든 덕목 가운데 가장 중요한 것이며 모든 예술 중에 가장 위대한 것이라고 했다. 프랭클린 식으로 말하면 인(仁)은 인생에서 가장 위대한 예술이라고 할 수 있다.

18 謝幼偉:《儒家談仁的特徵》, 見《華學月刊》第67期, 臺北, 1977年7月。

19 역주: 『주역(周易)』 32항(恒) 뇌풍항(雷風恒).

20 역주: 『주역(周易)』 계사전하(繫辭傳下) 제1장.

21 역주: 『논어(論語)』 자로편(子路篇) 제27장.

22 역주: 『논어(論語)』 학이편(學而篇) 제27장.

들을 지키는 것으로 전쟁과 낭비를 배격한다. 맹자孟子가 말했다. "만물이 모두 나에게 갖추어져 있다."[23] 또한 맹자가 말했다. "어버이와 완전히 하나가 되고서 백성을 어진 마음으로 대하며 백성을 어진 마음으로 대하고서 물건을 사랑한다."[24]

독자는 지금 인仁이 무한한 주제임을 깨달았을 것이다. 인은 최고의 덕목일 뿐만 아니라 다른 요인에 영향을 크게 미칠 수 있다. 공자는 다음과 같이 말했다. "용맹을 좋아하면서 가난을 싫어하면 난리를 친다. 사람이 인하지 못하면서 미워함이 너무 심하면 난리를 친다."[25]

또 다른 경우에 공자는 인자仁者의 특권에 상당히 긍정적이었다. "오직 어진 사람만이 남을 좋아할 수도 있고 남을 미워할 수도 있다."[26]

"좋아하되 그 나쁜 점을 알고, 미워하되 그 좋은 점을 아는 자는 천하에 드물다."[27]

맹자가 말했다. "공자께서는 하지 아니하시는 것이 매우 심하신 분이시었다."[28]

공자는 다음과 같이 말했다. "인을 좋아하고 배우기를 좋아하지 않으면 그 폐단은 어리석게 되는 것이다."[29]

하지만 어리석음은 악이 아니다. 악은 무엇이든지 인의 반대편에 있다. 공자는 말했다. "길은 둘이다. 인을 하는 것과 인을 하지 않는 것이다."[30]

공자 시대와 마찬가지로 오늘날도 세계는 다음과 같은 양극단이 존재하는

---

23 역주: 『맹자(孟子)』 盡心章句上(진심장구상) 제4장.
24 역주: 『맹자(孟子)』 盡心章句上(진심장구상) 제45장.
25 『논어(論語)』 태백편(泰伯篇) 제10장.
26 『논어(論語)』 이인편(里仁篇) 제3장.
27 『대학(大學)』 전팔장(傳八章).
28 『맹자(孟子)』 이루장구하(離婁章句下) 제10장.
29 『논어(論語)』 양화편(陽貨篇) 제8장.
30 『맹자(孟子)』 이루장구상(離婁章句上) 제2장.

데 민주주의와 전체주의, 정직과 위선, 온건과 극단, 평화와 갈등이 대립하고 있다. 우리도 인仁과 불인不仁 중에 하나를 선택해야만 한다.

인자仁者는 선택을 해야 할 때 결과에 두려워하지 않는다. "지사(志士: 학문에 뜻을 둔 선비)와 인인(仁人: 남과 내가 하나가 되는 사람)은 살기 위해서 인을 해치는 일이 없다. 몸을 죽여서라도 인을 이룬다."[31]

맹자가 말했다. "생선도 내가 먹고 싶어 하는 바이고 곰 발바닥도 또한 내가 먹고 싶어 하는 바이지만, 두 가지를 동시에 먹을 수 없다면 생선을 놓아두고 곰 발바닥을 먹을 것이다. 사는 것도 또한 내가 바라는 바이고, 의義도 또한 내가 바라는 바이지만 두 가지를 동시에 가질 수 없다면 사는 것을 놓아두고 의義를 가질 것이다."[32]

증자曾子는 제자에게 다음과 같이 말했다. "선비는 도량이 넓고 굳세지 않으면 안 된다. 짐이 무겁고 길이 멀기 때문이다. 인으로써 자기의 짐으로 삼으니 또한 무겁지 않은가? 죽은 뒤에야 끝나는 것이니 또한 멀지 않은가?"[33]

따라서 인자仁者가 된다는 것은 일생 동안 걸리는 일이다. 덕德을 천하에 밝히고자 하는 사람은 올바른 방법으로 스스로 인仁을 행하거나 자신을 사랑하면서 시작해야 하는데 이는 사물에 접하여 사물을 연구하고 그 뜻을 정성되게 하여 그 마음을 바로잡는다. 몸이 닦인 후에는 집이 안락해지고 나라가 다스려지며 천하가 화평해진다.[34]

자공子貢이 물었다. "만약 백성에게 널리 은혜를 베풀어 많은 사람을 구제할 수 있다면 어떻겠습니까? 인仁하다고 할 수 있습니까?" 그러자 공자가 대답했다. "어찌 인에 해당되는 일만이겠는가? 반드시 성聖에 속한 일인 것이다. 요순堯舜도 그렇게 하지 못하는 것을 병으로 인한 아픔으로 여겼다." 그리

---

31 『논어(論語)』 위령공편(衛靈公篇) 제8장.
32 『맹자(孟子)』 고자장구상(告子章句上) 제10장.
33 『논어(論語)』 태백편(泰佰篇) 제7장.
34 역주: 『대학(大學)』 경일장(經一章).

고 군자君子에 대해 묻는 자로子路의 질문에 대해서도 공자는 유사한 대답을 했다. "자기를 닦아서 모든 사람을 편안하게 하는 것이니 자기를 닦아서 모든 사람을 편안하게 하는 것은 요순堯舜도 오히려 그렇게 하지 못하는 것을 병으로 인한 아픔으로 여겼다."[35]

요堯임금이나 순舜임금과 같은 사람은 인의 성격 외에도 지혜와 용기가 필요하다. 자사子思는 이러한 지智, 인仁, 용勇을 삼덕三德이라고 했는데 올바른 결정을 내리기 위해서는 지혜가 필요하며 그 결정을 실천에 옮기는 데는 용기도 필요하다. "백성의 덕을 빠르게 하는 정덕正德과 백성들이 쓰고 하는 데 편리하게 하는 이용利用과 백성들의 생활을 풍부하게 하는 후생厚生 이것을 삼사三事라고 이른다."[36]

근대에 손문孫文은 바로 요堯임금이나 순舜임금과 같은 사람이었다. 손문은 현명하고 용기가 있는 사람으로 외국의 식민지 통치와 국내의 무정부 상태로부터 중국을 구하는 데 온몸을 바쳐 헌신했다. 손문은 중국을 출발점으로 공자가 이루려고 했던 세상의 낙원을 건설하는 것을 목표로 했는데 청소년과 젊은이가 교육의 혜택을 받고 인재人才가 등용되는 동시에 노인, 장애를 가진 사람, 미망인, 고아가 보살핌을 받는 세상이 되기를 바랐다.

공자와 손문이 실천한 것은 러시아 태생의 미국의 사회학자 피티림 소로킨 (Pitirim Sorokin, 1889~1968)이 제창한 창조적 이타주의라고 말할 수 있다.[37] 공자의 가르침으로 이타주의는 언제나 중국인의 마음속에 깊게 자리 잡혀 있다. 중국 전국시대戰國時代 초기 사상가 양주楊朱는 생명의 주체는 자신이며 그 자신을 소중하게 하는 것이 가장 중요하다고 하는 자애설自愛說과 다른 사람에 대해 경제적으로 관여하는 것을 부정했는데 이는 예외적이라고 할 수

---

35 『논어(論語)』 옹야편(雍也篇) 제28장, 헌문편(憲問篇) 제45장.

36 역주: 『춘추좌씨전(春秋左氏傳)』 문공(文公) 7년.

37 Xiang Tui-jie(項退結), "Experience in ren and the Philosophy of ren(仁的经验与仁的哲学)". Essays on Chinese Philosophical Thought(《中国哲学思想论集》). Vol. 2, 28.

있다.

오늘날 세상은 많은 어려움 속에 놓여 있는데 사람들이 바라는 바가 선한 것인가 악한 것인가에 따라 달라진다. 더 나은 세계를 만드는 것은 단순하다. 사람들이 공자의 인仁에 관심을 많이 기울이게 하여 더 나은 세상으로 나아가게 하는 것이다. 미움을 사랑으로 바꾸고 이익 대신에 행복을 추구하며 가족처럼 함께 일하고 창조하고 살아가야 한다.

2.3 의義

의義는 인仁을 보완하는 덕德이다.

의는 태도, 준비, 실천이라고 할 수 있다. 의로운 사람은 불평등을 용납하지 않는데 억압당하는 사람들을 위해 목소리를 높이고 불평등에 맞설 준비가 항상 되어 있으며 대부분의 경우에 이를 위해 즉시 실천에 옮긴다.

의로운 사람은 반드시 인자仁者라고 할 수는 없지만 인자는 언제나 의로운 행동을 하는 사람이다. 인자가 정의감이 없다고 하면 그는 인자라고 할 수 없다.

'義'라는 글자는 『논어論語』에 스물여섯 차례나 나오는데 이 글자 다음에 '仁'과 '禮'라고 하는 두 글자가 오는 경우는 상당히 드물다. 이는 공자가 '義' 다음에 두 글자 '仁'과 '禮'를 붙인다는 것이 중요하다는 것을 여실히 보여 준다.

그 이유는 잘 알려지지 않고 있지만 공자는 인仁과 의義를 같이 언급한 적이 전혀 없었다. 하지만 맹자孟子는 대개 이 두 가지 덕목 인과 의를 동시에 언급했다. 일부 학자들은 공자가 의에 대해서 설파하는 데 그리 열정적이지 않았다고 주장했지만 유이징(柳詒徵, 1880~1956)은 그렇게 생각하지 않았다.[38]

공자는 의에 대해서 다음과 같이 말했다. "거친 밥을 먹고 물을 마시며 팔

---

38 柳詒徵: 《國史要義》, 臺北, 中華書局出版, 1957年, 第130頁。

을 굽혀 베고 누워도 즐거움은 또한 그 가운데 있으니 의롭지 않으면서 부자되고 귀하게 되는 것은 나에게는 뜬구름과 같다."[39] "군자가 세상에서 살아가는 모습은 해야만 된다는 것도 없고 하면 안 된다는 것도 없다. 그때그때 알맞은 도리 편에 서고 알맞은 도리에 따른다."[40]

공자가 자신의 개혁안을 실행할 수 있는 군주를 찾기 위해 주周나라를 주유하고 있을 때 어떤 은자가 공자의 의도를 의심하자 공자의 제자 자로子路는 다음과 같이 말했다. "벼슬하지 않는 것은 의로움이 없는 것이다. 장유長幼의 예절도 폐할 수 없거늘 군신君臣의 의義를 어떻게 폐하겠는가? 자기 몸을 깨끗하게 하고자 하여 큰 도를 어지럽히는 것이다. 군자가 벼슬하는 것은 의를 행하는 것이니 도道가 행해지지 아니할 것을 이미 알았다."[41]

"군자는 의로움에 대해 잘 알아듣고 소인은 이로움에 대해 잘 알아듣는다."[42]

공자는 제자들에게 반복해서 말했다. "군자는 의義를 가지고 마음바탕을 삼고 예禮를 가지고 행하며 겸손한 태도로 표현하며 미더움을 가지고 이룬다. 그런 모습이 군자답다."[43]

공자와 더불어 일반적으로 인이 사람의 본질이라는 것은 잘 알려져 있다. 군자君子는 이러한 인 외에 의도 간직하고 있을 것이다.

다른 각도에서 보면 의는 심적인 발달에 따라 축적된 소산임에 틀림없다. 의는 인과 불가분의 관계에 있는데 인은 의의 근본이 되기 때문이다. 다른 한 편으로 환경의 필요에 따라 인이 의를 표출하는 데 잠재적인 역량이 없다고 하면 인은 참된 인이라고 할 수 없다.

따라서 인仁과 의義는 음陰과 양陽처럼 동일한 것에 대한 양면을 가리킨다.

---

39 『논어(論語)』 술이편(術而篇) 제15장.
40 『논어(論語)』 이인편(里仁篇) 제10장.
41 『논어(論語)』 미자편(微子篇) 제7장.
42 『논어(論語)』 이인편(里仁篇) 제16장.
43 『논어(論語)』 위령공편(衛靈公篇) 제17장.

"남을 이롭게 함으로써 의로움과 조화를 이룰 수 있다."[44] "역易에는 태극太極이 있으니 이것이 양의兩儀가 된다."[45]

맹자는 인과 의 이 두 가지 측면에 대해 다음과 같이 말했다. "인은 사람의 편안한 집이고, 의는 사람의 바른 길이다."[46]

맹자가 말한 뜻은 인이 기본적인 태도이며 의가 실천으로 드러난 인이라는 것이다.

전한前漢의 동중서(董仲舒, 기원전 176~기원전 104)는 인은 같은 사람을 사랑하는 것이며 의는 같은 사람에게 해를 입히는 것을 없애는 것이라고 하면서 이 이론을 명확하게 설명했다.

사람에게 해를 입히는 것을 없애기 위해서는 분명히 용기가 필요하다. 공자는 말했다. "의로운 일을 보고도 하지 않는 것은 용기가 없는 것이다."[47]

공자는 말했다. "인자仁者는 반드시 용기가 있지만 용기 있는 자가 반드시 인仁이 있는 것은 아니다."[48] 어느 날 자로子路가 공자에게 만일 삼군三軍을 통솔한다면 누구와 함께 하겠느냐고 묻자 다음과 같이 대답했다. "맨손으로 범을 잡으려 하고 맨몸으로 황하를 건너려다가 죽어도 후회함이 없는 자를 나는 함께 하지 않을 것이니 반드시 일에 임하여 두려워하고 계책 세우기를 좋아하여 성공하는 자와 함께 할 것이다."[49]

맹자는 용기를 큰 것과 작은 것으로 나누었다. 맨손으로 곰과 싸우는 것은 "작은 용기"이며, 폭군에 대항하여 일어나는 것은 "큰 용기"이다. 맹자는 제齊나라의 제선왕濟宣王에게 말했다. "왕께서는 청컨대 작은 용기를 좋아하지

---

44 역주: 『주역(周易)』 1건(乾) 중천건(重天乾).
45 『주역(周易)』 계사전상(繫辭傳上) 제11장. 양의(兩儀)는 두 가지 거동으로 일반적으로 이를 음양(陰陽)으로 파악한다.
46 『맹자(孟子)』 이루장구상(離婁章句上) 제10장.
47 『논어(論語)』 위정편(爲政篇) 제24장.
48 『논어(論語)』 헌문편(憲問篇) 제5장.
49 『논어(論語)』 술이편(術而篇) 제10장.

마소서. 칼을 어루만지고 상대방을 노려보며 말하기를, '저것이 어찌 감히 나를 당하겠는가' 하나니, 이는 필부匹夫의 용기이니 한 사람을 대적하는 것입니다. 왕은 청컨대 용기를 크게 가지소서. 『시경詩經』에 이르기를 '왕께서 발끈 성을 내어 마침내 그 군대를 정돈하여, 침략하러 가는 무리를 막아서 주周나라의 복을 돈독히 하여 천하의 기대에 부응하였다' 하였으니 이것은 문왕文王의 용기입니다. 문왕이 한 번 성을 내어서 천하의 백성을 편안케 하였습니다. 『서경書經』에 이르기를 '하늘이 하민(下民: 아무 벼슬이나 신분적 특권을 갖지 못한 일반 사람)을 내리시어 그들에게 임금을 만들어주고 스승을 만들어준 것은 오직 '상제(上帝: 하느님. 우주를 창조하고 주재한다고 믿어지는 초자연적인 절대자)를 도와 사방에서 백성들을 사랑하라'고 한 것이니, 죄가 있는 것과 죄 없는 것을 오직 내가 가릴 것이니, 천하에 어찌 감히 그 뜻을 월권(越權: 자기 권한 밖의 일에 관여)하는 자가 있겠는가?' 하였습니다. 한 사람이 천하에 횡행하거늘 무왕武王이 이를 부끄러워하였으니, 이것은 무왕의 용기입니다. 무왕이 또한 한 번 성을 내어서 천하의 백성을 편안케 하였습니다."[50]

공자는 매우 용감한 사람이었다. 공자는 자신의 안위는 개의치 않았으며 노魯나라의 세 경卿 집안 중 가장 세력이 막강한 계季씨가 주周나라의 예법을 무시하자 바로 다음과 같이 말했다. "뜰에서 팔일무를 춤추게 하니 이것을 차마 할 수 있다면 무엇인들 차마 하지 못하겠는가?" (계季씨는 제후국 노魯나라의 대부이므로 행사가 있을 때 사일무를 추게 해야 한다. 하지만 계씨는 주周나라의 천자가 되고 싶었고 천자의 기분을 내고 싶어서 집에서 행사를 할 때 팔일무를 추게 했다.)[51]

『논어論語』에는 공자의 용기를 보여주는 또 다른 사례가 있다. 제齊나라의 임금 간공簡公이 대부 진항陳恒에게 시해되었다는 것을 듣자, 공자는 목욕하고 조회하여 노魯나라의 임금 애공哀公에게 진항을 토벌할 것을 간언했다.[52] 당

---

50 『맹자(孟子)』 양혜왕장구하(梁惠王章句下) 제3장.
51 『논어(論語)』 팔일편(八佾篇) 제1장.
52 『논어(論語)』 헌문편(憲問篇) 제22장.

시 노나라의 강력한 세 대부 맹孟씨, 숙叔씨, 계季씨는 행실은 제나라의 대부 진항보다 그리 낮지 않았다. 공자는 이런 행동이 노나라의 세 대부의 분노를 일으킬 뿐만 아니라 자신의 간언에 상관없이 노나라가 진항을 처단하지 않으리라는 것도 잘 알고 있었다. 그러나 공자는 원칙에 따라 자신의 용기를 보여 주었다.

공자는 이 원칙이 예禮를 침해하지 않는다고 생각했다. 공자 시대에 예는 오늘날 헌법과 동일한 기능을 발휘했는데 공자는 예를 지키는 것이 자신의 의무라고 생각했다. 게다가 공자는 제후국들을 주유周遊하면서 예를 지키는 데 자기의 의무를 다했기에 불충한 신하가 군주를 살해한 것에 대해 분개했다.

공자가 말한 의義의 범위는 상당히 컸다고 할 수 있다. 이는 공자가 단순히 평범한 사람이 아니라 교사이자 노나라 조정의 전직 관료였기 때문이다. 교사로서 공자는 자신의 가르침에 반하는 일들을 외면하지 못했으며 노나라 조정의 전직 관료로서 노나라의 군주 애공哀公과 그 신하들에게 이웃 제후국들의 조정에서 일어나고 있는 일들을 상기시켜 줄 의무가 있다고 생각했다.

공자는 예와 의는 서로 불가분의 관계에 있다고 생각했다. "예의 실행은 마땅한 바를 따른다."[53] "의는 의(宜: 마땅히 하여야 함)이다."[54] 특히 예를 제정한 주周나라의 주공周公은 나라가 잘 다스려지기를 바랐다. 공자는 의는 단지 합당하지 않는 것에 분개하는 것일 뿐이라고 생각했다.

정축丁丑날에 제후들이 허許나라를 에워쌌을 때 진晉나라 군주가 병이 나자 조曹나라 군주인 백작을 모시는 지체 낮은 신하인 후유侯獳가 진나라의 점치는 일을 맡고 있는 관원官員을 매수해서 진나라 군주에게 말했다. "예로써 의리를 행하는 것이고, 신의로써 의리를 행하는 것이고, 신의로써 예를 지키며, 형벌로써 그릇된 것을 올바르게 하는 것입니다."[55]

---

53 『예기(禮記)』 곡례상(曲禮上).
54 역주: 『중용(中庸)』 제20장.
55 『춘추좌씨전(春秋左氏傳)』 희공(僖公) 28년.

의를 부르짖거나 옹호하는 것은 용기가 필요하다. 사람이 이로움을 취하는 데 의에 반할 때 그 기회를 포기하는 것도 용기가 필요하다.

『논어論語』는 이로움을 취할 수 있는 기회가 생길 때 군자君子와 소인小人의 태도에 대해 비교하는 대목이 나와 있다. 소인은 이로움을 취할 수 있는 기회가 오기 전까지는 의에 대해서 많은 말을 하지만 일단 그 기회를 잡게 되면 의에 대한 모든 것을 잊어버리고 오직 이로움에만 주의를 기울인다. "군자는 의로움에 대해 잘 알아듣고 소인은 이로움에 대해 잘 알아듣는다."[56]

공자의 제자 자장子張이 말했다. "선비가 위태로움을 보면 목숨 바칠 것을 생각하고 소득이 생기면 그것이 의로운 것인가를 생각한다."[57]

물론 모든 소득이나 이익이 의에 반하는 것은 아니다. 일을 하여 얻는 소득도 있고 동반자와 공유하는 소득도 있다. 가장 중요한 이익은 공공의 이익인데, 다시 말해서 사회, 국가, 세계 전체를 위한 이익이다.

공공의 이익은 바로 의 자체라고 할 수 있다.

공공의 희생을 담보로 자신의 사적 이로움을 취하는 것은 결코 의라고 할 수 없다.

따라서 개인이 취하는 이로움은 공공의 이익이라는 측면에서 판단해 볼 필요가 있다. 하지만 개인이 얻는 소득은 정당할 뿐만 아니라 숭고하다고 할 수 있는데 이러한 소득은 국가와 같은 공동체의 모든 구성원을 위한 것으로 공공심이 있는 군자의 이타적인 노력으로 이루어진 것이다.

유이징柳詒徵은 『주역周易』에서 의는 모든 이로움과 완전한 조화를 이루고 있을 때 개인의 소득이 정당화되고 숭고하다고 할 수 있다고 했다. 따라서 소득과 의는 필연적으로 대립적인 것만은 아니며 소득이 사적이냐 공적이냐에 따라 그 관계는 달라지는 것이다.[58]

---

56 역주: 『논어(論語)』 이인편(里仁篇) 제16장.
57 『논어(論語)』 자장편(子張篇) 제1장.
58 柳詒徵 《國史要義》, 臺北, 中華書局出版, 1957年, 第153頁。

송宋나라 이후 중국의 일부 학자들은 모든 소득을 매도하는 경향을 보여주고 있다. 이들 학자들은 군자君子가 이로움을 취하는 데 주저하는 것에 대한 공자의 말 뿐만 아니라 정이程頤가 한 다음의 말까지도 잘못 이해하고 있다. "군자는 자신이 얻게 될 소득이나 업적에 대해서 계산을 하지 않는다. 군자가 관심을 가지는 것은 의를 행하고 있는지 혹은 도道가 사람들에게 분명하게 드러나는지에 대한 것뿐이다."

이들 학자들은 공익을 실천하면 할수록 도가 더욱 분명하게 드러나기에 이로움보다 의로운 것이 없다는 것을 알고 있어야만 했다.

업적이 그보다 훌륭하다고 할 수는 없다.

공자는 평생 비록 성공하지 못한다 하더라도 감탄할 만한 업적을 남겼다. 공자는 자장子張에게 말했다. "민첩하면 공功이 있게 된다."[59]

공자는 중국 역사상 가장 성공적인 인물로 요堯를 들면서 다음과 같이 말했다. "위대하도다! 요堯의 임금 노릇하는 모습이여. 높다랗게 오직 하늘이 크거늘 오직 임금만이 그것을 본받았도다! 넓고 넓어 백성들이 이름붙일 수 없도다! 높고 높도다! 그 공을 이룬 모습이여."(불행히도 이 부분에 대해 자세한 설명을 하지 않았다. 하지만 우리는 순舜 임금이 요堯 임금의 아들은 아니었지만 요 임금의 후계자로 왕위에 올라 뛰어난 업적을 남겼다는 것을 알고 있다.)[60]

정치가는 도덕주의자가 되어야 한다고 한 손문孫文의 말은 올바른 것이었다.

노魯나라의 은공隱公은 말했다. "불의不義의 짓을 많이 했다가는 반드시 그 자신 스스로 멸망한다."[61]

---

59 『논어(論語)』 양화편(陽貨篇) 제6장.
60 『논어(論語)』 태백편(泰佰篇) 제19장.
61 『춘추좌씨전(春秋左氏傳)』 은공(隱公) 1년.

2.4 효孝

중국에서 자녀들이 부모에게 행하는 효에 다른 나라는 감탄을 금치 못했다. 중국에서 부모와 자식의 관계는 무엇보다 더 밀접하기 때문에 사회에서 가족이란 단위는 가장 중요한 공동체로 국민 생활에서 가장 공고한 토대를 이루고 있다.

『효경孝經』은 증삼曾參의 제자가 지었다고 하는데 효孝에 대해서 공자의 주요 규범이 들어 있어 효성스러운 아들이 일생 동안 행해야 할 지침을 제시하고 있다. "너의 몸통과 사지四肢 그리고 머리카락과 피부가 모두 부모로부터 받은 것이다. 그것을 감히 훼상하지 않는 것 그것이야말로 효의 시작이다. 몸을 반드시 세우고 인생의 정도를 걸어가는 것 그렇게 하여 아름다운 이름을 후세에 떨치는 것 그리고 내 이름으로 부모님까지 영예롭게 만드는 것이야말로 효의 종착이다. 대저 효라는 것은 어려서부터 부모님을 섬기는 것으로부터 시작하여 사회에 나아가서는 임금을 섬기는 것으로 진행되다가 결국은 자기 몸을 반듯이 세우는 것으로 완성된다."[62]

부모를 극진히 봉양하면 군주에게 불충할 수 없기 때문에 효자는 충신이라고 할 수 있다. 사방득謝枋得, 1226~1289)은 말했다. "군자가 충신을 등용하는 가장 쉬운 방법은 온 나라 백성들 가운데 효자를 찾는 것이다."[63]

요堯임금은 위에서 사방득이 말한 진실을 발견한 최초의 군주였다. 요임금은 순舜이 극진한 효성으로 부친을 모신다고 하는 이야기를 듣고 순을 하급 관리로 채용했다. 순은 자신의 직무를 훌륭히 수행하여 점차로 관직이 높아져 결국은 요임금의 후계자로 왕위를 계승하게 되었다.

순임금의 뒤를 이어 왕이 되어 하夏나라를 세운 우禹임금 또한 효자였다. 우임금이 순임금에게 등용되어 왕위에 오르기 전에 성은 사姒이고 이름은 문

---

62 역주: 『효경(孝經)』 개종명의장(開宗明義章) 제1.
63 Biographies of Song and Yuan Confucianists(《宋元学案》). Vol. Ⅳ, 1028.

명文命이었는데 우의 아버지는 곤鯀이었다. "우는 기지가 넘치고 총명할 뿐만 아니라 정력이 넘치고 민첩했다. 또 고된 일을 참고 이겨내며 재능이 뛰어난 사람이었다. 그는 윤리 도덕을 준수하고 인자하며 행동거지가 단정하고 일을 처리하는 데에 신중을 기하며 근면 성실할 뿐만 아니라 몸가짐이 단정하고 엄숙하여 모든 사람들의 귀감이 되었다. 그리하여 우는 백익伯益, 후직后稷과 더불어 순임금의 명을 받들어 제후들과 백관들로 하여금 사람들을 동원하여 치수 사업을 벌이게 했다. 그들은 산과 고개에 올라 말뚝을 세우고 이를 측량 표지로 삼아 높은 산과 큰 강을 측량했다. 우는 아버지가 물을 다스리는 데 실패하여 징벌을 받았기 때문에 몹시 상심했다. 그래서 그는 잠시도 쉬지 않고 오로지 물을 다스리는 데에만 골몰했다. 이렇게 밖에서 지내기를 13년 동안이나 계속했다. 심지어 자신의 집 앞을 지나면서도 감히 집 안에 들어가지 않았다. 자신이 먹고 입는 것을 아끼고 귀신을 섬기는 데 진력했다. 보잘 것 없는 작은 집에 기거하며 재물을 절약하여 치수를 하는 데 이용했다. 그는 육지에서는 수레를 타고 물 위에서는 배를 타고 늪에서는 키 모양의 특수한 썰매를 타고 산에 오르고 고개를 넘을 때에는 징 박은 나막신을 신고 분주하게 이리저리 돌아다녔다. 왼손에는 수준기水準器와 먹줄을 오른손에는 컴퍼스와 곱자를 들고 또 사계절을 헤아리는 측정 기구를 휴대하고 다니며 온갖 노력을 다 기울였다. 그리하여 마침내 그는 9주州의 땅을 개척하고 9주州의 수로를 내었으며 제방을 쌓아 큰 호수 아홉 개를 수리했고 큰 산 아홉 개를 뚫었다."[64] "순임금이 말했다. '이리 오라. 우야! 홍수가 나를 경계했는데 신뢰 관계를 이루고 또 공을 이루었으니 오직 너의 현명함 때문이며 나라 일에 부지런하고 가정에 검소하여 스스로 만족하거나 위대한 체하지 않았으니 오직 너의 현명함 때문이다. 너는 오직 자랑하지 않으나 천하에 너와 공을 다툴 자가 없으니 내 너의 덕을 대단하게 여기며 너의 아름다운 업적을 가상하게

64　역주: 『사기(史記)』 본기(本紀) 제이(第二) 하본기(夏本紀).

여기노라. 하늘의 운수가 너의 몸에 있으니 너는 마침내 임금자리에 오를 것이다."[65] 황하黃河의 홍수를 막는 치수 사업을 성공적으로 마친 후 우는 순임금 곁에서 8년 동안 관직 생활을 하며 순임금이 바라던 대로 직무를 충실히 수행하자 순임금의 뒤를 이어 왕위에 올랐다. 우임금은 즉위하자마자 치수 사업에 실패한 벌로 참수를 당한 아버지 곤鯤을 기리는 사당을 지었다. 우임금이야말로 효심이 지극한 효자라고 할 수 있다.

우임금은 동시에 하늘과 아버지 곤에게 제사를 지냈다. "효행孝行 중에서도 아버지를 존엄하게 모시는 것보다 더 위대한 효행은 없다. 그리고 아버지를 존엄하게 모시는 방식 중에서 그 아버지를 하늘과 동등한 존재로서 짝지어 제사지내는 것보다 더 존엄하게 아버지를 모시는 방식은 없다."[66]

공자는 말했다. "우임금은 내가 비난할 데가 없다. 음식은 간략하게 하면서도 제사상에 올리는 음식은 성대히 차렸다."[67]

『논어論語』는 공자의 세 제자가 효에 대해 묻는 장면을 기록하고 있다. 우선 맹의자孟懿子에게 다음과 같이 대답했다. "어김이 없어야 한다." 두 번째 자하子夏에게는 얼굴빛에 주의해야 한다고 했다. 왜냐하면 부모의 봉양에 충실한 것이 효의 전부가 아니며 참다운 효는 부모의 뜻을 받들어야 하는 것인데 부모는 자녀의 얼굴빛만 봐도 자녀의 마음을 헤아릴 수 있기 때문이다. 마지막으로 자유子游에게는 다음과 같이 대답했다. "지금 사람들이 생각하는 효는 부모공양 잘하는 것을 말한다. 그러나 사람들은 개나 말까지도 다 봉양하고 있다. 공양하지 않는다면 무엇으로 구별하겠는가!"[68]

"부모를 생각하여 깊이 사랑하는 사람에게는 반드시 화기和氣가 있고 화기가 있는 사람에게는 반드시 즐거운 표정이 있으며 그러한 사람에게는 반드시

---

65 역주: 『서경(書經)』 우서(虞書) 대우모(大禹謨).

66 역주: 『효경(孝經)』 성치장(聖治章) 제10.

67 『논어(論語)』 태백편(泰佰篇) 제21장.

68 『논어(論語)』 위정편(爲政篇) 제5장, 제8장, 제7장.

부드러운 태도가 엿보인다."[69]

남송南宋의 심환(沈煥, 1139~1191)은 말했다. "효심이 지극한 효자는 부유해서는 안 되며 술과 고기가 있는 곳에서도 부친과 함께 물을 마시면서 콩만 먹어도 즐길 수 있다."[70]

유가儒家의 가르침은 부친이 올바른가 그른가에 상관없이 효자는 반드시 부친의 뜻을 따라야 한다고는 하지 않았다. 공자가 말했다. "부모를 섬기되 은밀하게 간해야 한다. 부모의 뜻이 내 말을 따르지 않는 것을 보면 더욱 공경하여 부모의 뜻을 어기지 않으며 수고롭더라도 원망하지 아니해야 한다"[71]

올바른 충고를 하려고 하는 아들을 둔 아버지는 항상 행운이 따르는 것이다. 올바른 충고를 해 주는 신하를 둔 군주나 그러한 친구가 있는 사람도 정말로 행운이 따른다고 할 수 있다. 중국 역사는 위험이 닥치거나 노여움을 사는 경우조차도 올바른 충고를 하려고 하는 신하, 친구, 아들에 대한 예例로 가득 차 있다.

다른 한편으로 중국에서 불효자는 법으로 심한 처벌을 받았다. 공자가 말했다. "옛부터 형벌에는 크게 다섯 가지 종류가 있었는데 세분하면 3천이나 된다. 그러나 이 많은 죄 중에서도 불효不孝처럼 큰 죄는 없다."[72] 아주 오래 전에 중국에서는 자신을 공경하지도 않고 그 은혜를 모르는 자식을 관에 보내 처벌하게 하는 관례가 있었다. 하지만 현재는 그렇지 않다.

하지만 중국에서 효의 전통은 사회와 법 체제 속에 남아 있다. 자녀는 늙거나 거동이 불편한 부모를 섬겨야 한다고 법에 규정되어 있다. 형법에서 자녀가 부모의 범죄 사실을 증언하는 것을 면제하는 조항이 있다.

---

69   역주: 『예기(禮記)』 제의편(祭義篇).
70   沈煥, 字叔晦, 浙江鎭海人, 學者稱定川先生, 陸象山之門人。見《宋元學案》卷六十九, 《廣平定川學案》第4冊, 第887頁。
71   역주: 『논어(論語)』 이인편((里仁篇) 제18장.
72   역주: 『효경(孝經)』 오형장(五刑章) 제14.

이러한 법은 유교의 정신에서 널리 알려져 있다. 섭공葉公이 공자에게 말했다. "우리나라에 정직을 몸으로 실천하는 자가 있습니다. 그의 아버지가 양을 가로챘는데 아들이 입증을 했습니다." 그러자 공자가 말했다. "우리나라의 정직한 자는 이와 다릅니다. 아버지는 자식을 위해 숨겨주고 자식은 아버지를 위해 숨겨주는 것이니 정직함은 그 가운데에 있는 것입니다."[73]

사랑은 부모 자식 간의 가장 자연스러운 감정이며 부모의 사랑과 효孝는 자발적이며 상호 보완적인 것이다. "남의 아들이 되어서는 효孝의 상태에 머물고 남의 아버지가 되어서는 자慈한 상태에 머문다."[74] 사유위謝幼偉는 아들과 아버지가 그렇게 말하는 대로 해서는 안 된다고 하면서 다음과 같이 말했다. "부모 자식 간에 이루어지는 이 사랑은 순수하고 참되며 영원한 것이다. 이 사랑에 뿌리를 둔 중국 사회와 문화는 수천 년 동안 이어지고 있다. 부모와 자식 간의 공감대는 이웃, 친척, 친구로 퍼져나가고 있으며 이러한 공감대의 확장으로 중국은 커다란 가족과 같은 공동체가 되었다. 효는 바로 중국 문화의 토대인 것이다."[75]

손문孫文은 말했다. "중국만큼 효의 개념을 완벽하게 발전시킨 나라는 없으며 이러한 면에서 중국은 유일무이한 나라이다."[76]

이 효의 개념은 중국인이 불멸에 대해 생각하는 것을 잘 반영하고 있다. 사후 자신의 일과 사상을 계승할 자식이 있다는 것은 아들과 손자를 통해 자신이 영구히 남는다는 것이다. 이러한 믿음은 거의 종교를 대치하는 것이며 게다가 중국 사회의 도덕을 지키는 데 도움이 된다.

맹자가 말했다. "사람들이 자기의 어버이를 사랑하고 자기의 어른을 어른으로 섬기면 천하가 화평해질 것이다."[77]

---

73 『논어(論語)』 자로편(子路篇) 제18장.

74 역주: 『대학(大學)』 전삼장(傳三章).

75 謝幼偉: 《孝在中國文化上的地位》, 見《孔子研究集》, 第352頁。

76 Sun Yat-sen. Complete Works. 210.

공자의 뛰어난 제자 중 한 사람인 유약有若은 다음과 같이 말했다. "군자는 근본적인 것에 힘쓴다. 근본적인 것이 확립되면 방법은 생기기 마련이다. 효도와 공손함은 인仁을 행하는 근본이 되는 것이다."[78]

인仁은 나무와 같은데 효孝와 윗사람에 대한 존경은 이 나무의 뿌리이다. 일반적으로 인간에 대한 사랑과 동식물을 보살피는 마음은 인이라는 나무의 가지와 잎과 같다.

인이라는 나무의 뿌리로 효와 윗사람에 대한 존경은 사람이 어릴 때부터 배워야 한다. 이후 아이는 다른 덕목을 쉽게 습득하게 된다.

2.5 신信

아이가 짧게는 몇 시간 길게는 몇 년 동안 집을 떠나 있을 때 친구가 필요하게 되는데 믿을만한 친구를 만나 사귀어야 한다는 것이다.

공자는 말했다. "사람이 되어 미더움이 없으면 사람일 수 있는 가능성을 찾을 수 없다. 큰 수레에 끌채가 없고 작은 수레에 끌채가 없으면 무얼 가지고 끌고 가겠는가?"[79]

공자는 학당에서 육예六藝와 육경六經 외에도 몸소 실천을 통해 다른 네 가지를 가르쳤다. 이 네 가지는 논술, 의사 결정, 충忠, 신信이다. 공자는 다음과 같이 말했다. "군자가 신중하지 않으면 위엄이 없으며 배우면 고루하지 않게 된다. 충과 신을 중시할 것이며 자기만 못한 자를 벗하지 말 것이며 허물이 있으면 고치기를 꺼리지 말아야 한다."[80]

공자는 제자들에게 자주 다음과 같이 말했다. "군자는 미더움信을 가지고

---

77 『맹자(孟子)』 이루장구상(離婁章句上) 제11장.
78 『논어(論語)』 학이편(學而篇) 제2장.
79 『논어(論語)』 위정편(爲政篇) 제22장.
80 『논어(論語)』 학이편(學而篇) 제8장.

이룬다." 만약 공자가 오늘날 우리와 같이 살고 있다면 또 다시 그렇게 말할 것이다.[81]

자공子貢이 정치에 대해 묻자 공자는 말했다. "먹을 것을 풍족하게 하는 것, 병력을 넉넉하게 하는 것, 백성들이 신뢰하는 것이다." 자공이 부득이한 상황에서 반드시 없애야 한다면 그 세 가지 중에서 무엇을 없애야 하는가를 물었다. 공자는 먼저 병력을 없애야 하며, 부득이한 상황에서는 먹는 것을 버린다고 대답했다. "백성들의 신뢰가 없으면 정치가 성립되지 않는다."[82]

자장子張이 공자에게 인仁에 대해서 묻자 공자는 다섯 가지를 대답했는데 그 하나는 신뢰이다. "신뢰하면 사람들이 임무를 다하게 된다." 공자가 말한 나머지 네 가지는 공손함, 너그러움, 민첩함, 은혜로움이다.[83]

신뢰할 수 있는 사람은 대체로 자신의 감정이나 의견 등을 잘 말하지 않는 사람인데 그 사람은 무책임한 약속을 하지 않으며 자신이 한 말은 모두 지킨다. 따라서 이러한 사람은 수다스럽지 않다.

공자의 제자 가운데 자로子路는 신뢰에 가장 관심을 가졌는데 약속을 한 번 하면 그 다음날까지 미루는 법이 없었다.

중국어에서 '信'이라는 글자는 사람을 상징하는 '亻(人)'과 말을 뜻하는 '言'으로 이루어져 있다. 진실한 사람이 무슨 말을 하던지 간에 '信'은 사람이 하는 말의 질을 뜻한다.

중국어 '信'의 파생어 '신앙信仰'은 신실하게 믿는 종교나 정당에서 그 효과를 믿는 당원의 정치 주의를 뜻할 수 있다.

손문孫文은 초기 중화민국 청치 강령으로 민족주의民族主義, 민권주의民權主義, 민생주의民生主義의 삼민주의三民主義를 발표했다. 손문뿐만 아니라 중국인들도 중국은 풀어야 할 문제가 3개가 있는데 이 문제들은 동시에 풀어나가야

---

81 『논어(論語)』 위령공편(衛靈公篇) 제17장.
82 『논어(論語)』 안연편(顏淵篇) 제7장.
83 『논어(論語)』 양화편(陽貨篇) 제6장.

하며 공부를 하면서 차분하고 인내를 가지고 끊임없이 행동하는 노력이 필요하다. 이 일은 장애물을 제거하나 적에게 이기는 것보다 더 힘든 것인데 주로 해마다 점진적으로 국력, 민주주의 풍토, 협력 정신을 배양하는 것이다.

2.6 충서忠恕

어느 날 공자가 말했다. "나의 도는 하나로써 꿰뚫고 있다." 그러자 증자曾子는 "예"라고 재빨리 대답했다.

공자가 나가자 문인들이 증자에게 무슨 뜻이냐고 묻자 다음과 같이 대답했다. "선생님의 도는 충忠과 서恕일 뿐이다."[84]

위에 나오는 '忠恕'에서 '忠'은 '충직함'을 뜻하며 '恕'는 '동정심'을 나타낸다.

여기서 '忠恕'를 다시 살펴보면 우선 '忠'은 '가운데'를 가리키는 '中'과 '심장'을 상징하는 '心'으로 구성되어 있다. 다음에 '恕'는 '심장心' 위에 '같다'를 상징하는 글자 '如'가 놓여 있는 형상을 하고 있다.

'恕'는 공감을 나타내는데 다른 사람이 나와 같은 마음이나 감정을 지니는 것으로 나에게 하는 것과 똑같이 남을 대하는 것을 말한다.

'忠'은 군주, 고용주, 부하, 아랫사람, 친구, 가족 구성원 등 이러한 구별에 구애받지 않고 이들을 위해 자신이 할 수 있는 것을 말한다. 공자의 가르침에 따라 다른 사람에게 도움이 되는 사람이 되기 전에 먼저 나 자신에게 충실하는 것이다. 나 자신을 속이지 말며 다른 사람에게 도움이 되도록 수양하여 좋은 사람이 되는 것이다.

정공定公이 공자에게 물었다. "임금이 신하를 부리며 신하가 임금을 섬기는 것을 어떻게 해야 합니까?" 그러자 공자는 다음과 같이 대답했다. "임금은 신하를 부리기를 예禮로써 하고 신하는 임금을 섬기기를 충성으로써 해야 합

---

84 『논어(論語)』 이인편(里仁篇) 제15장.

니다."**85**

친구에 대한 '忠'은 친구가 도움을 원할 때 도와주고 조언을 듣고 싶을 때 그것을 해 주는 것이다. 하지만 조언을 주는 데에는 한계가 있는데 계속 할 수는 없다. 만일 친구가 조언을 거부한다면 바로 그만두어야 한다. 그럼에도 무리하게 친구에게 조언을 한다면 모욕을 당해도 뭐라고 할 수 없다. 진秦나라 경공景公이 사견士雁을 보내어 초楚나라에 대해서 군사를 내어 달라고 요청했다. 그 군력을 빌어 진晉나라를 치자는 것이었다. 초楚나라 군주가 그 요청을 받아들였다. 그러자 자낭子囊이 말했다. "군주는 밝고, 신하들은 충성스럽고, 윗사람들은 양보하고, 아랫사람들은 명령에 순종하기를 다투니, 지금 당장은 진晉나라를 대적할 수 없습니다. 오히려 진晉나라를 섬기는 것이 좋으니 군주께서는 헤아리십시오."**86**

공자는 말했다. "사랑한다면 수고롭게 하지 않을 수 있겠는가? 진심으로 대한다면 깨우쳐주지 않을 수 있겠는가?"**87**

자장子張이 공자에게 정치에 대해서 묻자 다음과 같이 대답했다. "정사를 행할 때 진실한 마음을 가져야 한다."**88** 하夏나라의 몇몇 임금은 백성들에게 충성스러운 특별한 정책을 펼쳤다.**89** 초楚나라 왕은 군대를 감소시키고 소사(少師: 벼슬 이름)를 맞아들였다. 소사가 돌아가서 초楚나라 군대를 추격하자고 수隨나라 군주에게 청하니, 수나라 군주인 후작은 소사의 말에 따르기로 했다. 그러자 계량季梁이 그렇지 못하게 하여 말렸다. "도道라 하는 것은 백성들에게 충성스럽고 그리고 신神에게 거짓이 없는 일입니다. 군주가 백성들에게 이롭게 하자고 생각함이 충성입니다."**90**

---

85 『논어(論語)』 팔일편(八佾篇) 제19장.
86 『춘추좌씨전(春秋左氏傳)』 양공(襄公) 9년.
87 『논어(論語)』 헌문편(憲問篇) 제8장.
88 『논어(論語)』 안연편(顏淵篇) 제14장.
89 張其昀:《中華五千年史》第1册,《遠古史》, 第71頁。
90 『춘추좌씨전(春秋左氏傳)』 환공(桓公) 6년.

따라서 군주는 백성들에 대한 충忠을 보임으로써 백성들의 충성에 보답해야 한다. 다시 말해서 군주는 '서恕'를 실천해야 한다.

충忠과 서恕는 긍정적인 측면과 부정적인 측면이 모두 존재한다. 부정적인 측면은 공자가 중궁仲弓에게 한 말 속에 잘 드러나 있다. "자기가 하고 싶지 않은 것을 남에게 베풀지 말아야 한다."[91]

공자는 긍정적인 측면을 다음과 같이 말했다. "무릇 인자仁者는 자신이 서고자 할 때 남을 세우며 자신이 출세하고 싶을 때 남도 출세하게 한다. 가까운 것에서 취하여 알아차리는 것을 인仁을 실천하는 방법이라고 할 수 있다."[92]

'서恕'의 긍정적인 측면은 다음과 같이 기독교의 황금률에 필적할 만한 것인데 기독교보다는 500년이나 앞서고 있다. "그러므로 무엇이든지 남에게 대접을 받고자 하는 대로 너희도 남을 대접하라 이것이 율법이요 선지자니라"(마태복음 7:12). "남에게 대접을 받고자 하는 대로 너희도 남을 대접하라"(누가복음 6:31).[93]

결국 이러한 '서恕'의 긍정적인 측면은 '충忠'의 본질과 그렇게 크게 다르지 않다.

따라서 서恕는 '충忠'을 보완하는 것으로 '충忠'보다는 상당히 넓은 범위를 차지한다고 분명히 말할 수 있다.

이는 자공子貢과 공자의 다음 대화에서 그 이유를 찾을 수 있다. 자공이 물었다. "한 마디 말로써 종신토록 행할 만한 것이 있습니까?" 공자가 대답했다. "서恕일 것이다. 자기가 하고 싶지 않은 것을 남에게 시키지 않는 것이다."[94]

『대학大學』의 다음 구절은 충忠을 실천하는 방법에 대해 다음과 같이 자세히 기술하고 있다.

---

91 『논어(論語)』 안연편(顔淵篇) 제2장.
92 『논어(論語)』 옹야편(雍也篇) 제28장.
93 John C. H. Wu(吳經熊). tr. A New Translation of the New Testament(《新經全集》). Tainan: Zeng-xiang Publishing Co.(徵祥出版社), 1949, 19, 155.
94 『논어(論語)』 위령공편(衛靈公篇) 제23장.

윗사람에게서 싫은 것을 가지고 아랫사람을 부리지 말며,

아랫사람에게서 싫은 것을 가지고 윗사람을 섬기지 말며,

앞사람에게서 싫은 것을 가지고 뒷사람에게 먼저 하지 말며,

뒷사람에게서 싫은 것을 가지고 앞사람에게 하지 말며,

오른쪽에 있는 사람에게서 싫은 것을 가지고 왼쪽 사람과 사귀지 말며,

왼쪽 사람에게서 싫은 것을 가지고 오른쪽 사람과 사귀지 말 것이니,

이것을 잣대로 재는 방법이라고 일컫는 것이다.[95]

중국인의 정신 속에는 '恕'의 유교적 개념이 깊이 뿌리박혀 있는데 독일 태생의 미국의 동양학자 베르톨트 라우퍼(Berthold Laufer, 1874~1934)는 중국인이 전 세계에서 가장 관대한 민족이라고 했다.[96]

우리는 조국에 충성하지만 동시에 다른 국민들도 자신들의 조국에 충성을 다하려고 한다는 사실을 알고 있다. 미국의 철학자 조사이어 로이스(Josiah Royce, 1855~1916)는 자신의 저서 『충성심의 철학The Philosophy of Loyalty』에서 이것을 '충성심 대 충성심'이라고 했는데 자신을 넘어선 대의를 위해 헌신하는 것을 '충성심loyalty'이라고 부르고 개인주의에 대한 반대 개념으로 간주했다.[97] 여기에서 우리는 '忠'과 '恕'가 상당히 분리하기 어렵다는 것을 알 수 있다. 마찬가지로 충성스러운 사람도 이해심이나 인정이 많은 사람이라고 할 수 있다.

2.7 공공심公共心과 정직성正直性

공공심이 있는 사람은 대체로 대쪽같이 결이 바른 사람이다. 이러한 부류

---

95 『대학(大學)』 전십장(傳十章).

96 Berthold Laufer, "Sino-American Points of Contact," Scientific American, March, 1932.

97 Josiah Royce, The Philosophy of Loyalty, New York: Macmillan, 1915, 118.

의 사람은 진실을 알면서도 입을 다문 채 이기적인 욕심을 차리지는 않는다. 이들은 공익을 위해 생각한 바를 말하며 그에 따라 행동한다.

사람의 본성은 기본적으로 선하며 이기적이지 않다. 오랫동안 사회에 영향을 받으면서 선한 사람이 해야 할 일은 자신의 이기적인 욕망을 극복하고 자신의 선한 본성을 드러내는 것이다. 따라서 선한 사람은 의義의 길로 돌아가 다시 한 번 인仁을 실천하게 된다.

반대로 만일 선한 사람이 그렇게 되지 못하면 이기심에 이끌려 계속 그릇된 행동을 하게 되는데 공익의 이름으로 일을 하면서도 실제로 그가 한 모든 일은 자신의 사욕을 위한 것이다.

중국어에서 '公'이라는 글자는 '만인의 것'을 뜻한다. "큰 도가 행하여진 세상에는 천하가 모두 만인의 것으로 되어 있다. 사람들은 현자賢者와 능자能者를 선출하여 관직에 임하게 되고 온갖 수단을 다하여 상호간의 신뢰친목信賴親睦을 두텁게 했다. 그러므로 사람들은 각자의 부모만을 부모로 여기지 않았고 각자 자기 자식만을 자식으로 여기지 않아 노인에게는 그의 생애를 편안히 마치게 했으며 장정에게는 충분한 일을 시켰고 어린이에게는 마음껏 성장할 수 있게 했으며 과부 · 고아 · 불구자 등에게는 고생 없는 생활을 시켰고 성년 남자에게는 직분을 주었으며 여자에게는 그에 합당한 남편을 갖게 했다. 재화財貨라는 것은 헛되이 낭비되는 것을 미워했지만 반드시 자기에게만 사사로이 독점하지 않았으며 힘이란 것은 사람의 몸에서 나오지 않으면 안되는 것이지만 그 노력을 반드시 자기 자신의 사리私利를 위해서만 쓰지 않았다. 모두가 이러한 마음가짐이었기 때문에 사리사욕에 따르는 모략이 있을 수 없었고 절도나 폭력도 없었으며 아무도 문을 잠그는 일이 없었다. 이것을 대동大同의 세상이라고 말하는 것이다."**98**

따라서 공공심公共心은 자신의 이익을 대중과 공유하고 공공의 이익을 자신

98　역주: 『예기(禮記)』 예운편(禮運篇).

의 이익으로 여긴다. 만일 공동체 구성원이 모두 이러한 정신이 있다면 대동의 세상을 이루는 꿈을 이루는 데 어려움이 없을 것이다.

성誠은 분명히 대동 세상의 필수 조건이라고 할 수 있다. 그렇지 않다면 대동 세상의 지도자들은 구성원의 희생을 대가로 공익의 이름으로 왕처럼 살게 될 것이다.

'德'이라는 글자는 '마음'을 상징하는 데 쓰이는데 '直'이라는 글자의 상징성도 '德'과 동일하다. 다시 말해서 덕이 있는 사람을 정직한 사람이라고 할 수 있다.

'直'의 상징성은 '眞'을 구성하는데 이는 '사람'의 상징을 축약하는 다른 구성 요소이기도 하다. 따라서 이러한 사람은 솔직하고 사실대로 말하는 진실한 사람인 것이다.

공자는 말했다. "사람이 살 수 있는 바탕은 정직이다. 속이는 사람들이 사는 것은 요행히 죽음을 면하고 있는 것일 뿐이다."[99]

후한後漢의 마융(馬融, 79~166)과 송宋나라의 정이(程頤, 1033~1107)는 공자가 말하고자 한 것은 부정직한 사람이 재난을 당하며 예상치 못한 행운으로 생존한 다른 부정직한 사람에게 폭력을 당해 죽음을 당하게 된다는 것이라고 했다.

정이는 삶 자체가 사실상 정직한 것이라고 하면서 공자의 이론을 설명했는데 부정직한 사람은 삶과 싸우기에 이길 수 없다는 것이다.

원섭(袁燮, 1144~1224)은 정이의 이론을 받아들였다.[100]

공자가 말한 정직한 사람은 도움이 필요한 사람이나 심지어 일신의 적이라고 해도 상관하지 않고 이러한 사람들에게 상을 주거나 이들이 성공하는 데 협력하고자 하는 사람을 뜻한다.

---

99 『논어(論語)』 옹야편(雍也篇) 제17장.
100 袁燮, 字和叔, 浙江鄞縣人, 學者稱絜齋先生, 陸象山之門人。見《宋元學案》卷六十八, 《絜齋學案》, 第4冊, 第873頁。

120

도덕적인 사람은 자신이 아무리 도덕적이라고 해도 지나치게 도덕적인 삶을 살고자 하지는 않는다. 도덕적인 사람은 범죄 행위로 보복하거나 원한을 잘못된 방향으로 갚으려고 하지 않는다. 어느 날 어떤 사람이 공자에게 물었다. "은덕을 베풀어 원한에 보답하면 어떠합니까?" 공자가 대답했다. "무엇으로 은덕을 보답하겠는가? 원한은 정직한 마음으로 갚아야 하고 은덕은 은덕으로 보답해야 한다."[101]

『도덕경道德經』에서 노자老子는 반대자에게 조언을 주었는데 도교道敎의 관점에서는 상이한 가치관이 존재했다.

2.8 경敬과 성誠

『논어論語』에서 '敬'이라는 글자는 21번 나오며 '敬'에 대해서 19번이나 논하고 있다.

『모시서毛詩序』에서 서주西周 유왕幽王의 폭정을 풍자한 것으로 전해지는 시詩에 다음 구절이 있다. "전전긍긍 조심하자 절벽 위를 걸어가듯 살얼음을 밟고 가듯"[102]

위의 시를 지을 당시 시인은 실제로 두려운 마음을 품은 것은 아니며 그는 지위가 높은 사람으로 군주로부터 받은 명령의 중요성을 표현한 것뿐이라고 한다.

주周나라 초기 문왕文王과 무왕武王 때 태사太史 직을 역임한 사일史佚은 다음과 같은 말을 했는데 이 말은 이후 격언이 되었다. "행동은 공경恭敬보다 나은 것이 없고 집안을 꾸리는 데는 검소儉素보다 나은 것이 없으며 덕행德行은 겸양보다 나은 것이 없고 일 처리는 자문을 구하여 하는 것보다 나은 것이 없다."[103]

---

101 『논어(論語)』 헌문편(憲問篇) 제36장.
102 『시경(詩經)』 소아(小雅) 절남산지습(節南山之什) 소민(小旻: 하느님의 분노).

주나라의 주공周公은 경敬을 토대로 예禮를 제정했다. 주공은 예를 보완하는 데 음악을 사용했는데 음악은 조화를 근본으로 한다. 경과 조화는 결국 중국 역사상 가장 질서가 잘 잡힌 주나라 초기 서주西周에 활력을 불어넣었다.

공자는 제자들이 무슨 일을 하든지 성실하고 공손하기를 바랬다. 공자는 말했다. "자로子路야, 덕을 아는 자가 드물다." "나는 덕을 좋아하기를 색을 좋아하듯이 하는 자를 보지 못했다."[104] 맹자는 말했다. "남을 공경하는 자는 남도 항상 그를 공경한다."[105] "예는 한마디로 경일 뿐이다."[106]

송宋나라의 정이(程頤, 1033~1107)는 모든 지혜의 근본을 경에서 발견하고 다음과 같이 말했다. "경은 마음을 편안하게 하고 맑게 한다." 성리학性理學의 창시자 주희(朱熹, 1130~1200)도 유교의 모든 가르침 가운데 경이 가장 우선하며 사람은 활동을 하거나 가만히 있을 때조차도 경을 실천해야 한다는 확고한 견해를 가지고 있었다.

주희의 이러한 견해는 옳다고 할 수 있다. 중궁仲弓이 인仁을 묻자 공자가 말했다. "문을 나갔을 때에는 큰 손님을 뵌 듯하며 백성에게 일을 시킬 때에는 큰 제사를 받들 듯 하고 자기가 하고 싶지 않은 것을 남에게 베풀지 말아야 하며 나라에 있어서도 원망함이 없으며 집에 있어서도 원망함이 없어야 한다." 그러자 중궁이 말했다. "제가 비록 불민하나 이 말씀을 받들겠습니다."[107] 물론 여기에서 경이 인을 대신하거나 유교儒教 사상 체계에서 인보다 더 중요한 위치를 차지할 수는 없다. 한편 주희는 인의 개념을 희생시키는 대가로 경의 중요성을 강조하려고 하지는 않았다. 주희는 단지 제자들을 가르칠 목적으로 경에 대한 자기의 견해를 밝혔다고 할 수 있다.

---

103 『국어(國語)』 주어(周語) 하(下).
104 『논어(論語)』 위령공편(衛靈公篇) 제3장, 제15장
105 『맹자(孟子)』 이루장구하(離婁章句下) 제28장.
106 역주: 『효경(孝經)』 광요도장(廣要道章) 제15.
107 역주: 『논어(論語)』 안연편(顏淵篇) 제2장.

주희는 다소 논란을 빚는 논조로 경은 단지 만물 속에 숨어 있는 논리를 찾는 데 도움을 준다고 했다. 저자의 개인적인 경험에 비추어볼 때 경은 객관성을 창출한다고 할 수 있다.

남송南宋의 성리학자 장식(張栻, 1133~1180)은 경은 집중을 포함한다고 했다. 장식은 집중하지 않는 경은 참된 경이 아님을 깨달았다. 사람이 무슨 일을 할 때 마음을 잡고 집중하지 않는다면 그 순간 그 일을 존중하는 마음을 잃어버리고 결국 자기의 일을 끝내지 못하게 되어 악인惡人이 되어버리고 말 것이다.[108]

경은 우정에 없어서는 안 되는 중요한 부분이다. 공자는 제齊나라의 재상 안영晏嬰을 다음과 같이 평했다. "안평중安平仲은 남과 사귀는 것을 잘했다. 오래 되어도 존경심을 잃지 않았다."[109] 보통 사람은 친근해지면 오랫동안 사귄 친구에 대한 존경심을 잃기 십상인데 정이는 안영이 보여준 모범적인 사례에 깊은 감명을 받았다.

정이의 입장에서는 경은 여러모로 유용한 것으로 성誠을 낳으며 모욕적인 말이나 행동을 하지 못하게 하는 것이다.

이것이 바로 정이가 자주 제자들에게 용모에 대해 조심할 것을 당부한 이유이다. 정이의 제자들은 단정하고 진지한 몸가짐을 해야 했는데 단정함과 진지함은 경의 표현이라고 할 수 있다.

어떤 사람들은 마치 존경을 받고 있는 척하는데 꼿꼿하게 앉아서 아무 말도 하지 않고 허공만 쳐다본다. 주희의 입장에서 볼 때 이들은 존경을 받는 것이 아니라 단지 게으를 뿐이다. 주희는 진실로 존경을 받는 사람은 다투지 않으며 게으르지도 않고 사물 뒤에 숨겨진 진실을 찾는 일에 항상 힘을 쏟는다고 했다.[110]

---

108 張栻, 字敬夫, 號南軒, 湖南衡陽人。見《宋元學案》卷四十五,《南軒學案》, 第2冊, 第545頁。
109 역주: 『논어(論語)』 공야장편(公冶長篇) 제16장.
110 錢穆:《朱子新學案》第1冊, 第105頁。

중국어 '敬'은 '恭', '莊' 등과 같은 동의어가 있는데, '恭'은 진지함을 뜻하고 '莊'은 엄숙함을 나타낸다. 사람은 다른 사람들을 만날 때나 혼자 있을 때도 진지해질 수 있다. 그리고 어떤 일이나 사람들에 열중하여 그 밖에 아무것도 생각하지 않을 때 엄숙해질 수 있다.

다른 사람들로부터 존경을 받는 가장 확실한 방법은 엄숙한 태도를 유지하는 것이다. 엄숙함은 경솔함의 반대 개념이다.

경을 완전히 이룰 때 성誠에 이르게 된다.

성실한 사람은 정직한 사람이 되기 때문에 성은 정직을 뜻한다. 군자君子가 되는 8번째 단계에서 그 뜻을 정성되게 하면 그 다음 단계는 마음을 바로 잡는 것이다.[111]

"성은 하늘의 도道이고 성해지려고 노력하는 것은 사람의 도이다. 성한 자는 힘쓰지 않아도 적중하고 생각하지 않아도 얻게 되며 저절로 도에 적중하니 성인聖人이다."[112] "지극히 성실한 것은 쉼이 없다. 쉬지 않으면 오래 지속되고, 오래 지속되면 효험이 나타난다."[113]

공자는 말했다. "남쪽 나라 사람들의 말에 '사람이 되어 변함없는 마음이 없으면 무당이나 의원도 손을 쓸 수 없다.'는 말이 있으니 좋은 말이다. 덕德을 변함없이 가지고 있지 않으면 수치스러움을 당하느니라. 그런 사람은 점을 칠 필요도 없느니라."[114]

성은 사람의 도와 하늘의 도를 잇는 다리 역할을 하는데 폭, 고도, 견고성 등이 있다. 성은 사람을 강건하게 하여 다른 사람 때문에 자신의 의지를 굽히는 일이 일어나지 않게 만들어 준다. 공자는 말했다. "삼군(三軍: 대국大國이 갖추고 있는 군사의 규모)에게서 장수를 빼앗을 수 있지만 필부에게서 뜻을 빼앗을 수

111　역주: 『대학(大學)』 경일장(經一章).
112　역주: 『중용(中庸)』 제20장.
113　『중용(中庸)』 제26장.
114　『논어(論語)』 자로편(子路篇) 제22장.

는 없다."[115]

공자는 자신이 한 말에 대해 잘 알고 있었는데 절대적으로 성실한 사람은 종교에 독실할 정도로 진지하다는 것이다. 공자의 병환이 위중해지자 자로子路가 신에게 기도할 것을 청했을 때 공자는 말했다. "나의 기도는 오래되었다."[116]

2.9 정靜과 강剛

공자는 말했다. "지자知者는 동적動的이고 인자仁者는 정적靜的이다."[117]

대체로 인자가 지자보다 정적이라고 해도 정적인 것과 동적인 것은 반드시 분리할 수 없는 것이며 그 반대도 마찬가지이다.

주희朱熹는 정적인 것은 가정과 같지만 동적인 것은 길과 같다고 했다.[118]

장식張栻은 말했다. "지자는 동적인 것 안에 정적인 것이 있는데 반해 인자는 정적인 것 안에 동적인 것이 있다."[119]

주희와 장식이 말하고자 한 바는 동적인 사람은 무슨 일 때문에 눈코 뜰 겨를이 없다고 해도 마음속으로 정적인 상태를 유지하려고 애쓰며, 마찬가지로 인자도 가만히 앉아 있다고는 해도 사물 속에 숨겨진 논리에 대해 곰곰이 생각한다는 것이다.

왕수인王守仁 또한 우리에게 좋은 예를 제시하고 있는데 임금의 자리를 노려 일어난 반란군을 진압하기 위해 군대를 지휘하고 있는 전시에도 평소처럼 제자들을 가르치려고 애를 썼다.

동적인 것과 정적인 것 사이에 어느 정도 차이는 존재한다. 저자는 정적인

---

115 『논어(論語)』 자한편(子罕篇) 제25장.
116 『논어(論語)』 술이편(述而篇) 제34장.
117 『논어(論語)』 옹야편(雍也篇) 제21장.
118 錢穆：《朱子新學案》第4册，第518頁，又第2册，第292頁。
119 熊十力：《原儒》下卷，第174頁。

것이 동적인 것보다 더 강력하다고 생각하는 편이지만 동적인 것을 배제할 수는 없으며 모든 사람은 동적이어야 한다.

정적인 상태를 유지하는 삶의 방식은 가능한 한 개인적인 욕망을 품지 않고 단순하게 사는 것이다. 다시 말해서 사람은 욕망이 많을수록 정적인 삶을 유지하는 것이 힘들어진다.

완전히 정적인 사람은 동시에 매우 굳건한 사람이다.

이 세상에 의지가 굳건한 사람은 많지 않다. 공자가 말했다. "나는 아직 센 자를 보지 못했다." 이 말을 듣고 어떤 사람이 대답했다. "신정申棖입니다." 그러자 공자가 말했다. "신정은 욕심이 많은 것일 뿐이니 어디에 센 구석이 있겠느냐?"[120]

만일 누구든지 자신의 이익, 명성, 권력이나 다른 사람에게 좋은 인상을 보이려는 욕망으로 어떤 약점이 드러난다면 실제로 아무도 굳건해질 수 없다. 이러한 약점이 드러날 때 그 사람은 그 때문에 위태롭게 되어 아마도 자신의 계획이나 원칙까지 포기하게 될지도 모른다.

굳건한 사람은 자신이 생각하는 것을 솔직하게 말하며 원하는 바를 실행하고 자신이 한 번 내린 결정을 결코 바꾸려 하지 않지만 완고해서는 안 된다. 완고한 사람과 달리 굳건한 사람은 항상 마음이 열려 있으며 지식이 부족하거나 목적이 선하지 않다면 결정을 내리지 않는다.

굳건한 사람은 자신이 잘못된 길을 걷지 않는 이상 아무도 그리고 아무것도 두려워하지 않는다. 굳건함과 용기는 함께 하는 것으로 용기와 겁이 없는 것은 구별되어야 한다.

의지가 굳건한 사람은 반드시 인자는 아니지만 인자는 분명히 의지가 굳건한 사람이다. 공자는 말했다. "굳세고 꿋꿋하고 질박하고 어눌함이 인仁에 가깝다."[121]

---

120 『논어(論語)』 공야장편(公冶長篇) 제10장.

맹자의 제자 공손추公孫丑가 호연지기浩然之氣에 대해서 묻자 맹자는 다음과 같이 대답했다. "말하기 어렵다. 그 기氣는 지극히 크고 굳세니, 곧은 마음으로 길러서 해침이 없으면 하늘과 땅 사이에 꽉 차게 된다."[122]

하늘도 굳건한 것이다. "크도다 건乾의 작용이여. 굳세고 꿋꿋하고 알맞고 바르며 순수하고 정밀하다." "하늘의 운행이 꿋꿋하니 군자君子가 이 괘의 이치를 살펴서 스스로 꿋꿋하게 실천하여 쉬지 않는다."[123]

결론적으로 삶을 담백하게 살면 정적인 상태에 이르며, 정적인 상태를 유지하면 굳건하고 내적인 평화를 얻거나 안정감을 갖게 된다. 『대학大學』은 이러한 감정으로 사람은 마음이 바르게 되어 생산적인 결과를 내게 된다고 한다. 담백한 삶을 준비하는 데에는 인생의 목표를 정확히 파악하여 침착한 가운데 평온을 찾는 것이 필요하다.[124]

완벽한 정적인 상태를 유지하면서 정적인 것과 동적인 것의 균형을 잘 잡게 되면 범하기 쉬운 실수를 미연에 방지할 수 있는데 이는 고요한 호수와 같이 맑은 정신을 가지기 때문이며 언제 무엇을 하든지 그 일을 훌륭하게 해낼 수 있다.

정적인 상태를 유지하지 못하는 동적인 사람은 맑은 정신으로 행동하지 못하는데 이는 거친 바닷물과 같다고 할 수 있다.

굳건함이 없이 단지 용기만 가지고 있는 사람에게도 마찬가지 결과가 나온다고 할 수 있다.

---

121 『논어(論語)』 자로편(子路篇) 제27장.
122 『맹자(孟子)』 2 공손추장구상(公孫丑章句上) 제2장.
123 역주: 『주역(周易)』 1건(乾) 중천건(重天乾).
124 『대학(大學)』

2.10 검약과 겸손

굳건한 사람은 담백한 삶을 살기 때문에 굳건해질 수 있으며 검약하므로 물질적으로 필요한 것이 거의 없다.

검약은 인색함과 전혀 다른 것이다. 검약은 자신을 위해 쓰지 않는 것에 반해 인색함은 남을 위해 쓰지 않는 것을 말한다.

임방林放이 예의 근본을 묻자 공자가 대답했다. "크도다. 물음이여! 예는 사치하기보다는 차라리 검소한 것이 낫고 상을 잘 치르기보다는 슬퍼하는 것이 낫다."[125]

공자는 다음과 같이 말했다. "약(約: 쓸데없는 것을 줄이고 짜임새 있게 하는 것)을 실천하면 실수하는 것이 적다."[126]

북송北宋의 학자 범준(范浚, 1102~1150)은 검약을 비금전적인 문제로까지 확장했는데 다음과 같이 말했다. "사람은 듣는 일에 검약하면 계속 마음을 열 수 있으며, 보는 일에 검약하면 힘을 비축할 수 있고 말하는 일에 검약하면 편안히 숨을 쉴 수 있게 된다. 따라서 그 사람은 지치지도 않고 탈진하지도 않게 된다."[127]

검약은 쓰지 않는 것이며 겸손과 순종은 과시하지 않는 것이다. 여기에서 검약한 사람은 인색한 사람과는 다르다. 인색한 사람은 될 수 있는 한 쓰지 않으려고 하는 사람인데 반해 검약한 사람은 매우 제한된 범위 내에서 자신에게 꼭 필요한 것만 쓰면 그것에 만족하는 사람이다.

겸손한 사람은 검약한 사람과 별로 다를 바 없다고 할 수 있다. 왜냐하면 검약한 사람이 물질적인 것을 갈망하지 않는 것처럼 겸손한 사람도 남에게 칭찬을 받고자 하는 열망이 없기 때문이다. 흔히 겸손한 사람이 검약한 사람

---

125 『논어(論語)』 팔일편(八佾篇) 제4장.
126 『논어(論語)』 이인편(里仁篇) 제23장.
127 范浚, 字茂明, 浙江蘭谿人, 學者稱香溪先生。見《宋元學案》卷四十一, 《範許諸儒學案》, 濟2册, 第474頁。

일 수도 있는데 자신의 한계를 알기에 칭찬을 받는 대신에 자신보다 더 좋은 교육을 받거나 공부를 더 한 사람들로부터 유익한 조언이나 전문적인 가르침을 받으려고 애를 쓴다. 겸손한 사람은 자신이 가지고 있는 지식을 잃어버려서가 아니라 자신의 지식이 불완전하다는 사실을 정직하게 받아들이기 때문에 자신의 지식을 사용하는 데 검약하다.

실제 상황에서 많이 배우고 능력이 있는 사람일수록 더 순종적이다. 우禹는 그 대표적인 인물로 순舜임금의 명에 따라 치수를 맡아 성공적으로 마쳤으며 이후 순임금의 뒤를 이어 하夏나라를 세웠다. 순임금이 우에게 말했다. "너는 오직 자랑하지 않으나 천하에 너와 능력을 다툴 자가 없으며, 너는 오직 과시하지 않으나 너와 공을 다툴 자가 없다."[128]

우는 또한 순종의 덕목을 지니고 있었는데 하나라를 세웠을 때 그의 건국은 의도적인 계획 아래에서 이루어진 것은 아니었다. 우는 순임금과 했던 것처럼 왕위를 백성 중 현자賢者에게 물려주려 했으나 제후들이 우의 아들 계啓를 추대하여 결국 하나의 왕조를 열게 되었다.

순종의 덕德을 실천한 가장 유명한 인물은 오吳나라의 초대 군주 태백太伯이었다. 태백은 당시 은殷나라의 제후국 주周나라의 군주 태왕太王의 장남으로 태어났지만 훗날 자신의 막내 동생 계력季歷에게 주나라의 왕위를 잇게 하려고 세 번이나 왕위 계승을 거절했다. 하지만 태왕이 번번이 태백의 뜻을 받아들이지 않자 태백은 주나라를 떠나 결국 계력이 왕위를 계승하게 되었다.

또 다른 사례로 춘추시대春秋時代 때 오吳나라의 계찰季札 또한 순종의 덕을 보여준 대표적인 인물이다. 계찰은 오나라의 임금 수몽壽夢의 막내아들로 태어났지만 수몽이 왕위를 그에게 물려주려고 하자 이를 거절했다.

공자는 태백과 계찰을 다음과 같이 평했다.

공자가 가장 존경한 과거의 정치가는 주공周公이었는데 주공은 오만하지도

---

128 『서경(書經)』 우서(虞書) 대우모(大禹謨).

않았고 인색하지도 않았다. 공자는 말했다. "만약 주공의 재주와 같은 아름다움이 있다하더라도 가령 교만하고 인색하다면 그 나머지는 볼 것이 없다."[129]

공자가 말한 뜻은 누구든지 교만하거나 인색하지 말아야 하며 심지어 주공과 같은 능력과 재주와 아름다움을 겸비한 사람도 그렇지 말아야 한다는 것이다.[130]

증자曾子가 말했다. "유능한 사람이면서 유능하지 못한 사람에게 물으며 학식이 많은 사람이면서 적은 사람에게 물으며 있어도 없는 것처럼 하며 가득 찼어도 빈 것처럼 하며 남이 덤비더라도 따지지 않는 것을 옛날에 내 친구가 일찍이 해내었다."[131]

사람에게 닥칠 수 있는 가장 큰 불행은 지식, 능력, 그리고 자신이 깨닫지 못한 믿음을 지나치게 과신하는 것이다. 이러한 사람은 다음과 같은 말을 들어야 한다. 병을 쉽게 물로 채울 수 있지만 강이 흘러서 이루는 바닷물은 이 세상의 모든 물이 흘러들어가도 결코 가득 채워지지 않는다.

공자는 말했다. "약約을 실천하면 실수하는 것이 적다."[132] 우리는 약을 실천한다는 말에 겸손하고 순종적이라는 말을 덧붙일 수도 있다.

『서경書座』에 나오는 다음의 글은 요堯임금의 진지함과 순종하는 능력을 찬양한 대목이다. "아아! 옛 임금 요를 생각하니 문명의 불을 놓으신 방훈方勳이시다. 경건하시고 밝으시며 교양 있으시고 사려 깊으시며 편안하시고 안락하

---

129 『논어(論語)』 태백편(泰佰篇) 제11장.
130 한시외전(韓詩外傳)에 따르면 주공(周公)은 장자 백금(伯禽)을 자기의 봉지 노(魯)에 부임토록 하여 자기 대신 다스리게 했는데 주공이 임지로 떠나는 백금에게 당부의 말을 했다. "나는 문왕(文王)의 아들이고 무왕(武王)의 동생이며 성왕(成王)의 숙부이니 나 역시 천한 신분이라고는 말할 수 없다. 그러나 나는 한 번 목욕하는데 머리카락을 세 번 움켜쥐고 달려나갔고 한 번 식사하는데 입에 씹고 있던 음식물을 세 번씩이나 뱉어가며 일어나 어진 사(士)들을 접대하여 천하의 현인들을 놓칠까 걱정했다. 너는 노나라에 당도하면 나라를 갖게 되었다고 절대 사람들을 대할 때 교만하면 안 된다."
131 『논어(論語)』 태백편(泰佰篇) 제5장.
132 『논어(論語)』 이인편(里仁篇) 제23장.

시며 진실로 공손하시고 참으로 겸손했다. 발하신 환한 빛이 사방으로 퍼져 나갔으며 하늘에 닿고 땅에 닿았다."[133]

19세기 말 중국의 학자 오경항吳敬亘은 『논어論語』를 상당히 중요하게 다루었다. "예양(禮讓: 예의를 지켜 공손한 태도로 사양함)으로써 나라를 다스릴 수 있다면 무슨 어려움이 있으며 예양으로써 나라를 다스릴 수 없다면 예禮를 어떻게 하겠느냐?"[134]

2.11 관과지인觀過知仁

모든 사람은 단점이 있으며 실수도 범할 수 있다. 공자는 말했다. "사람의 허물은 그 종류에 따라 다른 것이니, 남의 과실을 보면 곧 그 사람의 인仁을 알 수 있다."[135]

위에서 한 공자의 말을 설명하는 데에는 저자가 자주 인용하는 『대학大學』의 한 구절을 인용하는 것이 적절한 방법이다. 그 구절은 다음과 같다. "좋아하되 그 나쁜 점을 알고, 미워하되 그 좋은 점을 아는 자는 천하에 드물다."[136]

우리는 주위에 성격이 급해서 자기가 마음을 먹으면 곧바로 행동에 옮기는 사람과 성격이 느긋하여 행동이 느린 사람을 자주 본다. 검약한 사람은 자주 인색한 경향을 보이는 반면에 후한 사람은 낭비하는 모습을 보이기 십상이다.

이 문제를 좀 더 깊숙이 살펴보면 인색한 사람은 검약한 덕을 보이는 데 반해 낭비가 심한 사람은 후하다는 것을 알 수 있다.

---

133 『서경(書座)』 우서(虞書) 요전(堯典).
134 『논어(論語)』 이인편(里仁篇) 제13장, 張文伯:《稚老閒話》(吳敬亘字稚暉), 臺北, "中央"文物供應社, 1952年, 第144頁。
135 『논어(論語)』 이인편(里仁篇) 제7장.
136 『대학(大學)』 전팔장(傳八章). 『대학』은 『예기(禮記)』 속에 들어 있는 편명(篇名)이었는데 송(宋)나라의 주희(朱熹)가 자신의 체계에 따라 다시 정리하고 탈락이 있다고 여긴 부분에 134자를 보충했으며 전편(傳篇)에 주석을 붙여 『대학장구(大學章句)』라는 독립적인 단행본을 저술하여 『대학』이 사서(四書)의 하나로 정착되어 유교(儒敎)의 기본적인 교과서가 되었다.

하지만 인색한 사람들 중에 몇몇은 자신에 대해서도 인색하고 낭비벽이 심한 사람은 자신뿐만 아니라 친척과 친구들에게까지도 후하다는 사실을 받아들이는 데는 용서하는 마음이 필요하다.

주희朱熹는 잘못은 단순히 과하거나 부족한 것이라고 했다. 동정심이 지나친 사람은 관대하게 되며 반대로 동정심이 전혀 없는 사람은 잔인하게 변한다.

약점을 깨닫거나 실수를 범할 때 할 수 있는 것은 중도를 지키는 것이며 이는 어떤 행동을 지나치게 하거나 아니면 거의 하지 않는다고 하는 것이다.

모든 사람은 약점이 있거나 실수를 범하는 법이지만 문제는 바로 이러한 실수가 반복되거나 결점이 하나라도 고쳐지지 않고 계속 나타나는 것이다.

만일 실수를 반복해서 범하지 않는다면 선한 사람이라고 할 수 있으며 결점을 고치는 것은 결점이 없는 것과 마찬가지라고 할 수 있다.

우선 결점과 실수에 대해서 부끄러워해야 하며 다음에 잘못된 습관을 버리고 똑같은 실수를 반복하지 않으려는 용기를 가져야 한다. 공자가 말했다. "부끄러움을 아는 것은 용勇에 가깝다."[137] 왜냐하면 부끄러운 감정을 가지게 되면 우리 자신을 성숙하게 하고자 하는 결심을 하게 되기 때문이다.

사람은 결점을 고치면 고칠수록 같은 실수를 반복하지 않게 되며 그만큼 덕을 많이 지니게 된다. 오늘은 흠이 많은 사람이라 해도 내일은 덕이 있는 사람이 될 수 있다는 것이다.

공자는 제자에게 말했다. "충忠과 신信을 중시할 것이며 자기만 못한 자를 벗하지 말 것이며 허물이 있으면 고치기를 꺼리지 말아야 한다."[138]

공자는 제자들이 실수를 전혀 범하지 않으리라고 기대하지 않았는데 다만 공자가 바라는 것은 오직 실수를 반복해서 범하지 않는 것뿐이었다.

공자는 다른 사람뿐만 아니라 자신에게도 매우 엄격했는데 커다란 실수는

---

137 『중용(中庸)』 제20장.
138 『논어(論語)』 자한편(子罕篇) 제24장, 학이편(學而篇) 제8장.

물론이고 사소한 실수라도 범했다면 그 사실을 모두 시인했다. 만년에 공자는『주역周易』을 깊이 연구하면서 자신이 범한 실수를 분석하는 데 심혈을 기울였다. 공자가 너무나 열심히 연구한 나머지『주역』이 기록되어 있는 죽간竹簡을 엮은 끈이 마모되어 끊어져 세 번이나 다시 그 죽간을 엮었다고 한다.

주희는 스스로 자기 수양 방법을 개발했는데 욕망을 억누르는 대신에 마음속에 이理를 쌓는 것이다. 주희는 마음속에 이가 쌓여지면 쌓여질수록 욕망이 차지하는 공간은 그만큼 적어진다고 생각했다.

주희는 욕망은 인간적인 것인 반면에 이는 하늘에 관한 것이라고 생각했지만 그 자신은 도가道家가 아니었다. 주희는 욕망은 인간적인 것이지만 그 기원은 천리天理라고 믿었다. 그것은 욕망 자체가 아니라 욕망이 지나친 것으로 반드시 억눌러야 하는 것이다. 이가 제한하는 범위 내에서 일어나는 욕망은 죄가 되지 않는다는 것이다.[139]

원元나라의 학자 오징(吳澄, 1249~1333)도 자기 수양의 방법이 있었다. 오징은 신神이나 친구들에게 고백하지 않은 것이 있는지 매일 자신의 행위를 살폈다. 만일 그러한 것이 있다면 그러한 행위를 반복하지 않기 위해 최선을 다했다.[140]

오징은 이러한 자신의 수양 방법이『대학大學』에 나오는 다음 구절을 따르고 있다고 믿었다. "탕湯임금의 세숫대야에 새겨진 명문銘文에는 '진실로 날로 새롭게 하고 날로날로 새롭게 하며 또 날로 새롭게 하라'고 하였다."[141]

남송南宋의 누월(樓鑰, 1137~1213)은 부끄러움과 싸운다는 뜻에서 자신의 서재의 이름을 '공괴攻媿'라고 지었다. 누월은 자신의 결점을 찾아 부끄러움을 느끼고 두 번 다시 같은 잘못에 빠지지 않겠다는 결심을 하면서 자신의 내면에

---

139 《宋元學案》卷四十四,《翁晦學案》, 第2册, 第509頁。

140 吳澄, 字幼淸, 江西崇仁人, 學者稱爲草廬先生。見《宋元學案》卷八十五,《草廬學案》卷4册, 第1096頁。

141 『대학(大學)』 전이장(傳二章).

서 부끄러움과 싸우고자 했다. 누월은 다음과 같이 말했다. "사람이 가지고 있는 문제는 자신의 결점을 모르거나 결점을 알고도 그것을 버리는 용기가 부족한 것이다. 나는 나 자신의 사소한 실수나 잘못을 용서하지 않는다는 나의 결심을 보이기 위해 내 서제의 이름을 '공괴'라고 짓고자 한다."

누월은 '역경진덕逆境進德 순경오인順境誤人'이라는 글을 지어서 자기 서재에 걸어 놓았다. 이 글의 뜻은 '덕德은 역경逆境을 극복하게 하고 모든 일이 순조로운 환경은 사람을 잘못되게 할 수 있다'라는 것이다.[142]

2.12 극기복례克己復禮

안회顔回가 인仁에 대해서 공자에게 물었다. 공자는 대답했다. "자기를 이기고 돌아가는 것은 인이니 어느 날 하루 자기를 이기고 예禮로 돌아가면 천하가 인으로 돌아간다. 인을 하는 것은 자기로 말미암는 것이니 어찌 남으로 말미암는 것이겠는가!"[143]

안회가 그 구체적인 방법을 묻자 공자는 다음과 같이 대답했다.

"예(禮)가 아니면 보지 말며,
  예(禮)가 아니면 듣지 말며,
  예(禮)가 아니면 말하지 말며,
  예(禮)가 아니면 움직이지 말라."

공자의 대답에 나오는 예라는 글자 대신에 이理라는 글자를 집어넣어 보면 공자가 전달하고자 하는 뜻을 전혀 알 수가 없다.

극기克己의 선결 조건은 불합리한 것을 보고, 듣고, 말하고, 행하는 것이

---

142 樓鑰, 字大防, 浙江蘭谿人, 自號攻媿主人。見《宋元學案》卷七十二, 《邱劉諸儒學案》, 第4册, 第921頁。
143 『논어(論語)』 안연편(顔淵篇) 제1장.

아니라 우리 안에 내재하는 본능에 따른 이 모든 것을 해야 한다.

본능의 이론은 현대적인 이론인데 유교儒教적인 관점에서 보면 우리를 잘 못된 방향으로 이끄는 것은 본능이 아니라 우리가 어릴 때부터 가졌던 악습惡 習이다.

성리학性理學을 창시한 남송南宋의 유학자 주희朱熹는 습관이라는 말 대신에 욕망이라는 말을 쓰는 입장을 취했다. 주희는 극기克己를 욕망을 누르는 것으로 해석하고 욕망을 누를수록 천리天理를 더 깊이 알게 되며 사람의 마음속에서 욕망과 이理는 서로 충돌을 하는 것이라고 했다.

또 다른 성리학자 여조겸(呂祖謙, 1137~1181)은 욕망에 대해 더 배타적인 사상을 보였는데 사람의 욕망은 억눌러야 하는 것으로 보았다. 하지만 여조겸은 욕망을 천천히 억누르기를 권했으며 욕망은 갑자기 멈출 때 물밀 듯이 엄청나게 흘러나온다고 했다.[144]

양명학陽明學을 창시한 명明나라의 유학자 왕수인(王守仁, 1472~1528)은 주희와 여조겸의 성리학에 대항하는 학파의 전통을 계승했는데 본능을 적극적으로 신뢰했지만 다음과 같이 말하면서 심중지적(心中之賊: 마음속에 있는 도적)을 시인했다.

"산중山中에 있는 도적은 피하기 쉬워도 마음속에 있는 도적을 피하기는 어렵다."[145]

공자는 성리학이나 양명학이 주장하는 것을 실제로 말하지 않았다. 공자는 단지 안회顔回가 사물을 보고, 듣고, 말하고, 행할 때 따르는 예禮의 원칙을 따르기를 바랐을 뿐이었다.

공자의 말에 따르면 예의 원칙은 예절과 이理를 기준으로 하는 인仁의 원리에 기본을 두고 있다는 것이다. 공자는 모든 욕망이 악惡하다고 하지도 않았

---

144 呂祖謙, 字伯恭, 浙江金華人, 與朱子爲友。見《宋元學案》卷十六, 《東萊學案》, 第3冊, 第556頁。

145 陽明對門人潮州楊驥(字仕德), 楊仕鳴兄弟語, 時陽明方徵橫山。見《明儒學案》卷十六, 《姚江學案》十, 第1冊, 第193頁。

으며 욕심을 누르라고 가르치지도 않았다.

마음속에 도적이라는 존재가 없기 때문에 공자의 제자는 마음속의 도적이라는 것과 싸울 필요가 없다는 것이다. 제자가 해야 하는 것은 수많은 책들 속에서 논의되고 있는 글에 대한 폭넓은 연구를 통해 예에 대한 연구를 보충하는 것인데 이러한 책들이 지니는 성격과 강조하는 바는 다양하다. 예는 간결하기에 제자가 매일 매일 실천하는 데 필요한 단순한 원리를 제공할 뿐만 아니라 다양한 연구를 통해 도출한 각각의 결론들을 통합하는 데 필요한 기준도 제시한다.

안회는 공자에게 다음과 같이 감사의 뜻을 나타냈다. "선생님께서는 순조롭게 사람을 잘 이끌어 주신다. 나에게 문文을 가르쳐 넓은 교양인으로 만들어 주시고 나에게 예禮를 가르쳐 간결한 사람으로 만들어주신다."[146]

중국 현대 신유학新儒學의 대표적인 학자 중 한 사람인 웅십력(熊十力, 1885~1968)은 예의 지식을 요약하는 문제에 대해 특별한 연구 방법을 사용했다. 웅십력은 이 문제에 대해서 공자와 안회가 말하는 예는 경敬이며 때와 장소를 가리지 않는 경은 집중하는 방법인데 이는 이 세상에서 집중을 방해하는 모든 요소를 잊는 데 도움을 준다고 했다. 웅십력은 말했다. "경은 우리의 마음을 물로 깨끗이 씻어 주며 극기克己는 우리의 마음에 씨를 뿌려 풍요롭게 해준다."[147]

결론적으로 예의 원칙은 실천의 지침, 감정의 조절제, 판단의 기준으로 유용하며 인간관계를 발전시킬 수 있다. 결국 공자의 가르침에 따라 예禮의 원칙을 따르는 것은 인仁의 덕德을 실천하는 것이 된다.

---

146 『논어(論語)』 자한편(子罕篇) 제10장.
147 熊十力:《十力語要初續》, 1973年 , 第12頁。

03

교육철학

3.1 교육 목표

공자가 믿고 있는 교육의 목적은 '인격人格 도야陶冶'였다. 공자가 말했다. "사람이 도道를 넓힐 수 있는 것이지 도가 사람을 넓힐 수 있는 것이 아니다."[1] 인격이 없는 사람은 도를 따르지도 못하며 도를 확장시킬 수 없다는 것은 분명한 것이다.

인격 도야는 다음의 4가지 면이 있다.

1. 도덕

사람은 어렸을 때부터 윗사람으로부터 공손하게 행동하도록 가르침을 받아 부모에게 효도를 실천하고 형이나 누나 그리고 오빠나 언니에게 차례를 양보해야 한다. 그리고 사람은 성장하면서 지기나 동료에게 충실하고 이해심이 많다는 말을 들어야 한다. 공자의 제자 유약有若이 말했다. "효도와 공손함은 인仁을 행하는 근본이 되는 것이다."[2] 공자도 다음과 같이 말했다. "충忠과 서恕는 도道에서 벗어남이 멀지 않는다."[3]

2. 균형 있는 인재

인재 개발은 중요하지만 전적으로 몰두해야 할 만큼 그렇게 중요한 문제는 아니다. 공자의 학당에서 지식 습득은 일부분에 지나지 않았는데 다른 부분은 인仁, 의義, 신信의 교육과 실천이었다. 공자가 말했다. "지자知者는 물을 좋아하고 인자仁者는 산을 좋아한다. 지자는 동적動的이고 인자는 정적靜的이다. 지자는 즐기고 인자는 오래 산다"[4] 공자는 또한 다음과 같이 말했다. "어

---

1   역주: 『논어(論語)』 위령공편(衛靈公篇) 제28장.
2   역주: 『논어(論語)』 학이편(學而篇) 제2장.
3   역주: 『중용(中庸)』 제13장.
4   『논어(論語)』 옹야편(雍也篇) 제21장.

진 자는 어질게 처신하는 것을 편안히 여기고 지혜로운 자는 어질게 처신하는 것을 이롭게 여긴다."[5] 공자는 제자가 인격과 지적 능력을 고루 겸비하기를 바랐다. 동양 문화는 인격 함양을 강조하는 반면에 서양 문화는 지적 능력 개발을 중시하고 있다고 할 수도 있다. 따라서 이 두 가지 방향이 가지고 있는 단점을 배제하고 나머지 장점을 융합할 필요가 있다.

3. 자기 수양

제자가 자발적으로 노력을 하지 않으면 완벽한 교육은 이루어질 수 없다. 스승 혼자서만 애를 쓴다면 그 효과를 거둘 수 없다. 제자가 자신의 단점과 결점을 찾아 그것을 개선하려고 노력해야 한다.

이러한 자기 수양은 학당에서 배울 때뿐만 아니라 학당을 나가서도 평생 동안 실천해야 하는 것이다. "존재하는 모든 사물에는 존재의 구조에 뿌리와 지엽이 있고 일이 진행되는 과정에는 시작되는 부분과 끝나는 부분이 있으니 먼저 해야 할 것과 나중에 해야 할 것을 알아서 하면 진리에 가까워진다. 천자天子에서부터 서인庶人에 이르기까지 하나같이 이 모두 몸을 닦는 것을 근본으로 삼아야 한다."[6] 자기 수양은 국력의 토대를 이룬다. 맹자가 말했다. "사람들이 늘 하는 말이 있으니, 모두 천하국가天下國家를 말한다. 천하天下의 근본은 나라에 있고, 나라의 근본은 집에 있고, 집의 근본은 몸에 있다."[7] 이는 사람이 자기 수양을 하는 것은 간접적으로 집안, 나라, 세계를 발전시키는 것이라는 말이다.

학당에서 제자들을 가르치는 문제로 돌아가서 공자는 스승이 제자에게 주는 가르침, 충고, 질책보다도 제자 스스로 어떻게 해야 할지가 더 중요하다는

---

5   역주: 『논어(論語)』 이인편(里仁篇) 제2장.
6   『대학(大學)』 경일장(經一章).
7   『맹자(孟子)』 이루장구상(離婁章句上) 제5장.

사실을 충분히 알고 있었다. 공자는 말했다. "삼군三軍에게서 장수는 빼앗을 수 있지만 필부에게서 뜻은 빼앗을 수 없다."[8] 스승이 할 수 있는 것은 단지 제자를 설득하여 제자가 자신에게 필요한 것을 하도록 이끄는 것뿐이다. 스승은 자신이 노력한 데 대해 큰 결과가 나오기를 기대하지 말아야 하며 공자가 한 다음의 말을 알고 있어야 한다. "군자君子는 조화를 이루되 똑같아지지는 않고 소인小人은 똑같아지기를 좋아하되 조화를 이루지는 못한다."[9]

4. 정신적 충족

사람은 빵만으로 살지 않는다. 공자는 말했다. "군자는 도를 도모하고 밥을 도모하지 않는다. 밭을 갈면 밥이 가운데 있고 배우면 녹(祿: 벼슬아치에게 일년 또는 계절 단위로 나누어 주던 금품을 통틀어 이르는 말)이 그 가운데 있지만 군자는 돈을 걱정하고 가난함을 걱정하지 않는다."[10]

송宋나라의 어느 학자도 말했다. "앞으로 수확량이 얼마나 될지 염려하지 말고 씨를 뿌려 키우는 데 전념하라."

3.2 교육 제도

공자 시대 이전에 교육은 귀족의 전유물이었다. 평민의 자제는 군사나 민간 행정에 대해 공부할 기회를 얻지 못했다.

공자는 이 모든 것을 바꾸었다. 공자는 새로운 제도를 시작했는데 귀족이던 평민이던 모든 사람에게 배움의 문을 열어 주었다.

위衛나라 국경 지방 의儀에 왔을 때 그곳을 관장하는 관리가 공자의 사람에 대한 이상에 깊은 감명을 받아 뵙기를 청했다. 공자가 그 청을 받아들여 마침

---

8   『논어(論語)』 자한편(子罕篇) 제25장.

9   역주: 『논어(論語)』 자로편(子路篇) 제23장.

10 『논어(論語)』 위령공편(衛靈公篇) 제31장.

내 관리는 공자의 제자들과 만나 다음과 같이 말했다. "그대들은 공자가 벼슬을 잃는다고 하여 무엇을 걱정하는가? 천지가 무도해진 지 오래되었으니, 하늘이 앞으로 공자로 하여금 목탁木鐸으로 삼으실 것이다."[11]

목탁은 쇠로 만든 방울에 나무로 된 혀를 끼워 넣는 것이다. 옛날에는 새로운 호령號令을 반포할 대 이 목탁을 흔들어서 사람들의 주의를 환기시켰던 것이다. 위에서는 목탁이 '선각자'란 뜻으로 쓰였다.

공자의 임무는 목탁의 존재 이유와 같다. 하늘은 공자가 사람들을 잠에서 깨우고 사람들에게 깨우침을 주기를 바란다는 것이다.

공자의 학당은 다음의 4가지 특징이 있다.

1. 민간 교육 기관

공자는 백성의 한 사람으로 학당을 세워 자신의 힘으로 운영했다. 공자가 말했다. "속수束脩 이상을 행한 자는 내 일찍이 가르쳐 주지 않은 적이 없다."[12]

2. 고등 교육 기관

공자는 기초 과목뿐만 아니라 정부가 운영하는 고등 교육 기관에서 가르치는 6과목 예(禮: 예의범절), 악(樂: 음악), 사(射: 활쏘기), 어(御: 말타기와 마차몰기), 서(書: 붓글씨), 수(數: 수학) 등의 육예六藝도 가르쳤다. 게다가 공자는 오늘날 대학원이나 박사 후 연구 과정에 해당되는 학문을 제자들에게 가르쳤다.

3. 실천 교육

공자는 제자들이 배운 것을 실천할 수 있기를 바랐다. 공자는 제자들이 도

---

11 『논어(論語)』 팔일편(八佾篇) 제24장.

12 역주: 『논어(論語)』 술이편(述而篇) 제7장. 속(束)은 다발로 여기서는 열 개를 말한다. 수(脩)는 말린 고기 육포(肉脯)를 가리킨다. 속수(束脩)는 처음 인사드릴 때 드리는 예물로서 가장 약소한 것이다.

덕적인 규범을 따르고 언변에 능하고 정사政事의 문제를 처리하는 방법을 알고 붓글씨에 능하도록 가르쳤다. 공자의 제자들은 많은 시간을 들여 이 모든 것을 익혀야 했다.

공자의 학당은 물론 전문화가 이루어져 있었다. 몇몇 제자들은 덕행이 뛰어났고 언변에 능한 제자들도 있었을 뿐만 아니라 다른 분야에서도 특출한 능력을 지닌 제자들도 공자의 학당에서 배출되었다.[13]

4. 교육 평등

공자는 계급이나 국적이나 인종에 상관없이 자신의 학당에 찾아온 모든 사람들을 제자로 받아들였다. 이는 그 자체로 혁명적인 것이었는데 당시 봉건제도의 경향에 반대적인 입장을 취한 것이었다. 봉건제도 아래에서는 사람들은 불평등했다.

3.3 교육 평등의 기회, 20세기 신사조新思潮

공자는 상당히 시대를 앞선 인물이었는데 실제로 중국 역사의 반봉건 20세기의 도래를 알렸다. 공자는 교육 평등의 기회를 믿고 있었으며 이러한 공자의 신념은 결과적으로 평등한 고용 기회로 이어져 봉건 시대의 계급 차별을 쓸모없게 만들었다. 공자의 제자들 일부와 그 제자들이 가르친 사람들은 귀족들에게 특권을 부여한 법과 규정을 폐지했던 것이다.

공자의 민주적 성향은 모든 사람을 사랑하는 데서 비롯되었다. 이것은 다음의 자하子夏의 말에 잘 드러나 있다. "사해(四海: 온 세상) 안이 다 형제다."[14]

서양인들은 모든 사람이 권리 안에서 평등하다고 하는 것을 깨닫게 해 주

---

[13] 역주: 『논어(論語)』 선진편(先進篇) 제2장.
[14] 『논어(論語)』 안연편(顏淵篇) 제5장.

는 프랑스 대혁명과 미국의 권리장전[15]이 도래할 때까지 기다려야만 했다. 하지만 여기에는 교육에 대한 권리는 조항에 들어 있지 않았다. 서양인들은 권리장전이 제정되고 나서 2세기가 흘러 20세기 후반에 이르기까지 교육 평등의 실현을 기다려야 했는데 1960년 유네스코[16]는 프랑스 파리 제11차 총회에서 「교육에서의 차별 방지에 관한 협약Convention against Discrimination in Education」을 채택했다. 이 협약은 1962년에 발효되었다.[17]

3.4 문화 통일

공자 시대의 중국은 주周나라로 통일된 봉건제 왕국이었지만 주나라 조정이 힘을 잃어 각 제후국이 패권霸權을 잡으려고 서로 다투고 있었기 때문에 실제로 당시의 중국은 여러 나라로 분열된 상태에 있었다. 공자 학당에 다니던 사람들의 출신지는 여러 제후국으로 뒤섞여 있었다. 공자의 제자 가운데 뛰어난 77인 가운데 62인의 출신지를 보면 노魯나라 37명, 위衛나라 6명, 제齊나라 6명, 초楚나라 3명, 진秦나라 2명, 진陳나라 2명, 진晉나라 2명, 송宋나라 2명, 채蔡나라 1명, 오吳나라 1명으로 이루어져 있다. 나머지 15인의 출신지에 대한 기록은 전해지지 않고 있다.

이들 77인의 출신지는 다양하게 분포되어 있었는데 일부는 회남淮南 지역과 양자강揚子江 출신이었으며 나머지는 현재 섬서성陝西省과 감숙성甘肅省에 해당되는 지역 출신이었다.

---

15 역주: 1791년에 미국 의회가 개인의 기본적 인권을 보장하려고 합중국 헌법에 덧붙여 통과시킨 헌법 수정안.

16 역주: 유네스코(UNESCO)의 정식 명칭은 국제 연합 교육 과학 문화 기구(United Nations Educational, Scientific and Cultural Organization)이다. 유네스코는 국제 연합 전문 기관의 하나로, 교육, 과학, 문화의 보급과 국제 교류 증진을 통한 국제간의 이해와 세계 평화를 추구한다. 본부는 프랑스 파리에 있다.

17 George Faradier. "Education, the Road to Equality." UNESCO Features. Dec. 11, 1962.

공자가 방언을 썼다고 하는 것은 그리 놀랄 만한 일이 아니다.[18] 공자가 사용한 방언은 아마도 중국의 중부 지역에 사용되었던 것으로 추정되며 아언雅言이라고 부르는 하夏나라의 유산으로 믿어지고 있다. 아언이란 '바르고 우아한 말' 혹은 '늘 일깨움을 주는 말'을 뜻한다.[19]

이것은 중국에서 국어 운동이 시작되었음을 말할 뿐만 아니라 중국 문화 통일의 출발점이기도 했다. 아마도 공자의 제자들 가운데 노魯나라 이외의 제후국 출신자는 고향에 돌아가 그 나라에서 학당을 세웠을 것이다. 이들은 스승 공자의 가르침을 전파했고 이들의 제자도 마찬가지로 그 길을 따랐다. 공자의 제자들이 제후국들의 정치적 장벽을 뛰어넘어 중국 전체에 문화 통일을 이루는 데는 그렇게 많은 기간이 걸리지 않았다. 기원전 221년 진秦나라의 시황제始皇帝가 정치적으로 중국을 통일하기 이전에 중국의 문화 통일은 이미 이루어졌다. 폭정을 혐오하고 유교儒敎를 숭상한 한漢나라 왕조는 중국을 러시아를 제외한 유럽 영토의 크기까지 확장시켰다.

만약에 중국에 공자가 태어나지 않았고 노魯나라 곡부曲阜에 사설 학당이 세워지지 않았고 더 나아가 인仁을 강조하면서 자기가 하고자 하지 않는 일을 남에게 시키지 않는다고 하는 중국의 황금률을 설파하는 공자 철학이 존재하지 않았다면, 현재의 중국 대륙은 통일된 하나의 국가가 아니라 유럽과 같이 여러 나라로 나누어지게 되었을 것이다.[20]

---

18 관화(官話)는 중국어의 방언 중 하나이다. 북방어(北方語) 또는 북경화(北京話)라고도 하며, 중국에서 매우 광범위하게 사용되고 있다. 서양에서는 보통 만다린(Mandarin)이라고 부르는데 만주식 중국어로 청(淸)나라를 건국한 만주족이 중국인을 통치하기 위해서 사용한 만주식 중국어 방언이 기원으로 행정기관의 표준 중국어로 사용되었다. 관화는 북방관화(北方官話), 남방관화(南方官話), 서북관화(西北官話), 서남관화(西南官話) 등의 4가지가 있다. 현재 중국에서 대표적인 방언은 북경어(北京語), 남경어(南京語), 천진어(天津語), 동북어(東北語), 서안어(西安語), 성도어(成都語) 등이 있다.

19 역주: 아언(雅言)의 출처는 『논어(論語)』 「술이편(述而篇)」 제3장 "자소아언(子所雅言) 시서 집례개아언야(詩書執禮皆雅言也)"이다. 주희(朱熹)는 여기에서 '아(雅)'를 '항상'으로 보고 이 문장을 다음과 같이 해석했다. "공자가 평소에 늘 말하는 것은 『시경(詩經)』과 『서경(書座)』의 예를 실시하는 것이었으니 모두 늘 말했다."

중국이 문화적으로 통일된 하나의 국가 체제를 이루게 된 것은 공자의 덕분이라고 할 수 있다. 이민족들은 물론이고 중국의 어떤 왕조도 공자의 묘와 수많은 수목들이 울창한 드넓은 숲으로 이루어진 묘역을 훼손하지 않았다.

시대가 흐르면서 중국에서 정치적 중심지도 바뀌었으며 왕조가 교체됨에 따라 도읍지로 여러 곳으로 천도되었다. 그러나 중국 문화의 중심지는 바뀌지 않고 그 자리를 지켰는데 그곳은 바로 공자가 태어나서 가르침을 베풀고 세상을 떠나 묻힌 곡부曲阜이다.

3.5 덕을 존중하는 사람의 본성

공자는 사람의 본성에 대해 거의 말하지 않았다. 『논어論語』 전 20장에서 이에 대한 공자의 말은 다음의 한 곳만 나와 있다. "본성은 서로 가깝지만 습관은 서로 먼 것이다."[21]

공자가 뜻하는 바는 사람의 본성은 기본적으로 선善하기에 모든 사람들의 본성은 태어날 때 거의 비슷하다는 것이다.

공자가 한 말은 정말로 사람의 본성은 기본적으로 선하다고 하는 것을 뜻하는 것인가? 그 대답은 그렇다. 그 이유는 다음의 세 가지이다. 첫 번째로, "하늘이 뭇 백성을 낳으셨으니 모든 것엔 제각각 법칙이 있다. 그러기에 백성들의 떳떳한 본성은 아름다운 인품을 좋아한다."[22] 두 번째로, "하늘이 명하는 것을 성性이라 하고, 성을 따르는 것을 도道라 하고 도를 닦는 것을 교敎라 한다."[23] 마지막으로, 고염무顧炎武가 잘 지적한 것처럼 공자는 악한 아기와 선한 아기가 나란히 있다고 해도 사람은 거의 비슷하다고 말하지 않았기

---

20   역주: 『논어(論語)』 「위령공편(衛靈公篇)」 제3장
21   『논어(論語)』 양화편(陽貨篇) 제2장.
22   『시경(詩經)』 대아(大雅) 탕지습(蕩之什) 증민(烝民).
23   『중용(中庸)』 제1장.

때문이다.[24]

이 문제에 대해서 깊이 다루는 데 필자는 앞에서 공자의 이데올로기 가운데 인仁이라는 말의 뜻에 대해 논한 것을 언급하고자 한다. 공자에게 인은 사람의 핵심이면서 '애愛'와 동의어이다.

사람은 때로 호전적인 모습이 나타나지만 그 기본적인 본성은 선하다고 하는 성선설性善說을 주창한 맹자는 다음과 같이 말했다. "인은 사람의 마음이다."[25]

공자는 말했다. "본성은 서로 가깝지만 습관은 서로 먼 것이다."[26] 이는 부모, 손윗형제, 동네 아이들, 스승, 친구, 책이나 역사의 위인 등과 접촉하면서 사람이 형성된다고 말할 수 있는 것이다. 사람은 의식적으로 무의식적으로 다른 사람들을 모방하는데 주위에 그가 따르는 사람들이 어떤 부류인가에 따라 악해지기도 하고 선해지기도 한다.

따라서 교육은 매우 중요하다. 교육은 스승뿐만 아니라 부모, 손윗형제, 좋은 친구가 다해야 할 의무인 것이다.

교육은 대체로 본보기를 따라 이루어지는데 부모는 자녀들이 시키지 않아도 따라할 수 있도록 행동거지에 조심해야 한다.

행실이 선하고 태도가 바른 습관을 갖추는 데에도 교육과 훈련이 필요하다.

공자는 제자들에게 다음과 같이 말했다. "배우고 때때로 그것을 익히니 또한 기쁘지 아니한가!"[27]

선한 행동을 실천하고 올바른 태도를 지녀야 마음이 편해지며 공자가 말한 그대로 된다.

불행히도 교육 효과는 한계가 있다. 일반적으로 사람의 본성은 착하고 진

---

24 『일지록(日知錄)』.
25 역주: 『맹자(孟子)』 고자장구상(告子章句上) 제11장.
26 역주: 『논어(論語)』 양화편(陽貨篇) 제2장.
27 『논어(論語)』 학이편(學而篇) 제1장.

실하지만 사람마다 지능지수의 차이를 보여 준다. 학생들 중에 교사의 의욕을 상실하게 만들 정도로 아둔한 학생도 있고 대단히 총명한 학생도 있다. 하지만 아둔한 학생이라도 포기해서는 안 된다. 왜냐하면 교육에 헌신하고자 하는 교사에게 아둔한 학생은 커다란 도전이자 보람을 안겨주기 때문이다.

결론적으로 공자는 학생이 자신의 본성이 기본적으로 선하고 고결함을 깨닫게 하고 이를 간직하게 하여 학생이 선한 습관과 올바른 태도로 자신의 본성을 함양하도록 이끄는 것이라고 생각했다. 앨라배마 서던 대학Southern Alabama University 철학과 학과장인 퍼킨즈Perkins 교수도 공자와 의견을 같이하고 있다. 퍼킨즈 교수는 학생이 사람의 본성을 깨닫게 하고 그 본성에 따라 자신의 역할을 다하도록 이끄는 것이야말로 교육자의 임무라고 믿고 있다.[28]

3.6 도문학 道問學

공자에게 교육은 지식을 전달하는 그 이상의 것이었다. 하지만 지식은 교육의 중요한 부분을 차지한다. 물론 교육은 단지 지식을 전달하는 것이 아니라 학생 스스로 지식을 익혀야 한다는 것을 말한다.

공자 시대에 배워야 할 것은 육예六藝였지만 그 중에 가장 중요한 것은 천도天道와 사람의 도道에 관한 것이었다.

이러한 도는 어디에나 존재하지만 알기에는 매우 어렵다.

도를 아는 데에는 수많은 연구와 실천이 필요한 것이다.

사람들 대부분은 알지 못하기 때문에 다른 사람에게 질문하거나 시인하는 것을 주저한다. 위衛나라 대부 공문자公文子는 이와 정반대였다. 이에 대해 공자는 다음과 같이 말했다. "민첩하면서 배우기를 좋아하고 아랫사람에게 묻는 것을 부끄러워하지 않았다. 그 때문에 그를 문文이라 일컬은 것이다."[29]

---

28 見《中國時報》, 臺北, 1966년8月26日。
29 『논어(論語)』 공야장편(公冶長篇) 제14장.

공자는 항상 묻는 습관이 있었다. 이러한 습관은 『논어論語』에 잘 드러나 있는데 공자는 노魯나라의 태묘太廟에 들어갈 때는 모든 일을 물었다.[30]

평범한 우리 인간은 무언가 의문이 생길 때 자문하기를 선호한다. 우리는 이것을 "생각"이라고 한다. 공자는 생각에 대해 다음과 같이 말했다. "내 일찍이 종일토록 먹지 않고 밤새도록 자지 않고서 생각하였으나 유익함이 없었다. 배우는 것만 같지 못했다."[31]

하지만 어떤 경우 공자에게 생각은 유용할 때도 있었다. "배우기만 하고 생각하지 않으면 오묘한 진리를 이해할 수 없고, 생각하기만 하고 배우지 않으면 위태롭다."[32]

반대로 다른 사람으로부터 배우지 않고 오로지 생각만 한다면 위험한 길을 걷고 있는 것이다.

공자는 말했다.
"군자는 아홉 가지 생각하는 것이 있다.
눈으로 볼 때에는 밝게 볼 것을 생각하며,
귀로 들을 때에는 밝게 들을 것을 생각하며,
얼굴빛은 온화하게 할 것을 생각하며,
모습은 공손하게 할 것을 생각하며,
말을 할 때에는 진실하게 할 것을 생각하며,
일을 할 때에는 경건하게 할 것을 생각하며,
의심이 날 때에는 물어볼 것을 생각하며,
분노가 일어날 때에는 어려움에 처하게 될 결과를 생각하며,
수입을 볼 때에는 의로운 것인가를 생각한다."[33]

---

30 『논어(論語)』 향당편(鄕黨篇) 제13장.
31 『논어(論語)』 위령공편(衛靈公篇) 제30장.
32 『논어(論語)』 위정편(爲政篇) 제15장.
33 『논어(論語)』 계시편(季氏篇) 제10장.

위의 아홉 가지 생각은 다음의 한 문장으로 축약될 수 있다. "일을 할 때에는 경건하게 할 것을 생각한다."

맹자가 말했다. "마음의 기능은 생각하는 것이니, 생각하면 큰 것을 얻고 생각하지 않으면 얻지 못한다. 이는 하늘이 우리들에게 부여한 것이니, 먼저 그 큰 것을 세운다면 그 작은 것이 빼앗지 못할 것이다. 이렇게 하는 것이 대인大人이 되는 것이다."[34]

남송南宋의 사몽경(史蒙卿, 1247~1306)은 마음의 기능을 바로 하기 위해서는 『대학大學』에서 나오는 바와 같이 그 뜻을 정성되게 해야 한다고 지적했다.[35]

사몽경은 더 나아가 자신의 저서에서 사람들에게 『대학大學』에서 사물에 접하여 사물을 연구된 후에 지혜가 이루어짐을 상기시키고자 했다.

실제로 사봉경은 다른 각도로 '아홉 가지 생각'을 다루었는데 생각하는 과정에서 마음의 기능이 아니라 그 마음을 바로잡는 데 중점을 두었다.

필자는 지혜와 마음 사이에 밀접한 상관 관계가 존재한다고 본다. 지혜가 이루어진 후에 뜻이 정성스러워지지만, 마음 또한 지혜가 이루어지는 데 절대로 빼놓을 수 없는 것이다. 기본 단계에서 사람은 우선 사물에 접하여 사물을 연구하여 지혜가 이루어지고 뜻이 정성스러워진 후에 마음이 바르게 된다. 그리고 높은 단계에서 사람은 실제 생활에서 문제에 부닥칠 때마다 편견과 감정에서 자유로워야 된다. 마지막으로 계속 배움에 정진한다면 도道에 가까운 수준까지 이르게 될 것이다.

여기에는 지름길이 없다. 사람은 때로 다른 이를 본보기로 삼아 따르고 그들에게 물음으로써 배운 것을 무엇이든지 끊임없이 실천해야 한다.

지혜는 실로 평생에 걸쳐 하는 일이다. 배우면 배울수록 실제로 많은 것을 모르고 있다는 사실을 깨닫게 되는 것이다. 공자는 말했다. "내가 아는 것이

---

34 『맹자(孟子)』 고자장구상(告子章句上) 제15장.
35 史蒙卿, 字景正, 號果齋, 鄞縣人, 宋亡不復仕。見《宋元學元》, 第4册, 第1063頁.

있는가? 나는 아는 것이 없다. 비천한 남자가 나에게 묻더라도 텅 비어 있는 것 같다. 나는 두 상황을 살펴 최선을 다해 알맞은 답을 찾을 뿐이다."[36]

우리가 위에서 공자가 한 말에 찬성하는 것은 쉽지 않은 일이다. 공자는 적어도 우리보다 많은 것을 알고 있었다. 공자는 이와 반대 되는 말도 했다. "아마도 알지 않고서도 실천하는 것이 있지만 우리들에게는 그러한 것이 없다. 많이 듣고서 그 중에서 선善한 것을 골라서 따른다."[37] 다시 말하면 공자는 일생동안 자신이 실천한 것 말고도 많은 것을 알고 있었다.

이것은 모순이라고 할 수 없다. 공자가 완전한 도道에 대해서 말할 때 아는 것이 없다고 했는데 도에 대한 공자의 말에 우리는 따라야 한다. 공자조차도 완전한 도에 대해서 실제로 아는 것이 없었거나 아니면 공자가 자기를 찾아온 어떤 사람과 주고받은 특정한 주제를 가리켰을지도 모른다. 후자의 경우에 가르침을 받으러 찾아온 자가 마음에 품고 있는 문제를 말하지 않는 이상 공자가 모른다고 한 것은 당연한 일이다.

또 다른 경우에 공자는 자로子路에게 지식은 애매모호하고 이해하기 힘든 것이라고 했다. "자로子路야 너에게 안다는 것이 무엇인지 가르쳐 주겠다. 아는 것을 안다고 하고 모르는 것을 모른다고 하는 것, 그것이 아는 것이다."[38]

등공현鄧公玄은 다음과 같이 말했다. "플라톤Platon에서 칸트Kant에 이르기까지 서양 철학자들은 우주의 신비를 풀 수 있는 열쇠와 같이 절대적으로 의존할 수 있는 지혜를 추구하는 데 흔히 실수를 범하고 있다. 이들 중 일부는 그 열쇠를 찾았다고 생각했다. 이들에 비해 공자는 훨씬 더 현대적이었는데 그는 자신이 알지 못하는 무엇인가가 있다는 것을 시인했다. 공자는 또한 서양 철학자들보다 더 신중한 자세를 취했는데 이는 거의 현대 과학자와 같은 정도였다."[39]

---

36 『논어(論語)』 자한편(子罕篇) 제7장.
37 『논어(論語)』 술이편(術而篇) 제27장.
38 『논어(論語)』 위정편(爲政篇) 제17장.

등공현이 옳았다. 공자는 말했다. "많이 듣고서 의심스러운 부분은 빼놓고 그 나머지를 조심스럽게 말하면 허물이 적다." 우리는 이 대목에서 공자가 결코 독단적이 아님을 알 수 있다.[40]

공자는 말했다. "옛것을 파악하여 새로운 것을 알아야 스승이 될 수 있다."[41]

또한 공자는 다음과 같이 말했다. "배움은 따라가지 못할 듯이 하면서도 또한 놓칠까 두려워야 한다."[42]

3.7 전체의 파악

공자는 제자들이 높은 이상을 가지기를 기대했다. 공자는 자하子夏에게 말했다. "너는 군자다운 선비가 되고 소인 같은 선비가 되지 말라."[43]

자하는 공자의 가르침을 진지하게 받아들여 스승이 자신에게 바라는 것을 성취했다. 자하는 공자와 같이 했던 이러한 유일무이한 경험을 다음과 같이 되돌아보았다. "비록 작은 도道라도 반드시 볼 만한 것이 있으나 원대함에 이르는데 구애됨이 있을까 두렵다. 이 때문에 군자는 이를 하지 않는 것이다."[44]

또 다른 경우에 공자는 사실상 동일한 말을 했다. "군자는 그릇(한 가지 구실 밖에 하지 못하는 그릇)처럼 살지 않는다."[45] 다시 말해서 과도한 전문화는 유교의 교육 체제에 설 자리가 없다.

공자는 부분이 아니라 전체를 보며 일을 해 나가는 데 각 전문가를 적재적소에 배치할 줄 아는 지도자가 필요하다는 것을 알고 있었다. 훌륭한 지도자

---

39 鄧公玄:《孔子哲學在世界上的地位》, 見《孔學論集》, 第130頁.《華岡叢書》, 1957年。

40 『논어(論語)』 위정편(爲政篇) 제18장.

41 『논어(論語)』 위정편(爲政篇) 제11장.

42 『논어(論語)』 태백편(泰伯篇) 제17장.

43 『논어(論語)』 옹야편(雍也篇) 제11장.

44 『논어(論語)』 자장편(子張篇) 제4장.

45 『논어(論語)』 위정편(爲政篇) 제12장.

는 전체를 파악할 수 있는 사람이어야 한다는 것이다.

훌륭한 지도자는 많이 보고 많이 들으며 자신이 보고 들은 것을 놓치지 않고 유념해야 한다. 훌륭한 지도자는 이를 통해 배워야 한다. 더 나아가 훌륭한 지도자의 지혜는 개인적인 경험에 머무르지 않으며 훌륭한 지도자는 독서를 통해 과거의 인물뿐만 아니라 동시대에 살고 있는 다른 사람들의 경험을 흡수해야 한다.

훌륭한 지도자는 충분한 자격이 갖추어졌을 때 『주역周易』의 연구를 통해 세상 만물에 대해 깊은 성찰을 해야 한다.

『주역』을 통해 사람은 변하는 것과 변하지 않는 것을 알게 된다. 도道는 동일하며 그 자리에 있지만 도가 나타내 보이는 세상 만물은 변화한다. 『주역』의 지혜가 없다면 군자君子의 교육은 완벽하게 이루어질 수 없다.

순자荀子는 말했다. "옛말에 '가까운 것으로 미루어 먼 데 것을 알고 한 가지를 미루어 만 가지를 알며 지극히 미미한 것으로 큰 것을 안다'고 한 말이 있다."[46] 순자는 또한 다음과 같이 말했다. "대체로 도道라고 하는 것은 항구불변恒久不變하는 것을 본체로 하여 변화무궁變化無窮한 작용을 다하는 것을 말하는 것인데 그와 같이 일부분만을 가지고 도라고 할 수는 도저히 없는 것이다." "무릇 사람의 결점이라는 것은 어느 한쪽에 치우친 그릇된 말에 가리어서 큰 도리를 모르는 데 있다."[47]

"한 가지를 미루어 만 가지를 안다"고 하는 것은 복잡한 것을 단순화시키는 것으로 널리 하는 것을 짜임새 있게 만드는 것을 말한다.

공자가 말했다. "군자가 여러 가지 삶의 도리와 방식에 대하여 널리 배우고 예를 가지고 짜임새 있게 행한다면 또한 도에 어긋나지 않을 것이다."[48] 『주역』에는 다음과 같이 나와 있다. "천하 만물은 같은 목적으로 나아가지만

46　역주: 『순자(荀子)』 비상편(非相篇).

47　『순자(荀子)』 해폐편(解蔽篇).

48　역주: 『논어(論語)』 옹야편(雍也篇) 제25장.

길은 다르고 삶으로 가는 것은 일치하지만 생각은 다양하다."[49]

자사子思는 자세히 설명했다. "만물은 함께 자라도 서로 방해하지 않고, 도는 함께 행하여져도 서로 어긋나지 않는다."[50]

공자도 또한 말했다. "이단을 행한다면 해가 될 뿐이다."[51]

우리는 이제 『주역』의 연구가 우리에게 유용한가를 알 수 있다. 공자가 말했다. "군자에게는 세 가지 두려워함이 있으니 천명天命을 두려워하며 대인大人을 두려워하며 성인聖人의 말씀을 두려워한다."[52] "역易은 성인聖人이 덕을 높이고 사업을 넓히는 도구이다."[53]

여기서 덕을 높인다고 하는 것은 덕이 있는 삶의 좋은 점을 사람들에게 이해시키는 것이고 사업을 넓히는 것은 더 많은 사람이 교육의 기회를 가질 수 있도록 힘쓰는 것이다.

공자는 말했다. "군자가 여러 가지 삶의 도리와 방식에 대하여 널리 배우고 예를 가지고 짜임새 있게 행한다면 또한 도에서 어긋나지 않을 것이다."[54]

근대 학자 웅십력熊十力은 널리 행하는 것과 짜임새 있게 만드는 것의 조화로운 균형의 필요성을 설명했다. 웅십력은 철학을 공부하는 모든 학생이 동양뿐만 아니라 서양의 학파를 모두 공부하기를 바랐다. 웅십력은 예禮의 규칙에 대해서 말하기를 모든 규칙 가운데 제일 중요한 것은 존중이라고 했다.[55]

명明나라 때 양명학陽明學을 창시한 왕수인王守仁은 『대학大學』과 『중용中庸』의 개념을 '이理'라는 한 글자로 압축했는데, 중국어에서 '理(li)'는 '禮(li)'와 동음이의어의 관계에 있다. '理'를 영어로 바꾸어 말하면 거의 'logic(논리)'에 가

49 『주역(周易)』계사전하(繫辭傳下) 제5장.
50 『중용(中庸)』제30장.
51 『논어(論語)』위정편(爲政篇) 제16장.
52 『논어(論語)』계씨편(季氏篇) 제8장.
53 『주역(周易)』계사전상(繫辭傳上) 제7장.
54 『논어(論語)』옹야편(雍也篇) 제25장.
55 熊十力:《十力語要初續》, 第11, 12頁, 1973年。

깝다.

그에게,

사람의 본성은 깊이 생각하는 사유이며,
마음은 공자의 역할 가운데 사유이고,
의지는 행동의 주인이며,
지혜는 행동을 자각하는 것이고,
물질은 깨우친 의식이다.

왕수인은 또한 하나와 다수, 다시 말해서 부분과 전체의 일체성을 믿었다. "대나무 일부를 아는 것은 대나무 전체를 아는 것과 같으며 대나무 전체를 아는 것도 대나무 일부를 아는 것과 같다."[56]

3.8 미묘하고 난해한 것에 대한 철저한 연구

1. 묵묵한 자세

공자는 책이나 자신의 경험 중에 특별히 좋아했던 것을 조용히 받아들였던 습관이 있었음을 다음과 같이 인정했다. "묵묵하게 알고 배우고서 싫증내지 않았다."[57]

사실 묵묵하게 무엇인가를 흡수한다고 하는 것은 스스로 관찰하고 판단하여 선택한다는 것을 뜻한다.

북송北宋의 유학자 정명도程明道는 말했다. "물론 나도 스승이 있었다. 하지만 천도天道에 대한 이론은 오로지 나 자신이 숙고하여 만들어낸 것이다."[58]

숙고한다고 하는 것은 보다 구체적인 의미로 생각한다는 것을 뜻한다. 어

---

56 《明儒學案》卷七, 《姚江學案》一, 第1册, 第88頁。
57 『논어(論語)』 술이편(術而篇) 제2장.
58 謝幼偉: 《中國哲學論文集》, 第13, 14頁。

떤 결론에 도달하고자 애를 쓰는 가운데 어떤 이론을 숙고하는 것은 자신의 마음속에 어떤 구체적인 사항이나 사실을 계속 유지하는 것이다. 숙고하는 사람과 그 대상 사이에서 눈에 잘 띄지는 않지만 이러한 일을 해 나가는 과정 속에서 접촉이 일어난다.

명明나라의 허경암許敬菴은 진리에 이르는 데 다소 다른 견해를 가지고 있었다. "학자는 말하는 것보다 실천하는 것이 중요하며 자기가 연구하고 있는 것을 이해하는 것보다 느끼는 것이 더 중요하다."[59]

무엇인가를 느낀다고 하는 것은 프랑스의 철학자 베르그송Bergson이 말한 '직관'에 필적하는 것이다.

허경암의 직관적인 방법이 공자가 사용했던 방법과 차이를 보이는 것은 분명하다. 공자는 단지 자신의 '느낌'을 신뢰했다고 볼 수는 없다. 공자는 자신의 기분보다 읽고 관찰한 것을 존중했다. 묵묵히 한 것 말고도 공자가 했던 모든 것은 논리적 과정에 따라 사고 과정을 진행한 것이었다.

공자가 진리를 추구한 방법은 우리에게 알버트 아인슈타인Albert Einstein이 한 고백을 생각나게 한다. "99번 시도하고 실패했으나 100번째에 성공이 찾아왔다."[60]

『관자管子』의 저자는 춘추시대春秋時代 제齊나라의 정치가 관중管仲으로 믿어지고 있으나 실제로는 전국시대戰國時代 제齊나라에 모인 사상가들의 언행을 전국시대부터 전한前漢 때까지 현재의 형태로 편찬한 것이라고 생각된다. 『관자』에 다음과 같은 흥미로운 말이 기록되어 있다. "사람은 생각하여 무엇인가를 이해하려고 애를 쓰지만 귀신이나 신이 구하러 와야 비로소 이해할 수 있다. 하지만 실제로 그것을 이해하게 만든 것은 귀신이나 신이 아니라 바로 그것을 진정으로 이해하고자 하는 그 사람의 열성인 것이다."[61]

---

59 謝幼偉:《中國哲學論文集》, 第13, 14頁。
60 張其昀:《當代哲人對於世局之指示》, 見《東西文化》, 臺北, 正中書局, 1951年, 第196頁。
61 張其昀:《中華五千年史》, 第3册, 第133頁。

2. 격물格物

공자가 자신의 방법을 제자와 공유했다는 것은 의심할 여지가 없다. 공자가 묵묵하게 알고 배우는 자신의 습관에 대해서 말할 때 실제로 제자들이 자신과 똑같이 따라 하기를 권했다.

『대학大學』에는 학자가 평생에 걸쳐 이루어야 할 과업에서 따라야 할 8단계가 나와 있다. 불행히도 이 8단계 가운데 하나인 사물에 접하여 사물을 연구하는 격물格物은 증삼曾參의 해설이 없다. 주희朱熹는 자신이 지은 주석서 『사서집주四書集註』를 통해 격물의 단계를 다음과 같이 설명하고 있다.

『사서집주』에 따르면 격물치지格物致知는 지혜를 이루기 위해 우리는 사물에 접하여 사물을 연구해야 한다.

모든 사물에는 그 이유가 존재하며 사람은 마음속에 모두 지혜를 수용하는 능력이 있다. 만일 사물에 그 이유를 찾지 못하면 지혜는 완벽하지 못하게 된다.

따라서 『대학』은 학자들에게 세상 만물에 존재하는 그 이유를 죽을 때까지 포기하지 말고 찾아내라고 충고하고 있다.

오랜 세월 이러한 단계를 밟아가면서 노력하게 되면 학자들은 갑자기 어느날 깨달음을 얻게 되어 사물을 안팎으로 다시 말해서 사물의 전체적인 틀뿐만 아니라 세세한 면까지 이해하게 된다.

그때 학자들은 마음의 기능을 전부 알게 된다.

그리고 격물을 통해 학자들이 결국 지혜를 얻게 되었다고 할 수 있다.[62]

주희는 이러한 경로에 대해 비평을 많이 했다. 그럼에도 불구하고 격格에 대한 주희의 해석은 어원학적인 토대를 두고 있다. 역사적으로 '格'이라는 글자는 초기에 '나뭇가지'를 가리켰다. 다음에 '格'은 '격자'를 뜻했고 이후 선반형의 받침을 나타냈다. 마지막으로 '格'은 두 가지 뜻이 더해졌는데 하나는

---

62 『사서집주(四書集註)』 주희(朱熹).

'접촉'을 다른 하나는 '제거'를 의미했다. '格'의 의미 '접촉'은 확장되어 신神, 돌아가신 조상이나 임금을 지칭할 때 '도착'의 의미로 사용되는 경향이 있었다.

주희가 격물을 사물에 접하는 것으로 해석한 것은 틀린 것이 아니다. 주희는 『대학』의 저자가 학문을 시작하는 학자가 세상의 모든 사물 이면에 감추어져 있는 이유를 끝까지 탐구하기를 바랐다는 가정 하에 도를 넘어서는 면이 있는 것 같았다.

이 대목을 보면 학자가 정치가의 경력을 시작할 때부터 사물의 깊이를 알고 그 이면에 숨겨진 논리를 찾아내기 위하여 최선을 다하라고 한 주희의 주장은 올바른 것이었다. 이러한 면에서 모든 중국 청소년이 읽은 『사서집주』를 통해서 지난 8세기 동안 탐구 정신을 고양시킨 주희는 칭송을 받을 만하다. 그렇지 않았다면 중국은 18세기 전까지 과학 분야에서 유럽을 앞서지 못했을 것이다.

저자는 개인적으로 양명학陽明學의 창시자 왕수인王守仁의 해석을 선호한다. 왕수인은 '格'이라는 글자를 '제거하다'라는 뜻으로 보았다. 사물은 유체물有體物로 악한 것이며 학자들을 타락하게 만든다는 것이다. 학자들은 그 현혹에 저항하여 이러한 사물의 순식간에 일어나는 특성을 명확히 알아야 한다. 그 다음에 학자들은 왕수인이 양지良知라고 한 양심良心으로 돌아가야 한다. 자사子思와 맹자孟子는 양지를 깊은 궁리를 하지 않고서도 알 수 있는 것으로 하늘로부터 부여받은 것이라고 했다. 양지는 모든 사람들이 태어날 때 갖추는 인간 마음의 본체로 시비선악의 판단도 그 일부에 해당된다. 동정, 부끄러움, 윗사람에게 양보하는 것도 양지의 한 부분이다.

왕수인은 훌륭한 학자나 군자는 우선 나쁜 것을 없애고 자신의 양심에 따라야 하고, "모든 사람의 마음속에는 공자가 존재한다."고 말했다.

왕수인의 주장은 간단하고 쉽지만, 그가 말한 결론에 이르기 위해서는 넓은 포용력을 지녀야 한다.

3. 역행力行

주희와 왕수인은 실천을 지지했다. 특히 주희는 만년에 지혜와 실천의 관계를 강조했다. 주희는 말했다. "사람은 지혜가 명료하면 명료할수록 더 단호한 실천을 하게 되며, 역으로 단호한 실천을 하면 할수록 지혜는 더 명료하게 된다." "지혜와 실천의 관계를 생각하면 지혜가 실천보다 우선하며, 실천과 지혜의 관계를 생각하면 실천이 지혜보다 더 중요하다." "실천에 대해서 알면서도 이를 행하지 않는다고 생각하는 사람은 진정으로 알고 있는 사람이 아니다. 다시 말해서 이러한 사람이 지니고 있는 지혜는 참된 지혜가 되지 못한다."[63]

왕수인은 만년에 한 주희의 이러한 주장을 보고 상당히 기뻐했다.

왕수인은 이러한 주장을 발견하기 전까지 주희가 지혜를 더 강조했다고 생각하여 주희가 학술적으로 자신의 이론에 반대적 입장을 취했다고 여겼다.

지혜와 실천이 하나라는 왕수인의 이론은 유교에 지대한 공헌을 했다. "실천이 없는 지혜는 존재할 수 없다." "지혜는 실천의 시작이고 실천은 지혜의 완성이다."

왕수인은 양지良知와 일반적인 지혜 사이의 관계에 대한 물음에 대하여 다음과 같이 대답했다. "양지는 뿌리이고 일반적인 지혜는 가지와 잎이다."

왕수인은 또한 말했다. "많이 안다고 생각하지만 아무것도 하지 않는 사람은 진실로 아무것도 모르는 사람이다."

유교 사상 체제에서 교육의 궁극적인 교육 목적은 지혜가 아니라 실천이다. 분석 결과 결국 지혜는 단지 실천의 준비 단계에 지나지 않는다. 이에 대해 『중용中庸』에는 다음과 같이 나와 있다. "널리 배우고 자세히 물으며 신중히 생각하고 명확히 분별하며 돈독하게 행한다."[64] 자사子思는 제자들이 실

---

63 張其昀:《王陽明誕生五百年紀念》, 見《陽明學論文集》, 第1, 2頁。
64 역주: 『중용(中庸)』 제20장.

천하기 위해 배우고, 묻고, 생각하여 판단을 내리기를 원했지만 지혜를 위한 지혜를 주창하는 현대 교육자와 같지는 않았다.

4. 진독眞讀

유교 철학 교육에서 가장 포착하기 어렵고 난해한 것은 혼자 있을 때 주의 깊게 처신하고 생각하는 진독眞讀을 강조한다는 것이다. 동양이던 서양이던 다른 교육 체제에서는 학생의 사생활에 대한 이러한 면을 다루지 않았다.

청淸나라의 요학상(姚學塽, 1766~1826)은 진독을 지혜와 실천보다 더 중요한 것으로 보았다. 요학상은 말했다. "진독이 없다면 얻은 지혜는 거짓 지혜이며 행한 실천도 위선적인 실천이 되고 마는 것이다."[65]

그 이유는 무엇인가? 자사는 다음과 같이 말했다. "하늘이 명한 것을 성性이라 하고 성을 따르는 것을 도道라 하고 도를 닦는 것을 교敎라 한다. 도라는 것에서는 잠시도 벗어날 수 없는 것이니 떠날 수 있다면 도가 아니다. 이 때문에 군자는 그 보이지 않는 곳에서 경계하고 삼가며 그 들리지 않는 곳에서 두려워한다. 숨은 것에서 가장 잘 나타나며 미세한 것에서 가장 잘 드러난다. 그러므로 군자는 그 홀로 있을 때 조심한다."[66]

공자가 말했다. "복잡하고 어지러운 것을 더듬어서 풀어내고 은밀한 것을 들추어내며 헤아릴 수 없이 심오한 것을 끄집어내고 고원한 것을 이루어낸다." 공자는 또한 말했다. "역易은 성인이 심오함을 다하고 조짐을 연구하는 수단이다."[67]

---

65 姚學塽, 字鏡塘, 浙江吳業人。見《淸儒學案》卷一二四, 《鏡塘學案》, 第3冊, 第2214頁。
66 『중용(中庸)』 제1장.
67 『周易(주역)』 계사전상(繫辭傳上).

3.9 교재

공자는 자신의 학당에서 교재와 교육과정을 초급과 고급 두 가지로 나누었다.

초급 교재와 교육 과정은 어린 제자들을 위한 것이었는데 어린 제자들은 당시 전통적인 육예六藝를 배웠다. 육예는 예(禮: 예의범절), 악(樂: 음악), 사(射: 활쏘기), 어(御: 말타기와 마차몰기), 서(書: 붓글씨), 수(數: 수학)가 있었다. 공자는 어린 제자들이 친절하고 용감하고 현명한 사람이 되기를 바랐다.

고급 교재와 교육 과정은 나이 든 제자들을 위한 것으로『시경詩經』,『서경書經』,『의례儀禮』,『악경樂經』,『춘추春秋』,『주역周易』 등의『육경六經』이 주 교재로 채택되었는데 공자는 나이 든 제자들이 국가와 사회에 지도자가 되기를 바랐다. 우선 나이 든 제자들은『시경』을 통해 언변과 문학을 배웠는데『시경』은 식물과 동물의 이름이 들어 있어 자연의 경이로움을 알게 한다. 시詩는 아름다운 음조가 동반되어 그때그때마다 감정의 해방감을 맛보게 하여 읊는 이들에게 건전한 영향을 미친다. 따라서『시경』은 제자들을 성숙하게 만들어 부모에게는 더 나은 아들 그리고 군주에게는 더 나은 신하가 되게 할 수 있다.

두 번째로 제자들은『서경書經』을 배웠는데『서경』은 공자가 제자들에게 국정 운영을 가르치기 위해 사용한 수많은 역사적 기록물이었다.『서경』에는 윤리적인 격언들도 많이 들어 있다.

세 번째 교재는『의례儀禮』였는데『의례』는 결혼, 장례, 제사와 같은 관혼상제冠婚喪祭에 대한 많은 법도를 모은 책이다.

네 번째로 제자들은『악경樂經』을 배웠는데 현재『악경』은 소실되어 전해지지 않는다.『악경』은『시경』에 들어 있는 시詩와 결부되는 음조가 기록되어 있을 것이라고 추측하고 있다. 다른 기록에 따르면『시경』 외에도 많은 시詩의 음조가 나와 있으며 칠현금七絃琴과 같은 악기의 음악뿐만 아니라 음악을 연주할 때 곁들이는 무용에 대한 기술도 들어 있다고 한다.

다섯 번째 교재『춘추春秋』는 노魯나라의 역사에 대하여 공자가 새로 편찬한 책으로『춘추』에 나오는 인물은 군주, 신하, 백성 등 그 지위 고하에 따라 각자가 행한 행실을 기술하는데 그 용인 여부에 따라 단어를 취사선택했다고 한다.

여섯 번째로 채택된 교재는『주역周易』인데,『육경』중에서 가장 중요하고 난해하다. 다행히 현재 공자가 지었다고 하는『주역』의「계사전繫辭傳」이 있어 한漢나라의 학자들뿐만 아니라 오늘날 우리에게도 커다란 도움을 주고 있다.「계사전」은『주역』과 전혀 다른 별개의 책으로 이전『주역』을 다시 새로운 철학 체계 형식으로 정립한 것으로 여겨지고 있다.『주역』은 세상과 인간 사회에서 음陰과 양陽의 반대 개념을 인정하고, 시간과 공간에서 음과 양이 상대적인 위치에 따라 상호 작용을 하고 있다고 보고 있다. 공자는『주역』을 오랫동안 연구한 끝에 제자들에게 군자가 각각의 특수한 상황에서 어떻게 해야 하는가를 가르치면서『주역』에 교육적 가치를 부여했다.

공자는 위에 나온 교육 과정 외에도 따로 제자들을 모아 가르침을 주었다. 선택된 제자들은 자신들이 원하는 주제들을 깊숙이 파고들었는데 그 결과에 대해 공자는 다음과 같이 말했다. "나를 진陳나라와 채蔡나라에서 따르던 자들은 다 문間에 이르지 아니하는구나! 덕행德行에는 안연顔淵·민자건閔子騫·염백우冉伯牛·중궁仲弓이었고 언어言語에는 재아宰我·자공子貢이었고 정사政事에는 염유冉有·계로季路였고 문학文學에는 자유子游·자하子夏였다."[68]

3.10 교수법

1. 학습

'익히다'를 뜻하는 글자 '習'은 어원적으로 날개를 상징하는 글자 '羽'와 하루를 나타내는 글자 '日'의 조합으로 이루어져 있다. 새가 하늘을 날기 위해

---

68 『논어(論語)』 선진편(先進篇) 제2장.

나는 법을 연습하는 것과 같이 학생도 배운 것을 매일 실천해야 한다. 새는 가고 싶은 곳으로 날 수 있을 때까지 항상 노력해야 한다. 따라서 공자는 다음과 같이 권했다. "배우고 때때로 그것을 익히니 또한 기쁘지 않은가?"[69]

청淸나라의 안원顔元은 유가儒家 가운데 공자의 가르침을 사람들에게 실천하는 것을 가장 강조한 학자였다. 안원에게 실천이란 매일 실천하는 것을 말하는데 자신의 서재를 '습재習齋'라고 명명하기까지 했다. 후에 습재는 안원의 호가 되었다.

안원은 제자들에게 바닥을 닦고 나무를 손질하는 등 온갖 허드렛일을 시켰다. 독서도 병행했지만 제자들의 일과 중에 일부만을 차지했다.

2. 의문

공자가 제자들을 가르치는데 사용했던 다른 방법은 진리를 추구하는 데 먼저 의심하고 나서 그 다음에 믿게 하는 것이었다. 만약 의심이 풀리지 않았다면 풀릴 때까지 계속 의문을 가져야 했다.

어떤 것을 증명하지 못하면 그것을 안다고 할 수 없다. 만약 그것을 증명한다면 그것을 진실로 알고 있으며 그에 대한 특별한 지식이 있다고 할 수 있다. 공자는 말했다. "옛날에 배우는 자들은 자기 때문에 배웠지만 지금의 배우는 자들은 남 때문에 배운다."[70]

공자는 말했다. "길에서 건성으로 듣고 길에서 건성으로 말하면 덕을 버린다."[71]

맹자가 말했다. "『서경書經』의 내용을 다 믿는다면 『서경』이 없는 것만 못하다. 나는 「무성편武成篇」에서 두서너 쪽을 취할 뿐이다. 인인仁人은 천하에

---

69 『논어(論語)』 학이편(學而篇) 제1장.
70 『논어(論語)』 헌문편(憲問篇) 제25장.
71 『논어(論語)』 양화편(陽貨篇) 제14장.

대적할 사람이 없다. 인仁으로 지극히 불인不仁한 사람을 징벌하였는데 어찌 그 피가 절구공이를 떠내려 보냈겠는가?" 또한 맹자는 다음과 같이 말했다. "어떤 사람이 말하기를, '내가 진陣을 잘 치며, 내가 전쟁을 잘 한다'고 하면 큰 죄인이다. 나라의 임금이 인仁을 좋아하면 천하에 대적할 자가 없는 것이므로 탕湯의 경우처럼 남쪽을 향하여 정벌하면 북적(北狄: 예전에, 중국에서 북쪽의 오랑캐라는 뜻으로 북쪽 지방에 사는 민족을 낮잡아 이르던 말. 흉노, 선비鮮卑, 유연柔然, 돌궐, 거란, 위구르, 몽골 등의 유목 민족을 가리킨다.)이 원망하며, 동쪽을 향하여 정벌하면 서이(西夷: 예전에, 중국에서 서쪽의 오랑캐라는 뜻으로 서쪽 지방에 사는 민족을 낮잡아 이르던 말.)가 '어째서 우리를 나중에 정벌하는가' 할 것이다. 무왕武王이 은殷나라를 정벌할 때 혁차(革車: 가죽으로 차체를 둘러싼 수레)가 3백 대였고 근위병이 3천 명뿐이었는데, 왕께서 말씀하시기를, '두려워하지 말라. 너희를 편안히 하려는 것이지, 백성들을 대적하려는 것이 아니다' 하시자, 싸우던 짐승들이 항복할 때에 뿔을 떨어뜨리듯이 은殷나라 사람들이 머리를 조아렸다. 정征이라는 말은 바로잡는다는 뜻이다. 각기 자기를 바로잡아주기를 바랄 것이니, 어디에 전쟁을 쓰겠는가?"[72]

공자는 상당한 비판 정신의 소유자였기 때문에 전 세계에서 최초의 객관적인 역사가임에 틀림없다.

공자는 말했다. "하夏나라의 예禮는 내가 말할 수 있으나 기紀나라에서 증거 삼을 것이 부족하며, 은殷나라의 예를 내가 말할 수 있으나 송宋나라에서 증거 삼을 것이 부족한 것은 문헌이 부족하기 때문이다. 충분하다면 내가 증거 삼겠다."

하夏왕조가 망하고 은殷왕조가 섰을 때 은왕조는 하나라의 자손을 지금의 하남성河南省 기현紀縣의 제후로 봉하고 하왕조의 예禮를 계승하고 제사를 받들게 했다.[73]

---

72   『맹자(孟子)』 진심장구하(盡心·章句下) 제3장, 제4장.

공자는 기紀나라와 송宋나라에 관한 문헌이나 증거가 전혀 없다고 한 것은 아니었다. 다른 경우에 공자는 다음과 같이 말했다. "은殷나라는 하夏나라의 예禮를 바탕으로 삼았으나 손익損益 가감加減한 것을 알 수 있으며 주周나라는 은殷나라의 예를 바탕으로 삼았으나 손익한 것을 알 수 있다. 그 누군가 주周를 계승해 간다면 백 대 뒤라도 알 수 있을 것이다."[74]

이제까지 소개한 공자의 연구 방법에서 알 수 있듯이 공자는 이유나 증거가 있는 것만을 믿었다.

공자는 괴이한 것, 힘센 것, 어지러운 것, 귀신에 관한 것을 말하지 않았다.[75]

공자는 말했다. "계승은 하되 창작하지 않으며 미더운 마음으로 살면서 옛것을 좋아하는 것을 가만히 우리 노팽老彭[76]에게 견주어본다."[77]

공자는 가르쳐 준 것 가운데 의심스러운 부분이 들어 있는 모든 것은 의문을 가지되 몇 가지 사실만은 믿어야 한다고 제자들에게 충고했다.

제자들이 믿어야 하는 것은 스스로 터득한 것과 증거를 들어 입증할 수 있는 것이다.

공자는 말했다. "많이 듣고서 의심스러운 부분은 빼놓고 그 나머지를 조심스럽게 말하면 허물이 적다."[78]

"아는 것을 안다고 하고 모르는 것을 모른다고 하는 것, 그것이 아는 것이다."[79]

모든 것을 안다고 하는 사람은 진실로 아무것도 모르지만 자신이 모르는

73 『논어(論語)』 팔일편(八佾篇) 제9장.
74 『논어(論語)』 위정편(爲政篇) 제23장.
75 『논어(論語)』 술이편(術而篇) 제20장.
76 역주: 노팽(老彭)은 ① 은(殷)나라의 현명한 대부, ② 팽조 ③ 노자와 팽조 등의 세 가지 설이 있다. 『대대예기(大戴禮記)』의 기록에 의하면 노팽은 대부에게 정치를 가르치고 사에게 관직을 가르치고 서인에게 기술을 가르쳤다는 은(殷)나라 초기의 현명한 대부이다.
77 『논어(論語)』 술이편(術而篇) 제1장.
78 『논어(論語)』 위정편(爲政篇) 제18장.
79 『논어(論語)』 위정편(爲政篇) 제17장.

것이 있다고 시인하는 사람은 이미 무엇인가를 알고 있는 것이다.

공자의 제4세대 제자에 해당하는 맹자孟子는 100퍼센트 완전히 확신하지 못하는 어떤 역사적 사건에 대해 질문을 받을 때마다 의구심을 품기를 좋아했다. 맹자는 다음과 같이 말했다. "그렇습니다. 몇몇 책이 그것을 언급했습니다." "호기심이 많은 사람들이 그것에 대해 말했습니다."

한漢나라의 위대한 역사가 사마천司馬遷이 말했다. "『상서尚書』의 기록들 가운데 이미 없어지거나 누락된 것들이 있는데 이러한 부분들이 다른 책에서 왕왕 발견되는 경우가 있다. 즐겨 배우고 깊이 생각하며 마음속으로 깨닫고 이해하지 않고서는 이러한 일을 학문이 얕고 견문이 좁은 사람과 토론하기란 참으로 곤란하다. 나는 각종 자료를 수집하고 연구하여 그 중 전아典雅하고 합리적인 견해만을 선택하여 「오제본기五帝本紀」를 기술하여 책의 맨 첫머리에 둔다."[80] 이러한 관점에서 사마천은 공자의 훌륭한 제자라고 할 수 있다.

3. 정명正名

공자는 논리학의 선구자였는데 소크라테스Socrates와 비견될 만한 위치를 차지했다고 할 수 있다. 소크라테스는 거리에서 사람이 무심코 사용하는 단어의 정의에 대해서 진지했다.

다음은 『논어論語』에서 자로子路[81]와 자공子貢이 나눈 유명한 대화이다. "염유冉有가 자공子貢에게 물었다. '선생님께서 위衛나라 임금을 지지하실까요?' 자공子貢이 말했다. '그렇겠지. 아니 내가 바로 여쭈어보겠다.' 자공子貢은 공자의 방에 들어가 물었다. '백이伯夷와 숙제叔齊는 어떠한 사람입니까?' 공자가 대답했다. '옛날의 현인이다.' 자공子貢이 다시 물었다. '원망하였습니까?'

---

80 『사기(史記)』 오제본기(五帝本紀).

81 역주: 자로(子路)는 중국 춘추 시대 노나라의 유학자(기원전 543~기원전 480)로 성은 중(仲)이고 이름은 유(由)이며 자로(子路)는 자(字)이다. 자로는 공문십철(孔門十哲)의 한 사람으로 정사(政事)에 뛰어났으며 공자를 제일 잘 섬겼다고 한다.

그러자 공자가 대답했다. '인仁을 구하여 인仁을 얻었으니 더 이상 무엇을 원망했겠느냐?' 자공은 방을 나와서 염유에게 말했다. '선생님께서는 듣지 않으실 것이다.'"[82] 염유의 질문 속에 나온 위衛나라의 임금은 출공出公으로 영공靈公의 손자이며 괴외蒯聵의 아들이었다. 괴외가 품행이 나쁜 영공의 부인 남자南子를 죽이려 하다가 실패하여 기원전 496년 송宋나라로 도망갔다가 다시 진晉나라로 망명했다. 기원전 493년 영공이 죽자 첩輒이 즉위했다. 이에 반대하여 첩의 아버지 괴외가 상속권을 주장하며 진晉나라의 후원을 얻어 위衛나라로 돌아오려 했으나 첩이 군대를 동원하여 저지했다. 기원전 489년 첩이 즉위한 지 4년째 되던 해에 공자가 초礎나라에서 위衛나라에 갔기 때문에 염유와 자공의 일화는 이때 이루어졌다고 한다. 이후 기원전 480년 괴외는 위衛나라 공실公室의 환관宦官인 라羅의 도움을 받아 누이인 공백희孔伯姬 · 혼량부渾良夫 · 석기石乞 · 우염 · 공손겸公孫鍼 등과 이미 죽은 대부인 공어孔圉와 공백희 사이에서 태어난 집정대부執政大夫 공회孔悝를 위협해 자기편으로 만든 뒤 난을 일으켜 대부大夫 소획召獲과 아들 첩輒 출공出公은 노魯나라로 도망가게 되었다. 괴외는 마침내 즉위하여 위衛나라의 장공莊公이 되었다.

위의 자로子路와 자공子貢의 대화에서 공자를 위衛나라로 초대한 군주가 바로 출공出公이었다.

자로가 물었다. "위衛나라의 임금이 선생님을 모시고 정치를 한다면 선생님께서는 앞으로 무엇을 먼저 하실 것입니까?"

공자가 대답했다. "반드시 이름에 걸맞도록 하겠다."

공자의 말뜻은 첩은 당연히 진晉나라에 망명 중인 자기 아버지 괴외를 맞이하여 임금으로 추대했어야 하는데도 오히려 군대를 동원해 자기 아버지의 귀국을 저지했다는 것이다. 제齊나라 경공景公이 공자에게 정치에 대해 묻자 공자가 대답했다. "임금은 임금답고 신하는 신하다우며 어버지는 어버지답고

---

82 역주: 『논어(論語)』 술이편(術而篇) 제14장.

아들은 아들답게 되는 것입니다." 경공은 말했다. "좋도다! 진실로 만일 임금이 임금답지 못하고 신하가 신하답지 못하며 아버지가 아버지답지 못하고 아들이 아들답지 못한다면 비록 곡식이 있더라도 내가 그것을 먹을 수 있겠는가?"[83]

자로가 말했다. "어찌 그것입니까? 선생님께서는 우둔하십니다. 걸맞도록 한다는 게 무엇이란 말입니까?"

공자가 말했다. "자로야 거칠구나!"

"군자는 자기가 모르는 것에는 관여하지 않는다. 이름에 걸맞게 하지 못하면 말이 순조롭지 못하고, 말이 순조롭지 못하면 일이 이루어지지 않으며, 일이 이루어지지 않으면 예악이 무너지며 형벌이 정확하게 시행되지 않으면 백성들이 손발을 둘 곳이 없어진다."[84]

위衛나라의 실제적인 문제에 대해서 공자가 제기한 의견의 함축적인 의미는 별도로 하더라도 여기에서 공자가 말한 참뜻은 군자는 사람과 사물에 부여된 정확한 이름을 사용하면서 자기가 한 말 그대로 실천해야 한다는 것이다.

4. 변증법

공자가 행한 또 다른 교육 방법은 제자들이 이원성의 통일을 알도록 하는 것이었다. 음陰과 양陽, 남성과 여성, 부드러움과 강함, 차가움과 뜨거움 같이 반대 개념은 영원히 분리된 항목이 아니라 같은 항목으로 동일한 사물의 두 가지 면으로 서로 반대 위치에 놓여 있는 2개의 유사한 개념으로 받아들여야 한다는 것이다.

공자는 말했다. "역易에는 태극太極이 있으니 이것은 양의兩儀가 된다."[85]

---

83 역주: 『논어(論語)』 안연편(顏淵篇) 제11장.
84 『논어(論語)』 자로편(子路篇) 제3장.
85 역주: 『주역(周易)』 계사전(繫辭傳) 제11장. 양의(兩儀)는 두 가지 거동을 말하며 일반적으로 이를 음(陰)과 양(陽)으로 파악한다.

음과 양이 일어나게 하는 것은 태극의 움직임인데 태극은 계속 움직이고 결코 멈추지 않는다.

프리드리히 헤겔(Friedrich Hegel, 1770~1831)은 『주역周易』을 읽고 어떤 영감을 받았다고 시인했다. 앞으로 연구자는 『주역』이 헤겔Hegel의 변증법 이론에 어떠한 영향을 미쳤는지 밝혀야 할 것이다.

그러나 헤겔의 변증법 체제는 『주역』의 개념과 전혀 다르다.

공자는 교육 방법으로 이원성 통일이라는 세계관을 자주 응용했다. 공자가 말했다. "내가 아는 것이 있는가? 나는 아는 것이 없다. 비천한 남자가 나에게 묻더라도 텅 비어 있는 것 같다. 나는 두 상황을 살펴 최선을 다해 알맞은 답을 찾을 뿐이다."[86]

우리 모두 아는 바와 같이 2개의 극단 사이에 무엇인가 존재한다.

더 나아가 공자는 『주역』을 해석하는 데 이 2개의 반대 개념을 상호 보완적으로 보지만 헤겔의 변증법은 이 2개의 반대 개념은 항상 충돌하는 것으로 보고 있다.

마부馬浮는 유교儒敎의 사상 체제는 애愛 위에서 성립되었다고 했다. 음陰과 양陽은 서로 끌어당기는 2개의 성이라고 하는 것이다.[87]

다른 중국인 학자 사유위謝幼偉 교수와 유백민劉百閔 교수는 마부와 유사한 의견을 내놓았지만 헤겔 철학과 유교를 상당한 정도까지 동일시하는 경향을 보여 주었다. 유백민 교수는 『주역』의 반대 개념 이론을 '둘이 하나로 결합되는 법칙'이라고 했다.

5. 계발

공자는 말했다. "분발하지 않으면 열어주지 않으며, 애태우지 않으면 말해

---

86 『논어(論語)』 자한편(子罕篇) 제7장.
87 馬浮:《洪範約義》, 제14頁, 《復性書院講錄》第五卷, 1939年。

주지 않는다."⁸⁸ 다시 말해서 공자는 배울 준비가 되어 있지 않거나 배우려고 하지 않는 사람에게 가르친다는 것은 소용없는 일이라는 것을 알고 있기에 제자들에게 먼저 배우겠다는 의지를 보이고 자기 의지를 가지고 배우고 결국 스승으로부터 지도를 받겠지만 혼자서 모든 것을 배우도록 했다.

공자는 계속해서 말했다. "한 모퉁이를 돌 때 세 모퉁이를 돌아오지 않으면 다시 일러주지 않는다."⁸⁹

맹자는 말했다. "군자君子가 도道를 실천함으로써 깊이 나아가는 것은 자기가 스스로 터득하고자 해서이니, 스스로 터득하면 거처함이 편안하고, 거처함이 편안하면 삶의 근거로 삼는 것이 깊으며, 삶의 근거로 삼는 것이 깊으면 좌우에서 취하여 행동하더라도 그 근원을 만나게 된다. 그러므로 군자는 스스로 터득하고자 하는 것이다."⁹⁰

공자와 맹자 모두 현대의 교육자와 같은 말을 했으며 독학을 통한 교육에 대한 믿음을 가지고 있었다.

6. 객관화

『논어論語』에서 공자는 네 가지를 단절하였는데, 사사로운 의견이 없었으며 반드시 해야 된다는 것이 없었고 고집함이 없었으며 내가 아니면 안 된다는 것이 없었다.⁹¹ 이러한 네 가지 오류는 기이하게도 베이컨Bacon의 4대 우상과 비견할 만하다. 베이컨은 선입견으로 인한 편견으로 생기는 허위를 우상이라고 하여 종족의 우상(집단의 공통된 성질에서 생기는 문제), 동굴의 우상(환경, 습관, 교육, 취미 등의 영향으로 인한 문제), 시장의 우상(사람들의 교제, 특히 언어가 사고를 제한하는 것에서 생기는 문제), 극장의 우상(역사, 종교, 전통, 전설 등의 신봉에서 생기는 문

---

88 『논어(論語)』 술이편(述而篇) 제8장.
89 역주: 『논어(論語)』 술이편(述而篇) 제8장.
90 『맹자(孟子)』 이루장구하(離婁章句下) 제14장.
91 『논어(論語)』 자한편(子罕篇) 제4장.

제)”등 네 가지 우상을 제시했다.

한 마디로 말해서 공자는 일생 동안 객관적 시야를 유지했다. 남송南末의 양간楊簡은 『논어』의 그 구절을 다음과 같이 해석했다. “공자는 도道를 아무에게나 전수할 수 없었다. 공자가 할 수 있었던 일은 제자들이 지각하는 것을 방해하는 모든 것을 없애는 것을 도와주는 것이었다.”**92**

7. 눈높이 교육

공자는 같은 질문이라 해도 물어 보는 제자에 따라서 달리 대답했다. 따라서 『논어論語』에서 '인仁'에 대한 정의는 상당히 다양하다. '정치'와 '효도'에 대한 정의도 확연히 다르다.

“회답에 뛰어난 교사는 마치 두들기는 종 같아서 작은 것으로 때리면 작은 소리로 울리고 큰 것으로 때리면 큰 소리로 울린다.”**93** 공자가 말했다. “도대체 말이란 그가 가리키는 바를 한 가지로만 생각할 것이 아니라 그에 맞는 경우를 여러모로 생각하지 않으면 안 된다.”**94**

공자는 말했다. “군자君子는 말만으로 사람을 쓰지 않으며 사람이 나쁘다 하여 좋은 말까지 버리지 않는다.”**95**

“군자를 모시는 데 세 가지 허물이 있으니, 말씀이 미치지 않았는데 말하는 것을 조급한 것이라 하고, 말씀이 미쳤는데 말하지 않는 것은 숨기는 것이라 하며, 안색을 보지 않고 말하는 것을 장님처럼 답답한 것이라 한다.”**96**

---

92 楊慈湖: 《絶四記》, 見《宋元學案》第4冊, 第850, 851頁。

93 『예기(禮記)』 학기(學記).

94 『예기(禮記)』 제의(祭義).

95 『논어(論語)』 위령공편(衛靈公篇) 제22장.

96 『논어(論語)』 계씨편(季氏篇) 제6장.

3.11 교사의 길

1. 공부하는 교사

공자는 말했다. "세 사람이 길을 가더라도 반드시 거기에는 나의 스승이 있으니 그 선한 것은 찾아서 따르고 그 선하지 않은 것은 고친다." 세 사람 중에는 착한 것을 보여주는 것도 있고 나쁜 것을 보여주는 것도 있다. 착한 것은 배워서 따르는 데 도움이 되고 나쁜 것은 그것을 통하여 자기가 하지 말아야 할 것이 무엇인지 알게 되므로 도움이 된다.[97]

『춘추좌씨전春秋左氏傳』과 다른 사서에는 공자가 당시 저명한 철학자 노자老子에게 철학을 배웠고 주周나라의 대부大夫를 지냈던 장홍萇弘에게 악樂을 배웠다. 공자는 또 사양자師襄子에게 거문고를 타는 것을 배웠는데 사양자는 노魯나라 궁정에서 옥玉으로 만든 타악기 편경編磬을 치는 악사樂師였다. 더불어 공자는 사양자에게 편경을 치는 것도 배웠다. 게다가 공자는 노나라보다 문화가 뒤떨어진 담郯나라의 담자郯子에게도 국가 제도에 대해서 많은 것을 배웠다.

위衛나라의 대부 공손조公孫朝가 자공子貢에게 물었다. "공자는 어디에서 배웠는가?" 자공이 대답했다. "문왕과 무왕의 도가 아직 땅에 떨어지지 않아 사람들에게 있으니, 현명한 자는 그중에서 큰 것을 기억하고 현명하지 못한 자는 그 작은 것을 기억하고 있으므로 문왕과 무왕의 도가 있지 아니함이 없다. 선생님께서는 어디에서인들 배우지 않으시겠는가? 또한 어찌 일정한 스승이 있겠는가?"[98]

2. 가르치면서 배움

"아무리 맛있는 요리도 먹어보지 않으면 진짜 맛을 모르는 것처럼 아무리

---

97 『논어(論語)』 술이편(述而篇) 제21장.
98 『논어(論語)』 자장편(子張篇) 제22장.

선미善美한 지식이나 법칙이 있어도 사람이 배우고 연구해서 그것을 터득하는 것이 아니면 그 진가眞價를 모른다."⁹⁹

"학문을 해보고 비로소 내 지혜가 부족함을 알며 가르쳐 보고 비로소 교육의 어려움을 안다. 그리고 부족을 알고서 자신의 능력을 반성하게 되는 것이며 어려움을 알아야 열심히 노력하게 되는 것이다. 그렇기 때문에 예로부터 '가르치는 것과 배우는 것은 상조相助한다.'라고 말하고 있다."¹⁰⁰

다음의 대화는 이 주제에 대해 공자와 자하子夏 사이에 일어난 흥미로운 일화를 보여 주고 있다. 자하가 물었다. "'교묘한 웃음에 보조개여. 아름다운 눈매에 또렷한 눈동자여. 깨끗한 마음으로 화려한 무늬를 만들었구나.' 하였는데 무엇을 말한 것입니까?" 공자가 말했다. "그림 그리는 일은 흰 바탕이 있은 뒤에 한다." 그러자 자하가 물었다. "예禮는 나중이군요." 공자가 말했다. "나를 일으키는 자는 상商이로다. 비로소 함께 시를 말할 수 있게 되었구나."¹⁰¹

공자는 언제나 누구를 만나던지 제자이던 제자가 아니던 사람들로부터 배우고자 했다고 하는 것은 사실이다. 공자는 제자들에게 깊은 관심을 가졌기 때문에 제자들의 태도와 성과에 대해서 잘 알고 있었다. 공자는 또한 제자들을 존중해 주었는데 그들은 공자에게 부족한 특수한 분야를 알고 있었다. 공자는 안회顔回에게 말했다 "써주면 활약하고 버려지면 숨는 것을 오직 나와 너만이 할 수 있구나!" 자로子路가 말했다. "선생님께서 삼군三軍을 통솔하신다면 누구와 함께 하시겠습니까?" 공자가 말했다. "맨손으로 범을 잡으려 하고 맨몸으로 황하를 건너려다가 죽어도 후회함이 없는 자를 나는 함께하지 않을 것이니 반드시 일에 임하며 두려워하고 계책 세우기를 좋아하여 성공하는 자와 함께할 것이다."¹⁰²

---

99 역주: 『예기(禮記)』 학기(學記).

100 역주: 『예기(禮記)』 학기(學記).

101 역주: 『논어(論語)』 팔일편(八佾篇) 제8장. 자하(子夏)는 중국 춘추 시대의 유학자로 본명은 복상(卜商)이다. 공문십철(孔門十哲)의 한 사람이다.

초楚나라의 섭공葉公이 자로子路에게 공자에 대해 물었는데 자로는 대답하지 않았다. 공자가 말했다. "너는 어찌 '그 사람됨은 분발하여 먹는 것도 잊고 즐거워하여 걱정거리도 잊어버리며 늙음이 눈앞에 다가오는 것도 알지 못한다.'말하지 않았느냐?"[103] 공자가 말했다. "열 집쯤 되는 조그만 고을에도 반드시 충성스럽고 신실함이 나와 같은 자가 있으나 내가 학문을 좋아하는 것과는 같지 않았다."[104] 공자가 말했다. "묵묵하게 알고 배우고서 싫증내지 아니하며 남에게 깨우치기를 게을리 하지 않으니 이외에 나에게 무엇이 있겠느냐?"[105]

공자는 제자들로부터 더 많은 것을 배우기 위해 제자들과 같이 생활했다. 공자는 제자들을 마치 친한 친구처럼 대하며 비록 나이는 연상이지만 차이가 그리 많이 나지 않기 때문에 제자들에게 무엇이든지 마음속에 있는 것을 주저하지 말고 자신에게 솔직하게 이야기하라고 말했다.

그리고 공자도 자신의 심중에 있는 것은 무엇이든지 제자들에게 토로하는 것을 주저하지 않았으며 자신의 결점이나 단점까지 고백했다. 공자가 자공子貢에게 말했다. "너와 안회顔回는 누가 나은가?" 자공이 대답했다. "제가 어찌 감히 안회를 우러러보겠습니까? 안회는 하나를 들으면 열을 알지만 저는 하나를 들으면 둘을 알 따름입니다." 공자가 말했다. "그보다 못하다. 너와 나는 그보다 못하다."[106] 공자가 말했다. "덕을 닦지 못하는 것, 학을 강마講磨하지 못하는 것, 의를 듣고 옮겨가지 못하는 것, 착하지 않은 것을 고치지 못하는 것, 이것이 나의 걱정이다."[107]

공자가 비록 자신의 결점이나 단점을 제자들에게 고백했지만 배움의 열정

---

102 『논어(論語)』술이편(術而篇) 제10장.
103 역주: 『논어(論語)』술이편(術而篇) 제18장.
104 역주: 『논어(論語)』공야장편(公冶長篇) 제27장.
105 『논어(論語)』술이편(術而篇) 제2장.
106 역주: 『논어(論語)』공야장편(公冶長篇) 제8장.
107 『논어(論語)』술이편(術而篇) 제3장.

과 가르치는 데 지칠 줄 모르는 열성과 같은 자신의 장점도 솔직하게 제자들에게 말했다. 공자의 제자들은 공자가 몸소 실천하는 데 감명을 받아 일생동안 배우면서 가르치는 사람이 되었다. 공자가 말했다. "성聖과 인仁과 같은 것은 내가 어찌 감히 할 수 있겠는가? 그러나 배우는 것을 싫어하지 않으며 가르치는 것을 게을리 하지 않는다고 말할 수 있다." 그러자 공서화公西華가 말했다. "바로 그것이 저희 제자들이 배울 수 없는 점입니다."[108]

3. 묵묵한 가르침

묵묵한 가르침이란 말없이 가르치는 것을 말한다. 스승이 몸소 실천을 통해 제자들을 가르치는 것이다. 공자는 항상 배움과 가르침을 멈추지 않았는데 항상 올바른 처신을 했으며 다른 사람을 대할 때도 예禮의 법도에 따랐다. 공자는 24세부터 가르치기 시작했는데 머지않아 예에 정통한 군자君子의 명상을 얻게 되었다.

공자는 묵묵한 가르침을 통해 먼저 노魯나라 사람들에게 직간접적으로 영향을 미쳤으며 그 후에 이 영향은 노나라 이외의 제후국으로까지 확대되었다. 그 결과 중국 전체가 문화적으로 발달하게 되었다.

4. 헌신

『논어論語』에 나오는 공자의 인격을 살펴보면 헌신하는 공자의 종교심에 대해 의심할 여지가 전혀 없다. 공자는 해야 할 일과 이루어야 할 사명 그리고 다른 사람에게 지울 수 없는 책임감을 느꼈다. 공자는 자신이 직접 본 것과 독서를 통해 간접적으로 알게 된 것, 당시 공자 시대의 도덕적으로 타락한 사회와 요堯임금과 순舜임금 혹은 더 가까운 시기인 주周나라의 문왕文王과 무왕武王의 치세 기간 동안 이루어졌다고 하는 목가적인 행복 사이의 현격한 차

---

108 『논어(論語)』 술이편(術而篇) 제33장.

이를 용납할 수 없었다.

공자가 위衛나라에 머문 지 얼마 후 누가 위衛나라의 영공靈公에게 공자를 참소했다. 영공이 공손여가公孫余假에게 무장한 채 출입하며 공자를 감시하게 했다. 공자는 억울한 누명이나 쓰지 않을까 두려워하며 열 달을 머문 뒤 위나라를 떠났다. 공자가 장차 진陳나라로 가려고 송宋나라의 광匡 땅을 지나갔다. 당시 안각顏刻이 말을 몰았다. 말채찍으로 한 곳을 가리키며 말했다. "전에 제가 이곳에 왔을 때 저 파손된 성곽의 틈으로 들어왔습니다." 광匡 땅 사람들은 이를 듣고 노魯나라의 양호陽虎가 또 왔다고 여겼다. 양호는 일찍이 광 땅 사람들에게 포악하게 대한 적이 있다. 광 땅 사람들은 마침내 공자의 앞길을 막았다. 공자의 모습이 양호와 비슷했기에 공자는 닷새 동안이나 포위당해 있었다. 안연顏淵이 뒤따라 이르자 공자가 말했다. "나는 자네가 난 중에 이미 죽은 줄로 알았다!" 안연이 말했다. "선생님이 살아 계시는데 제가 어찌 감히 무모하게 죽겠습니까?" 광 땅 사람들이 공자를 향해 더욱 급박하게 포위망을 좁혀오자 제자들이 두려워하기 시작했다. 공자가 말했다. "주周나라의 문왕文王은 이미 돌아가셨으니 문文은 여기에 있지 않은가? 하늘이 문을 없애고자 하셨다면 우리에게 문을 전승할 수 없게 했을 것이다. 하늘이 문을 없애고자 하지 않으신다. 광 땅 사람들이 나를 어찌 하겠는가?" 공자는 사자를 영무자寧武子에게 보내 위衛나라의 신하가 되게 한 후 비로소 그곳을 떠날수 있었다.[109]

공자가 제자들과 함께 송宋나라에 인접한 위나라 국경 지방 의儀에 왔을 때 그곳을 관장하는 관리가 공자에게 뵙기를 청했다. 공자가 그 청을 받아들여 마침내 관리는 공자의 제자들과 만나 다음과 같이 말했다. "그대들은 공자가 벼슬을 잃는다고 하여 무엇을 걱정하는가? 천의 도가 없어진 지 오래되었다. 하늘이 앞으로 그 사람을 목탁木鐸으로 삼으실 것이다."[110] 다시 말해서 이것

---

109 『사기(史記)』 공자세가(孔子世家).

은 하늘이 공자에게 사람들이 도를 깨닫게 하는 임무를 주었다는 것이다.

목탁은 쇠로 만든 방울에 나무로 된 혀를 끼워 넣은 것이다. 주周나라는 새로운 호령을 반포할 때 이 목탁을 흔들어서 사람들의 주의를 환기시켰다.

의儀의 관리가 말하고자 하는 바는 하늘이 공자를 목탁으로 삼아 세상을 깨우치도록 하는 것인데 공자가 벼슬을 하여 한 자리에 눌러 있으면 세상을 깨우치지 못하므로 공자가 벼슬하지 못하는 것도 하늘의 뜻일 것이라고 하는 것이다.

모든 교사는 공자와 같이 완수해야 할 사명이 있지만 그 사명은 대부분 공자의 사명보다 훨씬 더 작다고 생각할지도 모른다. 하지만 모든 교사는 자신의 세대보다 더 나은 세대를 만드는 자신의 사명을 피해서는 안 된다.

3.12 스승으로서의 친구

공자의 교육 철학은 다른 모든 사람은 스승이 될 수 있다. 왜냐하면 자신보다 나은 사람은 물론 자신보다 못한 사람으로부터도 배울 것이 있기 때문이다.

공자는 말했다. "유익한 것에도 세 종류의 벗이 있고 해로운 것에도 세 종류의 벗이 있다. 정직한 이를 벗 삼으며 성실한 이를 벗 삼으며 문견이 많은 이를 벗 삼으면 유익하고, 편벽된 이를 벗 삼으며 잘 굽히는 이를 벗 삼으며 말을 잘하는 이를 벗 삼으면 해롭다."[111]

또 공자는 말했다. "유익한 것에도 세 가지 좋아하는 것이 있고 해로운 것에도 세 가지 좋아하는 것이 있다. 예악을 절도에 맞게 시행하는 것을 좋아하며 남의 선을 말하기 좋아하며 어진 벗이 많은 것을 좋아하는 것이 유익한 것이고, 교만하고 즐기는 것을 좋아하며 편안하게 노는 것을 좋아하며 연락宴

---

110 『논어(論語)』 팔일편(八佾篇) 제24장.
111 『논어(論語)』 계씨편(季氏篇) 제4장.

樂을 좋아하는 것이 해로운 것이다."112

벗은 행동을 같이 하게 되므로 착한 벗과 함께 있는 것은 축복이다.113 반대로 편벽되고 잘 굽히며 말을 잘하는 이를 벗으로 삼는 것은 삼가야 한다. 자공이 벗에 대해 묻자 공자는 다음과 같이 대답했다. "본마음으로 말해주고 잘 인도하되 안 되면 그만두어서 자기가 욕되는 일이 없게 해야 한다."114 이러한 사람들은 우리의 선생님이 될 자격이 없을 뿐만 아니라 우리에게 좋지 않은 영향을 미친다.

훌륭한 친구를 스승으로 공경하면서 우리와 친구가 되어 주는 사람에게 스승으로 처신해야 하는가? 항상 그렇지만은 않다. 물론 그들에게 솔직해야 하고 시기적절하게 조언도 해 주어야 한다. 하지만 그들에게 스승처럼 말하는 것이 아니라 친구처럼 말을 건네야 한다. 만일 그들이 충고를 받아들이면 매우 좋겠지만, 설사 충고를 받아들이지 않으면 고집스럽게 충고를 해서는 안 된다. 만일 듣기 싫어하는 사람에게 집요하게 충고를 한다면 그들에게 창피나 모욕을 주게 되는 셈이 된다.

맹자가 말했다. "사람들의 깊이 뿌리박힌 결점은 남의 스승이 되기를 좋아하는 데 있다."115

맹자는 남을 가르쳐야 된다고 말하지는 않았다. 학생이 있다면 물론 그들을 가르쳐야 한다. 학생들을 가르치는 것은 좋은 일이지만 친구를 가르치는 것은 올바른 것이 되지 못한다. 만일 친구가 가르침을 청한다면 그것은 다른 문제이다.

평상시 친구들에게 해야 할 일은 신뢰감을 주는 것이다. 만일 친구들이 우리를 신뢰할 수 있는 사람으로 본다고 하면 그들에게 좋은 사람이라고 생각

---

112 『논어(論語)』 계씨편(季氏篇) 제5장.
113 『논어(論語)』 계씨편(季氏篇) 제4장.
114 『논어(論語)』 안연편(顏淵篇) 제23장.
115 『맹자(孟子)』 이루장구상(離婁章句上) 제23장.

해도 된다. 지혜를 구하거나 실수를 하여 용서를 구하는 경우 충고를 부탁하는 것은 친구들의 선택에 달려 있는데 만일 친구들이 충고를 구한다면 우리는 그들의 바람을 들어 주어야 한다.

친구들은 우리의 스승이 될 수 있지만 그들의 능력은 천차만별이다. 우리에게 많이 가르쳐 줄 수 있는 친구도 있고 그 보다 가르칠 수 있는 것이 적은 친구도 있을 수 있다. 가르치는 양이나 방법에 상관없이 친구들로부터 배울 수 있기에 친구들은 언제나 우리에게 필요한 존재이다.

친구들은 우리에 부모로서, 동료로서, 형제로서 필요한 존재인데 우리가 배움에 흥미를 갖고 이미 터득한 지혜를 잊지 않게 하고 도道를 지키는 노력을 하는 데 이 모든 것을 적극적으로 활용할 수 있도록 도와 줄 수 있다.

3.13 사회교육

1. 아동교육

공자는 대학 수준의 교육을 펼치는 자신의 학당에서 성인들을 받아들였다. 하지만 예외적으로 많지는 않지만 청소년이나 아마도 10살 미만의 소년들도 제자로 받아들였다.

공자의 가르침을 받은 제자 중에 적어도 두 명의 소년이 있었다. 한 소년의 고향은 공자가 태어난 곳과 같지만 다른 소년은 호향互鄉 출신이었다. 그런데 호향 사람들은 어질지 못하기 때문에 상종하지 않아야 한다는 것이 당시의 상식이었다.

호향 사람과는 더불어 말하기 어려운 것인데 호향 출신의 소년이 공자를 만나러 오니 제자들이 이상하게 여기므로 공자가 말했다. "여기에 다가올 때의 태도만 따지지 물러간 뒤의 것은 따지지 않는 법이다. 도대체 무엇이 심한가? 사람이 자기의 처신을 깨끗하게 해서 오면 그 깨끗한 점을 봐서 어울리고 과거의 일은 담아두지 않아야 한다."[116]

공자가 말했다. "어린이는 돌아와서는 효도하고 나가서는 공경하며 삼가고 미덥게 하며 널리 사람들을 사랑하되 어진 사람과 친해야 한다. 행하고서 남은 힘이 있으면 그 힘을 가지고 글을 배운다.[117]

공자 시대에 귀족의 어린 자제들을 위한 초등 교육기관이 있었는데 여기서는 철자법(붓글씨, 한자, 소학小學 등)과 비로 쓸거나 먼지 털이와 같은 집안 허드렛일을 가르쳤다. 공자는 학당에서 고등 교육과 이러한 초등 교육을 병행할 만큼 시간과 자금이 충분하지는 않은 것 같다. 하지만 이후 공자의 제자들 가운데 일부가 서당과 같은 사립 초등 기관을 설립하여 평민의 자제들에게도 배움의 문을 열어 이들을 제자로 받아들였다.

2. 여성교육

공자는 자신의 교육 이상을 펼칠 때 자신의 학당을 남녀공학으로 할 만큼 시대에 앞서지는 않았다. 불행히도 1919년 중국 오사운동五四運動[118] 이후 공자는 중국의 여성 해방론자로부터 여성을 경멸했다는 비판을 받아오고 있다. 공자는 말했다. "여자와 소인은 거두기가 어렵다. 가까이하면 불손해지고 멀리하면 원망한다."[119]

공자가 이러한 말을 했을 때 아마도 마음속에 특정한 여성들이나 아이들을 생각했을 것이다. 공자는 진정으로 모든 여성들과 아이들은 잘 지내기가 힘들다고 하는 뜻으로 말하지는 않았을 것이다. 공자는 자신의 홀어머니에 애착을 느끼고 자신의 딸뿐만 아니라 자기 이복형의 소생인 조카딸까지도 돌보았다는 사실을 우리는 잘 알고 있다. 아이들의 경우에도 자기 자식에게 쏟은

---

116 『논어(論語)』 술이편(術而篇) 제28장.

117 『논어(論語)』 학이편(學而篇) 제6장.

118 역주: 중국 북경(北京)에서 1919년 5월 4일에 일어난 전국적인 반제 · 반군벌 민중 운동. 파리 강화 회의에서 일본의 대중국 21개 조항의 요구를 승인한 데 반대하여 학생들이 데모를 일으킨 데서 발단하였는데, 중국의 신민주주의 혁명의 출발점이 되었다.

119 『논어(論語)』 양화편(陽貨篇) 제25장.

애정과 호향互鄉 땅에서 온 아이에게 베풀었던 친절은 공자가 아이들을 몹시 싫어했다고 하는 비난을 깨끗이 일소한다.

공자 시대에 여성들을 받아들인 교육기관이 있었는지는 잘 모른다. 하지만 우리는 공자가 여성 교육에 커다란 관심을 가지고 있었으며 당시의 관습에 따라 여성들은 학교가 아니라 가정에서 외부에서 모신 스승이 아니라 친부모로부터, 결혼 후에는 시부모로부터 교육을 받았음을 잘 알고 있다.

『예기禮記』는 몇 장章을 할애하여 여성교육이라는 주제를 다루고 있는데 공자가 제자들을 가르치는 데 이것을 도입했다는 것을 우리는 잘 알고 있다. 공자는 여성교육이라는 이 주제를 직접 여성들뿐만 아니라 장래 그들의 남편이나 아버지가 되는 남성들에게도 가르쳤다. 공자는 제자들을 가르치는 가운데 여성을 비하하는 말을 단 한 마디도 사용하지 않았다. 그 반대의 경우도 마찬가지이다. 공자는 재삼재사 남편은 자기의 부인을 동등하게 대하고 부인의 사생활을 존중해 주어야 한다고 강조했다.

3. 대중교육

공자는 명확한 말로 성인교육을 주창하지는 않았지만 자신의 학당에 성인들을 제자로 받아들였다. 더 나아가 공자는 예禮와 음악의 교육적 기능의 효과를 굳게 믿고 있었다. 공자는 말했다. "백성을 인도하기를 정치적 술수로써 하고 질서 잡는 것을 형벌로써 하면 백성들은 형벌을 면하려고만 하고 부끄러움이 없다. 인도하기를 덕으로써 하고 질서 잡는 것을 예로써 하면 백성들은 부끄러워함이 있고 또 마음 씀씀이를 바르게 할 것이다."[120]

사람들이 자신의 덕德을 고양하고 예의 법도를 지키는 것은 이른바 사회교육의 형태라고 할 수 있다. 예와 상보적인 관계에 있는 음악도 사람이 자신의 감정을 표출하는 것을 용이하게 하는 데 중요한 역할을 한다.

---

120 『논어(論語)』 위정편(爲政篇) 제3장.

3.14 인격 형성

공자는 교육의 목표를 인격 형성으로 삼았다. 『예기禮記』의 한 편이었던 『대학大學』은 군자君子가 유교儒敎의 기준에 따라 따라야 할 사항에 대해 다루고 있다. "옛날에 밝았던 덕德을 천하에 다시 밝히고자 하는 자는 먼저 그 나라를 다스리고, 그 나라를 다스리고자 하는 자는 먼저 그 집을 안락하게 하며, 그 집을 안락하게 하고자 하는 자는 먼저 그 몸을 닦는다." "천자天子에서부터 서인庶人에 이르기까지 하나같이 이 모두 몸을 닦는 것을 근본으로 삼아야 한다. 그 근본이 어지러운데도 말단이 다스려지는 것은 아니다."[121]

군자는 좋은 사람들을 친구로 삼아 그들로부터 배워야 하고 교훈적인 것을 들으면 언제든지 친구들에게 가서 전해야 한다. 군자는 교훈적인 것을 보게 되면 친구들에게 가서 그것을 보여 주어야 한다. 신의와 성실로 친구들과 우애를 돈독히 하며 친구들 곁에서 죽을 만큼 고통스러운 걱정이나 문제도 함께 나누며 그들이 상이나 명예를 누릴 수 있도록 도와준다. 군자는 함께 믿고 있는 도道로써 친구들을 지키며 친구들에게 양보를 하더라도 수치를 느끼지 않는다. 그리고 오랫동안 떨어져 있는 동안에 친구들에 대한 좋지 않은 소문을 들을지라도 그것을 믿지 않는다.

군자는 장차 조국을 위해 봉사해야 하지만 관직에 오르려고 애를 쓰지 않는다. 군자는 사람들이나 선배들이 관직에 들어올 것을 청하거나 이들로부터 추천을 받거나 혹은 등용되어야 하며, 만일 이러한 일이 일어나지 않는 경우에도 마음에 두지 않는다. 군자의 삶은 정치를 하지 않아도 충만하며 검소하게 살면서 최소한의 물질적인 필요만 충족해야 한다. 군자는 덕德을 쌓는 데 시간을 보내며 도道에 벗어난 일은 하지 않는다. 군자는 자신의 행동을 통해 동시대의 사람들이나 후손에게 나쁜 선례를 남기는 것을 피한다.

군자는 올바른 수단을 통해 관직에 오르면 자신이 배운 것을 실천하고 원

---

121 역주: 『대학(大學)』 경일장(經一章).

칙에 따른다. 군자는 원칙에 따라 하고자 하는 바를 할 수 없음을 깨닫게 되면 언제든지 사직할 준비가 되어 있다. 하지만 군자는 자신의 정책을 수행하는 데 어떤 어려움에 부딪치거나 권세 있는 자가 자신의 정책을 수행하는 데 반대를 한다고 하여 자신의 정책을 포기하지는 않는다. 군자는 자신에게 찬성하는 사람들을 편애하지 않으며 자신에게 반대하는 사람들에게 해를 입히지도 않는다. 군자는 사소한 이익에 흔들리지 않으며 죽이겠다는 협박에 굴복하지 않고 오직 도道만을 위해 살고 죽는다.

도道는 군자가 관직에 오르기 전이나 후나 동일하며 인仁과 예禮를 뜻한다. 도는 부드럽고 다른 사람들에게 호의적이어야 하며 군자는 공손하게 말하고 조심스럽게 행동하고 모든 사람에게 존경을 표시하고 본인의 감정을 조절해야 하며 모든 사람들을 사랑해야 하고 무슨 일이 벌어지던지 도를 실천하는 데 주저해서는 안 된다.

인격 형성의 교육을 받지 못하면 완벽한 군자가 될 수 없는데 인격 형성은 지능 계발이나 신체 단련보다 훨씬 더 강조해야 하는 것이다.

미국의 저명한 교육 행정가이자 법률가인 로버트 허친스(Robert Maynard Hutchins, 1899~1977)는 과학은 인류가 세계를 파괴하는 데 도움을 주지만 인류에게 세계가 파괴되는 이유를 설명해 주지 못한다고 말했다. 선용善用하는 데 과학 지능이 아니라 무엇인가를 사용해야 한다.[122]

이것이 바로 종교적인 기질의 인도를 받는 마음이며, 그 뜻을 정성되게 하여 바로잡히고 도道를 따라 의지를 심어주는 마음인 것이다.

---

122 로버트 허친스는 예일 로스쿨 학장, 시카고 대학 총장, 시카고 대학 명예 총장을 지낸 교육 철학자로 수많은 책들을 출판했고 그 중에 유명한 저서로 『도덕, 종교, 고등 교육(The Higher Learning in America)』(1936), 『학습사회(The Learning Society)』(1968) 등이 있다.

04

정치철학

4.1 민치民治 근본

맹자孟子는 말했다. "백성이 가장 귀중하고, 국가가 그 다음이고, 임금이 가벼운 것이다."[1]

맹자는 스승 자사子思로부터 민본 사상의 가르침을 받았는데, 거슬러 올라가 자사는 증삼曾參으로부터 그리고 증삼은 공자로부터 이 가르침을 받았다.

맹자가 말했다. "『태서太誓』에 이르기를, '하늘이 보는 것은 우리 백성이 보는 것으로부터 하며, 하늘이 듣는 것은 우리 백성이 듣는 것으로부터 한다'[2]고 했다." 이는 또한 목숙穆叔의 다음 말을 뒷받침하고 있다. "백성들이 하고자 하는 것은 하늘이 반드시 따라준다."[3]

제齊나라의 진환자陳桓子가 안영晏嬰에게 정鄭나라의 한호罕虎가 제齊나라에 자주 방문하는 까닭을 물었다. 그러자 안영은 다음과 같이 대답했다. "그분은 좋은 사람을 잘도 등용하여 우리 국민이 우러러보는 주인공입니다."[4]

진晉나라의 13대 군주 평공平公이 새로운 음악을 좋아하자 궁중 악사 사광師曠이 말했다. "공실公室이 장차 쇠미하게 되었구나! 임금님의 밝으심이 쇠할 조짐을 나타내는구나. 저 음악이란 팔방 산천의 풍화風化를 통하게 하고 덕德을 넓고 먼 곳까지 빛나게 한다. 음악은 팔방 산천의 덕을 선양시켜 멀리 퍼져 가게 하며 만물을 풍화시켜 귀 기울여 듣도록 하며 시詩를 닦아서 읊조리게 하고 예禮를 닦아서 절제하게 한다. 저 음악의 덕이 넓고 멀리 퍼져 가면서도 음악 연주에 있어서는 적당한 시기와 예절이 있다. 이 때문에 먼 곳 사람들이 복종하고 가까운 사람들이 떠나지 않는 것이다."[5]

우리는 위의 기사를 통해 고대 중국 전통에서 백성을 나라의 원칙, 즉 하늘

---

1   『맹자(孟子)』 진심장구하(盡心章句下) 제14장.
2   『맹자(孟子)』 만장장구상(萬章章句上) 제5장.
3   『춘추좌씨전(春秋左氏傳)』 양공(襄公) 31년.
4   『춘추좌씨전(春秋左氏傳)』 소공(昭公) 5년.
5   『국어(國語)』 제14권 진어(晉語) 8.

의 눈과 귀로 보는 개념이 있었다는 결론을 내릴 수 있다. 이러한 전통에 따르면 군주는 백성을 잘 보살펴야 하며 만일 그렇지 못한다면 그 군주는 천명을 잃고 혁명을 통해 폐망하게 될 것이다. "탕湯·무武가 혁명하여 하늘에 따르고 사람에게 응한 것이다."[6]

하지만 공자는 자신이 편찬한 『춘추春秋』에서 기준에 따라 지배자들을 평가하는 데 찬사나 질책을 통해 진정한 지도자상을 보여 주었다.

본 장에서 공자가 차별 없이 모든 사람들에게 가르침을 베풀었다는 사실은 논외로 하겠다.

4.2 제도화

유럽의 폭군들이 신봉하는 왕권신수설[7]과 달리 고대 중국의 천명天命이라는 개념은 상대적이며 절대적인 것이 아니다. 하늘은 오직 자신의 장자長子만을 보살피는 이기적인 신이 아니며 백성들의 복리(福利: 행복과 이익)만을 살펴 자신이 천명을 내린 아들이라도 그가 올바른 행동을 하지 않는다면 언제든지 이것을 거두어 다른 아들에 내릴 수 있었다.

태보太保가 여러 나라의 제후들을 데리고 나가 선물을 가지고 다시 들어와 주공周公에게 주고 말했다. "손 짚어 절하고 머리를 조아리며 왕과 주공께 아룁니다. 여러 은殷나라 사람들을 훈계하는 일은 당신의 어사御事들에게서 시작되어야 합니다. 아아! 하늘에 계신 하느님께서 큰아들과 이 큰 나라인 은의 명을 바꾸셨으니, 오직 왕께서 명命을 받으신 것이 끝이 없이 아름다운 것이

6　『주역(周易)』49 혁(革) 택화혁(澤火革). 탕(湯)은 혁명을 일으켜 하(夏)나라 왕조를 멸망시키고 은(殷)나라 왕조를 세운 임금이다. 무(武)는 은(殷)나라 왕조를 멸망시키고 주(周)나라 왕조를 세운 임금이다.

7　역주: 왕권신수설(王權神授說)은 국왕의 권리는 신에게서 받은 절대적인 것이므로 인민이나 의회에 의하여 제한되지 않는다는 설이다. 영국과 프랑스의 국왕이 교황, 신성 로마 황제, 봉건 제후를 누르고 왕권을 확립하는 데에 뒷받침이 된 주장으로 영국의 필머(Filmer)와 프랑스의 보댕(Bodin) 등이 주창했다.

지만, 또한 끝이 없이 걱정해야 할 일입니다. 아아! 어찌해야 합니까? 어찌 조심하지 않으십니까?"[8]

그래서 은나라의 마지막 임금 제신帝辛 주왕紂王은 하늘에게 하나 뿐인 아들이 아니며 장자長子일 뿐이었다. 이는 하늘의 장자라 해도 그가 받은 천명天命은 언제든지 박탈당할 수 있다는 것을 말한다.

주공이 그의 동생 강숙봉康叔封을 제후로 봉할 때 다음과 같이 말했다. "오직 천명은 일정한 곳에 머물지 않는 것이니 그대는 염려하여 나로 하여금 누리는 것이 없어지게 되지 않게 하라. 그대가 해야 할 사명을 밝히며 그대가 들었던 것을 고상하게 지켜서 백성들을 편하게 다스려라."[9]

요堯임금이 말했다. "아! 너 순舜아! 하늘의 역수(曆數: 천체의 운행과 기후의 변화가 철을 따라서 돌아가는 순서)가 너의 몸에 있으니 진실로 그 중中을 잡도록 하라. 사해(四海: 온 세상)가 곤궁하면 천록(天祿: 하늘이 주는 복되고 영화로운 삶)이 영원히 끊어질 것이다."[10]

이러한 모든 종류의 믿음 속에 있는 철학은 군주가 백성을 위해 존재하지만 백성이 군주를 위해 존재하는 것이 아니라는 것이다. 양梁나라의 혜왕惠王이 맹자에게 물었다. "과인이 나라를 다스리는 데 있어서는 거기에 마음을 다했을 뿐입니다. 하내河內 지방에 흉년이 들면 그 백성을 하동河東 지방으로 이주시키고 그 곡식을 하내 지방으로 옮겨주며 하동 지방에 흉년이 들어도 또한 그렇게 하고 있습니다. 이웃나라의 정치를 살펴보면 과인이 마음을 쓰는 것처럼 하는 것이 없는데도 이웃나라의 백성이 더 적어지지 않으며 과인의 백성이 더 많아지지 않는 것은 무슨 까닭입니까?" 맹자가 대답했다. "왕이 전쟁을 좋아하시니 청컨대 전쟁하는 것을 가지고 비유하겠습니다. 둥둥북을 쳐서 병기와 칼날이 이미 맞부딪친 후에 갑옷을 버리고 병기를 끌며 달

---

8   『서경(書經)』 주서(周書) 소고(召誥).

9   『서경(書經)』 주서(周書) 강고(康誥).

10   『논어(論語)』 요왈편(堯曰篇) 제1장.

아나는데 어떤 자는 백 걸음 간 후에 머물고 어떤 자는 오십 걸음을 간 후에 머물고서 오십 걸음밖에 도망가지 않았다는 사실을 가지고 백 걸음 도망간 것을 비웃는다면 어떻겠습니까?" 혜왕이 말했다. "안됩니다. 다만 백 걸음을 도망가지 않았을 뿐 또한 도망간 것입니다." 그러자 맹자가 말했다. "왕이 만일 이것을 아신다면 백성이 이웃나라보다 많아지기를 바라지 마소서."[11]

하늘은 백성들을 위해 군주를 세웠지만 군주를 위해서 백성들을 존재하게 하지 않았다. 따라서 하늘은 백성을 잘 보살피기 위해 군주를 폐할 때마다 이미 내린 천명天命을 거두어들였다.

4.3 자유와 평등

1789년에서 1871년까지 프랑스는 수많은 피의 대가로 쟁취한 자유와 평등의 권리를 쟁취했다. 하지만 프랑스 대혁명보다 2천년이나 앞선 공자 시대부터 중국인들은 봉건제가 붕괴하면서 이미 이 자유와 평등을 누리고 있다.

중국의 봉건제는 은殷나라 마지막 임금 주왕紂王 때부터 시작되었는데, 은殷나라를 멸망시킨 주周나라의 무왕武王 때 완전히 발전되었다. 무왕의 동생 주공周公은 중국 동부의 은나라의 잔존 세력을 없애버리고 주나라의 제후국들을 세웠다.

중국의 봉건 사회는 다른 나라와 마찬가지로 계층화를 이루었다. 계층이 확립되었으며 거주와 직업의 자유도 제한되었다.

하지만 이런 현상이 오랫동안 고착화되었다는 것을 뜻하지는 않는다. 그때까지 공자는 봉건제에 반하는 가르침에 적극적이었으며 노魯나라를 비롯하여 주周나라의 다른 제후국들의 상황은 주나라의 무왕과 주공 때와는 상당한 차이를 보였다. 귀족 중 사士와 평민 출신의 신흥 부자로 이루어진 새로운

---

11 『맹자(孟子)』 양혜왕장구상(梁惠王章句上) 제3장.

계층 형성이 두드러졌는데 중국은 완전히 봉건 해체의 길로 가고 있었다.

귀족의 자제는 물론 평민의 자제까지 모두 받아들인 공자와 그의 학당은 하나의 자극제가 되었다. 공자의 학당은 노나라의 도읍지 곡부曲阜에 있었는데 학생들 중 다수가 다른 제후국 출신이었다. 이는 당시 이동의 자유가 있었다는 사실을 반영한다.

단지 3세대에 걸친 유가儒家의 민주화 노력 덕분에 중국인은 그 혜택을 받았다. 먼저 공자의 제1세대 제자는 학당을 열어 귀족과 평민을 모두 차별 없이 학생으로 받아들였다. 다음으로 제2세대 제자 가운데 위衛나라 사람 오기吳起는 초楚나라 도왕悼王에 의해 재상으로 임명된 후 봉건 혁명을 일으켜 50여 명 이상의 초나라 귀족을 멸족시켰다. 마지막으로 제3세대 제자 중 위衛나라 출신 상앙商鞅은 진秦나라의 임금 효공孝公에 의해 총리 격인 대량조大良造로 승진하여 초나라 오기보다 더 강력한 변법變法을 통해 반봉건 정책을 실시했다. 오기와 상앙은 귀족도 평민과 마찬가지로 법을 어기면 처벌을 했다.

인간의 자유에 대한 제약들은 차례차례 폐지되기 시작했다. 한漢나라가 전성기를 구가할 때 중국인은 제2차 세계대전 이후 서부 유럽인처럼 자유로웠다.

한漢나라 이후 중국에 대해 우리가 말할 수 있는 최악의 상황은 중국인이 자기가 유리한 방향으로 자유를 너무 남용하는 것이다. 중국인은 시민의 책임을 무시할 정도로 이기주의적으로 되었다. 지나친 평등에 대한 단점 중의 하나는 세대마다 아버지의 농토를 나누어서 재분배하는 것이었다. 그 결과 극소수의 농민은 가족을 먹여 살릴 충분한 땅이 없다는 것을 깨달았다는 것이다.

유가儒家는 예禮로써 자유와 평등의 남용을 억제하려는 노력을 했는데 어느 정도 목표를 달성했다.

4.4 예치禮治

유가儒家는 법보다 예를 더 많이 사용했다. 유가는 법은 범죄자가 사회에 해악을 이미 끼친 후에 그 범죄자를 처벌만 할 수 있는 반면에 예禮는 범죄 자체를 막을 수 있다고 믿었다.[12]

유가는 또한 예의 교육적 가치를 믿었는데 음악을 장려하면서 교육을 하면 사회를 더 높은 수준으로 발전시킬 수 있다고 보았다.

유가는 도가道家와 법가法家와는 차이를 보였다. 법가는 실제 범죄자가 범죄를 저질렀을 때 예禮의 효과에 대한 유가의 입장을 결코 받아들지 않은 반면에 도가는 법을 혐오하는 만큼 예도 혐오했다. 유가는 예에 대한 열정이 있으면서도 사회에서 법의 필요성을 무시할 만큼 나아가지는 않았다. 유가가 하고자 한 바는 질서를 유지하기 위해 법보다 예에 의존하는 사회인 것이다.

유가가 법가와 타협할 수 없었던 것은 지배자의 지위였다. 법가는 지배자가 절대적인 권위를 행사하기를 바랐지만 유가는 지배자가 법法은 물론 예禮도 따라야 한다고 했다. 공자는 말했다. "임금은 신하를 부리기를 예로 하고 신하는 임금을 섬기기를 충성으로써 해야 한다."[13] 이를 다시 풀어서 말하면 다음과 같다. "지배자는 신하에 대한 예를 지키고 신하는 지배자에 충성을 다해야 한다."

또한 공자는 다음과 같이 분명히 말했다. "윗사람이 예를 좋아하면 백성들은 감히 공경하지 아니함이 없다."[14]

공자가 모든 군주가 지키기를 바라는 예는 모든 태고의 예는 아니었다. 공자의 예는 주공周公이 쓴 『주례周禮』와 『의례儀禮』의 내용을 다시 글로 쓰는 것만은 아니었다. 공자의 의견에서 가장 중요한 사항은 단지 규칙에 대한 문

---

12 이 말은 한(漢)나라 초기의 유가(儒家) 가의(賈誼, 기원전 201~기원전 168)의 의견이다.
13 『논어(論語)』 팔일편(八佾篇) 제19장.
14 『논어(論語)』 자로편(子路篇) 제4장.

구를 골라 쓰는 것이 아니라 그 규칙에 대한 원칙이다. 이 원칙은 예가 기본적인 덕목인 예를 따라야 한다는 것이다. 시대와 지역이 달라질 때마다 표현은 일어나는 사건에 따라 바뀔 수 있다.

공자는 제자들에게 예의 가변성을 말했다. "은殷나라는 하夏나라의 예禮를 바탕으로 삼았으나 손익損益 가감加減한 것을 알 수 있으며, 주周나라는 은나라의 예를 바탕으로 삼았으나 손익 가감한 것을 알 수 있다. 그 누군가 주를 계승해 간다면 백 대 뒤라도 알 수 있을 것이다."[15]

규칙의 문구와 그 규칙 자체를 바꾼다는 것은 예가 사회나 국가의 새로운 요구에 부응할 수 있도록 하는 것이다.

주공周公 시대의 예는 오늘날보다 더 많은 뜻을 담고 있다는 것에 주목해야 한다. 주공의 예는 사회와 정치의 규칙을 모두 포괄하는 의미이며 사회 예법, 가족·사원·법정에서 지켜야 할 규칙, 그리고 법까지 포함하는 것이다. 또한 주공의 예에는 오늘날 행정법과 헌법이라고 칭하는 것까지 들어간다.

정鄭나라의 자산子産과 같은 정치가의 노력으로 공자 시대에 형법은 예禮에서 분리되기 시작했다.

4.5 정명正名

본서는 이미 3.10.3절에서 정명正名을 공자와 자로子路의 대화 속에서 다루었는데 이에 대한 중요한 공자의 언급은 다음과 같다.

"이름에 걸맞게 하지 못하면 말이 순조롭지 못하고,
말이 순조롭지 못하면 일이 이루어지지 않으며,
일이 이루어지지 않으면 예악이 무너지며

---

15 『논어(論語)』 위정편(爲政篇) 제23장.

형벌이 정확하게 시행되지 않으면 백성들이 손발을 둘 곳이 없어진다."[16]

　여기서 공자의 말은 자공子貢과 공자가 나누었던 다음의 대화와 관련되어 있다. "염유冉有가 자공에게 물었다. '선생님께서 위衛나라 임금을 지지하실까요?' 자공이 말했다. '그렇겠지. 아니 내가 바로 여쭈어보겠다.' 자공은 공자의 방에 들어가 물었다. '백이伯夷와 숙제叔齊는 어떠한 사람입니까?' 공자가 대답했다. '옛날의 현인이다.' 자공이 다시 물었다. '원망하였습니까?' 그러자 공자가 대답했다. '인仁을 구하여 인仁을 얻었으니 더 이상 무엇을 원망했겠느냐?' 자공은 방을 나와서 염유에게 말했다. '선생님께서는 듣지 않으실 것이다.'"[17]

　염유의 질문 속에 나온 위나라의 임금은 출공出公으로 영공靈公의 손자이며 괴외蒯聵의 아들이었다. 괴외가 품행이 나쁜 영공의 부인 남자南子를 죽이려 하다가 실패하여 기원전 496년 송宋나라로 도망갔다가 다시 진晉나라로 망명했다. 기원전 493년 영공이 죽자 첩輒이 즉위했다. 이에 반대하여 첩의 아버지 괴외가 상속권을 주장하며 진나라의 후원을 얻어 위나라로 돌아오려 했으나 첩이 군대를 동원하여 저지했다. 기원전 489년 첩이 즉위한 지 4년째 되던 해에 공자가 초楚나라에서 위衛나라에 갔기 때문에 염유와 자공의 일화는 이때 이루어졌다고 한다. 즉 공자의 말뜻은 첩은 당연히 진나라에 망명 중인 자기 아버지 괴외를 맞이하여 임금으로 추대했어야 하는데도 오히려 군대를 동원해 자기 아버지의 귀국을 저지했다는 것이다.

　제齊나라 경공景公이 공자에게 정치에 대해 묻자 공자가 대답했다. "임금은 임금답고 신하는 신하다우며 아버지는 아버지답고 아들은 아들답게 되는 것입니다." 경공은 말했다. "좋도다! 진실로 만일 임금이 임금답지 못하고 신하

16　역주: 『논어(論語)』 자로편(子路篇) 제3장.
17　역주: 『논어(論語)』 술이편(術而篇) 제14장.

가 신하답지 못하며 아버지가 아버지답지 못하고 아들이 아들답지 못하다면 비록 곡식이 있더라도 내가 그것을 먹을 수 있겠습니까?"[18]

아마도 '정명正名'을 다음과 같이 해석하는 것이 더 나을지도 모른다. '모든 사람은 자신의 이름이나 관직에 맞게 행동해야 한다.'

공자가 내건 '정명'의 또 다른 의미는 다음과 같다. '악인惡人은 악惡으로 불러야 한다.' 낙양洛陽에 도읍을 둔 주周나라의 제후국 가운데 초楚나라의 군주는 주나라의 왕실에 대항하여 자신을 스스로 임금으로 칭한데 반해 공자는 자신이 편찬한 『춘추春秋』에서 초나라의 군주를 지칭하는 데 주나라 왕실에서 원래 내린 후작侯爵이라는 명칭을 사용했다.

맹자는 다음과 같이 말했다. "공자가 『춘추』를 완성하자 반란을 일으키는 신하와 부모를 해치는 아들이 두려워했다."[19]

때때로 공자는 선행을 한 선인善人에게는 좋은 이름을 지어 주었는데 당사자가 이것을 들었을 때 주周나라나 제후국의 임금으로부터 받은 모피 외투를 받았을 때보다 더 영광으로 생각했다.

공자는 대상에 이름을 지어 붙이는 것을 좋아했다. 예를 들어 공자는 고觚와 같은 물건에조차 잘못된 이름을 지어 붙이는 것을 참지 못했다. 원래 8각형 정도로 모가 나 있는 술잔을 고觚라고 불렀는데 고는 만들기가 복잡하므로 나중에는 각을 없애고 원형으로 만들어서 사용하면서 그것을 그대로 고라고 불렀다. 공자는 말했다. "모난 술잔이 모나지 않으면 모난 술잔이겠는가? 모난 술잔이겠는가?"[20]

때때로 공자는 예禮의 규칙을 지키는 데 대단히 보수적인 면을 보여 주었다. 자공子貢이 초하루에 사당에 아뢰는 제사에서 희생으로 쓰는 양을 빼려 하자 공자가 말했다. "자공아 너는 그 양을 아끼려느냐? 나는 그 예禮를 아

---

18 역주: 『논어(論語)』 안연편(顏淵篇) 제11장.
19 『맹자(孟子)』 등문공장구하(滕文公章句下) 제9장.
20 『논어(論語)』 옹야편(雍也篇) 제23장.

낀다."[21]

4.6 정치와 교육

영어권 사람이 보는 『웹스터 대학생용 사전Webster's Collegiate Dictionary』은
'politics'의 뜻이 '정치 과학science of government'이나 '정치 기술art of govern-
ment'로 나와 있는데 반해 이에 상당하는 단어인 '政治'는 '나라를 잘 다스리
기 위한 올바른 정책'을 의미한다.

고대 중국의 군주 국가에서 정치를 하는 사람들은 군주나 그의 신하들이었
다. 공자는 제자에게 군주가 올바르지 않으면 스스로 마음을 바로잡아야 하
며 천명天命을 받아 나라를 다스리기 전에 마음을 바로잡기 위해 우선 자신을
수양해야 한다고 했다.

"'하늘이 이 백성을 낳고서는 먼저 아는 사람으로 하여금 늦게 깨닫는 사람
을 깨우치게 하였다. 나는 하늘이 낸 백성 중 선각자이니, 나는 이 도道를 가
지고 백성을 깨우칠 것이다. 내가 깨우쳐야 하는 것이 아니라면 누가 깨우쳐
야 하는 것이겠는가?' 하였다. 천하天下의 백성 중에 필부필부匹夫匹婦라도 요
순堯舜의 혜택을 입지 못하는 자가 있으면 자기가 그를 밀어서 도랑 가운데로
넣은 것과 같이 여겼으니, 그가 천하天下의 중책을 스스로 담당하는 것이 이
와 같았기 때문이다."[22]

고대 중국의 교육은 군주의 자기 수양으로만 끝나지 않았다. 교육은 군주
가 자기 수양을 한 이후에도 계속되어야 했는데 자신의 마음을 바로 잡은 군
주는 백성을 교육시켜야 했다.

당시 백성들을 위한 교육은 학교에서만 이루어지는 것은 아니었다. 대체로
백성들은 학교 밖에서 교육을 받았다. 개인이 연 학교를 제외하고 거의 모든

---

21 『논어(論語)』 팔일편(八佾篇) 제17장.
22 『맹자(孟子)』 등문공장구상(滕文公章句上) 제7장.

학교는 평민에게 닫혀져 있었는데 후에 공자와 그의 제자들이 세운 학당은 평민들을 제자로 받아들였다. 하지만 정부가 설립한 초등 교육기관부터 고등 교육기관은 주로 장래 관리나 현역 관리들이 다녔다.

공자 이전에 중국의 전통은 군주가 예禮와 음악으로 백성을 가르치는 것이었다. 고대 중국의 임금뿐만 아니라 제후국의 임금들은 천지天地·조상·산하山河를 숭배하는 의식을 주재했는데 이 의식은 백성이 하늘과 다른 신을 경외하게 하는 중요한 기능을 담당했다.

지역적 특성을 띤 다른 예식은 관리나 백성 가운데 지도적인 위치에 있는 사람이 거행하였다. 백성들은 이러한 의식에 참가하여 어떤 무공을 기리거나 한 해의 풍작을 축하했다. 특히 해마다 계절이 바뀔 때마다 정기적으로 의식이 열렸다.

결혼식과 장례식을 치르는 데는 상당히 세세한 규칙을 따라야 했다. 이러한 규칙도 백성을 교육시키는 데 도움이 되었다. 결혼식과 장례식 그리고 다른 모든 의식 때 연주하는 음악은 의식에 참석한 사람에게 모두 좋은 영향을 미쳤다.

공자는 평생 예禮와 음악을 가장 강력하게 옹호했는데 예와 음악을 발전시켰으며 이 둘의 효과를 믿었다. 공자는 말했다. "백성을 인도하기를 정치적 술수로써 하고 질서 잡는 것을 형벌로써 하면 백성들은 형벌을 면하려고만 하고 부끄러워함이 없다. 인도하기를 덕으로써 하고 질서 잡는 것을 예로써 하면 백성들은 부끄러워함이 있고 또 마음 씀씀이를 바르게 할 것이다."[23]

공자는 최고의 정부는 법의 제정과 실시보다 교육을 중시하여 백성들이 좋은 습관을 들이고 선한 마음을 지니도록 그들을 가르치는 데 보다 많은 시간을 들여야 한다고 단언했다.

공자가 위衛나라로 갈 때 염유冉有와 나누었던 대화는 공자의 정치 철학을

보여준다.²⁴ 공자가 말했다. "백성의 수가 많구나!" 염유가 물었다. "이미 많 아졌으면 또 거기에 무엇을 더해야 합니까?" 그러자 공자가 대답했다. "부유 하게 해주어야 한다." 이에 염유가 또 물었다. "이미 부유하게 되었으면 또 거기에 무엇을 더해야 합니까?" 공자는 다음과 같이 대답했다. "가르쳐야 한다."

공자는 이윤伊尹과 거의 유사한 모습을 보여 주었다. 이윤은 기원전 1750년 경 일어난 중국 역사상 최초의 혁명 기간 중에 은殷나라 임금 탕왕湯王을 보좌 했는데 백성들을 극진히 사랑하여 굶주림에 지친 백성을 생각할 때마다 언제 나 죄의식을 느꼈을 뿐만 아니라 백성이 굶주린 나머지 자신의 본성조차 깨 닫지 못하게 되었다고 자신을 책망했다. 게다가 이윤은 물에 빠져 죽어가는 사람을 생각할 때조차도 똑같은 태도를 취했다.

공자는 이윤이 가졌던 이러한 책임감을 공감했다. 공자는 자신의 책임을 다하기 위해 일반 백성을 교육시키고 이러한 노력을 통해 중국 전체를 바꾸 었다. 이것이 나라를 사랑하는 마음이다. 공자는 교육이 선한 정부에서 중요 한 역할을 담당한다고 생각했다. 좋은 교육을 실시하지 않고 좋은 정부는 존 재할 수 없다.

대체로 공자는 제자들이 일단 학업을 마치고 학당을 나가면 교육을 통해 정치를 할 것을 역설했다. 공자는 도道가 사람을 이롭게 할 때까지 기다리지 말라고 했다. 공자의 제자들은 솔선수범을 해야만 했다. 공자는 다음과 같이 말했다. "사람이 도道를 넓힐 수 있는 것이지 도道가 사람을 넓힐 수 있는 것 이 아니다."²⁵

공자는 또한 말했다. "대저 정치라는 것은 창포나 갈대 같은 것이다." 그러 므로 정치를 행하는 것은 사람에게 달려 있으니, 사람을 취하는 데는 몸으로

---

24 『논어(論語)』 자로편(子路篇) 제9장.
25 『논어(論語)』 위령공편(衛靈公篇) 제28장.

써 하고, 몸을 닦는 데는 도道를 가지고 하며, 도를 닦는 데는 인仁을 가지고 한다.[26]

4.7 정치와 도덕

제齊나라의 계강자季康子가 공자에게 정치에 대해 묻자 대답했다. "정치는 바르게 하는 것입니다. 당신이 바른 것으로 통솔한다면 누가 감히 부정을 하겠습니까?"[27]

계강자가 또 도둑을 걱정하여 공자에게 묻자 공자는 다음과 같이 대답했다. "진실로 그대가 원하지 않는 것이라면 비록 상을 준다 하더라도 훔치지 않을 것입니다."[28]

실제로 정치는 도덕을 적용하는 것이다. 통치자와 행정 관리는 스스로 좋은 선례를 보임으로써 국민들을 가르치고 이끌어야 한다.

공자는 말했다. "정치하기를 덕으로써 하는 것을 비유하면 북극성이 제자리에 머물러 있어도 모든 별들이 그에게로 향하는 것과 같다."[29]

"백성을 인도하기를 정치적 술수로써 하고 질서 잡는 것을 형벌로써 하면 백성들은 형벌을 면하려고만 하고 부끄러워함이 없다. 인도하기를 덕으로써 하고 질서 잡는 것을 예로써 하면 백성들은 부끄러워함이 있고 또 마음 씀씀이를 바르게 할 것이다."[30] 국가의 집단 인격 형성을 이루는 데 더 좋은 방법은 없다.

올바른 군주 외에 국가가 필요한 것은 국민들이 믿는 정부이다. 공자는 자공子貢에게 말했다. "부득이한 상황에서 반드시 없애야 한다면 병력을 없애고

---

26 『중용(中庸)』 제20장.
27 『논어(論語)』 안연편(顔淵篇) 제17장.
28 『논어(論語)』 안연편(顔淵篇) 제18장.
29 『논어(論語)』 위정편(爲政篇) 제1장.
30 『논어(論語)』 위정편(爲政篇) 제3장.

먹는 것을 버린다. 예로부터 누구나 죽는 일은 있었다. 하지만 백성들의 신뢰가 없으면 정치가 성립되지 않는다."[31]

노魯나라의 정공定公이 공자에게 물었다. "임금이 신하를 부리며 신하가 임금을 섬기는 것을 어떻게 해야 합니까?" 공자가 대답했다. "임금은 신하를 부리기를 예禮로써 하고 신하는 임금을 섬기기를 충성으로써 해야 합니다."[32] 또 다른 경우에 공자가 말했다. "임금이 예를 좋아하면 백성들은 다스리기 쉽다."

손문孫文은 공자에 지지를 보이면서 다음과 같이 말했다 "정치가는 자신의 능력과 지식을 겸비해야 하지만 보다 더 중요한 것은 덕이 있어야 한다."

위대한 정치가 왕국유(王國維, 1877~1927)는 유교 국가는 바로 도덕적 조직체라고 말했다.[33]

또 다른 위대한 중국 근대의 역사가 유이징(柳詒徵, 1880~1956)은 왕국유에 동의하고 역사는 단지 상사의 현금분개장이 아니며 도덕적 기준을 평가하고 그 기준의 준수 여부를 살피고 조사하는 감사監查라고 말했다.[34]

4.8 우수한 인재

우수한 행정가가 좋은 행정부를 이룬다. 따라서 통치자의 가장 중요한 역할은 우수한 인재를 찾아 국가의 행정 업무를 맡기는 것이다.

하지만 통치자가 항상 그러한 성향을 보여주는 것은 아니다. 통치자는 선한 성품이나 능력을 지닌 사람보다 통치자 자신이 원하는 바에 따라 인재를 등용하고 싶어 한다. 이는 말이나 행동으로 통치자를 만족시키는 데 특정 목

---

31 『논어(論語)』 안연편(顏淵篇) 제7장.

32 『논어(論語)』 팔일편(八佾篇) 제19장.

33 王國維：《殷周制度論》, 見《王觀堂先生全集》第2冊, 1968年, 第436頁。

34 錢穆：《柳詒徵》, 見《中國文化綜合研究》, 第279頁, 《華岡叢書》, 1971年。

표에 대한 공통적인 이익이나 특정 사람에 대한 공통적인 편견 혹은 관리자의 역할에 합당한 능력이 될 수 있다.

진秦나라의 사자使者가 노魯나라의 양중襄仲에게 말했다. "저희 군주는 노魯나라 선조이신 주공周公과 노공魯公의 도움을 입어서 노나라 군주와 사이좋게 지낼 것을 원하셔서, 선대 군주께서 지니셨던 자그마한 이 좋지 못한 물건을 저를 시키시어 이 나라의 국사를 보시는 관리에게 드리어 그 진심을 나타내는 표로 삼게 하시어 우호 관계 맺기를 요망하십니다. 그래서 저는 저희 군주의 명에 따라 두 나라 간의 우호 관계를 맺으려는 것입니다. 그러므로 이것을 감히 드리는 것입니다." 그러자 양중襄仲은 그 옥玉을 받고 말했다. "저와 같은 군자君子가 없으면 어떻게 나라를 보존할 수 있으랴?"[35]

양중은 군자는 선한 성품을 지닌 사람이라고 언급했다.

'君子'라는 말을 두 가지와 관련이 있는데 하나는 혈통이며 다른 하나는 성품이다.

'君子'의 반대말은 '小人'이라고 할 수 있다. 양중은 국가가 소인으로 가득 차고 주위에 군자가 없다면 그것은 상상할 수도 없는 상황이라고 말했다.

공자는 말했다. "군자는 의로움에 대해 잘 알아듣고 소인은 이로움에 대해 잘 알아듣는다."[36]

다른 말로 소인은 손익 계산에만 치중하지만 군자는 정의 구현에 힘을 쏟는다.

맹자가 위魏나라의 양혜왕梁惠王을 만나게 되었을 때, 양혜왕이 맹자에게 물었다. "영감님께서 천리千里를 멀리 여기지 않고 오셨으니 또한 장차 무엇을 가지고 우리나라를 이롭게 할 수 있으십니까?" 맹자가 대답했다. "왕은 하필 이로울 것을 말씀하십니까? 역시 인의仁義가 있을 뿐입니다. 왕께서 '무엇을

---

35 『춘추좌씨전(秋左氏傳)』 문공(文公) 12년.
36 『논어(論語)』 이인편(里仁篇) 제16장.

가지고 우리나라를 이롭게 할까?' 하시면, 대부大夫들은 '무엇을 가지고 우리 집을 이롭게 할까?' 하며, 사士·서인庶人들은 '무엇을 가지고 내 몸을 이롭게 할까?' 하여, 윗사람과 아랫사람이 서로 이익을 다투게 되며 나라가 위태로울 것입니다."[37]

국가에 가장 필요한 것은 모든 시민이 공유하는 공공심公共心이다. 만약 국가가 군주제라면 군주는 자기의 신하를 공공심으로 이끌어야 한다. 그리고 국가가 공화정이라면 선출된 대통령이 똑같이 관리들을 선도해야 한다.

선善한 성품 다음으로 훌륭한 행정가나 지도자의 필수 조건이다. "큰 도가 행하여진 세상에는 천하가 모두 만인의 것으로 되어 있다. 사람들은 현자賢者와 능자能者를 선출하여 관직에 임하게 하고 온갖 수단을 다하여 상호간의 신뢰친목信賴親睦을 두텁게 했다."[38]

맹자가 말했다. "자로子路는 사람들이 그에게 허물이 있음을 말해주면 기뻐하였고, 우禹는 선언善言을 들으면 절하였다. 대순大舜은 위대한 것을 가지고 있으니, 남과 하나가 되어 자기를 버리고 남을 따르며, 남에게서 취해서 선善을 하는 것을 좋아했다."[39]

군주제 국가의 통치자는 신하 중에 능력 있는 인재를 모두 알 수는 없다. 통치자가 해야 하는 것은 소수의 인재들을 등용하여 그들에게 자신들이 알고 있는 인재를 등용하는 일을 맡기는 것이다.

이와 유사한 상황은 공화정이나 민주 국가들에서 찾아볼 수 없는데 이들 국가들은 정부의 주요 요직을 선거로 선출한다. 요직을 선출하는 국민들은 입후보자 가운데 누가 인재인지 가리는 데 충분한 자질을 갖추고 있지는 않지만 유능한 후보를 선출하고 일을 맡긴 후 선출된 후보자가 그 직을 성실하게 잘 수행하고 있는지 감시할 수 있다.

---

37 『맹자(孟子)』 양혜왕장구상(梁惠王章句上) 제1장.
38 『예기(禮記)』 예운(禮運).
39 『맹자(孟子)』 공손추장구상(公孫丑章句上) 제8장.

공자 시대에 중국에는 정당이 존재하지 않았다. 『논어論語』에 보이는 글자 '堂'은 영어의 'party'와 같은 뜻을 나타내지 않는다. 오늘날 현대 중국은 'party'를 번역할 때 '堂'을 사용한다. 그러나 공자 시대에는 '堂'의 뜻은 500가구를 한 덩어리로 묶는 단위로 사용되었다.

공자는 말했다. "군자는 자긍심이 있지만 다투지 않고 무리를 지어서 살되 이익에 관련된 당파를 형성하지 않는다."[40]

군자가 모이면 협력을 통해 일을 이룰 수 있지만 소인은 나라를 위해 아무것도 할 수 없다. 소인들은 자신들의 진정한 이익을 위해 힘을 쏟지 않는데 이익이 나올 가능성이 사라지면 언제든지 자기들끼리 서로 다투게 된다.

맹자가 말했다. "오진 인자仁者만이 마땅히 높은 자리에 있어야 하는 것이니, 인仁하지 않으면서 높은 자리에 있으면, 이는 그 악폐를 뭇사람에게 퍼뜨리는 것이다."[41]

한漢나라의 동중서董仲舒는 국가에 존재하는 악을 일소하는 해결책은 교육을 진흥시켜 관리 지망생들을 모두 군자로 만드는 것이라고 했다.[42]

모든 시대의 유가儒家는 자신이 정치를 통해 좋은 정부를 만들 수 있다고 생각한다.

"사士는 충忠과 신信으로 갑주甲胄를 삼고 예禮와 의義로써 간로干櫓를 삼으며 인仁을 쓰고 다니며 의를 품고 대하니 비록 폭정이 있더라도 그 대하는 바를 고칠 수 없다."[43] 유가는 사람들을 그 이상으로 만족시켜 그들이 행복해질 수 있게 한다.

---

40 『논어(論語)』 위령공편(衛靈公篇) 제21장.
41 『맹자(孟子)』 이루장구상(離婁章句上) 제1장.
42 『춘추번로(春秋繁露)』 유서(前序).
43 『예기(禮記)』 유행(儒行).

4.9 정치가의 품격

학자가 된다는 것은 지적 능력을 갖추는 것 그 이상이며, 정치가가 되는 것은 정치꾼이 되는 것 그 이상이다.

1. 고무적인 성격

"윗사람이 좋아하는 것이 있으면 아랫사람은 반드시 그 보다 더 심한 것이 있는 것이다. 군자君子의 덕德은 바람이고 소인小人의 덕은 풀이니, 풀 위에 바람이 불면 풀은 반드시 넘어진다."[44]

공자는 의義를 실천하기 위해 정치에 관여했다. 공자는 도에 뜻을 두었다.[45] 공자는 말했다. "늙은이에게는 편안케 해주고 친구에게는 미덥게 해주며 젊은이에게는 진리를 그리워하도록 해주겠다."[46]

실제로 정치가가 해야 하는 것은 매우 단순하다. 정치가가 스스로 인격을 도야하면 국민들의 마음은 자연히 평안해질 것이다. 그것뿐만 아니라 정치가로부터 영감을 받은 국민들은 정치가를 본받아 자발적으로 올바른 방향으로 나아가게 될 것이다.

2. 공감 실천

"윗사람에게서 싫은 것을 가지고 아랫사람을 부리지 말며, 아랫사람에게서 싫은 것을 가지고 윗사람을 섬기지 말 것이다."[47]

분명히 말하면 만일 윗사람이 당신에게 공손히 대해 주기를 원한다면 당신이 아랫사람에게 공손히 대해 주어야 한다. 그리고 부하 직원이 성실한 자세

---

44 『맹자(孟子)』 등문공장구상(滕文公章句上) 제2장.
45 『논어(論語)』 술이편(術而篇) 제6장.
46 『논어(論語)』 공야장편(公冶長篇) 제25장.
47 『대학(大學)』 전십장(傳十章).

로 당신을 따라 주기를 원한다면 똑같은 자세로 상사를 따라 주어야 한다.

3. 솔선수범

자로子路가 정치에 대해 묻자 공자가 말했다. "솔선해서 하고 위로하는 것
이다." 자로가 공자에게 더 말해 주기를 청하자 공자가 다음과 같이 대답했
다. "게을리 함이 없어야 한다."[48]

공자의 제자 중 자장子張은 정치에 관심이 많았는데 공자는 자장에게 다음
과 같이 조언을 해주었다. "오미五美를 높이고 사악四惡을 물리치면 곧 정치에
종사할 수 있다. 오미는 (1) 은혜롭되 허비하지 않으며, (2) 수고롭더라도 원
망하지 않으며, (3) 하고자 하면서도 탐욕 내지 않으며, (4) 태연하면서도 교
만하지 않으며, (5) 위엄이 있으면서도 사납지 않은 것이다."

공자는 또 말했다. "사악四惡은 (1) 가르치지 않고 죽이는 것을 학대하는 것
이라 하고, (2) 경계하지 않고 성공하는 것을 보려는 것을 포악한 것이라 하
고, (3) 명령하는 것을 게을리 하고서 기일 안에 이루려는 것을 해치는 것이
라 하고, (4) 오히려 남에게 주어야 하는 것인데도 출납하는 것에 인색하게
하는 것은 유사有司 같은 것이라고 한다."[49]

위에서 공자가 제시한 지켜야 할 다섯 가지 조언과 피해야 할 네 가지 악행
은 관리 지망자나 현역 관리가 따라야 할 실제적인 지침이 된다. 따라서 이것
은 단지 공무뿐만 아니라 이상적인 업무 수행을 하는 데 훌륭한 지침이다.

4. 권한 위임

공자는 자신의 일을 선한 자, 능력 있는 자와 공유했다. 공자의 가장 중요
한 의무가 선하고 능력 있는 자들을 찾아 군주에게 이들을 등용토록 추천하

---

48 『논어(論語)』 자로편(子路篇) 제1장.
49 『논어(論語)』 요왈편(堯曰篇) 제2장.

는 것이었다. 공자는 다음과 같이 말했다. "노魯나라의 대부 장문중臧文仲은 자리를 훔친 자이다. 유하혜柳下惠의 현명함을 알고서도 그와 함께 조정에 서 지는 않았다."[50] 공자는 장문중을 도둑이라고 했다. 왜냐하면 장문중은 노나 라의 조정에서 높은 지위를 오를 만한 능력이 없었기 때문이다.

어느날 애공哀公이 공자에게 물었다. "어떻게 하면 백성이 복종합니까?" 공 자가 대답했다. "정직한 사람을 등용하여 굽은 사람 위에 올려놓으면 백성들 이 복종하며, 굽은 사람을 등용하여 정직한 사람 위에 올려놓으면 백성들은 복종하지 않습니다."[51]

주周나라 무왕武王의 동생 주공周公은 제후국 노魯나라의 첫 번째 군주 백금 伯禽의 아버지였다. 주공은 다음과 같이 말했다. "친족과 가까이 지내며, 요직 의 관리를 존중하며, 백성들 가운데 좋은 이들을 공경하며, 완벽한 신하를 바라지 말라."[52]

4.10 효율적인 정책 수행

유가儒家의 입장에서 정책을 효율적으로 수행하기 위해서는 정책의 기획과 집행 그리고 그 결과를 검토하는 3단계가 필요하다.

1. 기획

『중용中庸』에서 자사子思는 다음과 같이 말했다. "무릇 모든 일은 미리 준비 되면 이루어지고 미리 준비되지 않으면 어그러진다."[53]

"속히 하려고 하면 도달하지 못하고 작은 이익을 보려 하면 큰일을 이루지

---

50 『논어(論語)』 위령공편(衛靈公篇) 제13장.

51 『논어(論語)』 위정편(爲政篇) 제13장.

52 蔡愛仁:《論語微子篇新的探討》, 臺北, 《孔孟月刊》第12卷第4期, 1973年12月.

53 『중용(中庸)』 제20장.

못한다."[54]

또한 『대학大學』은 다음과 같이 서술하고 있다. "존재하는 모든 사물에는 존재의 구조에 뿌리와 지엽이 있다.[55]

공자는 말했다. "사람에게 먼 헤아림이 없으면 반드시 가까운 근심이 있다."[56]

공자는 말했다. "외교문서를 만들 때에 정鄭나라의 대부 비심裨諶이 초안을 작성하고 대부 세숙世叔이 검토하여 따지고 외교관 장우子羽가 문장을 꾸미고 동리(東里: 자산子産이 살던 마을의 이름)의 정鄭나라 재상 자산子産이 윤색(潤色: 문장을 부드럽고 매끈하게 다듬어서 문체가 나도록 하는 것)을 했다."[57]

여기에서 공자가 하고자 하는 말은 문서를 작성할 때 할 수 있는 최선을 다 해야 한다는 것이다.

『대학大學』은 다음과 같이 기술하고 있다. "일이 진행되는 과정에는 시작되는 부분과 끝나는 부분이 있으니, 먼저 해야 할 것과 나중에 해야 할 것을 알아서 하면 진리에 가까워진다."[58]

2. 집행

"일단 계획을 세우면 여러분은 즉시 실행해야 한다. 앞서 가야 한다. 일반 대중이 무엇을 생각하고 있는지 개의치 말아야 한다. 사람들은 대부분 당신이 무엇을 하고 있는지 이해하려고 하지 않는다." 공자는 말했다. "백성은 도리에 말미암게 할 수는 있으나 그것을 알게 할 수는 없다."[59]

맹자가 말했다. "행하면서도 드러내지 못하며, 습관적으로 하고 있으면서도 살피지 못하며, 종신토록 그 도道에 말미암아서 살면서 그것을 알지 못하

---

54 『논어(論語)』 자로편(子路篇) 제17장.
55 『대학(大學)』 경일장(經一章).
56 『논어(論語)』 위령공편(衛靈公篇) 제11장.
57 『논어(論語)』 헌문편(憲問篇) 제9장.
58 『대학(大學)』 경일장(經一章).
59 『논어(論語)』 태백편(泰佰篇) 제9장.

는 자는 일반 백성이다."[60]

손문孫文은 자신의 혁명 경험을 통해서 정책은 이해하기 어렵지만 집행이 쉽다는 것을 깨달았다.

따라서 정치가는 정책 실행에 전념해야 하고 정책을 이해시키는 일은 전문 가에게 맡겨야 한다. 정치가는 국민 모두가 정책을 실시하는 이유와 방법을 알아야 한다고 기대할 필요가 없다.

3. 검토

정치가는 정책을 집행한 후 담당자가 그 정책을 어느 정도 집행했는지 그 리고 국민들이 그 정책을 어느 정도 수용했는지 등의 결과를 검토하는 데 수 고를 아끼지 말아야 한다.

정치가는 정책을 집행한 후 그 진행 과정을 지속적으로 지켜보지 않는다면 그 결과가 어떻게 될지 알지 못하게 된다.

정치가는 정책이 집행된 후 실제로 그 집행 과정 계획대로 잘 진행되었는 지 검토하고 그 집행 결과가 자신의 바람대로 나왔는지 확인해야 한다.

정책 검토는 그 정책 자체에만 한정시키지 말고 그 정책 담당자의 집행 과 정까지 포함시켜야 한다.

정치가는 공자를 통해 배워야 한다. 공자는 다음과 같이 말했다. "처음에 나는 사람을 대할 때 재여宰予의 말을 듣고 그의 행실을 믿었다. 그러나 지금 은 사람을 대할 때 그의 말을 듣고 그의 행실을 살피게 되었다."[61]

집행된 정책의 검토는 관리의 신뢰성뿐만 아니라 능력과 역량까지 명확히 알 수 있게 한다. 실제로 정치나 통치자에게 가장 필요한 것은 모든 분야에 서 충분한 자격을 갖춘 관리들이다.

---

60 『맹자(孟子)』 진심장구상(盡心章句上) 제5장.
61 『논어(論語)』 공야장편(公冶長篇) 제9장.

공자는 제자들에게 선한 자와 악한 자를 구별하는 방법에 대해 다음과 같이 말했다. "그 하고 있는 바를 보며 그 말미암을 바를 살피며 그 편안하게 여기는 바를 관찰하면 사람들이 어디에 자신을 숨기겠는가? 사람들이 어디에 자신을 숨기겠는가?"[62]

공자는 말했다. "선인善人을 내가 만나볼 수 없다면 한결같은 사람만이라도 만나볼 수 있으면 좋겠다."[63]

만약 여러분이 이러한 한결같은 사람을 만난다면 운이 좋은 것이다. 여러분과 같이 일하는 동료가 능력과 덕을 다 갖춘 완벽한 자가 되기를 바라지 말기를 바란다. 공자는 말했다. "한 사람에게 다 갖추기를 요구하지 않는다."[64] 다만 이 사람은 이 일에 맞는 능력이 있고 저 사람은 저 일에 맞는 능력이 있는 데에 만족해야 한다. 각자 자신에 맞는 능력이 있으며 한 사람이 모든 능력을 가질 수는 없는 것이다.

여러분이 동료, 고향 친구, 이웃을 평가할 때 그들에 관한 의견을 고려해야 한다고 생각하는가? 해당되는 건에 대한 평을 확인하기 전까지는 그 의견을 받아들여서는 안 된다. 자공子貢이 공자에게 물었다. "고을 사람들 모두에게 사랑을 받으면 어떻습니까?" 공자가 대답했다. "좋지 않다." 자공이 다시 물었다. "고을 사람들 모두에게 미움을 받으면 어떻습니까?" 그러자 공자가 다음과 같이 대답했다. "좋지 않다. 고을 사람들 중에 착한 자에게 사랑을 받고 착하지 않은 자에게 미움만 받는 것만 못하다."[65]

---

62 『논어(論語)』 위정편(爲政篇) 제10장.
63 『논어(論語)』 술이편(術而篇) 제25장.
64 『논어(論語)』 미자편(微子篇) 제10장.
65 『논어(論語)』 자로편(子路篇) 제24장.

4.11 여론 문제

일부 서양인은 유교儒教와 중국 전통이 일반적으로 사실상 권위주의적이라고 주장한다.

그와는 반대로 유가儒家와 중국인은 언론의 자유뿐만 아니라 자식이 부모에게, 관리나 신하가 주군과 그의 측근에게, 그리고 국민이 공적이던 사적이던 자기 마음속에 있는 모든 것을 솔직하게 말할 수 있는 권리를 지키려는 강한 정서가 있다.

공자가 말했다. "부모를 섬기되 은밀하게 간해야 한다. 부모의 뜻이 내 말을 따르지 아니하는 것을 보면 더욱 공경하여 부모의 뜻을 어기지 아니하며 수고롭더라도 원망하지 않아야 한다."[66]

자로子路가 임금 섬기는 것에 대해서 묻자 공자가 말했다. "속이지 말아야 하며 임금의 잘못을 공격해야 한다."[67]

통치자는 자신의 심기를 거스르는 사람이 없다는 문제점이 있다. 특히 통치자의 측근은 실제적으로 통치자가 하는 모든 말에 찬성한다. 만일 통치자가 나쁜 소식을 전혀 듣지 못한다면 실제로 불편한 소식이라도 들으려고 할 것이다.

노魯나라의 정공定公이 공자에게 물었다. "한 마디의 말을 가지고 나라를 일으킬 수 있다 하나 그러한 것이 있습니까?" 공자가 대답했다. "말은 이와 같이 근사할 수는 없습니다만 사람들의 말에 '임금 노릇 하기가 어려우며 신하 노릇 하기가 쉽지 않다.'하였습니다. 만약 임금 노릇하는 것의 어려움을 안다면 한 마디 말로 나라를 일으키는 데 가깝지 않겠습니까?" 정공이 다시 물었다. "한 마디 말 때문에 나라를 잃을 수 있다 하니 그러한 것이 있습니까?" 그러자 공자가 대답했다. "말이 이와 같이 근사할 수는 없거니와 사람들의

---

66 『논어(論語)』 이인편(里仁篇) 제18장.
67 『논어(論語)』 헌문편(憲問篇) 제23장.

말에 '나는 임금 노릇 하는 것을 즐거워하지 않으나 나의 말에 예! 예! 라고만 대답하여 나를 어기지 말라.'고 하였으니 만약 그가 선善한데 어기지 않는다면 또한 좋지 않겠습니까? 만약 불선不善한데 그를 어기지 않는다면 한 마디의 말로 나라를 잃는 데 가깝지 않겠습니까?"**68**

공자 시대에 가장 저명한 정치가 자산子産은 다음과 같이 말했다. "사람들이 아침저녁으로 하는 일에서 물러나 모여 놀아, 정치하는 사람의 좋은 점 나쁜 점을 가지고 의논하여, 그 의논 중에서 좋다고 말하는 것은 내 그대로 실행하고, 그 의논 중에서 나쁘다고 말하는 것은 내가 고치는 것이다."**69**

동서양에서 언론의 자유에 대한 옹호자로서 통제되지 않은 여론을 지지하는 가장 설득력 있는 의견을 제시한 사람은 주周나라 10대 군주 여왕厲王의 신하 소목공召穆公이었다. "여왕이 가혹한 정치를 하자 백성들이 왕을 비방했다. 소목공이 왕에게 '백성들이 왕의 명령을 감당하지 못하여 비방하는 것입니다.'라고 했다. 왕이 노하여 위衛나라의 무당을 구해 와서 비방하는 자를 감시하게 했다. 위나라의 무당이 비방한 사람을 보고하면 죽여 버리니 백성들이 감히 비방하지 못하고 길에 다니면서 눈짓으로 비방을 표현했다. 왕이 기뻐하여 소목공에게 '내가 능히 비방을 그치게 하니 감히 비방하는 말을 하지 못하는구나.'라고 하니 소목공이 말했다. '이는 막은 것이니 백성들의 입을 막는 것은 흐르는 냇물을 막는 것보다 폐해가 심합니다. 흐르는 냇물이 막혔다가 터지면 필시 많은 사람을 상해傷害하게 되는데 백성도 이와 같습니다. 이 때문에 하천을 치수하는 자는 잘 흐르도록 터서 소통시키고 백성을 잘 다스리는 사람은 드러내 놓고 말하도록 하는 것입니다.'" "여왕은 그 말을 듣지 않았고 그리하여 백성들이 감히 말을 꺼내지 못했는데 3년 만에 마침내 여왕은 체彘에 유배流配되었다."**70**

---

68 『논어(論語)』 자로편(子路篇) 제15장.
69 『춘추좌씨전(春秋左氏傳)』 양공(襄公) 31년.
70 『국어(國語)』 제1권 주어상(周語上).

4.12 수신修身

"천자天子에서부터 서인庶人에 이르기까지 하나같이 이 모두 몸을 닦는 것을 근본으로 삼아야 한다."[71]

천자는 백성들에게 모범을 보이기 위해 몸을 닦아야 한다. 천자의 신하도 자기 가족에게 모범을 보이기 위해 몸을 닦아야 한다. 다시 말해서 천자의 관료와 제후국의 후작 그리고 모든 계층의 관리들은 같은 이유로 몸을 닦아야 한다.

임금과 모든 백성이 몸을 닦게 되면 어떤 특별한 정부 형태가 거의 필요하지 않게 된다. 공자는 이에 대해 많이 말하지 않았지만 아마도 그러한 이상적인 상황이 존재하지 않을 것이라는 것을 알고 있었을 것이다.

유가儒家가 바랄 수 있었던 것은 사회에서 얼마 안 되는 사람들이 수신修身의 중요성을 알고 그것을 실천한다는 것이었다.

공자의 정치철학에 의하면 통치자나 지도자의 의무는 수신修身을 실천한 사람들을 등용하여 이들에게 일을 맡기는 것이다.

"노魯나라의 애공哀公이 정치에 대해서 묻자 공자가 대답했다. '문왕文王과 무왕武王의 정치는 방책方策에 펼쳐져 있으니 그러한 사람이 존재하면 그러한 정치가 이루어지고 그러한 사람이 없으면 그러한 정치는 멈춘다. 사람의 도道는 정치에 민감하고 땅의 도道는 나무에 민감하다. 대저 정치라는 것은 창포나 갈대 같은 것이다." 그러므로 정치를 행하는 것은 사람에게 달려 있으니 사람을 취하는 데는 몸으로써 하고 도道를 닦는 데는 인仁을 가지고 한다. 인仁이란 인人이니 친족과 하나됨이 으뜸이고 의義란 의宜이니 어진 사람을 높이는 것이 으뜸이다. 친족과 하나 됨에 있어서의 순서와 어진 사람을 높이는 데 있어서의 등급이 예禮가 생겨나는 바탕인 것이다."[72]

---

71 역주: 『대학(大學)』 경일장(經一 章).
72 『중용(中庸)』 제20장.

초楚나라의 섭공葉公이 공자에게 정치에 대해서 묻자 공자가 대답했다. "가까이 있는 자들은 기뻐하게 하며 먼 곳에 있는 자들은 오도록 하는 것입니다."[73]

수신修身은 그 자체가 도덕적 성장의 한 단계이다. 정치가가 정치권에서 수신을 적용할 때 그것은 자신의 정치 경력에 하나의 단계가 된다.

4.13 제가齊家

수신修身과 마찬가지로 제가齊家는 국가에서 필수적인 요소이다. 한 국가는 수많은 가족이 살고 있으며, 법과 질서의 유지라는 관점에서 가족은 국가의 부채가 아니라 자산을 형성한다.

수많은 어지러운 집이 있는 가운데 단 하나의 바로잡힌 집은 기적을 일으킬 수 있다. 현대에서 벌어지고 있는 사례를 통해 이점을 설명할 수 있다. 시끄러운 부부 싸움의 대안으로 이혼하자고 서로 이야기를 꺼내는 부부가 이웃에 있다면 이 부부는 이것을 더 잘 알게 될 것이다.

유가儒家의 기준에서 볼 때 이상적인 집은 남편이 온화하며 부인이 협조적이다. 이러한 부부는 법정에서 이혼 소송을 결코 하지 않는다.

한 가정의 아버지는 친절하고 인정이 있어야 하며 어머니도 마찬가지이다. 결과적으로 아들과 딸도 부모를 본받아야 할 뿐만 아니라 부모에게 보은을 해야 한다. 이러한 부모의 자식 사랑과 자식들의 효도는 하나로 합쳐지며 이 두 가지 사랑은 서로 영향을 미치게 된다.

마찬가지로 형이나 누나 그리고 오빠나 언니가 질투하지 않고 보살피는 태도로 동생을 대한다면 자발적으로 손위 형제를 존경하고 경의를 표하게 된다.

친절, 협조, 부모의 사랑, 효도, 손위 형제의 보살핌, 손아래 형제의 존경 등 이 모든 것은 인仁이라는 대원칙이 적용된 예이다.

---

73 『논어(論語)』 자로편(子路篇) 제16장.

인의 기준에서 볼 때 좋은 남편, 좋은 아내, 좋은 부모, 좋은 자녀로 구성된 가족은 정확하게 어진 집안이라고 부를 수 있다. 분명히 어진 집안은 이웃뿐만 아니라 온 나라에 매우 건전한 영향을 미치게 된다.

이것은 『대학大學』에 다음과 같이 기술되어 있기 때문이다. "한 집이 어질게 되면 한 나라가 어진 마음을 일으켜 어질게 된다."[74]

결과적으로 집안에서 인을 실천하는 개인은 실제로 통치자나 행정가의 역할을 감당하고 있는데 이는 그가 집을 안락하게 하고 자신의 집을 전범典範으로 온 나라에 영향을 미쳐 좋은 나라를 건설하고 있기 때문이다.

어떤 사람이 공자에게 물었다. "선생께서는 어찌하여 정치를 하지 않으십니까?" 공자가 대답했다. "『서경書座』에 '효孝로다. 오직 효孝하며 형제간에 우애하여 정사政事에 베푼다.'고 하였으니 이 또한 정치를 하는 것이다. 어찌 그 정치한다는 것만을 일삼겠는가!"[75]

집안은 중국에서 하나의 위치를 차지하는데 서양의 국가에서는 이러한 집안의 개념이 없다. 서양의 국가들은 개인으로 구성되어 있는 반면에 중국은 집안으로 이루어져 있다고 할 수 있다.

4.14 향鄕의 자치

주周나라는 가족을 단위로 행정구역을 나누었다.

"원사原思가 공자의 가신家臣이 되었는데 공자가 그에게 곡식 구백九百을 주었더니 사양했다. 공자가 말했다. '그것을 너의 인리향당隣里鄕黨에게 주지 않겠느냐?"[76] 인리향당은 '이웃이나 마을 또는 고을 사람들'을 뜻하는데 다섯 집을 인隣, 스물다섯 집을 리里, 1만 2,500집을 향鄕이라 하고 500집을 당黨

---

74 『대학(大學)』 전구장(傳九章).
75 『논어(論語)』 위정편(爲政篇) 제22장.
76 역주: 『논어(論語)』 옹야편(雍也篇) 제3장.

이라고 했다.

주周나라 당시 향은 행정구역의 하나였으며 일부 서양 사상가는 향을 자치제로 인식하기도 하고 받아들기도 하며 믿기도 했다. 서양에서 비판적인 사고방식을 훈련받은 학자들뿐만 아니라 중국의 역사가들도 주周나라에 자치제가 존재했다고 결론을 내렸다.

"내가 향음주鄉飲酒에서 보고 왕도王道의 다스려짐을 알았다."[77]

"큰 도가 행하여진 세상에는 천하가 모두 만인의 것으로 되어 있다. 사람들은 현자賢者와 능자能者를 선출하여 관리에 임하게 하고 온갖 수단을 다하여 상호간의 신뢰친목信賴親睦을 두텁게 하였다.[78]

공자가 말하고 싶었던 것은 아마도 자치제를 전 세계로 확장시키는 것이었을 것이다.

4.15 치국治國

대도(大道: 사람이 지켜야 할 큰 도리)를 정치에 적용할 수 있는 때를 기다리면서 유가儒家 정치가는 주周나라의 제후국에서 올바른 정치를 통해 그 목표를 향해 올바른 방향으로 나아가려고 했다.

유가儒家는 정치를 하는 데 문제에 직면할 때 그 문제는 한 가지 해결책으로 풀 수 없었다. 실제로 단지 하나의 문제가 아니라 여러 문제에 봉착했는데 문제는 제후국마다 서로 상이했다. 이 문제에 대해서 공자가 제자들에게 한 답변은 다른 모든 주제에 대한 답변과 마찬가지로 다양했다.

자하子夏가 거보(莒父: 노魯나라의 동남부에 있는 읍)의 재상이 되어 공자에게 정치에 대해 묻자 공자가 대답했다. "속히 하려고 하지 말고 작은 이익을 보려고 하지 말아야 한다. 속히 하려고 하면 도달하지 못하고 작은 이익을 보려 하면

---

77 『예기(禮記)』 향음주의(鄉飲酒義).
78 『예기(禮記)』 예운(禮運).

큰일을 이루지 못한다."[79]

염유冉有가 백성이 이미 많아졌으며 또 거기에 무엇을 더해야 하는가에 대해 묻자 공자가 대답했다. "백성을 부유하게 해주어야 한다." 그러자 염유가 공자에게 또 거기에 무엇을 더해야 하는가에 대해 묻자 다음과 같이 대답했다. "가르쳐야 한다."[80]

자공子貢이 공자에게 정치에 대해서 묻자 공자가 대답했다. "먹을 것을 풍족하게 하는 것, 병력을 넉넉하게 하는 것, 백성들이 신뢰하는 것이다." 그러자 자공이 부득이한 상황에서 반드시 없애야 하는 두 가지는 무엇인가를 묻자 공자가 대답했다. "병력을 없애고 먹는 것을 버린다. 예로부터 누구나 죽는 일은 있었다. 하지만 백성들의 신뢰가 없으면 정치가 성립되지 않는다."[81]

자장子張이 공자에게 물었다. "어떻게 해야 정치에 종사할 수 있습니까?" 그러자 공자는 다음과 같이 대답했다. "오미五美를 높이고 사악四惡을 물리치면 곧 정치에 종사할 수 있다."[82]

공자가 말했다. "천승千乘의 나라를 다스리는 법은 (1) 일을 경건하게 처리하고, (2) 미덥게 하며, (3) 쓰는 것을 절약하고, (4) 사람을 사랑하며, (5) 백성을 부리기를 알맞은 때로서 하는 것이다."[83]

위에서 공자가 한 말의 주제에 대해 상세하게 설명하고 있는 구절은 『논어論語』에서 찾아 볼 수 없다. 다행히 『대학大學』에서 이 주제에 대해 다음과 같이 기술하고 있다. "덕德이라는 것은 근본이고 재財라는 것은 말단이다. 근본을 외면하고 말단을 중시하면 백성들을 다투도록 유도하고 남의 것을 빼앗도록 인도하게 된다. 이 때문에 재물이 모이면 백성은 흩어지고, 재물이 흩어지

---

79 『논어(論語)』 자로편(子路篇) 제17장.
80 『논어(論語)』 자로편(子路篇) 제9장.
81 『논어(論語)』 안연편(顔淵篇) 제7장.
82 『논어(論語)』 요왈편(堯曰篇) 제2장.
83 『논어(論語)』 학이편(學而篇) 제5장.

면 백성이 모인다. 이 때문에 말이 거슬려서 나간 것은 또한 거슬려서 들어오고, 재물이 거슬려서 들어온 것은 또한 거슬려서 나간다."[84]

증삼曾參은 정치가가 약속을 지켜야 하는 중요성에 대해서 많은 말을 남기지 않았지만 공자는 이 문제에 대해서 많은 말을 했다. 맹자가 위魏나라의 양혜왕梁惠王을 찾아가니 왕이 맹자에게 물었다. "영감님께서 천리千里를 멀리 여기지 않고 오셨으니 또한 장차 무엇을 가지고 우리나라를 이롭게 할 수 있으십니까?" 맹자가 대답했다. "왕은 하필 이로울 것을 말씀하십니까? 역시 인의仁義가 있을 뿐입니다. 왕께서 '무엇을 가지고 우리나라를 이롭게 할까?' 하시면, 대부大夫들은 '무엇을 가지고 우리 집을 이롭게 할까?' 하며, 사士 · 서인庶人들은 '무엇을 가지고 내 몸을 이롭게 할까?' 하여, 윗사람과 아랫사람이 서로 이익을 다투게 되며 나라가 위태로울 것입니다. 만승萬乘의 나라에서 그 임금을 시해하는 자는 반드시 천승千乘의 집이니, 만萬에서 천千을 가지며 천千에서 백百을 가지는 것이 많지 않은 것은 아니지만 진실로 의義로움을 뒤로 하고 이로움을 앞세우는 짓을 한다면 빼앗지 않고서는 만족하지 않습니다. 인仁하고서 그 어버이를 버리는 자는 있지 않으며, 의義롭고서 그 임금을 뒤로 하는 자는 있지 않습니다. 왕께서는 역시 인의仁義를 말씀하셔야 할 것입니다. 하필 이로움을 말씀하십니까?"[85]

좋은 정부라는 주제에 대한 공자의 말은 앞에서 이미 논했기 때문에 본 절에서 다루지 않는다.

4.16 유교儒敎와 삼민주의三民主義

유교는 손문孫文에게 지대한 영향을 미쳤다. 손문은 유교에 영감을 받아 민족주의民族主義, 민권주의民權主義, 민생주의民生主義의 3원칙으로 이루어진 삼

---

84 『대학(大學)』 전십장(傳十章).
85 『맹자(孟子)』 양혜왕장구상(梁惠王章句上) 제1장.

민주의三民主義를 제창했다.

손문의 '민족주의'는 영어의 'nationalism'과는 전혀 다른데, 'nationalism'은 '국수주의'와 심지어 독일 국가 사회주의를 뜻하는 '나치즘'을 연상시킨다. 대서양과 태평양과 같이 지리적 보호를 받고 두 차례의 세계대전에서 승리를 거둔 미국인들은 '민족주의'에 대해서 느끼는 중국인들의 입장과는 전혀 다르다. 19세기 이전에 미국인들은 외국의 침략에 대한 위협으로 고통을 받은 적도 없었으며 아편전쟁이나 의화단운동義和團運動[86]으로 굴욕감을 느낀 적도 없었다.

손문은 중국의 독립뿐만 아니라 당시 식민지 상태에서 독립을 위해 투쟁하고 있었던 모든 나라의 독립을 원했다. 손문은 나라의 크고 작음에 상관없이 모든 나라의 평등을 믿었으며 나아가 중국 내에 살고 있는 소수민족의 갈망에도 호의적이었다.

손문은 중국에 대한 외국 열강의 압박을 싫어했으며 중앙 정부나 지방 정부에 의한 소수의 권리 박탈도 싫어했다. 손문의 태도는 다음과 같은 유교의 가르침에 그 토대를 두었다. "자기가 하고 싶지 않은 것을 남에게 시키지 않는 것이다."[87]

손문이 내린 '중국中國'의 정의는 유교의 정의와 매우 흡사했다. 중국인은 예의 바른 사람이다. 만일 중국인이 예의를 포기한다면 그는 중국인이 되기를 포기하는 것이다. 역으로 만일 미개인이 예의 바르게 되면 바로 중국인이 되며 더 이상 미개인이 아닌 것이다.

손문은 말했다. "문화가 nations(국민)을 만들며 힘이 states(국가)를 만든다."

---

86 역주: 중국 청나라 말기에 일어난 외세 배척 운동. 1900년 6월, 북경(北京)에서 교회를 습격하고 외국인을 박해하는 따위의 일을 한 의화단(義和團)을 청나라 정부가 지지하고 대외 선전 포고를 하였기 때문에, 미국을 비롯한 8개국의 연합군이 북경(北京)을 점령·진압한 사건이다.

87 역주: 『논어(論語)』 위령공편(衛靈公篇) 제23장.

손문이 정의하는 민주주의民主主義가 서양에서 'nationalism'이 지니는 개념 사이에 차이가 있는 것과 마찬가지로 손문의 민권주의民權主義는 서양의 democracy와 구별된다.

의심할 바 없이 손문은 영국의 의회 정부와 미국의 헌법을 찬양했는데 유권자를 대표하는 의원이나 대통령을 선출하는 선거를 통해 정권을 교체시키는 국민의 자주권과 특권뿐만 아니라 권력분립의 당위성을 믿었다.

손문은 한 때 삼권분립에 중점을 두어 중국 정치 제도의 발전사를 연구하는 데 혼신의 노력을 다했다. 손문은 민주주의에 대한 자신의 입장은 백성을 중시하는 공자나 맹자의 가르침에 토대를 두었다고 말했다.

손문은 민생주의民生主義에 대해서 여러 차례 청중에게 분명하게 말했다. "우리 중국인은 거의 공유하려 하지 않았습니다. 우리는 부를 창출해야 하며 장래 부를 창출할 때 이 부를 서로 공유해야 합니다." "실제로 중국에는 부자가 없습니다. 우리 모두 가난합니다. 중국에는 아주 가난한 사람도 있고 그렇게 가난하지 않은 사람도 있다고 하지만, 서양인의 기준에서 보면 모두 다 마찬가지로 가난합니다."

손문의 이러한 계몽 운동의 결과 제한된 개인 자본과 성장하는 국가 자본이 탄생했다. 손문은 또한 농부가 모두 자신의 땅을 경작하는 자작농이 되기를 바랐다.

손문의 민생주의는 공자에서 비롯되었다. 공자는 말했다. "군자는 하고 싶다고 말하는 것을 놓아두고 반드시 그것을 위해 변명을 하는 것을 미워한다. 나는 들으니, '나라를 소유하거나 집을 소유한 자는 백성들이 적은 것에 대해서는 걱정하지 않고 고르지 못한 것에 대해서 걱정하며 가난한 것에 대해 걱정하지 않고 불안한 것에 대해 걱정한다.'고 했다. 대체로 고르면 가난함이 없고 화목하면 적은 것이 없으며 편안하면 기울어짐이 없는 것이다."[88]

---

88 『논어(論語)』 계씨편(季氏篇) 제1장.

중국사와 유교 경전에 대한 손문의 연구는 자신이 장래 부를 창출하고 공유하는 긍정적인 방법을 도출하는 데 크게 도움이 되었다.

4.17 평천하平天下

유가儒家는 '家'라는 말에 집착이 강하다. 유가는 국가를 '家'들이 모인 하나의 커다란 '家'로 보았고, 다른 한 편으로 천하를 국가들이 모인 하나의 '家'로 여겼다.

국가들이 모여 이룬 하나의 '家' 즉 천하에서 중국은 하나의 개인과 같다.

천하는 개인보다 앞선다. 따라서 군자의 궁극적인 인생 목표는 천하를 화평하게 하는 것이다.

하지만 몸을 닦아 집을 안락하게 하고나서 나라를 다스리는 이러한 과정을 이루지 못하면 천하를 화평하게 하지 못한다. 그리고 사물에 접하여 사물을 연구한 후에 지혜를 이루고 뜻을 정성스럽게 하여 마음을 바르게 하는 절차를 밟지 못하면 몸을 닦지 못한다.

천하를 화평하게 하는 것은 힘에 의한 지배가 아니라 평화를 유지하는 데 있다. 천하가 평화시이던 전시이던 상관없이 모든 국가는 자치권이 있다. 어떤 나라도 천하를 화평하게 할 수 없다.

천하는 스스로 화평하게 될 수 있는가? 조화와 일반적인 복리를 위해 힘쓰는 데 만장일치의 의지를 통하면 가능하다. 이러한 의지는 어떤 한 개인이나 개인들로부터 시작되어야 하는데 이러한 개인의 임무는 자신의 선한 의지를 주위의 다른 사람 · 집 · 국가에 전파하는 것이다.

이러한 개인은 공감이나 그렇지 않으면 잣대의 가르침을 실천하여 천하를 화평하게 하는 임무를 시작한다. 『대학大學』은 다음과 같이 잣대에 대한 훌륭한 설명이 들어 있다. "이른바 천하를 화평하게 하는 것이 그 나라를 다스리는 데 있다고 하는 것은 윗사람이 늙은이를 늙은이로 대접하면 백성들은 효도하는 마음을 일으키며 윗사람이 연장자를 연장자로 대접하면 백성들은 공경하는 마음을 일으키며 윗사람이 외로운 사람을 불쌍히 여기면 백성들은 배반하지 않는 것이니 이 때문에 덕이 있는 사람은 잣대로 재는 방법을 가지고 있다."[89]

"끊어진 대를 이어주고 망하는 나라를 일으켜주며 어지러운 것을 다스리고 위태로운 것을 붙잡아주며 조회와 초빙을 때에 맞게 하며, 보내는 것을 많이 하고 받는 것을 적게 한다."[90]

사실상 주周나라 왕실은 요堯임금, 순舜임금, 하夏나라와 은殷나라 임금들의 후손들이 다스리던 나라들을 제후국으로 되살렸다.

진陳나라, 기杞나라, 송宋나라와 같이 제후국으로 되살아난 국가는 심지어 공자가 세상을 떠났을 때에도 계속 존속했다. 이들 제후국들은 현대 인도차이나 반도 국가들과 매우 흡사했는데, 인도차이나 반도 국가들은 중세 이후 중국에서 벗어나 19세기에 제국주의의 침략에도 살아남았다.

중세의 중국은 기원전 11세기와 기원전 10세기의 주周나라 상황과 같았다. 라틴 아메리카 국가들에게 취한 미국의 상황도 비교할 만하다. 맹자가 말했다. "오직 인자仁者만이 대국大國의 입장에서 소국小國을 섬길 수 있다."[91]

4.18 대동大同의 이상

다음은 제1장에서 언급한 공자의 말이다. "옛날 큰 도道가 행하여진 일과 3대 하夏·은殷·주周의 영현英賢한 인물들이 때를 만나 도를 행한 일을 내가 비록 눈으로 볼 수는 없었으나 3대의 영현들이 한 일에 대하여는 기록이 있다. 기록에 따르면 큰 도가 행하여진 세상에는 천하가 모두 만인의 것으로

---

89 역주: 『대학(大學)』 전십장(傳十章).
90 『중용(中庸)』 제20장.
91 역주: 『맹자(孟子)』 양혜왕장구하(梁惠王章句下) 제3장.

되어 있다. 사람들은 현자賢者와 능자能者를 선출하여 관직에 임하게 하고 온갖 수단을 다하여 상호간의 신뢰친목信賴親睦을 두텁게 했다. 그러므로 사람들은 각자의 부모만을 부모로 여기지 않았고 각자 자기 자식만을 자식으로 여기지 아니하여 노인에게는 그의 생애를 편안히 마치게 했으며 장정에게는 충분한 일을 시켰고 어린이에게는 마음껏 성장할 수 있게 했으며 과부·고아·불구자 등에게는 고생 없는 생활을 시켰고 성년 남자에게는 직분을 주었으며 여자에게는 그에 합당한 남편을 갖게 했다. 재화財貨라는 것은 헛되이 낭비되는 것을 미워했지만 반드시 자기에게만 사사로이 독점하지 않았으며 힘이란 것은 사람의 몸에서 나오지 않으며 안되는 것이지만 그 노력을 반드시 자기 자신의 사리私利를 위해서만 쓰지는 않는다. 모두가 이러한 마음가짐이었기 때문에 사리사욕에 따르는 모략이 있을 수 없었고 절도나 폭력도 없었으며 문을 잠그는 일이 없었다. 이것을 대동大同의 세상이라고 말하는 것이다."[92]

마지막 문장에 나온 대동大同은 다음과 같이 이루어진다. 첫 번째로 모두가 공유하는 세상의 개념이 나온다.

두 번째로 정부를 선거로 정하려는 요구가 일어나는데 이는 효율적인 것이다.

세 번째로 완전한 복지 국가에 대한 그림을 그리게 된다.

마지막으로 사람들은 공익을 위해 자발적인 의지를 갖게 되어 아직 개발되지 않은 모든 자원을 사용하게 된다.

손문과 같은 위대한 정치가가 대동에 대한 이 대목을 보고 놀랐다는 것은 당연한 일이다. 손문은 친구나 그를 열광적으로 지지하는 사람이 사인을 청할 때 이 대목을 옮겨 놓은 종이에 자주 사인을 해 주곤 했다.

---

92 역주: 『禮記(예기)』 제9편 禮運(예운).

05

법철학

5.1 중국문화와 법치

중국은 초기부터 법이 존재했지만, 중국에서 법의 위치는 서양만큼 두드러지지 않았다.

그리스, 로마, 현대 유럽과 미국 사회와 달리 중국 사회는 계약으로 이루어진 조직 구성체가 아니었다. 중국에 현대적인 민법이 도입된 20세기 초까지 중국은 개인 간에 이루어지는 권리와 의무는 전통적인 관습에 의해서 지켜졌다.

중국에서 법전은 한漢나라 이전부터 존재했다. 중국 고대 법전 중 최고의 것은 당唐나라(618~907) 때 세워진 당률唐律[1]이었다. 하지만 중국의 고대 법전은 주로 형법을 다루었다. 민법은 단지 법전의 극소수만 차지했다.

중국 법전에 감추어진 원리는 개인의 재산이나 권리를 절대적으로 보호하는 것이 아니라 가족이나 사회에서 좋은 관계를 유지하는 것이다.

실제로 중국에서 민사 책임은 법정으로 가져오는 것이 드물었다. 마을의 제일 윗사람이 한 두 마디로 대부분의 분쟁을 해결할 수 있었다. 윗사람이 하는 일은 단지 옛말이나 『논어論語』의 구절을 인용하는 것이었다. 필요한 경우 윗사람은 언젠가 그 지역에 있었던 사례를 드는 것뿐이었다.

사건의 당사자들은 양자와 관계를 맺고 있는 사람이 중재에 나설 경우 마을의 윗사람에게까지 갈 필요도 없었다.

현대에 들어와 민법을 채택할 때까지 중국은 결혼, 이혼, 상속과 같은 문제는 정부나 법원이 처리하는 일이 아니었다. 민법을 도입한지 한 세기가 지난 지금도 법정에서 혼인 신고나 이혼 소송은 아직도 선택 사항이다. 이혼은 두

---

1   역주: 당률(唐律)은 형법으로 중국 당나라 시대에 세워졌다. 시민법과 규제에 의해 보완되어 중국 뿐만 아니라 동아시아의 다른 곳에서도 법률의 기초가 되었다. 법전은 묵자(墨子)와 공자가 세운 법의 토대 위에 만들어졌다. 그리고 전통 중국법의 가장 위대한 성과 중의 하나다. 당률은 12장 500항목으로 구성되며 624년 만들어졌고 627년 개정되었다. 637년에 공자의 영향을 받아 다시 한 번 개정되었다.

당사자 중 한 사람이라도 법정에서 소송을 제기하지 않는 한 2명의 증인이 입회하는 가운데 사적으로 이혼 절차를 진행할 수 있다. 상속의 경우는 문중에서 가장 나이가 많고 명망이 있는 사람에게 결정권이 있었다.

정치적 의미에서 중국은 1920년대까지 성문 헌법이 없었지만 왕위 계승을 규정하는 규칙은 있었다. 정부 구조와 행정 절차에 대해서도 규칙이나 심지어 법전까지 존재했다. 하지만 중국의 정치를 지탱하는 기본 정신은 절대적인 법률이 아니라 훌륭한 행정부에 의존하는 것을 말한다.

마찬가지로 관리가 좋지 않다면 아무리 훌륭한 헌법을 갖추더라도 좋은 정부는 될 수 없다는 것이다.

거꾸로 말해서 법률과 헌법이 좋지 않더라도 판사나 관리가 훌륭하다면 재난은 일어날 수 없다는 것을 뜻한다.

"법이란 반드시 마땅한 인물을 얻어야만 존속하고 마땅한 인물을 얻지 못하면 그대로 없어지고 마는 것이다." "군자君子라고 하는 것은 그 법의 원천이다."[2]

모든 유가儒家 가운데 예禮와 법法을 모두 지지한 사람은 순자荀子였다. 공자는 물론 다른 유가는 예와 법의 구별은 물론 그 차이까지 강조하는 경향이 있었다. 순자는 예와 법의 기능은 다르지만 그 목적은 같다고 보았다. 순자의 사상 체계에서 예는 법의 일종이며 법은 원래 예의 일부를 이룬다. 순자의 일부 제자가 유명한 법가法家가 되었다는 것은 놀랄만한 일이 아니다.

또 다른 측면에서 볼 때 순자의 사상 체계는 유가로서 비정통적인 요소가 있었다. 순자는 사람의 본성은 원래 선한 것이 아니라 악하다고 믿었다. 순자가 말했다. "사람의 선천적 본성은 악惡이고 반드시 스승의 가르침으로 말미암아 감화를 받아야 비로소 바른 인식이 가능하게 되는 것이고 예의가 생겨서 안정된 사람이 되는 것이다."[3]

---

2   역주: 『순자(荀子)』 군도편(君道篇) 제1장.

5.2 예와 법

정통적인 유가儒家는 예禮와 법法를 구별하는 것을 좋아했는데 대체로 민법民法이 아니라 형법刑法에 대해서 논했다.

우리가 내린 '민법'의 해석은 예禮의 일부이다.

지금이나 그때나 형법은 일종의 '필요악'이었다. 법法이 할 수 있었던 최대의 효과는 사람들에게 어떤 일을 한다면 처벌을 하겠다고 위협을 하는 것뿐이었다. 이러한 위협은 사람의 본성에 아무런 변화를 주지 못한다. 법은 단지모든 부끄러운 감정을 없애버리는 것뿐이다. 처벌의 위협 속에서 사람은 나쁜 짓을 하고 싶은 욕망을 억제한다. 이 사람은 자신의 자유 의지 때문에 행동을 바르게 하는 것이 아니며 자기 존중을 하는 사람이 되지 못한다. 위험이따르지만 이득이 생긴다면 나쁜 일을 저지르고 싶은 유혹을 느끼게 될지도모른다.

유교의 관점에서 이것이 바로 교육을 해야 하는 이유이다. 예의 실천을 통한 교육 다시 말해서 사회 교육은 좋은 습관이 붙게 하며 좋은 습관은 좋은생각을 하게 한다. 역으로 훌륭한 스승으로부터 가르침을 받을 때 선한 생각도 좋은 습관이 들게 할 수 있다.

선한 생각을 하고 좋은 습관이 붙은 사람은 위협을 받으면서 강제로 선한일을 강요당할 필요가 없다.

이에 대해서 공자는 다음과 같은 이유를 말했다. "백성을 인도하기를 정치적 술수로써 하고, 질서 잡는 것을 형벌로써 하면 백성들은 형벌을 면하려고만 하고 부끄러움이 없다. 인도하기를 덕으로써 하고 질서 잡는 것을 예로써하면 백성들은 부끄러워함이 있고 또 마음 씀씀이를 바르게 할 것이다."[4]

공자와 유가儒家는 법法 즉 형법刑法을 단지 부정적인 것으로 보지만 예禮는

---

3   역주: 『순자(荀子)』 성악편(性惡篇) 제2장.
4   역주: 『논어(論語)』 위정편(爲政篇) 제3장.

긍정적인 것으로 보았다. 법은 범죄자만 처벌하는 데 반해 예는 범죄 그 자체를 예방할 수 있었다. 법은 단지 미봉책인데 반해 예는 근본적인 치유책이었다.

사회에서 바람직하지 않은 요소가 예를 따르는 것을 거부할 때 법이 필요하게 되었다. 따라서 법은 단지 예를 보완할 뿐 결코 예를 대체할 수 없다.

사회에서 예의 기능이 많아지면 많아질수록 더 나은 사회로 나아가게 된다. 거꾸로 사회를 유지하는 데 법을 행사하면 할수록 그 사회는 더 나쁜 사회로 빠지게 된다.

공자가 말했다. "군자君子는 한 순간이라도 예禮나 악惡에서 벗어나지 말아야 한다." 언제나 군자는 형법이 지배하는 상황에 직면하게 될 것이다.

이는 법보다 예를 우선시하는 유교 전통을 따르고 그러는 사이에 예가 예로부터 전해지는 좋은 관습으로 이루어져 있다는 사실을 깨닫게 된다는 것을 말한다. 중국의 입법자가 현재의 중국 민법 서문에 이를 다음과 같이 규정하고 있다. "본 민법이 규정할 수 없는 민사 사건은 관습에 따르며, 적용할 관습이 부재한다면 판사는 본 민법의 이론적 전제에 따라야 한다."

여기서 유가가 예가 법보다 우선한다고 보지만 결코 사회에서 법의 필요성을 무시하지 않았다는 사실을 주목해야 한다.

맹자는 말했다. "단지 착한 마음만을 가지고서는 정치를 할 수 없으며 단지 정치제도만을 가지고서는 스스로 행하게 할 수 없다."[5] 또한 남송南宋의 주희朱熹도 범죄자를 처벌하지 않는다면 좋은 법과 법령은 단지 종이쪽지에 불과하다고 말했다.

오늘날 복잡한 현대 사회에 살고 있는 우리에게 법을 희생시키면서까지 예를 찬양할 수는 없다. 하지만 예의 유용성을 잊지 말아야 한다는 사실은 우리 모두 반드시 되새겨 볼 필요가 있다.

---

5   역주: 『맹자(孟子)』 이루장구상(離婁章句上) 제1장.

5.3 예경禮經 삼례三禮

『삼례三禮』는 『의례儀禮』, 『예기禮記』, 『주례周禮』로 이루어져 있다.

1. 『의례儀禮』

『의례』는 주공周公이 지었다고 하는데 17편으로 구성되어 있다. 『의례』의 내용을 살펴보면 다음과 같다. 우선 사례士禮에 속하는 것으로는 「사관례편士冠禮篇」, 「사혼례편士婚禮篇」, 「사상견례편士相見禮篇」, 「향사례편鄕射禮篇」, 「상복편喪服篇」, 「사상례편士喪禮篇」, 「기석편旣夕篇」, 「사우례편士虞禮篇」의 8편이다. 다음에 경대부례卿大夫禮는 「향음주례편鄕飮酒禮篇」, 「소뢰궤식편少牢饋食篇」, 「유사편有司篇」의 3편이다. 마지막으로 6편은 공公인 제후나 천자가 행하는 예이다.

『의례』는 민법의 법전이라기보다 오히려 예의를 설명하는 책이라고 할 수 있다. 『의례』에 기록된 결혼 규칙은 매매결혼과 악랄한 절차의 흔적이 없다. 따라서 『의례』는 로마법에 필적한다.

『의례』에 기록된 규칙 대부분은 현대 독자에게 난해할 지도 모르지만 중요한 것은 『의례』에 쓰여진 단어가 아니라 그 안에 담긴 정신인 것이다.

중요한 정신은 모든 경우의 의식에서 모두를 공경하는 성誠이다.

2. 『주례周禮』

『주례』는 주공周公이 지었다고 하지만 이후 후대의 사람에 의해 수정되거나 편찬되었을 지도 모른다. 『주례』는 주周나라 관직을 천관天官 · 지관地官 · 춘관春官 · 하관夏官 · 추관秋官 · 동관冬官의 육관으로 나누어 합계 360개의 관직에 대해 설명하고 있다. 각각의 관官에 대해 상上 · 하下를 한 편으로 이루어 본래는 전 6편으로 구성되지만 「동관편冬官篇」은 이후 소실되어 대신에 「동관고공기冬官考工記」로 보충하고 있다.

(1) 천관天官: 천관 총재冢宰는 주周나라 때 육관六官 중의 한 관직 명칭으로 지금의 국무총리와 같은 직급이며 천하의 정무政務를 총괄하여 궁중의 사무도 관장했다. 천관 총재는 태재太宰이며 그 밑에는 소재小宰가 있고 산하에는 총 60개의 관서官署가 있다. 군주君主가 정무를 주재할 때는 태재라 일컫고 군주를 대리하여 정사를 주재할 때는 총재라 일컫는다.

(2) 지관地官: 지관 사도司徒는 교육敎育, 인사人事, 토지土地 등에 관한 일을 관장했다. 우두머리는 대사도大司徒라 하고 그 밑에 소사도小司徒가 있고 산하에는 60개의 관서가 있다.

(3) 춘관春官: 춘관 종백宗伯은 주周나라 육관六官 중의 한 명칭으로 예법禮法, 제사祭祀, 악樂 등의 사무를 관장했다. 우두머리는 대종백大宗伯이라 하고 그 밑에는 소종백小宗伯이 있고 산하에는 총 60개의 관서가 있다.

(4) 하관夏官: 하관 사마司馬는 주나라 육관 중의 한 명칭으로 군행정軍行政과 병마兵馬 등의 사무를 총 관장했다. 우두머리는 대사마大司馬이며 그 밑에는 소사마小司馬가 있고 산하에는 총 60개의 관서가 있다.

(5) 추관秋官: 추관 사구司寇는 주나라 육관 중의 한 명칭으로 왕국의 모든 형벌刑罰에 관계된 사무를 총괄했다. 우두머리는 대사구大司寇이며 그 밑에 소사구小司寇가 있고 산하에는 총 60개의 관청이 있다.

(6) 동관冬官: 동관 고공기考工記는 본래 동관 사공司空이다. 동관 사공은 주나라 육관 중의 한 명칭으로 왕국의 토지, 민사民事, 장인匠人 등의 사무를 관장했다. 그러나 동관사도의 직무는 분실되었고 대신 동관 고공기로 대신했다. 고공기는 주나라 시대 백공(百工: 여러 기술)의 일을 기록한

것으로 이것도 일부는 분실되었다. 동관 사공의 최고 우두머리는 대사공大司空이며 그 밑에는 소사공小司空이 있고 산하에 총 60개의 관직이 있었으나 직명이나 직무는 다 분실되었다.

추관秋官 사민司民의 직제에는 총 48명이다. "사민은 온 천하의 모든 백성의 인구수를 올리는 일을 관장한다. 사람이 태어나서 치아가 나기 시작하면 호적에 기록한다. 나라 안이나 도都나 비鄙나 교郊나 야野를 분별하여 남녀를 구별하며 해마다 사망한 사람을 삭제하고 태어난 사람을 등재한다. 3년마다 대결산하여 온 천하의 모든 백성수를 사구司寇에게 아뢰면 사구는 맹동(孟冬: 초겨울)에 이르러 사민의 날에 제사를 올리고 그 인구수를 왕에게 드리며 왕은 절하고 받아서 천부天府에 올린다."[6] 지관地官 매씨媒氏의 직제에는 총 14명이다. "매씨는 모든 백성의 짝을 찾아서 맺어 주는 일을 관장한다. 남자와 여자가 태어나서 이름을 얻으면 다 생년월일과 이름을 써서 올린다. 남자는 30세면 장가들고 여자는 20세면 시집가게 한다. 장가들고 시집가는 일을 다 기록한다. 중춘仲春의 달에는 남자와 여자를 모이도록 한다. 이때는 예를 갖추지 않고 혼인하더라도 금지하지 않는다. 만약 아무 사고가 없는데도 명령에 따르지 않는 자는 벌을 내린다. 남자와 여자 중에서 홀아비나 홀어미가 있는지 살펴서 모이게 한다. 딸을 시집보내고 아내를 맞이할 때 폐백은 치백(순면純綿: 치면緇綿)으로 하게 하고 오냥五兩을 넘지 않게 한다. 부부가 아닌 사람은 함께 장사 지내지 못하게 하고 시집가지 못 하고 19세가 안 되어 죽은 여자는 함께 장사 지내지 못하게 한다."[7]

---

6 역주: 『주례(周禮)』 추관사구(秋官司寇).
7 역주: 『주례(周禮)』 지관사도(秋官司徒).

3. 『예기禮記』

『예기』는 공자의 몇몇 제자와 그 제자들의 문하생들의 손에 의해 만들어졌다고 하는데 49편으로 이루어져 있다. 『예기』 중 대다수는 『의례儀禮』의 내용이나 일반적인 예禮를 설명할 때 사용한 주석이 차지하고 있다. 『예기』의 49편 중 「대학大學」, 「중용中庸」, 「예운禮運」, 「악기樂記」, 「유행儒行」, 「곡례曲禮」, 「내칙內則」 등이 중요하게 취급되고 있다. 「예운」은 대동大同의 세상을 설명한 대목이 들어 있으며 「악기」는 중국 고대의 음악에 대한 견해나 이상理想 등을 알기 위한 중요한 문헌이다. 「유행」은 공자가 노魯나라의 애공哀公을 위하여 유자儒者의 행실을 열거한 것이다. 「곡례」의 편명은 위곡委曲의 예의란 뜻으로 이 편에는 여러 가지의 예의범절이 상세히 기록되어 있으며 예의 정신이나 의의에 대해서도 설명하고 있다. 「내칙」의 편명은 가정 안에서의 예의범절이란 뜻을 나타내며 이 편에는 가정에 있어서 남녀 간에 알아두어야 할 일이나 부모·시부모에 대한 예의 등을 해설한 곳이 많고 아들의 탄생에 관한 의식이나 자녀의 양육방법 등의 기록 혹은 귀인貴人의 상식常識 등에 대하여 수록하고 있다.

"예라는 것은 친소親疏에 따라 정하고 혐의스러운 것을 해결하며 같고 다른 것을 구별하고 옳고 그른 것을 밝히는 것이다." "윤리 도덕은 예 없이 실현되지 않는다. 교화敎化를 통해 백성을 가르쳐서 풍속을 바로잡는 일도 예가 아니면 잘 안된다. 분쟁을 해결하고 소송을 판결하는 일도 예가 아니면 결정될 수 없다. 임금과 신하, 윗사람과 아랫사람, 부자와 형제도 예가 아니면 정해질 수 없다. 벼슬하고 배우는 데 있어서 스승을 섬기는 일도 예가 아니면 친하게 수교受敎할 수 없다. 조정에 반열班列하고 군대를 다스리며 벼슬에 임하고 법을 시행하는 일도 예가 아니면 위엄이 서지 않는다."[8]

예에 대해 연구한 청淸나라 학자 중에서 대표적인 인물로 강신수江愼修와 진

---

8   역주: 『예기(禮記)』 제1편 곡례(曲禮).

혜전(秦蕙田, 1702~1764)을 들 수 있다. 강신수는『예서강목禮書綱目』을 지었으며 진혜전은『오례통고五禮通考』를 편찬했다.『오례통고』는 길례吉禮 · 흉례凶禮 · 빈례賓禮 · 군례軍禮 · 가례嘉禮의 오례五禮를 비롯한 고대 예제禮制를 총괄하여 지은 책으로 고금을 막론하여 여러 설이 정리되어 있고 논쟁이 분분한 사항에 대해서는 하나하나 상세히 논증되어 있으며『주례周禮』의 오례五禮 항목에 준하여 체제가 잡혀 있다.

예에 대한 학문적 업적을 이룬 학자로 강신수, 진혜전 보다 이전으로 거슬러 올라가면 당唐나라 때『통정通典』을 저술한 두우(杜佑, 735~812), 북송北宋의 장재(張載, 1020~1077), 남송南宋의 주희(朱熹, 1130~1200), 청清나라의 고염무(顧炎武, 1613~1682) 등이 있다.

독일의 학자 프리드리히 허스(Friedrich Hirth, 1845~1927)와 프랑스의 중국학자 비오(Édouard Constant Biot, 1803~1850)는 예를 이해하는 데 뛰어났다. 허스는『주례』를 주나라 제도에 대한 불멸의 문헌으로 보았다. 비오는 특히 중국학의 관점에서 일반적인 예와『주례』를 해석했는데 중국인의 국민성이 안정적인 것은 예를 지키는 데 있다고 보았다.

5.4 예禮에 대한 견해

본서는 이전 장章에서 예에 대한 공자의 설명을 다루었는데 예의 핵심은 예의 형식보다 더 중요하며 낭비보다는 절약을 해야 하며 다른 사람을 공경하는 것은 모든 예를 토대로 하고 조화를 이루는 데는 무엇보다 예가 중요하며 나라를 다스리는 가장 좋은 방법은 군주가 예를 실천하는 것이고 예는 세대마다 다른 것이다.

『예기禮記』는 공자가 직접 제자들에게 전한 가르침이나 제자들과 그들의 문하생들이 간접적으로 기록한 많은 부분이 들어 있다. "예의는 인심이 모두 인정하는 도리에 의해서 결정된다."[9] "음악에는 마음을 아름답게 하는 힘이 있고 예의에는 행실을 아름답게 하는 효력이 있다."[10] "예는 홍수를 막기 위한 도랑과 같다. 예를 버리면 죄와 범죄는 홍수같이 일어난다. 부부 생활을 유지하는 예가 무너진다면 남편과 아내는 모두 고통스러운 삶을 겪게 되어 부도덕한 일이 벌어지게 된다. 술 자리를 같이 할 때 예를 버리면 손아랫사람은 손윗사람에게 술을 먼저 권하지 않아 싸움이 일어나게 된다. 사신들이 예를 지키지 않는다면 제후국 간에 전쟁과 같은 사악한 일이 벌어지게 된다. 장례나 제사 때 예를 지키지 않는다면 자식들과 밑의 사람들은 돌아가신 부모나 조상들에게 감사의 표시를 하지 않게 되어 그 결과 선조들에게 무책임한 행동을 하게 된다."[11]

중세 중국의 위대한 유학자 자사子思는 예를 천리天理가 집약된 것으로 보았다. 자사는 변화하는 시대의 필요성에 부응하기 위해 예를 단순화하려고 했다.[12]

20세기의 위대한 교육자 장몽린(蔣夢麟, 1886~1964)은 주나라의 예는 당시 외국인을 중국화하는 것을 목적으로 했기 때문에 고대 로마 시대의 국제법에 필적하는 것으로 생각했다. 장몽린은 예가 법보다 더 강력하다고 주장했다. 청淸나라 시기 200여 년을 제외하고 중국은 나라를 하나로 만드는 데 법法보다 예에 의존했다. 더 나아가 장몽린은 법이 힘을 발휘하기 위해서는 권력의 뒷받침을 받아야 했지만 예의 힘은 덕과 습관에서 비롯된다고 말했다. 장몽린은 예가 먼저임에도 불구하고 법이 존속해야 한다는 사실도 알고 있었다. 좋은 정부란 교육을 통해 사람들에게 예와 법을 모두 이해시키는 그러한 정부를 말한다. 따라서 중국은 법 전문가뿐만 아니라 법철학자가 필요했다.[13]

---

9   『예기(禮記)』 제19편 악기(樂記).

10 역주: 『예기(禮記)』 제8편 문왕세자(文王世子).

11 역주: 『대대례(大戴禮)』 제5편 예찰(禮察).

12 錢穆:《朱子新學案》 125, 127, 129, 135, 147, 151, 165, 321頁.

13 蔣夢麟:《法律與人權》, 見《談學問》, 臺北, 正中書局, 1955年, 第74~82頁.

5.5 예禮와 자연법

중국의 예는 불변하는 이理에 좌우되기도 하며 이 이理와 동일시되는데, 서양의 학자들은 이에 깊은 감명을 받았다. 소위 유럽의 유학자라고 하는 프랑스의 철학자 프랑수아 케네(François Quesnay, 1694~1774)는 예와 아리스토텔레스의 자연법을 동일시했다. 케네는 중국의 제도가 모두 자연법에 토대들 두고 중국의 윤리가 자연법에 비롯되었을 뿐만 아니라 공자의 사상이 고대 그리스의 모든 철학자들 보다 더 심오했기 때문에 자신은 중국과 공자를 모두 존경한다고 말했다. 『논어論語』에 필적할 만한 고대 그리스 시대의 고전은 존재하지 않는다. 왜냐하면 중국은 자연법 속에서 4천 년 넘게 독자적으로 번영을 구가했기 때문이다.[14]

케네는 중국 문화에 대해 올바른 평가를 내렸다. 케네가 언급한 자연법은 중국인의 사상 속에 깊이 자리 잡은 것이다. 중국에서 자연법은 '천리天理'로 알려져 있는데 공자는 이를 '도道'라고 불렀다.

'천리'의 개념은 오늘날까지 사용되고 있다. 중국의 길거리를 나가 보면 어떤 사람이 인간 사회에서 강력한 세 가지 천리, 임금이 제정한 법, 백성의 감정에 대해서 이야기하는 것을 듣게 될지도 모른다.

이 사람이 말하고자 하는 바는 단순한 것이다. 천리는 임금의 법보다 앞서며 임금의 법은 백성의 감정보다 앞선다는 것을 말한다.

실제로 천리는 자연법과 꼭 같은 것이며 예는 천리의 동의어가 된다.

고대 그리스 · 로마 시대에 자연법과 실정법은 분리되어 있었는데 당시 서로 반대되는 개념으로 받아들여졌다. 왜냐하면 실정법이 자의적이며 불합리했기 때문이다.

중국에서 자연법은 예의 형태로 존재했는데 그리스 · 로마 시대와는 달리

---

14 顧翊羣：《從儒家思想討論到中西文化之交流》，見《孔孟月刊》第5卷第6期，第32頁。按：奎內，法國經濟學家。

단지 이론이나 꿈으로 취급되지 않았다. 공자는 이론이나 꿈을 뛰어넘는 예를 제시했고 유가儒家는 이러한 예를 실정법보다 우선시했다.

양계초梁啓超는 예로써 관습과 습관을 고치는 것보다 더 중요한 것은 아무 것도 없다고 믿었는데 예로써 이를 고치지 못하고 끝없는 법과 법령에 의존하면 단지 재난을 맞이할 뿐이라고 했다.[15]

20세기 중국의 위대한 사상가 고익군顧翊群은 세상에 대한 희망은 서양의 자연법 사상의 부활에 달려 있다고 확신했다. 왜냐하면 이 사상은 공자가 제시한 예의 정신과 상당히 비슷한데 결국 이것이 평화로 이끌게 되기 때문이다.

5.6 법의 제정

하夏나라를 세운 우왕禹王은 홍수의 정복을 기념하기 위해 당시에 구주九州에서 생산되는 청동으로 9개의 솥을 만들고 그 위에 구주를 대표하는 기이한 동물들을 주조하여 국가의 상징으로 삼았다고 한다.

고요皐陶는 순舜임금 때 법관으로 공자의 고향으로 알려진 산동성山東省 곡부현曲阜에서 태어났고 묘지는 안휘성安徽省 수현壽縣에 있다고 전한다. 우임금은 다음 제위를 고요에게 선양하려 하였는데 고요가 먼저 세상을 떠났다. 『서경書經』의 고요모皐陶謨와 대우모大禹謨에는 고요가 순임금에게 말한 대목이 들어 있는데[16] 그 일부는 다음과 같다. "하늘이 밝게 듣고 밝게 보는 것이 우리 백성들이 밝게 듣고 밝게 보는 것으로 말미암는 것이며 하늘이 선한 자를 밝게 드러내 주고 악한 자를 두렵게 하는 것이 우리 백성들이 밝게 드러내고 두렵게 하는 것으로부터 말미암는 것이니 위와 아래에 통하는 것입니다. 경건하게 하고서 땅을 가지신 군주시여."[17] "죄가 어디에 해당하는지 불확실한

---

15 Liang Qi-chao(梁啓超), The History of Political Thought before the Qin Dynasty (《先秦政治思想史》), 81.

16 『서경(書經)』에 나오는 고요(皐陶)의 기록에 대한 진위 여부는 아직도 논란의 여지가 있다.

05_법철학 233

것은 가볍게 처벌하시고 공의 정도가 확실하지 않은 것은 무거운 쪽으로 상을 주시며 무고한 사람을 죽이기보다는 차라리 원칙대로 하지 않는 실수를 택하시어 살려주기를 좋아하는 덕이 백성들의 마음에 두루 퍼졌습니다. 이때문에 백성들이 유사有司에게 범하지 않습니다."[18]

주周나라의 관제 중에 춘관春官, 천관天官, 지관地官은 형법뿐만 아니라 민법을 관장하는 법관이 있었으며 특별할 소송을 다루는 법정도 있었다. "춘관春官 대사代史는 국가의 육전六典인 치전治典, 교전敎典, 예전禮典, 정전政典, 형전刑典, 사전事典을 세워서 관장하여 큰 나라와 작은 나라의 다스림을 맞이하고 팔법八法을 관장하여 관부官府의 다스림을 맞이하고 팔칙八則을 관장하여 도都와 비鄙의 모든 백성이 약속하거나 맹서한 문서를 보관하고 육관인 천관, 지관, 춘관, 하관, 추관, 동관을 보좌하여 육관에 소속된 것들을 올린다. 만약약속이나 맹서가 문란해지면 법으로 다스리고 신용을 지키지 않은 자는 형벌을 내린다."[19] "천관天官 소재小宰의 직책은 건국된 나라의 관형官刑을 장악하여 왕궁王宮의 정령政令과 모든 관官의 금지사항과 금법을 단속한다. 나라의 육전과 팔법과 팔칙을 시행하는 두 번째 서열로서 큰 나라와 작은 나라와 도都와 비鄙의 모든 관공서에서 다스리는 일을 살핀다."[20] "지관地官 향대부鄕大夫의 직분은 향의 정무와 교육과 금지하는 법규를 관장한다."[21]

『주례』를 통해 주나라 조정은 매년 초 백성들이 읽을 수 있도록 궁성 문밖에 제정한 법전을 걸어 놓는 것을 알 수 있다. 지방 관리들은 백성들에게 반포된 법을 설명해 주는 명을 받았다. "춘관春官 사도司徒는 세歲와 년年을 바로잡아서 순서대로 할 일을 관부와 도와 비에 반포한다."[22] "지관地官 향대부

---

17   역주: 『서경(西經)』 우서(虞書) 고요모(皐陶謨).
18   역주: 『서경(西經)』 우서(虞書) 대우모(大禹謨).
19   역주: 『주례(周禮)』 춘관종백(春官宗伯) 대사(代史).
20   역주: 『주례(周禮)』 천관총재(千官冢宰) 소재(小宰).
21   역주: 『주례(周禮)』 지관사도(地官司徒) 향대부(鄕大夫).
22   역주: 『주례(周禮)』 춘관종백(春官宗伯) 사도(司徒).

鄕大夫는 정월 초하루에 교육하는 법을 사도司徒에게 받고 물러나와 향鄕의 관리들에게 골고루 나누어 준다. 각각 다스릴 사항을 교육하고 덕행을 고찰하고 그의 도道와 예藝를 살피고 해마다 그 부가大家의 많고 적음을 등재하여 일을 맡길 만한 자를 판단한다."[23]

주나라의 성왕成王과 강왕康王의 치세 기간 동안에는 백성들이 아무도 범죄를 저지르지 않았기 때문에 아무런 처벌도 내리지 않았는데 이러한 태평성대는 40년 동안이나 지속되었다고 한다.

주나라 5대 군주 목왕穆王은 사법관의 우두머리인 사구司寇 여후呂候에게 명해 『여형呂刑』으로 불리는 형법을 정해 사회의 안정을 도모하려 했지만 3천 개나 되는 많은 조항 때문에 오히려 제후나 민중의 반감을 샀다.

이후 춘추 시대(기원전 722~기원전 479)에 주나라는 제후국에 대한 지배력을 대부분 상실했기 때문에 모든 제후국들은 실제적으로 독립국이 되고 말았다. 제후국들은 사법 조직 개선 등의 여러 가지 면에서 서로 경쟁을 벌였다.

따라서 기원전 536년(공자 15세)에 정鄭나라의 정치가 자산子産이 형법 조항들을 새겨 넣은 동판을 주조했다.

그러자 자산의 친구인 진晉나라의 숙향叔向은 사람을 시켜 다음과 같은 서신을 자산에게 보냈다. "지금 그대는 정나라의 재상으로 경작지의 경계를 엄격히 하고, 백성들이 비방하는 제도를 마련하여, 하夏·은殷·주周 세 나라의 형법을 모방해서 형벌 조항을 새긴 동판을 주조하여, 백성들을 안전케 하려하나 그것은 어려운 일이 아닙니까? 백성들이 윗사람과 다툼 꼬투리를 알게 되었음에는 앞으로 예의는 버리고 다만 그 형법 조항에만 대조하여, 송곳 끝 같은 일도 다 법으로 따져 다투게 될 것입니다."

자산은 숙향에게 답서를 보냈다. "저는 재능이 없어 자손 대의 일까지는 생각이 미치지 못하고, 당장의 나라 처지만을 구해내려는 것입니다."[24]

---

23   역주: 『주례(周禮)』 지관사도(地官司徒) 향대부(鄕大夫).

그 후 14년이 지나자 자산은 병이 나서 죽었다. 죽기 몇 달 전 자산은 자대숙子大叔에게 말했다. "내가 죽으면 당신은 꼭 집정관이 될 것입니다. 덕이 있는 사람이라야 관대한 정치로 국민을 굴복시킬 수 있고, 그 다음가는 사람으로는 엄하게 다스리는 길보다 좋은 수가 없는 것입니다. 불은 격렬한 것이어서, 백성들을 그것을 무서워합니다. 그래서 불을 범해서 죽는 일은 적은 것입니다. 물은 연약한 것이어서, 사람들이 친근히 여겨 놀아 물 때문에 죽는 일이 많습니다. 그러기에 관대한 정치로 백성들을 굴복시키기는 어려운 것입니다."[25]

자산이 세상을 떠난 지 9년 후 진晉나라의 경대부卿大夫 조앙趙鞅이 자산의 방식을 답습했다. "겨울에 진晉나라의 조앙趙鞅과 순인荀寅이 군사를 이끌고 여수汝水 연안에다 성을 쌓고 그 뒤를 이어 곧 진晉나라 전국 각 고을에 1고鼓 양量의 쇠를 부과하여 내게 하여 형법의 조항을 새겨 넣은 큰 솥을 주조鑄造해서 전에 범선자范宣子가 지어 낸 형벌문刑罰文을 새겼다."[26]

자산과 조앙이 제정한 법이 후대를 지켜주지 못한 것은 불행한 일이다.

'法'이라는 글자는 어원상 다음과 같은 중요한 의미가 있다. '法'의 고대 글자 '灋'은 삼수 변 '氵'과 '廌' 그리고 '去'가 합해진 글자이다. 우선 삼수 변 '氵'은 법률과 법도가 물과 같이 공평하고 불편부당不偏不黨해야 한다는 의미 외에 형벌과 준칙의 의미가 있다. 다음에 '廌'는 뿔이 하나 달린 소 또는 사슴을 닮은 전설속의 동물 해태를 가리키는데 이 신령스러운 동물은 옳고 그름, 굽음과 곧음인 시비곡직을 분별할 줄 알아 잘못을 저지른 사람을 뿔로 받을 뿐만 아니라 해태에 손을 대면 그 사람의 죄가 드러난다고도 한다. 마지막으로 '去'는 물리치다 · 버리다의 의미를 가지고 있기 때문에 악을 제거하는 강

---

24 『춘추좌씨전(春秋左氏傳)』 소공(昭公) 6년.

25 『춘추좌씨전(春秋左氏傳)』 소공(昭公) 20년.

26 역주: 『춘추좌씨전(春秋左氏傳)』 소공(昭公) 29년. 1고(鼓)는 중량의 단위로 480근(斤)이다. 30근(斤)은 1균(鈞)이라 했고, 4균(鈞)을 1석(石)이라 했으며, 4석(石)을 1고(鼓)라고 했다.

제성 즉 제재를 가리키는 한자이다.

공자는 다음과 같이 법을 집행하는 데에는 주의가 필요가 조언하고 있다. "소인은 부인不仁함을 부끄럽게 여기지 않고 불의不義를 하는 것을 두려워하지 않으며 이익을 보지 않으면 힘쓰지 않고 무서운 상황을 만나지 않으면 혼이 나지 않는다. 작게 혼이 났는데도 크게 경계를 하게 된다면 이는 소인의 복이다. 역易에 말하기를 '발에 족쇄를 채워 발을 쓰지 못하게 되면 허물이 없다'라고 한 것은 이것을 말함이다."[27]

따라서 한漢나라의 형법을 제정한 관리들은 공자의 가르침에 따라 재판관이 용의자를 필요 이상으로 장기간 구금하는 것을 엄격히 금지하는 특수 조항을 이 법령에 추가했다.

5.7 법의 적용

1. 증거가 불충분한 용의자는 석방되어야 한다.

여기에서 공자의 태도는 조앙趙鞅이 시작한 전통과 뜻을 같이 하는데, 조앙은 유죄가 의심되는 사람을 사형시키기보다 차라리 관대한 처분을 내리는 것을 비방했다.

여후呂侯가 천자天子의 사구司寇[28]가 되자 주周나라 목왕穆王이 명하여 형벌을 가르쳐 사방을 다스리게 했는데 그 내용을 기록한 것이 『서경書座』의 「여형呂刑」이다. 왕이 말했다. "아! 이리 오라. 나라를 가지거나 국토를 가진 자들아. 그대들에게 좋은 형법에 대해서 말해 주겠다. 지금 그대들이 백성을 편안하게 하려 한다면 무엇을 가려야 하는가? 사람이 아니겠는가? 무엇을 조심해야 하는가? 형법이 아니겠는가? 무엇을 헤아려야 하는가? 형 집행이 아니겠

---

27 역주: 『주역(周易)』 계사전하(繫辭傳下) 제5장.
28 역주: 사구(司寇)는 중국 주(周)나라 때에 육경(六卿) 가운데 형병과 경찰의 일을 맡아보던 벼슬이다.

는가? 원고와 피고 양측이 이르러 증거가 구비되면 사사가 5형刑에 대한 죄상을 듣되 5형에 대한 죄상이 간명하고 확실하면 5형으로 교도하며 5형에 해당하는 자가 분명하지 않으면 5벌罰로 교도하며 5벌에 해당하지 않으면 5과過로 교도해야 할 것이다."[29]

"만일 의심스러운 사건이면 널리 많은 사람들의 의견을 듣는다."[30]

맹자는 제齊나라의 선왕宣王에게 말했다. "좌우의 신하들이 모두 죽여야 한다고 하더라도 듣지 말며 여러 대부大夫들이 모두 죽여야 된다고 하더라도 듣지 말고 나라 사람들이 모두 죽여야 된다고 한 연후에 살펴서 죽여야 되는 점을 발견한 연후에 죽이는 것이니 그러므로 나라 사람들이 죽였다고 말하는 것입니다."[31]

맹자가 말했다. "하나의 의義롭지 아니한 일을 하고 한 사람의 죄 없는 자를 죽이면 천하天下를 얻는다 하더라도 모두 하지 않을 것이다."[32]

2. 판결과 유교 경전

어떤 일이 법에 저촉되는 경우 판결은 유교 경전에서 인용된 몇 마디 말이나 몇 줄에 의해 내려진다. 이러한 법 집행은 전한前漢 중기의 유학자 동중서董仲舒가 시작했다.

맹자의 제자 도응桃應이 맹자에게 물었다. "순順임금이 천자天子가 되고 고요皐陶[33]가 사람을 죽였다면 어떻게 되겠습니까?" 맹자가 말했다. "체포할 뿐이다." 도응이 다시 물었다. "그렇다면 순임금은 금지하지 않습니까?" 맹자

---

29 역주: 『서경(書痙)』 주서(周書) 여형(呂刑). 5벌(罰)은 다섯 가지 벌금형이며, 5과(過)는 다섯 가지의 훈방 조치이다.

30 『예기(禮記)』 제5편 왕제(王制).

31 『맹자(孟子)』 양혜왕장구하(梁惠王章句下) 제7장.

32 『맹자(孟子)』 공손추장구상(公孫丑章句上) 제2장.

33 역주: 중국 고대의 전설상의 인물. 순(舜)임금의 신하로, 구관(九官)의 한 사람이다. 법을 세우고 형벌을 제정하였으며, 옥(獄)을 만들었다고 한다.

가 대답했다. "순임금이 어떻게 금지할 수 있겠는가? 대저 도응은 살인자를 체포해야 할 임무를 받은 바가 있는 것이다." 그러자 도응이 물었다. "그렇다면 순임금은 어떻게 할 것입니까?" 맹자는 대답했다. "순임금은 천하天下를 버리는 것을 보시되 떨어진 신발을 버리는 것처럼 하여, 몰래 업고 도망하여 바닷가를 따라가면서 거처하여 종신토록 흔쾌히 즐거워하면서 천하를 잊으셨을 것이다."[34]

맹자가 여기서 뜻하는 것은 효도는 준법정신보다 더 중요하다는 것이다. 임금조차 죄를 지은 아버지와 함께 도망할 수 있는 것은 물론 이에 대해서 후대의 유가儒家로부터 용서를 받을 수 있다.

따라서 위의 경우와 같이 아버지를 구하기 위해 죄를 범한다면 후대의 판결은 그 공범에 대해 용서를 할 것이다.

유교 경전에 근거하여 내려진 판결의 예는 이 외에도 중국 재판의 긴 역사 속에서 쉽게 찾아볼 수 있다.

3. 사형 선고는 피해야 한다.

노魯나라의 계강자季康子가 공자에게 정치에 대해서 물었다. "만일 무도한 자를 죽여서 도가 있는 데로 나아가게 하면 어떻습니까?" 그러자 공자가 대답했다. "그대가 정치를 하는 데 어찌 죽이는 것을 쓰겠습니까? 그대가 착해지려고 하면 백성들은 착해질 것입니다. 군자의 삶은 바람이고 소인의 삶은 풀입니다. 풀 위에 바람이 불면 반드시 바람을 따라 죽 쓰러질 것입니다."[35]

"공자가 노魯나라의 사구司寇가 되었을 때 아버지와 아들 사이에 송사를 하는 자들이 있었다. 공자는 이들 부자를 모두 구속시키고 석 달 동안 시비를 가리지 않았다. 그 후 아버지가 재판을 중지하자 공자는 아들을 풀어 주었다.

---

34 『맹자(孟子)』 진심장구상(盡心章句上) 제35장.
35 『논어(論語)』 안연편(顏淵篇) 제19장.

계손季孫이 이를 듣고 불쾌하게 여기어 말했다. '공자가 나를 속인 것인가? 그가 나에게 말하기를 나라를 위하는 것은 반드시 효도로써 하라고 했는데 지금 한 사람 소정묘少正卯를 죽였으면서 불효자는 죽이지 않고 또 석방하기까지 했다.' 제자 염유冉有가 이 말을 공자에게 고하자 공자가 분개하며 개연(慨然: 억울하고 원통하여 몹시 분함)히 탄식했다. '슬프도다! 위에서 실수하면 아래를 죽이는 것이 좋은 일이냐? 백성을 가르치지 않고 옥사를 듣게 되면 죄없는 사람을 죽이게 되는 것이다. 삼군三軍이 패배했다고 모든 병사를 다 죽이지 못하며 법령이 다스려지지 않으면 처형할 수 없는 것은 죄가 백성에게 있지 않은 까닭이다.'"[36]

4. 신뢰와 공정성

유학자들은 항상 인격을 중시한다. 유학자들은 어떤 사람이 선善한 자가 아니면 그는 올바른 판단을 하지 못한다고 생각한다. 법에 대한 그 사람의 지식은 필요하지만 그의 행실만큼 중요하지는 않다. 공자는 말했다. "한 쪽의 말만 듣고 죄의 유무를 결정하는 자는 아마도 자로子路일 것이다." 이것은 자로가 승낙하는 것을 하루쯤 미루는 일이 없었기 때문일 것이다.[37]

다른 모든 사람과 같이 자로도 완벽한 사람은 아니었다. 자로는 실수를 많이 했지만 그의 신뢰성은 의심할 여지가 없었으며 약속을 하면 반드시 지키는 사람이었다.

간단히 말해서 공자와 제자들은 법의 적용을 윤리적 기준과 분리할 수 없는 것으로 보았다. 유가儒家의 법 적용은 인仁과 예禮의 개념에 토대를 두기에 도덕적 가치를 파괴할 만큼 가혹하지는 않았다. 유가는 효도가 이러한 도덕적 가치의 일부이며 자식을 사랑하는 것도 그 가치의 일부라고 보았다.

---

36 『순자(荀子)』 유좌(宥坐).
37 『논어(論語)』 안연편(顔淵篇) 제12장.

조趙나라의 섭공葉公이 공자에게 말했다. "우리나라에 정직을 몸으로 실천하는 자가 있습니다. 그의 아버지가 양을 가로챘는데 아들이 입증을 했습니다." 그러자 공자가 말했다. "우리나라의 정직한 자는 이와 다릅니다. 아버지는 자식을 위해 숨겨주고 자식은 아버지를 위해 숨겨주는 것이니 정직함은 그 가운데에 있는 것입니다."[38]

공자가 한 말은 누구나 정부를 속일 수 있다는 것을 뜻하지 않는다. 공자는 단지 섭공이 공자에게 말한 경우에만 침묵이 올바르다고 말한 것이다. 노인이 양을 훔쳤을 때 법정에서 관리나 그 양의 주인이 그 노인을 판결하는 경우에 적용되어야 한다.

오늘날 중국의 법은 어떤 사람이 법정에서 근친에게 불리한 증언을 해야하게 되는 경우 이러한 법적 의무를 해제시키는 조항이 법령 안에 있다. 만일 공자가 다시 태어나서 이 세상에 살아간다면 이 조항을 흔쾌히 받아들일 것이다.

5.8 법관

고요皐陶가 우禹에게 말했다. "통치자가 행해야 할 것에는 아홉 가지 덕목이 있습니다. 그러므로 또한 사람의 덕德 있음을 말해야 합니다. 그래야 '비로소 일마다 잘 이루어진다'고 말하게 됩니다." 우가 알아듣지 못하고 "무슨 말인가요?"하고 물었다. 그러자 고요가 다음을 제시했다.

(1) 관이율(寬而栗) : 너그러우면서도 무섭다.
(2) 유이립(柔而立) : 부드러우면서도 주체가 확고하다.
(3) 원이공(愿而恭) : 고집스러우면서도 공손하다.

---

38 『논어(論語)』 자로편(子路篇) 제18장.

(4) 난이경(亂而敬) : 혼란스러우면서도 경건하다.

(5) 요이의(擾而毅) : 어지러우면서도 굳세다.

(6) 직이온(直而溫) : 곧으면서도 온화하다.

(7) 간이렴(簡而廉) : 간단히 처리하면서도 자세하다.

(8) 강이색(剛而塞) : 굳세면서도 치밀하다.

(9) 강이의(彊而義) : 강하면서도 도리에 맞다.[39]

　중국에서 법관의 명칭은 시대별로 다르지만 그 직무는 동일했다. 요堯임금 과 순舜임금 때는 사士라고 했고 하夏나라 때는 대리大理라고 칭했으며 은殷나 라 때는 사구司寇라고 불렀다. 주周나라 때는 소사구小司寇가 법관을 가리키는 데 소사구는 다음과 같이 "오성五聲으로써 옥사와 송사를 청취하고 백성의 정 상을 참작했다. 첫째는 그가 하는 말의 논리를 판단한다. 둘째는 그의 안색을 보고 판단한다. 셋째는 그의 호흡소리를 듣고 판단한다. 넷째는 그의 말소리 를 듣고 판단한다. 다섯째는 그의 눈동자를 보고 판단한다."[40]

　공자는 노魯나라에서 소사구[41]라는 벼슬을 지냈는데 다른 법관과 달리 재판 을 할 때 공정한 판결을 내리는 훌륭한 법관이 되는 데 만족하지 않았다. 공 자는 교육을 통해 모든 사람이 올바르게 행동하고 다른 사람과 잘 지내도록 하게 하고자 했다. 공자는 사회는 범죄가 일어나지 않고 소송이 필요 없을 정도로 발전해야 한다고 보았다.

39　『서경(書經)』우서(虞書) 고요모(皐陶謨).

40　『주례(周禮)』추관사구(秋官司寇) 소사구(小司寇).

41　역주: 공자가 관직에 나아간 때는 오십대였다. 그 시기는 대략 4년여 동안으로 51세부터 55세까지였다. 첫 번째 관직은 중도재(中都宰)였다. 중도(中都)는 산동성(山東省)에 있는 노 (魯)나라의 현(縣)으로 중도재는 중도현의 현령(縣令)이다. 공자는 중도재의 임무를 훌륭히 수행해 소사공(小司空)·소사구(小司寇)가 되었다. 중도재가 지방 공무원이라면, 소사공(小 司空)과 소사구(小司寇)는 중앙정부의 공무원으로 각각 건설부의 차관급과 하급 법원의 법관 에 해당한다. 공자는 얼마 되지 않아 대사구(大司寇)에 올랐다. 기원전 500년, 그의 나이 52세 때였다. 대사구는 세 명의 대신 삼경(三卿)인 사도(司徒)·사마(司馬)·사공(司空)에 버 금가는 벼슬로 현재의 법무부 장관에 해당하는 직위이다.

공자의 입장에서는 법法은 유일한 수단이지만 윤리는 궁극적인 목표인 것이다. 최고의 법은 윤리적 내용이 들어 있는 법이며 최고의 법관 또한 도덕적 품성을 가진 법관이다.

5.9 법가法家

중국의 법가는 이극(李克 또는 이회李悝), 상앙商鞅, 한비韓非 등이 있었다.

위衛나라에서 기원전 407년 이극李克은 법전 『법경法經』을 편찬했는데 이 법전은 다음과 같이 6편篇으로 이루어져 있다.

    (1) 도법(盜法) : 강도에 관한 법령.

    (2) 적법(賊法) : 도둑에 관한 법령.

    (3) 수법(囚法) : 구금(拘禁)에 관한 법령.

    (4) 포법(捕法) : 체포에 관한 법령.

    (5) 잡법(雜法) : 사기(詐欺) · 도박(賭博) · 독직(瀆職)에 관한 법령.

    (6) 구법(具法) : 형(刑)의 가중경감(加重輕減)에 관한 법령.

불행히도 『법경』은 현재 전해지지 않고 있다. 우리는 이극이 한 때 자사子思와 증삼曾參의 제자였지만 자신의 사상 속에 유교儒敎의 교리를 어느 정도 받아들였는지의 여부는 알지 못하고 있다. 게다가 이극의 사상이 그의 사후 저명한 두 법가法家 상앙와 한비의 사상과 어느 정도 유사성이 있는가도 알지 못하고 있다.

상앙은 기원전 359년 진秦나라의 효공孝公을 받들어 총리 격인 대량조大良造가 되었고 이후 기원전 338년 효공이 세상을 떠날 때까지 20년 동안 진나라의 정치가로 활동했다. 상앙은 두 차례의 변법變法을 실시하여 당시 소국 진나라를 전국시대의 패자로 만들었다. 상앙은 변법에 유교의 전통이나 예를 전혀 도입하지 않았는데 상벌에 엄격했으며 특히 변법을 어길 경우 지위고하를 막론하고 엄벌주의로 대처했다.

"국가를 다스리는 데에 중요한 세 가지가 있다. 첫째는 법法이다. 둘째는 신용信用이다. 셋째는 권력勸力이다."[42] "나라를 다스리는 자는 백성들이 일체감을 이루는 것을 귀하게 여긴다. 백성들이 일체감을 이루면 순박해지고 순박해지면 농사를 짓게 되고 농사를 지으면 쉽게 부지런해지고 부지런해지면 부유해진다."[43] "백성들이 용맹한 나라는 전쟁을 하면 승리하고 백성들이 용맹하지 않은 나라는 전쟁을 하면 패배한다. 모든 백성이 전쟁에서 일체감을 가지는 나라는 백성들이 용맹스럽게 되고 백성이 전쟁에서 일체감을 일으키지 못하는 나라는 백성들이 용맹하지 못하다. 성스러운 왕들은 왕의 지위가 전쟁에서 이루어진다고 본다. 그러므로 온 나라의 백성을 전쟁에 참여하도록 독려한다. 그 나라에 들어가서 그 나라의 다스림을 살폈을 때 군사를 사용하는 나라는 강력한 나라이다. 어떻게 백성들이 사용된다는 것을 보아서 알 수 있는가? 백성들이 전쟁에 임하는 태도를 본다. 백성들이 전쟁에 임해서 굶주린 이리가 고기를 본 것 같이 하면 백성들이 잘 사용되는 것이다. 무릇 전쟁은 백성들이 싫어하는 것이다. 능히 백성들로 하여금 전쟁에 참여하는 일을 기꺼이 참여하게 할 수 있는 자는 천하에서 왕 노릇을 할 수 있다. 강성한 나라의 백성은 아버지가 그 자식을 군대에 보내고 형이 그 동생을 군대에 보내고 아내가 그 지아비를 군대에 보내면서 다 말하기를 '승리를 얻지 못하면 돌아오지 말라.'고 한다."[44]

상앙이 말했다. "백성들이 약해지면 국가는 강성해지고 국가가 강성해지면 백성들은 약해진다. 그러므로 도道 있는 나라에서는 백성을 약하게 만드는 일에 힘쓰는 것이다. 백성들이 순박하면 국가는 강성해지고 백성들이 간사하

---

42   역주: 『상군서(商君書)』제14편 수권(修權).

43   역주: 『상군서(商君書)』제8편 대언(臺言).

44   역주: 『상군서(商君書)』제18편 책략(策略).

면 국가는 허약해진다. 백성들이 허약하면 법규를 잘 따르고 백성들이 간사하면 벗어나려는 의지가 넘치게 된다. 백성들이 허약하면 사용할 수 있으나 벗어나려는 의지가 있으면 백성들이 억세어진다. 그러므로 말하기를 '강력한 것으로써 강력한 것을 제거한 자는 허약해지고 허약한 것으로써 강력한 것을 제거한 자는 강성해진다.'라고 했다."[45] 하지만 이는 옳지 않은 것이다. 만약 백성이 허약하다면 정부는 강한 힘을 유지할 수 없다. 바꾸어 말해서 백성이 강하다면 정부는 약해질 수 없다.

상앙의 사상을 받아들인 진秦나라는 이것을 그대로 사용하여 몇 세대 동안 부국강병책을 실시한 끝에 다른 여섯 제후국을 병합하고 통일된 제국을 이룩했지만 제국은 그리 오래가지 못했다.

진秦나라 효공孝公의 아들 영사嬴駟가 태자 시절 상앙의 변법을 어기자 영사의 스승 공손가公孫賈가 코를 자르는 형에 처해졌으며 영사는 은둔하게 되었다. 효공이 세상을 떠나자 영사는 변법을 반대하는 반대파들을 모아 상앙을 탄핵했다. 결국 상앙은 반역자로 몰려 거열형에 처해졌다. 하지만 혜문왕惠文王으로 즉위한 영사는 상앙의 변법을 그대로 유지시켜 진秦나라의 기본적인 국가정책은 그의 아버지 효공 때와 다르지 않았다.

이사李斯는 법가法家의 한 사람으로 시황제始皇帝를 도와 진秦나라를 제국으로 만드는 데 크게 공헌을 했는데 그의 효과적인 정치 구조는 대부분 법의 집행에 의존했다.

이사도 상앙과 마찬가지로 시황제 사후 이세황제二世皇帝 때 환관 조고趙高와의 권력 싸움에 패하여 살해당했다.

이사는 자신의 저서를 한 권도 남기지 않았는데, 이사와 동문수학한 한비韓非의 저서 『한비자韓非子』가 지금까지 전해지고 있다.

한비는 분석학파를 창시한 영국의 법철학자 존 오스틴(John Austin, 1790~

---

45 역주: 『상군서(商君書)』제20편 약민(弱民).

1859)과 같이 윤리학을 도입하지 않았다. 한비는 윤리학과 법은 분리되어야 한다고 생각했다. 법은 권력에 토대를 둘 뿐만 아니라 법의 지원을 받아야 한다. 처벌주의의 위협 속에서 사람들은 법뿐만 아니라 동시에 법령도 반드시 지켜야 한다. 거기에는 법에 다른 목표는 없으며 다만 지배자가 원하는 만족만 있을 뿐이다.

한비와 이사는 그들의 스승 순자荀子가 볼 때 변절자인 셈이다. 순자는 맹자의 성선설性善說에 반해서 비정통적인 사상 성악설性惡說을 주창했지만 유가儒家에 속한다. 순자는 예禮의 실천을 주장하고 교육을 통해 사람의 본성을 발전시키기를 바랐다.

이사는 유가에서 멀리 벗어났으며, 진秦나라가 중국을 통일하자마자 시황제始皇帝에게 간하여 사람들이 유가의 경전을 읽거나 가지고 있는 것조차 금지하는 법령을 공포하게 했다. 게다가 이사는 의약醫藥 · 복서卜筮 · 농업에 관한 것만을 제외하고 모든 서적을 불태우고 수많은 유생을 구덩이에 묻어 죽인 분서갱유焚書坑儒 사건을 일으킨 장본인의 한 사람이었다.

진秦나라가 멸망한 후 다시 중국을 통일한 한漢나라는 평화와 질서를 되찾았으며 유교 경전들을 다시 복구하게 했다.

한나라 이후 법가法家가 되기를 원하는 학자는 없었지만 일부 정치가는 유교에 법가 사상의 일부 요소를 혼합하려고 했다.

5.10 중국 법률의 기본 원칙

1. 사람들을 보호하는 것

법의 목적은 사람들을 보호하는 것이다. 중국 고대에는 법관을 사구司寇라고 불렀는데 '寇'라는 글자는 도적과 외적이라는 2개의 의미를 나타낸다.

사구는 주周나라에서 형법을 관장하는 직책을 말하는데 소사구小司寇와 대사구大司寇의 2개로 나누어진다. 소사구는 하급 사법관으로 강도나 도둑을 체포 · 구금 · 재판하는 데 반해 대사구는 최고 사법관이며 외적과 싸우고 재판하는 의무와 권리가 있다. 주나라에서 경찰과 군 지휘관은 동일시되었는데 그 임무가 거의 동일했기 때문이다.

이후 한漢나라 때 형법과 법률을 담당하는 관직을 정위廷尉라고 했다.

정위는 각각 '관서'와 '벼슬'을 가리키는 廷과 尉의 합자로 글자 그대로의 의미는 '관서를 관장하는 벼슬'이다.

2. 형법과 민법의 분리

주周나라 때 형사 사건은 예법을 관장하는 춘관春官이 판결을 내린 반면에 민사 사건의 판결은 국정을 담당하는 천관天官과 교육을 담당하는 지관地官이 했다.

당唐나라 때 형사 사건을 다루는 관직은 사법司法과 법조法曹였지만 민사 사건을 처리하는 관직은 주사(州司: 주州의 행정을 맡아 보는 관서)의 사호司戶와 부사(府司: 부府의 행정을 맡아 보는 관서)의 호조戶曹였다. 주州는 행정체계 단위의 하나이며[46], 부部는 중앙 관제에 속한다.[47]

사호司戶와 호조戶曹는 결혼과 토지 문제를 담당했고, 사법司法과 법조法曹는 강도와 도둑을 체포했을 뿐만 아니라 형사 사건도 관장했다.

---

46 역주: 중국은 후한(後漢) 시대에 군현제(郡縣制)에 따른 전국의 행정체계를 주(州) · 군(郡) · 현(縣)의 3단계로 나누면서 전국을 13주로 나누어 자사(刺史)를 파견했다. 위진 남북조(南北朝) 시대를 거쳐 주(州)의 수가 증가해 수(隋)나라 시대에 전국의 주가 241개에 이르렀고 규모도 군(郡)과 별 차이가 없었기 때문에 양제(煬帝)는 군을 폐지하고 주(州)와 현(縣)의 2개로만 운용했다. 그 후 당(唐)나라 시대에 주(州) 위에 도(道)가 설치되어 다시 3급제로 이루어졌다.

47 역주: 당나라 때 부(部)는 중앙 관제인 3성(省) 6부(部) 1대(臺) 5감(監) 9사(寺) 중의 하나이다. 6부(部)는 백관의 인사를 맡아보는 이부(吏部), 재정을 담당하는 호부(戶部), 제사나 의례를 주관하는 예부(禮部), 국방을 맡은 병부(兵部), 사법을 담당하는 형부(刑部), 토목사업 등을 행하는 공부(工部)로 이루어졌다.

3. 사법 독립

한漢나라의 중앙 정부나 지방 정부 모두 사법부는 행정부와 완전히 분리되어 있었다. 당唐나라도 마찬가지였는데 당나라의 상서성尚書省은 사법에 관한 부서가 있었지만 상서성의 장관에 해당하는 상서령尚書令은 조칙을 해당 6부部에 전달하여 시행하거나 지방의 부府, 주州, 현縣에 보내서 시행하게 만드는 직무를 담당했다. 상서성은 재판권이 없었으며 판관의 인사를 관리·감독했으며 대리大理가 재판의 일을 맡았다.

4. 대중에게 개방된 재판

노魯나라의 애공哀公이 재아(宰我: 중국 춘추시대 노魯나라의 유학자. 본명 재여再子, 자 자아子我. 공문십철의 한 사람으로 언어에 뛰어났다. 제齊나라의 임묘대부臨苗大夫가 되었다.)에게 사社를 상징하는 나무에 대해 물으니 재아가 대답했다. "하후씨夏后氏는 소나무로 상징했고 은殷나라 사람들은 측백나무로 상징했고 주周나라 사람들은 밤나무로 상징했으니, '백성들로 하여금 전율케 하기 위한 것이었다.' 합니다."[48]

재아의 대답에 나오는 사는 사람이 모이는 장소로 여기에서 지신地神에게 재물이 바쳐졌다.

공자는 노나라의 사구司寇로 옥송獄訟의 판결을 내리기에 앞서 항상 많은 사람의 의견을 경청했다고 한다. 자공子貢이 공자에게 대부 소정묘少正卯를 주벌하여 양관兩觀 아래에서 죽여 그 시신을 사흘 동안 조정에 내보인 이유를 물었다. 공자가 대답했다. "천하에 큰 죄악이 다섯 가지 있다. 그러나 절도 같은 것은 여기에 해당도 되지 않는다. 첫째 마음이 역逆하고 험險한 것, 둘째 행실이 편벽하고 고집만 있는 것, 셋째 거짓된 말을 하고 변론을 잘하는 것, 넷째 추한 것만 기억하고 넓게 아는 것, 다섯째 그릇된 일만 따르면서 이를

---

48 『논어(論語)』 팔일편(八佾篇) 제21장.

은덕인 줄 여기는 것 등이다. 사람으로서 이 다섯 가지 중에 하나만 범한 것이 있어도 죽음을 면치 못할 것인데 소정묘는 이 다섯 가지 큰 죄악을 모두 범하고 있었다. 그 거처하는 곳에서는 무리를 모아다 당파를 이루고 있고 그 말솜씨를 보면 자기보다 높은 자리에 있는 사람에게는 쩔쩔매고 자기보다 못한 사람 앞에서는 잘난 체하며 강한 모습을 보면 옳은 일은 반대하고 자기 혼자만 서 있다. 이런 자는 사람 중의 간웅姦雄이니 제거해 버리지 않을 수 없었던 것이다. 무릇 은殷나라 탕왕湯王은 윤해尹諧를 죽였고 주周나라 문왕文王은 반지潘止를 없앴으며 주공周公은 관숙管叔과 채숙蔡叔을 죽였고 제齊나라 태공太公은 화사華仕를 죽여 없앴다. 관중管仲은 부을付乙을 죽였고 정鄭나라 자산子産은 사하史何를 죽였다. 이 일곱 사람은 모두 세대는 다르지만 죽을 죄는 다 마찬가지였던 것이니 그 까닭에 용서할 수 없었던 것이다."**49**

5.11 중국의 법체계

중국의 법체계는 인류 역사에서 다른 나라의 주요 법체계들과 어깨를 나란히 하고 있는데 이들과 다른 독특한 특징이 있다.

로마의 법체계는 여자를 남자의 재산으로 간주하고 있지만 중국의 법체계는 여자를 가정에서 남편과 동등한 동반자로 존중하고 있다.

로마법에 기원을 둔 대륙법계와 영어를 쓰는 나라와 영국 식민지 국가로 퍼져 나간 영미법계는 개인의 권리를 강조한다. 중국의 법체계는 개인의 권리를 무시하지 않지만 이웃 간에 좋은 관계를 규정하여 가족과 사회의 필요성에도 관심을 기울인다.

중국의 법체계에서 가장 핵심적인 특징은 윤리적인 내용인데 당唐나라 때 이후 유교儒教가 중국의 법체계 속에 깊이 뿌리박혔다.

---

49 역주: 『공자가어(孔子家語)』 공자위노사구(孔子爲魯司寇).

중국에서 당나라 이전부터 위衛나라에서 이극李克의 『법경法經』이 제정되었고 진秦나라에서 변법變法이 실시되었다. 한漢나라에서도 여러 차례 법령이 개정되었다. 이후 위魏 · 촉蜀 · 오吳 삼국 시대의 위나라, 위나라 신하 사마의司馬懿의 손자 사마염司馬炎이 건국한 서진西晉, 서진 멸망 후 5개의 비非 한족이 세운 국가를 비롯하여 모두 16개의 국가가 난립하던 오호십육국시대, 이 16국을 평정한 북위北魏의 북조北朝와 한족이 세운 남조南朝가 각축을 벌이던 남북조南北朝 시대까지 각자 법령을 가지고 있었다. 그리고 이 남북조를 통일한 수隋나라는 남조와 북조의 법령을 통일했다. 하지만 이 모든 법령은 토지와 군역軍役을 제외한 나머지 부분에서 그렇게 큰 차이를 보이지 않았다.

한漢나라의 법령은 여전히 법가法家의 영향을 상당히 받았지만, 한나라 이후 유교儒教가 두드러져서 당唐나라의 법전 당률唐律은 법가적 성격보다 유가적 성격에 더 가까웠다. 예를 들어 아버지에게 상해를 끼친 범죄는 상당히 엄한 처벌을 받았다.

당나라 때 제정된 당률은 오늘날까지 전해져 학자들이 그 내용을 모두 연구할 수 있다. 당률은 중국 주위의 한국 · 일본 · 베트남 등의 국가들에 전해져 자국 법령의 원형으로 쓰였다. 특히 한국의 삼국시대에 고구려高句麗 · 백제百濟 · 신라新羅는 모두 당률을 그대로 채택했다.

당나라 때의 중국은 서양의 고대 로마와 유사하다. 당시 당나라는 문화뿐만 아니라 군사력에서 모든 아시아 국가를 이끌었던 나라였다.

06

예술철학

6.1 예악禮樂의 나라

중국은 옛날부터 지금까지 예법禮法과 음악을 숭상하고 있는 나라이다. 주위에 많은 나라에 둘러싸여 중국은 자칭 '中國[1]이라는 명칭을 아득히 먼 옛날부터 사용하고 있다. 동주東周 시대에 주周나라는 수도 낙읍(洛邑: 중국 낙양洛陽의 서쪽 교외에 있던 고대 도시)에서 명목상의 중앙집권체제만 갖추고 있었는데, 주나라의 제후국들도 모두 자칭 '中國'이라는 명칭을 사용했다.[2]

따라서 中國이라는 명칭에서 中은 '가운데'를 뜻하고 國은 '나라'를 말한다. 하지만 중국인은 中國이라는 명칭을 사용하지 않았다. 진秦나라의 백성은 자신을 진나라의 백성으로 부르기를 원치 않았으며 심지어 기원전 221년 진나라의 시황제始皇帝가 중국을 통일한 이후에도 중국 사람들은 中國이라는 명칭을 좋아하지 않았다. 반면에 중국의 두 왕조 한漢나라와 당唐나라가 유교儒敎를 실시하고 백성들도 이를 받아들였기 때문에 중국인은 자신을 한인漢人이나 당인唐人으로 부르는 데 거부감이 없었다.

한나라와 당나라 이후에도 중국의 모든 왕조는 국호를 계속 바꾸었다. 한나라는 국호를 '대한大漢'으로 사용했고 당나라는 국호를 대당大唐이라고 했다.

---

1   역주: '中國'이라는 명칭은 이미 몇 천 년 전부터 사용되었다. 중국 역사로는 은(殷)나라 때부터 사용되어 온 명칭이다. 원래의 뜻은 '중앙의 성(城)' 또는 '중앙지국(中央之國: 중앙의 나라)'라는 의미이다. 당시에 은나라의 수도는 각 제후국의 중간에 자리하였으며 지리적인 환경이 뛰어나고 정치·문화·경제의 중심이 되었다. 이러한 이유 때문에 사람들은 '중국(中國)'이라고 부르게 되었고, 이 말의 의미는 중간에 위치한 왕국이라는 뜻이다. 하지만 사람들은 황하(黃河) 유역의 중하류 지역을 일컫는 중원(中原)지역도 中國이라고 불렀다. 진(秦)나라와 한(漢)나라 이후로는 통일국가를 이루게 되어 보편적으로 황제가 직접통치하는 지역을 일컬어 中國이라고 불렀다. 따라서 청(淸)나라 말에 이르러서는 중국의 각 민족들이 세운 정권이나 부락들이 모두 중국의 영토 안에 있게 되어 中國의 범위에 속하게 되었다.

2   역주: 주(周)나라는 서주(西周, 기원전 1046~기원전 771)와 동주(東周, 기원전 770~기원전 256)로 구분한다. 동주는 기원전 771년 서주의 유왕(幽王)이 견융(犬戎)의 침공으로 호경(鎬京)이 함락되고 피살되는 사건이 발생하였고 제후들이 평왕(平王)을 옹립하였고 평왕(平王)이 수도를 호경(鎬京)에서 낙읍(洛邑)으로 옮긴 이후의 주(周)나라를 말한다. 동주 시대에는 주나라 왕실의 힘이 약화되고, 제후들이 주나라 왕실을 명목상으로만 남겨둔 채, 독립적인 활동을 하였다. 이 때가 춘추(春秋) 전국(戰國) 시대이다.

많은 중국 왕조가 국호를 빈번히 바꾸었다. 중국은 왕조마다 정권마다 새로운 국호를 사용했다.

공자는 말했다. "사람이 되어서 어질지 못하면 예禮를 어떻게 하며 사람이 되어서 어질지 못하면 음악을 어떻게 하겠는가?"[3]

중국은 수천 년 동안 전국 각지에서 수많은 어진 사람들이 조화로운 음악을 듣고 연주했다. 중국은 머지않아 또다시 예악禮樂을 숭배하는 나라가 될 것이다. 이는 중국인이 유교儒教를 포기하지 않았기 때문이다.

만일 공자가 다시 태어난 중국이 예법禮法과 음악을 저버린 나라라면 공자는 중국인이 되기를 원하지 않을 것이다.

6.2 조화와 음악 정신

『예기禮記』 중에 전국시대戰國時代부터 한漢나라에 걸쳐서 성립된 여러 가지의 음악 이론이 수록되어 있는 「악기樂記」가 있으며 저자는 공자의 제자 공손니자公孫尼子라고 한다.

「악기」에는 자공子貢과 사을師乙이 음악의 다양한 측면에 대해 논한 많은 대화가 기록되어 있는데 이 대화는 공손니자公孫尼子뿐만 아니라 공자의 사상을 잘 드러내고 있다.

자공이 사을을 만나서 물었다. "내가 듣기로는 '노래를 부르려면 사람 각자의 성질에 맞는 것을 노래하는 것이 좋다'고 했는데 우리들은 무엇이 마땅한가?" 사을이 대답했다. "나는 천한 악인樂人입니다. 어찌 당신께 무엇이 좋다고 가르쳐 줄 수 있겠습니까? 하지만 모처럼의 질문인 까닭으로 내가 들은 바를 그대로 말해 드리겠소이다. 당신 자신이 자기에게 마땅한 노래를 정하십시오. 그건 이렇습니다."

---

3   『논어(論語)』 팔일편(八佾篇) 제3장.

"은般의 노래는 오제五帝가 남긴 소리이며 은나라 사람이 이를 전했기 때문에 은의 노래라고 부르고 있습니다. 기분이 장대壯大하고 수식함이 없이 사람들에게 애정이 깊은 사람은 은의 노래를 부름이 좋습니다."

"제齊의 노래는 하夏·은般·주周 3대代가 남긴 것이고 제나라 사람이 이를 전했기 때문에 제의 노래라고 부르고 있습니다. 성질이 온량溫良하고 거기에 결단력이 강한 사람은 제의 노래를 부르는 것이 좋습니다."

"마음이 넓고 온화하고 다투지 않고 정직한 사람은 송頌을 노래함이 좋습니다. 도량이 크고 온화하고 어떤 일에 구애받지 않고 거기에 신의가 두터운 사람은 대아大雅를 노래함이 좋습니다. 솔직하고 거기에 침착하며 청렴하고 겸허한 사람은 풍風을 노래함이 좋습니다."

"은般나라의 음악에 밝은 사람은 큰일에 임해서 결단력이 풍부하고 또 제齊나라의 음악에 밝은 사람은 이익을 앞에 두고 사람에게 양보하는 마음이 있습니다. 큰일에 임해서 결단하는 것은 용勇이고 이利를 보고 양보하는 것은 의義입니다. 그리고 용勇에 있어서나 의義에 있어서나 노래에 의해 수양하는 것이 아니면 아무도 이利를 유지해 갈 수 없을 것입니다. 즉 노래한다는 것은 음조音調가 올라갈 때는 하늘에 올라갈 듯 가볍고 내려갈 때는 땅에 떨어질 듯 무거우며 음조가 굴곡을 이룰 때는 물건이 구부러지듯 느리고 중지할 때는 조용하고 마른 나무가 잠잠히 서 있는 것 같으며 또 음조가 작게 굴절할 때는 직각直角처럼 급하고 크게 굴절할 대는 마치 많은 구슬을 한 줄로 꿰뚫은 것처럼 느껴집니다."

"그러하기 때문에 노래한다는 것은 길고 길다고 말한 뜻이고 '말한다'는 것은 마음에 기쁜 일이 있어서 그것을 '말한다'는 것입니다. 따라서 말한 것만으로는 부족하기 때문에 길게 말하는 것이고 길게 말해도 부족하면 거기서 '아아!'하고 차탄嗟歎하게 되며 차탄해도 아직 부족하면 손과 발을 춤추면서 자기도 모르게 되는 것입니다."

자공은 완전히 만족하고 더 이상 묻지 않았다.

「악기」의 저자가 공손니자인가에 대한 진위 여부가 있을지도 모르지만 그 저자는 공자의 제자임에 틀림없다. 「악기」는 악樂은 노래를 부르는 사람의 마음속에 예禮가 있다고 논하고 있으며 사회는 예에 의해 조절되며 악은 많은 정부나 입법이 필요없다고 하는 공자의 전제를 분명히 확인시켜 주고 있다.

「악기」의 저자는 공자가 한 말을 전했을 뿐만 아니라 상당히 독창적이고 꿰뚫는 자신의 사상을 제시하고 있다. 예를 들어 저자는 악樂을 우리가 알고 있는 음악과 구별했는데 그에게 악이란 음악 이상의 것이다. "동물은 소리를 알아들으며 보통 사람들은 음악을 이해하고 오직 군자君子만이 악을 안다." "사람이 악을 아는 것은 예禮를 아는 것과 결코 벗어나지 않는다."

"음악은 이를 종묘 안에서 군신상하가 함께 들을 때는 사람들이 모두 화합하고 경애하는 마음이 생기는 것이며 같은 마을 사람들이 모여서 음악을 들을 때는 모두가 화합하여 온순한 기분이 되는 것이며 또 가정에서 부모형제들이 들을 때는 모두 화합하여 친애의 정이 강해지는 것이다. 그러므로 음악은 일정한 기준을 명시해서 여러 성음聲音의 조화를 도모하고 여러 악기를 연주해서 조화를 생각하여 하나하나의 소절小節이 잘 연합해서 하나의 악곡을 만드는 것이다. 그러므로 음악이 부자나 군신을 화합케 하고 만민을 군주와 더불어 친하고 복종케 하는 것으로 이것이 곧 선왕先王이 음악을 만든 목적인 것이다. 따라서 그러한 배려에 의해 만들어 아雅나 송頌의 노래나 악곡을 들으면 사람의 마음 속이 활짝 트이고 또 무인舞人의 간척干戚을 들고 부앙俯仰이나 굴신屈伸 등의 몸놀림을 배울 때는 스스로 얼굴 모습이 긴장되어 엄숙해지며 또 무인舞人이 무대 위의 정해진 몇 군데 위치를 돌 때 반주의 곡절에 맞추어 동작을 하면 행렬이 흩어지는 일 없이 진퇴가 잘 맞는 것이다. 즉 음악은 천지가 인간에게 가르쳐 주고 있는 조화의 수단이고 만물이 화합하는 근본적인 원리이며 사람의 성정性情으로부터 제거할 수 없는 것이다."

"애당초 노래는 자기의 내심을 솔직하게 표명하고 자신의 덕성德性을 충분히 표현하는 것이다. 노래는 이에 따라 지기를 표현하여 천지가 이에 응대應

待하고 사계四季의 순회巡廻가 온화하며 천계天界에 이변이 없고 지상의 만물이 잘 자라는 효력을 갖고 있다."[4]

「악기」는 악樂을 발전시켜 도道에 이르게 하는 것은 예禮와 함께 하늘의 일을 하게 되는 것이다. 악의 정신은 하늘 즉 조화의 정신과 같은 것이다.

6.3 예술가 공자

공자는 다른 사람들과 노래를 부를 때 상대방이 노래를 잘하면 반드시 다시 부르게 하고 그 뒤에 답가를 불렀다.[5]

공자는 곡을 한 날에는 노래를 부르지 않았다.[6]

제후국 진陳나라와 채蔡나라에서 공자가 먹을 것이 없어 크게 고초를 겪을 때도 평소와 다름없이 노래를 불렀을 뿐만 아니라 현악기를 연주했다.

중국은 류트와 기타에 필적할 만한 다양한 악기들이 있다. 공자는 자신의 집에 모든 악기들을 갖추고 있었다.

공자는 편경(編磬: 돌이나 옥으로 만든 악기. 나무에 달아놓고 두드리는 것이다.)이라는 악기를 연주할 수 있었다.[7]

공자가 노魯나라의 태사(大師: '태사'로 발음함. 음악을 담당하는 수장)에게 음악에 대하여 말했다. "음악을 알 수 있을 것 같습니다. 처음 시작할 때는 마음이 하나로 모아지고 죽 이어지면서 마음이 순수해지고 밝아져서 삶의 이치가 술술 풀려나왔다가 완성됩니다."[8]

공자는 말했다. "내가 위衛나라로부터 노魯나라에 돌아온 뒤에 음악이 바르게 되어 아(雅: '명곡'에 해당함. 『시경詩經』을 민요·명곡·찬송가의 노래 가사로 되어 있다고

---

4   역주: 『예기(禮記)』 제19편 악기(樂記).
5   『논어(論語)』 술이편(術而篇) 제31장.
6   『논어(論語)』 술이편(術而篇) 제9장.
7   『논어(論語)』 헌문편(憲問篇) 제42장.
8   『논어(論語)』 팔일편(八佾篇) 제23장.

본다면 이 중에서 명곡에 해당하는 것이 아雅이다. 궁중이나 점잖은 연회 때 연주한다.)와 송(頌: '찬송가'에 해당된다. 주로 종묘宗廟에서 조상신을 제사할 때 연주한다.)이 각각 제자리를 찾게 되었다."[9] 불행히도 공자가 편찬한 것과 그 판본은 진시황秦始皇 때 없어졌다.

공자가 제齊나라에 있을 때에 순舜임금의 음악인 소韶를 듣고 배우는 석 달 동안 고기 맛을 몰랐다.[10]

우리는 공자가 전문적인 화가였는가의 여부는 잘 알지 못한다. 하지만 공자는 적어도 예술의 원칙은 알고 있었다. 어느 날 자하子夏가 공자에게 물었다. "'교묘한 웃음에 보조개여. 아름다운 눈매에 또렷한 눈동자여. 깨끗한 마음으로 화려한 무늬를 만들었구나.' 하였으니 무엇을 말한 것입니까?" 그러자 공자가 대답했다. "그림 그리는 일은 흰 바탕이 있은 뒤에 한다."[11]

공자는 조각에 대해서도 관심이 있었다. 어느 날 재여宰予가 낮잠을 자니까 공자가 말했다. "썩은 나무에는 조각할 수 없고 똥거름 흙을 쌓아 만든 담장은 흙손질 할 수가 없다. 재여에게 무엇을 꾸짖겠는가?"[12]

공자의 학당은 교실 안팎으로 책 더미를 나르는 안경을 쓴 교사와 학생이 책으로만 공부하는 교육기관이라고 하기 보다는 현대적인 예술학교에 가까웠다. 공자의 제자들은 노래하고 악기를 연주했으며 의식무용도 하고 예법에 따라 많은 종류의 예식에 대해서 예행연습을 하기도 했는데 아마도 이들 중 일부는 그림을 그리기도 했을 것이다.

---

9   『논어(論語)』 자한편(子罕篇) 제14장.
10 『논어(論語)』 술이편(術而篇) 제13장.
11 『논어(論語)』 팔일편(八佾篇) 제8장.
12 역주: 『논어(論語)』 공야장편(公冶長篇) 제9장.

6.4 시와 음악 그리고 무용

『시경詩經』은 주周나라 조정과 백성들, 제후국의 조정 그리고 종묘에서 부른 시詩를 모은 뛰어난 선집選集이다. 다시 말해서 『시경』은 기원전 12세기경부터 시작되는 중국 서주西周에서부터 춘추春秋 시대 초기까지 불렀던 노래 가사의 모음집이다.

『시경』은 311편으로 이루어졌는데 그 중 6편은 제명만 있고 어구가 전해지지 않았기 때문에 가사가 있는 것은 305편뿐이다.

앞 절에서도 말한 바와 같이 공자가 작곡한 곡조는 『시경』에는 전해지지 않는다.

『시경』은 각 나라에서 불리던 민요를 모은 풍風, 조정에서 향연이나 제례를 거행할 때 불리던 노래를 모은 아雅, 종묘 제사 때 연주되던 음악의 가사를 모은 송頌의 3부로 나누어 편집되었다. 구체적으로 국풍國風 160편 · 소아小雅 80편 · 대아大雅 31편 · 송頌 40편과 함께 311편인데 이 중에서 소아小雅 6편은 편명만 있고 가사가 없기 때문에 실제로는 305편이다.

『시경』의 영어 번역판은 3가지가 있다. 첫 번째 역자는 제임스 레게James Legge[13]이며, 두 번째는 허버트 앨런 자일스Herbert Allen Giles[14]이고, 세 번째는

---

13 역주: 영국의 중국 학자이자 선교사로 일찍이 홍콩 영화서원(英華書院) 교장을 지냈고, 런던 포도회(布道會)의 전도사이다. 『중국고대경전(中國古代經典)』을 번역했는데 1861년부터 1886년까지 『사서(四書)』, 『오경(五經)』 등을 번역하고, 이 밖에 저서로 『중국경전(中國經典)』, 『법현행전(法顯行傳)』, 『중국적종교(中國的宗敎)』, 『중국편년사(中國編年史)』 등이 있다.

14 역주: 영국 옥스퍼드에서 성공회 목사 존 앨런 자일스(John Allen Giles)의 넷째 아들로 태어났다. 런던에서 유서 깊은 사립 명문학교 차터하우스 스쿨(Charterhouse school)을 졸업하고 외교관이 되어 1867년부터 1892년까지 대만을 비롯한 중국 여러 지역에서 근무했다. 중국에서 돌아온 뒤에 1897년, 토머스 프랜시스 웨이드 경(Sir Thomas Francis Wade)에 이어 캠브리지 대학교 중국어과 2대 교수로 임명되었다. 1892년에는 중영사전을 편찬하고, 이외에도 『논어(論語)』, 『도덕경(道德經)』, 『장자(莊子)』와 같은 다수의 중국 고전을 영어로 번역했다. 특히 중영사전 편찬 과정에서 토머스 웨이드가 만든 중국어 로마자 표기법을 수정하여 웨이드 자일스 식 로마자 표기체계를 완성했다. 1932년 은퇴한 뒤에 1935년 90살의 나이로 죽었다.

클라스 베른하르드 요한네스 칼그렌Klas Bernhard Johannes Karlgren[15]이다. 이 중에서 세 번째 역자가 가장 학술적이고 내용에 충실했다.

『시경』의 시詩는 곡조에 따라 읊었는데 자주 춤도 곁들여졌다. 당시 춤이 없는 민요는 완전한 민요가 아니었다.

풍風을 지을 때는 공식적으로 곡조를 붙이지 않았다. 하지만 소아小雅 · 대아大雅 · 송頌의 경우 시 구절에 맞는 곡조도 함께 지었다.

공자가 『시경』의 민요를 편찬한 이유는 대다수가 조화의 규칙에 벗어나고 그 곡조가 관능적인 것을 암시하여 윤리적 · 도덕적 기준에 부합되지 않았기 때문이다.[16]

우리는 공자가 춤의 스텝도 고쳤는지는 알지 못한다. 하지만 『서경書經』에 나오는 다음의 기록은 춤에서 공자가 가장 주의를 기울인 것이 소리의 조화라는 것을 알려준다. "순舜임금이 기(夔: 순舜임금 시대 신하의 이름으로 제사에 대해 잘 아는 궁중 음악가)에게 말했다. '기야! 너를 명하여 음악을 담당케 하니 어린이를 가르치되 곧으면서도 온화하며, 너그러우면서도 무서우며, 굳세면서도 학대함이 없으며, 간단명료하되 오만함이 없게 해야 할 것이다. 시는 뜻을 말한 것이고, 노래는 말을 길게 읊는 것이며, 소리는 길게 늘어뜨린 말에 의한 것이고 율律은 소리를 조화시키는 것이니, 팔음(八音: 여덟 가지 재료의 악기로 된 음악. 여덟 가지 재료는 쇠, 돌, 실, 대, 흙, 박, 가죽, 나무이다.)의 악기가 잘 어울려 서로 질서를 빼앗음이 없어야 산과 사람이 화합할 것이다.' 그러자 기가 대답했다. '아! 제가 돌로 된 악기를 두드리거나 돌로 된 악기를 어루만지면 모든 짐승들이 다 춤을 춥니다.'"[17]

---

15   역주: 스웨덴의 동양학자 · 언어학자. 중국어 사적 연구의 명저 『중국음운학연구(中國音韻學研究)』에서, 수 · 당의 중고한어 음계를 비교언어학 방법으로 복원하였다. 예테보리대학교 교수, 스톡홀름 극동고고박물관장을 역임하였다. 그 외에 사전 『중국의 문자』를 지었다.

16   역주: 『사기(史記)』 「공자세가(孔子世家)」에 의하면 채시지관(採詩之官)이 모은 시(詩)가 3,000여 편이 되었는데 공자가 그 중에서 잘된 것 300여 편을 골랐다고 한다.

17   『서경(書經)』 순전(舜典) 우서(虞書).

6.5 시학詩學

『시경』의 모든 민요는 훌륭한 노래일 뿐만 아니라 훌륭한 시詩이기도 하다. 『시경』의 민요는 모두 곡조는 전해지지 않지만 그 가사는 중국 시의 가장 오래된 전형이 되었다.

공자는 『시경』에 수록된 민요의 음악적 가치는 말하지 않았지만 시적 측면에 대해서는 많은 것을 논했다. (민요의 음악적 가치는 그 곡조와 함께 연구되어야 한다.)

서양에서 아리스토텔레스Aristotle는 『시론詩論』를 남겼지만 공자는 그렇지 못했다. 하지만 공자는 시詩에 대해서 자신이 지녔던 생각을 제자에게 말했다.

공자는 제자들에게 시의 기능에 대해 말했다. "너희들은 어찌하여 시를 배우지 아니하느냐? 시는 순수한 감정을 일으킬 수 있고, 사리를 살필 수 있으며, 무리를 이룰 수 있고, 제대로 원망할 수도 있으며, 가까이는 어버이를 섬길 수 있고, 멀리는 임금을 섬길 수 있으며, 새와 짐승과 풀과 나무의 이름에 대해서 많이 알 수 있다."[18]

공자가 위에서 말한 시의 정의는 아리스토텔레스Aristotle와는 사뭇 다르다. 아리스토텔레스는 시는 선율적 음정을 지닌 포이에시스poiesis[19]라고 정의했는데 시는 실화나 허구를 이야기를 들려주는 방식으로 전달하는 것을 말한다. 다시 말해서 아리스토텔레스의 정의에 따르면 시는 서사시, 희극, 비극, 고대 그리스의 술의 신 디오니소스dithyrambos에 대한 찬시 등의 4가지 중의 하나가 되어야 하는데 네 번째 디오니소스에 대한 찬시는 거칠고 영감을 받아 지은 짧고 불규칙적인 시였기에 이 4가지 형식 중에서 아리스토텔레스로부터 가장 낮은 평가를 받았다.

---

18 『논어(論語)』 양화편(陽貨篇) 제9장.

19 역주: 아리스토텔레스가 학문을 이론학·실천학·제작학으로 분류할 때에 사용한 용어이다. 넓게는 대상의 법칙을 알고 그것에 따라 인간에게 필요한 것을 만들어 내는 기술 일반을 의미하나 좁게는 대상을 있는 그대로 모방하는 것이 아니라 작가가 참되다고 느낀 세계를 표출하는 활동을 의미한다. 시의 경우는 시(詩)를 짓는 것을 말한다.

중국의 3대 왕조 하夏·은殷·주周에 보존된 시에는 사실상 서사시를 거의 찾아볼 수 없으며, 시의 분량도 서양의 고대 장편 서사시 일리아드Iliad나 오디세이Odyssey에 십분의 일이나 백분의 일에도 미치지 못한다. 비극·희극·발라드(ballade: 자유로운 형식의 짧은 서사시)는 중국 역사에서 훨씬 많은 세월이 지나서야 지어졌다.

중국 문학에서 시는 단지 시에 불과하며, 사실이던 허구이던 이야기 형식의 내용 전개는 없다. 전한前漢과 후한後漢의 발라드는 시가 아니라 단지 운韻을 단 산문에 지나지 않았다. 그래서 원元나라는 훌륭한 연극으로 잘 알려져 있는데 연극에서 부분적으로 대화나 사실 묘사의 형식을 갖춘 시와 민요가 등장했다.

중국 시인은 역사가에게 무슨 일이 일어났는지 그리고 소설가에게는 무슨 일이 벌어지게 될지 이야기할 여지를 남겨두고 있다.

공자는 말했다. "『시경詩經』은 삼백 편의 내용을 한마디의 말로 대표할 수 있으니 '생각함에 비뚤어짐이 없다'는 것이다."[20]

다시 말해서 시인은 다른 예술가와 마찬가지로 자신에게 솔직해야 한다. 자신에게 솔직하지 못한 시인의 시는 명실상부한 시가 아니다. 공자는 제자에게 『시경詩經』에 있는 훌륭한 시를 익힌다는 것은 솔직한 마음을 지닌 옛 시인의 시를 통해 참된 마음으로 살아갈 수 있도록 영향을 받는 것과 같다고 했다. 참된 마음으로 살아가는 사람은 나라의 요직에 기용되거나 외국 고위 관리를 만나 대화를 나누는 데 아무런 어려움이 없다.

시인은 솔직함 외에 음악적 재능도 있어야 한다. 시인은 자신의 시가 읊어지기 쉽도록 시어를 잘 선별하여 배치해야 한다. 물론 운韻을 만드는 것도 중요하다. 중국의 시는 각 행마다 운이 있다. 실제로 하나의 시 안에서 시어詩語는 모두 정확한 운을 내기 위해 올바른 음조音調를 지녀야 한다.

---

20 『논어(論語)』 위정편(爲政篇) 제2장.

중국에서 거의 3천년 동안 시는 하나의 예술로서 지속적으로 발전했다. 내용면이나 형식면에서 각 시대마다 걸작들이 완성되었다. 시 분야에서 중국만큼 긴 역사와 수많은 유산을 가진 나라는 드물다. 『시경』에는 가장 오래된 중국 시의 전형이 남아 있다. 이에 대한 이유 가운데 하나는 아마도 공자가 자신의 학당에서 『시경』을 제자들에게 가르쳤기 때문일 것이다.

6.6 문학

공자는 문체 또한 산문에서 중요하다고 했다. 단어는 정성스러운 마음을 지니고 명료하며 간결해야 한다.

공자는 말했다. "말은 가다듬고 그 정성스러운 마음을 간직하는 것을 수업을 하는 방법이다."[21]

일부 작가들과 연사들은 말을 많이 사용하려고 한다. 이들은 독자들이나 청중들을 혼란스럽게 만든다. 공자는 말했다. "말은 전달하는 것일 뿐이다."[22]

남에게 자신을 이해시키는 것은 그 자체가 예술이며, 그것도 어려운 예술이다.

공자가 이룩한 위업은 제자와 친구 그리고 공자 시대 당시의 사람들뿐만 아니라 공자 사후 수 백 세대에 걸쳐 중국인 나아가 지금까지 『논어論語』와 기타 저서의 번역서를 통하여 수많은 외국인들에게 공자 자신을 이해하게 만들었다는 것이다.

공자는 말했다. "옛 책에 있되 '말로 뜻을 족하게 하고, 글로 말을 족하게 한다.'고 했다. 사람이 말하지 않으면, 누가 그 뜻을 알 것인가? 그리고 말을 할 뿐 글이 없다면, 그 말 전해짐을 알지 못한다."[23]

---

21 『주역(周易)』 1건(乾) 중천건(重天乾).
22 『논어(論語)』 위령공편(衛靈公篇) 제40장.
23 『춘추좌씨전(春秋左氏傳)』 양공(襄公) 25년.

공자가 『예기禮記』에서 한 대동大同과 같은 말은 정교하지만 역시 정성스러운 마음이 담겨 있고 명료하며 간결하다.

『주역周易』에 나와 있는 공자의 말은 정교할 뿐만 아니라 특히 「계사전繫辭傳」은 대단히 원래의 뜻을 잘 전달하고 있다. 여기에서 공자의 말은 매우 이해하기 쉽다.

중국에서 시와 마찬가지로 산문도 오랜 역사를 지니고 있으며 그 형식도 상당히 다양하다. 중국의 일반 역사나 왕조사에 대응하는 서양의 고대나 중세 유럽 역사는 찾아보기 힘들다. 중국인이 붓으로 저술한 문집의 양은 수만권에 이른다. 당唐나라 시대 이후 지금까지 소설과 희곡은 발전해 오면서 실제적으로 수많은 유럽의 기법을 흡수하고 있다.

중국에 문학 비평서는 드물다. 남조南朝 양梁나라 문학자 유협(劉勰, 465~521)의 『문심조룡文心雕龍』[24]은 시우충施友忠에 의해 영어로 번역되었다.[25] 육기(陸機, 261~303)가 쓴 문학 이론서 『문부文賦』[26]에 다음과 같은 글을 남기고 있다. "글을 구성하는 데 나는 행복한 우연의 일치를 선호하며, 단어를 선택하는 데 매력적인 요소가 있는 말을 고르기를 권한다. 다른 어조나 말투로 다른 말로 바꾸어 써야 할 것이며 그림에 그려진 색상처럼 단어들을 잘 구성해야 할 것이다."[27]

---

24 역주: 중국 육조(六朝)시대의 문학 평론으로, 양(梁)나라 유협(劉勰)의 저서이다. 모두 50편 10권으로 되어 있고, 최후의 서지편(序志篇)은 전체의 자서(自序)에 해당한다. 전반 25편, 후반 24편으로 나뉜다. 46 변려체(駢儷體)에 의해 씌어졌다.

25 Liu Xie(치勰). The Literary Mind and the Carving of Dragon(《文心雕龙》). Tr. Vincent Yu-chung Shih. New York: Columbia UP, 1959.

26 역주: 『문부(文賦)』는 중국 문학사에서 처음으로 문학 창작의 이론을 전체적으로 연구한 체계적인 글로 평가받고 있다. 당시의 현학(玄學)으로 인하여 유행하던 철학적 개념들을 문학의 영역에 도입해 이론적으로 접근했으며 자주 발생하는 오류와 대안, 이상적인 심미관, 상상력과 영감, 문체의 품격 등 창자의 구체적인 문제에 대해 상세하게 묘사했다고 한다.

27 Lu Ji(陸機). Essay on Literature(『文賦』). Tr. Shih-hsiang Chen. Cyril Birch ed. Anthology of Chinese Literature. New York: Grove Press, 1965, 203 – 214.

6.7 음악

악사와 악기 등의 주제로 들어가기에 앞서 6.2절에 밝힌 음악에 대한 공자의 사상에 대해 논하고자 한다.

음악의 기능과 공자의 초기 가르침으로부터 발전된 주제에 대해서 가장 심오한 개념을 보여주는 『예기禮記』의 구절을 소개하고자 한다.

1. 사람들의 감정 해소

"사람의 마음은 태어날 때부터 조용하고 침착한 것이며 그것이 천성天性인 것이다. 그러나 또 마음은 외물外物에 느끼고 움직여 가지가지로 작용하는 것이며 그것은 인욕人慾인 것이다. 마음이 외물에 느껴서 움직이면 지력知力이 작용해서 그 외물을 알며 그렇게 되면 호오好惡의 정情이 발생한다. 만일 마음속에서 호오의 정에 절도節度가 없고 몸밖에서 사물이 자꾸만 지력이 바르게 작용할 수 없게 되어 사람의 천리天理 즉 이성理性은 멸망해 버린다. 그러므로 만일 호오의 정이 절도가 없게 되고 지력도 바르게 작용하지 않게 되면 사물이 밖으로부터 마음을 혼란케 하여 사람은 물건에 지배되는 것이 되며 천리인 이성이 멸하여 인욕 즉 욕망이 왕성해진다. 이렇게 되면 부정이나 사기詐欺할 마음이 생겨서 무도無道한 일이나 난폭한 일을 하게 되며 그 결과 강자는 약자를 위협하고 다수가 소수를 억압하며 지자知者가 우자愚者를 속이고 용맹한 자가 겁 많은 자를 괴롭히며 환자는 요양할 수 없게 되고 노인이나 어린이는 안주安住할 곳을 얻지 못하게 된다. 이것은 세상이 크게 어지러워지는 길인 것이다. 그래서 선왕이 예악禮樂을 만들었을 때에는 사람이 갖추어야 할 성질이나 능력에 비추어 절도를 정했다. 종鐘 · 고鼓 · 간干 · 척戚을 사용하는 악곡樂曲은 안락安樂에 관한 절도이며 결혼이나 관례冠禮의 규정은 남녀를 분별하는 절도이고 향사鄕射나 향음주鄕飮酒 등의 의식은 사교社交에 관한 절도이다. 즉 예禮는 민심을 규제하고 악樂은 민성民聲을 조화시키며 정치는 도道를 행하는 수단이고 형벌은 부정을 방지하는 방법이다. 이리하여 예악형정禮樂刑政의 네 가지 일이 바르게 행하여져서 잘못이 없으면 왕자王者의 치도治道가 만족하게 실현되는 것이다."**28**

2. 사람들을 화합하게 하는 작용

"우수한 음악은 천지天地와 마찬가지로 화합和合 작용을 하고 중대한 예의는 천지와 마찬가지로 인간을 규제한다. 화합 작용이 이루어지기 위해 천지간天地間의 만물이 각기 그 개성個性을 뻗어 성장할 수가 있고 또 규제하기 위해 사람들은 천지의 신들을 공경하여 이를 제사지내는 것이다. 이리하여 현실의 세계에는 예악禮樂이 있고 유계幽界에는 귀신이 있다. 이렇게 하면 그것이 천하의 사람 모두가 한결같이 경애敬愛하는 바람직한 세계인 것이다. 예禮는 사물을 차별하고 마음을 한결같이 존경하게 하는 것이고 악樂은 가지가지의 다른 곡절에 의해 사람의 마음을 한결같이 친애하는 것이지만 양자兩者 모두 세계에 조화調和를 가져오는 것이라는 본질本質에 있어서 같다. 그러므로 예로부터 현왕賢王이 모두 이를 이어받아 예악禮樂을 중용重用하는 것이며 그리고 그 왕들의 사업은 시세時勢에 적합하며 공적功績에 알맞은 악곡樂曲이 만들어지고 있는 것이다."

"음악은 이를 종묘 안에서 군신상하가 함께 들을 때는 사람들이 모두 화합하고 경애하는 마음이 생기는 것이며 같은 마을 사람들이 모여서 음악을 들을 때는 모두가 화합하여 온순한 기분이 되는 것이며 또 가정에서 부모형제들이 들을 때는 모두 화합하여 친애의 정이 강해지는 것이다."

"그러므로 음악은 일정한 기준을 명시해서 여러 성음聲音의 조화를 도모하고 여러 악기를 연주해서 조화를 생각하여 하나하나의 소절小節이 잘 연합해서 하나의 악곡을 만드는 것이다. 그러므로 음악이 부자나 군신을 화합케 하

---

28 역주: 『예기(禮記)』 제19편 악기(樂記).

고 만민을 군주와 더불어 친하고 복종케 하는 것으로 이것이 곧 선왕先王이 음악을 만든 목적인 것이다."[29]

3. 고요하게 퍼져 하늘의 덕德을 상징

자하子夏가 위魏나라의 문후文候에게 말했다. "이러한 대당(大當: 태평)의 세상이 됨으로써 성인聖人은 부자 군신의 도리를 만들어 인간의 규율로 하고 이것이 바르게 지켜짐으로써 천하가 다스려지고 다스려짐으로써 성인은 육률六律을 정하여 오성五聲을 조화시키며 이에 의해서 시詩나 송頌을 현絃에 맞추어 노래하기를 시작했습니다. 이렇게 해서 시작된 음악을 덕음德音이라고 하며 이것이 바른 악樂입니다. 『시경詩經』에 '그 왕계王季의 덕음德音은 조용하고 맑으며 그것에 의해서 성인의 덕德이 밝혀지고 절리 사람들에게 전해져 사람의 장長이 되고 임금이 되고 대국大國의 왕이 되어서 사람들이 이에 따르고 이에 친하고 그 아들 문왕文王에 이르러 덕이 극에 달하며 아무 후회하는 바 없이 마침내는 하늘의 복을 받아 자손에게 이르렀다'라고 되어 있는데 그것을 말한 것입니다. 그러므로 지금 우리 임금이 좋아하시는 것은 익음(溺音: 사람을 유혹하는 음악)일 것입니다."

문후가 물었다. "그럼 묻노라. 그 익음이란 것은 어디로부터 나온 것인가?" 자하가 대답했다. "정鄭의 음악은 사람의 마음을 휘저어서 타락시키고 송宋의 음악은 사람의 마음을 유약柔弱하게 하여 좋지 않은 방향으로 유도합니다. 위魏의 음악은 속도가 지나치게 빨라서 사람의 마음을 조급하게 하며 제齊의 음악은 오만하고 편벽되니 사람의 마음을 교만하게 합니다. 이 네 가지는 모두 사람을 유혹해서 여색女色에 탐닉耽溺하게 하여 덕의德義를 가벼이 여기게 하므로 신을 제사지내는 데에는 사용하지 않는 것입니다. 『시경詩經』에 '악기의 음이 엄숙하고 고요하게 퍼지니 선조의 신령이 이를 들으시네'라

---

29 역주: 『예기(禮記)』 제19편 악기(樂記).

고 되어 있습니다만 바른 음악에는 공경함과 온화한 기분이 있는 것으로 이 기분이 충만하면 여하한 어려운 일도 이를 해치울 수가 있습니다. 그러므로 임금된 자는 자기의 싫고 좋음을 말하기를 삼가야 하고 임금이 좋아하는 것은 신하가 이를 행하며 윗사람이 행하는 것은 백성이 이를 따르게 마련입니다. 『시경』에 이르기를 '백성을 이끌기가 매우 쉽다'라고 했으니 이를 두고 한 말입니다."

"이러한 연후에 성인聖人은 먼저 도鼗 · 고鼓 · 강椌 · 갈楬 · 훈壎 · 지篪를 만들었으니 이 여섯 가지는 덕음德音의 음악입니다. 다음으로 종鐘 · 경磬 · 우竽 · 슬瑟을 만들어서 먼저의 여섯 가지에 화합和合시켜 무인舞人으로 하여금 간干 · 척戚 · 모旄 · 적狄이라는 기구를 손에 들고 춤추게 하였으며 선왕先王의 묘제廟祭에는 이러한 음악이나 무악舞樂을 사용하는 것입니다. 또 향연饗宴에 있어서 사람들의 귀천貴賤이나 관등官等을 밝혀서 서로 알맞은 예禮를 행하는 데에도 이러한 음악을 사용하고 또 자손에 대하여 존비장유尊卑長幼의 차별을 나타내려는 데에도 이러한 음악을 사용했던 것입니다."[30]

6.8 악사樂師

고대 중국에서 음악을 담당하는 관리를 '師'라고 불렀는데 '師'라는 글자는 스승을 가리키는 데도 사용되었다. '師'는 스승을 뜻하는 이탈리아어 '마에스트로maestro'를 떠올리게 한다. 이러한 중국어와 서양 언어 사이에 우연의 일치는 드물지 않은 현상이다.

음악에 커다란 업적을 달성한 공자는 그 자신이 음악의 대가라 할 수 있으며 위대한 음악가의 명성을 기뻐했다. 하지만 공자는 교육자로 알려져 있다. 공자가 음악이나 다른 분야에서 이룩한 업적은 상당 부분 자신의 학당에서

---

30 역주: 『예기(禮記)』 제19편 악기(樂記).

이룩한 공자의 업적에 가려져 있다.

공자는 당시 노魯나라 태사太師와 교향곡의 일반적 구조에 대해서 좋은 의견을 나누었다. 공자는 노나라의 태사에게 말했다. "음악을 알 수 있을 것 같습니다. 처음 시작할 때는 마음이 하나로 모아지고 죽 이어지면서 마음이 순수해지고 밝아져서 삶의 이치가 술술 풀려나오고는 합니다."[31]

"공자가 사양자師襄子로부터 거문고를 배웠다."[32] 『공부자성적도孔夫子聖蹟圖』[33]에 따르면 공자가 주周나라의 대부大夫 장홍萇弘을 찾아가 음악에 대한 자문을 구하곤 했는데 공자 자신이 평소 궁금했던 내용을 장홍에게 물었다고 한다.

당시의 음악가는 정부의 요직을 차지하고 있었다. 예를 들어 태사太師는 임금을 보좌하는 최고의 관직 삼공三公[34] 중 하나로 정무가 음악에만 한정된 것이 아니라 역사의 편찬 및 각종 의례와 제사 등을 관장했다.

"진晉나라 사람들은 초楚나라가 군사를 내었다는 것을 들어 알았다. 그때 악사인 사광師曠은 말하기를 '우리나라에게는 해가 없다. 나는 가끔 북방의 노래를 부르고 또 남방의 노래를 부르지만 남방 나라의 노래는 활기가 없어 죽어가는 소리가 많으니 초나라 군사는 반드시 아무 공 이룸이 없을 것이다.'

---

31 역주: 『논어(論語)』 팔일편(八佾篇) 제23장.
32 역주: 『사기(史記)』 공자세가(孔子世家).
33 역주: 공자의 평생의 행적을 그림과 간단한 서술로 나타낸 책으로 공자의 일생과 행적에서 의미 있는 사건을 뽑아 도해한 일종의 고사인물도(故事人物圖)이며, 성적도(聖蹟圖)·공부자성적도(孔夫子聖蹟圖)·성적지도(聖蹟之圖) 등으로 지칭되기도 한다. 성적도의 원천 자료가 되는 최초의 공자전(孔子傳)은 전한(前漢)의 사마천(司馬遷)이 쓴 『사기(史記)』의 「공자세가(孔子世家)」이며, 같은 책에 실린 「중니제자열전(仲尼弟子列傳)」도 보조자료로 활용되었다. 초기에는 공자와 노자(老子)의 만남과 같은 특정한 사건이 단편적으로 그려지다가 시대가 내려오면서 생애의 주요 사건과 일화를 수십 폭에 도해한 공자성적도(孔子聖蹟圖)가 만들어졌다.
34 역주: 삼공(三公)은 중국 및 그 영향을 받은 동아시아 여러 국가의 전근대 관직 제도의 하나로 국가 정치기관의 최고위에 위치한 관직이다. 그 기원은 고대 중국 주(周)나라에서 시작되었다. 주(周)나라에서는 태사(太師)·태부(太傅)·태보(太保)의 세 관직을 삼공(三公)이라 불렀다.

라 했다. 그리고 동숙董叔은 말하기를 '천운이 서북방에 많은데 남방 국가의 군사가 행동할 때가 아닌데도 행동했으니 반드시 공 이룸이 없을 것이다.'고 했다. 그리고 또 숙향叔向은 말하기를 '국운國運은 그 나라 군주의 덕에 달려 있는 것이다.'라고 했다."[35]

공자는 아마도 소리를 구분하는 능력이 뛰어났을 것이다. 공자는 한 순간의 노래 소리가 그 순간에 하늘의 기氣 일부를 형성할 뿐만 아니라 천하도 그 기 일부를 이룬다고 믿고 있었다.

기원전 517년 노魯나라의 임금 소공昭公이 세도가 계손季孫을 토벌하는 데 실패하여 제齊나라로 망명하여 노나라 악관樂官 8명이 다른 제후국으로 흩어져 망명했다. "태사大師인 지摯는 제齊나라로 가고, 아반亞飯인 간干은 초楚나라로 가고, 삼반三飯인 료繚는 채蔡나라로 가고, 사반四飯인 결缺은 진秦나라로 가고, 북치는 사람인 방숙方叔은 하내河內로 들어가고, 작은북을 흔드는 사람인 무武는 한중漢中으로 들어가고, 소사少師인 양陽과 편경編磬을 치는 양襄은 해도海島로 들어갔다."[36] 공자는 이들 악관 8명과 끊임없는 교류가 있었는데 이들이 노魯나라를 떠나자 깊은 탄식을 했다고 한다. 특히 공자는 편경을 치는 사양자師襄子에게 거문고를 타는 것을 배웠다.

공자는 노나라의 악사장樂師長인 태사大師 지摯와 합주에 대해서 논의했는데, 당시 『시경詩經』의 민요 대부분이 선율 악기 금琴과 장단 악기 슬瑟의 이중주로 연주되었을 것이라고 한다. 태사 지는 작곡가이기도 했다. 공자가 말

---

35 『춘추좌씨전(春秋左氏傳)』 양공(襄公) 18년.

36 역주: 『논어(論語)』 미자편(微子篇) 제9장. 태사(大師)는 궁중에 있는 악사(樂師)의 장(長)으로 大師의 음을 '태사'라고 한다. 천자(天子)는 아침, 점심, 점심과 저녁 사이의 간식, 저녁의 네 끼 식사를 했다. 그때마다 음악을 연주하는데, 아반(亞飯)은 점심을 말하고 간(干)은 점심 때 연주하는 음악을 담당하는 사람의 이름이다. 삼반(三飯)은 점심과 저녁 사이의 간식을 뜻하며 료(繚)는 그때의 음악을 담당하는 사람의 이름이다. 사반(四飯)은 저녁을 가리키며 결(缺)은 그때의 음악을 담당하던 사람의 이름이다. 소사(少師)는 악사(樂師)의 차장(次長)을 말한다. 편경(編磬)은 옥(玉)으로 만든 타악기를 가리키며 양(襄)은 편경(編磬)을 치던 사람의 이름이다.

했다. "악사樂師인 지摯가 처음 벼슬을 할 때 연주하던 관저關雎의 마지막 악장이 넘실넘실 귀에 가득하구나!"[37]

중국 역사상 가장 오래된 음악가는 기夔였는데, 기는 음악을 관장하는 전악典樂을 맡아 악곡을 창작하고 연주하면서 순舜을 도와 천하를 평안케 했다. "순임금이 기에게 말했다. '기야! 너를 명하여 음악을 담당케 하니 어린이를 가르치되 곧으면서도 온화하며, 너그러우면서도 무서우며, 굳세면서도 학대함이 없으며, 간단명료하되 오만함이 없게 해야 할 것이다. 시는 뜻을 말한 것이고, 노래는 말을 길게 읊는 것이며, 소리는 길게 늘어뜨린 말에 의한 것이고 율律은 소리를 조화시키는 것이니, 팔음(八音: 여덟 가지 재료의 악기로 된 음악. 여덟 가지 재료는 쇠, 돌, 실, 대, 흙, 박, 가죽, 나무이다.)의 악기가 잘 어울려 서로 질서를 빼앗음이 없어야 산과 사람이 화합할 것이다.' 그러자 기가 대답했다. '아! 제가 돌로 된 악기를 두드리거나 돌로 된 악기를 어루만지면 모든 짐승들이 다 춤을 춥니다.'"[38]

6.9 악기

앞 절에서 공자의 집에 거문고,[39] 슬瑟, 편경編磬 등의 악기가 집 안에 많이 있었다는 것을 언급했다.

공자는 사양자師襄子에게 거문고를 타는 것을 배웠는데 사양자는 노魯나라

---

37 역주: 『논어(論語)』 태백편(泰伯篇) 제17장. 관저(關雎)는 『시경(詩經)』 「국풍(國風)」에 실린 민요로 마지막 악장의 가사는 다음과 같다.
　　"들쭉날쭉 돋아 있는 저 마른 풀을
　　이리저리 다듬어서 담아두듯이
　　아리따운 요조숙녀 님을 얻어서
　　즐거워서 종을 치고 북을 칩니다"

38 역주: 『서경(書經)』 순전(舜典) 우서(虞書).

39 역주: 중국에서 거문고를 보통 금(琴)이라고 하며, 한국에서는 중국의 금을 칠현금(七絃琴)이라고 부르는데 한국 거문고의 원조라고 알려져 있다.

궁정에서 옥玉으로 만든 타악기 편경을 치는 악사樂師였다. 공자는 또한 사양자에게 편경을 치는 것도 배웠다. 하지만 공자가 누구에게 슬瑟을 연주하는 법을 배웠는지는 알려지지 않고 있다.

거문고는 7현七絃을 가지고 있으므로 칠현금이라고도 불린다. 문헌에 따르면 거문고는 순舜임금 때 5현이었으나 주周나라 때 문왕文王이 한 줄, 무왕武王이 한 줄을 더하여 모두 7현이 되었다고 한다. 거문고는 서양의 기타를 연상시키지만 탁자나 책상 위에 놓고 연주하며 기타와는 전혀 다른 소리를 낸다.

슬瑟도 탁자나 책상 위에 놓고 연주하는데 거문고와는 달리 줄을 떠받치는 음주音柱를 가지며 25현으로 되어 있는데, 가운데의 주선朱線은 무율無律로서 연주에는 사용하지 않는다. 좌우 12율律로 되어 있는데, 본율本律 12음은 오른손 인지人指로 타고, 청성淸聲 12음은 왼손 인지人指로 동시에 타서 8도의 화음을 내도록 되어 있다. 슬은 거문고보다 음조가 더 높고 음색도 더 강하다.

편경은 맑은 소리가 나는 옥돌을 다양한 크기로 깎아서 막대를 들고 두드려 소리를 내는 악기이다. 2층의 걸이에 각각 8개의 'ㄱ'자 모양의 돌을 매달고 소리를 내는데 맑은 소리가 나는 것이 특징이다. 편경은 나무, 동물 가죽, 구운 점토, 청동이나 대나무로 만든 악기들과 합주를 할 때 상쾌한 소리가 흘러나온다. 합주의 경우 12개를 한 쌍으로 하는 편경이 아니라 하나의 경磬으로도 연주할 수 있다.

공자 시대에 피리는 대나무로 만들어졌는데, 대나무 피리는 손을 짚는 구멍인 지공(指空: 손가락으로 막고 여는 구멍)의 지름과 지공마다의 간격이 모두 일정하여 표준 음계음을 정하는 데 사용했기 때문에 가장 중요한 악기였다. 대나무 피리를 6개씩 2개의 그룹으로 나누어 총 12로 표준 음계음을 확인할 수 있었다. 이때 2개의 그룹은 각각 음陰과 양陽을 상징했다.

중국은 전통적으로 삼분손익법三分損益法에 따라 음계음을 구했다. 어떤 길이의 피리가 내는 음을 바탕음基音 '궁宮'으로 잡으면, 그 길이의 3분의 1을 줄인3분의 1의 손損 길이의 피리의 음은 궁宮보다 완전 5도가 높은 음 '치徵'이며,

궁宮을 내는 피리 길이의 3분의 1을 더한3분의1의 익益 길이의 피리가 내는 음은 궁宮보다 완전 4도가 낮은 음 '상商'이다. 다시 상商의 3분의 1을 줄여 '우羽'를 얻고, 우羽의 3분의 1을 더하여 '각角'을 얻는다. 이렇게 얻어진 '궁宮', '상商', '각角', '치徵', '우羽'의 음계를 5성聲이라 부르고, 이 삼분손익三分損益의 방법을 더 반복하여 얻어지는 황종黃鐘 · 대려大呂 · 태주太簇 · 협종夾鐘 · 고선姑洗 · 중려仲呂 · 유빈蕤賓 · 임종林鐘 · 이칙夷則 · 남려南呂 · 무사無射 · 응종應鐘의 음계를 12율律이라고 부른다.

편종編鐘은 대나무 피리 다음으로 중요한 악기였다. 편종은 중국의 가장 오래된 대표적인 아악기로 중국 고대 삼황三皇에 이어 중국을 다스린 오제五帝의 첫 번째 임금 헌원씨軒轅氏 때 윤륜이라는 악사가 만든 것으로 전해진다. 은殷나라 때부터 사용하기 시작하여 주周나라 때엔 아악기雅樂器로 사용했다. 편종은 약 30cm 높이의 똑같은 크기의 종 16개를 두 단으로 된 나무틀에 8개씩 나누어 건다. 편종은 각퇴(角槌: 가느다란 나무막대기 끝에 사슴 뿔 또는 기타 동물의 뿔을 깎아 박은 채)로 종 아래의 둥근 표시인 수隨를 쳐서 소리를 낸다. 편종에 매달려 있는 16개의 종은 크기가 모두 같지만 종의 두께에 따라 소리의 높낮이가 결정되는데 그 두께가 얇으면 소리가 낮고 두꺼우면 높은 소리가 난다.

대나무 피리는 단지 표준 음계음을 정하는 데 사용되었을 뿐만 아니라 적어도 중국의 음악극 초기 단계에 사용되기도 했다. 이후 대나무 피리 외에도 소簫 · 관管 · 생笙 · 우竽 등의 여러 가지 부는 악기가 발명되어 대나무 피리와 함께 음악극에서 계속해서 사용되었다.

한漢나라의 무제武帝 때 적笛이 발명되었는데 적은 여러 가지 면에서 소簫와 차이가 있다. 적笛과 소簫 모두 지공指空이 6개인 관악기이지만 적은 수평으로 잡는 데 반하여 소는 수직으로 잡고 연주한다. 적은 6개의 지공 외에도 정확한 음정을 조절하기 위해서 별도로 칠성공七星空이 붙어 있다.

관管에 대해서는 정확히 알려진 바는 없는데 죽관竹管이라고도 부른다. 관은 적의 원형일지도 모른다. 일부 학자들은 적이 한漢나라 때 동부의 티베트족으로부터 전래되거나 티베트의 악기를 개량해서 만든 것이라고 믿고 있다.

소簫와 관管과 마찬가지로 · 생笙과 우竽도 중국 고대의 악기이다. 생과 우는 모두 관이 조합되어 이루어져 있는데 우는 관이 36개이지만 생은 관의 수가 우보다 더 적다.

공자는 물론 공자 사후 유가儒家는 철학자인 동시에 악기에 대한 이론가였는데 이들은 정치를 안정시키기 위에 다양하게 여러 지역에서 유명한 민요의 소리를 들으며 자신들의 생각을 서로 비교했다.

6.10 무용

명明나라의 주재육(朱載育, 1536~1610)은 고대 중국인 모두 춤을 추는 법을 알았는데 어렸을 때부터 배웠다고 믿었다.[40]

주재육의 의견은 올바르다. 실제로 무용은 음악에 필요한 부분이었다. 음악은 단지 청각적인 요소뿐만 아니라 시각적인 요소도 들어가는데 시각적인 요소가 결여된 음악은 음악으로 취급되지 않았다.

주周나라 도읍지에서 귀족의 자제들이 다니던 국립 교육 기관의 교육 과정에서 음악은 청각과 시각의 두 가지 요소로 이루어졌다.

주나라 궁중에서 행해지던 연회에는 무용이 없어서는 안 되었다. 춤을 추는 줄의 수와 무인舞人의 수는 가로와 세로가 같았다. 주나라 왕실의 경우 한 줄에 8명씩 여덟 줄에 64명이 추었다. 무인의 수는 제후국은 48명, 재상은 32명으로 정해졌다. 사士의 경우에는 무인의 수가 불과 16명으로 한정되었다.

모든 무인은 주나라 조정부터 사에 이르기까지 모두 깃털이 달린 모자를 쓰고 채색 복장을 갖추어 입어야 했다.

주빈主賓은 모두 연회 중에 앞뒤에서 무인舞人과 함께 춤을 추었다.

---

40 朱載育:《律呂精義》外篇卷六,《論舞學不可廢》, 第73, 74頁, 明萬歷二十四年刊本(公元1596年)。

다양한 종류의 무용과 방식 혹은 교육 기관이 있었다. 일반적으로 종교적, 외교적, 사회적인 무용이 있었는데 고전적이고 현대적인 방식도 존재했다. 여기에서 현대적인 것은 이 주제에 대해서 이야기하는 사람에게 현대적이라고 하는 특별한 시기를 뜻한다.

자하子夏가 위魏나라의 문후文候에게 말했다. "고악古樂은 앞으로 나가는 것도 무리로 하고 뒤로 물러가는 것도 무리로 하며 그 소리가 화和하고 바르면서도 넓습니다. 현弦, 포匏, 생笙, 황簧 등 악기를 한데 모으고 부고拊鼓를 준비하고서 북을 울려 연주를 시작하고 징을 울려서 연주를 끝냅니다."[41]

공자의 제자 빈모가賓牟賈가 공자 곁에 있는데 공자가 이와 더불어 이야기하다가 음악에 이르렀다. 공자가 말했다. "대무大武의 무악舞樂에서는 최초의 북이 울리고부터 곡이 시작될 때까지의 사이가 매우 긴데 그것은 무슨 까닭인가?" 빈모가가 대답했다. "무왕武王이 주紂를 칠 때 혹시 자기편을 많이 얻을 수 없는 것이 아닐까 하고 근심한 마음을 표현하고 있습니다."

공자가 물었다. "그럼 대무大武의 곡은 그 박자가 길고 가늘어져도 끊기지 않고 지속되고 있는 것 같은 느낌이 드는 것은 무슨 까닭인가?" 빈모가가 대답했다. "무왕이 주를 칠 때 달려오는 사람들이 늦어서 싸움에 대지 못하지나 않을까 하고 걱정하는 기분을 묘사하여 지속될 것 같다가는 끊어질 듯하고 끊어질 것 같다가는 또 지속되는 것입니다."

공자가 물었다. "이 무악舞樂에서 춤추는 손발의 움직임이 지극히 빠른 것은 무슨 까닭인가?" 빈모가가 대답했다. "무왕이 그 때의 기세를 타고 단숨에 주를 멸망시키려고 한 기분을 표현하고 있습니다."

공자가 물었다. "대무大武의 곡에서 무인舞人이 무릎을 꿇을 때 오른쪽 무릎을 땅에 대고 왼쪽 발을 위로 드는 것은 무슨 까닭인가?" 빈모가가 대답했다. "아닙니다. 그것은 무릎 꿇는 것이 아닙니다. 대무의 곡에는 무릎 꿇는 일이

---

41 역주: 『예기(禮記)』 제19편 악기(樂記).

없습니다." 그러자 공자가 물었다. "그럼 대무의 곡은 그 소리에 사악邪惡한 느낌이 있어서 마치 무왕武王이 은殷나라의 천하를 뺏으려고 하는 기분을 표현하고 있는 것처럼 생각되는 것은 무슨 까닭인가?" 빈모가가 대답했다. "아닙니다. 그것은 대무의 곡 소리가 아닙니다."

공자가 물었다. "만일 대무의 소리가 아니라고 하면 이러한 인상을 주는 것은 무슨 곡인가?" 빈모가가 대답했다. "음식을 관장하는 관원이 기록을 분실해서 무슨 곡인지 알 수가 없습니다. 만일 관원이 기록을 분실하지 않고서 진정 선생님의 말씀대로 대무의 곡에 그러한 인상이 있다고 하면 이 곡에 표현되고 있는 무왕의 심리는 매우 거칠어진 것이라고 작곡자에게는 생각된 것입니다." 그러자 공자가 말했다. "음, 내가 이것을 장홍萇弘에게 물었을 때 장홍도 또한 자네와 마찬가지로 답하고 있었다. 정말 그것이 옳은 말일 것이다."

그래서 빈모가는 일어나 자리를 떠나서 경의를 표하며 물었다. "대무大武의 악樂에서 최초의 북이 올리고부터 개시까지 사이의 긴 것에 대해서는 이미 가르침을 받았습니다. 다시 나아가서 춤이 시작되고부터도 몇 번이고 곡의 속도를 느리게 하고 휴식을 길게 하는 것은 무슨 까닭입니까?" 공자가 대답했다. "자리에 앉게. 저 대무의 악이란 것은 무왕武王의 성공을 상징하고 있다. 즉 무인舞人이 간干을 들고 일어서서 잠시 산처럼 움직이지 않고 있는 것은 무왕이 제후의 집합을 기다리는 형상이다. 다음으로 손발을 심하게 움직이는 것은 태공太公 즉 여상呂尙의 전의戰意를 나타내고 있다. 또 이 무악舞樂의 최후에 무인舞人들이 모두 무릎꿇는 것은 주공周公과 소공召公이 세상을 다스리는 것을 표현하고 있다. 또한 이 무악에서 무인舞人은 최초에 북쪽으로 나아가고 제2단계에 있어서 다시 북쪽으로 아나가는 것은 무왕이 북쪽을 징벌하여 주紂를 친 것을 상징한다. 그리고 제3단계에 남쪽으로 향하고 제4단계에 있어서 다시 남쪽으로 나아가는 것은 남방南方을 평정한 것을 상징하며 제5단계에 있어서 무인의 대열이 둘로 갈라지는 것은 주공周公이 천자의 왼쪽에 있고 소공召公이 오른쪽에서 보좌하여 천하를 다스리게 된 것을 상징하는 것이다. 그리고 제6단계에서 모두 같은 대열로 되돌아오는 것은 천하가 하나로 통일되어 모두 천자를 존경한다는 것을 상징하는 것이다."

"또 각 단계에서 어떤 경우에는 무인舞人이 두 사람씩 짝을 지어 나아가면서 목탁을 흔들어 적을 치는 시늉을 연출하는 것은 두 왕이 중국에 위세를 과시하는 것을 상징하고 또 어떤 경우에는 전원이 두 열로 되어 행진하는 것은 속히 공을 세우려고 노력하는 것을 상징하고 있다. 또한 최초에 긴 대열을 이루고 움직이지 않는 것은 무왕이 제후의 집합을 기다리고 있는 것을 나타낸다."[42]

6.11 회화

공자의 그림에 대해 철학적 언급은 다음의 말에서 찾을 수 있다. "그림 그리는 일은 흰 바탕이 있은 뒤에 한다."[43]

이 말은 자하子夏가 여인의 아름다움을 노래한 시의 의미에 대해서 공자에게 물었던 질문의 답변이었다.

교묘한 웃음에 보조개여
아름다운 눈에 또렷한 눈동자여
깨끗한 마음으로 화려한 무늬를 만들었구나

이 시를 지은 사람은 시를 지을 당시 그 여인의 그림을 그리고 있었다. 공자는 이 시인의 실수는 무늬를 만드는 데 흰색을 사용했다는 것이다.

자하는 공자의 답변을 흰색은 예禮를 상징하며 그리고 공자가 자신에게 예의 중요성을 일깨우는 것이라고 해석했다.

---

42 『예기(禮記)』 제19편 악기(樂記).
43 『논어(論語)』 팔일편(八佾篇) 제8장.

6.12 체육

군자는 활쏘기에 대해서 체육 문화를 말했다. "군자는 다투는 것이 없으나 반드시 활쏘기 경쟁은 한다. 읍하고 사양하며 올라가고 내려와서는 마시니 그 다투는 모습이 군자다운 것이다."[44]

위의 공자의 말은 현대의 스포츠맨 정신과 일치한다.

스포츠와 음악에 대한 소크라테스의 열정은 공자에 필적할 만하다. 공자도 또한 소크라테스와 마찬가지였다. 공자와 소크라테스는 고대 올림픽 경기가 4년마다 정기적으로 열렸던 시대(기원전 776~393)에 살았던 사람들이다.

6.13 자연과 더불어 사는 삶

공자의 제자 중에 공자의 전폭적인 지지를 받았던 사람은 또 다른 제자 증삼曾參의 아버지 증석曾晳이었다.

자로子路, 증점曾點, 염유冉有, 공서화公西華가 공자와 같이 앉아 있을 때 공자가 말했다. "나는 너희들보다 다소 나이가 많다고 생각하지만 나를 그렇게 생각하지 말라. 평소에 '나를 알아주지 않는다.'고 하는데 만약 어떤 사람이 너희들을 알아준다면 무엇을 하겠느냐?" 자로가 경솔하게 말했다. "천승의 나라가 큰 나라 사이에 끼어 있어 군대가 압박해 오고 인하여 기근이 들더라도 제가 다스리면 3년쯤에 이르러 용맹이 있게 하고 또 방향을 알도록 하겠습니다." 공자가 염유에게 물었다. "염유야 너는 어떠하냐?" 그러자 염유가 대답했다. "사방 60~70리 혹은 50~60리를 제가 다스리면 3년쯤에 이르러 백성들을 풍족하게 할 수 있거니와 예악禮樂 같은 것은 군자를 기다리겠습니다." 다음에 공자는 공서화에게 물었다. "공서화야 너는 어떠하냐?" 공서화가 대답했다. "제가 잘할 수 있다고 말하는 것이 아니라 배우기를 원합니다.

---

44 『논어(論語)』 팔일편(八佾篇) 제7장.

종묘의 일과 혹은 제후들이 회동할 때에 현단복(玄端服: 제후가 입는 검은 빛의 예복)을 입고 장보관(章甫冠: 공자가 이 관을 썼으므로 유가儒家들의 관이라고도 함)을 쓰고서 조금 돕는 역할을 하겠습니다." 공자는 증점에게 물었다. "증점아 너는 어떠하냐?" 증점이 비파를 타는 속도를 줄이더니 쨍그랑 하고 비파를 놓고 일어나 대답했다. "세 제자들이 이야기한 것과 다릅니다." 공자가 증점에게 말했다. "무엇이 나쁘겠는가? 또한 각기 자기의 뜻을 말한 것이다." 그 말을 듣고 증점은 다음과 같이 말했다. "늦봄에 봄옷이 만들어지고 나면 갓을 쓴 사람 5~6명 동자 6~7명과 더불어 역수(易水: 중국 하북성河北省 역현易縣 경계에서 발원하여 서남쪽으로 흐르는 강)에서 목욕하고 무우(舞雩: 하늘에 기우제를 지내는 제단이 있는 곳)에서 바람 쐬고 노래하면서 돌아오겠습니다." 공자는 아! 하고 감탄하며 말했다. "나는 증점과 함께 하겠다."[45]

공자도 여행을 좋아했기 때문에 증점의 대답을 가장 마음에 들어 했다. 공자는 여행을 좋아했을 뿐만 아니라 자신과 자연을 동일시했다. 공자는 말했다. "지자知者는 물을 좋아하고 인자仁者는 산을 좋아한다."[46] 공자는 산이나 바다의 경치를 보기만 해도 행복해 했다. 사실상 공자는 자연 속의 어느 곳을 보더라도 행복해 했다. 공자에게 자연은 도道가 현현懸懸한 것이다. 자연과 더불어 산다는 것은 도道와 더불어 산다는 것을 말한다.

게다가 공자는 정신뿐만 아니라 육체를 단련시키는 데도 관심이 많았다. 공자가 활쏘기와 마차를 모는 데에도 전문가였다는 것을 잊지 말아야 한다.

정호程顥와 그의 동생 정이程頤는 북송北宋의 대표적인 성리학자였는데 그들이 학술적인 문제에 봉착할 때 선배 학자 주돈이周敦頤를 찾아가서 해답을 구했다. 두 형제는 주돈이의 대답에 매우 만족했으며 집에 돌아 올 때는 밤늦게 달빛 아래에서 역풍을 맞으면서 돌아왔다. 증점曾點과 마찬가지로 이때 두 형

---

45 『논어(論語)』 선진편(先進篇) 제25장.
46 역주: 『논어(論語)』 옹야편(雍也篇) 제21장.

제는 행복감을 느꼈으며 달빛에 비친 자신들의 그림자를 보면서 달을 벗삼아
서 바람에 대한 노래를 불렀다.[47]

남송南宋의 성리학자 주희朱熹는 자연과 더불어 살아가고픈 증점의 열망을
찬양하는 시를 지었다.[48]

명明나라의 축세록祝世錄은 다음과 같은 시를 지었다.

구름은 하얗고
산은 푸르구나
강물은 흘러가는데
돌은 가만히 있는구나
꽃들은 나를 마중하러 오고
새들은 나를 보고 미소 짓는구나
계곡은 나에게 메아리치고
나무꾼은 나를 위해 노래를 부르는 구나
만물이 편안한데
오직 사람의 마음만이 애간장을 태우는 구나[49]

청淸나라의 왕불汪紱은 친구들에게 산과 들로 가서 꽃과 새들과 즐겁게 지
내면서 꽃과 새들이 자연과 지내는 모습을 지켜보고 인간 세계에 더럽혀진
마음을 정화淨化하는 것이 어떠냐고 권했다.[50]

47 陸九淵. 語錄.
48 錢穆. 《朱子新學案》第4冊, 第390, 432頁.
49 祝世綠, 字延之, 號無功, 江西鄱隊人。見《明儒學案》下冊, 《泰州學案》五, 第315頁.
50 汪紱, 字燦人, 號雙池, 安徽婺源人。見《清儒學案》卷六十三, 《雙池學案》第2冊, 第1104頁.

6.14 예술 교육의 중요성

유가儒家의 미美에 대한 개념은 고대 그리스 철학과는 다르다. 그리스 철학에서 진眞, 선善, 미美는 3개의 분야에서 각각 다른 개념으로 쓰인다. 진은 과학에서, 선은 윤리학에서, 미는 예술에서 사용되는 개념이다. 하지만 중국은 진, 선, 미가 이 3개의 분야에서 분리된 개념으로 쓰이지 않는다. 유가의 입장에서 진, 선, 미는 밀접하게 묶여 있으며 분리할 수 없는 것으로 보인다.

맹자가 말했다. "순수한 본마음이 하고자 하는 것을 선善이라 하고, 선을 자기 속에 지속적으로 가지고 있는 것을 신信이라 하고, 선이 몸 속에 가득 차는 것을 미美라 한다."[51]

공자에게 미美는 선善이다. "마을은 인심 좋은 곳이 아름답다."[52] 공자는 자주 미를 덕德의 동의어로 사용했다. 공자는 말했다. "만약 주공周公의 재주와 같은 아름다움이 있다 하더라도 가령 교만하고 인색하다면 그 나머지는 볼 것이 없다."[53] 자장子張이 공자에게 물었다. "어떻게 해야 정치에 종사할 수 있습니까?" 공자가 대답했다. "오미五美를 높이면 정치에 종사할 수 있다." 그러자 자장이 공자에게 물었다. "무엇을 오미라 합니까?" 그러자 공자는 다음과 같이 대답했다. "군자는 은혜롭되 허비하지 않으며, 수고롭더라도 원망하지 않으며, 하고자 하면서도 탐욕 내지 않으며, 태연하면서도 교만하지 않으며, 위엄이 있으면서도 사납지 않는 것이다."[54]

더 나아가 공자의 제자 증자曾子는 다음과 같이 미美와 덕德을 동일시했다. "미워하되 그 좋은 점을 아는 자는 천하에 드물다."[55]

사실상 전 세계 철학자들 가운데 공자가 미美의 개념을 윤리와 예술에 적용

---

51 『맹자(孟子)』 진심장구하(盡心章句下) 제25장.
52 『논어(論語)』 이인편(里仁篇) 제1장.
53 『논어(論語)』 태백편(泰伯篇) 제11장.
54 『논어(論語)』 요왈편(堯曰篇) 제2장.
55 『대학(大學)』 전팔장(傳八章).

한 최초의 사람일 것이다.

공자는 교육 방법의 수단으로 예禮와 음악의 중요성을 강조했다. 공자는 영원히 지속되는 최고의 미는 아름다운 성품이었다.

공자가 뜻하는 아름다운 성품은 예와 음악 속에서 집중적인 교육을 받을 때만이 이루어질 수 있다.

우리가 공자의 철학 체계에서 예와 음악을 없애버린다면 아무것도 남지 않게 된다. 왜냐하면 공자의 교육 방법은 대체로 자연과 조화를 이루는 윤리학이기 때문이다.

남송南宋의 위대한 교육자 호원胡瑗은 제자들을 가르치는데 공자의 방법을 사용했다. 호원은 제자들을 데리고 동관潼關으로 긴 여행을 떠났는데, 동관으로 가는 길은 하남성河南省과 섬서성陝西省 사이에 위치하는 가파른 지형으로 친링秦嶺 산맥과 황하黃河 사이에 있다. 호원은 화산華山으로 제자들을 이끌고 산 정상까지 올라갔다. 호원은 제자들에게 말했다. "너희들은 이 훌륭한 경치에 흥분을 억누를 수 있는가? 화산과 황하는 위대한 학자라도 볼 수 없는 그러한 곳이다."

호원은 시험이 끝날 때마다 제자들과 노래하고 악기를 연주하는 습관이 있었다. 호원과 제자들은 밤 늦게까지 학당을 떠나지 않았다. 호원은 제자들에게 궁술弓術도 가르쳤다. 호원은 자신의 교육 방법이 현명한 사람은 더욱 현명하게 만들어 주며 어리석은 사람은 깨우쳐 주며 거만한 사람이라도 그의 성품을 완전히 바꾸어 줄 수 있다고 확신했다.[56]

---

[56] 《宋元學案》卷五十二, 《象山學案》, 第3冊, 第643頁。

07

역사철학

7.1 이론과 사실

역사 철학에 접근하는 데는 연역적 방법과 귀납적 방법이라는 두 가지가 사용된다.

연역적 방법은 관련되는 이론들을 사실을 해석하는 데 적용하는 것이며, 귀납적 방법은 많은 사실에서 이론들을 도출해 내는 것이다.

공자는 이 두 가지 접근법을 모두 사용했다. 공자는 『주역周易』의 64괘卦를 평생 연구하면서 천도天道에 대한 추상적인 이론들을 만들어 냈다. 이 이론들은 오늘날 『주역』에 대한 해설에 잘 나타나 있다.

공자는 천도와 사람의 도道가 밀접한 관계가 있음을 깨닫고 『춘추春秋』 속에서 자신의 이론을 검토했다. 귀납법을 도입하여 사실들의 인과관계가 확연히 드러나게 되었다.

공자는 주周나라의 제후국인 노魯나라에 태어났는데, 당시 제후국 중 노나라에서만 『주역』과 『춘추』가 완전한 형태로 전해내려 오고 있었다. 이는 다음의 기록에서 입증되고 있다. "기원전 540년 진晉나라 군주가 한선자韓宣子에게 노魯나라를 예방케 했고, 한선자는 진나라 집정자執政者가 되었음을 알리기 위해 노나라 군주를 만났다. 한선자는 노나라에 와서 태사太史한테서 책을 빌려 『주역』의 괘卦와 효爻를 풀이한 것과 노나라의 역사 『춘추』를 보고 말했다. '주周나라 예법은 다 노魯나라에 전해져 보존되어 있습니다. 그래서 저는 이제야 주공周公의 덕德과 주나라가 천하를 통솔하는 천자의 나라가 된 것을 깨달았습니다.'"[1] 64괘의 각 괘는 6획劃으로 구성되어 있는데 그 획 하나하나를 효라고 한다. 주공周公이 은殷나라를 멸망시킨 후 기원전 771년 은나라의 수도인 은허殷墟 지역 주민들을 낙양洛陽 일대에 이주시켰다. 현재 은허는 섬서성陝西省의 서안西安 부근에 위치하고 있다. 서융西戎의 침략으로 서안 지역은 다른 곳보다 문헌이 많이 보존되지 못했다.

---

1 『춘추좌씨전(春秋左氏傳)』 소공(昭公) 2년.

공자가 말했다. "나는 하夏나라의 예禮를 알고 싶었다. 그래서 하나라의 후신인 기杞에 갔으나 예법의 증거가 될 만한 것이 없었다. 다만 하나라의 역서曆書를 얻을 수가 있었다. 거기서 다시 은殷나라의 예를 알아보고 싶어서 송宋나라에 갔으나 역시 증거가 될 만한 것이 없었다. 거기서는 『곤건坤乾』이란 책을 얻었을 뿐이다. 나는 하나라의 역서와 은나라의『곤건』에 의해 이대二代의 예를 어느 정도 추정하는 바이다."[2]

『춘추』는 단지 노나라의 역사서일 뿐만 아니라 기원전 722년부터 기원전 479년 사이에 중국에서 일어난 중요한 사건들을 다룬 기록이기도 하다.

공자는『춘추』 전체에 약간의 수정을 가해 다시 편찬했다. 공자는 도덕적인 판단에 따라『춘추』를 수정했다. 예를 들어 어떤 사람이 군주나 상급자로부터 죽음이라는 처벌을 받는 것이 마땅하지 않을 경우 그에게는 "죽음을 당했다"라는 말을 쓰지 않았다. 만약 마땅히 죽음을 당해야 할 경우에는 "사형에 처해졌다"라는 말을 사용했다.

"적은 단어로 큰 의미를 함축하는 말"[3]을 개인적으로 한 적이 없는 우리에게는 공자의『춘추春秋』에서 나온 많은 단어들을 완전히 이해하기는 쉬운 일이 아니다. 하지만『주역』을 연구하는 것도 상당히 큰 도움이 되었을 것이다. 왜냐하면 공자가『주역』에서 도출해 낸 이론을『춘추』에 기록된 특정한 사실에 적용했기 때문이다.

더욱이『춘추삼전春秋三傳』이라고 하는 뛰어난『춘추』 주석서가 있는데, 『춘추삼전』은 공양고公羊高의『춘추공양전春秋公羊傳』, 곡량적谷梁赤의『춘추곡량전春秋谷梁傳』, 좌구명左丘明의『춘추좌씨전春秋左氏傳』으로 이루어져 있다.

공자는 하늘과 사람을 다스리는 도道는 생명이며 이는 끝없이 영원한 부활을 뜻한다고 결론을 내렸다. 부활은 사멸의 운명, 덧없음, 공허를 부정한다.

---

2   『예기(禮記)』 예운(禮運).
3   사마천(司馬遷), 『공자세가(公子世家)』.

부활은 변화이며 변화는 역사를 말한다.

7.2 『주역周易』의 가르침

『주역』은 중국뿐만 아니라 전 세계에서 가장 오래되고 신비로운 책이며 시작 부분은 아주 보잘것없지만 말로 표현할 수 없는 내용으로 표현되어 있다.

『주역』은 2획劃, 다시 말해서 중간이 끊어진 획과 중간이 이어진 획으로 시작된다. 이 선은 고대 원시적인 종족에게 가장 주술적인 의미를 나타낸다. 예를 들어 중국의 신석기 시대에 도토陶土에 새겨진 획을 말한다.

이 획의 조합은 우리의 이해를 뛰어넘는 것이다.

중국은 전통적으로 전설적인 중국의 임금 복희씨伏羲氏가 8괘卦를 지었다고 본다. 8괘는 각각 중간이 끊어지거나 이어진 3획劃으로 이루어져 있다. 중간이 이어진 획 "–"과 중간이 끊어진 획 "⊷"을 모두 효爻라고 말한다.

8괘는 다음과 같은 여덟 가지 형태를 나타낸다.

☰	☷	☳	☴	☵	☶	☲	☱
1	2	3	4	5	6	7	8

① 건괘乾卦 ☰ : 3획 모두 중간이 이어져 있어 모두 양陽이며 하늘과 부父를 상징한다.

② 곤괘坤卦 ☷ : 3획 모두 중간이 끊어져 있어 모두 음陰이며 땅과 모母를 상징한다.

③ 진괘震卦 ☳ : 맨 위 획과 중앙 획은 중간이 끊어져 있고 맨 아래 획은 중간이 이어져 있어 양陽의 시작을 나타내며, 우레나 장남長男 등을 상징한다.

④ 손괘異卦 ☴ : 맨 위 획과 중앙 획은 중간이 이어져 있고 맨 아래 획은 중간이 끊어져 있어 음陰의 시작을 나타내며, 바람이나 장녀長女 등을 상징한다.

⑤ 감괘坎卦 ☵ : 맨 위 획과 맨 아래 획은 중간이 끊어져 있고 중앙 획은 중간이 이어져 있어 양陽의 두 번째 단계를 나타내며, 물이나 차남次男 등을 상징한다.

⑥ 리괘離卦 ☲ : 맨 위 획과 맨 아래 획은 중간이 이어져 있고 중앙 획은 중간이 끊어져 있어 음陰의 두 번째 단계를 나타내며, 불이나 차녀次女 등을 상징한다.

⑦ 간괘艮卦 ☶ : 맨 위 획은 중간이 이어져 있고 중앙 획과 맨 아래 획은 중간이 끊어져 있어 양陽의 세 번째 단계를 나타내며, 산과 셋째 아들 등을 상징한다.

⑧ 태괘兌卦 ☱ : 맨 위 획은 중간이 끊어져 있고 중앙 획과 맨 아래 획은 중간이 이어져 있어 음陰의 세 번째 단계를 나타내며, 못과 셋째 딸 등을 상징한다.

8괘卦가 만들어진 이후 수천 년 동안 8괘는 그 상징이 확대되었다. 예를 들어 건괘乾卦 ☰는 처음에는 건실한 성질을, 다음에는 동물 말을 상징하는 것처럼 그 상징하는 대상이 확대되었다.

공자가 8괘에 토대를 둔 새로운 철학 체계를 확립할 때까지 많은 상징물이 추가된 조합이 완성되었다.

공자가 노魯나라에서 수집한 문서에 나오는 괘는 8괘가 아니라 64괘였다. 이 64괘는 공자 이전에 이미 만들어진 복잡한 조합으로 각 괘는 3획이 아니라 6획으로 이루어져 있었다. 리하르트 빌헬름Richard Wilhelm을 비롯한 소수의 서양 학자들은 괘를 "헥사그램(hexagram: 두 개의 정삼각형을 엇갈리게 겹쳐놓은 육각형의 도형)"으로 번역했다.

64괘는 두 개의 8괘가 조합하여 완성된다. 64괘의 첫 번째 괘 중천건重天乾 ䷀은 위아래가 ① 진괘震卦 ☳가 겹쳐져서 이루어진 것이며, 64괘의 마지막 괘 화수미제火水未濟 ䷿는 위의 ⑥ 리괘離卦 ☲와 아래의 ⑤ 감괘坎卦 ☵가 겹쳐져서 이루어진 것이다.

따라서 중천건重天乾 ䷀은 대단히 건실한 성질을 상징한다. 그리고 화수미제火水未濟 ䷿는 불과 물의 조합을 가리키며 불 밑에 물이 있음을 상징하는데 이는 물이 끓을 가능성이 없는 상태를 뜻한다.

64괘는 각각 이름이 다르며 같거나 상이한 두 개의 8괘가 위아래로 겹쳐져서 상징물을 가리킨다. 공자는 64괘마다 간단한 설명을 덧붙였다.

주周나라의 문왕文王이 은殷나라 말기에 유리羑里에 갇혀 있는 동안 8괘를 위아래로 겹쳐서 조합을 만들어 64괘를 만들었다고 전해진다.

더불어 문왕이 사람들로 하여금 64괘의 의미를 보다 쉽게 이해할 수 있도록 각 괘마다 그 괘의 성격과 특성을 살려서 괘명卦名을 만든 후 그 이름의 성격을 잘 알게 하기 위하여 그 괘의 내용을 설명하는 괘사卦辭를 지었고 문왕의 아들 주공周公이 64괘의 각 효爻에 대하여 설명한 효사爻辭를 지었다고 전해지고 있다.

학술적으로 위의 주장뿐만 아니라, 『주역』의 원형인 괘와 괘사卦辭 또는 효사爻辭를 부연하여 설명하는 열 개의 보조 문헌인 십익十翼을 공자가 지어 완성한 것이 오늘날 전해지고 있는 『주역』이라는 주장도 증명할 수는 없다.

하지만 우리는 공자가 『주역』에 대해 설명한 부분이 많이 남아 있다는 것은 알고 있다. 『논어論語』의 두 곳에서 『주역』에 대한 공자의 설명이 나와 있으며, 현재 전해지고 있는 『주역』의 「계사전繫辭傳」[4]에는 공자의 설명이 스물

---

4   역주: 「계사전(繫辭傳)」은 괘사(卦辭)나 효사(爻辭)에 연관하여 설명한 글이라는 뜻이다. 「계

세 곳이 있고 「문언전文言傳」[5]에는 여섯 곳이 있다.

이러한 공자의 인용을 근거로 우리는 「계사전」과 「문언전」이 공자의 설명을 이루는 데 필수적인 두 개의 부분이라는 것을 생각해 볼 수 있다. 우리보다 앞서 사마천司馬遷은 같은 생각을 했다. 하지만 공자의 설명은 구어체로 기록되어 공자의 가르침을 직접 받은 제자들에게 전해졌다. 이것은 다시 그 제자들의 가르침을 직접 받은 제자들에게 전해져 결국 현재의 기록으로 남아 있는데, 「계사전」과 「문언전」이 전해내려 오는 과정에서 이들의 사상이 그 안에 들어가게 되었다.

불행히도 위에 언급한 「계사전」과 「문언전」과 같이 다른 부분의 "공자가 말하기를"이라는 표현이 없는 곳에도 똑같이 적용된다고 할 수 있는데 단彖, 대상大象, 소상小象, 설괘說卦, 서괘序卦, 잡괘雜卦를 가리킨다.

단彖은 '괘卦의 길흉을 판단할 단彖'자로 쓰인다. 단彖은 단斷과 통하는 글자로 문왕文王의 괘사卦辭를 가리키는데, 괘의 의미를 단정하는 논술이라는 의미를 갖는다. 『주역』 속에 '단왈彖曰'이라 한 것은 공자의 계사繫辭로써 문왕의 말을 풀이한 것으로 단彖의 전傳이 된다. 즉 단왈彖曰은 '문왕께서 말씀하시되'의 뜻이다.

상象은 '코끼리 상象'자다. 눈으로 보이는 것으로 코끼리보다 더 큰 것이 없다고 여겨 코끼리를 취해서 상象으로 삼은 것이다. 상에는 괘에 대한 상이 있고, 효爻에 대한 상이 있다. 일반적으로 괘상卦象을 대상大象이라 말하는데, 대상大象은 복희씨가 그린 괘卦 전체에 대한 상象을 말한다. 다시 말해서 괘의 괘의卦義에 대해서 설명하고 있는 부분을 가리키며, 대상大象에서는 주로 괘의 형

사전」의 특징은 괘사와 효사를 설명하되 단지 문자적 해석에 그치는 것이 아니라 그에 대한 통괄적인 설명을 통하여 『주역(周易)』의 서법과 대의를 밝혀 역(易)을 집대성한 것이다.

5 역주: 문(文)은 글을 아름답게 꾸민다는 뜻으로 문언전(文言傳)이란 글을 아름답게 꾸미는 말을 실은 글이라는 말이다. 「문언전(文言傳)」은 건괘(乾卦)와 곤괘(坤卦)의 두 괘(卦)에 대해서만 설명을 하고 있다.

상에서 괘의 성격을 찾아내서 설명한다. 예를 들어 64괘의 네 번째 괘 산수몽山水蒙 ䷃은 두 개의 8괘, 산을 상징하는 간괘艮卦 ☶와 물을 상징하는 감괘坎卦 ☵가 위아래로 겹쳐져 있는 조합으로 이루어져 있으며 그 대상大象은 다음과 같다. "상象에서 말했다. '산 아래에 샘물이 솟아나는 것이 몽蒙이다. 군자君子는 이 괘의 이치를 살펴 행동을 과감하게 하고 덕을 기른다.'"⁶

소상小象은 효상爻象과 효의爻義에 대해서 설명하고 있는 부분을 말한다. 소상은 주공周公의 효爻 하나하나에 대한 글을 가리키는데, 소상에서는 효사爻辭가 성립하는 근거나 원인을 밝힌 것이 대부분이다.

설괘說卦는 진秦나라의 시황제始皇帝의 분서갱유焚書坑儒⁷ 이후 되살아난 것 중 가장 최근의『주역』에 들어 있다. 한漢나라는 시황제가 불태운 책 중 온전한 나머지 부분이라도 가져오는 자에게 상을 내렸는데, 공자의 저서 중 수많은 조각들이 잇따라서 서로 다른 지역에서 발견되었다.

설괘는 복희씨伏羲氏와 문왕文王이 팔괘八卦를 만든 대의大意를 설명한 것이다. 예를 들어 첫 번째 팔괘 건괘乾卦 ☰의 설괘說卦는 다음과 같다. "건乾은 하늘이 되고 둥근 것이 되고 임금이 되고 아버지가 되고 옥玉아 되고 추움이 되고 얼음이 되고 크게 붉은 것이 되고 양마(良馬: 좋은 말)가 되고 노마(老馬: 늙은 말)가 되고 척마(瘠馬: 마른 말)가 되고 박마(駁馬: 얼룩말)가 되고 나무 열매가 된다."⁸

서괘序卦는 64괘의 배열순서와 원인에 대한 설명문이다. 64괘의 배열순서에서는 일정한 법칙을 찾아보기가 어려운데도 이에 대한 이론을 만든 것이므로 다소 이론적인 무리가 따르는 것으로 보인다.

---

6   역주:『주역(周易)』4 몽(蒙) 산수몽(山水蒙).
7   역주: 중국 진(秦)나라의 시황제(始皇帝)가 학자들의 정치적 비판을 막기 위하여 민간의 책 가운데 의약(醫藥), 복서(卜筮), 농업에 관한 것만을 제외하고 모든 서적을 불태우고 수많은 유생을 구덩이에 묻어 죽인 일.
8   역주:『주역(周易)』설괘전(說卦傳) 제11장.

잡괘雜卦는 문왕文王의 서괘序卦를 이리저리 섞은 것이다. 잡괘전雜卦傳은 64괘의 뜻을 잡다하게 논술한 것을 말한다. 공자가 잡괘전을 지은 이유는 후학들이 문왕文王의 서괘序卦만을 정리定理로 삼고 그 속에 착종(錯綜: 이것저것을 섞어 모으다)의 원리가 있음을 알지 못할까 두려워했기 때문이며 괘를 뒤섞어 그 이치를 밝혔다. 현재는 동전을 던지지만 잡괘雜卦는 산가지의 숫자를 계산하여 얻은 괘를 통해 점을 치거나 예언을 하는 데 큰 도움이 된다. 64괘의 54번째 괘 뇌택귀매雷澤歸妹 ䷵는 "여자의 실현"이며, 귀매歸妹는 여동생을 시집보낸다는 것을 뜻한다. 그리고 64괘의 마지막 괘 화수미제火水未濟 ䷿는 "인생의 끝에 선 사람의 상태"이며, 미제未濟는 아무 것도 해결되지 않은 형국을 말한다.

"인쇄술이 발명되기 전에 『주역』은 물론 공자의 해설도 당시 다른 서적과 마찬가지로 필사본으로 만들어졌다. 필사 도중 다른 단어를 썼기 때문에 결국 상이한 판본이 만들어지고 여러 학파가 생겼음은 틀림없다. 그들 중 가장 두드러진 두 학파가 나타났다. 그들은 자사子思로부터 비롯하여 한漢나라까지 이어지는 유학자와 여러 왕조를 거쳐 한漢나라에서 공식적인 점복(占卜: 점을 치는 방법이나 기술)을 담당한 관리들을 들 수 있다.

우리는 이들을 유학파와 점복학파로 부를 수 있다. 이 두 학파는 오랫동안 계승되어 현재에 이르고 있다. 도교道敎 학자들 또한 『주역』에서 많은 문구를 즐겨 인용하고 있다.

도교道敎와 유교儒敎의 기본적인 차이는 도교는 무위無爲를 가장 중요시하는 반면 유교는 실천을 주창한다.

덕德에 중점을 두면 현재 사용하고 있는 『주역』 판본의 다양한 부분에 나와 있는 공자의 말을 찾아볼 수 있다. 공자는 우리가 말하는 바에 주의할 것을 권고했는데, 친절한 말은 중국 전체에 메아리쳐 울릴 것이며 거친 말 또한 마찬가지로 멀리까지 나쁜 영향을 미칠 수 있다고 말했다. 공자는 말했다. "말은 자주 문제를 초래하거나 임금이 나라를 빼앗기고 개인이 건강을 잃는 발단이 된다."

"군자는 덕을 닦고 실천을 하는 데 주의해야 한다. 왜냐하면 군자는 때에 맞추어 행하고자 하기 때문이다." "성인聖人들은 과거에 덕德을 칭송하고 사람의 업적을 달성하는 데 『주역』을 사용했다."

"안회顏回는 도道에 가까이 다가가고 있다. 안회는 실수를 하게 되면 자신의 실수를 범하는 데 주의하여 다시 같은 실수를 반복하지 않았다."

"공자가 말했다. '건乾과 곤坤은 역易의 문門인가! 건은 양물이고 곤은 음물陰物이다. 음陰과 양陽이 덕德을 합해서 굳센 것과 부드러운 것이 일정한 성격을 갖는다.'"9 "건乾은 고요할 때에는 한결같고, 움직일 때에는 곧다. 그리하여 크게 만물을 낳는다. 곤坤은 고요할 때에는 닫히고, 움직일 때에는 열린다. 그리하여 넓게 만물을 낳는다. 넓고 큼은 하늘과 땅에 짝하고, 변하여 통함은 네 계절에 짝하고, 음과 양이 변화하는 법칙은 해와 달에 짝하고 쉽고 간략하게 잘 처리하는 것은 지극히 덕에 짝한다."10

하지만 『주역』은 공자 학당의 윤리 교재였을 뿐만 아니라 창조의 신비, 우주 본질의 발견, 끊임없이 변화하는 영원하고 단순한 존재, 음양陰陽으로 구성된 하나의 통합체, 그리고 비본질 밖으로 나온 본질을 푸는 열쇠이기도 했다.

7.3 음양陰陽, 태극太極, 무극無極

공자는 『주역』에 은殷나라 판본과 주周나라 판본 두 가지가 있다고 했다. 공자가 설명을 한 것은 은나라가 아니라 주나라 판본이었다.

『주역』의 주나라 판본은 은허殷墟에서 만들어져 중국 전역의 모든 제후국으로 전파되었는데 64괘의 그림과 이름은 물론 이에 대한 글이 들어 있었다. 하지만 주나라 판본에는 단彖, 대상大象, 소상小象, 설괘說卦, 서괘序卦, 잡괘雜卦

9　역주: 『주역(周易)』 계사전하(繫辭傳下) 제6장.

10　역주: 『주역(周易)』 계사전하(繫辭傳下) 제6장.

는 기록되어 있지 않았다.

『주역』의 주나라 판본은 점복占卜을 담당한 관리들을 위한 지침서에 지나지 않았으며, 철학적인 의미는 분명하게 드러나지 않고 있다. 주나라 판본은 음양陰陽과 강유(剛柔: 굳셈과 부드러움)와 같은 말이 나와 있지 않는 반면 여기에 들어 있는 단어 대다수는 운運이나 길흉화복吉凶禍福 등에 관련된 것이다.

하지만 주나라 판본에서 "군자君子"라는 표현은 64괘의 384획 가운데 10획에 대한 글에 나와 있다. 우선 이 판본에서 "군자"는 공자가 자신의 전유물로 사용한 "군자"의 뜻은 담고 있지 않다. 공자 이전의 학자들은 대다수 대화나 글을 쓸 때 이 표현을 사용했다.

이는 아마도 군자라는 표현이 열 차례나 언급되었으며 공자가 『주역』의 주나라 판본에 상당한 관심을 기울여야 된다고 생각했다는 사실에서 비롯되었을 것이다.

중국학에서 가장 관심이 집중된 문제들 가운데 하나가 음陰과 양陽이라는 개념의 기원에 대한 것이다. 이 두 단어는 64괘 가운데 지천태地天泰 ䷊와 천지비天地否 ䷋에 단지 두 차례 나왔지만 단彖에 많이 언급되어 있다.

다른 64괘의 단彖에 음陰과 양陽 대신에 강剛과 유柔라는 표현이 사용되었다.

단彖의 저자인 공자는 간단하고 설득력 있게 자신의 이론을 발전시켰다. 특정 64괘에 음과 양이나 강과 유로 각 괘를 분석했다. "단사彖辭는 상징적인 내용을 말한 것이고, 효사爻辭는 변화의 과정을 말한 것이다. 길흉吉凶은 잘못된 것과 잘된 것을 말한 것이다. 뉘우치는 것과 한스럽게 여기는 것은 조그만 허물을 말한 것이다. 허물이 없다는 것은 허물을 잘 보완한 것이다."[11]

지나친 강剛이나 유柔는 모두 바람직하지 못하다. 공자는 일생 동안 절제를 믿고 있는 사람이었다.

「계사전繫辭傳」의 저자는 길흉吉凶에 대한 자신의 철학을 보다 자세히 설명

---

11 역주: 『주역(周易)』 계사전상(繫辭傳上) 제3장.

했다. "길흉은 괘 밖으로 드러나 사람의 행동의 결과에 적용된다."[12] 다시 말해서 행동이 없으면 변화가 일어나지 못해 호전되거나 악화되지 않는다.

행동을 막을 순 있는가? 그렇지는 않다. 음과 양은 서로 잡아당기며 행동에 영향을 미치게 된다. 도道는 음과 양의 조합일 뿐이다.

「계사전」의 저자는 성인聖人의 말이 어디서 끝나고 어디서 시작하는지 알 수 없을 만큼 사상이 심오하고 글이 엇갈리게 기록했다. (저자는 인용 부호를 사용하지 않았으며 저자와 성인聖人의 문체를 거의 구별할 수 없었다.)

「계사전」의 저자는 다음과 같이 말했다. "역(易: 『주역周易』에서 말하는 진리)에는 태극(太極: 최고 단계의 역리易理)이 있으니, 이것이 양의(兩儀: 두 가지 기둥, 일반적으로 이를 음양陰陽으로 파악한다)가 되고, 양의는 사상(四象: 태양太陽, 소양少陽, 태음太陰, 소음少陰의 네 형태를 말한다)은 팔괘八卦가 되니, 8괘는 길함과 흉함을 정하고, 길흉은 큰 사업을 생성한다."[13]

저자는 역사 철학에서 중요한 위치를 차지하고 있다. 저자는 독특하고 역설적인 "이원론"으로 칭할 수 있는 개념을 도입했다고 생각할 수 있다.

이러한 이원론은 성인聖人의 도道 개념을 따른다. 따라서 성인의 말에 따르면 도道는 음陰과 양陽의 조합으로 이루어진다.

"음이 되었다가 양이 되었다가 하는 것을 도道라고 한다."[14] 역易은 도道의 핵심으로 음과 양이 항상 함께 존재하여 서로의 움직임에 영향을 미쳐 일어난 자연스러운 결과이다. 움직이면 행동하고, 행동하면 변화가 일어난다.

길흉吉凶은 인간의 행동에서 나타난 것이다. 긴급하고 특정한 상황에서 올바로 행동을 한다면 성공을 하거나 그 어려움에서 벗어날 것이다. 그렇지 않으면 불행이 닥칠 것이다.

이것은 똑같이 국가에도 적용된다. 성인聖人의 역易 철학은 결정론이 존재

---

12   역주: 『주역(周易)』 계사전하(繫辭傳下) 제1장.
13   역주: 『주역(周易)』 계사전상(繫辭傳上) 제11장.
14   역주: 『주역(周易)』 계사전상(繫辭傳上) 제5장.

하지 않는다. 국가와 개인은 각자 특정한 시간, 상황, 위치에서 스스로 선택할 자유가 있다.

도교는 종교적 측면에서 중국의 고대 제례祭禮 의식을 일부 도입했지만 철학적 측면에서 유교를 앞선다고는 보이지 않는다. 전설에 따르면 공자가 노자老子를 찾아갔다고 하지만 노자는 중국의 유명한 고전『노자』의 저자가 아닐지도 모른다. 왜냐하면 노자는 예禮에 대해 깊은 관심을 보이지만 이에 반해『노자』의 저자는 예禮의 필요성을 느끼지 못하기 때문이다.

하지만『논어』와 유교儒敎의『주역』이 나오고 오랜 시간이 흐른 후『노자』가 집필되었다고 해도『노자』가 자기만의 독창적인 사상을 많이 담고 있다는 것을 부정하지 못한다.

『노자』의 사상 가운데 그 하나가 존재의 기원이다. "수많은 사물은 존재에서 나왔으며 존재는 비존재에서 나왔다."

중국에서 후한(後漢, 9~219)과 그 이후 위魏·촉蜀·오吳 삼국시대三國時代에 도교道敎는 유교儒敎의 역易 철학 원리 대다수를 채택하여 노자老子의 비존재 이론과 결합했다. 후한으로부터 삼국시대 초기까지 위백양魏伯陽은 도교에서 가장 뛰어난 학자로 알려졌는데 태극太極과 무극無極을 나타내는 밑그림들을 만들었다. 태극 무늬는 음陰과 양陽이 각각 절반을 차지하여 이루는 원으로 한국의 국기 태극기太極旗를 상징하며, 무극(無極: 우주의 본체인 태극太極의 맨 처음 상태) 무늬는 안에 아무것도 채워지지 않은 원을 가리킨다.

세월이 흘러 무극無極의 개념은 북송北宋 때 성리학의 기초를 닦은 저명한 학자 주자朱子 주돈이周敦頤에게 깊은 영감을 주었다. 주돈이는 태초의 우주에 대해서 유교와 도교의 개념을 독자적으로 통합하여 이를 전파하려고 했다.

이후 원元나라의 저명한 유학자 오징吳澄은 한 걸음 더 나아가 무극의 개념은 애초부터 유교의 개념이었다고 주장했다.『주역』의「계사전」에는 이러한 내용이 들어 있다. "역易은 일정한 주체가 없고 성性은 방향이 없다." 오징은『시경詩經』의 다음 시詩가 위의 내용과 일치한다고 지적했다.

"하나님은 이 세상을 사랑하지만

소리도 안 들리고 냄새도 없어"[15]

따라서 유교와 도교는 둘 다 중국의 사상 체계이며 이는 잘 알려진 사실이다.

7.4 역易의 세 가지 의미

역은 변역變易, 불역不易, 간역簡易 등의 세 가지 의미가 있는데 모두 『주역周易』의 「계사전繫辭傳」에서 확인할 수 있다.

역의 첫 번째 의미는 변역이다. "역이라는 책은 멀리할 수 없다. 그리고 도道의 양상은 항상 변하여 다른 것으로 옮겨간다."[16]

역의 두 번째 의미는 불역이다. "역易의 진리는 사려하는 일이 없고 작위(作為: 사실은 그렇지 않는데도 그렇게 보이기 위하여 의식적으로 하는 행위)하는 일이 없다. 고요하여서 동요하지 않는다."[17]

역의 세 번째 의미는 간역이다. "건乾은 쉬운 작용으로 시작을 주관하고, 곤坤은 간략한 작용으로 완성할 수 있다."[18]

첫 번째 의미인 변역은 역의 기본적이고 가장 중요한 뜻으로 볼 수 있다. 변화는 멈추지 않는다. 64괘는 인생의 64가지 상황을 나타내며 서로 다르다. 모든 상황은 다른 상황으로 바로 바뀌지만 반드시 한 괘가 『주역』에 나오는 64괘의 순서대로 바뀌지는 않는다. 특정 6획 괘에서 한 획이 양陽에서 음陰으로 바뀌거나 그 반대로 바뀌면 다른 획이 나타내는 상황으로 바뀐다.

---

15 역주: 『시경(詩經)』 대아(大雅) 문왕지습(文王之什) 문왕(文王).

16 역주: 『주역(周易)』 계사전하(繫辭傳下) 제8장.

17 역주: 『주역(周易)』 계사전상(繫辭傳上) 제10장.

18 역주: 『주역(周易)』 계사전상(繫辭傳上) 제1장.

그리고 64괘 가운데 한 괘는 6획 가운데 2획, 3획 혹은 그 이상이 변화하면 다른 63괘가 나타내는 상황으로 바뀔 수 있다.

특정 괘에서 획은 가만히 있지 않는다. 획의 성性은 다음 획에서 중간이 끊어진 "--" 음陰이나 중간이 이어진 "—" 양陽의 다른 성性으로 바뀌거나 같은 성性으로 한 발 더 나아간다. 예를 들어, 34번째 괘 뇌천대장雷天大壯 ䷡에서 첫 번째 획에서 음이 양으로 바뀌고, 두 번째 획에서 다섯 번째 획까지 모두 성性이 한 발 더 나아가고, 마지막으로 여섯 번째 획에서 양이 음으로 바뀌면 32번째 괘 뇌풍항雷風恒 ䷟이 된다. 그리고 첫 번째 획에서 두 번째 획까지 위의 경우와 반대가 되고 세 번째 획에서 여섯 번째 획까지 위의 경우와 같게 되면 뇌천대장雷天大壯은 28번째 괘 택풍대과澤風大過 ䷛가 된다.

『주역』에서 뇌천대장雷天大壯 ䷡의 괘가 나온 사람에게 첫 획은 발가락이 신체적으로 혹은 상징적으로 다쳤음을 말해준다. 뇌천대장雷天大壯이 뇌풍항雷風恒 ䷟으로 바뀔 때, 그 괘에 해당하는 사람은 어려움 속에 점점 더 빠져드는 것을 알려준다. 만일 뇌천대장雷天大壯이 택풍대과澤風大過 ䷛로 바뀌면, 이 괘가 나오면 하얀 띠로 자리를 깐다고 나오는데 오직 순수한 사람만이 금가는 것만 보아도 위험성을 감지할 수 없는 것을 의미한다.

현재는 동전을 던져서 길흉吉凶을 점치지만 옛날에는 산가지의 숫자를 계산하여 점쳤다. 공자는 『주역』으로 길흉을 점치는 데 어려움이 있다는 것을 부인하지 않았다.

『주역』을 잘 활용하는 방법은 마음속에 문제의식을 갖지 말고 각 괘에 나온 길흉을 침착하게 살펴보는 것이다. 첫 번째로 구조를 분석하여 괘를 구성하는 획이 제자리에 있는지 현재의 특정 획의 성性이 다른 획에서 바뀌는지 확인한다.

두 번째로 특정 획에서 위아래로 한 획 또는 두 획으로 움직이면서 길흉을 점친다. 더 강하거나 설득력 있는 설명을 채택하여 자신의 상황을 바꿀 수 있다고 생각하여 시험 삼아 그 성性을 바꾸어 잘 맞는지 확인해 본다.

유교儒敎에서 역易이나 도道는 결코 멈추지 않는다. 우리가 움직이거나 변화하지 않으면 마찬가지로 상황도 우리와 동떨어져 움직이거나 변화하지 않는다.

하지만 그 사이에 변하지 않는 성性이 역易이나 도道 안에 숨겨져 있다. 무엇보다도 역의 법칙은 변하지 않는 것이 있다.

역의 불변 법칙 다음에 도道는 항상 음과 양으로 이루어져 있다.

인간 사회에 적용할 때 도는 인仁으로 이루어져 있다. 사람은 인을 실천해야 한다. 그렇지 않으면 사람은 도에서 벗어나 불행해 처한다.

도道를 따르는 것이 쉽다는 것은 진실이며 그것이 전부이다. 사람의 실체는 사람을 사랑하고 인仁을 실천하게 하는 것이다. 도의 구성 요소인 음과 양 또한 매우 단순하다. 보통의 경우에서 음은 항상 음이며 양은 항상 양이다.

음과 양은 서로의 역할을 바꾸지만 합당한 이유가 없으면 그렇게 하지 못한다. 마지막으로 분석해 본 결과 음陰과 양陽은 예측할 수 있다.

사람이나 국가가 도道를 따르면 열성적으로 하게 되며, 열성적으로 하게 되면 올바른 목적을 달성하기 위해 계속 노력하게 된다.

7.5 겸양의 덕

공자가 『주역』을 설명하고 발전시킨 이후 우리에게 많은 교훈을 전달해 준다. 『주역』은 정직과 겸양을 가르쳐 준다.

64괘 가운데 열다섯 번째 지산겸地山謙 ䷎은 이름에서 알 수 있듯이 겸양의 괘이다.

지산겸地山謙은 6획 모두 길조(吉兆: 좋은 일이 있을 조짐)를 나타내는 괘와는 다르다. 다른 괘들은 모두 길(吉: 운이 좋거나 일이 상서롭다)을 나타내지 않는다. 지산겸을 제외하고 다른 괘는 모든 획이 길吉한 상황과 흉(凶: 운이 사납거나 불길하다)한 상황을 나타낸다. 지산겸의 괘가 나오는 사람은 겸손함으로써 모든 상황을 길吉로 바꾸기 때문에 모든 획은 모든 상황에서 길조吉兆이다.

지산겸地山謙 ䷎은 땅을 상징하는 상괘上卦 곤괘坤卦 ☷와 산山을 상징하는 하괘下卦 간괘艮卦 ☶의 조합으로 이루어져 있다. 여기에서 산은 매우 겸손하며 낮은 평지에 있다. 사람은 이 산에서 교훈을 배우며 자기보다 영리하지 못한 사람보다 낮게 처신한다.

지산겸地山謙 ䷎의 주된 획은 세 번째 획인데 다른 다섯 획이 음陰 --인데 반해 양陽 ─이다. 규칙에 따르면 네 번째 획은 지산겸 전체에 성격을 부여한다. 지산겸의 성격은 무엇인가? 그 정답은 산山의 성격이다! 지산겸의 네 번째 획은 산을 상징하는 하괘下卦 간괘艮卦 ☶의 맨 위에 있는 획이다. 산은 단단하고 안정된 것으로 신뢰할 수 있는 것을 나타낸다.

지산겸地山謙 하괘下卦 간괘艮卦 ☶의 또 다른 성격은 "어떤 지점에서 멈추거나 끝에 다다른 후 멈추는 것"을 말한다. 이것은 하괘下卦의 세 번째 획이 나오는 사람이 어디에서 멈추는 장소를 알 정도로 아주 현명하다는 것을 뜻한다. 모든 사람에게 시작은 어렵지 않지만 끝마무리를 잘 하는 것은 쉽지 않은 일이다. 따라서 지산겸은 다음과 같이 설명된다. "상象에서 말했다. '땅 속에 산이 있는 것이 겸謙이다. 군자君子는 이 괘의 이치를 살펴 많은 것에서 취하여 적은 것에 더하며 사물에 맞추어 화평하게 베푼다.'"[19]

지산겸地山謙의 획은 다음과 같이 설명되어 있다.

(1) 첫 번째 획 초육初六, 음陰 --
　"초육은 겸손하고 겸손해야 한다. 군자라야 큰 강을 건너 길하다. 상象에서 말했다. '겸손하고 겸손한 군자는 낮춤으로써 자기를 기른다.'"

---

[19]　역주: 『주역(周易)』 15 겸(謙) 지산겸(地山謙).

(2) 두 번째 획 육이六二, 음陰 --

　“육이는 겸손함을 말로 드러내며, 참고 견디면 길하다. 상象에서 말했다. ‘겸손함을 말로 드러내어 참고 있으면 길한 것은 중심에서 마음으로 터득했기 때문이다.’”

(3) 세 번째 획 구삼九三, 양陽 -

　“구삼은 겸손함을 애써 실천해야 한다. 군자라야 마침이 있어서 길할 것이다. 상象에서 말했다. ‘겸손함을 애써 실천하여 군자에게는 만민이 감복한다.’”

(4) 네 번째 획 육사六四, 음陰 --

　“육사는 겸손하도록 지휘하면 이롭지 않음이 없다. 상象에서 말했다. ‘겸손하도록 지휘하면 이롭지 않음이 없는 것은 원칙을 어기지 않는 것이기 때문이다.’”

(5) 다섯 번째 획 육오六五, 음陰 --

　“육오는 이웃끼리 부자가 되지 않아야 한다. 쳐들어가 처벌하는 것도 이롭다. 그러면 이롭지 않음이 없다. 상象에서 말했다. ‘쳐들어가 처벌하는 것을 이롭게 여겨도 되는 것은 복종하지 않는 자를 정벌하는 것이기 때문이다.’”

(6) 여섯 번째 획 상육上六, 음陰 --

　“상육은 겸손함을 말로 드러내야 한다. 군대를 동원하는 것이 이롭다. 읍국을 정벌해야 한다. 상象에서 말했다. ‘겸손함을 말로 드러내야 하는 것은 뜻이 아직 얻어지지 못했기 때문이다. 군대를 움직일 수 있다는 것은 읍국을 정벌하는 것이기 때문이다.’”

300

"단象에서 말했다. '겸손하며 적극적으로 나서야 하는 것은 천도天道가 아래에서 일을 이루어 광명하고 지도地道가 낮으면서 위에서 행하기 때문이다. 천도는 오만한 자를 일그러뜨리고 겸손한 자를 도와주며, 지도는 오만한 자를 변모시키고 겸손한 자에게로 흘러가며, 귀신은 오만한 자에게 해를 주고 겸손한 자에게 복을 주며, 인도人道는 오만한 자를 싫어하고 겸손한 자를 좋아한다. 겸손한 자는 높아지면 빛이 나고 낮아지더라도 그는 넘어갈 수 없다. 군자라야 끝을 마칠 수 있는 것이다.'"[20]

공자는 많은 이유로 주공周公을 존경했는데 그 중 하나는 겸손이었다. 공자는 다음과 같이 말했다. "만약 주공의 재주와 같은 아름다움이 있다 하다라도 가령 교만하고 인색하다면 그 나머지는 볼 것이 없다."[21]

7.6 문제의 극복

한漢나라 때부터 지금까지 학자들에게는 『주역周易』의 주周나라 판본에 대해서 강한 전통이 이어지고 있다. 이 전통은 주周나라의 문왕文王이 『주역』을 지었다는 것이다.

공자가 한 다음의 말은 문왕이 저자라는 것을 암시하고 있다. "주나라가 덕으로 세상을 제압한 은殷나라 말기에 『주역』은 널리 퍼지게 되었다. 이는 문왕과 은나라의 마지막 임금 주왕紂王 사이에 벌어진 일과 관련되어 있다. (주왕紂王은 문왕文王을 유리羑里에 가두었다.)" 또한 공자는 다음과 같이 말했다. "아마도 『주역』은 불행한 상황 속에서 집필되었을 것이다."

『주역』의 「계사전繫辭傳」은 다음과 같이 말하고 있다. "『주역』은 흉凶과 그 이유를 설명하는 매우 뛰어난 책이다."

사실상 이 책은 흉과 그 이유에 대해 상당히 유용한 정보를 준다.

---

20 역주: 『주역(周易)』 15 겸(謙) 지산겸(地山謙).
21 『논어(論語)』 태백편(泰佰篇) 제11장.

『주역』은 6획이 모두 양陽인 첫 번째 괘 중천건乾爲天 ䷀과 모두 음陰인 두 번째 괘 중지건重地坤 ䷁으로 시작된다. 이후 세 번째 괘부터 여덟 번째 괘까지 64괘는 다음과 같이 연속하여 상괘上卦 혹은 하괘下卦는 험난한 성질을 상징하는 감괘坎卦 ☵를 포함하고 있다.

(1) 수뢰준水雷屯 ䷂

준屯은 "샘물"과 동의어이며, 수뢰준水雷屯은 하늘과 땅이 한 쌍을 이루기 시작함을 나타낸다. 수뢰준은 물·험난險難·차남次男을 상징하는 상괘上卦 감괘坎卦 ☵와 우레·변동變動·장남長男을 상징하는 하괘下卦 진괘震卦 ☳의 조합으로 구성되어 있다. "단彖에서 말했다. '준屯은 굳센 것과 부드러운 것이 처음으로 사귐으로써 어려움이 생겨, 험한 가운데에서 움직이므로, 크게 떨쳐 일어나서 잘 분별하여 참고 견뎌야 한다.'"[22]

(2) 산수몽山水蒙 ䷃

몽蒙은 눈이 나쁘고, 교육을 받지 못하고, 무지함을 의미한다. 산수몽山水蒙은 산山·중지中止·셋째 딸을 상징하는 상괘上卦 간괘艮卦 ☶와 물·험난險難·차남次男을 상징하는 하괘下卦 감괘坎卦 ☵의 조합으로 이루어져 있다. 사람이 처한 어려움은 그의 무지에서 비롯된다. "상象에서 말했다. '산 아래에 샘물이 솟아나는 것이 몽蒙이다. 군자는 이 괘의 이치를 살펴 행동을 과감하게 하고 덕德을 기른다.'"[23]

(3) 수천수水天需 ䷄

수需는 "필요必要"나 "대기待機" 등을 뜻한다. 수천수水天需는 물·험난險

22　『주역(周易)』 3 준(屯) 수뢰준(水雷屯).
23　역주: 『주역(周易)』 4 몽(蒙) 산수몽(.山水蒙).

難·차남次男을 상징하는 상괘上卦 감괘坎卦 ☵와 하늘·건실健實·부父를 상징하는 하괘下卦 건괘乾卦 ☰의 조합으로 이루어져 있다. "단彖에서 말했다. '수需는 대기待機하는 것이다. 험한 것이 앞에 있지만 강건하게 대치하여 빠지지 않으면 그 도리가 곤궁하지 않다. 대기해야 하는 상황에서 한마음의 상태를 유지하면 찬란하게 뻗어나며 잘 판단하여 참고 견디면 길한 것은 비로소 중심 되는 자리에 있으면서 하늘의 자리에 있기 때문이다. 큰 강을 건너는 것이 아름다운 것은 적극적으로 나서면 공이 있다는 것이다.' 상象에서 말했다. '구름이 하늘 위에 있는 것이 수需니 군자는 이 괘의 이치를 살펴 마시고 먹고 잔치하고 즐거워한다.'"[24]

(4) 천수송天水訟 ䷅

송訟은 "소송"을 말한다. 천수송天水訟은 하늘·건실健實·부父를 상징하는 상괘上卦 건괘乾卦 ☰와 물·험난險難·차남次男을 상징하는 하괘下卦 감괘坎卦 ☵의 조합으로 이루어져 있다. "단彖에서 말했다. '송訟은 위는 굳세고 아래는 험하니 험한 상태에서 굳세니 송사가 된다. 송사에서 양심만 믿고 추진하면 막혀서 애를 태울 것이니 도중에 중단하면 길한 것은 굳센 것이 와서 중심을 얻기 때문이다. 끝까지 하면 흉한 것은 송사를 성공할 수 없기 때문이다. 대인을 보는 것이 이로운 것은 중심이 되는 것과 바른 것을 숭상하기 때문이다. 큰 내를 건너는 것이 이롭지 않은 것은 못에 빠지기 때문이다.' 상象에서 말했다. '하늘이 물과 어긋나게 가는 것이 송사가 되는 것이니, 군자는 이 괘의 이치를 살펴 일을 할 때에 처음을 잘 헤아린다.'"[25]

---

24 역주: 『주역(周易)』 5 수(需) 수천수(水天需).
25 역주: 『주역(周易)』 6 송(訟) 천수송(天水訟).

(5) 지수사地水師 ䷆

사師는 "군대"나 "전투" 등을 의미한다. 이 전쟁은 침략을 하는 전쟁이 아니라 침략을 당하는 전쟁이다. 지수사地水師는 땅·유순柔順·모母를 상징하는 상괘上卦 곤괘坤卦 ☷와 물·험난險難·차남次男을 상징하는 하괘下卦 감괘坎卦 ☵의 조합으로 구성되어 있다. "단彖에서 말했다. '사師는 무리라는 뜻이고 정貞은 바르게 한다는 뜻이다. 능히 무리를 바르게 인도하면 왕업을 이룰 수 있다. 강한 것이 안에서 응하여 어려운 일을 수행하면서 온순하니 이를 가지고 천하를 다스리면 백성들이 따를 것이니 길하다. 다시 무엇을 탓하겠는가?' 상象에서 말했다. '땅 속에 물이 있는 것이 사師이다. 군주가 이 괘의 이치를 가지고 백성을 포용하고 대중을 기른다.'"26

(6) 수지비水地比 ䷇

비比는 "우의友誼"를 의미한다. 병사나 장군은 좋은 동료가 없다면 전투나 전쟁에 결코 승리할 수 없다. 수지비水地比는 물·험난險難·차남次男을 상징하는 상괘上卦 감괘坎卦 ☵와 땅·유순柔順·모母를 상징하는 하괘下卦 곤괘坤卦 ☷의 조합으로 이루어져 있다. "단彖에서 말했다. '따르는 것이 길한 것은 따르는 것이 돕는 것이기 때문이니 아래가 순종한다. 점의 내용을 살펴 시작하고 길이 참고 있으면 허물이 없는 것은 굳세면서 중앙의 위치에 있기 때문이다. 따르지 않던 자들이 바야흐로 오는 것은 위와 아래가 응하기 때문이다. 나중에 오면 남편이라도 흉한 것은 그 도道가 궁하기 때문이다.' 상象에서 말했다. '땅 위에 물이 있는 것이 비比니 선왕이 이 괘의 이치를 살펴 만국을 세우고 제후와 친하다.'"27

---

26 역주: 『주역(周易)』 7 사(師) 지수사(地水師).

27 역주: 『주역(周易)』 8 비(比) 수지비(水地比).

험난함을 상징하는 6괘의 개략적인 분석은 『주역周易』 저자의 교육적인 동기를 명확히 보여준다. 이는 또한 연속적인 인간 행동에 대한 저자의 사상을 드러낸다. 64괘의 논리적 순서 배열은 역사의 연속성을 충분히 증명하는 것이다.

7.7 『서경書經』의 가르침

공자의 학당에서 역사책은 여러 제후국에서 공자가 수집한 기록물들이었다. 한漢나라의 학자들은 공자가 수집한 기록물들이 백여 종에 이른다고 했다. 현재까지 전해지고 있는 것은 단지 28종에 지나지 않으며 나머지는 시황제始皇帝의 분서갱유焚書坑儒 사건으로 완전히 소실되었다. 다행히 다른 기록의 일부가 전해 내려오는데 분서갱유 사건 이전에 기록을 읽은 사람들이 기억을 더듬어 적은 인용구들이다.

공자의 『서경書經』은 「요전堯典」으로 시작되는데, 「요전」은 요堯임금과 그의 계승자 순舜임금에 대한 사실을 이야기 형식으로 기록하고 있다.

『서경』은 요임금 이전의 왕조에 대한 기록이나 전설이 나와 있지 않다.

그 이유는 그 이전의 사건이나 기적에 대한 기록이 남아 있지 않기 때문이 아니라 윤리적인 관점에서 본 가르침이 없기 때문이었다. 공자의 역사 정의에서 볼 때 신화가 『서경』에 차지할 공간이 없다. 따라서 공자는 모든 신화와 환상적인 전설을 배격했다.

요순堯舜의 대화는 현재까지 전해지는 『서경』 판본에는 없지만, 『논어論語』에는 다음과 같이 언급되어 있다. "아! 너 순舜아 하늘의 역수(歷數: 천자 자리의 순서)가 너의 몸에 있으니 그 중中을 잡도록 하라. 사해가 곤궁하면 천록天祿이 영원히 끊어질 것이다."[28]

---

28 『論語(논어)』요왈편(堯曰篇) 제1장.

따라서 하늘이 임금에게 권한을 준다고 하는 것은 사람들의 생계를 돌보기 위함이었다.

맹자가 말했다. "『태서太誓』에 이르기를, '하늘이 보는 것은 우리 백성이 보는 것으로부터 하며, 하늘이 듣는 것은 우리 백성이 듣는 것으로부터 한다'고 하니, 이것을 말한 것이다."[29]

현재에 전해지는 『서경』에서 「요전」 외에도 많은 부분에 "민주주의" 정신이 스며들어 있다. 여기서 중요한 것은 임금이 아니라 사람들이다.

7.8 역사의 해석

『주역周易』의 「계사전繫辭傳」을 지은 저자는 주周나라 판본에 대한 역사 철학을 다음의 네 문장으로 압축했다.

길이 막히면 변한다.
길이 변하면 다시 길이 난다.
길이 나면 오랫동안 지속된다.
길이 오랫동안 지속되면 또 다시 길이 막힌다.

이는 순환이론처럼 들릴지도 모르지만 실제로는 그렇지 않다. 『주역』의 주나라 판본이나 「계사전」의 저자에 따르면 막힌 길과 다시 새로 난 길은 같지 않다.

64괘는 마지막 두 괘 수화기제水火既濟 ䷾와 화수미제火水未濟 ䷿ 다음에 다시 괘를 시작하면서 하나의 원을 이룬다. 수화기제水火既濟는 다 해결된 형편을 말하며 화수미제火水未濟는 아무 것도 해결되지 않은 상황을 뜻한다. 『주

---

29 『맹자(孟子)』 만장장구상(萬章章句上) 제5장.

역』의 주나라 판본 저자가 말하고자 하는 바는 다음과 같다. 아무 것도 해결되지 않은 것은 다 해결된 것으로 생각해야 하는 것이다. 항상 개선의 여지가 있으며 또한 이루어질 또 다른 일은 항상 있기 마련이다.

아무리 많이 이루어져도 삶은 계속 나아가야 한다. 만일 원이 하나 그려지면 또 다른 원이 그려지기 시작한다. 아니면 그 원이 다 그려지기 전에 벌써 또 다른 원이 그려지기 시작했음을 말한다.

『주역』의 주나라 판본과 달리 「계사전」의 저자는 아득히 먼 옛날 전설적 임금 복희씨伏羲氏의 업적에 대해 이야기 하기를 좋아했다. 저자는 복희씨가 팔괘八卦를 지었다고 믿었다. "복희씨는 노끈을 맺어서 그물을 만들어 새를 잡고 고기를 잡았으니 대개 그 이치를 리괘離卦 ☲에서 취했다."[30] 리괘는 불과 차녀次女를 상징한다.

마찬가지로 신농씨神農氏는 두 괘 산뢰이山雷頤 ䷚와 화뢰서합火雷噬嗑 ䷔의 영감을 받았다. "복희씨가 죽고 신농씨가 일어나, 나무를 깎아 보습을 만들고 나무를 휘어 쟁기를 만들어 보습과 쟁기의 이로움을 천하 사람에게 가르쳤으니, 대개 그 이치를 풍뢰익風雷益 ䷩에서 취한 것이다."[31]

"신농씨가 죽고 황제皇帝·요堯·순舜이 뒤따라 일어나, 전대前代에 사용하던 기물이나 제도를 바꾸는 일에 능통하여, 백성들로 하여금 게으르지 않도록 하고, 신통한 능력을 갖추고 성인聖人의 경지에 올라 백성들로 하여금 올바른 삶을 살도록 유도했다."

"나무를 쪼개서 배를 만들고, 나무를 깎아서 노를 만들어 배와 노의 편리한 점을 이용하여, 통행하기 곤란한 강물을 건너 먼 곳에까지 도달하게 함으로써 천하를 편리하게 하니, 대개 풍수환風水渙 ䷺에서 취한 것이다."

"문을 겹으로 하고 목탁을 쳐서 도적을 막게 하니 대개 뇌지예雷地豫 ䷏에서

---

30 역주: 『주역(周易)』 계사전하(繫辭傳下) 제2장.
31 역주: 『주역(周易)』 계사전하(繫辭傳下) 제2장.

취한 것이다.”

“나무를 잘라 공이를 만들고, 땅을 파서 절구를 만들어, 절구와 공이의 편리함으로 모든 백성이 도움을 받게 되었으니, 대개 뇌산소과雷山小過 ䷽에서 취한 것이다.”

“소를 길들이고 말을 타서 무거운 짐을 끌고 먼 곳에까지 이르게 함으로써 천하를 편리하게 하니, 대개 풍수환風水渙 ䷤에서 취한 것이다.”

“아주 옛날에는 굴속에서 살고 들판에서 거처했다. 후세에 성인聖人이 이것을 궁실로 바꾸어 위에는 용마루를 얹고 아래에는 처마를 쳐서 바람과 비에 대비케 했으니 대개 뇌천대장雷天大壯 ䷡에서 취한 것이다.”

“택풍대과澤風大過 ䷛는 크게 힘을 써야 하는 상황이다. 인간의 삶의 과정에서 가장 크게 힘을 써야 하는 상황은 친족의 장래를 치를 때이다. 그러므로 택풍대과澤風大過의 이치를 통하여 장례의 의식과 절차의 원리를 터득했다고 볼 수 있다.”

“택천쾌澤天夬 ䷪는 척결해야 할 상황이다. 문자를 만들어서 소통을 원활하게 하고, 문맹을 퇴치하는 등의 일을 여기에서 이치를 터득했다고 볼 수 있다.”

『주역』「계사전」의 저자가 플라톤Plato을 만난다면 플라톤에 동의할 것이다.

현대 교육을 받은 역사가는 발명의 주제에 대해서 다른 의견을 제시할지도 모른다. 그럼에도 역사가는 「계사전」의 저자가 상당히 뛰어난 역사 철학자라는 사실은 인정할 것이다.

공자는 다른 사람보다 더 냉정했다. 공자는 요堯임금과 순舜임금 이전의 임금에 대해 이야기하는 것을 삼갔다.

하지만 공자는 사람의 생계를 개선하기 위해 고대 임금을 존경했다. 홍수를 막고 농지에 물을 끌어들이기 위해 요임금이 수 년 동안 운하를 만들었기 때문에 과거의 다른 임금보다 요임금을 지지했다.

손문孫文에게 역사에서 가장 중요한 것은 사람들의 생계였다. 손문은 역사 변화의 주된 요인은 이른바 생산수단과 생산력의 관계가 아니라 사람들의 생계라고 말했다.

7.9 『춘추春秋』

공자 시대에 봉건 국가에서 역사를 기록하는 것은 관례적인 일이었다. "진晉나라는 승乘과 초楚나라의 도올檮杌과 노魯나라의 춘추春秋가 같은 것이다."[32] 춘추라는 명칭은 일 년의 네 계절인 춘春·하夏·추秋·동冬 가운데 춘과 추만을 뽑아서 인간의 역사를 기록하는 책의 명칭으로 삼은 것이다. 이에 대해 두예杜預는 "대저 역사의 기록은 반드시 연대를 드러내어 사건의 앞에 기록한다. 그런데 일 년에는 사시四時가 있기 때문에, 그 가운데 춘과 추를 엇섞어서 사건을 기록한 책의 이름으로 삼은 것이다."라 하였다.

『춘추』는 당시 역사서 가운데 가장 뛰어난 책으로 보인다. 기원전 540년 진晉나라 군주가 한선자韓宣子에게 노魯나라를 예방케 했고, 한선자는 진나라 집정자執政者가 되었음을 알리기 위해 노나라 군주를 만났다. 한선자는 노나라에 와서 태사太史한테서 책을 빌려 『주역周易』의 괘卦와 효爻를 풀이한 것과 노나라의 역사 『춘추』를 보고 말했다. "주周나라 예법은 다 노나라에 전해져 보존되어 있습니다, 그래서 저는 이제야 주공周公의 덕德과 주나라가 천하를 통솔하는 천자의 나라가 된 것을 깨달았습니다."[33]

공자는 실제 정치를 포기한 후 비로소 『춘추』의 필사본을 개정·편찬하기로 마음먹었다. 당시 공자는 여러 제후국을 주유하면서 사람을 이롭게 하는 정책을 펼칠 것을 설득시키려고 했지만 모두 허사로 끝났다.

공자는 『춘추春秋』를 편찬하면서, 훌륭하거나 비난할 만한 사람과 그 행적

---

32 역주: 『孟子(맹자)』 이루장구하(離婁章句下) 제21장.
33 『춘추좌씨전(春秋左氏傳)』 소공(昭公) 2년.

을 평하여 후대나 당대의 사람들을 위한 선행의 기준을 세우겠다고 생각했다.

공자는 또한 구체적인 역사적 사실을 통해 자신의 철학적 개념을 설명했다. 공자는 말했다. "만약 철학이 사실로 입증하지 못하면 헛된 이론이 된다."[34]

하지만 사실은 검토해야 한다. 공자는『춘추』를 편찬할 때 사실들을 엄밀히 검토하여 사실에 대한 정확한 용어를 사용하는 데 세심한 주의를 기울였다. 더 나아가 공자는 관련 인물에 대해서 표제를 다는 데도 주의를 기울였다.

7.10『춘추春秋』의 어법

예를 들어 공자는 주周나라의 왕권에 관계없이 자신을 임금이라 칭하더라도 주나라의 임금들을 주공周公과 문공文公으로 칭했다. 공자에게 중국에서 왕은 한 사람뿐이기에 낙읍洛邑의 주周나라 임금 외에는 아무도 임금으로 볼 수 없었다. 원칙적으로 주왕周王과 문왕文王은 주周나라의 임금으로부터 왕王이 아닌 공公이라는 작위를 받은 귀족의 후손들이었다. (비록 이들이 귀족이었다고 해도 몇 대代에 걸쳐 영토를 넓혀 주周나라 임금의 영토보다 더 많은 땅을 차지했다.)

공자는 당시와 그 이전의 정치가들에 대해서 재판관과 같은 역할을 했다. 기원전 640년에 제齊나라의 효공孝公이 중국 형邢나라를 노린 적족狄族과 용납할 수 없는 화평을 했기 때문에, 공자는 효공의 후작侯爵 작위를 없애버렸다.『춘추』에서 공자는 다음과 같이 말했다. "제齊나라 사람이 형邢나라에서 적족狄族 사람과 화평을 맺었다."

공자만이 역사를 재판한 사람이 아니었다. 진晉나라의 위대한 역사가인 동호董狐도 같은 일을 했다. 진晉나라의 영공靈公[35]은 조천趙穿의 손에 의해 죽음

---

34 『사기(史記)』태사공자서(太史公自序).

35 역주: 영공(靈公)은 사치하고 사람을 함부로 죽였다. 도안이(屠岸夷)의 손자인 도안가(屠岸賈)를 총애했으며 수도 강성(降城) 안에 기이한 화초로 꾸민 도원(桃園)을 세우고 그 곳에서

을 당했다. 당시에는 영공이 어렸기 때문에 조돈趙盾이 집정을 맡았다. 동호는 사서에 다음과 같이 기록했다. "조돈이 군주를 살해했다." 동호는 이러한 기록을 한 후 한 발 더 나아갔다. 동호는 조돈을 비롯하여 조정의 모든 사람에게 자신이 쓴 글을 보여 주었다.

조돈은 이의를 제기했다. "내가 한 일이 아닙니다." 동호는 말했다. "아니오, 당신이 했습니다." 그러자 조돈이 물었다. "당신은 왜 그렇게 생각합니까?" 동호가 대답했다. "진짜 살인범은 당신임에 틀림없습니다. 왜냐하면 돌아가신 주군을 피해 달아났을 때 당신은 그렇게 멀리 떨어져 있지 않았기 때문입니다. 당신은 진晉나라를 떠나지 않았습니다. 주군이 살해당한 후 당신은 살인범 조천趙穿에게 아무런 처벌도 내리지 않고 도읍으로 돌아왔습니다. 따라서 진짜 살인범은 당신임에 틀림없습니다! (조돈은 집정으로 조천을 처벌할 권한과 의무가 있었다.)

공자는 제자들에게 말했다. "조돈이 자기 나라를 떠나지 않은 것은 유감스러운 일이다. 만약 떠났다면 책임을 질 필요가 없었을 것이다." 공자가 말하고자 하는 바는 조돈은 좋은 사람이었다는 것이다. 조돈은 군주 영공을 살해하지 않았다. 하지만 동호가 조돈에게 죄를 씌우고 평결을 쓴 일도 옳은 것이다.

공자는 동호의 평결을 글자 하나하나 그대로 『춘추』에 옮겼다.

또 다른 진晉나라의 후작 문공文公은 군주인 주周나라의 임금에게 찾아가는 대신에 뻔뻔스럽게 임금에게 자신이 머무르는 곳으로 오라고 말했다. 공자는 이 일을 다음과 같이 말했다. "천자天子는 진晉나라의 후작이 야영을 하는 황하黃河 지역을 시찰하러 왔다."

공자 시대의 의례에서 대해서 말하면 임금의 죽음은 붕崩이라고 한 반면

정사를 봤다. 조돈(趙盾)이 이를 간하자 영공은 이를 싫어하여 조돈을 암살하려 했으나, 조돈은 겨우 목숨을 건져 달아났다. 조천(趙穿)이 영공을 습격하여 죽이고 조돈을 맞이했다.

제후의 죽음은 훙薨이라고 했다. 공자는 임금이나 제후가 붕崩이나 훙薨에 합당하지 않을 때 살殺이나 시弑라는 글자를 사용했다.

"세상의 풍속이 쇠퇴하고 인간의 도리가 미약해져서 비뚤어진 학설과 포악한 행동이 또 일어나 신하로서 그 임금을 시해하는 자가 있으며, 아들로서 그 아버지를 시해하는 자가 있었다. 공자가 이를 두려워하여 『춘추』를 지었다."[36]

그 때까지 역사는 공적인 일이었다. 역사 기록은 한 개인이 하는 일이 아니었다. 오직 국가 차원에서 이루어졌는데, 심지어 제후조차도 역사책을 만들거나 역사를 기록하는 것이 허용되지 않았다. 이는 맹자가 말한 다음의 이유때문이다. "『춘추春秋』는 천자天子가 짓는 것이다."[37]

공자 시대에 실제적으로 모든 제후는 사관史官 뿐만 아니라 자신이 다스리는 제후국의 역사서도 편찬하게 했다. 이는 제후가 벌인 악명 높은 일 중의하나인 왕위 찬탈과 같은 것이다.

공자는 『춘추』를 편찬하는 일이 정확이 불법은 아니지만 정통적인 것이 아니라는 것을 잘 알고 있었다. 그래서 공자는 다음과 같이 말했다. "『춘추』때문에 내가 한 일에 대해 비난을 하고자 하는 사람들은 『춘추』를 읽게 되면내 의도를 이해하게 될 것이다."

내가 아는 바로는 공자가 『춘추』를 편찬하는 데 비난을 한 사람은 아무도없다. 중국과 전 세계에서 최초로 정부가 아닌 민간인으로 공자가 역사서를편찬하여 후세에 남긴 것은 매우 자랑스러운 일이다.

『춘추』가 편찬된 이후 역사는 지배자나 정부의 전유물이 되지 않았다.

---

36 『맹자(孟子)』 등문공장구하(滕文公章句下) 제9장.
37 『맹자(孟子)』 등문공장구하(滕文公章句下) 제9장.

7.11 국가통합

『춘추春秋』 개정판은 노魯나라 은공隱公 1년에서 시작하여 노나라 애공哀公 16년으로 끝을 맺는다(기원전 722~기원전 479).

『춘추』 초기본이 노나라 은공 1년부터 시작되었다는 것은 가능한 일이다. 진례(陳澧, 1810~1882)는 『춘추』 초기본은 노나라 은공 1년 이전부터 시작된다고 했다.

"14년 봄에, 서쪽 땅에서 기린麒麟을 잡았다."[38]는 내용이 기록되어 있는 『춘추』의 「애공哀公 14년」 시작 부분 외에 공자가 마지막 두 해의 기록을 개정하지 않았다고 하는 것도 가능한 일이다. 사마천司馬遷은 공자가 『춘추』를 개정한 이유는 단지 기린이 잡힌 일 때문이었다고 했다. 사마천은 공자가 기린을 성스러운 동물로 삼았다고 확신했다. 기린이 잡혔을 때 공자는 자신의 대의명분이 가망이 없음을 깨달았다. 그래서 공자는 이 세상에 낙원을 건설하는 꿈을 포기하고 후대를 위해 『춘추』의 개정본을 만드는 영원불멸의 일조차 중도에 그만두었다.

따라서 사마천은 기린이 노나라의 애공에게 잡혔을 때 『춘추』의 개정판 작업이 중단되었다고 믿고 있었다.

현대의 일부 학자들은 공자가 『춘추』의 개정판을 완성하지 못한 이유는 『춘추』의 「애공 16년」에 다음의 기록이 있기 때문이라고 믿고 있다. "여름 4월 기축(己丑: 육십갑자六十甲子의 스물여섯째)날에 공자가 세상을 떠났다."[39]

현대 학자들은 공자가 이 부분을 쓰지 않았다고 생각한다.

하지만 개인적인 의견으로 공자가 『춘추』를 개정한 것은 가능한 일이라고 본다. 오늘날 많은 사람들은 죽는 마지막 순간에 유언장에 서명하거나 유언장을 변경할 수 있다. 더욱이 이 부분은 공자와 같이 있던 제자들 중 한 사람

---

38 역주: 『춘추좌씨전(春秋左氏傳)』 애공(哀公) 14년.
39 역주: 『춘추좌씨전(春秋左氏傳)』 애공(哀公) 16년.

이 기록할 수 있었을 것이다.

전자의 「애공 14년」 기록보다 후자의 「애공 16년」의 기록 "14년 봄에"가 더 중요하다. 그 외에는 아무 사건도 기록되어 있지 않다.

공자는 당시 매년 첫 달이 시작하는 대다수 제후국의 역법(曆法: 천제의 주기적 현상을 기준으로 하여 세시歲時를 정하는 방법)과 달리 주周나라의 역법曆法을 선호했다는 것을 뜻한다.

주나라 왕실의 역법을 지키는 것은 주나라 임금의 권위를 존중하는 것으로 결과적으로 임금을 하나의 상징으로 하는 국가 통합을 옹호하는 것이다.

여기서 말하고자 하는 주나라의 임금은 동주東周 평왕平王 희의구姬宜臼이다. 평왕은 주나라의 13대 임금으로, 기원전 770년에 수도를 낙읍洛邑으로 천도하여 동주를 세웠는데, 기원전 771년 그 이전의 수도 호경鎬京은 견융犬戎**40**에 의해 점령당했다. 평왕은 실제로 현재 중국 하남성河南省 서북부에 있는 성 직할시 낙양洛陽에 새로운 왕조를 열었다고 할 수 있다.

7.12 이민족

관중管仲은 제齊나라의 재상으로 관중의 군주는 환공桓公이었다. 관중은 등용되고 몇 년 후에 제나라를 주周나라의 제후국 가운데 가장 강한 패자敗者로 만들었다. 이후 관중은 환공의 강력한 지지를 받으면서 낙양洛陽의 주周나라의 정치적 위상을 높이고 두 제후국 진秦나라와 위衛나라를 침략하려는 중국 전역의 이민족을 물리치기 위해 제후국들과 연합을 하거나 전쟁을 했다.

개략적으로 역사를 말하면 관중은 기원전 659년 새로운 곳에서 진秦나라를 되찾게 했으며 이듬해 위衛나라에도 같은 일을 했다. 이후 위나라의 임금은 영토를 넓힐 수 있었다.

---

40 역주: 중국 고대에 섬서성(陝西省)에 살던 서융(西戎)의 일족. 전국 시대에 진(秦)나라의 압박을 받아 쇠퇴했다.

관중은 제후국 간에 연합을 24차례 이상이나 맺었으며 제齊나라 군대를 이끌고 28차례나 전쟁을 치루었다. (당시 전쟁은 대부분 한 차례에 그쳤다.)

관중은 제나라에서 벌어진 사소한 분쟁들을 대부분 해결했을 뿐만 아니라 융적戎狄의 침입을 막아 중국의 힘을 증명했다.

관중의 가장 뛰어난 업적은 주周나라 내부의 문제를 해결하고 기원전 648년 주나라 양왕襄王에게 존경을 표하며 공손하게 방문한 것이었다. 기원전 770년 이후 주나라 제후국의 신하들은 그러한 모습을 보여주지 않았다.

공자는 『춘추春秋』의 개정판에서 관중을 찬양하지 않았다. (『춘추』의 개정판은 노魯나라 국경선 너머의 중요 사건만 다루었다.)

공자는 자공子貢에게 말했다. "관중管仲이 없었더라면 우리는 머리를 풀어 헤치고 옷깃을 왼쪽으로 여몄을 것이다."[41]

공자는 미국인의 관점에서 인종차별주의자도 아니며 국수주의자도 아니었다. 공자는 혈통이 아니라 문화를 중요시했다. 중국을 이민족과 구별되게 한 것은 공자가 말한 예禮의 실천이다. 중국 사람이 예를 실천하지 않으면 바로 이민족이 되는 것이다. 역으로 이민족이 중국 문화를 수용하고 예를 실천하면 이제 더 이상 이민족으로 살지 않게 된다.

공자가 제자들에게 말하고자 하는 바는 다음과 같다. "이민족의 침입과 영향을 막는 관중과 같은 사람이 중국에 없었다면, 중국은 미개한 국가가 되었을 것이다."

7.13 『춘추春秋』의 세 가지 주석서

『춘추春秋』는 『춘추좌씨전春秋左氏傳』, 『춘추공양전春秋公羊傳』, 『춘추곡량전春秋穀梁傳』 등의 삼전三傳이라고 하는 세 가지 주석서가 전해 내려오고 있다.

---

41 『논어(論語)』 헌문편(憲問篇) 제18장.

『춘추좌씨전』은 노魯나라의 좌구명左丘明이 지었으며, 『춘추공양전』과 『춘추곡량전』은 각각 전한前漢 시대의 두 학자 공양고公羊高와 곡량자穀梁子가 썼다고 한다.

『논어論語』에 좌구명左丘明[42]이란 이름이 나와 있다. 공자는 다음과 같이 말했다. "말을 교묘하게 하는 것, 얼굴빛을 예쁘게 꾸미는 것, 발을 공손히 디디는 것을 좌구명이 부끄럽게 여긴다. 원한을 감추고 그 사람과 벗하는 것을 좌구명이 부끄럽게 여겼는데 나 또한 그것을 부끄럽게 여긴다."[43]

좌구명은 공자의 친구였는가? 좌구명에 대한 공자의 말을 살펴보면 좌구명은 공자보다 연상인 것 같다. 하지만 공자보다 나이가 많은 사람이 공자가 수정한 『춘추』의 주석서를 냈다고 하는 데에는 수긍하기 어렵다. 『춘추좌씨전』의 저자가 좌구명인가의 여부에 상관없이, 그 저자는 공자의 제자나 공자보다 연하의 사람일 것이다.

『춘추좌씨전』은 중국 역사 고전 가운데 가장 뛰어난 책이다. 『춘추좌씨전』은 242년 동안에 펼쳐진 춘추春秋시대에 대한 방대한 역사를 싣고 있다.

『춘추좌씨전』과 같은 주석서가 존재하지 않았다면 오늘날 공자가 편찬한 『춘추』는 이해하기 힘들 것이다. 이러한 주석서는 공자의 간결한 글을 설명하는 데 도움이 되는 많은 사실들을 싣고 있다.

이러한 전통은 좌구명이 지은 또 다른 역사서 『국어國語』[44]에서도 엿볼 수 있다. 당唐나라의 학자 유지기劉知幾는 『국어』와 『춘추좌씨전』 두 책 모두 상호보완적이라고 했다. 다른 학자들은 『춘추좌씨전』이 본래 『국어』를 구성하

---

42 역주: 좌구(左丘)가 성이고 명(明)이 이름이다. 『사기(史記)』 십이제후연표서(十二諸侯年表書)에는 노(魯)나라의 군주로 되어 있다.

43 『논어(論語)』 공야장편(公冶長篇) 제24장.

44 역주: 『국어(國語)』는 주(周)나라 좌구명(左丘明)이 『춘추좌씨전(春秋左氏傳)』을 쓰기 위해 춘추시대(春秋時代) 8국의 역사를 나라별로 적은 책으로 주어(周語), 노어(魯語), 제어(齊語), 진어(晋語), 정어(鄭語), 초어(楚語), 오어(吳語), 월어(越語)로 구성되어 있다. 『춘추좌씨전』의 외전(外傳)이라는 의미로 『춘추외전(春秋外傳)』이라고도 한다.

는 주요 부분의 일부라고 믿고 있으며, 『국어』의 최근 판본이 『춘추좌씨전』에서 떨어져 나온 책이라고 주장하는 하는 학자들도 있다.

하지만 『국어』의 최근 판본과 『춘추좌씨전』은 내용과 문체를 살펴볼 때 상당한 차이가 드러난다.

『춘추』의 다른 주석서 공양고의 『춘추공양전』과 곡량자의 『춘추곡량전』은 모두 사실에 기반을 둔 자세한 묘사가 부족했지만 공자가 지은 『춘추』에서 행간의 의미를 해설하는 데 중점을 두었다. 두 주석자는 오래된 표현을 설명하는 데 많은 뜻을 담고 있는 간략한 표현에 전념했다.

두 주석서 『춘추공양전』과 『춘추곡량전』에 따르면 『춘추』라는 책이름에 담긴 가장 큰 뜻은 공자가 무관의 제왕을 가정했다는 것이다. 결국 임금만이 백성을 판결하는 권한이 있다는 것이다. 맹자는 다음과 같이 말했다. "『춘추春秋』는 천자天子가 짓는 것이다."[45]

주석서에서 공양고는 곡량자보다 직설적으로 『춘추』를 설명했는데, 공양고는 공자가 실제로 겸손함이 깃든 필체로 중국을 변화시키려 했다고 주장했다.

『춘추공양전』과 『춘추곡량전』은 일부 과장된 표현에도 불구하고 읽을 만한 가치가 있다. 이 두 주석서는 『춘추』에 기록된 공자의 글 대다수에 깊은 성찰을 보여주고 있다.

7.14 위대한 전통: 역사가의 진실성

공자는 역사서를 기록한 최초의 민간인이었다. 공자 시대 이전에는 오직 사관史官만이 역사를 기록했다.

공자는 "민간 역사가"라는 새로운 직업을 창출했다. 하지만 공자가 보여준 역사의 진실성은 그가 처음 시도한 것은 아니었다. 공자는 그 이전에 활동하

45　역주: 『맹자(孟子)』 등문공장구하(滕文公章句下) 제9장.

면서 영감을 준 뛰어난 역사가들의 기술 방법을 유산으로 물려받았다. 이들 사관史官 중에서 두 사람이 우리의 관심을 끄는데, 첫 번째는 동호董狐이다. 동호는 진晉나라의 역사서에서 가장 강력한 집정 조돈趙盾이 진나라의 임금 영공靈公이 살해당하는 데 책임이 있다고 했다. 두 번째는 제齊나라의 사관史官 태사太史 백伯이었는데 "최저崔杼가 군주君主를 시해했다"고 대담하게 역사를 기록했다.[46]

조돈이 주군 진나라의 임금 영공이 살해당하는 데 간접적인 책임이 있는 반면에 기원전 548년 최저는 주군인 제齊나라 임금 장공庄公을 살해했다.

제나라의 실질적인 지배자였던 최저는 제나라의 사관史官 태사太史 백伯이 제나라 장공의 시해 사건을 직설적으로 기록한 목간의 기사를 보고 태사 백을 불러 그 기록을 삭제할 것을 명했다.

태사 백은 이를 거부하여 살해당했다.

당시 태사太史 자리는 그 아들이 계승하는 것이 원칙이지만 백伯의 아들이 어려서 그의 동생 중仲이 태사의 직을 이어받았다. 중이 다시 역서에 자기 형인 백이 기록한 것과 똑같은 기사를 써 넣었다. 최저는 중도 죽였다.

중이 죽자 그의 동생 숙叔이 태사가 되어 그 역시 형들과 똑같이 기록하자 최저는 숙도 죽였다.

백에게는 세 명의 동생이 있었는데, 중과 숙이 죽자 막내 계季가 태사의 직을 이어받았다.

계도 자기 세 형들이 쓴 것과 똑같이 쓰자 최저가 목간을 잡고서 계에게

---

46 역주: 최저(崔杼)는 제(齊)나라 영공(靈公) 8년(기원전 574) 대부 고약(高弱)이 로(盧)에서 반란을 일으키자 최저가 영공의 명을 받아 군사를 이끌고 출전하여 반란을 진압했다. 그 공으로 최저는 경(卿)에 임명되었다. 영공이 태자 광(光)을 폐하고 공자아(公子牙)를 새로운 태자로 세웠다. 이윽고 영공이 죽자 최저는 공자아를 죽이고 태자 광을 불러들여 제(齊)나라의 군주로 앉혔다. 이가 제나라의 장공(庄公)이다. 이 공으로 해서 최저는 제나라의 정경(正卿)이 되었다. 후에 장공이 자기의 처와 사통하자 장공을 시해하고 장공의 동생 저구(杵臼)를 세웠다. 이가 제나라의 경공(景公)이다.

말했다. "너의 세 형들이 내가 시키는 대로 글을 제대로 쓰지 않아서 모두 죽었다. 이제 너 혼자 남았다. 어찌 너라고 해서 목숨이 아깝지 않겠느냐? 만약 네가 그 구절을 바꾸어 쓴다면 목숨을 보존할 수 있을 것이다." 그러자 계가 의연한 목소리로 대답했다. "무릇 사실을 그대로 쓰는 것은 태사太史들의 직분이요, 사실을 그대로 기록하는 것이 역사입니다. 내가 비록 죽음을 당할지라도 또 사실을 사실대로 기록하는 이가 생길 것입니다. 나를 죽이는 것은 상국의 마음대로 할 수 있을지는 모르겠으나 역사의 기록만은 결코 마음대로 되지 않을 것입니다. 그 일을 쓰지 않는다 해서 상국의 잘못이 덮어지지 않을 뿐 아니라 오히려 식자들에게 웃음거리만 남길 것입니다. 내가 죽음을 그다지 좋아한다고는 할 수 없으나 모든 것은 상국의 생각에 달린 일이니 알아서 하십시오!"

서슬 퍼런 최저도 더는 죽일 수가 없었던지 한탄하면서 말했다. "내가 사직이 망할 것을 걱정한 끝에 일이 이미 이 지경에까지 이른 것이다. 비록 직필直筆로서 그 일을 기록한다 할지라도 사람들은 나를 이해 할 것이다." 최저는 즉시 목간을 던져서 계에게 돌려줬다.

제齊나라의 역사서는 오래 전에 없어졌다. 우리는 공자가 제나라의 사관史官 태사太史 백伯의 글이 『춘추』 개정판에 그대로 기록되고 상세한 내용이 『춘추좌씨전』에 그대로 남겨졌기 때문에 이 야기를 알 수 있다.

군인은 전쟁터에서 목숨을 바치며 역사가는 진실을 전하는 대가로 자신의 목숨을 버린다.

한漢나라의 위대한 역사가 사마천司馬遷은 공자가 편찬한 『춘추』의 장점을 다음과 같이 간단히 말했다. "『춘추』는 선인善人을 선인善人이라 했고 악인惡人을 악인惡人이라 했다."

공자와 그 제자의 노력으로 진실을 말하는 자유를 지키려는 순교자의 정신은 역사가의 위대한 전통으로 세대를 거치면서 지금까지 이어지고 있다.

역사가 가운데 공자를 절대적으로 존경하고 계승한 사람이 있었는데 그가 바로 『자치통감資治通鑑』을 지은 송宋나라의 학자 사마광(司馬光, 1019~1086)이었다.

송나라의 위대한 성리학자 주희朱熹는 『자치통감강목資治通鑑綱目』을 저술했는데 『자치통감강목』은 『자치통감』에 대해 『춘추』의 체제에 따라 사실에 대하여 큰 제목을 강綱을 따로 세우고 구별하여 강목綱目의 형식으로 편찬한 역사서이다. 주희는 『자치통감강목』 전반에 지배자와 피지배자에게 도덕적 훈계를 하고 있다.

중국에서 학자들을 교육하는 데 가장 중요한 요소는 역사 감각이다. 중국의 학자는 역사에 보수적일 뿐만 아니라 자신이 시공을 연속하는 중국의 한 구성인임을 자각하고 있다.

남송南末의 문천상(文天祥, 1236~1282)은 "내가 살아 있는 동안 중국은 아직도 건재하다."라는 말을 남기고 자신의 원칙을 지키기 위해 세상을 떠났다.

문천상이 원元나라의 쿠빌라이칸에게 처형을 당한 날 사람들은 문천상의 주머니 속에서 다음과 같이 쓴 종이쪽지를 발견했다. "공자는 나에게 인仁에 헌신하라는 가르침을 주었다. 맹자는 또 나에게 사는 것보다 정의를 택하라는 가르침을 주었다. 공자와 맹자로부터 이 두 가지 덕목 외에 다른 무엇을 배웠겠는가?"**47**

이 밖에도 중국의 용감한 역사가로 방효유(方孝孺, 1357~1402)를 들 수 있다.

---

47 역주: 문천상(文天祥)은 1236년 남송(南末)에서 태어나 1255년에 진사에 수석으로 합격하였다. 1259년 남송이 몽고(蒙古)군의 침입을 받으면서 수도를 옮기려 하자 이를 반대, 결국 면직되고 말았다. 그러다 1275년에 의용군을 조직하여 원(元)나라에 대항했다. 1276년에 원과 강화를 맺기 위해 바얀의 진중으로 갔다가 바얀이 문천상의 기량을 두려워하는 바람에 갇혀 버렸다. 그 사이에 남송이 멸망해 버리고 만다. 그렇게 포로로 잡혀 북쪽으로 보내지는 도중 탈출하여 남송의 제6대 임금 도종(度宗)의 맏아들 익왕(益王)을 받들고 잔병을 모아 싸운다. 1278년에 그렇게 싸우던 도중 오파령(五坡嶺) 전투에서 원나라에 패하여 장홍범(張弘範)에게 체포되고 만다. 이후, 원나라에서는 장홍범이나 쿠빌라이칸이 관직을 주며 회유하려고 계속 노력했으나 끝까지 이를 거부하였다. 원나라의 수도 대도(大都)로 이송되어 약 3년간 갇혀 있는 동안 옥중에서 정기가(正氣歌)를 지었다고 한다. 1283년, 충신은 두 주군을 섬기지 않는다는 요지의 말만 되풀이하다 사형되었다. 향년 46세. 쿠빌라이칸이 크게 아까워하였다고 한다.

방효유는 명明나라 태조太祖 주원장朱元璋의 4남 주체朱棣가 반란을 일으켜 수도 남경南京을 점령했을 때 그곳에 있었다. 주체는 방효유에게 명나라의 제3대 황제로 즉위하는 조서를 작성하여 명나라 백성들이 자신을 받들도록 명했다. 하지만 방효유는 이를 거부하고 제齊나라의 사관史官 태사太史 백伯의 문체를 본받아 주체를 "도적盜賊"이라고 칭했다. 주체는 방효유에게 십족十族을 멸하겠다고 위협했지만, 방효유는 주체의 반역에 반대하는 입장을 고수하고 다음과 같은 글을 지었다. "당신이 내 십족十族을 몰살시키겠다고 위협을 가해도 나는 두렵지 않습니다!"[48]

주체가 방효유에게 대답했다. "좋다! 네가 바라는 대로 해 주겠다. 너희 십족十族을 멸滅하겠다."

방효유는 죽음을 당했으며, 그의 구족九族은 물론 제자들까지 모두 죽음을 맞이했다.

청淸나라의 역사가 장학성(章學誠, 1738~1801)은 말했다. "훌륭한 역사가는 이루어야 할 천명天命이 있다."

여기에서 천명은 역사가가 자기 생각을 숨김없이 말하는 것을 뜻한다. 중국의 역사가 유이징柳詒徵은 다음과 같이 말했다. "그 가치가 뒤집혀지지 않는 한 우리 중국 역사가들은 선善을 선善이라고 해야 하고 악惡을 악惡이라고 해야 한다."

---

48 역주: 방효유(方孝孺)는 명(明)나라 초기의 학자이다. 명나라의 태조(太祖) 홍무제(洪武帝)에게 등용된 후 여러 황족들의 사부가 되어 유학을 가르쳤는데, 특히 황태손 제2대 황제 건문제(建文帝)의 두터운 신임을 받았고, 황제의 스승이자 정치적 참모로서 보필하였다. 1398년에 건문제가 즉위하자, 어린 황제의 권력을 강화하기 위하여 각지에 분봉되어 세력을 형성하고 있던 강력한 종실 제후들을 견제하고자 하였다. 이에 분노한 명나라 태조(太祖)의 4남이자 건문제의 숙부로 북평(北平: 현재의 북경(北京))을 다스리던 연왕(燕王) 주체(朱棣)가 정난의 변을 일으켰으나, 그가 1402년 수도 남경(南京)을 함락하고 진행한 숙청 때에도 당대 최고의 학자로 존경받던 만큼 죽지 않고 회유를 받았다. 제3대 황제 영락제(永樂帝)가 자신의 즉위 조서를 지어 달라고 부탁했으나 이를 냉정히 거부했고, 격분한 영락제에게 십족(十族)을 멸하는 형벌을 받고 참살당했다. 『주례변정(周禮辨正)』 등 많은 저서들을 남겼으나, 영락제의 명으로 모두 소각되어 일부만이 현재까지 전해지고 있다.

08

군사철학

8.1 무사武士 공자

현대 중국인 대다수는 공자의 군사 전문 지식에 대해 궁금해 하지만 공자가 무사이기도 했다는 사실을 모르고 있다.

공자의 아버지는 주周나라의 제후국 노魯나라의 무사였으며, 공자는 은殷나라 왕족의 몰락한 후손의 집안에서 태어났다고 한다.

공자 시대에 무사는 귀족에도 평민에도 속하지 않았다. 미국의 군대에서 하사관이 장교와 사병 사이의 중간 계급인 것과 마찬가지로 당시 중국의 무사는 귀족과 평민의 중간 계층이었다.

공자가 말했다. "고인古人의 말에 '나는 싸우면 반드시 이기고 제사 지내면 반드시 복을 받았다.'고 되어 있으나 아마 그 사람은 전쟁을 하든 제사를 지내든 정도正道를 행하였기 때문이다."[1]

공자는 실제로 말 타는 훈련을 하기도 했고 주기적으로 화살 쏘는 시합을 즐기기도 했다고 한다. 공자가 말했다. "군자君子는 다투는 것이 없으나 반드시 활쏘기 경쟁은 한다. 읍揖하고 사양하며 올라가고 내려와서는 마시니 그 다투는 모습이 군자다운 것이다."[2]

"공자는 키가 9척 6촌이나 되었다."[3] 공자는 역도 선수에 뒤지지 않는 체력을 가지고 있었는데 거대한 성문을 들어 올릴 정도였다. 공자는 집을 나설 때는 긴 칼을 차고 다녔으며 무사의 기품이 피 속에 흐르고 있었다. 공자의 고결한 정의감은 이러한 기품에서 나왔다고 할 수 있으며 마찬가지로 예禮에 대한 그의 사랑은 궁술 대회에서 보여 준 전통적인 스포츠 정신에서 일부 비롯되었다고 한다.

공자는 전해 내려오는 다양한 전통의 개념과 자신이 발전시킨 새로운 개념

---

1   역주: 『예기(禮記)』 예기(禮器).
2   『논어(論語)』 팔일편(八佾篇) 제7장.
3   『사기(史記)』 공자세가(孔子世家).

을 융합하여 자신의 철학 체계를 구축했다.

공자는 철학자로서 성공했을 뿐만 아니라 다음의 세 가지 사례에서 보여 주듯이 군사 분야에서도 업적을 이룩했다.

1. "기원전 500년 노魯나라 군주 정공定公 10년 봄에 노魯나라와 제齊나라가 화평을 맺었다. 여름에 정공이 제나라 군주와 축기祝其를 만났는데 축기는 곧 협곡夾谷이다. 당시에 공구孔丘 즉 공자가 정공을 따라가 도왔다. 이미犁彌가 제나라 군주에게 의견을 내어 말하기를 '노나라 군주를 따라온 공구는 예의는 알지만 용기가 없습니다. 만일 내萊 사람에게 무기를 가지고 노나라 군주인 후작을 위협케 한다면 반드시 군주의 뜻대로 할 수 있을 것입니다.'라고 했다. 이에 제나라 군주는 그의 말대로 했다. 그러자 공자는 정공을 모시고 그 자리에서 물러나 말했다. '사직司直의 담당관은 저 무기 가진 자를 치시오. 두 나라 군주께서 우호友好를 맺으시는 자리인데 먼 나라 이민족 포로가 무기를 들고 난동을 한다는 것은 제나라 군주가 다른 나라 군주에게 군림함에 있어서의 도리가 아니오. 먼 곳의 나라는 중국을 놓고 이러쿵저러쿵 못하는 것이고 이민족은 중국을 어지럽히지 못하는 것이며 포로는 맹약 맺는 장소에 얼씬대지 못하는 것이고 무기는 우호를 닦는 자리에 가까이하지 못하는 것이오. 이런 일은 신神에 대해서 불경不敬이 되고 인도人道에 있어서는 의리에 어긋남이 되며 상대 사람에 대해서는 실례가 되는 것이며 제나라의 군주는 이렇게 시키지 않았을 것이오.' 제나라 군주는 이 말을 듣자 바로 그 내 사람을 나가게 했다. 맹약을 맺으려는 단계에 제나라 사람이 맹약문을 희생犧牲 위에다 놓았는데 그 글에는 '제나라 군사가 국경 밖으로 출동하는 마당에 그대 전차 3백대로써 우리를 따르지 않으면 이 맹약에 의하여 벌을 받을 것이로다.'라고 하였다. 그래서 공자는 자무선玆無旋에게 읍揖하게 하고 대답하게 했다. '그대가 우리의 문양汶陽 땅을 반환하

지 않는 바라면 우리는 제나라의 이 명을 받드는 자 또한 그같이 벌을 주리라.' 맹약 맺는 일이 끝났다."**4**

2. "기원전 498년 중유仲由가 계손씨季孫氏 가문의 가신장이 되어 계손씨季孫氏·맹손씨孟孫氏·숙손씨叔孫氏 가문의 세 읍성邑城을 헐려고 꾀했는데 그때 마침 숙손씨가 후읍 성을 헐었다. 계손씨가 비읍費邑 성을 헐려고 하니 공산불뉴公山不狃와 숙손첩叔孫輒이 비읍 사람들을 이끌고서 노魯나라의 도읍을 습격했다. 그래서 노나라의 정공定公은 계손씨·맹손씨·숙손씨와 같이 계손씨의 저택으로 피해 들어가 계무자季武子가 지은 대臺로 올라갔다. 당시 비費 사람들이 대臺를 공격하니 정공을 지키는 사람들이 이기지 못하고 공격자들이 대臺로 쳐들어가 정공의 옆으로 육박하였다. 그러자 공자가 신구수申句須·악기樂頎에게 명하시되 '내려가 쳐라.'라고 했다. 그래서 비費 사람들은 도망갔고 노나라 사람들이 그들을 추격하여 고멸姑蔑에서 패배시켰다."**5**

3. 공자의 가장 중요한 군사적 업적은 그의 두 제자 번지樊遲와 염구冉求가 기원전 484년에 이룬 것이었다. "노魯나라 군사가 제齊나라 군사와 도읍에서 떨어진 교외에서 싸웠다. 제나라 군사가 직곡稷曲으로부터 쳐들어오는데도 노나라 군사는 도랑을 건너가려 하지 않았다. 그러자 번지가 염구에게 말하기를 '건너지 못하는 것이 아니라 주군의 명령을 잘 듣지 않고 있는 것입니다. 그러니 상벌賞罰에 대해서 세 차례 말하여 도랑을 넘어가게 해주십시오.'라고 했다. 그의 말대로 하니 모두들 그의 명령을 따랐다. 그 싸움에서 염구가 이끄는 노나라 군사는 제나라군을 공

---

4   역주: 『춘추좌씨전(春秋左氏傳)』 정공(定公) 10년.
5   역주: 『춘추좌씨전(春秋左氏傳)』 정공(定公) 12년.

격하여 들어갔지만 우군右軍은 도망했다. 그러자 제나라 군사가 우군右軍을 몰아 제나라의 진관陳瓘·진장陳莊은 사수泗水를 건너 바짝 뒤따랐다. 그때 우군의 맹지측孟之側이 늦게 도망해 들어가 맨 뒤가 되었는데 그는 화살을 빼어 말을 때리며 말하기를 '이놈의 말이 잘 달려주지 않는단 말야!'라고 했다. 그리고 임불뉴林不狃의 부하가 '달려 도망할까요?'라고 하니 임불뉴는 '우리가 누구만 못해서 달려 도망간단 말이냐?'라고 말했다. 부하가 다시 '그러면 여기에 머물러 싸울까요?'라고 하니 임불뉴는 '다들 도망하고 있는데 우리만 남아 싸운다고 어찌 훌륭한 사람이 될 것이냐?'라고 말했다. 그들은 결국 천천히 걸어 도읍으로 돌아가다가 죽고 말았다. 염구가 이끄는 군사는 적을 무찔러 무장병의 목 80을 치니 제나라 사람이 군사를 정비하지 못하는 혼란에 빠졌다. 저녁에 간첩이 말하기를 '제나라 사람들이 도망하고 있습니다.'라고 하였다. 그래서 염구가 추격하기를 원했다. 세 차례나 추격을 원했으나 계손씨季孫氏는 허락하지 않았다."[6]

공자와 같은 학자가 전략과 전술에 뛰어난 최고의 무사가 된다는 것이 가능했을까?

이 질문은 다음과 같이 다시 수정할 필요가 있다. 공자와 같은 무사가 학자가 된다는 것이 가능했을까? 공자와 같은 무사가 학자가 되는 것은 물론 가능했다. 당시 무사 계층은 역사, 수학 등의 비군사적인 과목도 배울 수 있었다.

공자는 무사로 출발했지만 후에 학자가 되었다. 군사는 그가 아버지로부터 받은 유산 중의 일부였는데 그의 아버지 공흘孔紇은 노魯나라의 무장이었다. "기원전 556년 제齊나라 군주가 노나라의 북쪽 변경을 쳐 도桃를 포위하고

---

6   역주:『춘추좌씨전(春秋左氏傳)』애공(哀公) 11년.

제나라의 고후高厚가 장흘臧紇의 채읍采邑인 방방防을 포위하자 노나라 군사가 양관陽關으로부터 나가 장흘을 구출해 맞이하려 했다. 노나라 군사가 여송旅松에 이르자 공흘은 다른 무장 장주臧疇, 장가臧賈와 함께 병사 3백명을 거느리고 저녁에 제나라의 군중으로 쳐들어가 장흘을 구출하여 여송으로 데리고 가고 그들은 다시 방방防으로 달려갔는데 그때는 제나라 군사가 떠나버리고 말았다."[7]

하지만 공자는 자수성가한 사람이었다. 공자는 정부가 세운 교육기관에서 몇 년 동안 『시경詩經』, 『악경樂經』, 『서경書經』, 『예기禮記』, 『주역周易』, 『춘추春秋』 등의 육경六經을 배울 수 있었다고 해도 교육 기관에서 이러한 학문을 연구할 수는 없었다.

당시 무사 계층에서 공자는 가장 위대한 업적을 남겼는데 이는 공자가 다른 무사보다 더 열심히 학문을 연구했을 뿐만 아니라 죽기 직전까지 쉼 없이 배움에 정진했기 때문이다.

다른 무사와 귀족은 비군사 분야의 경우 어느 정도만 알고 있었지만 공자는 많은 것을 배웠다. 공자는 지식을 습득하는 데 군사 분야와 비군사 분야를 차별하지 않았다. 공자는 이러한 모든 지식을 흡수하고 융합하여 새로운 철학 체계를 세웠다. 공자의 체계는 중국은 물론 전 세계에서 최초의 철학 체계였다.

8.2 국방

공자는 군사 철학에서 대비를 가장 중요시하고 있다.

"음력 3월에는 군주가 사공司空에게 명하여 이렇게 말했다. '바야흐로 시후時雨가 내릴 것이다. 강물이 혹은 범람하고 역류할 염려가 있을지도 모른다. 그대는 국읍國邑을 순행하고 원야原野를 돌아 보아 제방을 수리하고 개천과 작

---

7   역주: 『춘추좌씨전(春秋左氏傳)』 양공(襄公) 17년.

은 개천을 잘 통하도록 하고 도로를 개통하여 막히는 일이 없도록 할 것이다." "음력 정월에 백관에게 명하여 제방을 완전하게 하며 방색防塞을 조심하여 홍수의 피해에 대비하게 하고 궁실을 수리하여 원장垣墻의 틈을 메우며 성곽을 보수하게 한다." "음력 2월에는 성곽을 쌓아도 되고 도읍都邑을 세워도 좋고 움을 파고 창고도 수리한다."[8]

전쟁 대비에 대해서 공자가 이해하는 바는 그것이 군사 부문과 민간 부문을 모두 포괄하는 것이었다. 자공子貢이 정치에 대해서 묻자 공자가 대답했다. "먹을 것을 풍족하게 하는 것, 병력을 넉넉하게 하는 것, 백성들이 신뢰하는 것이다."[9]

현대의 군사 전문가가 언급하지 못했던 것을 지적하기도 했다. "선인善人이 7년 동안 백성을 가르치면 또한 전쟁에 나아가게 할 수도 있다."[10]

자공子貢이 먹을 것을 풍부하게 하는 것, 병력을 넉넉하게 하는 것, 백성들이 신뢰하는 것, 그 세 가지 중 부득이한 상황에서 반드시 없애야 한다면 무엇을 없애야 하는가에 대해 공자에게 묻자 공자는 대답했다. "병력을 없앤다." 그러자 자공이 물었다. "부득이한 상황에서 반드시 없애야 한다면 이 두 가지 중에서 무엇을 먼저 해야 합니까?" 공자가 대답했다. "먹는 것을 버린다. 예로부터 누구나 죽는 일은 있었다. 백성들의 신뢰가 없으면 정치가 성립되지 않는다."[11]

8.3 인정仁政과 전쟁戰爭

손무孫武가 말했다. "전쟁을 하는 방법으로서 적국을 손상시키지 않고 항복

---

8   『예기(禮記)』 월령(月令).
9   『논어(論語)』 안연편(顏淵篇) 제7장.
10   『논어(論語)』 자로편(子路篇) 제29장.
11   『논어(論語)』 안연편(顏淵篇) 제7장.

시키는 것이 최선책이며 격파해서 항복시키는 것이 차선책이다." "그러므로 백 번 싸워 백 번 이겼다 해도 그것을 최선책最善策이라 할 수 없다. 싸우지 아니하고 적을 굴복시키는 것이 최선책이다."[12]

공자는 손무孫武와는 다른 접근법을 취했다. "먼 지방 사람들이 복종하지 아니하면 문덕을 닦아서 그들을 오게 하고 이미 오고 나면 편안하게 해주는 것이다."[13]

다시 말해서 전쟁이 필수적인 것은 아니다. 한 나라가 이웃 나라와 평화를 유지하는 데에는 도덕적 지도력을 쌓고 이웃 나라를 안심시키기만 하면 된다는 것이다.

공자는 인류 역사상 일어났던 전쟁은 전쟁 당사자가 가졌던 불안감 때문이라고 했다. 이는 개인 간에 흔히 벌어지는 다툼도 마찬가지이다. 약한 사람은 강한 사람이 자신을 위협하고 있다고 생각하기에 먼저 공격한다.

맹자孟子는 나라를 지키는 데 가장 중요한 것은 강한 무기나 영토의 크기도 아니고 더군다나 인구의 수도 아니며 그것은 바로 백성들이 군주의 어진 정책으로 얻어진 자신의 행복한 삶을 지키려는 의지라고 했다.

위魏나라의 양혜왕梁惠王이 과거의 진秦나라와 초楚나라에 당한 패배를 설욕할 수 있도록 부국강병富國强兵을 할 수 있는 구체적인 방법을 맹자에게 묻자 맹자는 다음과 같이 대답했다. "왕께서 만일 인정仁政을 백성에게 베풀어 형벌을 줄이고 세금 걷는 것을 적게 하신다면, 백승들은 여유가 있어서 밭갈이를 깊게 하며 김매기를 잘하고, 장성한 자들이 여가를 이용하여 효제충신(孝悌忠信: 어버이에 대한 효도, 형제끼리의 우애, 임금에 대한 충성과 벗 사이의 믿음을 통틀어 이르는 말)을 닦아서, 들어와서는 그들의 부형을 섬기며 나가서는 그들의 연장자와 윗사람을 섬길 것이니, 그들로 하여금 몽둥이로 진秦나라와 초楚나라의 견고

---

12   역주: 『손자병법(孫子兵法)』 모공편(謀攻篇).
13   『논어(論語)』 계씨편(季氏篇) 제1장.

한 갑옷과 예리한 병기를 치게 할 수 있을 것입니다."[14]

맹자가 말했다. "천시(天時: 하늘이 도움이 되는 시기)가 지리地理만 못하고 지리가 인화(人和: 여러 사람이 서로 화합함)만 못하다."[15]

"3리里 되는 성城과 7리里 되는 곽郭을 포위하여 공격하여도 이기지 못하는 경우가 많다. 대저 포위하여 공격하는 것 중에는 반드시 천시天時를 얻은 것이지만, 그런데도 이기지 못하는 것은 천시가 지리만 못하기 때문이다. 성이 높지 않은 것도 아니며, 못이 깊지 않은 것도 아니며, 병기와 갑옷이 견고하거나 날카롭지 않은 것도 아니며, 쌀과 곡식이 많지 않은 것도 아니지만 버리고 그곳을 떠나게 되니 이는 지리가 인화만 못하기 때문이다."[16]

"'백성을 구분하되 국경의 경계선으로써 하지 않으며, 나라를 견고하게 하되 산과 계곡의 험준한 것으로써 하지 않으며, 천하를 두렵게 하되 병기와 갑옷 등의 날카로움으로써 하지 않는다'고 하였다."[17]

"도道를 얻는 자는 도와주는 이가 많고, 도道를 잃은 자는 도와주는 이가 적다. 도와주는 이가 적은 것이 극에 달한 경우는 친척도 배반하고, 도와주는 이가 많은 것이 극에 달한 경우는 천하의 사람이 그를 따른다."[18]

"천하의 사람들이 따르는 상황에서 친척도 배반하는 자를 공격하는 것이므로 군자는 싸우지 않음이 있을지언정 싸우면 반드시 이기게 된다."[19]

14　『맹자(孟子)』 양혜왕장구상(梁惠王章句上) 제5장.
15　『맹자(孟子)』 공손추장구하(公孫丑章句下) 제1장.
16　역주: 『맹자(孟子)』 공손추장구하(公孫丑章句下) 제1장. 외성(外城)은 성벽 바깥에 이중으로 쌓은 성벽이다. 성(城)의 둘레를 3리(里)라 하고 곽(郭)의 둘레를 7리(里)라 한 것을 보면, 곽(郭)으로 둘러싸인 면적이 성(城)으로 둘러싸인 면적보다 5.5배 넓다는 것을 알 수 있다.
17　역주: 『맹자(孟子)』 공손추장구하(公孫丑章句下) 제1장.
18　역주: 『맹자(孟子)』 공손추장구하(公孫丑章句下) 제1장.
19　역주: 『맹자(孟子)』 공손추장구하(公孫丑章句下) 제1장.

8.4 인자무적仁者無敵

또 다른 경우에 맹자는 말했다. "인인仁人은 천하에 대적할 사람이 없다."20

맹자는 두 인자仁者 은殷나라의 탕湯임금과 주周나라의 무왕武王이 보여 준 사례를 들었다.

은나라의 탕임금은 정벌征伐을 시작했을 때 그의 영토는 가로 세로가 칠십 리 밖에 되지 않았다. 하지만 탕임금은 자기 나라 백성뿐만 아니라 이웃 나라의 백성까지 사랑했다.21

맹자의 제자 만장萬章이 물었다. "송宋나라는 작은 나라입니다. 이제 장차 왕도정치王道政治를 행하려 하니 제齊나라와 초楚나라가 그것을 미워하여 공격하면 어떻게 합니까?" 맹자가 대답했다. "은殷나라의 탕湯임금이 도읍 박毫에 거처할 때에 갈葛나라와 이웃했는데 갈백葛伯이 방탕하여 제사를 지내지 않자 탕임금이 사람을 시켜 물었다. '무엇 때문에 제사를 지내지 않습니까?' 그러자 갈백이 답했다. '희생犧牲을 바칠 수 없기 때문입니다.' 이에 탕임금이 갈백에게 소와 양을 보내주게 했는데 갈백이 이것을 먹고 또 제사를 지내지 않았다. 탕임금이 또 사람을 시켜 물었다. '무엇 때문에 제사를 지내지 않습니까?' 갈백이 답했다. '자성粢盛을 바칠 수 없기 때문입니다.' 이에 탕임금이 박毫의 백성들로 하여금 가서 갈백을 위해 밭을 갈아주게 하니 노약자老弱者들이 밭가는 자들에게 밥을 날랐다. 이에 갈백이 그의 백성을 거느리고 술과 밥과 기장밥과 쌀밥을 가지고 있는 자들을 강요하여 그것을 빼앗되 주지 않는 자를 죽였다. 어떤 어린이가 기장밥과 고기를 가지고 와서 먹이자 그 어린이를 죽이고서 빼앗았다. 『서경書經』에 이르기를 '갈백이 밥을 먹이는 자를 원수로 삼았다' 하였으니 이것을 말한 것이다. 이 어린이를 죽였기 때문에 탕임금이 갈나라를 정벌했다."22

---

20 『맹자(孟子)』 진심장구하(盡心章句下) 제3장.

21 역주: 『맹자(孟子)』 양혜왕장구하(梁惠王章句下) 제11장.

갈葛나라의 백성이 폭군 갈백과 함께 싸우는 대신에 은殷나라의 탕임금 편에 섰기 때문에 탕임금이 갈나라와의 전쟁에서 이겼다.

이 사건 후에 모든 나라의 백성들은 폭군의 치하에 있을 때 탕임금과 같은 군주가 나타나기를 진심으로 바랐다.

제齊나라 사람이 연燕나라를 쳐서 취取하자 제후들이 연나라를 구원할 것을 논의하려 하였다. 제나라의 선왕宣王이 맹자에게 물었다. "제후들이 과인을 치려고 논의하는 자가 많으니, 어떻게 대응해야 합니까?" 맹자가 대답했다. "신臣은 칠십리七十里로 천하의 정치를 한다는 것을 들었으니 탕湯이 그러합니다. 천리千里를 가지고 남을 두려워한다는 것은 아직 듣지 못했습니다. 『서경書經』에 이르기를, '탕湯이 첫 번째 정벌을 갈葛에서부터 시작하자 천하가 믿었으므로 동쪽으로 향하여 정벌하니 서이(西夷: 예전에, 중국에서 서쪽의 오랑캐라는 뜻으로 서쪽 지방에 사는 민족을 낮잡아 이르던 말)가 원망하고 남쪽으로 향하여 정벌하니 북적(北狄: 예전에, 중국에서 북쪽의 오랑캐라는 뜻으로 북쪽 지방에 사는 민족을 낮잡아 이르던 말. 흉노, 선비鮮卑, 유연柔然, 돌궐, 거란, 위구르, 몽골 등의 유목 민족을 가리킨다.)이 원망하여 '어찌 우리를 나중에 하는가?' 하였다 하옵니다."[23]

탕왕湯王은 11차례나 전쟁을 했지만 모두 승리했다고 한다.

맹자가 말했다. "『서경書經』이 없는 것만 못하다. 나는 「무성편武成篇」에서 두서너 쪽을 취할 뿐이다. 인인仁人은 천하에 대적할 사람이 없다. 지극한 인仁으로 지극히 불인不仁한 사람을 정벌하였는데, 어찌 그 피가 절구공이를 떠내려 보냈겠는가?" 이 말은 맹자가 무왕武王의 혁명전쟁은 인자仁者인 무왕이 불인자不仁者인 은殷나라의 주왕紂王을 정벌한 것이므로 반항이 없었을 터이니 피가 흘러 절구공이가 떠다니게 했다는 「무성편」의 기록은 믿을 수 없는 것

22　역주: 『맹자(孟子)』 등문공장구하(滕文公章句下) 제5장. 희생(犧牲)은 천지종묘(天地宗廟) 제사(祭祀) 때 제물로 바치는 산 짐승을 일컫는 말이다. 자성(粢盛)은 나라의 큰 제사(祭祀)에 쓰는 기장과 피이다.

23　『맹자(孟子)』 양혜왕장구하(梁惠王章句下) 제11장.

이라고 설명한 것이다.[24]

주周나라의 무왕武王은 당시 중국을 통일했는데 이는 은殷나라의 주왕村王과 달리 사람을 함부로 죽이지 않았기 때문이다.

맹자가 살았던 시기는 전국시대戰國時代로 주周나라의 일곱 제후국이 천하를 차지하기 위해 서로 끊임없이 전쟁을 하고 있었다. 맹자는 이러한 제후국 간에 벌어지는 무의미한 전쟁이 끝나 통일된 평화로운 중국에 살고 싶어 했다.

"맹자가 위衛나라의 양혜왕梁惠王을 만났을 때 멀리서 바라보아도 임금 같지 않고 가까이 다가가도 두려워할 만한 바를 발견할 수 없었다. 양혜왕梁惠王이 갑자기 맹자에게 물었다. '천하가 어떠한 상태에서 안정되겠습니까?' 맹자가 대답했다. '하나로 통일되는 데에서 안정될 것입니다.' 그러자 양혜왕이 물었다. '누가 하나로 통일시킬 수 있겠습니까?' 맹자가 대답했다. 사람 죽이기를 좋아하지 않는 자가 하나로 통일할 수 있을 것입니다."[25]

"인자仁者의 용법은 권모를 쓰지 아니하니 그 권모라는 것은 평소에 나태해 있거나 백성이 피폐해 있거나 군신상하가 서로 격리되어 덕에서 이탈된 데 쓰게 되는 것이다. 그러므로 걸桀로써 걸桀을 대할 때는 권모의 교졸巧拙에 따라 요행이 있을 수 있으나 걸桀로써 요堯를 대할 때는 권모로 대적한다는 것은 달걀로 돌을 때리는 격이요 손가락으로 끓는 물을 젓는 격이며 물불을 가리지 않고 뛰어드는 격이라 타지 않으면 빠질 뿐이다. 그러므로 인자仁者가 위에 있으면 장군將軍이 백이라도 마음은 하나요 전군全軍이 힘을 하나로 합치게 되는 것이다. 이리하여 신하가 임금을 대하는 태도라든가 하관下官이 상관上官을 대하는 태도는 마치 아들이 아버지를 섬기듯 아우가 형님을 공경하듯 하며 그것은 또 손이나 팔로 머리와 눈을 지켜 주고 가슴과 배를 덮어 보호하는 것과 조금도 다를 것이 없다. 혹 속임수로 이 같은 인자仁者의 병사를 습격

---

24 『맹자(孟子)』진심장구하(盡心章句下) 제3장.
25 『맹자(孟子)』양혜왕장구상(梁惠王章句上) 제6장.

한다 하더라도 소용없는 일이 되고 마는 것이다."[26]

8.5 인仁에 의한 중국 통일

살생殺生을 즐기지 않는 자가 중국을 통일하게 된다고 한 맹자의 예측은 맞았는가?

틀렸다고 생각할 수도 있다. 기원전 221년에 중국을 통일한 사람은 피에 굶주린 진秦나라의 시황제始皇帝였다.

하지만 맹자의 말은 맞았다. 왜냐하면 시황제는 여섯 제후국과의 전쟁에서 모두 승리를 거두었지만 중국의 진정한 통일은 실현시키지 못했다. 시황제가 건설한 제국은 불과 15년 만에 무너졌다. 시황제가 세상을 떠나자마자 중국은 다시 분열되었고 상황은 더 악화되었다. 이전 여섯 제후국들이 있던 지역에 수많은 호족들이 나라를 세워 천하를 놓고 다투면서 실제로 백성을 징집하여 전쟁터에 몰아넣었다.

이러한 혼란 속에서 초楚나라의 항우項羽와 한漢나라의 유방劉邦이 천하를 놓고 전쟁을 벌였다. 초기에는 항우가 우세했지만 그는 살상을 즐겼다. 항우는 그에게 항복한 수많은 포로들을 산 채로 묻어 죽였다. 이에 반해 유방은 초기에 여러 전투에서 항우에게 패배를 당했지만 너그러운 군주였다. 유방은 대다수 포로를 죽이지 않았을 뿐만 아니라 시황제가 제정한 엄격한 법을 단순화하여 백성들이 법의 속박에서 벗어나게 해 주어야 한다는 것도 알고 있었다.

항우와 유방 사이에 일어난 이 초한전쟁楚漢戰爭은 5년간 지속되었으며 결국 유방이 승리를 거두었다. 항우는 마지막 해하전투垓下戰鬪에서 유방의 신하 한신韓信에게 패해 군사들을 모두 잃고 오강烏江에서 자결했다.

---

26 『순자(荀子)』 의병(義兵) 제1장.

이 사건은 오직 인자仁者만이 승리를 거둘 수 있다고 하는 유가儒家의 격언을 설명하는 데 사용할 수 있다.

중국은 오랜 역사 속에서 여러 차례 전란에 휩싸였다. 하지만 그때마다 인자한 군주가 무지비하고 잔혹한 폭군을 누르고 승리하여 전쟁의 종지부를 찍었다. 이로 인해 백성은 다시 평안을 되찾았다.

8.6 인자仁者의 저항정신

인자仁者는 그가 존경을 받는 한 전쟁에서 승리할 수 있다는 것을 알고 있다면 실제 전투를 하던 하지 않던 전쟁에서 이기고자 한다.

인자가 존경을 받을 때 승패에 상관없이 전투에 나가야 한다. 인자는 중세 프랑스 기사와 필적할 만한데 프랑스 기사는 사랑하는 여성을 두고 결투 신청을 받았을 때 어쩔 수 없이 받아들여야 했다.

중국의 유가儒家는 프랑스 기사가 자신의 여성을 사랑하는 것과 마찬가지로 자신의 나라를 사랑한다.

공자는 이러한 의미에서 다음과 같이 말했을 것이다. "지사(志士: 학문에 뜻을 둔 선비)와 인인(仁人: 남과 내가 하나가 되는 사람)은 살기 위해서 인仁을 해치는 일이 없다. 몸을 죽여서라도 인을 이룬다."[27]

남송南宋의 문천상文天祥은 이러한 인자에 속한 사람이었다. 문천상은 뛰어난 시인이자 학자였지만 군사에 대해서는 잘 알지 못했다. 남송이 몽고군의 침입을 받으면서 수도를 옮기려 하자 이를 반대하여 결국 면직되고 말았다. 1275년에 의용군을 조직하여 몽고의 쿠빌라이칸Kublai Khan이 세운 원元나라에 대항했다.

남송이 망한 후에도 계속 문천상은 원나라에 투쟁했지만 1278년 전투에서

---

27 『논어(論語)』 위령공편(衛靈公篇) 제8장.

패하여 붙잡혔다. 이후 원나라의 쿠빌라이칸이 관직을 주며 계속 회유하려고 했지만 문천상은 끝까지 이를 거부했다.

1283년 문천상은 충신은 두 주군을 섬기지 않는다고 하는 요지의 말만 되풀이하다 참수형을 받았다. 참수형을 받고 그가 쓰러지자 그의 옷 속에서 종이쪽지가 발견되었는데 그 종이쪽지 속에서 그가 쓴 시「정기가正氣歌」가 발견되었다. 그 시 속에 다음과 같은 구절이 있다. "맹자가 말하기를 나는 나의 호연지기浩然之氣를 잘 기른다 했다. 저 기운이 일곱이면 내 기운은 하나이다. 하나로써 일곱을 막아내니 내가 걱정할 것이 무엇이냐? 하물며 그 호연이란 것은 바로 천지의 바른 기운 아닌가?"

문천상이 죽기 직전에 쓴「정기가」속에 나오는 맹자의 가르침은 다음과 깊은 관계가 있다. "사람은 누구나 한 번 죽는다. 그러나 어떤 사람의 죽음은 태산보다 무겁고, 어떤 사람의 죽음은 새털보다 가볍다. 이것은 죽음을 쓰는 방향이 다르기 때문이다."[28]

8.7 노魯나라를 위해 순국한 소년 왕기汪錡

기원전 484년 노魯나라 군사가 제齊나라 군사와 도읍에서 떨어진 교외에서 싸웠다. 제나라 군사가 직곡稷曲으로부터 쳐들어왔지만 노나라 군사는 이를 물리쳤다.

맹유자孟孺子가 말했다. "나는 안우顔羽보다는 못하나 병설邢泄보다는 낫다. 안우는 예민한 사람이다. 나는 싸우려 하지 않았으며 도망하자고 말하지 않고 묵묵히 있을 수가 있었지만 병설은 빨리 말을 몰아 도망하자고 했다."라고 했다. 이 싸움에서 공위公爲는 사랑하는 사동使童 왕기汪錡와 전차에 같이 타 싸우다가 둘 다 죽었다. 그들의 시체를 우선 입관入棺시켜 아직 정식의 장

---

28 역주:『보임안서(報任安書)』.

사를 지내지 않고 있었다.

공자가 말했다. "어린 왕기汪錡는 창과 방패를 제대로 들고 싸워 노나라의 사직을 지켰다. 그의 죽음을 소년의 죽음으로 삼지 말고 성인成人과 같이 장사 지내 주어야 한다."[29]

그리고 염구冉求는 창을 들고 제나라 군사와 잘 싸웠다. 그러므로 노나라 군사가 제나라 군사 속으로 쳐들어갈 수 있었다. 공자가 왕기에 대해서 "의로운 사람이다."라고 말했다.

8.8 학자이자 군인인 염구冉求

제齊나라 군사의 침입으로 노魯나라가 위기에 처해지자 왕기汪錡가 자신의 조국 노나라를 위해 목숨을 바쳤는데 이때 노나라 군사를 이끌었던 장수 중에 한 사람이 염구冉求였다.

당시 염구는 공자의 추천으로 노나라의 실세였던 3대 가문 삼환三桓의 하나인 계손씨季孫氏 계강자季康子의 가신이었다.

삼환은 기원전 710년부터 기원전 692년까지 노나라 제15대 임금 환공桓公의 자손이다. 환공의 네 아들 중 적장자嫡長子 동同이 그 뒤를 이어 노나라의 제16대 임금 장공莊公이 되었고, 동의 동복(同腹: 한 어머니의 배에서 난 관계) 아우 계우季友와 환공의 서장자庶長子 경보慶父, 경보의 동복 아우 숙아叔牙는 모두 경卿이 되었다. 숙아는 경보를 장공의 뒤로 삼으려고 했기 때문에 장공의 뜻을 따라 장공의 아들들을 지지한 계우季友가 경보와 숙아는 모두 주살했으나, 노나라는 경보慶父의 아들 공손오公孫敖와 숙아叔牙의 아들 공손자公孫慈에게 각각 그 아버지의 뒤를 잇게 했다. 노魯나라의 희공僖公은 자신을 임금 자리에 올린 계우季友에게 문양汶陽과 비費 두 땅을 주고 재상으로 삼았다. 공손자公孫

---

29 『춘추좌씨전(春秋左氏傳)』 애공(哀公) 11년.

茲는 숙손씨叔孫氏가 되었고, 공손오公孫敖는 맹손씨孟孫氏가 되었으며, 계우의 손자 계손행보季孫行父가 뒤를 잇고 계손씨季孫氏씨가 되었다. 이 세 집안이 바로 삼환三桓이다. [30]

성왕(成王)께서 숙부에게 분부하셨네
숙부여 당신의 장자를 세워
노(魯)나라의 제후로 책봉하리니
당신의 나라를 크게 열어서
주(周)나라의 울타리가 되게 하시라

『시경(詩經)』 노송(魯頌) 비궁(閟宮)

삼환은 춘추시대春秋時代 중기부터 말기까지 노盧나라의 권세를 쥐어 임금 자리도 좌지우지할 정도로 그 세력이 막강했지만 노나라 제30대 군주 목공穆公의 개혁으로 권력을 잃었다. 맹손씨孟孫氏와 숙손씨叔孫氏는 제나라의 침공을 받아 망했으며 계손씨季孫氏는 노나라에서 떨어져 나와 비費나라를 세웠다.

"애공哀公 11년 봄에 제齊나라는 식郞의 싸움에 대한 보복을 위하여 국서國書와 고무비高無㐀가 군사를 이끌고 노盧나라를 치려고 청淸으로 진출했다. 그때 계손씨季孫氏가 가신장家臣長인 염구冉求에게 물었다. '제나라 군사가 청에 와 있는 것은 반드시 우리 노나라를 치기 위해서이네. 이 일을 어찌 하면 좋은가?' 염구가 대답했다. '한 분은 도읍을 지키시고 두 분은 군주를 따라가 국경에서 막아내십시오.' 계손씨가 말했다. '그렇게 할 수 없네.' 염구가 말했다. '그러시다면 국경과 도읍 사이에서 막아내십시오.' 계손씨가 맹손씨와 숙손씨 두 사람에게 그렇게 하자고 말하니 두 사람은 그렇게 할 수 없다고 했

---

30 『시경(詩經)』의 다음 구절에 따르면 주(周)나라의 제2대 임금 성왕(成王)이 숙부 주공(周公)에게 노(盧)나라를 봉토로 내리고 주공(周公)의 아들 백금(伯禽)에게 제후국 노(魯)나라를 다스리는 후작으로 봉했다.

다. 그래서 염구가 말했다. '그렇게 할 수 없다면 군주는 싸우러 나가시지 마시고 한 분이 군사를 이끌고 도읍의 성을 뒤로 하여 싸우십시오. 그 싸움에 참가하지 않는 자는 노나라 사람이 아닙니다. 이 노나라 도읍의 호수戶數는 제나라 전차수보다 많습니다. 한 집이 적의 전차 한 대를 대하면 우리가 우세합니다. 그런데 무엇을 걱정하십니까? 다른 두 분이 싸우려 하지 않는 것은 마땅한 일입니다. 정권이 계손씨季孫氏의 손에 있기 때문입니다. 주군께서 정치를 하고 계시는 마당에 제나라 사람이 우리 노나라를 치는데도 싸울 수가 없대서야 주군의 수치는 크고 노나라는 제후국에까지 미치지 못하게 됩니다.'"

"계손씨가 같이 조정으로 가 그를 당씨黨氏네 집 옆의 도랑 가에서 기다리게 했는데 노나라의 대부 숙손무숙叔孫武叔이 염구를 불러 싸울 일에 대해서 물었다. 염구가 대답했다. '윗어른께서 깊은 생각을 하고 계실 것입니다. 소인이 어찌 싸울 일을 알겠습니까?' 그러자 맹의자孟懿子가 굳이 묻기에 염구가 대답했다. '소인이야 제 분수를 생각해서 말하고 능력을 헤아리어 힘을 바칠 따름입니다.'"

"대신들은 조정에서 물러나 전차를 집합시켰다. 맹의자의 아들 맹유자孟孺子 설泄이 우군장右軍將이 되었는데 안우顔羽가 그의 전차를 조정하고 병설邴泄이 오른쪽 전사가 되었다. 그리고 염구가 좌군장이 되었는데 관주부管周父가 그의 전차를 조정하고 번지樊遲가 오른쪽 전사가 되었다. 계손씨가 말했다. '번지는 오른쪽 전사로는 어리네.' 그러자 염구가 말했다. "임무에 당해서 명령하는 대로 잘할 것입니다.'"

"제나라 군사가 직곡稷曲으로부터 쳐들어오는데도 노나라 군사는 도랑을 건너가려 하지 않았다. 그러자 번지가 염구에게 말하기를 '건너지 못하는 것이 아니라 주군의 명령을 잘 듣지 않고 있는 것입니다. 그러니 상벌賞罰에 대해서 세 차례 말하여 도랑을 넘어가게 해주십시오.'라고 했다. 그의 말대로 하니 모두들 그의 명령을 따랐다. 그 싸움에서 염구가 이끄는 노나라 군사는 제나라군을 공격하여 들어갔지만 우군右軍은 도망했다. 그러자 제나라 군사가 우군右軍을 몰아 제나라의 진관陳瓘·진장陳莊은 사수泗水를 건너 바짝 뒤따랐다. 그때 우군의 맹지측孟之側이 늦게 도망해 들어가 맨 뒤가 되었는데 그는 화살을 빼어 말을 때리며 말하기를 '이놈의 말이 잘 달려주지 않는단 말야!'라고 했다. 그리고 임불뉴林不狃의 부하가 '달려 도망할까요?'라고 하니 임불뉴는 '우리가 누구만 못해서 달려 도망간단 말이냐?'라고 말했다. 부하가 다시 '그러면 여기에 머물러 싸울까요?'라고 하니 임불뉴는 '다들 도망하고 있는데 우리만 남아 싸운다고 어찌 훌륭한 사람이 될 것이냐?'라고 말했다. 그들은 결국 천천히 걸어 도읍으로 돌아가다가 죽고 말았다. 염구가 이끄는 군사는 적을 무찔러 무장병의 목 80을 치니 제나라 사람이 군사를 정비하지 못하는 혼란에 빠졌다."

"저녁에 간첩이 말하기를 '제나라 사람들이 도망하고 있습니다.'라고 하였다. 그래서 염구가 추격하기를 원했다. 세 차례나 추격을 원했으나 계손씨季孫氏는 허락하지 않았다."[31]

8.9 노련한 외교가 자공子貢

애공哀公 11년 노魯나라가 제齊나라를 물리치고 나서 몇 개월이 지난 후에 노나라의 교외에서 있었던 싸움에 대한 보복을 위하여 노나라 군주 애공은 오吳나라 군주를 만나고 제나라를 쳤는데 노나라의 애릉艾陵에서 싸웠다.

자공子貢은 애릉의 싸움에서 상당히 중요한 역할을 했다.

"자공이 오나라 군주에게 말했다. '지금 제나라는 만승萬乘의 대국으로서 천승千乘의 노나라를 자기 것으로 만들어 오나라와 세력의 강약을 다투려고 합니다. 신은 왕을 위하여 걱정하지 않을 수 없습니다. 또 오나라로서는 노나라를 구원하는 것이 명성을 천하에 날리는 것이 되며 제나라를 치는 것은 큰

---

31   역주: 『춘추좌씨전(春秋左氏傳)』 애공(哀公) 11년.

이익이 됩니다.' 오나라 군주가 말했다. '과연 그렇겠군. 그런데 나는 일찍이 월越나라와 싸워 월왕越王을 회계會稽에 몰아넣은 일이 있었소. 그런 뒤로 월왕은 고난을 참으며 군사를 길러 우리 오나라에 원수를 갚으려 하고 있소. 내가 월나라를 칠 때까지 기다려 주오. 그런 다음 그대의 의견을 따르겠소.' 자공子貢이 말했다. '월나라의 힘은 약소국인 노나라보다 나을 것이 없습니다. 오나라의 힘은 제나라만 못합니다. 왕께서 제나라를 내버려 둔 채 월나라를 치시면 그 사이에 제나라는 노나라를 평정하고 말 것입니다. 왕께서 굳이 월나라를 걱정하고 계시다면 신이 동쪽으로 가서 월왕을 만나 월나라에서도 출병하여 오나라가 제나라를 치는 것을 돕게 하겠습니다. 그렇게 되면 월나라 안의 병력은 텅 비게 되며 명분상 제후를 거느리고 제나라를 치는 것이 됩니다.' 오왕吳王은 크게 기뻐하며 자공을 사자로서 월나라에 가도록 했다."

"자공이 월왕에게 말했다. '이번에 제가 오왕에게 노나라를 구원하여 제나라를 칠 것을 권했습니다. 오왕께서는 그에 찬성하셨는데 이곳 월나라 일이 걱정이 되는지 월나라를 쳐서 멸망시킨 다음 그렇게 하자고 하셨습니다. 이런 형편이니 오나라가 월나라를 칠 게 뻔합니다. 그리고 또 남에게 보복할 뜻도 없는데 상대방한테서 의심을 받는 것은 현명치 못합니다. 또 설사 보복할 마음을 가졌더라도 상대방에게 그것을 알아차리게 하는 것은 위태롭기 짝이 없는 일입니다. 또 일을 실천하기도 전에 그 계획이 새어나가는 것은 위험한 일입니다. 이 세 가지는 무슨 일을 할 때에 가장 신경써야 할 일입니다.' 월왕은 자신이 취해야 할 방법을 물었다. 자공이 대답했다. '왕께서 구원의 군사를 보내 오왕의 뜻을 받들고 귀중한 보물을 바쳐 정중히 경의를 표한다면 오왕은 안심하고 제나라를 칠 것입니다. 그리하여 만일 오왕이 제나라와 싸워서 이기지 못한다면 그것은 왕의 복이 될 것이며 만일 이기게 되면 오왕은 틀림없이 군대를 이끌고 진晉나라를 공격할 것입니다. 제가 진나라 임금을 만나 함께 오나라를 공격할 것을 설득하겠습니다. 그렇게 하면 반드시 오나라를 약하게 만들 수 있을 것입니다. 오나라의 정예부대는 제나라와의 싸움에서 다 없어지고 중장비를 갖춘 군사는 진나라에서 고초를 겪게 될 것이니 이렇게 해서 피폐해진 오나라를 왕께서 치시면 오나라는 틀림없이 멸망하게 될 것입니다.' 월왕은 크게 기뻐하여 이를 승낙하고 자공에게 황금 백일百鎰과 칼 한 자루, 훌륭한 창 두 자루를 선물로 주었다. 그러나 자공은 그것을 받지 않고 떠나와 오왕에게 보고했다."

"오왕은 아홉 고을의 군대를 동원하여 제나라 정벌에 나섰다. 자공은 오나라를 떠나 진나라로 가서 진왕晉王에게 말했다. '신은 생각이 미리 정해져 있지 않으면 급한 일에 대처할 수 없고 군대가 정비되어 있지 않으면 적과 싸워 이길 수 없다고 들었습니다. 지금 제나라와 오나라가 서로 싸우려고 합니다. 오나라가 싸움에 이기지 못할 경우에는 월나라가 오나라를 어지럽힐 것이 분명하나 오나라가 제나라한테 이기면 틀림없이 군사를 이끌고 진나라로 쳐들어올 것입니다.' 진나라 왕은 크게 걱정하여 말했다. '어떻게 하면 좋겠소?' 자공이 대답했다. '군비를 갖추어 병종들을 편히 쉬게 하고 때를 기다리게 하십시오.' 진왕은 그렇게 하겠다고 했다. 자공은 진나라를 떠나 노나라로 향했다."

"오왕은 제나라와 애릉艾陵에서 싸워 제나라 군사를 대파하여 장군 7명이 이끄는 군사를 포로로 잡았다. 그리고 자공의 예상대로 그 여세를 몰아 군대를 이끌고 진나라로 향했다. 그리하여 진나라 군사와 황지黃池 부근에서 마주치게 되었다. 그 싸움에서는 진나라 군사가 오나라 군사를 먼저 공격하여 크게 이겼다. 월왕은 이 소식을 듣자 양자강을 건너 오나라를 습격하여 오나라 도성에서 70리 떨어진 곳에 진을 쳤다. 오왕은 급보를 접하자 진나라를 버리고 귀국하여 월나라와 오호五湖에서 싸웠으나 세 번 싸워 세 번 다 이기지 못하고 도성의 성문조차 지키지 못했다. 마침내 월나라 군대는 오나라 왕궁을 포위하여 오왕 부차夫差를 죽이고 오나라의 제상 백비伯嚭를 주살했다. 월왕은 오나라를 격파하고 3년 뒤에 동방 제후들 사이에서 패자覇者의 이름을 듣게 되었다."

"이렇게 자공이 한 번 노나라를 떠나 다시 돌아오면서 노나라를 보존하고 제나라를 어지럽히고 오나라를 격파하고 진나라를 강하게 하고 월나라를 패자覇者로 만들었다. 즉 자공이 한 번 사신이 되어 여러 나라를 돌자 각국의 형세가 뒤바뀌고 10년 동안에 노魯나라·제齊나라·오吳나라·진晉나라·월越나라 5개국이 모두 대변혁을 일으키게 된 것이다."[32]

자공의 외교적 업적은 다음과 같이 『춘추좌씨전春秋左氏傳』에 잘 나와 있다. 애릉艾陵에서 전투가 있은 지 1년 후인 기원전 484년 여름에 노魯나라의 애공哀公이 오吳나라의 군주와 탁고橐皐에서 만났다. 그런데 오나라 군주는 자기의 신하 태재太宰 비嚭를 통해 전에 맺었던 맹약을 굳히기를 요청케 했다. 애공은 응하고 싶지 않아서 자공에게 대답하게 했다. "맹약은 신의信義를 단단하게 하는 것입니다. 그러므로 마음으로 지킬 것을 정하고 옥과 패백을 드리어 상대국을 받들며 말로 약속을 맺고 신神에게 밝히어 그 약속 지키기를 맹세하는 것입니다. 저희 나라 군주께서는 '일단 맹약 맺음이 있으니 그것을 고칠 수는 없다. 또 고쳐 맹약을 맺을 것 같으면 날마다 맹약을 맺는다 한들 무슨 소용이 있단 말인가?'라고 여기고 계십니다. 이제 주군께서 '반드시 전의 맹약을 굳게 해야 한다.'고 말씀하시나 전에 맺은 맹약을 다시 굳힐 수가 있다면 그 맹약을 식게 할 수도 있는 것입니다." 그리하여 맹약을 굳게 하는 행사를 행하지 않았다.[33]

기원전 484년 가을 위衛나라 군주 출공出公이 오吳나라와 운鄖에서 회합을 가졌다. 노魯나라의 애공哀公은 위나라 군주 및 송宋나라의 황원皇瑗과 맹약을 맺었으나 오나라와의 맹약 맺는 것은 끝내 사절했다. 오나라 사람이 위나라 출공이 묵고 있는 집 주위에 울타리를 쳐 임의로 출입하지 못하게 했다. 그 이유는 출공이 얼마 전에 오나라에서 온 사신을 죽였기 때문이다.

---

32 역주: 『사기(史記)』 중니제자열전(仲尼弟子列傳).
33 역주: 『춘추좌씨전(春秋左氏傳)』 애공(哀公) 12년.

그러자 자복경백子服景伯이 자공子貢에게 말했다. "제후들이 회합하여 그 일이 끝나면 맹주(盟主: 동맹을 맺은 개인이나 단체의 우두머리)가 예의에 맞는 인사를 차리고 회합을 한 장소를 영유하고 있는 다른 나라의 군주는 그 회합에 참가한 나라 사람들에게 생육(生肉: 날고기)을 보내 작별 인사의 예를 차리는 것일세. 그런데도 오나라는 위나라에 대해서 예의를 지키지 않고 위나라 군주가 묵고 있는 집 둘레에 울타리를 치고 곤란하게 하고 있네. 그러니 자네가 오나라의 태재太宰 비嚭를 만나지 않을 텐가?" 이에 한 묶음의 비단을 달라고 청해서 오나라의 태재 비를 찾아가 그들 두 사람 사이의 말이 위나라의 일에 미치게 되었다.

오나라의 태재 비가 자공에게 말했다. "우리나라 군주께서 위나라 군주를 모시려고 원하셨는데 위나라 군주가 오는 것이 늦으니 우리나라 군주는 위나라 군주가 배반이나 하지 않을까 두려워하고 계십니다. 그러므로 돌아가지 못하게 하려는 것입니다." 그래서 자공이 말했다. "위나라 군주께서 이곳에 오실 때에는 반드시 여러 사람들과 상의하셨을 것입니다. 그때 여러 사람들 중의 어느 사람은 가라고 했고 어느 사람은 가기를 반대했을 것입니다. 그래서 오시는 것이 늦었을 것입니다. 오기를 원했던 사람들은 님과 한패이고 올 것을 원하지 않은 사람들은 님과 원수인 것입니다. 귀국을 원하는 쪽이 만일 위나라 군주를 잡아두시면 그것은 한패 사람들의 세력을 떨어뜨리고 원수의 세력을 높이는 것이니 님의 측을 비방했던 사람들이 뜻을 펼 수가 있을 것입니다. 그리고 제후를 모이게 하고서 위나라 군주를 잡으면 누가 감히 두려워하지 않겠습니까? 자기편 세력을 떨어뜨리고 원수들의 세력을 높이고서 제후들을 두렵게 한데서야 아마도 패자(覇者: 제후의 우두머리)가 되기는 어려울 것입니다."

이 말을 듣고 오나라의 태재 비는 감동하고 곧 위나라의 군주 출공을 풀어주도록 했다.[34]

8.10 용의주도한 계획

공자의 제자들 가운데 자공子貢과 염구冉求는 군사 분야의 전문가로 간주되지는 않았다. 자공은 언변에 능했으며 염구는 정사政事에 뛰어난 사람으로 유명했다.[35]

일반적으로 공자의 제자 자로子路는 기량이 뛰어난 무인으로 알려져 있었다. 공자가 공산불뉴公山不狃의 난을 진압할 때 실질적으로 군대를 통솔한 사람은 자로였다.

자로는 위衛나라 출공出公 제위 기간에 가장 중요한 군 요직에 있었으나 기원전 480년 괴외蒯聵의 난 때 출공에 충성을 바치기 위해 자신의 목숨을 버렸다.

자로는 군자로서 세상을 떠났다.

자로가 공자에게 삼군三軍을 통솔한다면 누구와 함께 하겠느냐고 묻자 공자는 다음과 같이 대답했다. "맨손으로 범을 잡으려 하고 맨몸으로 황하를 건너려다가 죽어도 후회함이 없는 자를 나는 함께하지 않을 것이니, 반드시 일에 두려워하고 계책 세우기를 좋아하며 성공하는 자와 함께할 것이다."[36]

자로를 죽음에 이르게 한 범인은 위나라의 괴외라고 할 수 있다.

"위나라의 29대 군주 영공靈公에게는 총애하는 부인이 있었는데 이름을 남자南子라고 했다. 영공의 태자 괴외는 남자에게 죄를 짓고 처벌이 두려워 다른 나라로 망명했다."

"영공이 죽자 남자 부인은 공자 영郢을 세워서 후계자로 삼으려 했는데 영이 듣지 않고 말했다. '망명하신 태자의 아들 첩輒이 있습니다.' 그래서 위나라에서는 첩을 임금으로 세웠다. 이 사람이 곧 위나라의 30대 군주 출공出公

---

34 역주: 『춘추좌씨전(春秋左氏傳)』 애공(哀公) 12년.
35 역주: 『논어(論語)』 선진편(先進篇) 제2장.
36 『논어(論語)』 술이편(術而篇) 제10장.

이다."

"출공이 즉위한 후 12년 그의 아버지인 괴외는 나라 밖에 있으면서 위나라로 돌아오지 못하고 있었다. 이 무렵 자로는 위나라 대부 공회孔悝의 영지領地인 채읍采邑의 집사로 있었다. 괴외는 공회를 자기 편으로 끌어들여 반란을 일으킬 생각으로 미리 짜고 몰래 공회의 집으로 들어가 도당들과 함께 출공을 습격했다. 출공은 노魯나라로 달아나고 괴외가 즉위하여 임금의 자리에 올랐다. 이 사람이 위나라의 31대 군주 장공莊公이다."

"공회가 난을 일으켰을 때 자로는 마침 외출 중이었는데 이 소식을 듣고 달려 돌아오다가 위나라 도성의 성문을 빠져나오고 있는 자고子羔와 마주치게 되었다. 자고가 자로에게 말했다. '출공은 이미 떠나 버리고 성문은 벌써 닫혀 있네. 자네도 그냥 돌아가는 것이 좋을 것이네. 공연히 화를 입을 필요가 없지 않은가.' 그러자 자로가 말했다. '녹을 먹고 있는 자로서 주군의 환난을 모르는 척 할 수가 없네.' 자고는 그대로 떠나 버렸다."

"때마침 성 안으로 들어가는 사자使者가 있어 성문이 열리자 자로는 사자의 뒤를 따라 성 안으로 들어가서 괴외가 있는 곳으로 갔다. 괴외는 공회孔悝와 함께 대臺에 올라 있었다. 자로가 말했다. '임금께는 공회가 필요치 않으실 것입니다. 저에게 내려 주시면 죽여 버리겠습니다.' 그런데 괴외는 자로의 말을 듣지 않았다. 그러자 자로는 대를 불태우려 했다. 괴외는 겁이 나서 즉시 석걸石乞과 호염壺黶을 대 위에서 내려 보내 자로를 치게 하여 자로의 관끈을 끊었다. 그러자 자로는 말했다. '군자는 죽어도 관을 벗지 않는 법이다.' 자로는 관끈을 고쳐 매고 죽었다."[37]

자로는 괴외의 난을 듣고 성 안으로 바로 들어가지 말았어야 했다. 그 대신에 자로는 좀 더 주의를 하고 주위에 동원할 수 있는 군사를 모아 이 난을 진압해야만 했다. 하지만 자로는 결국 그렇게 하지 못하고 헛되이 죽고 말았다.

---

[37] 역주: 『사기(史記)』 중니제자열전(仲尼弟子列傳).

8.11 주周나라 중기의 군사 조직

본서에서 주周나라 중기는 대체로 기원전 722년부터 기원전 476년까지를 말하며, 이 시기는 평왕(平王, 기원전 771~기원전 720)부터 경왕(頃王, 기원전 619~기원전 613)까지 서주西周 시대의 임금들이 재위했던 기간에 해당된다.[38]

중국 최초로 주나라 시대에 삼군三軍이 나타났는데 춘추시대春秋時代 군軍은 군대의 최대편제 단위였다. 인원수는 12,500명으로 주나라 군주는 육군六軍을 가질 수 있었으며 제후국은 최대 삼군三軍을 가질 수 있었다. 주나라의 세력권이 축소됨에 따라 낙양洛陽 조정은 일군一軍밖에 유지하지 못했다.

주나라가 견융犬戎의 침공으로 호경鎬京이 함락되고 기원전 771년 주나라의 제12대 군주 유왕幽王이 피살되었다. 제후들이 유왕의 아들 의구宜臼를 옹립하여 제13대 군주 평왕平王이 기원전 771년 도읍지를 호경鎬京에서 낙양洛陽으로 옮겨 동주東周가 시작되었다. 평왕과 그의 후손은 위현渭縣을 수복하지 못했다. 이 당시 위현은 서융西戎을 몰라낸 진秦나라의 주군이 차지하고 있었다. 토양이 기름진 위현과 여기에 사는 백성들을 소유하지 못하였기에 주나라는 그저 평범한 제후국에 지나지 않는 상황이었다. 주나라는 제후국을 제압할 충분한 군사력이 없었기 때문에 진晋나라, 진陳나라 등의 제후국으로부터 빈번히 재정이나 군사적 지원을 받아야 할 처지였다. 이후 춘추시대春秋時代에 제齊나라의 환공桓公, 진晋나라의 문공文公, 초楚나라의 장왕莊王, 오吳나라의 합

---

[38] 역주: 주(周)나라는 대체로 서주(西周)와 동주(東周)의 두 시기로 나누어진다. 기원전 771년 견융(犬戎)이 주나라에 침략하여 유왕(幽王)이 살해되었다. 때문에 의구(宜臼)가 제후들에 의하여 평왕(平王)으로 옹립되었고, 곧 이어 호경(鎬京, 현재의 서안(西安) 시 부근)에서 부도(副都)·낙읍(洛邑), 현재의 낙양(洛陽)시로 도읍을 옮기게 되었다. 이를 기준으로 이전을 서주(西周)(기원전 1046~기원전 771) 이후를 동주(東周)(기원전 770~기원전 256)으로 구분하고 있다. 그리고 춘추시대(春秋時代)는 중국의 역사에서 기원전 770년에서 기원전 403년 사이의 시기를 말하며, 주나라의 동천(東遷) 이후 진(秦)나라의 중국 통일까지의 시기를 부르는 춘추전국시대(春秋戰國時代)의 전반기에 해당된다. 공자가 지은 『춘추(春秋)』에서 이 이름이 유래했다. 춘추시대(春秋時代)와 전국시대(戰國時代)의 경계는 춘추시대(春秋時代)에 열국의 강국 진(晉)이 조(趙)·위(魏)·한(韓)의 3국으로 분열되어 동주(東周)로부터 정식으로 승인받은 기원전 403년까지로 잡는 것이 보통이다.

려闔閭, 월越나라의 구천句踐 등의 춘추오패春秋五覇가 제후 간 회맹의 맹주가 되었지만 그 지위는 수십 년을 지속하지 못 했다.

진晉나라 초기 영토는 오늘날 산서성山西省 남부 지역이었는데 이웃 제후국을 정복하면서 제24대 문공文公은 춘추오패春秋五覇의 하나가 되었는데 기원전 6세기 초 정鄭나라의 도전을 받았다. 정鄭나라는 초기에 진晉나라와 대등한 세력을 가지고 있었지만 제3대 군주 장공(莊公, 기원전 757~기원전 701) 사후 그 지위는 두 번째로 떨어졌다.

제齊나라는 주周나라 문왕文王이 나라를 건국할 때 재상 강상姜尙을 태공太公으로 봉해 세워졌다. 제나라는 소금과 해산물이 풍부한 부유한 주나라의 제후국이었으며 제나라의 16대 군주 환공桓公은 춘추오패에서 최초의 패자가 되었지만 그 지위는 기원전 643년 환공이 세상을 떠남으로써 당대에 끝났다.

노魯나라는 기원전 1046년 주周나라 무왕武王의 아우인 주공周公 단旦에게 내린 봉토로 주공의 아들인 백금伯禽에게 다스리게 하던 제후국으로 주나라의 혈족국가이다. 노나라는 춘추오패에 들어가지 못했지만 패자覇者는 노나라를 중요하게 여겼다.

주나라는 초기에 영토가 보잘 것 없었지만 양자강揚子江을 따라 상당한 부분까지 영토를 확장하여 한수漢水와 회수淮水 강가를 따라 작은 나라들을 흡수하여 중기에는 지금의 중국과 같은 영토를 차지했다.

다른 두 패자覇者 오吳나라의 합려闔閭와 월越나라의 구천句踐은 뒤늦게 춘추오패에 들어갔다. 춘추시대에 마지막으로 패자覇者가 되어 오늘날 중국의 산동성山東省 청도青島까지 영토를 확장했다.

"군제軍制에서 12,500명을 군軍이라 하는데 왕은 육군六軍이요 대국大國은 삼군三軍이요 그 다음 나라는 이군二軍이요 소국小國은 일군一軍이다. 군의 장수는 다 경卿으로 명한다."[39]

---

39   역주: 『주례(周禮)』 하관사마(夏官司馬).

제후국 군대의 사령관 대부분은 호경鎬京의 주周나라 임금이 임명했지만 실질적으로는 제후국의 군주가 임명한 것을 승인한 것뿐이었다. 주나라의 임금은 제후국의 군주가 임명한 사령관이 마음에 들지 않다고 하더라도 제후국 군주의 제청을 들어줄 수 밖에 없었다.

실제적으로 12,500명 군의 사령관은 제후국의 재상이기도 했다. 제후국 군대는 그 지역에 속했으며 병사들은 태어났을 때부터 알고 지내던 사이였기 때문에 전우 의식은 자연스러웠다.

국방의 측면에서 주周나라의 방위는 제후국이 모두 책임을 졌으며 봉화가 오르면 주나라 왕실을 구원하기 위해 군대를 동원하여 도읍지 낙양洛陽으로 갔다.

예禮에 따라 제후국간에 전쟁은 허용되지 않았는데 제후국 간의 분쟁은 주나라 왕실의 중재와 판단에 따랐다.

제후국의 군대는 주로 폭도, 반역자 등을 처단하거나 국경 안팎에 사는 이민족에 대해 방어하기 위한 수단으로 사용되었다.

불행히도 이러한 주나라의 평화 시기는 기원전 771년 주나라가 중국 섬서성陝西省에 살던 서융西戎의 일족인 견융犬戎의 침공으로 현재의 서안西安 부근에 있던 도읍지 호경鎬京이 함락되고 주나라의 제12대 군주 유왕幽王이 피살됨으로써 막을 내렸다. 왜냐하면 유왕이 봉화를 실수로 잘못 피워 제후가 집결하자 후궁 포사褒姒가 웃었기 때문에 유왕은 후궁 포사의 웃는 모습을 보기 위해 자주 장난으로 봉화를 피워 제후들의 신뢰를 잃었고 나중에는 봉화를 사용해도 제후가 집결하지 않게 되었기 때문이다.

제후들이 의구宜臼를 옹립하여 제13대 군주 평왕平王이 기원전 771년 도읍지를 호경鎬京에서 낙양洛陽으로 옮겨 동주東周를 세웠으나 평왕과 그의 후손은 위현渭縣을 수복하지 못했다. 새 도읍지 낙양은 중국의 북서쪽 하남河南 지역에 강과 산 사이의 좁고 긴 지대로 그 면적이 좁았고 동주의 존립 여부 자체는 진晉나라와 정鄭나라에 달려 있었다. 동주는 왕실의 권위는 찾았지만 제후국에 대해 어떠한 예禮도 시행할 수 없었다.

제후국 간에 전쟁이 벌어졌으며 강한 제후국이 약한 제후국을 정복함으로써 대국을 만들려고 했다. 진晉나라(기원전 1042~기원전 376)는 주周나라 무왕武王의 둘째 아들 당숙우唐叔虞가 형인 성왕成王에게 삼감三監의 난亂이 평정된 이후 그 땅을 분봉지로 받아 세운 나라로 동주 초기 제후국 가운데 가장 충성스러운 나라였다. 그러나 이후 진나라는 병력을 삼군三軍에서 육군六軍으로 늘렸고 이후 결국은 주周나라 낙양洛陽 조정의 권위에 공공연히 도전했다.

춘추오패春秋五覇의 첫 번째 패자覇者 진晉나라 군주 문공文公이 세상을 떠난 후 백伯 소후昭侯가 그 뒤를 이었으나 숙부 환숙의 강력한 세력을 두려워해 곡옥曲沃 땅에 환숙桓叔을 봉해 곡옥백曲沃伯이라 부르게 했다. 그런데 곡옥은 도읍지 익翼보다 넓어 여전히 환숙이 더 강했다. 소후가 죽은 뒤 익과 곡옥 두 지역은 치열한 세력 경쟁을 벌였으나 곡옥의 세력이 익에 비해 강성하여 곡옥백이 여러 차례 익을 쳐 진나라 군주를 죽이거나 쫓아냈다.

진晉나라는 문공文公 때부터 실정失政하기 전까지 계속 천하의 패권을 놓고 초楚나라와 겨루었다. 또한 임금이 경卿들을 중용하여 나라를 다스리면서 점차 경들의 세력이 진나라에서 강해졌다. 진나라 경공景公 때 실정失政하면서 진나라 공실은 나라를 다스릴 능력을 잃었고 권력이 경대부卿大夫에게 넘어가 경대부의 세력이 군주보다 강해졌다. 경들의 세력 투쟁 과정에서 조씨趙氏·위씨魏氏·한씨韓氏·지씨智氏·범씨范氏·중행씨中行氏만이 남아 다시 투쟁하였다. 범씨와 중행씨가 반란을 일으키자 조씨·위씨·한씨·지씨가 범씨와 중행씨를 진나라에서 축출하여 제齊나라로 몰아내고 그 땅을 각각 나눠 차지하였다. 경대부의 영지가 군주의 영지보다 더욱 넓어졌다. 진나라 열공烈公 때 조씨·위씨·한씨가 영지에서 자신의 성씨를 국호로 하여 각각 한韓나라·위魏나라·조趙나라를 세웠는데 이를 삼진三晉이라 한다. 삼진이 진나라에서 분립하자 전국시대戰國時代가 시작되었다. 진나라는 영토가 줄어들어 영토가 신강新降과 곡옥曲沃 두 읍만으로 축소되었다.

진晉나라 외에도 주周나라의 제후국 중에 초楚나라, 제齊나라, 연燕나라, 진秦나라 등의 강국이 있었다.

초楚나라는 현재 호북성湖北省이 있는 양자강揚子江 중류 지역에 위치한 주周나라의 제후국이었는데 주나라 제2대 군주 성왕成王이 문왕文王과 무왕武王을 도운 공신들의 후손들을 찾아내어 논공행상을 할 때 웅역熊繹의 증조부인 육웅鬻熊이 세운 공로로 웅역에게 자작의 작위를 수여하고 형만荊蠻 땅에 봉해서 세워졌다. 웅역은 그 봉지가 남작에 준하기 때문에 초나라의 도읍지를 단양丹陽으로 정했다. 초나라는 영토를 동쪽 멀리까지 확장시켰다. 초나라의 제17대 군주 웅철熊徹이 제6대 군주 웅거熊渠에 이어 두 번째로 자작에서 왕으로 칭했는데 그가 바로 무왕武王이다. 웅철 이후 초나라 군주는 계속 왕이 되었다.

제齊나라는 주나라 문왕이 나라를 건국할 때 재상 강상姜尙을 태공太公으로 봉해 세워졌다. 제나라는 소금과 해산물이 풍부한 부유한 주나라의 제후국이었으며 제나라의 16대 군주 환공桓公은 춘추오패春秋五覇에서 최초의 패자가 되었다. 제나라 환공이 춘추오패의 패자가 된 후 그 지위는 당대에 끝났지만 진晉나라 문공文公 이후 패자의 지휘는 몇 세대를 거쳐 이어졌다.

연燕나라는 주나라 무왕 희발姬發이 은殷나라를 멸망시킨 후 무왕의 동생 소강공召康公 석奭이 연燕의 제후에 봉해짐으로써 세워졌다. 연나라는 전국시대戰國時代에 전국칠웅戰國七雄[40]의 하나가 되었다.

진秦나라는 기원전 900년경에 주나라 제8대 군주 효왕孝王을 시중들고 있던 비자非子가 말의 생산에 공적을 올려 영嬴이라는 성을 받아 대부大夫가 되어 진秦 땅에 영지를 받아 세워졌는데 진나라가 최초로 흥한 곳은 중국 서남쪽에 있는 감숙성甘肅省 위현渭縣 부근이었다. 진나라는 춘추시대春秋時代에 들어가자마자 제후국이 되었고 주로 서융西戎을 정복하면서 영토를 확장했고

---

40 역주: 전국칠웅(戰國七雄)은 전국시대(戰國時代)부터 진(秦)나라의 시황제(始皇帝)가 중국을 통일할 때까지 멸망하지 않고 살아남은 연(燕)나라, 위(魏)나라, 제(齊)나라, 조(趙)나라, 진(秦)나라, 초(楚)나라, 한(韓)나라 등의 일곱 제후국을 말한다.

법률의 정비 등을 실시하여 나라의 기틀을 만들어 갔다. 춘추시대 중기 이후 진나라는 북쪽의 진晉나라와 남쪽의 초楚나라에 비해 약소국에 불과했지만 전국시대에 전국칠웅의 하나로 성장했다. 기원전 221년 진나라 제37대 군주인 영정嬴政이 전국을 통일하고 황제의 위에 올랐는데 이가 바로 시황제始皇帝이다. 동주東周는 기원전 249년 영정의 아버지인 진나라 제36대 군주 장양왕莊襄王 군대의 침공을 받아 멸망했다.

공자가 살았던 춘추시대는 격동의 시대였으며 근본적으로 모든 것이 변화하는 시대였다. 진晉나라 때 조씨趙氏·위씨魏氏·한씨韓氏·지씨智氏·범씨范氏·중행씨中行氏 등의 경卿들의 세력이 컸던 것처럼 공자의 고국 노魯나라도 당시 실세였던 3대 가문 삼환三桓인 숙손씨叔孫氏·맹손씨孟孫氏·계손씨季孫氏가 주군의 권력을 침탈하는 것을 경험했다.

제齊나라, 송宋나라, 정鄭나라, 위衛나라 등의 다른 제후국도 이러한 군주의 권력이 침탈되는 과정을 겪었다. 결국 주周나라의 봉건제는 신하들에 의해서 무너져 가고 있었다.

제후국 간의 전쟁은 점점 더 빈번해졌으며 그럴수록 군대의 규모는 더 커졌으며 백성들의 공포는 심해져가기만 했다.

그러나 모든 것은 좋건 나쁘건 변화한다.

8.12 영구적인 평화 협정

주周나라의 제후국 송宋나라 사람 향술向戌은 중국에서 영구적인 평화를 이루기 위해 노력한 정치가였다. 향술은 평화를 이룩했지만 이 평화는 영원히 지속되지 않았고 단지 40여 년밖에 지속되지 않았다. 그러나 이것은 인류 역사에 하나의 이정표를 남겼다.

향술은 송나라를 떠나 멀리까지 갔는데 주周나라의 여러 강국에 정치적인 영향력을 크게 행사했다. 기원전 546년 제후국 11개국은 송나라의 도읍지에서 정전회의停戰會議를 여는 데 동의하여 송나라에 사신들을 보냈다.

여러 차례 위기에도 불구하고 정전회의에 참여한 제후국 모두가 동의하고 조인한 협정은 공자 시대에도 지켜졌다.

기원전 506년 향술이 성사시킨 협정이 깨졌는데 원인의 당사자가 정전회의에 참여한 11개국이 아니라 오吳나라의 군주 합려閣閭란 것은 놀라운 사실이다. 이때 합려는 초楚나라를 공격했다.

기원전 546년부터 기원전 506년까지 사소한 국지전은 벌어졌다. 예를 들어 다음의 두 가지 사례가 있다. 먼저 오나라 군주 합려는 기원전 506년 당唐나라, 채蔡나라와 연합하여 초楚나라의 도읍지 영郢을 함락시키는 전과를 거두고 초나라를 거의 멸망 직전으로 몰아넣었지만 이듬해인 기원전 505년에 본국 오나라가 월越나라에 침략을 당하고 동생 부개夫槪가 왕을 칭하고 쿠데타를 일으켰기 때문에 가까스로 도망친 초나라 군주를 추격하지 못하고 본국 오나라에 돌아와 난을 평정했다. 다음으로 기원전 531년 채蔡나라는 초나라의 공격을 받아 멸망했지만 기원전 529년 초나라가 복국시켜 채나라는 도읍지를 하채下蔡로 옮겼다. 이후 초나라는 군주 혜왕惠王이 진陳나라와 채나라를 각각 기원전 487년과 기원전 447년에 멸망시켰다.

송나라에서 협정이 조인된 기원전 546년 당시 공자는 나이가 대여섯 밖에 되지 않은 소년이었다. 공자가 『춘추春秋』 연구에 전념했을 당시 공자의 나이는 대략 70세에 접어들어 좋은 의도에도 불구하고 향술이 놓친 문제를 파악할 수 있을 만큼 충분한 경험을 했을 것이다. 정전회의와 같은 평화 협정은 모든 제후국의 조정에서 중요한 사안이지만 한 줌도 안 되는 소수의 정치가 조인을 하여 지켜지는 것이 아니라는 것이다.

그럼에도 불구하고 공자는 향술의 노력을 칭송했으며 공자가 이 평화 협정에 대해서 비판한 것은 협정이 조인되는 회의 중에 참여한 사신들이 말을 너무 많이 했다는 단 한 가지 뿐이었다.

송나라 조정에서 향술의 동료인 악희樂喜는 향술의 논지에 절대적으로 반대했다. 악희는 순종하지 않는 소국을 응징하는 데는 전쟁이 필요하다고 믿고 있었다. 전쟁은 하늘이 선한 군주를 세우고 악한 군주를 내쫓는 수단이기도 했다.

09

종교철학

9.1 천도天道

유교儒教는 다음의 한 문장으로 압축할 수 있다. "천도天道를 따르면 사람의 도를 이루게 된다." 도道는 길을 뜻한다. 다시 말해서 천도를 따라가는 것은 하늘의 길을 길잡이로 삼아 가는 것을 말한다.

천도란 무엇인가? 무엇이라 말할 수 없지만 우리는 그 존재를 알고 있다. 만약 천도가 없다면 우주에 아무것도 존재할 수 없다. 천도가 있기에 모든 것은 태어나서 자라고 죽은 후에 다시 태어나게 되는 것이다.

천도를 따르는 법은 무엇인가? 다른 모든 사람처럼 살아가는 것이며, 수많은 동물이나 식물처럼 살아가고, 모든 생물이 살아나갈 수 있도록 해 주는 것이다. 하늘은 차별 없이 모든 생물을 보살펴 준다. 살아가면서 죽음을 두려워 해서는 안 된다. 삶을 마치고 죽는다는 것은 천도의 여러 가지 길 가운데 하나이다. 하늘은 태어날 새 생명의 자리를 우리가 만들어 주기를 바란다.

다시 말해서 천도는 끊임없이 순환되며 변화하는 것이다. 그러면 천도를 따른다는 것은 삶과 죽음이 끊임없이 순환되는 원칙을 뛰어넘는 것이다. 천도를 따르는 데는 변화의 필요성도 깨달아야 한다. 천도를 알고 천도를 따르기로 했다면 몸을 닦아서 더 나은 자신을 위해 스스로 변화해야 한다. 군자는 자신을 가꾸고 수양해야 한다.

중천건重天乾 ䷀은 상괘上卦와 하괘下卦가 모두 하늘을 상징하는 건괘乾卦 ☰로 이루어진 6괘이다. "상象에서 말했다. '하늘의 운행이 꿋꿋하니 군자가 이 괘의 이치를 살펴서 스스로 꿋꿋하게 실천하여 쉬지 않는다.'"[1]

천도를 따라 사람의 도를 이루는 데는 공자가 취한 중간 단계가 있다. 지식과 지혜를 통해 공자는 하늘은 하늘이기에 하늘은 하늘임을 깨달았다. 결과적으로 사람다운 사람이 되려면 사람은 사람이 되어야 한다. 사람의 도는 사

1 　역주: 『주역(周易)』 1 건(乾) 중천건(重天乾).

람이 사람다운 사람이 되는 도를 말한다.

인仁의 실천은 사람의 도를 실천하는 것이다.

도를 실천하는 데 공자가 확립한 인의 개념은 모든 중국 사상에 핵심을 이룬다. 이러한 인의 개념은 모든 중국인의 마음에 스며들어 있다. 중국에서 "당신은 사람도 아니야."라고 하는 말보다 모욕적인 말은 없다.

중국에서 사람이 된다는 것은 금수禽獸[2]와는 전혀 다른 사람다운 사람이 된다는 것을 뜻한다.

인仁의 실천은 사람다운 사람이 되는 것이며, 다른 사람도 자신과 마찬가지로 소중한 존재임을 깨닫고 사랑하는 것이다.

9.2 천天

"天"은 본래 신神을 뜻하는 글자였다. 이 글자는 은殷나라 때 갑골문甲骨文[3]에서는 "못"으로 표기하고 주周나라 초기 금문金文[4]에서는 "숫"으로 나타냈는데, 두 상형문자 모두 한 사람이 정면을 향하고 있는 형상이고 특별히 돌출된 부분은 사람의 머리 형상이다.

주周나라 말기 "天"에 "하늘"이라는 뜻이 더해졌다. 오늘날 "天"은 주로 "하늘"이라는 뜻으로 사용되지만 "신神"이라는 뜻도 계속 간직하고 있다.

"天"에 "하늘"이라는 뜻이 더해진 후 "신神"이라는 의미를 표현할 새로운 글자의 필요성에 부응하는 것처럼 새로이 "帝"라는 글자가 만들어졌다.

---

2   역주: 금수(禽獸)는 날짐승과 길짐승이라는 뜻으로 모든 짐승을 이르는 말로 행실이 아주 더럽고 나쁜 사람을 비유적으로 이를 때 쓰이기도 한다.

3   역주: 갑골문(甲骨文)은 고대 중국 은(恩)나라에서 거북의 등딱지나 짐승의 뼈에 새긴 상형문자로 한자의 가장 오래된 형태를 보여 주는 것인데 주로 점복(占卜)을 기록하는 데에 사용하였다.

4   역주: 금문(金文)은 주(周)나라의 상형문자이다. 갑골문과 거의 일치하며 그 뜻을 유추하는데 있어서 도움이 된다.

"上"과 "帝"가 결합된 "上帝"는 "신神을 넘어선 존재"를 뜻한다. "帝" 앞에 "上"이 붙은 것은 지상의 지배자들 일부가 자신을 帝라고 칭했기 때문이다. 예를 들어 희대의 폭군으로 악명 높았던 은殷나라의 마지막 임금 주왕紂王의 이름은 자칭 지상地上의 신神을 뜻하는 제신帝神이었다.

끝으로 "天"은 "신神"과 "하늘" 외에도 또 다른 의미 "우주의 원리"를 가지게 되었다. 이 세 번째 의미는 만물을 창조하는 최고의 존재를 말한다.

공자는 다음과 같이 "天"을 세 가지 의미로 말했다.

1. 신神 : 안연顔淵이 죽자, 공자가 말했다. "아! 하늘이 나를 망치는구나! 하늘이 나를 망치는구나!"[5]

2. 하늘 : 문언文言에서 말했다. "구오九五에서, '나는 용이 하늘에 있으니 대인을 보는 것이 이롭다'고 한 것은 무엇을 말한 것입니까? 공자가 말했다. '같은 소리는 서로 응하고 같은 기氣는 서로 구한다. 물은 습한 곳으로 흐르고 불은 마른 곳으로 나아간다. 구름은 용을 따르고 바람은 범을 따른다.'"[6]

3. 우주의 원리 : 공자가 말했다. "나는 무언無言을 하려다." 자공子貢이 물었다. "선생님께서 만일 말을 하지 않으시면 저희들이 어떻게 가르침을 이어받겠습니까?" 공자가 말했다. "하늘이 무슨 말을 하더냐? 그러나 사계절이 운행되고 만물이 자라난다. 하늘이 무슨 말을 하더냐?"[7]

---

5   역주: 『논어(論語)』 선진편(先進篇) 제8장.
6   역주: 『주역(周易)』 1 건(乾) 중천건(重天乾).
7   역주: 『논어(論語)』 양화편(陽貨篇) 제19장.

위에서 보는 바와 같이 공자는 빈번하게 "天"을 우주의 원리를 상징하는 글자로 사용했다.

실제로 『주역周易』에 대한 공자의 주석 대부분은 이러한 상징법을 응용한 것이다.

건괘乾卦 ☰는 3획劃이 모두 중간이 이어져 있어 모두 양陽이며 하늘·건실健實·부父·머리 등을 상징하는 반면에, 곤괘坤卦 ☷는 3획이 모두 중간이 끊어져 있어 모두 음陰이며 땅·유순柔順·모母·배 등을 상징한다. 중간이 이어진 획 "—"과 중간이 끊어진 획 "- -" 이 두 효爻는 인간 활동을 상징하는 것뿐만 아니라 "天"이 나타내는 우주의 원리를 구현해 준다.

우주의 원리는 자주 신神과 동일시된다.

화천대유火天大有 ☲☰는 불을 상징하는 상괘上卦 리괘離卦 ☲와 하늘을 상징하는 하괘下卦 건괘乾卦 ☰로 이루어진 6괘이다. 공자가 말했다. "상구上九는 하늘에서부터 도움이 있으니 길吉하고 이롭지 않음이 없다. 상象에서 말했다. '대유大有의 상구上九가 길吉한 것은 하늘에서부터 도움이 있기 때문이다.'"[8] 이 대목에서 하괘下卦 건괘乾卦는 "天"을 가리키며, 특히 상괘上卦 리괘離卦의 첫 번째 획 양효陽爻 "—"에 초점을 맞추어 상괘를 받치고 있다.

"天"의 신神 개념은 공자가 때어나기 전 태고적부터 내려오고 있었다. 이 글자는 갑골문甲骨文과 금문金文에 나타나며 『주역周易』에도 언급되어 있다. 게다가 『시경詩經』에는 "天"에 대한 칭송이 자자하다. 주周나라 중기 춘추春秋 시대의 위대한 인물들은 사람의 선행과 악행을 "天"의 뜻에 의지하여 자신들의 주장을 펼치는 경향이 있었다.

따라서 기록에 남겨진 "天"은 신神과 같은 최고의 존재였는데 유대교의 여호와와 같이 고대인들에 의해 일신교 단계로 진화하게 되었다. 하지만 "天"은 인종적 편견이나 피의 속죄가 없기에 모세의 신神 여호와와 다르다는 점은

---

8   역주: 『주역(周易)』 14 대유(大有) 화천대유(火天大有).

인상적이다.

"天"은 선인善人에게는 보상을 하고 악인惡人에게는 벌을 주었다. "天"의 가장 중요한 일은 의인義人을 택하여 백성들을 다스리게 하는 것이었다. "天"은 자신의 눈과 귀로 직접 살피면서 백성들을 극진히 보살폈다. "天"은 백성들의 마음을 느끼고 폭군暴君을 몰아내야 할 때 전혀 주저함이 없었다. "天"은 다른 고대의 신神이 보여주었던 비합리적인 모습을 보여 주지 않았다.

공자는 영적 선배, 사서史書와 종교적인 찬가의 저자, 기록의 편찬자로부터 "天"의 고결한 개념을 계승했다. 공자는 자신이 살던 시대는 물론 바로 그 이전 시기의 위인과 의견을 같이하여 아무 의심 없이 아버지와 심판자와 같은 신神의 존재는 당연한 것으로 생각했다.

하지만 공자는 "天"에 상당히 많은 속성을 부여했다. 다음의 두 가지는 공자가 믿었던 "天"의 속성을 잘 보여준다.

첫 번째로 공자는 "天"이 사람에게 "天" 자신의 법칙과 본성을 사람들에게 부여했다고 믿었다. 『시경詩經』「증민烝民」에 다음과 같은 시詩가 있다.

> 하늘이 뭇 백성을 낳으셨으니
> 모든 것엔 제각기 법칙 있도다
> 그러기에 백성들의 떳떳한 본성
> 아름다운 인품을 좋아한다네[9]

공자는 "天"이 준 법칙이 "天"의 일부이거나 "天"과 같다는 것을 분명히 했다. 결과적으로 "天"에 접근하는 논리는 동일하게 사람에게도 적용될 수 있다. "天"의 길과 사람의 길이 만나면 도道가 완성되는 것이다.

---

9 역주: 『시경(詩經)』 대아(大雅) 탕지습(蕩之什) 증민(烝民: 뭇 백성).

두 번째로 공자는 "天"이 권한을 왕족뿐만 아니라 인자仁者에게도 부여한다고 믿었다. 인자가 "天"으로부터 부여받은 권한은 정치적 권력과는 전혀 관계가 없으며 인류를 도덕적으로 지적으로 높은 수준까지 끌어올리는 데 필요한 지도력을 뜻한다.

공자는 이러한 영적 권한을 받는 데 강한 의무감이 있었다.

9.3 천명天命

공자가 위衛나라에 거한 지 얼마 후 누가 위나라 군주 영공靈公에게 공자를 참소했다. 영공이 공손여가公孫余假에게 무장한 채 출입하며 공자를 감시하게 했다. 공자는 억울한 누명이나 쓰지 않을까 두려워하며 열 달을 머문 뒤 위나라를 떠났다. 공자가 장차 진陳나라로 가려고 송宋나라의 광匡 땅을 지나갔다.

당시 안각顔刻이 말을 몰았다. 말채찍으로 한 곳을 가리키며 말했다. "전에 제가 이곳에 왔을 때는 저 파손된 성곽의 틈으로 들어왔습니다." 광 땅 사람들은 이를 듣고 양호陽虎가 또 왔다고 여겼다. 양호는 일찍이 광 땅 사람들에게 포악하게 대한 적이 있다. 광 땅 사람들은 마침내 공자의 앞길을 막았다. 공자의 모습이 양호와 비슷했기에 공자는 닷새 동안이나 포위당해 있었다.[10]

공자가 말했다. "문왕文王이 이미 돌아가셨으니 진리가 여기에 있지 아니한가! 하늘이 앞으로 이 진리를 없애려 하신다면, 뒤에 죽는 사람이 이 진리를 펴는 일에 참여하지 못할 것이지만, 하늘이 아직 이 진리를 없애려 하지 않으신다면 광 땅의 사람들이 나를 어떻게 하겠는가!"[11]

이 말은 문명의 미래가 공자의 두 어깨 위에 있음을 보여주는데 공자는 실제로 자신이 하늘로부터 이러한 권한을 부여받았음을 확신했다.

공자가 광 땅의 사건에서 문왕을 언급한 이유는 『주역周易』 초간본의 저자

---

10 역주: 『사기(史記)』 공자세가(孔子世家).
11 역주: 『논어(論語)』 자한편(子罕篇) 제5장.

가 문왕이었다는 전설을 믿었기 때문이다.

공자가 조曹나라를 떠나 송宋나라에 갔을 때 제자들과 큰 나무 밑에서 예禮를 익히고 있었는데 송나라에서 사마司馬라는 벼슬을 하고 있던 환퇴桓魋가 공자를 죽이려 그 나무를 뽑아서 넘어뜨렸다. 공자는 하는 수 없이 그곳을 떠났다. 그때 빨리 도망가라고 재촉하는 제자들에게 공자는 다음과 같이 말했다. "하늘이 나에게 덕을 주셨으니 환퇴가 나를 어떻게 하겠는가?"[12]

노魯나라의 공백료公伯寮가 자로子路를 헐뜯어서 죄가 있는 것처럼 꾸며 계손季孫에게 고하니 자복경백(子服景伯: 자복子服은 성, 경景은 시호, 백伯은 자字, 이름은 하何, 노魯나라 사람)이 공자에게 그 사실을 알렸다. "그 사람 계손은 본시 공백료에게 마음이 미혹되어 있습니다. 그러나 나의 힘은 오히려 공백료의 시체를 시장이나 조정에 늘어놓을 수 있습니다."

공자는 자복경백에게 자로를 헐뜯는 공백료를 무시하라고 다음과 같이 말했다.

"도가 장차 행해지는 것도 천명이며 도가 장차 사라지는 것도 천명이니 공백료가 천명을 어떻게 하겠는가?"[13]

공자는 권한의 개념을 명命의 개념으로 확장시켰다. 공자 이전 시기에 "天"은 모든 세상 사람들의 운명을 좌우하는 최고의 존재로 받아들여지지 않았다.

공자 이후 천명天命이라는 개념은 중국인이 숭배하는 대상이 되었다. 공자와 공자의 유명한 제자 자공子貢과 같이 중국인 대부분은 하늘이 부자와 가난한 자를 정한다고 믿었다. 공자는 말했다. "부를 만약 구하여 얻을 수 있다면 비록 말채찍을 잡는 마부라도 내 또한 하겠으나 만일 구하여 얻을 수 없는 것이라면 내가 좋아하는 것을 하겠다."[14] 지知는 사람의 운명과 싸우는 것이라 아니라 운명에 맡기는 것이다.

---

12 『논어(論語)』 술이편(術而篇) 제22장.
13 『논어(論語)』 헌문편(憲問篇) 제38장.
14 『논어(論語)』 술이편(術而篇) 제11장.

군자는 가난과 천한 것을 꺼려하지 않는다. 오히려 군자는 도道에서 위안을 구하는 한 가난과 천한 것을 즐긴다. 군자는 인仁을 실천하면서 커다란 행복을 발견하는데, 인은 군자가 생각하는 모든 행복과 함께 한다.

공자는 말했다. "나는 열다섯에 학문에 뜻을 두었고, 서른 살에 예를 지킬 수 있게 되었으며, 마흔 살에 유혹을 받지 않았고, 쉰 살에 천명天命을 알았으며, 예순 살에 귀가 순했고, 일흔 살에 마음이 하고 싶은 대로 따라 해도 법도에 어긋나지 않았다." 이를 통해 공자가 50세 전까지 『주역周易』 연구를 모두 마쳤다는 것을 알 수 있다.[15]

공자는 말했다. "천명天命을 알지 못하면 군자가 될 수 없다."[16]

공자는 말했다. "군자에게는 세 가지 두려워함이 있으니 천명을 두려워하며 대인을 두려워하며 성인의 말씀을 두려워한다."[17]

9.4 천인합일天人合一

노魯나라 소공昭公 18년 5월에 대화성大火星이 저녁때에 나타나고 병자(丙子: 육십갑자의 열셋째)날에 큰 바람이 불었다. 노나라의 재신梓慎이 말했다. "이것은 융풍(融風: 입춘 때 부는 바람)이라 일러 화재의 전조이다. 7일 뒤에 화재가 일어날 것이다." 무인(戊寅: 육십갑자의 열다섯째)날 심한 바람이 불고 임오(壬午: 육십갑자의 열아홉째)날에는 더욱 심하게 불었다. 이날에 송宋나라·위衛나라·진陳나라·정鄭나라에 모두 화재가 났다. 그때 재신은 옛날에 있었던 대정大庭나라 도읍터에 지은 창고 위로 올라가 하늘을 바라보고 말했다. "송나라·위나라·진나라·정나라에 화재가 났겠구나." 며칠이 지나자 네 나라 사람이 모두 와서 화재가 있었다고 말했다. 정나라의 비조裨竈가 말했다. "내 말을 들

---

15 『논어(論語)』 위정편(爲政篇) 제4장.
16 『논어(論語)』 요왈편(堯曰篇) 제3장.
17 『논어(論語)』 계씨편(季氏篇) 제8장.

지 않으면 우리 정나라 사람이 그의 말대로 하자"고 요청했으나, 자산子産은 그럴 수 없다고 했다. 그러자 자대숙子大叔이 말했다. "국가의 보배는 국민을 지키기 위한 것입니다. 만약 화재가 일어나게 되면 나라가 거의 망하게 될 것인데 나라가 망하는 것을 구해 낼 수가 있다는데 당신은 어찌 보배를 내주기를 아까워 하십니까?" 그러자 정나라의 정치가 자산子産은 말했다. "천도天道는 심원深遠하고 인도人道는 깊지 않고 얕습니다. 그래서 천도는 사람이 잘 알 수 있는 것이 아닙니다. 그런데 어떻게 천도를 안다고 말하겠습니까? 비조神竈가 대체 어떻게 천도를 안다고 말하겠습니까? 그도 말이 많은 사람이니 어찌어찌하다가 믿을 말을 하지 않겠습니까?" 자산은 끝내 보물을 써서 화재 막음을 하게 내주지 않았고 또 다시 화재가 나지도 않았다.[18]

유가儒家는 자산子産만큼 점복占卜을 진지하게 받아들이지 않지만 천도天道와 사람의 도道의 차이에 대해서는 자산과 의견이 일치하지 않는다. 유가는 천도는 사람의 도에 가까이 있다고 확신한다.

"天"이나 "神"은 유가의 이해를 넘어서는 존재가 아니다. 유가는 자신이 "天"이나 神의 일부라고 진심으로 믿는다. 자사子思가 『중용中庸』에 명확히 말한 것처럼 사람의 본성은 "天"에서 받은 그대로이다.

유가는 삶 속에서 실천해야 하는 것은 더럽히지 않은 본성이 명命하는 것을 따르는 것이라고 말하고 있다. 이 본성은 사람의 도道를 말한다. 유가에게 진정한 사람의 도는 천도와 같다. "天"과 사람은 하나이며, 천도와 사람의 도道도 하나이다.

"天"은 만물을 사랑하며, 인자仁者도 만물을 사랑한다. 만물을 사랑하는 것은 인자가 되는 것이며, 인자가 되는 것은 사람의 도를 따르는 것인데 이는 천도를 따르는 것과 같다.

전목錢穆은 우주는 하나로 나눌 수 없는 것이라 했다. 실제와 현상은 불가

18　『춘추좌씨전(春秋左氏傳)』 소공(昭公) 18년.

분의 관계에 있어 실제는 현상 속에서 존재한다. 물질적인 형상이 있는 사물, 원인과 사실 혹은 "天"과 사람에 대해서도 마찬가지이다. "天"은 사람의 내부에 존재한다.[19]

중국의 철학자 웅십력熊十力도 전목錢穆과 유사한 의견을 제시했는데 다음과 같이 말했다. "'天'은 사람의 외부에 존재하지 않는다. 사람이 구하는 바는 '天'이 정한다."[20] 하지만 일부 송宋나라 학자들은 사람은 "天"의 명命을 따르기 위해 자신의 욕망을 극복해야 한다고 했다.

웅십력은 한 때 불교佛敎 신자인 자기 친구로부터 받은 가르침을 기억했는데 사람의 마음속에 부처가 있다는 것이었다. 기독교 학자 바울Paul도 비슷한 말을 했다. "예수는 네 마음속에 살아 있다."

모든 종교와 철학 그리고 문화는 그 이데올로기가 기본적으로 차이를 보이지만 바울Paul의 이 유명한 말은 모든 종교의 기본 개념을 우리에게 일깨워준다.

서양인들은 사물을 각자 자리에 배치하는 것을 선호하는 반면 중국인들은 사물을 섞는 것을 좋아한다. 그리고 서양인들은 사생활과 독립을 원하는 반면 중국인들을 조화를 바란다.

"天"과 중국인들은 하나인 반면 서양의 신神 여호와와 서양인들은 본질적으로 다르다.

중국인은 물질과 정신을 구분하지 않는다. 하지만 서양인에게 이 두 가지는 분명히 구별된다. 자칭 유물론자라고 부르는 일부 서양인은 정신이 있다고 생각하는 사람들을 조롱하기도 한다. 그리고 믿음이 독실한 서양인은 물질주의자와 무신론자를 동일시한다.

유교儒敎에는 무신론이 들어갈 자리가 없으며 유가儒家를 유심론자唯心論者라

19　錢穆:《中國傳統思想中幾項共通之特點》, 見《新亞生活雙月刊》, 1959年11月2日。
20　熊十力:《原儒》下卷,《原內聖》第四, 第175頁。

고도 말할 수 없다.

유가에게 물질 뿐만 아니라 정신도 존재하는데 이 둘은 분리할 수 없다. 정신이 없는 물질도 있을 수 없으며, 물질이 없는 정신도 있을 수 없다.

"정신spirit"이라는 말을 "마음mind"으로 바꾸어도 마찬가지이다.

물질과 정신의 일체성은 개인과 단체, 자유와 규율, 서양인의 기준에서 볼 때 서로 상반되는 요소에도 적용되며, 그리고 중국인의 마음속에 전혀 상반되지 않는 요소에도 들어맞는다.

9.5 경천애인敬天愛人

중국에서 하늘은 숭배의 대상이지 찬양의 대상이 아니다. 하늘은 예식과 제사로 나타나지만 예식과 제사는 사람에 대한 신실信實한 사랑보다 중요한 것은 아니다.

군주는 백성을 사랑함으로써 하늘을 경배하는 것이다. 백성을 사랑하는 것이야말로 군주가 얼마나 진실로 하늘을 숭배하는가를 보여준다.

하늘을 가장 숭배하는 사람은 전설의 요堯임금이었다. 공자는 말했다. "위대하도다! 요의 임금 노릇하는 모습이여. 높다랗게 오직 하늘이 크거늘 오직 요임금만이 그것을 본받았도다! 넓고 넓어 백성들이 이름붙일 수 없도다! 높고 높도다! 그 공을 이룬 모습이여. 찬란하도다! 그 아름다운 광채가 나는 모습이여!"[21]

요임금이 하늘을 따르는 모범은 무엇인가? 그것은 백성을 사랑하는 것이다. 요임금은 "빼어난 덕을 거듭히 밝혀 9족族과 한마음이 되니 9족이 화목해졌고, 백성을 느긋하고 훤하게 만드니 백성이 밝아졌으며, 모든 나라를 어우르게 하니 모든 나라의 사람들이 아아! 착한 마음을 회복하여 곧바로 온화해

---

21 『논어(論語)』 태백편(泰伯篇) 제19장.

졌다. "22

요임금 이후 하늘을 잘 숭배한 임금은 주周나라의 문왕文王이었다. 요임금이 은殷나라의 신하로 있었을 때 희대의 폭군暴君이자 은나라의 마지막 임금 주왕紂王은 제신帝辛보다 백성을 더 사랑했기 때문에 신神이 은나라 백성에게 명命했다.

은나라를 멸망시킨 사람은 무왕武王이었지만, 덕德으로 당시 중국인 3분의 2의 충성을 얻어낸 사람은 다름 아닌 무왕武王의 아버지 문왕文王이었다.

주공周公 단旦23은 무왕武王의 동생으로 하늘에 대한 숭배를 몸소 실천으로 보여주었다. 주공은 주왕紂王 제신帝辛의 아들 무경武庚이 일으킨 삼감三監의 난24을 진압하고 중국의 동북지방의 많은 곳에서 주周나라의 문화를 전파하고 8괘卦의 효爻를 창안하여 『주역周易』을 완성했으며 주나라의 의식과 의례를 정리해 『주례周禮』와 『의례儀禮』을 저술했다.

역사상 주공은 중국 초기의 위대한 인물로 알려져 있다. 이는 주공이 실제로 이룩한 업적에 기인한 것이다. 이에 반해 요堯임금과 순舜임금과 같은 주공 이전의 성인은 전설을 통해서만 알려져 있다.

공자는 중국의 위인 가운데 주공을 가장 많이 존경했다. 공자는 당시에 주공과 같은 위인이 되는 열망을 가슴 속 깊이 감추고 있었다. 공자와 주공이 살던 시대는 달랐으며 공자는 주공과 같이 문왕文王과 같은 아버지, 무왕武王

---

22 역주: 『서경(書座)』 우서(虞書) 요전(堯典).

23 역주: 주공(周公) 단(旦)은 주(周)나라의 정치가로 문왕(文王)의 아들이자 무왕(武王)의 동생이다. 성은 희(姬), 이름은 단(旦), 시호는 문공(文公)이다. 무왕을 도와 은(殷)나라를 토벌한 공으로, 주나라의 성립 뒤에 곡부(曲阜)에 봉해져 노공(魯公)이 되었다. 이때 봉토로 받을 땅이 남아있지 않아서 제(齊)나라로부터 땅을 떼어 받았다고 한다. 문공(文公) 자신은 천하가 아직 안정되지 않았다는 이유로 봉토로 가지 않고 대신 아들인 백금(伯禽)에게 주어 통치하게 하고 자신은 호경(鎬京)으로 돌아와 성왕(成王)을 보좌하여 주공(周公)이 되었다.

24 역주: 주나라 초기에 은(殷)나라 제신(帝辛)의 아들 무경(武庚)이 문왕(文王)의 셋째 아들이자 문공(文公)의 형인 관숙선(管叔鮮)과 문왕(文王)의 다섯째 아들이자 문공(文公)의 동생인 채숙도(蔡叔度) 등을 꾀어 문공(文公)의 섭정에 불만을 품고 일으킨 반란이다. 관채(管蔡)의 난, 무경(武庚)의 난이라고도 한다.

과 같은 형, 그리고 성왕成王과 같은 조카도 없었다.

그러나 공자는 하늘을 숭배하고 주공이 했던 것과 같이 사람을 극진히 사랑했다.

공자의 인仁은 석가모니의 자비慈悲와 예수의 사랑과 비슷하다고 할 수도 있다. 하지만 공자는 석가모니와 예수와는 다르다. 왜냐하면 공자는 사람이 살아가는 이 세상을 강조한 반면, 이 세상에 대해서 석가모니는 과거에 지은 죄에 대한 업보로 보았고 예수는 영생을 얻기 위한 준비로 보았기 때문이다.

9.6 효도

사람에게 가장 필연적인 문제는 삶의 마감을 뜻하는 죽음이다. 불교와 기독교 모두 이 문제에 대한 해결책을 우리에게 제시하고 있다. 엄밀히 말해서 유교는 종교라고 할 수 없지만, 유교가 이 문제에 맞서 우리에게 준 해결책은 전형적으로 중국적이다.

유교적 해결책은 바로 "효도"이다. 효도는 종교적이거나 거의 종교적인 실천 행위이다. "효행孝行 중에서도 아버지를 존엄하게 모시는 것보다 더 위대한 효행은 없다. 그리고 아버지를 존엄하게 모시는 방식 중에서 그 아버지를 하늘과 동등한 존재로서 짝지어 제사지내는 것보다 더 존엄하게 아버지를 모시는 방식은 없다."[25]

효도는 자식이 부모가 살아 있을 때 부모를 보살피며 부모가 세상을 떠났을 때는 제사를 지내는 것을 말한다. 효도는 도덕적인 행위일 뿐만 아니라 실제로 조상을 숭배하는 실천 행위이다.

서양인이 조상 숭배를 이해하고 받아들이기에는 어려움이 있지만, 중국인에게 조상 숭배는 결코 터무니없는 것이 아니다. 하지만 서양인은 중국인의

---

25   역주: 『효경(孝經)』 성치장(聖治章) 제10.

조상 숭배를 원시적이고 비기독교적이며 우상숭배로 받아들이는 경향이 있다.

조상 숭배를 반대하는 일부 서양인은 다음과 같이 주장하고 있다. 조상의 초상화나 위패 앞에 무릎을 꿇고 머리를 조아리는 것은 종교적인 의도에서 이루어지는 것이 아니고 단지 조상을 불멸의 존재로 여기거나 조상에게 영혼을 구해 달라고 하는 행위일 뿐이라고 반박하고 있다. 서양인 반대자들은 중국인의 이러한 행위는 단지 조상에게 경의를 표하는 몸짓이며 서양인이 친척의 무덤에 꽃을 놓는 행위와 별반 다름이 없다고 말한다.

나는 이 문제에 대해서 다른 입장을 취하고 있다. 조상 숭배는 종교적인 형식이며 조상 숭배에서 비롯된 효도 또한 하나의 종교 행위이다.

모든 종교는 3가지 요소가 있다. 첫 번째는 숭배 대상이 되는 초월적인 존재이며, 두 번째는 구원의 희망이며, 세 번째는 죽음의 공포에서 벗어나는 것이다. 효도는 조상 숭배의 형식으로 이 3가지 요소를 모두 갖추고 있다.

"제삿날이 되어서 묘廟의 방안으로 들어서면 반드시 고인故人의 영혼이 그 자리에 있는 것처럼 느껴지게 되며 제례가 끝나고 문을 나가려고 할 때면 반드시 엄숙한 기분에 젖어 고인의 음성이 들리는 듯한 느낌이 들며 그리고 문 밖에 나가 들으면 반드시 방안에서 뚜렷하게 고인의 탄식 소리가 들려오는 것 같은 것이다."[26]

고인은 초자연적인 존재로 받아들이고 있는데 고인은 아들이나 자손의 제물을 받기 위해 이들에게 돌아온다. 제사를 지내기 전에 아들은 단식을 하고 목욕재계를 해야 한다. 서양인은 교회의 예배에 참석하기 전에 그 정도까지는 하지 않는다.

중국인은 돌아가신 부모나 조상에게 제사를 지내는데 조상으로부터 복을 받기를 기대한다. 공자도 예외는 아니었다. 공자가 말했다. "나는 싸우면 반드시 이기고 제사지내면 반드시 복을 받았다."[27]

---

26 『예기(禮記)』 제의(祭義).

선조의 위패位牌를 모셔 놓은 사당祠堂 즉 묘廟의 수는 왕王, 제후諸侯, 대부大
夫, 적사適士, 서사庶士, 서인庶人 등의 신분의 위계질서에 따라 달라진다. "왕
은 칠묘七廟를 세우고 이밖에도 일단일선一壇一墠을 만든다." "다음으로 제후
는 오묘五廟이며 이밖에도 일단일선을 갖춘다." "대부는 삼묘三廟를 세우고 그
밖에 이단二墠을 세운다." "다음으로 적사는 이묘二廟를 세우고 일단一壇을 세
운다." "또한 서사와 서인에게는 묘廟가 없으며 죽으면 똑같이 귀鬼라고 불
린다."[28]

조상 숭배는 또한 죽음의 공포를 없애준다. 이는 조상이 실제로 죽지 않았
다는 전제하에서 이루어진 것이다. 같은 전제하에 핏줄을 남겨둔다면 조부모
와 부모도 마찬가지로 살아남는다는 것이다. 사람이 제사를 지낸다는 것이야
말로 훗날 세상을 떠난 후 자신도 집이나 사당에서 자손이 드리는 제사를 받
는다는 것을 입증하는 것이다. 다시 말해서 사람은 죽는 것이 아니라 단지
육신을 떠난다는 것을 뜻한다.

그러면서 사람은 혼이 된 후에도 자식의 몸속에서 살아 있게 되리라고 굳
게 믿는데 이 믿음은 자식이 자신을 꼭 닮았을 때는 더욱 강해진다.

이러한 개인의 영생은 중국인 대부분이 기독교에서 말하는 부활의 필요성
을 느끼지 않는 이유를 설명해 준다.

학식이 있는 중국인들은 개인의 영생보다 문화의 영원성에 더 깊은 관심을
가지고 있다. 여기에서 문화의 영원성이란 도덕적인 삶, 군사와 행정, 문학
이나 윤리학적인 걸작과 같은 문화의 영원한 업적을 말한다.

따라서 "효도孝道"의 종교적인 측면에는 많은 것이 들어 있다.

증자曾子의 제자들이 편찬한 『효경孝經』에서 공자는 다음과 같이 말했다.
"대저 효孝라는 것은 인간의 모든 덕성의 근본이며, 교화敎化가 모두 그로 말

27　『예기(禮記)』예기(禮器).

28　역주: 『예기(禮記)』제법(祭法).

미암아 생겨나는 것이다. 증삼曾參아, 네 자리로 돌아가 앉거라! 내가 정식으로 너에게 가르침을 주겠노라. 다음의 말들을 가슴 깊이 새기어라. 너의 몸통과 사지四肢, 그리고 머리카락과 피부가 모두 부모로부터 받은 것이다. 그것을 감히 훼상(毀傷: 다치거나 못쓰게 함)하지 않는 것, 그것이야말로 효의 시작이다. 몸을 반드시 세우고 인생의 정도를 걸어가는 것, 그렇게 하여 아름다운 이름을 후세에 떨치는 것, 그리고 내 이름으로 부모님까지 영예롭게 만드는 것, 이것이야말로 효의 종착이다. 대저 효라는 것은 어려서부터 부모님을 섬기는 것으로부터 시작하여, 사회에 나아가서는 임금을 섬기는 것으로 진행되다가 결국은 자기 몸을 반듯이 세우는 것으로 완성된다. 『시경詩經』 대아大雅 문왕文王의 노래에 이런 구절이 있다. '그대의 선조들을 항상 잊지 말아라. 선조들의 덕을 이어 그것이 한층 빛나도록 몸을 닦아라.'"[29]

증자가 묻고 싶었지만 때가 올 때까지 하지 못했던 질문이 있었다. 증자가 공자에게 물었다. "감히 떨리는 마음으로 묻고 싶습니다. 자식이 아버지의 명령을 좇기만 하면 효孝라고 말할 수 있습니까?" 공자가 말했다. "증삼아! 너 뭔 말을 하고 있는 게냐, 뭔 말을 하고 있는 게냐! 너 자신이 뭔 말을 하고 있는 지도 잘 모르는 것 같구나! 예로부터 천자天子에게 천자의 잘못을 간하는 신하가 일곱만 있어도, 비록 천자가 무도한 사람일지언정 천하를 잃는 법은 없었다. 제후에게 제후의 잘못을 간해주는 신하가 다섯만 있어도 비록 제후가 무도한 사람일지언정 나라를 잃는 법은 없었다. 대부에게 대부의 잘못을 간해주는 신하가 셋만 있어도 비록 대부가 무도한 사람일지언정 가家를 잃는 법은 없었다. 사士에게 그의 잘못을 간해주는 벗이 한 사람만 있어도 그 몸이 명예로운 이름을 잃는 법은 없었다. 아버지에게 그의 잘못을 간해주는 아들 한 사람만 있어도 그 몸이 불의에 빠지는 일은 없었다. 그러므로 불의를 당하면 자식은 아버지에게 간하지 않을 수 없는 것이며, 신하는 임금에

---

29 역주: 『효경(孝經)』 개종명의장(開宗明義章) 제1.

게 간하지 않을 수 없는 것이다. 그러므로 모든 인간은 불의한 상황에 당면하면 투쟁하지 않을 수 없는 것이다. 아버지의 명령을 따르기만 한다 해서 어찌 효라 일컬을 수 있겠느냐?"[30]

9.7 삶과 죽음

공자는 대체로 제자들과 종교에 대해 토론하는 것을 꺼려했다. 공자는 제자들이 이 세상의 삶 속에서 노력하고 그 삶에 대해 생각하기를 바랐다.

계로季路가 공자에게 귀신 섬기는 것에 대해서 묻자 공자가 대답했다. "아직 사람도 잘 섬길 수 없으니 어떻게 귀신을 섬길 수 있겠는가?" 계로가 다시 공자에게 물었다. "감히 죽음에 대해서 묻겠습니다." 그러자 공자는 다음과 같이 대답했다. "아직 삶도 잘 알지 못하니 어떻게 죽음을 알겠는가?"[31]

공자는 말했다. "내가 제사에 참여하지 않으면 제사하지 않는 것과 같다."[32]

공자는 또한 다음과 같이 말했다. "아침에 도를 들으면 저녁에 죽어도 좋은 것이다."[33]

요컨대 죽음은 두려워해야 할 대상이 아니다. 죽음은 삶의 일부분인 것이다.

공자는 삶은 끊임없이 나아가는 것이라고 했다. 삶의 종말은 없는 것이다. 죽음은 거부할 수 없는 현상이지만 삶을 멈추게 하는 것은 아니다.

『주역周易』은 유교의 개념을 잘 표현하고 있다. 왕시괴(王時槐, 1522~1605)는 평생에 걸쳐 『주역』을 연구했는데 삶과 죽음은 서로 다른 것이 아니라는 결론을 내렸다. 왕시괴는 삶과 죽음을 오고 가는 것으로 표현했다.[34]

풍종오(馮從吾, 1556~1627)도 같은 결론에 도달했다. 풍종오는 장수長壽와 요

---

30 역주: 『효경(孝經)』 간쟁장(諫爭章) 제20.
31 『논어(論語)』 선진편(先進篇) 제11장.
32 『논어(論語)』 팔일편(八佾篇) 제12장.
33 『논어(論語)』 이인편(里仁篇) 제8장.
34 王時槐, 字子植, 號塘南, 江西安福人。見《明儒學案》第二十三,《姚江學案》十七, 上冊, 第260頁。

절天折, 칭찬과 중상, 이득과 손실, 부와 가난, 영광과 수치 이 모든 것을 동일시했다. 풍종오는 이 모든 것을 무시하고 평정심을 유지해야 한다고 했다.[35]

심지어 공자도 이러한 것을 무시하려고 애쓰지 않았다. 공자는 자신이 하는 일을 즐기는 타고난 성품이 있었다. 죽음, 중상, 소실, 가난, 수치와 같은 것들은 공자의 생각에는 전혀 떠오르지 않았다. 공자는 도道 안에서 살았다.

경정향耿定向은 이에 대해 다음과 같이 말했다. "공자는 자신의 대임大任에 너무나 분주하기에 삶과 죽음의 문제에서 벗어나려고 한 적이 없었다. 공자는 그러한 문제가 없었다"[36]

9.8 제사

공자에게 죽음의 공포가 없다고 하는 것이 제사를 싫어한다는 것을 뜻하지는 않는다. 공자는 제사를 중요시 했다.

"대체로 사람을 다스리는 방법으로서 예禮보다도 절실히 요구되는 것은 없다. 그 예에는 다섯 가지의 종류가 있고 그 중에 제사보다도 중요한 것은 없다. 대저 제사는 인간에게 있어서 외면에서 형성되는 것이 아니라 내면에서 발생하여 마음속에 형성되는 것이며 인간은 마음속 깊이 신비한 것을 느껴 이를 지켜서 외면으로 표현하기에 알맞은 의례儀禮를 사용하게 되는 것이다. 그러므로 제례祭禮의 진의眞儀는 현자賢者만이 이해할 수 있는 것이다."[37]

"하지夏至와 동지冬至의 교제郊祭에 임해서는 복상服喪한 사람도 곡哭을 하지 않고 복상을 한 사람은 나라의 문을 들어오지 못한다. 이것은 교제에 대한 공경하는 마음의 지극함을 나타낸 것이다." "춘분春分에는 해를 단상壇上에서 제사 지내고 추분秋分에는 달을 구덩이에서 제사 지냄으로써 유幽와 명明의 구

---

35 馮從吾, 字仲好, 號少虛, 陝西長安人。見《明儒學案》第三十二, 《甘泉學案》三, 下册, 第359頁。
36 耿定向, 字在倫, 號天臺, 湖北黃案人。見《明儒學案》第三十四, 《泰州學案》五, 下册, 第308頁。
37 역주: 『예기(禮記)』 제통(祭統).

별을 나타내고 이에 의해 사람들에게 위位의 상하를 분별케 한다. 또 해는 동교東郊에서 제사 지내고 달은 서교西郊에서 제사를 지내어 안과 밖의 구별을 나타내며 이에 의해 사람들에게 위位의 정윤正潤을 분별케 한다. 해는 동쪽에서 나오고 달은 서쪽에서 뜨는 것과 주야晝夜와 여름 겨울의 순환이나 일월日月의 교체 등 이들을 모범으로 해서 정치를 하고 그에 의해 천하를 평화롭게 하는 것이다."[38]

위의 대목에서 나오는 네 가지 교제郊祭는 주周나라 왕실이 지냈으며 노魯나라를 제외한 평민이나 제후는 지내지 못했다. 주나라의 성왕成王은 노나라를 봉토로 받은 주공周公에게 큰 공이 있다고 여겨 노나라에 교제를 지내게 했다.

중국에서 이전 하夏왕조, 은殷왕조는 물론 주周나라 왕조와 그 후대 왕조는 자신이 하늘의 아들이라는 사실을 백성에게 알리기 위해 천지天地의 신에게 제사를 지내는 특권이 있었다.

주나라 왕조가 제사를 지낸 지地의 신은 중국 세계에서 지地의 신인 것이다.

제한된 관할권이 있는 지地의 신은 제후국 군주 가문이나 평민이 제사를 지냈다.

"무왕武王이 말년에 명命을 받았다. 주공周公이 무왕武王과 문왕文王의 덕德을 완성하여 태왕과 왕계를 추존하고 위로 선공을 제사지내기를 천자의 예로써 하니, 이 예는 제후諸侯·대부大夫 및 사士·서인庶人에게 모두 통용된다."[39]

게다가 선조들에 대해서는 선조들마다 돌아가신 후 세 번째 탄생일에 제사를 지냈다.

왕은 칠묘七廟 중 고考·왕고王考·황고皇考·현고顯考·조고祖考의 오묘五廟는 모두 매월 제사를 지내지만 원묘遠廟인 이조二祧는 사시四時에 한 번 제사 지내는 데 그친다. 또 조祧에 제사 지내는 선조보다도 더 먼 선조를 제사 지

38 『예기(禮記)』 제의(祭義).
39 『중용(中庸)』 제18장.

내는 데는 단壇을 사용하고 그것보다도 더욱 먼 선조를 제사 지내는 데는 선墠을 사용한다. 즉 단과 선은 어떤 선조에 대해서 특별히 기원祈願할 일이 있으면 단선壇墠의 제사는 지내지 않는다.[40]

다음은 제사에 대해서 공자가 말한 것에 대해서 유교儒敎 경전經典에 실린 대목들이다.

"어떤 제사든지 자주 지낼 것이 못된다. 자주 지내면 번잡하고 번잡하면 공경하는 마음이 가벼워진다."[41]

"아버지가 대부大夫이고 아들이 사士인 경우에는 장사 지내기를 대부로서 하고 제사 지내기를 사로서 하며, 아버지가 사이고 아들이 대부인 경우에는 장사 지내기를 사로서 하고 제사 지내기를 대부로서 한다. 1년상은 대부까지만 통용되고 3년상은 천자까지 통용되니 부모상은 귀천의 구별이 없이 다 같다."[42]

애공哀公이 재아宰我에게 사(社: 토지를 관장하는 신神. 대체로 나무를 심어서 그 신을 상징하는 것이 보통이다.)를 상징하는 나무를 묻자 재아가 대답했다. "하후씨夏后氏는 소나무로 상징했고, 은殷나라 사람들은 측백나무로 상징했고, 주周나라 사람들은 밤나무로 상징했으니, '백성들로 하여금 전율케 하기 위한 것이었다.' 합니다."

공자는 이를 듣고 다음과 같이 말했다. "이루어진 일이라 따지지 않으며, 끝난 일이라 말하지 않으며, 이미 지나간 일이라 허물하지 않겠다." 공자의 이 말은 밤나무를 심는 이유를 밤나무의 음인 율栗이 '떤다'고 할 때의 율慄과 음이 같다는 데 착안하여 재아가 애공에게 백성들을 떨게 만들기 위한 것이라고 대답했다는 것을 이른다.[43]

---

40 역주: 『예기(禮記)』 제법(祭法).
41 역주: 『예기(禮記)』 제의(祭義).
42 『중용(中庸)』 제18장.
43 『논어(論語)』 팔일편(八佾篇) 제21장.

자공子貢이 초하루에 사당에 아뢰는 제사에서 희생으로 쓰는 양을 빼려 하자 공자는 다음과 같이 말했다. "자공아 너는 그 양을 아끼려느냐? 나는 그 예禮를 아낀다."[44]

공자의 제자 증삼曾參이 말했다. "초상初喪을 신중히 치르고 돌아가신 분을 멀리까지 추모하면 백성의 덕德이 후厚한 데로 돌아간다."[45]

공자가 평민의 자제를 학생으로 받은 학당을 시작하여 중국 사회의 민주화를 연 후 관습과 제도는 점차 바뀌었다. 평민도 옛날의 귀족과 마찬가지로 조상을 모시는 사당을 세울 수 있게 되었으며, 고인故人이 살아 있었을 때 같이 있었던 것처럼 지척에 가족묘도 만들게 되었다. 후손은 음력 1월 1일 춘절春節, 4월 첫 번째 주 청명절淸明節, 음력 8월 15일 중추절仲秋節, 조상의 생신날 등 1년에 여러 차례 가족묘에서 조상에게 제를 올린다. 중국인 대다수는 가족끼리 한 달에 두 번씩 조상은 물론 천지신명天地神明과 공자에게도 제를 올린다.

중국인은 삶이 모두 환영이라고 생각하는 인도인과는 전혀 다르다. 중국인은 공자의 가르침에 충실하여 삶을 사람들 각자가 구성하는 영속적인 실제로 생각하는데 이것이 바로 불멸하지 않는 구성원을 말한다.

9.9 "天"에 대한 천주교적 해석

1582년 마테오 리치Mateo Ricci[46]가 마카오Macao에 도착한 것은 중국에서

---

44 『논어(論語)』 팔일편(八佾篇) 제17장.

45 『논어(論語)』 학이편(學而篇) 제9장.

46 역주: 마테오 리치(Mateo Ricci)는 이탈리아의 예수회 선교사(1552~1610)였다. 중국 이름은 이마두(利馬竇)였으며 명(明)나라 만력제(萬曆帝)로부터 베이징(北京) 정주를 허가받고, 중국에 가톨릭 포교의 기초를 쌓았다. 특히 1603년 마테오 리치가 쓴 『천주실의(天主實義)』는 단순한 교리 문답서가 아니라 중국의 학자를 대상으로 하고, 서양 교주와의 문답형으로 가톨릭교 신학을 서술하였다.

천주교 선교 활동이 시작되었음을 의미한다. 당시 중국의 저명한 학자들은 마테오 리치의 인격과 중국어 고전 지식에 이끌렸다. 마테오 리치는 중국인 학자들에게 기독교의 여호와는 고대 중국인의 숭배 대상이던 "天"과 같다는 것을 납득시켰다.

마테오 리치가 중국에 온 후 예수회를 비롯하여 많은 천주교 선교사가 중국에 오게 되었다. 이들은 마테오 리치처럼 중국 고전을 연구하고 중국 종교의 전통에 관대한 태도를 가지게 되었다.

불행하게도 마테오 리치 사후 로마 가톨릭교회 내에서 중국의 전통·관습 문제에 관한 논쟁, 특히 조상 숭배가 천주교의 일신교 교리에 위배되는가에 대한 전례문제典禮問題 논쟁이 이탈리아인과 포르투갈인이 주를 이룬 예수회와 스페인인을 주로 하는 도미니크회·프란체스코회 사이에 벌어지게 되었는데 도미니크회·프란체스코회는 마테오 리치를 비롯한 예수회의 선교 방침을 반대했다. 이 논쟁은 급속히 퍼져나가 중국 황제의 심기를 거슬리게 했다. 그 결과 1723년 천주교 신앙은 물론 서양 선교사의 선교 활동도 금지되었다.

실제로 중국에서 천주교 금지령으로 중국과 서양의 문화 교류는 1842년 남경조약南京條約[47]이 체결되기 전까지 단절되었다.

1742년 도미니크회·프란체스코회가 전례문제典禮問題에 대해서 교황 베네딕투스 14세의 지지를 받아 예수회는 실제 중국에서 선교 활동을 하면서 중국 문화와 접촉하는 권리를 상실하게 되었다. 그 결과 예수회 선교사들은 수많은 중국 고전을 번역하고 해석하는데 시간과 정열을 다 바쳤다. 당시 예수회 선교사들은 친구들에게 서신을 많이 보냈는데 그 중의 한 사람이 독일의 철학자 라이프니츠Leibnitz였다.

---

47 역주: 1842년에 아편 전쟁을 종결하기 위하여 남경(南京)에서 영국과 청(淸)나라가 맺은 조약이다. 청나라가 영국에 대하여 홍콩의 할양, 광주(廣州)·상해(上海) 등 다섯 항구의 개항, 배상금 지급 따위를 수락한다는 불평등 조약으로, 중국 반식민지화의 발단이 되었다.

이 밖에도 볼테르Voltaire, 케네Quesnay, 콩도르세Condorcet 등의 프랑스 학자들은 예수회와 간접적인 접촉을 통해 중국에 대해서 많은 것을 공부했지만 결국 중국 애호가로 그치고 말았다. 이들은 대부분 전례문제에 대해서 도미니크회를 반대하고 예수회를 지지했다.

9.10 기도祈禱

공자가 병이 위중해지자 자로子路가 신에게 기도할 것을 청했다. 공자가 자로에게 물었다. "그런 전례가 있느냐?" 자로가 대답했다. "그런 전례가 있습니다. 뢰(誄: 제문)에 '너를 상하上下의 신명에게 빈다.'고 했습니다." 그러자 공자는 다음과 같이 말했다. "나의 기도는 오래되었다."[48]

공자의 말은 자신이 병에 걸리기 전에 평생 동안 기도를 하고 있다는 것을 뜻하고 있다.

공자가 매우 종교적인 사람이었다는 것에 대해서는 조금도 의심할 여지가 없다.

중국인이 기도하는 것은 오랜 관습으로 내려오고 있다. 다음은 『서경書經』의 「금등金縢」에 나오는 글로 주周나라의 무왕武王이 병이 들자 주공周公이 선왕들의 혼령에게 무왕 대신 자기를 데려가라고 기도한 내용을 전하고 있다.

은殷나라를 이긴 지 2년만에 왕에게 병이 있어 즐겁지 못하여 태공太公과 소공召公이 말했다. "우리가 왕을 위해 경건하게 점을 쳐보겠다." 주공周公이 말했다. "아직 우리 선왕들을 슬프게 할 수 없다." 그리고 주공이 스스로 인질이 되어 세 단을 설치하되 터를 똑같이 하고 남쪽에 단을 설치하되 북쪽으로 향하게 하고 주공이 거기에 서서 벽옥을 놓고 홀을 잡고서 드디어 태양과 왕계와 문왕文王에게 고했다.

---

48 『논어(論語)』 술이편(術而篇) 제34장.

사관이 다음과 같이 축문을 책에 기록했다. "오직 당신들의 맏손자인 아무개가 사납고 모진 병에 걸렸습니다. 당신들 세 왕은 큰아들의 목숨을 하늘에 요구할 책임이 있으시니 저를 가지고 아무개의 몸을 대신하게 하소서. 저는 아버지에게 어질게 대하고 잘 따르며 재주가 많고 기술이 많아서 귀신을 잘 섬길 수 있습니다. 그러나 큰손자는 저처럼 재주와 기술이 많지 않아서 귀신을 섬길 수 없습니다. 무왕武王은 하느님의 뜰에서 명령을 받아 사방을 두루 도와 당신들의 자손들을 아래의 땅에서 안정시키니 사방의 백성들이 모두 공경하고 두려워합니다. 아아! 하늘이 내리신 보배로운 명령을 실추하지 않으셔야 우리 선왕들도 또한 영구히 의지하고 귀의할 데가 있을 것입니다. 지금 나는 큰 거북에게 나아가 점을 칠 것입니다. 당신들이 나에게 허락하신다면 나는 벽옥과 홀을 가지고 들어가 당신들의 명령을 기다리겠습니다만 당신들이 나에게 허락하지 않으신다면 나는 벽옥과 홀을 감추어버릴 것입니다."

그리고 나서 세 거북에게 점을 치니 한결같이 길함이 거듭되므로 자물쇠를 열어 점친 내용의 글을 보니 아울러 길이었다. 주공이 말했다. "아아! 왕에게는 해가 없게 하소서. 나 소자는 세 왕에게 새로 명을 받아 길이 마칠 것을 도모하여 기다릴 것이니 잡아갈 것은 나 한 사람만을 생각해 주소서." 그리고 주공이 돌아가서 쇠로 봉한 상자 속에 책을 넣고 나니 왕이 다음날에 병이 나았다.[49]

현대의 비평가들은 주공이 기도를 하면서 형 무왕武王의 목숨을 구하려고 자신의 목숨을 대가로 한 거래를 용서할지도 모른다. 주공은 신神에게 직접 기도를 한 것이 아니라 그를 사랑해 주었던 조상인 선왕의 영혼에게 청하여 자신의 청을 신에게 전하려고 했다. 주공은 선왕들의 자손으로 선왕들과 마치 하나인 것처럼 행동을 했다.

자로子路와 주공의 기도는 모두 응답을 받아 이루어졌다. 자로의 스승 공자

---

49   역주: 『서경(書經)』 주서(周書) 금등(金縢).

도 주공의 형 무왕도 병에서 완쾌되었다.

우리는 특별히 공자가 한 기도에 대해서 이야기하려는 것은 아니다. 공자는 제자들에게 기도에 대해서 아무것도 말하지 않았다. 하지만 공자는 자신의 유익을 위해 기도를 하지 않았다고 생각할 수 있다. 공자는 당시 백성에게 필요한 무왕과 같은 형은 없었다. "공자의 아버지 숙량흘叔梁紇에게는 딸만 아홉이 있었고 아들이 없었다. 그의 첩이 맹피孟皮를 낳았는데 맹피는 혹 자를 백니伯尼라 하였다. 그는 발에 병이 있었다. 이에 숙량흘은 안씨顏氏 댁에 혼인을 청하였다. 안씨에게는 딸 셋이 있었는데 막내딸의 이름은 징재徵在였다. 안씨는 세 딸에게 이렇게 물었다. '추陬 땅 대부大夫 집안의 그 아버지와 할아버지는 비록 사士이지만 선대는 성왕聖王의 후예이다. 나는 이 사람을 몹시 탐내고 있다. 비록 나이는 많으나 성품이 엄격하여 달리 의심할 것이 없다. 너희 셋 중에 누가 이 사람에게 시집가겠느냐?' 두 딸이 아무 대답을 아니하자 막내딸 징재가 앞으로 나서며 말했다. '아버님 명령대로 행할 뿐인데 장차 무엇을 물으시려 합니까?' 아버지는 이렇게 말했다. '네가 능히 내 말대로 하겠구나.' 그리고는 드디어 징재를 숙량흘의 아내로 보내게 되었다."⁵⁰ "숙량흘은 안씨와의 사이에서 공자를 낳았다."⁵¹ 맹피에게는 딸이 있었는데 공자가 이 딸을 보살펴 좋은 남자에게 시집을 보냈다.

일평생 공자가 바란 것은 천도天道를 전파하여 사람들이 사람다운 사람이 되는 길을 따라 인仁을 실천하게 하는 기회였다. 하지만 공자의 제자를 제외하고 오직 소수의 사람들만이 공자의 말을 듣기 위해 공자를 찾았다. 따라서 공자는 날마다는 아니지만 매우 빈번하게 하늘에게 호소를 해야만 했다. 공자가 말했다. "나를 알아주는 사람이 없구나!" 자공子貢이 물었다. "어째서 선생님을 알아주는 사람이 없다고 하십니까?" 그러자 공자가 대답했다. "하늘

---

50   역주: 『공자가어(孔子家語)』 본성해(本姓解) 공부생자목금부(孔父. 生子木金父).
51   역주: 『사기(史記)』 공자세가(孔子世家).

을 원망하지 않고 사람을 탓하지 않으며 아래로부터 배워서 도달했으니 나를 알아주는 자는 하늘이로다!"[52]

9.11 종교

유교는 종교인가? 몇 가지 종교적인 특성은 있지는 유교는 종교가 아니다. 실제로 유교는 철학이지만 종교심으로 가득 한 철학이다.

유교는 전 세계의 종교와 유사점을 보여 주고 있다. 유교는 기독교와 이슬람교처럼 최고의 존재인 신神을 받아들이며 불교와 같이 자비 즉 선善을 강조한다.

불교·기독교·이슬람교를 믿는 신자들과 마찬가지로 유가儒家는 기도를 하며 기도의 응답을 믿는다.

유교는 위의 세 종교와 두 가지 면에서 커다란 차이를 보인다. 첫 번째로 유교는 배타적이지 않다. 두 번째로 유교는 사람들에게 도道에 대해 가르치지만 도를 설교하지 않는다. 다시 말해서 유교는 믿음의 보상으로 천국·구원·열반 등을 약속하지 않으며 오직 사람들이 덕德으로 행동하기를 권면한다.

유교는 배타적인 종교가 아니면서 종교심으로 가득 차 있기에 불교·기독교·이슬람교의 도덕적 본성의 중요 개념을 받아들일 수 있는 철학인 것이다. 따라서 이 세 종교도 유교의 이러한 도덕적 개념을 받아들일 수 있다.

이러한 이유 때문에 중국에서 불교·기독교·이슬람교가 번성했을 뿐만 아니라 유교 이외에도 다른 종교와도 공존하게 되었다. 유교는 다른 종교에 대해 호의적인 중개자 역할을 하고 있다.

중국은 여태껏 종교 전쟁이 한 번도 일어난 적이 없다.

---

52 역주: 『논어(論語)』 헌문편(憲問篇) 제37장.

『중용中庸』에서 그러하듯이 유가儒家는 같은 곳을 가더라도 여러 길이 존재하며 모든 사물은 함께 자랄 수 있다고 생각한다. 유가는 모든 종교는 선善한 사람을 위해 존재한다고 생각한다. 모든 종교는 방법과 내용은 다르지만 선행에 대해서는 보상을 하고 악행에 대해서는 벌을 내린다. 하지만 모든 종교의 성직자들은 한 가지 공통점이 있는데 그것은 사람들이 선한 사람이 되기를 바란다는 것이다. 유가도 물론 사람이 선하기를 바란다. 따라서 유가는 모든 종교의 성직자들을 자신의 친구로 여기며 짧은 시간 내에 불교·이슬람교·천주교·개신교뿐만 아니라 다른 모든 종교를 믿는 사람들도 친구로 받아들인다.

중국에서는 불교도와 이슬람교도뿐만 아니라 이슬람교도와 유대교인 사이에도 깊은 우정을 찾아볼 수 있는데. 이러한 현상은 전 세계 어디에도 없다고 할 수 있다. 중국에는 유대인도 살고 있다. 중국의 유대인은 송宋나라 때 이주한 유대인의 후손으로 자신의 조상에 대한 기억을 잊어버린 채 살고 있다.[53] 중국 개봉開封에서 유대인과 이슬람교도 사이에 적대 감정이 나타나지 않았기 때문에 중국인은 유대인을 이슬람교도로 보게 되었다. 이러한 유대인과 이슬람교도의 우호적인 관계는 전 세계적으로 예외적이다. 게다가 중국인 개신교도와 천주교도 사이에는 서먹서먹함이 없는데 이 두 종교의 신자들 사이의 친밀관계는 다른 나라 사람들의 경우에는 좀처럼 드물다.

중국에 찾아온 외국인을 놀라게 하는 현상은 대다수 가정에서 가족 구성원이 믿는 종교가 하나가 아니라 여러 가지라는 점이다. 예를 들어 한 집에서

---

53 역주: 유대인은 송(宋)나라 시대에 서역을 경유하여 중국에 들어와 살았다고 한다. 그들이 사용한 성씨로는 이(李), 장(張), 암(俺), 김(金)씨 등이 있다고 한다. 이들의 일부가 고려(高麗)로 들어오기도 했다. 북송(北宋)의 개봉(開封)에 거주하여 일사락업인(一賜樂業人)으로 불렸다. 일사락업(一賜樂業)은 송(宋)나라 시기에 불렸던 이름으로 이스라엘의 음역이다. 중국에 진출한 이슬람교도처럼 유대인도 돼지고기를 먹지 않는 신앙으로 인해 북송(北宋) 시대의 중국인들은 이 두 집단 모두를 고교(古教)·남모회회(藍帽回回) 등으로 불렀으며, 유대인을 죽흘(竹忽)·주오(主吾)·주호득(朱乎得)·축호(祝虎)·주혁(珠赫) 등으로 불렀다.

기독교의 십자가와 불교의 관음보살 그림이 나란히 벽에 걸려 있고 그 오른쪽 밑에 공자와 조상의 위패가 긴 탁자 위에 놓여 있다.

종교나 이데올로기가 중국으로 전래될 때 새로운 종교와 기존 종교 간에 벌어지는 갈등은 점진적으로 사라진다. 불교가 중국으로 처음 건너왔을 때 불교와 도교는 서로 적대 관계에 있었다. 이후 두 종교는 열심히 상대방을 배우면서 상호간에 상당히 많은 이론을 차용했다. 오늘날 불교의 관음보살상이 놓여 있는 도교 사당을 중국 어디에서나 찾아볼 수 있다. 중국의 기독교도들은 친구들과 철학을 논할 때 사람의 본성은 기본적으로 선하다는 유교의 전제가 기독교의 교리인 원죄原罪에 대해서 모욕적인 것은 아니지만 반대된다고 하더라도 이 전제를 좀처럼 반박하지 않는다.

유교는 많은 문제를 안은 채 나누어진 세상 속에서 완수해야 할 임무가 있다. 그 임무는 모든 나라·종파·정당·인종·계급의 사람들이 서로의 차이점 보다는 유사점에 좀 더 관심을 기울여 모든 사람은 기본적으로 선하다는 것을 깨달아 모두가 조화를 이루게 되면 서로에게 도움이 된다는 것을 분명히 깨닫게 하는 것을 말한다.

9.12 지성至誠

불교·기독교·이슬람교 신자들은 믿음으로 영적 생활을 시작한다. 신자들은 먼저 믿음을 받아들이지 않는다면 영적 세계에서는 아무것도 일어날 수 없다. 대체로 믿음에 대한 사유는 나중에 하게 되거나 전혀 하지 못할 수 있다.

유생儒生은 성誠으로 수양을 시작한다. 스승은 유생에게 정성스러워야 한다고 말한다. 정성이 없다면 그에게 아무것도 일어나지 못한다.

다시 말해서 유생은 성誠을 진지하게 받아들여야 한다.

스승은 유생에게 뜻을 정성되게 하라고 명한다. "뜻이 정성스러운 후에 마음이 바르게 되고, 마음이 바르게 된 후에 몸이 닦이며, 몸이 닦인 후에 집이 안락해지고, 집이 안락해진 후에 나라가 다스려지며, 나라가 다스려진 후에 천하가 화평해진다."[54]

하지만 뜻을 정성되게 하는 데에는 2개의 예비단계가 있다. "그 뜻을 정성되게 하고자 하는 자는 먼저 그 지혜를 이룬다. 지혜를 이루는 것은 사물에 접하여 사물을 연구하는 데 있다."[55] 지혜를 이루는 것은 격格이며 사물에 접하여 사물을 연구하는 것은 치致이다. 스승은 유생에게 2개의 예비단계를 단지 명령하기 보다는 설득시키려고 한다. 스승은 유생에게 설득하려는 이유를 말하고 싶어 하지만 스승은 유생이 그 이유를 납득하기가 불가능하다는 사실을 알고 있다. 따라서 스승은 격格과 치致를 이용하여 혼자서 공부하는 방법을 유생에게 내 놓는다. 따라서 유생은 스스로 다음의 2개의 방법 중 하나를 골라서 그 이유를 찾아야 한다. 첫 번째는 자사子思의 방법으로 사물을 하나씩 검토하여 결국에 일반적인 원칙을 발견하는 것이다. 두 번째는 왕양명王陽明의 방법인데 사물을 연구하고자 하는 유혹의 무가치를 깨닫고 자신을 이끌어 주는 양심으로 돌아가는 것이다.

유생은 자사를 따르던 왕양명을 따르던 조만간 그 이유를 알게 되어 그 뜻을 정성되게 하려고 할 것이다.

공자는 그 뜻을 정성되게 하는 것은 하늘을 본받는 것이라고 하였다. 하늘은 성誠으로 가득하다. 하늘이 조금이라도 성하지 않고 참되지 않으면 성은 그 자리에 있을 수 없다. 하늘은 항상 최고의 성으로 운행한다. 하늘이 조금이라도 운행하지 않으면 소멸하게 된다.

따라서 우리는 그 뜻을 정성되게 하며 움직여야 한다. 우리는 어디로 가야 하는가? 자신을 보다 더 나은 사람이 되도록 하기 위해 더 좋은 모습으로 나아가야 한다. 다시 말해서 우리는 우리 마음을 새로운 방향으로 돌려 마음을

54　역주: 『대학(大學)』 경일장(經一章).
55　역주: 『대학(大學)』 경일장(經一章).

바르게 해야 한다.

그리고 나서 우리가 해야 하는 것은 매일 매일 쉼 없이 자신을 수양하는 것이다. 성誠으로 가득 찬 하늘은 쉬지 않기 때문에 우리 자신을 수양하는 데 결코 쉬지 말아야 한다.

"지극히 성실한 것은 쉼이 없다. 쉬지 아니하면 오래 지속되고, 오래 지속되면 효험이 나타나고, 효험이 나타나면 유원해지고, 유원해지면 넓고 두터워지며, 넓고 두터워지면 높고 밝아진다."[56]

"성誠은 하늘의 도道이고 성해지려고 노력하는 것은 사람의 도道이다. 성한 자는 힘쓰지 않아도 적중하고 생각하지 않아도 얻게 되며 저절로 도에 적중하니 성인聖人이다. 성해지려고 하는 자는 선善을 선택해서 굳게 붙잡는 자이다. 널리 배우고 자세히 물으며 신중히 생각하고 명확히 분별하며 돈독하게 행한다. 배우지 않음이 있을지언정 배운다면 능해지지 않고는 그만두지 않는다. 묻지 않음이 있을지언정 알지 않고는 그만두지 않는다. 생각하지 않음이 있을지언정 생각하면 얻지 않고는 그만두지 않는다. 분별하지 않음이 있을지언정 분별하면 밝히지 않고는 그만두지 않는다. 행하지 않음이 있을지언정 독실하지 않고는 그만두지 않는다. 남이 하나를 할 수 있으면 자기는 백을 하고 남이 열을 할 수 있으면 자기는 천을 한다. 과연 이 방법을 할 수 있으면 비록 어리석어도 반드시 밝아지며 비록 연약하더라도 반드시 강해진다."[57]

실제로 성인聖人이 되는 것은 유가儒家의 최고의 궁극적인 목적이다. 인仁이라는 숭고한 대의에 모든 것을 바치는 삶은 헛된 것이 아니다. 유가의 삶은 서양에서 성인이나 순교자의 삶과 비교할 만하다. 따라서 이러한 사실은 에라스무스Erasmus와 볼테르Voltaire 같은 서양의 학자들이 유교와 중국 문화 전체를 높이 평가하는 이유를 설명해 준다.

---

56   역주: 『중용(中庸)』 제26장.
57   『중용(中庸)』 제20장.

10

공자
이념의
인격

10.1 완벽한 인격

공자는 제자들이 완벽해지기를 바랐는데 훌륭한 무사이면서 동시에 학자가 되기를 원했다. 더 나아가 제자들이 군자君子가 되기를 바랐으며 결국 이들 중 일부가 인자仁者가 되기를 원했다. 덕德의 관점에서 인자는 공자와 같은 수준의 사람을 말한다. 공자는 인자였지만 덕이 아닌 다른 관점에서도 다른 인자들과 차별성이 있었다.

순자가 한 다음 말들은 옳았다. "학문이란 어디서 시작해서 어디서 끝나는가? 학문하는 순서는 먼저 『시경詩經』·『서경書經』 등 경전을 외우는 데서 비롯하고 『예기禮記』를 정독하는 데서 끝나는 것이며, 그 목적은 군자가 되는 데서 비롯하여 성현이 되는 데서 끝나는 것이다."[1] "성인이란 후천적으로 공을 쌓고 쌓은 습적習積으로 되는 것이다."[2]

공자가 말했다. "성인聖人을 내가 만나볼 수 없다면 군자만이라도 만나볼 수 있으면 좋겠다."[3]

이 장의 두 절은 각각 공자와 군자에 대해서 다루고자 한다. 1 공자의 학당은 학문뿐만 아니라 인격 도야도 강조했다. 공자의 제자 중에 덕행에는 안회顔回·민자건閔子騫·염백우冉伯牛였고, 언어에는 재아宰我·자공子貢이었고, 정사에는 염유冉有·계로季路였고, 문학에는 자유子游·자하子夏였다.[4] 등滕나라의 문공文公이 세자世子가 되었을 때에 초楚나라로 가는 길에 송宋나라를 지나다가 맹자孟子를 만났다. 맹자가 성性의 선善함을 말하되, 말할 때마다 요순堯舜을 칭했다. 세자가 초나라로부터 돌아와 다시 찾아오자 맹자가 말했다. "세자는 내 말을 의심하십니까? 도道는 하나일 뿐입니다. 안회顔回가 말하기를 '순舜은 어떠한 사람이며 나는 어떠한 사람인가? 도를 이룸이 있는 자는 또한

---

1   역주: 『순자(荀子)』 권학편(勸學篇).
2   『순자(荀子)』 유효편(儒效篇).
3   『논어(論語)』 술이편(述而篇) 제25장.
4   『논어(論語)』 선진편(先進篇) 제2장.

이 순과 같다' 하였습니다."[5]

10.2 유자儒者

儒라는 글자는 어원적으로 본래 '비를 기원하는 사람'을 뜻하며 부잣집을 찾아다니며 중요한 생활 의식인 복잡한 제사를 대신 지내 주는 사람들이나 교사를 업으로 하는 사람들을 가리켰다. 이들은 평민 계급에 속하여 귀족이나 무사의 지위에 있지 않았는데, 농민과 상인 중에서 단지 아이들을 가르치거나 제식을 주관하면서 쌓은 경험만으로 儒라는 계층이 발생했다.

공자는 이 모든 것을 바꾸었는데 교육이나 제식을 귀족뿐만 아니라 평민의 자제들까지도 가르쳤다. 이러한 공자의 행위는 이후 유자儒者의 두 부류 군자와 소인에게도 이루어졌다.

유자의 이 두 부류 사이에는 근본적으로 혈통의 차이가 있었지만, 공자가 새롭게 내린 정의에 따라 인격의 차이에 따라 구별되었다. 군자는 혈통적으로 귀족도 무사 계급도 될 필요가 없으며 하나의 원칙에 따라 정해진다. 다시 말해서 군자는 단지 생계만 꾸려서는 안 된다. 군자는 많은 도덕적 규칙을 따라야 하며 어떤 선까지 후퇴해서는 안 된다고 하는 자존감이라는 인생의 목적이 있어야 했다.

일반적으로 초기의 소인이라는 말의 뜻도 공자의 제자들과 이들의 제자들에 의해서 다른 뜻으로 대체되었는데 儒라는 글자는 유가儒家라는 뜻을 얻게 되었다.

『예기禮記』의 유행편儒行篇은 공자와 노魯나라 애공哀公 간에 오고간 대화가 기록되어 있다. 여기에서 학자에 대한 공자의 이상이나 훌륭한 유가의 자질을 배울 수 있다.

---

5   『맹자(孟子)』 등문공장구상(滕文公章句上) 제1장.

유행편에서는 이러한 유가의 성격이나 자질이 17차례나 언급되어 있는데 이는 유자(儒者)의 자기 처신 방법, 친구를 대하는 방법, 윗사람을 대하는 방법 등의 세 가지로 압축될 수 있다.

1. 자기 처신 방법

유자(儒者)는 검소하게 생활하고 그것을 부끄럽게 여기지 않으며 지식을 습득하는 데 열심히 하지만 부에는 초연하다. 유자는 실력을 기르기 위해 배우고 자신에게 영감을 준 이전 세대의 학자들과 같이 가치 있는 사람이 되고자 하며 자신의 언행과 생각에 주의를 기울인다. 유자는 자신의 행실에 대해 후대에 모범을 보일 뿐만 아니라 어떠한 약속을 하던 미리 이를 지킬 수 있는지 반드시 확인을 하려고 했다. 그리고 유자는 대부분의 시간을 자기 자신이 아니라 다른 사람들에 대해서 생각을 한다.

2. 친구를 대하는 방법

유자(儒者)는 같은 정직의 원칙을 공유하는 사람에게만 친구가 되어 주는데 의식을 고양시키는 것을 듣거나 볼 때마다 모두 친구들에게 모든 것을 알려준다. 유자는 친구와 함께 하는 것을 즐기며 친구에게 양보하는 데에 싫증을 내지 않는다. 유자가 친구들을 떠나거나 그 친구들이 유자를 떠날 때면 유자는 언제나 이들에 대한 나쁜 소문을 믿지 않으려 한다. 유자는 오랫동안 친구들을 지켜보거나 이들이 곁으로 올 때까지 기다린다. 유자는 관리에 등용될 기회가 생길 때마다 자기 친구가 그 자리에 들어가기를 바라며 반대로 친구에게 불행이 닥칠 때면 언제나 아픔을 같이 하고 만일 필요하면 그 친구를 위해 자신의 목숨을 기꺼이 버리려고 한다.

3. 윗사람을 대하는 방법

유자儒者는 관직에 등용되기만을 바라지는 않는데 자기가 가지고 있는 것에 만족하며 그 이상을 원하지 않는다. 유자는 군주나 다른 이에게 추천을 받아 등용되는 기회가 주어져 자신의 뜻을 펼치기 위해 세상으로 나가는 것에 대해 마음을 정하는 때를 제외하고는 자신의 서재를 떠나지 말아야 하며 이러한 기회가 주어지지 않는다면 자신의 지적·도덕적 소양을 높이는 데 모든 시간과 정열을 바쳐야 한다. 군주가 유자의 정책을 받아들이지 않는다면 등용되지 않는데 등용된다면 유자는 존중을 받아야 하는데 이는 그가 모욕을 받았을 때 참기 보다는 죽음을 택하기 때문이다. 유자는 관직에 등용됨을 주저하는 것과 달리 언제라도 쉽게 사직하는 면이 있다. 다른 한 편으로 유자는 맡은 직무에 충실할 것을 서약한 이후에는 어떠한 적도 유자가 자신의 직무에 철저히 임하는 것을 방해하지 못하며 유자를 대의명분 아래서 같은 일을 하는 동지로 존중하는 군주에 대한 유자의 충성심은 한 순간도 흐트러지지 않는다.

위와 같은 자질에 모두 합당한 유자는 온전한 학자이자 인자仁者라고 할 수 있지만 정작 유자 자신은 겸손하기에 스스로 인자라고도 하지 않으며 자칭 그렇게 부르지도 않는다.

10.3 선인善人, 대인大人, 성인聖人

공자는 제자들에게 커다란 기대를 걸었지만 보통 사람들에게는 그렇지 않았는데 보통 사람들 중 일부에 대해서 선인善人, 대인大人, 성인聖人이 되어가는 모습을 보고자 했다.

그렇다면 선인善人에 대한 공자의 기준은 무엇인가? 공자는 어떤 특별한 정의도 남겨놓지 않았다. 우리가 알고 있는 것은 한결같은 사람보다 선인을 더 깊이 존경한 것 같다는 것이다. "선인을 내가 만나볼 수 없다면 한결같은 사람만이라도 만나볼 수 있으면 좋겠다."**6**

물론 공자가 말한 뜻은 선인이 한결같은 사람이 아니라는 것은 아니다. 공자가 한 말의 진정한 뜻은 선인은 당연히 한결같은 사람일 뿐만 아니라 그 이상의 인물이라는 것이다.

『논어論語』에서 공자가 한 다음 말을 이해하는 데는 명확한 설명이 필요하다. "선인이 나라 다스리기를 100년 동안 하면 잔인한 사람을 이기고 사형하는 일을 없앨 수 있다고 하니 참되도다. 이 말이여!"**7** 우리는 이 대목을 읽고 두 가지 질문을 하게 된다. 첫 번째, 잔인한 사람을 이기고 사형을 없애는 데 100년이나 걸리는가? 두 번째, 선인이 결과로 무엇을 얻을 수 있는가? 아마도 이 두 가지 질문에 답하는 데 어려움을 겪을 수도 있다. 저자의 대답은 다음과 같다. 선인은 단지 선한 의도를 가진 선한 사람들이지만 특히 나라가 잔인한 사람과 사형으로 넘쳐날 때 나라를 잘 다스리는 방법을 정말로 알지 못한다는 것이다.

나라를 잘 다스리는 것과 백성에게 전쟁 준비를 시키는 것은 다른 문제이다. 분명히 후자가 전자보다 쉬운 일이다. 그래서 공자는 말했다. "선인이 7년 동안 백성을 가르치면 또한 전쟁에 나아가게 할 수도 있다."**8**

자로子路는 위에서 말한 선인에 해당되는 사람이다. 자로는 7년보다 더 짧은 기간 내에 백성들이 전쟁에 나아가게 할 수 있는 능력이 있었다. 자로는 공자에게 다음과 같이 말했다. "천승의 나라가 큰 나라 사이에 끼어 있어 군대가 압박해 오고, 인하여 기근이 들더라도, 제가 다스리면 3년쯤에 이르러 용맹이 있게 하고, 또 방향을 알도록 하겠습니다."**9**

자로가 완성된 사람 성인聖人에 대해서 묻자 공자가 대답했다. "장무중臧武

---

6 『논어(論語)』 술이편(術而篇) 제25장.
7 『논어(論語)』 자로편(子路篇) 제11장.
8 『논어(論語)』 자로편(子路篇) 제29장.
9 『논어(論語)』 선진편(先進篇) 제25장.

仲[10]의 지혜와 공작公綽의 탐욕하지 않음과 변장자卞莊子[11]의 용기와 염구冉求의 기예 같은 것에다가 예악으로 잘 꾸미면 또한 완성된 사람이라고 할 수 있다." 그러자 자로가 말했다. "지금의 성인이란 어찌 반드시 그러해야 합니까? 이익을 보면 의로움을 생각하며, 위태로운 것을 보면 목숨을 바치며, 오랫동안 곤궁해도 곤궁해지기 전에 평소에 하던 말을 잊어버리지 않으면 또한 성인이라 할 수 있을 것입니다."[12]

물론 여기에서 공자가 내린 정의는 자로의 기질에 맞춘 것이었는데 공자는 자로를 격려하여 그의 좋은 성품을 갈고 닦아 대인大人으로 성장시키려고 했다. 공자의 제자 가운데 자로는 한 번 한 약속은 반드시 지키는 것으로 가장 잘 알려져 있었으며 또한 정의감도 투철했을 뿐만 아니라 물질적인 것을 경멸한 사람이었다. 자로는 자신의 수레, 말, 질이 좋은 모피 외투 등을 친구들과 기꺼이 나누었으며 친구들에게 빌려 준 것들이 못쓰게 되더라도 전혀 개의치 않았다는 것은 누구나 잘 알고 있는 사실이다. 자로는 만년에 위衛나라에서 벼슬을 했는데 기원전 480년 그는 생의 마지막 날에 위나라 출공出公을 위해 자신의 목숨을 바쳤다. 사서에 이르기를 위나라 출공의 아버지 괴외蒯聵와 자신의 주공 공회孔悝의 반란으로 출공이 쫓겨나자 그 소식을 듣고 성으로 갔다. 가는 길에 동문인 자고가 말렸으나 듣지 않고 "그 녹을 먹은 자 그 난을 피해서는 안 되는 법"이라며 성으로 가 반란을 일으킨 자신의 주군 공회를 죽일 것을 임금으로 즉위한 괴외에게 요구하면서, 주군을 바꾸어 섬기는 이

---

10 역주: 노(魯)나라의 대부(大夫) 장손흘(臧孫紇). 『춘추좌씨전(春秋左氏傳)』 양공(襄公) 23년에 보면, 제(齊)나라의 임금이 장손흘에게 땅을 주려 하자 장손흘은 제나라가 장차 진(晉)나라에 패할 줄 알고 땅을 받지 않기 위해 일부러 제나라의 임금에게 쥐에 비유하여 말함으로써 화를 내게 하고 그 결과 땅을 받지 않게 되었다는 기록이 있다.

11 역주: 변(卞)은 노(魯)나라에 있는 읍명(邑名). 장자(莊子)는 변읍(卞邑)의 대부(大夫)였다. 『한씨외전(韓氏外傳)』에는 변장자(卞莊子)가 그 어머니가 살아 있을 때에는 전쟁에 나가서 세 번 도망한 일이 있었으나, 어머니가 돌아간 후 3년이 지나서 적의 목 세 개를 베어 세 번의 도망을 보상하고, 다시 돌격하여 적 7인을 죽이고 전사했다는 기록이 있다.

12 『논어(論語)』 헌문편(憲問篇) 제13장.

런 자는 쓰지 말고 잡아 죽이자고 했다. 하지만 괴외가 거부하자 그들이 올라 있던 대를 태우려다 괴외의 명령을 받은 무사들에게 죽는다. 죽을 때 칼에 맞아 머리에 쓴 갓이 삐뚤어지자 "보라! 군자는 죽더라도 갓은 벗지 않는다!" 라고 외치고 갓을 제대로 고쳐 쓴 뒤 죽었다. 후에 괴외는 출공의 뒤를 잇는 위나라의 임금으로 즉위하여 장공莊公이 되었다.

이러한 역사적 죽음과 위나라의 임금 출공에 대한 결코 꺾이지 않는 충성 심으로 인해 자로는 대인大人이라 할 만한 인물이다. 자로는 대인이었지만 불행히도 성인聖人은 되지 못했다.

맹자가 말했다. "성인이라는 것이 있으니 자기를 바르게 하고 남이 바르게 되는 자이다."[13] 자로는 맹자가 말한 이러한 길을 걷지 못했다.

10.4 지사인인志士仁人[14]

유儒는 본래 평민 계급에서 비롯되었지만 사士는 처음부터 유보다 높은 계급에 속했다. 앞에서 지적한 바와 같이 엄밀하게 따져 보면 사는 귀족 계급에도 들어가지 못했고 평민 계급도 아니었다. 사는 미국 군인의 장교와 사병 사이의 하사관과 같은 중간 계급과 같은 존재였다.

공자가 학당을 열기 전까지 중국에서 사는 단순히 병졸보다 높은 계급이었을 뿐 학자는 아니었다. 공자의 노력으로 사는 군인이라기보다 이전의 학자에 보다 더 가까운 존재가 되었다.

이는 공자가 사에 대한 질문에 답할 때 대부분의 시간을 공적 의무와 관리의 도덕성에 대해 초점을 맞추었는지에 대한 이유를 설명해 준다.

자공子貢이 공자에게 물었다. "어떠해야 사士라고 말할 수 있습니까?" 공자가 대답했다. "자기의 몸가짐과 부끄러워함이 있으며 사방에 사신으로 가서

13　『맹자(孟子)』진심장구상(盡心章句上) 제19장.
14　역주: 나라를 잘 다스려 백성(百姓)을 편하게 할 큰 뜻을 품은 사람.

임금의 명命을 욕되게 하지 않으면 사라 할 수 있다."[15]

공자는 말했다. "사로서 편안한 거처를 좋아하면 사라고 하기에 부족하다."[16]

당시 중국에서 사는 중세 유럽에서 전문 직업 군인으로서 모험을 찾아 세상을 돌아다니는 기사 계급과 유사한 전통을 간직하고 있었던 것 같다. 한 소년이 사로 성장하기를 바라는 가정에서 태어나 자라날 때 집안에는 상징적인 활이 문에 걸려 있는데 이는 아마도 장래의 이 전사에게 축복을 빌며 영혼들이 스쳐지나가도록 기원하는 것일 지도 모른다.

공자 학당에서 사는 유럽 중세의 모험을 찾아다니는 기사보다 훨씬 그 이상의 의미를 지녔는데 공자는 사가 가능한 한 지식을 많이 흡수하고 자신들이 배운 지식이 무엇이든지 모두 융합하도록 노력하기를 바랐다. 공자는 말했다. "사는 하나를 들으면 열을 알아야 한다."[17]

공자는 말했다. "사가 도에 뜻을 두고서도 나쁜 옷과 나쁜 음식을 부끄러워한다면 아직은 그와 말을 섞을 가치가 없다."[18]

자장子張이 말했다. "선비가 위태로움을 보면 목숨 바칠 것을 생각하고, 소득이 생기면 그것이 의로운 것인가를 생각하며, 제사를 지낼 때는 공경할 것을 생각하며, 장례식에서는 슬픈 것을 생각한다면, 괜찮은 것이다." 공자는 다음과 같이 말했다. "날씨가 추워진 연후에야 소나무와 측백나무가 나중에 시든다는 것을 알 수 있다."[19]

증자가 말했다. "사는 도량이 넓고 뜻이 굳세지 않으면 안 된다. 짐이 무겁

---

15 『논어(論語)』 자로편(子路篇) 제20장.

16 『논어(論語)』 헌문편(憲問篇) 제3장.

17 『설문해자(說文解字)』.

18 『논어(論語)』 이인편(里仁篇) 제9장.

19 『論語(논어)』 자장편(子張篇) 제1장, 자한편(子罕篇) 제27장. 당(唐)나라 군주 태종(太宗)이 쓴 시 가운데 다음의 두 행은 공자가 자장(子張)에게 한 말과 유사한 내용을 담고 있다. "거친 풀은 강풍이 불기 전까지는 알아볼 수 없고 충성스러운 신하도 나라가 혼란에 빠지기 전까지 알아낼 수 없다."

고 길이 멀기 때문이다. 인仁으로써 자기의 짐으로 삼으니 또한 무겁지 않은가? 죽은 뒤에야 끝나는 것이니 또한 멀지 않은가?"[20]

위의 인용문을 통해 보았듯이 사는 공자와 그의 제자들에 의해 그 이전 시대에 모험을 찾아 여러 제후국들을 돌아다녔던 무사의 예의 바른 성품을 지키면서 인仁에 헌신하는 존재로 탈바꿈되었다.

10.5 군자君子

君子라는 말은 중국에서 공자 시대보다 훨씬 이전부터 쓰이고 있었는데 『시경詩經』에는 이 말이 150차례 넘게 나온다. 본래 군자君子는 군주의 아들에만 사용되었지만 이후 일반적으로 귀족을 지칭하게 되었고, 춘추春秋 시대에 올바른 예의범절이라는 함축적인 의미를 나타내는 데 사용되었다. 이러한 함축적 의미를 가지는 군자는 『춘추좌씨전春秋左氏傳』에 많이 나와 있으며 게다가 일부 대목은 군자는 예禮에 따라 실천해야 한다고 말하고 있다.

『논어論語』에 수록되어 있는 군자의 뜻을 살펴보면 가장 많은 숫자가 군자가 자신에 대해서 마땅히 해야 하는 것을 뜻하며, 다음으로 군자와 소인의 차이를 다루고, 마지막으로 나머지 소수의 경우가 군자가 다른 사람을 대하는 방법에 대해서 논하고 있다.

1. 군자君子가 자신에 대해서 마땅해 해야 하는 것은 무엇인가?

자로子路가 공자에게 군자는 용기를 숭상하느냐는 질문에 공자는 다음과 같이 대답했다. "군자는 의義로움을 가지고 최상으로 삼는다."[21] 공자는 말했다. "군자는 밥을 먹는 동안이라도 인仁을 어김이 없다."[22] 공자는 또한 다음

---

20 『논어(論語)』 태백편(泰伯篇) 제7장.
21 『논어(論語)』 양화편(陽貨篇) 제23장.
22 『논어(論語)』 이인편(里仁篇) 제5장.

과 같이 말했다. "군자가 여러 가지 삶의 도리와 방식에 대하여 널리 배우고 예禮를 가지고 짜임새 있게 행한다면 또한 도에서 어긋나지 않을 것이다."[23]

공자가 말했다. "바탕이 외견보다 나으면 촌스럽고 외관이 바탕보다 나으면 호화스럽다. 외관과 바탕이 어울린 뒤에라야 군자답다."[24] 자로가 공자에게 군자와 곤궁함에 대해 묻자 공자는 대답했다. "군자라야 본래 곤궁할 수 있으니 소인은 곤궁하면 바로 넘쳐버린다."[25] 공자는 다음과 같이 말했다. "남이 알아주지 아니해도 화가 나지 않으니 또한 군자답지 아니한가!" "남이 자신을 알아주지 못함을 걱정하지 말고 내가 남을 알아주지 못함을 걱정해야 한다." "군자의 도라는 것에 세 가지가 있는데 나는 할 수 있는 것이 없다. 인자는 근심하지 않고, 지자는 미혹되지 않고, 용자는 두려워하지 않는다."[26] 또한 공자는 말했다. "천명天命을 알지 못하면 군자가 될 수 없다." 증자曾子가 말했다. "군자는 자기의 위치에서 벗어나지 않는 것을 생각한다."[27]

자로가 공자에게 물었다. "군자는 용기를 숭상합니까?" 그러자 공자가 대답했다. "군자는 의로움을 가지고 최상으로 삼는다. 군자가 용기가 있고 의로움이 없으면 난亂을 일으킨다."[28]

어느 날 사마우司馬牛가 공자에게 군자에 대해서 묻자 공자가 대답했다. "군자는 걱정하지 않으며 두려워하지 않는다."[29]

2. 군자君子와 소인의 차이

"군자는 평온하며 느긋하지만 소인은 늘 조마조마하여 초조해한다."[30] "군

---

23 『논어(論語)』 옹야편(雍也篇) 제25장.

24 『논어(論語)』 옹야편(雍也篇) 제16장.

25 『논어(論語)』 위령공편(衛靈公篇) 제1장.

26 『논어(論語)』 학이편(學而篇) 제1장, 학이편(學而篇) 제16장, 헌문편(憲問篇) 제30장.

27 『논어(論語)』 요왈편(堯曰篇) 제3장, 헌문편(憲問篇) 제28장.

28 『논어(論語)』 양화편(陽貨篇) 제23장.

29 『논어(論語)』 헌문편(憲問篇) 제30장, 안연편(顔淵篇) 제4장.

자는 느긋하되 교만하지 않고 소인은 교만하여 느긋하지 못하다."[31] "군자는 자긍심이 있지만 다투지 않고 무리를 지어서 살되 당파를 형성하지 않는다."[32] "군자는 덕을 그리워하고 소인은 땅을 그리워하며 군자는 형벌 받는 것을 좋아하고 소인은 혜택 받기를 좋아한다."[33]

"군자는 조화를 이루되 똑같아지지는 않고, 소인은 똑같아지기를 좋아하되 조화를 이루지는 못한다."[34]

"군자는 의로움에 대해 잘 알아듣고, 소인은 이로움에 대해 잘 알아듣는다."[35]

"군자는 위로 통하고, 소인은 아래로 통한다."[36]

3. 군자君子가 다른 사람들을 대하는 방법은 무엇인가?

군자는 유儒나 사士와 같은 선인善人처럼 사람들을 사랑하지만 그 차이가 있었는데 군자는 정치나 행정에 참여할 준비를 갖추었던 것 같다. 결국 오래지 않아 군자는 대부분 행정의 계보를 이루었는데 공자가 가르친 신흥 계층 군자는 대다수 귀족 출신이 아니었으며 이들은 거의 피지배층이 아닌 관리로서 지역사회에 봉사를 하는 전통을 이어받았다. 공자가 이 계층에게 준 해답은 주로 공자의 제자들 가운데 정치에 깊은 관심을 두고 있던 자들에게 초점을 둔 것이었다.

자로子路가 공자에게 군자에 대해서 묻자 공자는 대답했다. "자기를 닦아서 모든 사람을 편안하게 하는 것이다."[37]

---

30 『논어(論語)』 술이편(術而篇) 제36장.
31 『논어(論語)』 자로편(子路篇) 제26장.
32 『논어(論語)』 위령공편(衛靈公篇) 제21장.
33 『논어(論語)』 이인편(里仁篇) 제11장.
34 『논어(論語)』 자로편(子路篇) 제23장.
35 『논어(論語)』 이인편(里仁篇) 제16장.
36 『논어(論語)』 헌문편(憲問篇) 제24장.
37 『논어(論語)』 헌문편(憲問篇) 제45장.

자공子貢이 공자에게 물었다. "군자도 또한 미워함이 있습니까?" 공자가 대답했다. "미워함이 있다. 남의 나쁜 점을 말하는 것을 미워하며, 하류下流에 있으면서 윗사람 비방하는 것을 미워하며, 용기만 있고 예禮가 없는 것을 미워하며, 과감하기만 하고 꽉 막힌 것을 미워한다."[38]

군자가 자신이 한 약속을 지키고 친구와 신뢰를 유지하며 모든 선인善人들이 공유하는 덕을 지녀야 한다는 것을 이 절에서 덧붙인다는 것은 여기에서 꼭 필요하지 않은 것 같다.

10.6 현인賢人

賢은 초기에 '능력'이라는 뜻을 가진 글자였는데 오늘날도 여전히 "능력"이나 "똑똑함"이라는 의미로 사용되고 있다.

현賢이라는 글자는 공자 시대에 덕德이라는 의미가 더해졌다. 어느 날 자공子貢이 공자에게 백이伯夷와 숙제叔齊에 대해서 물었다. 공자가 대답했다. "옛날의 현인賢人이다."[39]

공자 사후 수 세기가 지난 후 공자의 제자들 가운데 뛰어난 자들은 '공자 72제자弟子'라로 칭했다. "공자는 『시경詩經』, 『서경書經』, 『예기禮記』, 『악경樂經』을 교재로 삼아 가르쳤다. 제자가 약 3,000명에 이르렀고 그 중 육예六藝에 통달한 자도 일흔두 명이나 되었다. 그런가 하면 안탁추顏濁鄒처럼 다방면으로 가르침을 받고도 일흔두 명의 제자에 들지 못한 자도 크게 많았다."[40] "공자가 말했다. '내 제자 중에 학업을 받고 육예에 통달한 사람이 72인으로 모두가 뛰어난 재능을 지녔다. 그 중에서도 덕행德行으로는 안연顏淵·민자건閔子騫·염백우冉伯牛·중궁仲弓이 있고 정치에서는 염유冉有·계로季路가 있고 변

---

38 『논어(論語)』 양화편(陽貨篇) 제24장.
39 『논어(論語)』 술이편(術而篇) 제14장.
40 역주: 『사기(史記)』 공자세가(公子世家).

론語論에서는 재아宰我·자공子貢이 있고 문학文學에서는 자유子游·자하子夏가 특히 뛰어나다. 자장子張은 편벽됨이 있고 증삼曾參은 둔하고 자고子羔는 우직하고 자로子路는 다듬어지지 않아 거칠고 안연顔淵은 도道를 즐기는 데 뒤주가 자주 빈다. 자공子貢은 내 가르침을 따르지 않고 재산을 늘리는 데 힘을 기울이는데 세상 물정에 밝아 판단이 정확하다.'"[41]

따라서 '현인賢人'은 군자君子보다 어느 정도 더 뛰어난 사람들의 사후 위계位階가 되었지만 공자를 비롯한 다른 성인聖人보다 훌륭한 자들을 가리키지는 않았다.

10.7 성인聖人

주희朱熹는 성인聖人은 덕과 능력을 모두 고루 갖추었기 때문에 군자君子나 현인賢人보다 더 훌륭한 사람을 가리킨다고 했다.[42] 게다가 성인은 때가 되면 기적을 일으킬 수 있다는 것이다.

공자는 말했다. "성聖과 인仁과 같은 것은 내가 어찌 감히 할 수 있겠는가? 그러나 배우는 것을 싫어하지 않으며 가르치는 것을 게을리 하지 않는다고 말할 수 있다."[43] 공자는 옛 인물 중 성인으로 요순堯舜만은 언급했다. 어느 날 자공子貢이 물었다. "만약 백성에게 널리 은혜를 베풀어 많은 사람을 구제할 수 있다면 어떻겠습니까? 인仁하다고 할 수 있습니까?" 공자가 대답했다. "어찌 인에 해당되는 일만이겠느냐? 반드시 성聖에 속한 일인 것이다. 요순도 그렇게 하지 못하는 것을 병으로 여겼다." 공자는 요순에 대해서 다음과 같이 말했다. "위대하도다! 순舜임금과 우禹임금은 천하를 소유하시고도 거기에 관여치 않으셨으니." "위대하도다! 요堯의 임금 노릇하는 모습이여. 높다

---

41   역주: 『사기(史記)』 중니제자열전(仲尼弟子列傳).
42   錢穆: 《朱子新學案》第1冊, 第385頁。
43   『논어(論語)』 술이편(術而篇) 제33장.

랗게 오직 하늘이 크거늘. 오직 요임금만이 그것을 본받았도다! 넓고 넓어 백성들이 이름붙일 수 없도다! 높고 높도다! 그 공을 이룬 모습이여. 찬란하도다! 그 아름다운 광채가 나는 모습이여."**44** 하지만 공자는 『중용中庸』에서 다음과 같이 순舜만은 언급했다. "순은 대효大孝**45**이다. 덕德의 측면에서는 인仁이 되었고 높은 벼슬의 측면에서는 천자가 되었으며 부유함의 측면에서는 사해 안을 가졌다. 종묘에서 그를 제사지냈고 자손이 이를 보존했다."**46**

공자를 최초로 성인聖人으로 부른 사람은 자공子貢이었다. 자공이 공자에게 다음과 같이 물었다. "선생님은 성인이십니까?" 공자가 말했다. "성인의 일은 내가 능하지 못하지만 나는 배우기를 싫어하지 않고 가르치기를 게을리 하지 않는다." 그러자 자공이 말했다. "배우기를 싫어하지 않음은 지혜로운 것이고 가르치기를 게을리 하지 않음은 어진 것이니, 어질고 또한 지혜로우니 선생님께서는 이미 성인이십니다."**47**

공자를 두 번째로 성인으로 부른 사람은 맹자였다. 맹자의 제자 공손추公孫丑가 맹자에게 물었다. "전에 제가 들으니 자하子夏·자유子游·자장子張은 모두 성인의 한 부분만을 가지고 있었고, 염우冉牛·민자閔子·안회顔回는 전체를 갖추고 있었으나 미약하다 하였습니다. 감히 묻겠습니다. 선생님께서는 어느 쪽이신지요?" 맹자가 대답했다. "이 논의는 잠시 놓아두자." 공손추가 맹자에게 다시 물었다. "백이伯夷와 이윤伊尹은 어떠합니까?" 그러자 맹자가 대답했다. "도道가 같지 않으니, 제대로 된 임금이 아니면 섬기지 않으며, 제대로 된 백성이 아니면 부리지 않고, 세상이 다스려지면 나아가고 어지러워지면 물러가는 것은 백이이고, 누구를 섬긴들 군주가 아니며 누구를 부린들 백성이 아닌가하여, 다스려진 세상에서도 나아가고 혼란한 세상에서도 나아

---

44 『중용(中庸)』 제17장.
45 역주: 지극한 효자.
46 『논어(論語)』 옹야편(雍也篇) 제28장, 태백편(泰伯篇) 제18장~제20장, 요왈편(堯曰篇) 제1장.
47 『맹자(孟子)』 공손추장구상(公孫丑章句上) 제2장.

가는 것은 이윤이며, 벼슬해야 할 때는 벼슬하고 그만두어야 될 때는 그만두며, 오래 머물러야 될 때는 오래 머물고, 빨리 떠나야 될 때는 빨리 떠나는 것은 공자이시다. 모두 옛 성인이시니 나는 아직 그런 것을 행할 수 없지만 원하는 것은 공자를 배우는 것이다."[48]

맹자는 말했다. "순수한 본마음이 하고자 하는 것을 선善이라 하고, 선이 몸 속에 가득 차는 것을 미美라 하고, 가득 차서 빛을 발하는 것을 대大라 하고, 대의 상태가 되어서 스스로를 탈바꿈하는 것을 성聖이라 하고, 성의 상태가 된다."[49]

성의 상태가 되어서 사람들이 파악할 수 없게 된 것을 신神이라 한다."[50]

실제로 공자는 이후 왕조에서 신과 같은 존재가 되었는데 한漢나라의 고조高祖 유방劉邦은 신에게 제사를 지내는 것처럼 공자에게도 제물을 바쳤다. 유방은 먼저 공자의 고향에 공자를 모시는 사당을 지었으며 이후 유방 사후 한나라의 왕들은 점진적으로 중국 각지에 모든 마을에 공자를 모시는 사당을 지었다.

그러나 정작 공자 자신은 평생 인본주의자로 살았으며 살아 있는 동안 자신이 성인聖人이라고 생각하지도 않았으며 자신을 인자仁者라고도 생각하지 않았다. 공자는 하늘을 공경하고 바른 몸가짐에 조심하면서 감정과 이성의 균형을 이루어 후대에 영원히 모범을 보이는 인물이 되었다.

공자는 이름 그 자체는 종교는 아니지만 실질적으로 종교라 할 수 있는 것을 창시했는데 이는 모든 다른 종교들을 포용할 수 있다. 그리고 공자가 창시한 이 종교는 같은 목적지를 향해 나아갈 수 있는 여러 가지 길을 제시하는 철학이기도 했다.

공자는 절대적인 성誠을 통해 지혜의 가장 높은 수준에 이르러 많은 것들

48 『맹자(孟子)』공손추장구상(公孫丑章句上) 제2장.
49 『맹자(孟子)』진심장구하(盡心章句下) 제25장.
50 『맹자(孟子)』진심장구하(盡心章句下) 제25장.

중에서 하나를 보고 하나에서 여러 가지를 볼 수 있게 되어 신의 존재를 인정할 뿐만 아니라 신과 인간의 관계도 받아들이게 되었다.

오늘날 현대는 위대한 두 학자를 배출했는데 한 사람은 아인슈타인(Albert Einstein, 1879~1955)이며 다른 한 사람은 토인비(Arnold J Toynbee, 1889~1975)이다. 아인슈타인은 위대한 과학자로 과학과 종교는 충돌이 없다고 보았으며 우주의 질서는 미리 정해져 있다고 믿었다. 그리고 위대한 역사가 토인비는 문명사 속에서 종교사를 보았으며 서구를 구원할 수 있는 것은 기독교의 부활이라고 믿었다.

중국에 공자와 같은 성인聖人이 있었다는 사실은 매우 다행한 일이다. 만일 공자가 없었다면 중국의 역사는 오랫동안 암흑의 세상이 되었을 것이다.

10.8 중국 전설시대의 성인들

중국 국민은 구석기 시대와 신석기 시대를 거치면서 오랜 역사를 지니고 있지만 대부분이 신화나 전설로만 남아 있으며 다음은 그 타당한 설명이 될지도 모른다. 공자는『서경書經』을 편찬할 때 이러한 신화나 전설을 모두 넣지 않았는데 자신이 납득할 만한 증거가 없다면 과거에 전해지고 있던 것을 믿으려고 하지 않았다.

『중용中庸』은 공자가 요堯임금과 순舜임금에 대해서 말할 때 마치 자신의 조상에 대해서 이야기하는 것처럼 하고 있다고 말하고 있다. 이는 공자가 이 위대한 두 임금에 대한 충분한 문헌이 있기 때문이었다.

요임금과 순임금 이전의 성인聖人과 같은 현명한 임금에 대해서는 유교儒敎 경전 외에 다른 문헌에 나와 있는데 복희伏羲, 신농神農, 황제黃帝에 대한 일부 행적은『주역周易』의「계사전繫辭傳」에 기록되어 있다.

"옛날에 복희씨伏羲氏가 천하에 왕 노릇할 때 하늘을 우러러보아 하늘이 드리우는 진리의 형상을 보았고 땅을 굽어보아 땅의 법칙을 보았으며 새와 짐승의 삶의 이치와 땅의 생리를 관찰하였다. 가깝게는 자기 몸에서 진리를 취하였고 멀게는 만물에서 취하였다. 그리하여 그 진리를 표현하는 팔괘를 만들어 신명의 덕에 통하게 하고 만물의 형상을 분류하고 정돈했다. 노끈을 맺어서 그물을 만들어 새를 잡고 고기를 잡았으니 대개 그 이치를 리괘離卦에서 취한 것이다."[51]

"복희씨가 죽고 신농씨神農氏가 일어나 나무를 깎아 보습을 만들고 나무를 휘어 쟁기를 만들어 보습과 쟁기의 이로움을 천하 사람에게 가르쳤으니 대개 그 이치를 익괘益卦에서 취한 것이다. 한낮에는 시장을 열어 천하의 모든 백성을 오게 하고 천하의 모든 재물을 모아 교환하고 바꾼 뒤에 돌아가게 하여 각각 그 필요한 바를 얻으니 대개 서합괘噬嗑卦에서 취한 것이다."[52]

『주역』의 「계사전」은 다음과 같이 말하고 있다. "신농씨가 죽고 황제黃帝·요堯·순舜이 뒤따라 일어나 전대에 사용하던 기물이나 제도를 바꾸는 일에 능통하여 백성들로 하여금 게으르지 않도록 하고 신통한 능력을 갖추고 성인聖人의 경지에 올라 백성들로 하여금 올바른 삶을 살도록 유도하였다. 역易의 도리에서 보면 극한 상황에 이르면 변하고 변하면 통하는 길이 생기고 통하면 오래 지속될 수 있다. 이 때문에 하늘로부터 도와서 길吉하여 이롭지 아니함이 없다. 황제·요·순이 저고리와 치마를 늘어뜨리고 가만히 앉아 있어도 천하가 다스려졌다. 이는 대개 건괘乾卦와 곤괘坤卦에서 취한 것이다."[53] 하지만 여기에서 신농, 요임금, 순임금과 달리 황제가 무엇을 발명했는지 구체적으로 밝히지 않았다. 다만 발명품에 대해서 다음과 같이 열거만 하고 있다. "나무를 쪼개서 배를 만들고 나무를 깎아서 노를 만들어 배와 노의 편리한 점을 이용하여 통행하기 곤란한 강물을 건너 먼 곳에까지 도달하게 함으로써 천하를 편리하게 하니 대개 환괘渙卦에서 취한 것이다. 소를 길들이고 말을

---

51   역주: 『주역(周易)』 계사전하(繫辭傳下) 제2장.

52   역주: 『주역(周易)』 계사전하(繫辭傳下) 제2장.

53   역주: 『주역(周易)』 계사전하(繫辭傳下) 제2장.

406

타서 무거운 짐을 끌고 먼 곳에까지 이르게 함으로써 천하를 편리하게 하니 대개 수괘隨卦에서 취한 것이다. 문을 겹으로 하고 목탁을 쳐서 도적을 막게 하니 예괘豫卦에서 취한 것이다. 나무를 잘라 공이를 만들고 땅을 파서 절구를 만들어 절구와 공이의 편리함으로 모든 백성이 도움을 받게 되었으니 대개 소과괘小過卦에서 취한 것이다. 나무를 휘어 활을 만들고 나무를 깎아 화살을 만들어 활과 화살의 위력으로 천하를 위엄 있게 다스리니 대개 규괘睽卦에서 취한 것이다."[54]

현대적인 관점에서 수많은 성왕聖王들이 중국에 존재했는데 이들은 황제·요임금·순임금과 같이 발명가이기도 했다고 할 수 있다.

발명가라고 할 수 있는 수많은 성왕聖王들이 중국에 존재했다는 점은 분명한 사실이라고 할 수 있으며 백성들 가운데에서도 발명가들이 나왔다고 할 수 있다. 게다가 다른 나라에서도 의복, 배, 수레, 문, 절구, 공이, 활, 화살, 집 등을 발명했다는 것에 유념해야 한다.

공자는 맨숭맨숭한 이야기로 시작했는데 『서경書經』의 「요전堯典」에는 의복, 집 등의 발명에 대한 어떠한 것도 언급되어 있지 않으며, 요임금과 순임금의 정사에 대한 구체적인 설명만이 나와 있다.

공자가 요임금과 순에게 품었던 존경은 『논어論語』의 여러 곳에 잘 나타나 있다. "위대하도다! 요의 임금 노릇하는 모습이여. 높다랗게 오직 하늘이 크거늘 오직 요임금만이 그것을 본받았도다! 넓고 넓어 백성들이 이름붙일 수 없도다! 높고 높도다! 그 공을 이룬 모습이여. 찬란하도다! 그 문채 나는 모습이여."[55] "순임금에게는 신하 다섯 사람이 있었는데 천하가 다스려졌다."[56] "우禹임금은 내가 비난할 데가 없다. 음식은 간략하게 하면서도 귀신에게는 효도를 다하였고 의복을 검소하게 입으면서도 불(黻: 예복 위에 껴입는 가죽으로 만

54　역주: 『주역(周易)』 계사전하(繫辭傳下) 제2장.
55　역주: 『논어(論語)』 태백편(泰伯篇) 제19장.
56　역주: 『논어(論語)』 태백편(泰伯篇) 제20장.

든 슬갑膝甲)이나 면(冕: 면류관)과 같은 제복에는 아름다움을 다했으며 궁실을 낮게 하면서도 논두렁을 다스리는 데 진력하였으니 우임금은 내가 비난할 데가 없다."[57]

10.9 은殷나라의 인자仁者

앞서 밝혔듯이 인자仁者는 거의 성인聖人이라 할 수 있는데 인자는 성인과 같이 덕德을 갖추고 있지만 성인의 능력은 없을 지도 모른다.

미자微子[58]는 떠나가고, 기자箕子[59]는 종이 되고, 비간比干[60]은 간하다가 죽었다. 공자는 말했다. "은殷나라에 세 인자仁者가 있었다."[61]

미자는 은나라의 마지막 임금 주신紂辛의 배다른 형인데 주신에게 악행을 고칠 것을 간언했지만 무위로 돌아가 결국 단념하고 은나라를 떠났다. 기자箕子도 또한 주신에게 간언했지만 받아들이지 않고 옥에 갖히게 되었고 노예가 되었다.

게다가 비간比干도 미자와 기자와 마찬가지로 주신에게 간언했지만 주신은 잔혹한 방법으로 비간을 죽였는데 가슴이 쪼개지는 형을 내려 비간의 심장을

---

57 역주: 『논어(論語)』 태백편(泰伯篇) 제21장.
58 역주: 은(殷)나라의 마지막 임금인 주(紂)의 배다른 형. 이름은 계(啓), 미(微)는 봉해진 나라의 이름. 자(子)는 작위(爵位). 주(紂)에게 간하여 받아들여지지 않자 나라를 떠났다. 은나라를 멸망시킨 주(周)나라는 미자(微子)를 송(宋)나라에 봉하여 은나라 왕조의 제사를 받들게 했다.
59 역주: 주(紂)의 숙부. 이름은 서(胥), 기(箕)는 봉해진 나라의 이름. 자(子)는 작위(爵位). 주(紂)에게 간한 것이 받아들여지지 않자 어떤 사람이 망명할 것을 권하였는데, 이를 뿌리치면서 말하기를, "간언이 받아들여지지 않는다고 하여 나라를 떠나는 것은 임금의 죄악을 드러내고 백성들에게 자신의 훌륭함을 과시하는 것이므로 할 수 없다."고 하고 머리를 풀어헤치고 이상한 사람처럼 행동하여 노예가 되었다.
60 역주: 주(紂)의 숙부. "신하된 사람은 죽음을 무릅쓰고 간해야 하는 것이니, 그렇지 않으면 인민은 구제되지 않는다."고 말하고 간하기를 그치지 않았다. 주(紂)는 화가 나서 "성인의 심장에는 일곱 개의 구멍이 있다고 들었다." 하고서 비간(比干)을 죽여 심장을 꺼내어 확인하였다고 한다.
61 『논어(論語)』 미자편(微子篇) 제1장.

꺼내었다.

결국 은나라는 주周나라에 의해 멸망당했고 주신도 주나라의 무왕武王에 의해 죽음을 당했다. 이후 무왕의 동생 주공周公은 미자를 송宋나라에 봉하여 은나라 왕조의 제사를 받들게 했다.

무왕은 기자를 옥에서 풀어 주었을 뿐만 아니라 기자에게 찾아가 정치에 대해서 수많은 것을 배웠다. 무왕은 기자에게 관직을 내리려 했지만 기자는 한국으로 건너가 새로운 왕조를 세웠다고 한다.

공자는 은나라 마지막 임금 주신 때의 이 세 인물 미자, 기자, 비간을 존경하여 이들을 모두 인자仁者라고 불렀는데 이는 그들이 고귀한 목적을 위해 삶을 영위하고 목숨까지도 불사했기 때문이다. 그들은 자신이 아니라 나라와 백성들을 근심했으며 참된 자가 걸어야 할 길을 걸었다.

이 밖에도 공자는 인자의 사례로 백이伯夷와 숙제叔弟를 들었다.

"백이와 숙제는 고죽국孤竹國 군주의 두 아들이었다. 아버지는 아우인 숙제에게 뒤를 잇게 할 생각이었는데 아버지가 돌아가신 후 숙제는 형 백이에게 국군國君의 자리를 양위하려 했다. 그러자 백이는 '네가 국왕의 자리에 오르는 것은 부군父君의 명령이다.' 하고 끝내 나라 밖으로 도망쳐 버렸다. 숙제 또한 국왕의 자리에 오르기를 승낙하지 않고 마침내 도망쳐 버렸다. 그래서 고죽국의 사람들은 그들의 자식을 군주로 세웠다. 그 후 백이와 숙제는 서백창西伯昌이 노인을 잘 대우한다는 말을 듣고 그곳으로 가려 했다. 그런데 주周나라에 가서 보니 서백西伯은 이미 죽고 그의 아들 무왕武王이 부왕父王의 목주木主를 받들어 문왕文王이라 칭하고 동진東進하여 은殷의 주왕紂王을 치려 하고 있었다. 이에 백이와 숙제는 무왕의 말고삐를 붙들고 간했다. '부왕이 돌아가시어 아직 장례도 다 치르기도 전에 전쟁을 하려 하니 이 어찌 효孝라 할 수 있겠습니까? 또 신하의 몸으로 군주를 죽이려 하니 이 어찌 인仁이라 할 수 있겠습니까?' 무왕의 좌우 신하들이 이 두 사람을 죽이려 하자 무왕의 군사軍師인 태공망太公望 여상呂尙이 '이들은 의로운 사람들이다.' 하고는 부축하여 데

려가게 했다. 그 후 무왕이 은나라를 평정하니 천하는 주周나라를 종국宗國으로 받들게 되었다. 그런데 백이와 숙제만은 이를 부끄러운 일이라 하여 주의 녹봉을 먹지 않고 수양산首陽山에 숨어 고사리를 캐 먹으며 연명하다가 끝내 굶어 죽었다."[62]

자공子貢이 공자에게 물었다. "백이와 숙제는 어떠한 사람입니까?" 공자가 대답했다. "옛날의 현인이다." 자공이 다시 물었다. "원망하셨습니까?" 그러자 공자가 대답했다. "인仁을 구하여 인仁을 얻었으니, 더 이상 무엇을 원망했겠느냐?"[63]

이 두 사람 백이와 숙제를 은나라 시대 말기의 인자仁者 목록에 추가한다면 미자, 기자, 비간을 더해 모두 5명의 인자가 존재하는 셈이 된다.[64]

10.10 주周나라 초기의 성인聖人과 현자賢者

주周나라가 세워질 때 많은 현자賢者는 물론 성인聖人도 등장했다.

이들 가운데 가장 먼저 언급할 인물은 오吳나라의 초대 군주 태백太伯이다. 태백은 당시 은殷나라의 제후국 주周나라의 군주 태왕太王의 장남으로 태어났지만 훗날 자신의 막내 동생 계력季歷에게 주나라의 왕위를 잇게 하려고 세 번이나 왕위 계승을 거절했다. 하지만 태왕太王이 번번이 태백의 뜻을 받아들이지 않자 태백은 주나라를 떠나 결국 계력이 왕위를 계승하게 되었다. 공자가 말했다. "태백은 지극한 덕을 가진 사람이라고 할 수 있다. 세 번 천하를 양보하였으나 백성들은 그의 덕을 들어 칭찬함이 없구나."[65]

주나라의 문왕文王은 온전한 성인聖人으로 뛰어난 능력과 덕을 갖춘 인물이

---

62 역주: 『사기(史記)』 백이열전(伯夷列傳).
63 『논어(論語)』 술이편(術而篇) 제14장.
64 맹자(孟子)는 백이(伯夷)를 성인으로 불렀으며 공자는 백이(伯夷)와 숙제(叔弟)를 현자(賢者)라고 했다. 본 저자는 백이(伯夷)와 숙제(叔弟)가 정의감이 투철한 의사(義士)라고 본다.
65 역주: 『논어(論語)』 태백편(太伯篇) 제1장.

었는데 『주역周易』에 나오는 현재의 64괘卦의 배열은 문왕이 창시했다고 전해지며 공자는 『주역』 초간본의 저자가 문왕이었다는 전설을 믿었다.

문왕은 백성의 복리만을 생각한 군주이며 무력이 아닌 덕으로 예전 은나라의 많은 제후국들과 동맹을 맺었다.

주나라의 무왕武王은 문왕의 아들이자 계승자로 일부 유학자들로부터 성인으로 칭송을 받았지만 공자와 맹자는 무왕을 성인이라고 하지 않았다.

무왕의 동생 주공周公은 주나라에 예禮와 제사를 들여왔다. "무왕이 말년에 명命을 받았다, 주공周公이 무왕과 문왕의 덕德을 완성하여 태왕과 왕계를 추존하고 위로 선공을 제사지내기를 천자의 예로써 하니, 이 예는 제후諸侯 · 대부大夫 및 사士 · 서인庶人에게 모두 통용된다."[66] 주공도 온전한 성인聖人으로 그의 아버지 문왕 이상의 인물이었는데 공자의 우상이었다. 공자는 자주 주공을 꿈꾸었으며 정치에 나갈 기회가 있을 때마다 주공을 본받으려는 열망이 있었다.

불행히도 공자는 그러한 기회를 얻지 못했다.

위에 열거한 성인聖人들 외에도 현자賢者라고 할 수 있는 사람들이 있었는데 예를 들어 무왕을 도와 그의 과업을 성공시키는 데 공헌을 한 10명이 있었는데 이 중에 여성도 있었다. 그 여성에 대해서 학자들의 답변은 일관되지 못하며 무왕의 어머니라고 주장하는 이도 있고 그의 아내라고 하는 이도 있다.

10.11 관중管仲과 자산子産

관중(管仲, 기원전 725~기원전 645)은 춘추시대 초기 기원전 7세기 초 제齊나라의 환공桓公을 춘추오패春秋五霸의 첫번째 패자로 만드는데 큰 역할을 했다. 당시 주周나라의 도읍지 낙양洛陽은 이미 힘을 잃은 상태이며 제후국간의 전쟁

---

66   역주: 『중용(中庸)』 제18장.

은 빈번히 일어났고 중국 안팎에 사는 이민족은 중국 전체에 커다란 고통을 주고 있었다.

공자가 말했다. "환공이 제후들을 규합하되 병거로써 하지 않은 것은 관중의 힘이었다. 그의 인仁만 같겠는가? 그의 인仁만 같겠는가?"[67]

자산子産은 춘추시대 정鄭나라의 정치가로 공자와 동시대 인물이었지만 공자보다 나이가 약간 연상이었다. 자산은 정나라를 위해 많은 일을 했는데 정사를 잘 했으며 백성들에게 좋은 교육적 혜택이 돌아가게 했고 북쪽의 진晉나라와 남쪽의 초楚나라 두 강대국 사이에 끼어 있는 상태에서 전쟁의 화를 면하게 하여 백성들을 구해 내었다.

공자는 자산을 다음과 같이 평했다. "군자의 도道는 네 가지를 가지고 있다. 자기의 몸가짐이 공손하며, 윗사람 섬김이 진실하며, 백성을 기름이 은혜로우며, 백성을 부리는 것이 의롭다."[68]

정나라 뿐만 아니라 다른 제후국들의 일부 정치가들은 강한 처벌을 동반한 토지제도와 세제의 개혁은 물론 경지를 정하여 강제적으로 계획적 농업행정을 단행하는 것에 대해 비난을 했지만 이에 대해 자산은 사람들은 물을 가지고 놀기 좋아하여 물에 빠지게 되며 불을 두려워하여 타 죽는 일이 거의 없다는 이유를 들었다.

자산에 대해서 『사기史記』는 다음과 같은 기록을 남기고 있다. "자산은 정나라의 대부大夫의 한 사람이다. 정나라 소군昭君 때에 소군은 그가 총애하고 있던 서지徐摯를 재상으로 삼았다. 그러자 나라가 어지러워져서 상하가 친화親和하지 못하고 부자父子가 화목하지 못했다. 대궁大宮 자기子期가 이 사실을 소군에게 아뢰고 자산을 재상으로 삼았다. 자산이 재상이 되고 1년이 지나자 어린아이들이 못된 장난을 치는 일이 없어지고 백발이 된 노인은 무거운 짐

---

67 『논어(論語)』 헌문편(憲問篇) 제17장.
68 『논어(論語)』 공야장편(公冶長篇) 제15장.

을 들고 다니지 않았으며 성년이 안 된 종자들이 밭갈이하는 일이 없었다. 2년이 지나자 시장에서 값을 깎는 일이 없어졌다. 3년이 지나자 치안이 잘되어 밤이 되어도 문을 닫는 일이 없었고 길바닥에 물건이 떨어져 있어도 주워가는 사람이 없었다. 4년이 지나가 도둑이 없어져 농기구를 논밭에 둔 채 집에 가지고 가는 사람이 없었다. 5년이 지나자 병역兵役이 없어졌으므로 거상居喪을 입는 기간은 시키지 않아도 제대로 지켜졌다. 자산은 정나라를 다스린 지 26년 만에 죽었다. 장정들은 소리내 통곡을 하고 노인들은 어린아이들처럼 울며 말했다. '자산이 우리들을 버리고 죽었다는 말인가 우리들 백성들은 장차 누구를 의지한단 말인가?'"**69**

"자산이 죽자 공자가 이를 듣고 눈물을 흘리며 말하였다. '옛날의 사랑을 남겨준 분이로다.'"**70**

10.12 유하혜柳下惠와 거백옥蘧伯玉

유하혜柳下惠는 노魯나라의 형옥刑獄의 일을 관장하는 사사士師 벼슬을 지냈는데 언변에 능하고 예절에 밝아 덕망이 높은 자로 널리 알려진 인물이었다.

제齊나라가 노나라를 침략했을 때 유하혜는 장문중臧文仲에게 작은 나라로서 큰 나라를 섬기는 방법을 일러 주었다. 또한 노나라 동문 밖에 원거爰居라는 바닷새가 날아와 장문중이 새에게 제사를 지내려 하자 국가전례를 명분 없이 더하지 말라고 설득하자 장문중이 이를 받아들였다.

유하혜의 덕을 나타내는 다음과 같은 일화가 있다. 어느 날 유하혜는 멀리 갔다가 돌아오던 중 성문이 닫혀 성 밖에 숙박을 해야 했는데 어떤 여자와 같은 방을 쓰게 되었다. 이때 유하혜는 그 여자가 얼어 죽을까 봐 자기의 품 안에 앉혀 옷으로 덮고는 새벽에 이르기까지 음탕한 행위를 하지 않았다고 한다.

---

69 역주: 『사기(史記)』 순리열전(循吏列傳).
70 역주: 『공자가어(孔子家語)』 정론해편(正論解篇) 정자산유질(鄭子産有疾).

하지만 노나라의 대부 장문중은 유하혜를 높은 자리에 등용하지 않았다. 공자는 말했다. "노나라의 대부 장문중은 자리를 훔친 자이다. 유하혜의 현명함을 알고서도 그와 함께 조정에 서지는 않았다."[71]

거백옥蘧伯玉은 위衛나라의 군자였는데 공자가 훌륭한 인물로 존경한 사람이었다. 다음의 일화는 거백옥의 일면을 잘 보여주고 있다. 어느 날 거백옥이 공자에게 사람을 보냈다. 공자는 그 사람에게 물었다. "그분께서는 어떻게 하고 계시는가?" 그러자 그 사람은 다음과 같이 대답했다. "그분은 자기의 허물을 줄이려고 하지만 아직 안 되고 있습니다."[72]

공자는 거백옥에 대해서 말했다. "군자로다, 거백옥이여! 나라에 도가 있으면 벼슬하고, 나라에 도가 없으면 능력을 거두어 가만히 간직하고 있었다."[73]

위衛나라의 영공靈公은 사추史鰌가 죽은 후에야 비로소 거백옥에 대해서 깊이 생각을 하게 되었다. 사추는 위나라의 대부大夫이자 사관史官으로 영공에게 많은 조언을 해야 했지만 자신의 책무를 다하지 못했다고 생각하여 깊은 한숨을 내쉬고 세상을 떠났다. 사추는 생전에 거백옥과 같은 현자賢者를 천거하는 데 힘썼다. 영공이 미자하彌子瑕를 총애하는 것에 대해 여러 번 충고했지만 듣지 않았다. 사추는 임종 당시 부인과 아들에게 자신의 시체를 창문 밖에 내놓고 염을 하지 말라고 유언을 했다.

문상을 온 영공이 이를 보고 괴이하게 여겨 연유를 묻자 아들이 대답했다. "'나는 거백옥을 천거하지 못했고 미자하를 물리치게 하지 못했다. 살아서 임금을 바르게 이끌지 못했으니 죽어서도 예를 갖출 필요가 없다'는 유언을 남기셨습니다."

이에 감동한 영공이 미자하를 내쫓고 거백옥을 등용했다.[74]

71 『논어(論語)』 위령공편(衛靈公篇) 제13장.
72 『논어(論語)』 헌문편(憲問篇) 제26장.
73 『논어(論語)』 위령공편(衛靈公篇) 제6장.
74 劉向: 《新序》卷一, 《雜事》, 臺北, 世界書局本, 1958年, 第2頁。

11

공자의
제자들

11.1 제자들의 숫자

공자 제자들의 숫자는 사마천(司馬遷, 기원전 145~기원전 86)이 쓴 『사기史記』의 두 문헌 「공자세가孔子世家」와 「중니제자열전仲尼弟子列傳」에서 찾아볼 수 있다. 중니仲尼는 공자의 자字를 말한다.

「공자세가」는 공자의 제자는 3,000명이며 그 중 72명만이 『육경六經』을 모두 공부했다고 한다.

「중니제자열전」은 공자의 제자가 3,000명이라고 했지만, 「공자세가」와 달리 『육경』을 모두 익힌 제자들은 77명이라고 했다.

「중니제자열전」은 다음의 두 가지 이유로 「공자세가」보다 신빙성이 더 높다. 첫 번째로, 「중니제자열전」은 진秦나라 시황제始皇帝의 분서갱유焚書坑儒 사건 이후 공자가 살던 집의 벽에서 발견된 기록에 근거하여 기록되었다. 두 번째로, 「중니제자열전」에서 사마천司馬遷은 공자의 제자 77명의 이름을 열거하였다.

문제가 완전히 해결되지 않았지만 「중니제자열전」에서 사마천이 열거한 제자 명단 중 공자의 말에 솔직하게 반대한 제자도 일부 있는 것 같다.

「중니제자열전」에서 열거된 제자들 중 36명이 『논어論語』에 등장한다. 『논어』에서 제자 20명이 공자와 대화를 나누는 기록이 나오는데, 이로 인해 이들 20명의 이름은 우리와 친숙하다.

11.2 육십일자六十一子[1]

공자의 77명 제자들 중 56명이 출생지가 알려져 있다. 이 외에 5명은 공자의 고향 노魯나라 밖의 제후국 출신으로 추정되며 공자의 대다수 제자들은

---

1   역주: 공자의 제자 가운데 뛰어난 70인을 칠십자(七十子)라고 하는데, 기록에 따라서는 육십일자(六十一子) 또는 칠십이현(七十二賢)이라고도 한다.

노魯나라 출신이었다.

이들 77명 중 16명에 대해 신뢰할 만한 기록은 전해지지 않는다.

다음은 공자가 가르친 61명 제자의 이름과 자字를 보여준다. 이름은 가족과 스승이 불렀으며, 자字는 제자들끼리 불렀다.

공자는 대개 제자들을 이름으로 불렀지만, 극소수의 제자들은 부를 때 자字를 사용했다.

공자의 제자들은 스승 밑에서 학우(學友: 같이 공부하는 벗)들과 토론하며 상대방을 지칭할 때 그 사람의 이름을 사용하곤 했다.

『논어論語』의 편찬자는 대체로 공자의 제자들을 지칭할 때 자字를 사용했지만 두 제자 유약有若(자유子有)과 증삼曾參(자여子輿)만은 예외였다. 아마도『논어』의 편찬자는 유약과 증삼 밑에서 공부한 제2세대 유학자로 보인다. 편찬자는 유약과 증삼을 각각 유자有子와 증자曾子로 칭했다.

육십일자(六十一子)

	성명(姓名)	성(姓)	명(名)	자(字)	출생지(出生地)
1	교단(鄡單)	교(鄡)	단(單)	자가(子家)	요성(聊城)
2	진조(秦組)	진(秦)	조(組)	자남(子南)	진(秦)
3	진비(秦非)	진(秦)	비(非)	자지(子之)	노(魯)
4	진상(秦商)	진(秦)	상(商)	자비(子丕)	초(楚)
5	칠조개(漆雕開)	칠조(漆雕)	개(開)	자약(子若)	노(魯)
6	칠조치(漆雕哆)	칠조(漆雕)	치(哆)	자렴(子斂)	노(魯)
7	전손사(顓孫師)	전손(顓孫)	사(師)	자장(子張)	진(陳)
8	중유(仲由)	중(仲)	유(由)	자로(子路)	노(魯)
9	번수(樊須)	번(樊)	수(須)	자지(子遲)	노(魯)
10	복부제(宓不齊)	복(宓)	부제(不齊)	자천(子賤)	노(魯)
11	해용점(奚容蒧)	해(奚)	용점(容蒧)	자철(子哲)	위(衛)
12	현성(縣成)	현(縣)	성(成)	자기(子祺)	노(魯)
13	후처(后處)	후(后)	처(處)	자리(子里)	제(齊)
14	염계(冉季)	염(冉)	계(季)	자산(子產)	노(魯)

	성명(姓名)	성(姓)	명(名)	자(字)	출생지(出生地)
15	염구(冉求)	염(冉)	구(求)	자유(子有)	노(魯)
16	염유(冉孺)	염(冉)	유(孺)	자로(子魯)	노(魯)
17	염경(冉耕)	염(冉)	경(耕)	백우(伯牛)	노(魯)
18	염옹(冉雍)	염(冉)	옹(雍)	중궁(仲弓)	노(魯)
19	양사적(壤駟赤)	양사(壤駟)	적(赤)	자도(子徒)	진(秦)
20	임부제(任不齊)	임(任)	부제(不齊)	자선(子選)	초(楚)
21	고시(高柴)	고(高)	시(柴)	자고(子羔)	위(衛)
22	구정강(句井疆)	구(句)	정강(井疆)	자강(子疆)	위(衛)
23	규손(邽巽)	규(邽)	손(巽)	자렴(子斂)	고당(高唐)
24	공충(孔忠)	공(孔)	충(忠)	자멸(子蔑)	노(魯)
25	공야장(公冶長)	공야(公冶)	장(長)	자장(子長)	제(齊)
26	공견정(公肩定)	공(公)	견정(肩定)	자중(子中)	노(魯)
27	공서적(公西赤)	공서(公西)	적(赤)	자화(子華)	노(魯)
28	공서점(公西葴)	공서(公西)	점(葴)	자상(子尙)	노(魯)
29	공하수(公夏首)	공하(公夏)	수(首)	자승(子乘)	노(魯)
30	공석애(公晳哀)	공석(公晳)	애(哀)	계심(季沈)	제(齊)
31	공량유(公良孺)	공량(公良)	유(孺)	자정(子正)	진(陳)
32	공백료(公伯僚)	공백(公伯)	료(僚)	자주(子周)	노(魯)
33	공손룡(公孫龍)	공손(公孫)	룡(龍)	자석(子石)	위(衛)
34	양전(梁鱣)	양(梁)	전(鱣)	숙어(叔魚)	제(齊)
35	염결(廉潔)	염(廉)	결(潔)	자용(子庸)	위(衛)
36	민손(閔損)	민(閔)	손(損)	자건(子騫)	노(魯)
37	남궁괄(南宮适)	남궁(南宮)	괄(适)	자용(子容)	노(魯)
38	보숙승(步叔乘)	보숙(步叔)	승(乘)	자거(子車)	박창(博昌)
39	복상(卜商)	복(卜)	상(商)	자하(子夏)	위(衛)
40	상적(商翟)	상(翟)	적(翟)	자목(子木)	노(魯)
41	신정(申棖)	신(申)	정(棖)	자주(子周)	노(魯)
42	숙중회(叔仲會)	숙중(叔仲)	회(會)	자기(子期)	노(魯)
43	사마경(司馬耕)	사마(司馬)	경(耕)	자우(子牛)	송(宋)
44	담대멸명(澹臺滅明)	담대(澹臺)	멸명(滅明)	자우(子羽)	노(魯)
45	재여(宰予)	재(宰)	여(予)	자아(子我)	노(魯)

	성명(姓名)	성(姓)	명(名)	자(字)	출생지(出生地)
46	증점(曾點)	증(曾)	점(點)	석(晳)	노(魯)
47	증삼(曾參)	증(曾)	삼(參)	자여(子輿)	노(魯)
48	좌인영(左人郢)	영(郢)	인영(人郢)	자행(子行)	남화(南華)
49	단목사(端木賜)	단목(端木)	사(賜)	자공(子貢)	위(衛)
50	무마시(巫馬施)	무마(巫馬)	시(施)	자기(子期)	노(魯)
51	안지복(顔之僕)	안(顔)	지복(之僕)	자숙(子叔)	노(魯)
52	안하(顔何)	안(顔)	하(何)	자염(子冉)	노(魯)
53	안행(顔幸)	안(顔)	행(幸)	자류(子柳)	노(魯)
54	안회(顔回)	안(顔)	회(回)	자연(子淵)	노(魯)
55	안쾌(顔噲)	안(顔)	쾌(噲)	자성(子聲)	노(魯)
56	안조(顔祖)	안(顔)	조(祖)	자양(子襄)	부양(富陽)
57	안무요(顔無繇)	안(顔)	무요(無繇)	로(路)	노(魯)
58	언언(言偃)	언(言)	언(偃)	자유(子游)	오(吳)
59	유약(有若)	유(有)	약(若)	자유(子有)	노(魯)
60	원헌(原憲)	원(原)	헌(憲)	자사(子思)	노(魯)
61	악해(樂欬)	악(樂)	해(欬)	자성(子聲)	노(魯)

육십일자六十一子 가운데 다음의 20명은 『논어』에 자주 등장하기 때문에 우리와 가장 친숙하다.

5 칠조개漆雕開(자약子若)   39 복상卜商(자하子夏)

7 전손사顓孫師(자장子張)   43 사마경司馬耕(자우子牛)

8 중유仲由(자로子路)   45 재여宰子(자아子我)

9 번수樊須(자지子遲)   46 증점曾點(석석晳)

15 염구冉求(자유子有)   47 증삼曾參(자여子輿)

17 염경冉耕(백우伯牛)   49 단목사端木賜(자공子貢)

18 염옹冉雍(중궁仲弓)   54 안회顔回(자연子淵)

21 고시高柴(자고子羔)   58 언언言偃(자유子游)

27 공서적公西赤(자화子華)   59 유약有若(자유子有)

36 민손閔損(자건子騫)　　　　60 원헌原憲(자사子思)

11.3 출생년도

공자의 출생년도를 기원전 552년이 아니라 551년으로 가정하면 다음과 같이 22명 제자들의 출생년도를 표시할 수 있다.

	성명(姓名)	자(字)	출생년도(BC)	공자와 나이 차이
57	안무요(顔無繇)	로(路)	545	6
17	염경(冉耕)	백우(伯牛)	544	7
8	중유(仲由)	자로(子路)	542	9
5	칠조개(漆雕開)	자약(子若)	540	11
59	유약(有若)	자유(子有)	538	13
36	민손(閔損)	자건(子騫)	536	15
60	원헌(原憲)	자사(子思)	525	26
18	염옹(冉雍)	중궁(仲弓)	522	29
15	염구(冉求)	자유(子有)	522	29
40	상적(商翟)	자목(子木)	522	29
54	안회(顔回)	자연(子淵)	521	30
21	고시(高柴)	자고(子羔)	521	30
50	무마시(巫馬施)	자기(子期)	521	30
49	단목사(端木賜)	자공(子貢)	520	31
9	번수(樊須)	자지(子遲)	515	36
44	담대멸명(澹臺滅明)	자우(子羽)	512	39
27	공서적(公西赤)	자화(子華)	509	42
39	복상(卜商)	자하(子夏)	507	44
58	언언(言偃)	자유(子游)	506	45
47	증삼(曾參)	자여(子輿)	505	46
7	전손사(顓孫師)	자장(子張)	503	48
10	복부제(宓不齊)	자천(子賤)	502	49

대체로 공자의 나이 든 제자들은 공자 학당 초기부터 공자의 가르침을 받았으며 어린 제자들은 나중에 입문했다. 나이 든 제자들이 덕행德行에 뛰어난 반면에 어린 제자들은 학문만을 추구했다. 물론 예외도 있었다. 그가 바로 어린 안회顔回(자연子淵)이다. 안회는 어린 제자였지만 공자의 제자들 가운데 가장 뛰어났다.

공자의 제자 대다수는 공자가 제후국들을 주유周遊할 때 공자의 문하에 들어갔다. 제자들은 대체로 공자가 노魯나라로 돌아왔을 때 공자 곁으로 왔다. 하지만 14년간 공자와 주유 생활을 같이 한 중유仲由(자로子路)는 공자가 노나라로 돌아갈 때 위衛나라에 남았다.

공자의 만년에 어린 제자들은 축적된 지혜 속에 가르침을 받았는데, 이 시기에 공자는 『춘추春秋』를 편집하고 『서경書經』과 『시경詩經』을 편집했다. 공자는 예禮와 악樂을 오랫동안 깊이 연구하여 높은 경지에 올랐다.

따라서 공자의 철학과 학문을 후대에 전한 제자들이 증삼曾參(자여子輿), 복상卜商(자하子夏), 상구商瞿(자목子木) 등의 어린 제자들이었다는 것은 놀라운 일이 아니다. 증삼, 복상, 상구는 각각 공자보다 46살, 44살, 29살 연하였다.

11.4 공문십철孔門十哲

공문십철孔門十哲은 공자의 제자들 중 가장 뛰어난 열 명을 가리킨다. 이들은 공자가 제후국 진陳나라와 채蔡나라에서 고초를 겪고 제후국 간의 전쟁이 벌어지는 와중에서도 공자와 함께 주유周遊 생활을 함께 한 제자들이었다.

공자는 공문십철에 대해서 다음과 같이 말했다. "나를 진나라와 채나라에서 따르던 자들은 다 문하門下에 있지 않구나! 덕행德行에는 안연顔淵 · 민자건閔子騫 · 염백우冉伯牛 · 중궁仲弓이었고 언어言語에는 재아宰我 · 자공子貢이었고 정사政事에는 염유冉有 · 계로季路였고 문학文學에는 자유子游 · 자하子夏였다."[2]

(1) 덕행(德行)

① 안회顔回(자연子淵) [육십일자 54]

② 민손閔損(자건子騫) [육십일자 36]

③ 염경冉耕(백우伯牛) [육십일자 17]

④ 염옹冉雍(중궁仲弓) [육십일자 18]

(2) 언어(言語)

⑤ 재여宰予(자아子我) [육십일자 45]

⑥ 단목사端木賜(자공子貢) [육십일자 49]

(3) 정사(政事)

⑦ 염구冉求(자유子有) [육십일자 15]

⑧ 중유仲由(자로子路) [육십일자 8][3]

(4) 문학(文學)

⑨ 언언言偃(자유子游) [육십일자 58]

⑩ 복상卜商(자하子夏) [육십일자 39]

물론 위의 공자가 한 말은 안회顔回와 다른 세 제자가 덕행德行은 뛰어나지만 언어言語·정사政事·문학文學에 대해서 문외한(門外漢: 어떤 일에 전문적인 지식이 없는 사람)이라는 것을 뜻하지는 않는다. 전목錢穆이 지적한 바와 같이 당시의 덕행·언어·정사·문학의 네 가지 전공은 오늘날 통용되고 있는 전공과는 전혀 다르다.[4]

2　역주: 『논어(論語)』 선진편(先進篇) 제2장.

3　역주: 중유(仲由)는 그의 자(字)인 자로(子路)로 부르지만 또 다른 호칭인 계로(季路)라고 부르기도 한다.

4　錢穆: 《中國學術特性》, 見《中華學報》第3卷第1期, 第152頁。

남송南宋의 주희朱熹는 안회가 모든 방면에서 공자의 가르침을 잘 소화했다고 했다. 안회는 장차 공자를 이을 촉망받는 사람이었지만 불행히도 공자보다 먼저 세상을 떠났다.[5]

우리는 같은 이유로 언어가 뛰어났다고 하는 두 제자 재여宰子(자아子我)와 단목사端木賜(자공子貢)가 덕행이 못하다고 보지는 않는다. 공자는 이들이 지식을 쌓기 전에 군자君子가 되리라 기대했다.

우리는 다음 절부터 덕행·언어·정사·문학의 공문십철孔門十哲에 대해서 논할 것이다.

그리고 공자의 뛰어난 제자 육십일자六十一子 중에 공문십철 외에도 유약有若(자유子有), 전손사顓孫師(자장子張), 증점曾點(석皙) 등의 다른 제자들도 다룰 것이다.

11.5 안회顔回(자연子淵)

노魯나라의 애공哀公이 공자에게 물었다. "제자 중에 학문을 좋아하는 사람이 누구입니까?" 공자가 대답했다. "안회顔回라는 자가 있었는데 학문을 좋아하여 노여움을 옮기지 않으며 잘못을 되풀이하지 않았습니다."[6]

안회는 이 밖에도 다른 장점이 있었다.

(1) 안회는 한 그릇의 밥과 한 표주박의 마실 것으로 누추한 골목에 살았다. 사람들은 그 근심을 견뎌내지 못했지만 안회는 그 즐거움을 바꾸지 않았다.[7]

(2) 공자가 말해주면 게을리 하지 않는 자는 안회였다.[8]

---

5 錢穆:《朱子新學案》第3冊, 第588頁。
6 『논어(論語)』 옹야편(雍也篇) 제2장.
7 『논어(論語)』 옹야편(雍也篇) 제9장.

(3) 공자가 말했다. "내가 안회와 말을 할 때 보면 종일토록 거부하지 않아 마치 어리석은 사람 같았다. 그러나 물러나와 안회가 개인적으로 행동하는 것을 살펴보니 또한 내가 말해준 것을 잘 실천하고 있었다. 안회는 어리석은 사람이 아니었다."[9]

(4) 안회는 그 마음이 3개월 동안 인仁에서 떠나지 않았지만 그 나머지 사람들은 하루나 한 달 정도 거기에 이를 뿐이었다.[10]

(5) 안회는 다음과 같이 말했다. "순舜은 어떠한 사람이며 나는 어떠한 사람인가? 도道를 이룸이 있는 자는 또한 이 순과 같다."[11]

(6) 공자가 단목사端木賜(자공子貢)에게 물었다. "너와 안회는 누가 나은가?" 자공子貢이 대답했다. "제가 어찌 감히 안회를 우러러 보겠습니까? 안회는 하나를 들으면 열을 알지만, 저는 하나를 들으면 둘을 알 따름입니다."[12]

(7) 증삼曾參(자여子輿)이 안회에 대해서 말했다. "유능한 사람이면서 유능하지 못한 사람에게 물으며, 학식이 많은 사람이면서 적은 사람에게 물으며, 있어도 없는 것처럼 하며, 가득 찼어도 빈 것처럼 하며, 남이 덤비더라도 따지지 않는 것을 옛날에 내 친구가 일찍이 해내었다."[13]

(8) 안회는 공자에게 자신의 뜻을 말했다. "잘 하는 것을 자랑하지 아니하고, 공로를 드러내지 아니하고자 합니다."[14]

공자는 제자들에게 기대를 크게 걸었는데 안회에게는 철저하게 학문을 익히기를 바랐다. 어느 날 안회가 공자에게 인仁에 대해서 묻자 공자가 대답했

---

8 『논어(論語)』 자한편(子罕篇) 제19장.
9 『논어(論語)』 위정편(爲政篇) 제9장.
10 『논어(論語)』 옹야편(雍也篇) 제5장.
11 『맹자(孟子)』 등문공장구상(滕文公章句上) 제1장.
12 『논어(論語)』 공야장편(公冶長篇) 제8장.
13 『논어(論語)』 태백편(泰佰篇) 제5장.
14 『논어(論語)』 공야장편(公冶長篇) 제25장.

다. "자기를 이기고 예로 돌아가는 것이 인이니, 어느 날 하루 자기를 이기고 예로 돌아가면 천하가 인으로 돌아간다. 인을 하는 것은 자기로 말미암는 것이니, 남으로 말미암는 것이겠는가!" 안회가 물었다. "그 구체적인 방법을 묻겠습니다." 그러자 공자가 대답했다. "예가 아니면 보지 말며, 예가 아니면 듣지 말며, 예가 아니면 말하지 말며, 예가 아니면 움직이지 말라."**15**

위와 같이 예禮가 아니면 보지도 말고 듣지도 말며 말하지도 말아야 하니, 안회 이외의 다른 제자들에게는 이러한 혹독한 가르침을 주지 않았다.

안회는 이와 같은 삶을 살며 덕을 높이 쌓으면서 기회가 찾아오면 세상을 낙원으로 만들 수 있는 사람이었다.

안회가 죽자 공자께서 애통하게 곡하였다. 종자(從者: 남에게 종속되어 따라다니는 사람)가 말했다. "선생님께서 통곡하셨습니다." 그러자 공자가 말했다. "통곡을 했었느냐? 그 사람을 위해서 통곡하지 않고 누구를 위해 하겠느냐?"**16**

11.6 민손閔損(자건子騫), 염경冉耕(백우伯牛), 염옹冉雍(중궁仲弓)

전설에 따르면 민손閔損(자건子騫)은 자신을 학대한 의붓어머니가 있었다. 민손의 아버지는 의붓어머니의 잘못된 행실을 알게 되자 이혼하려고 했다. 그러자 민손은 아버지에게 간곡히 청했다. 왜냐하면 이혼하게 되면 의붓어머니가 낳은 자기의 두 이복형제(異腹兄弟: 아버지는 같고 어머니는 다른 형제)가 어머니 없는 자식이 되기 때문이었다. 이 말을 듣자 민손의 의붓어머니는 감동을 받아 자신의 행실을 고치기로 마음먹었다.

노魯나라 사람이 장부長府라는 창고를 짓자 민손**17**이 물었다. "옛날 하던 것

---

15 『논어(論語)』 안연편(顏淵篇) 제1장.
16 『논어(論語)』 선진편(先進篇) 제9장.
17 역주: 민(閔)은 성, 자건(子騫)은 자(字), 이름은 손(損). 공자의 제자. 공자보다 15세 연하이며 노(魯)나라 사람이다.

을 그대로 하는 것이 어떻겠는가? 하필 고쳐 만들어야 하는가?" 그러자 공자가 말했다. "저 사람이 말을 하지 않을지언정 말을 하면 반드시 도리에 맞는다."[18]

계씨季氏가 민손을 비費[19]의 재상으로 삼으려 하자, 민손이 사자에게 말했다. "나를 위해 그에게 잘 사양해 달라. 만약 나에게 다시 이런 말이 나온다면 나는 반드시 문수汶水[20] 가에 있을 것이다."[21]

공자가 말했다. "효성스럽다. 민자건閔子騫이여! 사람들이 그 부모형제에 대해 말한 것에서 트집을 잡지 못했다."[22]

안회와 마찬가지로 염경冉耕[23]은 공자보다 먼저 세상을 떠났다. 『논어』에서 염경에 대해서는 한 번만 언급되어 있다. 염경이 병을 앓자 공자가 문병하면서 창문으로 그의 손을 잡고 말했다. "이 병에 걸릴 리가 없을 터인데, 명命이로구나. 이런 사람에게 이런 병이 있다니, 이런 사람에게 이런 병이 있다니."[24]

맹자의 제자 공손추公孫丑가 맹자에게 물었다. "제가 전에 들으니 '자하子夏·자유子游·자장子張은 모두 성인聖人의 한 부분만을 가지고 있었고, 백우伯牛·민자閔子·안회顔回는 전체를 갖추고 있었으나 미약하다' 했습니다. 감히 묻겠습니다. 선생님께서는 어느 쪽이신지요?" 맹자가 대답했다. "원하는 것은 공자를 배우는 것이다."[25]

---

18 『논어(論語)』 선진편(先進篇) 제13장.
19 역주: 환공(桓公)이 계손씨(季孫氏)에게 봉(封)해준 읍(邑). 옛 성(城)이 산동성(山東省) 기주부(沂州府) 비현(費縣)의 서북 20리에 남아 있다.
20 역주: 제(齊)나라와 노(魯)나라의 국경지방을 흐르는 강. 汶의 음은 '문'이다.
21 『논어(論語)』 옹야편(雍也篇) 제7장.
22 『논어(論語)』 선진편(先進篇) 제4장.
23 역주: 공자의 제자. 성은 염(冉), 이름은 경(耕), 백우(伯牛)는 그의 자(字). 노(魯)나라 사람. 공자보다 7세 연하.
24 『논어(論語)』 옹야편(雍也篇) 제8장.
25 『맹자(孟子)』 공손추장구상(公孫丑章句上) 제2장.

염옹冉雍(중궁仲弓)²⁶에 대한 것은 위에 언급한 공자의 두 제자 안회와 민손 보다 더 많이 알려져 있다. 『논어』에서 염옹에 대한 일화는 다음과 같이 여섯 번 나온다.

(1) 공자는 말했다. "중궁仲弓은 남면(南面: 임금 노릇 하는 것. 임금은 북쪽에서 남쪽으로 향하고 있기 때문이다. 반대로 신하 노릇 하는 것은 북면北面이라 한다.)하게 할 만하다."²⁷

(2) 어떤 사람이 공자에게 말했다. "중궁은 어질기는 하지만 말을 잘하지 못합니다." 그러자 공자가 말했다. "말재주를 어디에 쓰겠는가? 말재주 있는 사람은 넉넉한 말재주로 남의 공격을 막기 때문에 남에게 미움을 받는다. 그가 어진지 어떤지는 모르겠으나 말재주를 어디에 쓰겠는가?"²⁸

(3) 공자가 염옹을 평하여 말했다. "얼룩소가 색이 붉고 또 뿔이 좋으면 비록 쓰지 않고 내버려 두어도, 산천의 신이 그것을 놓아두겠는가?"²⁹

(4) 염옹이 계씨季氏의 가신이 되어 공자에게 정치에 대해 묻자 공자가 말했다. "① 유사(有司: 실무를 담당하는 실무자)를 앞세우고 ② 작은 허물을 용서해 주며 ③ 어진 이와 재주 있는 사람을 등용해야 한다."
염옹이 다시 공자에게 물었다. "어떻게 어진 이와 재주 있는 사람을 알아서 등용합니까?" 그러자 공자가 대답했다. "네가 아는 사람 중에서 등용하면, 네가 모르는 사람은 남들이 놓아두겠느냐?"³⁰

(5) 염옹이 노魯나라의 자상백자子桑伯子에 대해 묻자 공자가 말했다. "무난

---

26 역주: 성은 염(冉), 이름은 옹(雍), 중궁(仲弓)은 자(字)이다. 노(魯)나라의 사람으로 공자의 십대제자 공문십철(孔門十哲) 중의 한 사람이다. 덕행(德行)으로 이름이 높다.
27 『논어(論語)』 옹야편(雍也篇) 제1장.
28 『논어(論語)』 공야장편(公冶長篇) 제4장.
29 『논어(論語)』 옹야편(雍也篇) 제4장.
30 『논어(論語)』 자로편(子路篇) 제2장.

하지만 단순하다." 염옹이 다시 물었다. "경건한 마음을 가지면서 단순
하게 처리하여 백성들을 대한다면 또한 괜찮지 않습니까? 단순해야 한
다는 마음을 가지고 단순하게 처리하면 너무 단순하게 되는 것이 아닙
니까?" 그러자 공자가 말했다. "중궁의 말이 옳다."[31]

(6) 염옹이 인仁을 묻자 공자가 말했다. "문을 나갔을 때에는 큰 손님을 뵌
듯하며, 백성에게 일을 시킬 때에는 큰 제사를 받들 듯 하고, 자기가
하고 싶지 않은 것을 남에게 베풀지 말아야 하며, 나라에 있어서도 원
망함이 없으며 집에 있어서도 원망함이 없어야 한다." 그러자 염옹이
말했다. "제가 비록 불민하나 그 말씀을 받들겠습니다."[32]

11.7 재여宰子(자아子我)와 단목사端木賜(자공子貢)

재여宰子(자아子我)와 단목사端木賜(자공子貢)는 상반된 면을 보여 주는데, 재
여가 공자를 실망시킨 반면에 단목사는 공자가 아끼던 제자였다.

여기에는 두 가지 이유가 있다. 첫 번째로 공자가 위에서 밝혔듯이 단목사
는 언변(言辯: 말을 잘 하는 재주나 솜씨)에 능했다. 두 번째 이유는 재여가 공문십
철孔門十哲의 한 사람이었다는 사실에 대해 후대의 학자들이 그릇된 인상을 가
졌다는 점이다.

재여는 공문십철 가운데 가장 뒤떨어진 제자였다. 재여는 공자가 진陳나라
와 채蔡나라에서 수모를 당하던 때에 공자를 따른 제자 중의 한 사람이었기
때문에, 공자가 재여를 언급했다고 하는 것이다.

『논어論語』는 재여에 호의적이지 않았다. 재여는 공자에게 세 번이나 질책
을 받았다. 첫 번째 재여가 낮잠을 잤기 때문이었다.[33] 다음으로 재여가 삼년

---

31 『논어(論語)』 옹야편(雍也篇) 제1장.
32 『논어(論語)』 안연편(顔淵篇) 제24장.
33 『논어(論語)』 공야장편(公冶長篇) 제9장.

상을 일년상으로 바꾸자고 했기 때문이었다.[34] 마지막으로 재여가 인자仁者의 부류에 속하는 사람들은 비록 너절한 거리에 어진 사람이 있다고 말하더라도 그를 따라갈 것이라고 말했기 때문이었다. 공자는 이에 대해 다음과 같이 말했다. "군자는 가보게 할 수는 있으나 빠지게 할 수는 없으며, 속일 수는 있어도 멍청하게 만들 수는 없는 것이다."[35]

위의 세 가지 실수 말고도 재여는 애공哀公의 질문에 대한 대답으로 공자를 불쾌하게 했다. 애공이 재여에게 사社를 상징하는 나무에 대해 물으니 재여가 대답했다. "하후씨夏厚氏는 소나무로 상징했고, 은殷나라 사람들은 측백나무로 상징했고 주周나라 사람들은 밤나무를 상징했으니, '백성들로 하여금 전율戰慄케 하기 위한 것이었다.' 합니다."[36]

다시 말해서 재여가 밤나무의 율栗이 '떤다'고 할 때의 율慄과 음이 같다는데 착안하여 백성들을 떨게 만들기 위한 것이었다고 대답하여 애공으로 하여금 공포정치를 하도록 유도할 수 있기 때문에 공자를 불쾌하게 했다.

단목사는 재여보다 훨씬 나은 제자였지만, 단목사 또한 공자에게 질책을 받기도 했다. 그러나 그 질책은 심한 것이 아니었다.

단목사가 사람들을 비교하니 공자가 말했다. "자공子貢은 훌륭하도다! 나는 내 공부하기 바빠서 남을 비교할 겨를이 없더라."[37]

또 다른 경우에도 단목사는 공자에게 질책을 받았다. 단목사가 초하루에 사당에 아뢰는 제사에 희생으로 쓰는 양을 없애려 하자 공자가 말했다. "자공아 너는 그 양을 아끼려느냐? 나는 그 예禮를 아낀다."[38]

단목사는 공자에게 질책이나 반박을 당하기도 했지만, 그에 대한 공자의

---

34 『논어(論語)』 양화편(陽貨篇) 제21장.
35 『논어(論語)』 옹야편(雍也篇) 제24장.
36 『논어(論語)』 팔일편(八佾篇) 제21장.
37 『논어(論語)』 헌문편(憲問篇) 제31장.
38 『논어(論語)』 팔일편(八佾篇) 제17장.

애틋한 사랑은『논어』곳곳에 찾아볼 수 있다.

단목사가 공자에게 물었다. "저는 어떠합니까?" 공자가 대답했다. "너는 그릇이다." 단목사가 공자에게 다시 물었다. "무슨 그릇입니까?" 공자가 대답했다. "호련39와 련璉40이다."41 어느 날 계강자季康子가 공자에게 물었다. "자공은 정사에 종사토록 할 만합니까?" 공자가 대답했다. "자공은 세상사에 달통했으니 정사에 종사하는 데 무슨 어려움이 있겠습니까?"42

어느 날 공자가 단목사에게 물었다. "너와 안회顔回 둘 중 누가 나은가?" 단목사가 대답했다. "제가 감히 안회를 우러러보겠습니까? 안회는 하나를 들으면 열을 알지만 저는 하나를 들으면 둘을 알 따름입니다." 그러자 공자가 말했다. "그보다 못하다. 나와 너는 그보다 못하다."43

공자는 단목사에게 많은 것을 기대했다. 공자는 염옹冉雍(중궁仲弓)에게 준 가르침을 단목사에게도 주었다. 단목사가 공자에게 물었다. "한 마디 말로써 종신토록 행할 만한 것이 있습니까?" 공자가 대답했다. "서恕일 것이다. 자기가 하고 싶지 않은 것을 남에게 시키지 않는 것이다."44

그러나 얼마 후 단목사가 공자에게 말했다. "남들이 나에게 하는 것 중에서 내가 싫은 것이 있다면 나 또한 그런 것을 남에게 하지 않을 것입니다." 그러자 공자가 말했다. "자공아 네가 도달한 곳이 아니다."45

위에 공자가 한 말은 모순되는 것인가? 공자가 단목사에게 서恕를 가르쳐 준 후 단목사가 서를 실천할 수 없다고 한 것 자체가 서를 말하는 것인가?

---

39 역주: 기장을 담아서 제사에 올릴 때 쓰는 그릇.
40 역주: 기장을 담아서 제사에 올릴 때 쓰는 그릇. 하대(夏代)에는 련(璉), 은대(殷代)에는 호(瑚), 주대(周代)에는 궤(簋)라 했다. 모두 노공(魯公)이 제사 때 쓰는 중요한 그릇인 것이다.
41 『논어(論語)』공야장편(公冶長篇) 제3장.
42 『논어(論語)』옹야편(雍也篇) 제6장.
43 『논어(論語)』공야장편(公冶長篇) 제8장.
44 『논어(論語)』위령공편(衛靈公篇) 제23장.
45 『논어(論語)』공야장편(公冶長篇) 제11장.

여기서 학문적인 문제가 발생한다. 『논어』의 편찬자가 이 대화를 필사하는 도중에 실수를 저지른 것일 수도 있고, 공자가 말하고자 하는 바가 단목사가 서恕를 실천하는 것이라고 할 수도 있으며, 아니면 공자는 단목사가 서를 실천했으면 하는 자신의 바람을 크게 부각시키고 싶어 하지 않은 것이라고도 할 수 있다.

단목사는 언변言辯에 능했으며 뛰어난 외교관이었다. 단목사는 시를 잘 지었으며 장사에도 큰 성공을 거두었다. 전설에 따르면 단목사는 실제로 공자와 동료 제자들 몇 명을 경제적으로 부양했다고 한다. 공자를 향한 단목사의 존경과 사랑은 보통의 수준을 넘는 대단한 것이었다.

11.8 염구冉求(자유子有)와 중유仲由(자로子路)

공자가 말했듯이 염구冉求(자유子有)와 중유仲由(자로子路) 두 제자는 정사政事에 능했다. 염구冉求와 중유仲由는 주周나라의 관리를 지낸 적이 있으며 병법(兵法: 군사를 지휘하여 전쟁하는 방법)도 알고 있었다.

노魯나라의 계씨季氏가 노나라의 시조 주공周公보다 부유했는데도 염구冉求가 그를 위해 세금을 모으고 더 늘려주었다. 공자가 말했다. "나의 제자가 아니다. 소자(小子: 스승이 제자를 친근하게 부르는 말)들아 북을 올려 성토하는 것이 좋겠다."[46]

하지만 염구는 노나라에 영향력을 행사하여 공자가 14년 동안 지속되었던 주유周遊 생활에 종지부를 찍고 노나라로 돌아오게 했다.

게다가 염구는 기원전 485년 제齊나라의 침략으로부터 노나라를 구했다. 염구는 노나라의 좌군左軍을 지휘하여 제나라를 물리쳤는데, 이는 전쟁 초기에 노나라 우군右軍의 참패를 설욕한 것이다.

---

46 『논어(論語)』 선진편(先進篇) 제16장.

『논어論語』는 『춘추좌씨전春秋左氏傳』보다 염구를 더 공정하게 평가하고 있다. 『논어』에서 우리는 공자가 염구에 대한 긍정적인 평가를 내린 것을 볼 수 있다. 계강자季康子가 공자에게 물었다. "염유冉有는 정사에 종사토록 할 만합니까?" 공자가 대답했다. "염유는 세상사에 달통했으니 정사에 종사하는데 무슨 어려움이 있겠습니까?" 공자는 맹무백孟武伯에게 말했다. "염유는 천승의 나라에 그 군정을 다스리게 할 수는 있거니와 그가 어진지는 모르겠습니다."[47]

염구가 공자에게 말했다. "저는 선생님의 도를 기뻐하지 않는 것은 아니지만 힘이 부족합니다." 그러자 공자가 말했다. "힘이 부족한 자는 중도에까지 가다가 쓰러진다. 지금 너는 금을 긋는구나."[48]

계씨季氏가 장차 전유顓臾를 치려 하자, 염구와 중유가 공자에게 와서 말했다. "계씨가 장차 전유에서 일을 벌이려 합니다."

공자가 말했다. "자로子路야 네가 잘못하지 않았느냐? 저 전유[49]는 옛적에 선왕께서 동몽산東蒙山[50]의 제주(祭主: 제사를 관장하는 자)로 삼으셨고 또한 우리나라의 영역 안에 있으니, 이는 사직(社稷: 국가)을 담당하는 신하이다. 쳐서 무엇을 하려는가?" 염구가 말했다. "그 사람이 하려는 것이지, 우리 두 신하는 다 원하지 않았습니다." 공자가 말했다. "자로야 주임(周任: 옛날의 빼어난 사관史官)이 말하기를, '능력을 펴서 대열에 나아가 할 일을 할 수 없는 자는 그만두어야 한다.'고 했다. 위태로운데도 붙들지 않고 넘어지는데도 붙들지 않는다면, 장차 저 재상을 어디에 쓰겠느냐? 또 너의 말이 잘못되었다. 범과 코뿔소가 우리에서 뛰쳐나오며, 거북의 등껍질과 옥이 궤짝 속에서 망가졌다면, 이

---

47 『논어(論語)』 옹야편(雍也篇) 제6장, 공야장편(公冶長篇) 제7장.
48 『논어(論語)』 옹야편(雍也篇) 제10장.
49 역주: 복희(伏羲)의 후예. 주공(周公) 단(旦)이 노(魯)나라에 봉해지기 전부터 몽산(蒙山)의 제사를 맡아왔던 작은 나라. 공자 당시에는 부용국(附庸國: 강대국에 종속되어 그 지배를 받는 약소국)으로서 노(魯)나라에 속해 있었다.
50 역주: 지금의 산동성(山東省) 비현(費縣)의 서북쪽에 있다.

는 누구의 잘못이겠느냐?" 염구가 대답했다. "지금 저 전유는 견고하며 비費 읍에 가까우니, 지금 취하지 않으면 후세에 반드시 자손의 걱정거리가 될 것입니다." 공자가 말했다. "자로야! 군자는 욕망을 솔직하게 말하지 않고 언사로 꾸며대는 것을 미워한다."[51]

계씨의 전유 침공 계획에 대해서 『논어』 외에 다른 기록은 현존하지 않지만, 염구와 중유는 공자의 심기(心氣: 마음으로 느끼는 기분)가 불편해지는 것을 염려하여 마침내 이 계획을 무산시키기로 결정한 것으로 보인다.

중유는 공자의 제자들 중 가장 용감했다. 공자는 말했다. "한 쪽의 말만듣고 죄의 유무를 결정하는 자는 아마도 자로일 것이다." 중유는 승낙한 일을 미루고 실행하지 않음이 없었기 때문일 것이다.[52]

중유는 성격이 급했다. 한 쪽의 말만 듣고 누가 옳고 그른지 바로 판단해버렸다.[53]

중유는 공회孔悝를 구하기 위해 노魯나라에 가지 않고 위衛나라에 남은 것을 제외하고 공자의 가르침을 문자 그대로 철저하게 실천했다.[54]

중유는 들은 것이 있는데 아직 그것을 실행할 수 없을 때는 다른 것을 또듣게 될까 오직 그것을 두려워 했다.[55]

---

51 『논어(論語)』 계씨편(季氏篇) 제1장.
52 『논어(論語)』 안연편(顏淵篇) 제12장.
53 『논어(論語)』 안연편(顏淵篇) 제12장.
54 역주: 기원전 480년 괴외(蒯聵)는 위(衛)나라 공실(公室)의 환관(宦官)인 라(羅)의 도움을 받아 누이인 공백희(孔伯姬)·혼량부(渾良夫)·석기(石乞)·우염·공손겸(公孫鍼) 등과 이미 죽은 대부인 공어(孔圉)와 공백희(孔伯姬) 사이에서 태어난 집정대부(執政大夫) 공회(孔悝)를 위협해 자기편으로 만든 뒤 난을 일으켜 대부(大夫) 소획(召獲)과 아들인 출공(出公)을 노(魯)나라로 도망하게 했다. 이때 공자의 제자 고시(高柴)는 난을 피해 살아 돌아왔지만 공자의 제자 중유(仲由)는 공회(孔悝)를 구하러 가서 대문을 막고 있는 공손겸(公孫鍼)을 만나 언쟁을 벌이다가 대문이 열린 틈을 타 재빨리 안으로 들어가 공회(孔悝)를 풀어주지 않으면 누대(樓臺)에 불을 지르겠다고 협박하다 석기(石乞)·우염과 싸우다가 관(冠) 끈이 끊어져 묶고 전사했다.
55 『논어(論語)』 공야장편(公冶長篇) 제13장.

맹자가 말했다. "자로는 사람들이 그에게 허물이 있음을 말해주면 기뻐했다."[56]

안회顔回와 중유가 공자와 같이 있을 때 공자가 말했다. "어찌 각각 너희들의 뜻을 말하지 않느냐?" 그러자 중유가 대답했다. "수레와 말을 타는 것과 가벼운 갑옷을 입는 것을 친구와 함께 하다가 망가지더라도 유감이 없겠습니다."[57]

공자가 말했다. "해진 솜옷을 입고서 여우나 담비 가죽을 입은 자와 같이 서 있으면서도 부끄러워하지 않는 자는 아마도 자로일 것이다."[58]

중유는 공자의 대부분의 제자와 같이 약간의 결점이 있었다. 예를 들어 중유는 어떤 잘못에 대해 직선적이었으며 스승 공자에게도 자신의 반감을 보이는 데 주저함이 없었다.

중유는 본래 거친 사람이었기에 공자가 위衛나라 영공靈公의 부인夫人인 남자南子를 만나자 중유가 기뻐하지 않았다. 이에 공자가 맹세했다. "내가 잘못한 것이었다면 하늘이 나를 미워할 것이다. 나를 미워할 것이다."[59]

중유가 슬瑟[60]을 연주하고 있는 중에 듣고 있던 공자는 잘못된 곡조를 몇 개 발견했다. 하지만 공자는 중유가 완벽하지 않지만 연주 실력이 많이 늘었다고 칭찬하면서 슬을 그대로 연주하도록 했다.

중유는 성격이 급해 일단 결정하면 바로 행동에 옮기는 사람으로 깊이 생각하기 전에 미리 일을 저지르는 실수도 자주 했다. 중유는 위衛나라에서 괴외蒯聵의 난亂으로 목숨을 잃었다.

---

56 『맹자(孟子)』 공손추장구상(公孫丑章句上) 제8장.
57 『논어(論語)』 공야장편(公冶長篇) 제25장.
58 『논어(論語)』 자한편(子罕篇) 제26장.
59 『논어(論語)』 옹야편(雍也篇) 제26장.
60 역주: 중국 고대 아악기(雅樂器)의 하나. 앞은 오동나무로 만들고 뒤는 밤나무로 만들어 25줄을 매었다.

11.9 언언言偃(자유子游)

언언言偃(자유子游)은 공자가 『논어論語』에서 밝힌 대로 복상卜商(자하子夏)과 함께 문학文學에 뛰어난 제자였다.

이 밖에도 언언과 복상은 여러 가지 면에서 공통점이 있다. 언언과 복상은 모두 한 때 관리이기도 했으며 교육자이기도 했고 자신들의 학파를 이루었다.

언언은 제후국 오吳나라 출신으로 공자의 문하에 들어가 공자로부터 직접 고전을 공부하여 특히 『의례儀禮』에 정통했다. 『의례』의 초기 판본은 소실되었지만 일부 학자들은 오늘날 현존하는 『의례』는 그 수정판이라고 믿고 있다.

언언의 제자들은 물론 그를 따르는 학자들이 『예기禮記』를 편찬했다는 기록이 있다. 『예기』에 "대동大同에 대한 유명한 글이 실려 있는 「예운편禮運篇」은 의심할 여지가 없이 언언의 학문적 업적이다.

언언은 무성(武城: 노魯나라의 도시)의 총재家宰가 되어 예악禮樂을 잘 가르쳤으므로 무성武城의 사람들은 현악기에 맞추어 노래를 불렀다.

공자가 무성에 가서 현악絃樂에 맞추어 부르는 노래 소리를 들었다. 공자가 빙그레 웃으며 물었다. "닭을 잡는 데 어찌 소 잡는 칼을 썼느냐?"

언언이 대답했다. "전에 제가 선생님께 들으니 '군자가 도를 배우면 사람을 사랑하고, 소인이 도를 배우면 부리기가 쉽다.'고 하셨습니다."

공자가 말했다. "얘들아 자유子游의 말이 옳다. 좀 전에 내가 한 말은 농담한 것이다."[61]

『논어』에는 언언이 말한 두 가지 사례가 나와 있다. 첫 번째 "상喪에 있어서는 슬픔을 극진히 하고서 그치는 것이다." 두 번째 "임금을 섬김에 자주 간하면 욕을 당하고 친구 간에 자주 충고하면 곧 소원해진다."[62]

---

61 『논어(論語)』 양화편(陽貨篇) 제4장.
62 『논어(論語)』 자장편(子張篇) 제14장, 이인편(里仁篇) 제26장.

11.10 복상卜商(자하子夏)

복상卜商(자하子夏)은 제후국 진陳나라와 채蔡나라에서 공문십철孔門十哲 가운데 마지막까지 공자를 따른 제자로 공자의 저서를 후대에 전하는 데 크게 공헌을 했다.

복상은 잠시 곡부曲阜를 다스리는 관직을 맡기도 했다. 이후 공자 문하에서 공부를 계속하였으며, 공자 사후 스승을 흠모하던 다른 제자들과 마찬가지로 공자의 묘 부근에서 삼년상을 지냈다. 그 후 고국 위衛나라로 돌아가 학당을 열었다. 진晉나라의 문후文侯라는 청년이 복상의 학당에 입문했다. 문후는 이후 중국 전국시대戰國時代 위魏나라의 초대 제후諸侯가 되었다.

복상은 문후 외에도 많은 제자들을 두었다. 복상의 제자들 가운데 단간목段干木, 단자방田子方, 금활리禽滑厘, 오기吳起, 이극李克 등이 가장 유명하다. 단간목은 은자隱者로 널리 알려져 있으며, 단자방은 도교道敎의 고전『장자莊子』를 지은 장자莊子가 자주 언급한 인물이다. 금활리는 묵자墨子를 이은 묵가墨家의 지도자이며, 오기는 전국시대戰國時代 위魏나라의 군사 지도자이며 정치가이다. 이극은 이회李悝로도 알려져 있으며 법가法家로 문후를 도와 위魏나라의 부국강병富國强兵에 커다란 공헌을 했다.

이극은 복상의 제2세대 제자로, 문헌에 따르면 복상이 증삼曾參에게『시경詩經』을 가르쳤으며 증삼은 그 가르침을 이극에게 전했다.

또 다른 문헌은 이극이 복상과 증삼에게 학문을 배웠다고 한다.

이극은 교육자이기도 했다. 이극의 제3세대 제자로 순황荀況이 있었다. 순황은 경칭으로 순경荀卿이라고 불리기도 했으며, 그의 저서『순자荀子』로 유명하다. 순황은 맹자의 성선설性善說과 상반되는 성악설性惡說을 주장한 유학자儒學者로 순자荀子로 더 잘 알려져 있다. 순황은 사람의 본성은 악하다고 믿었다.

순황의 두 제자 한비韓非와 이사李斯는 법가法家로 잘 알려져 있다. 한비는 법가 이론을 집대성한 『한비자韓非子』를 지었다. 이사는 진秦나라의 시황제始皇帝를 도와 중국을 통일하는 데 기여했으나 이사가 시황제에게 권유하여 분서갱유焚書坑儒 사건이 일어났기 때문에 이사의 잘못이 컸다.

복상의 제자들은 다양한 성향을 지녔는데 공양고公羊高와 곡량자穀梁子는 보수적인 유학자儒學者였다. 공양고와 곡량자는 『춘추春秋』의 3대 주석서 삼전三傳 가운데 『춘추공양전春秋公羊傳』과 『춘추곡량전春秋穀梁傳』을 각각 지었다.

복상 학파에 모장毛萇이라는 전통적인 유학자가 있었는데 『시경詩經』의 주석서를 편찬했다. 하지만 모장은 복상에게 직접 배운 것은 아니고 복상의 제5세대 제자에 속한다.

현재 중국 하남성河南省 부근 서하西河 지역에서 복상 학파는 중국 학계에 커다란 영향을 미쳤다. 복상은 교육자로 자신의 삶을 매우 진지하게 살았을 뿐만 아니라 부모와 같은 사랑으로 제자들을 가르쳤다. 복상은 말했다. "군자는 세 가지 변하는 것이 있으니 멀리서 우러러보면 근엄하고 그에게 다가가면 따뜻하고 그 말을 들어보면 엄격하다."[63]

복상의 말 가운데 다음의 두 가지가 자주 언급된다. 첫 번째 "사해四海 안이 다 형제다."[64] 두 번째 "날마다 그 없는 것을 알며 달마다 그 할 수 있는 것을 잊어버리지 않으면 학문을 좋아한다고 이를 만하다."[65]

11.11 증삼曾參(자여子輿)

증삼曾參(자여子輿)은 공자의 가장 어린 제자로 공자의 나이 많은 제자 증점曾點(석皙)의 아들이다. 증점은 삶의 영적인 면에서 공자와 의견을 같이 했다. 증점은 공자와 같이 행복에 가치를 두었으며 행복해 지는 길은 자연과 벗 삼

---

63 『논어(論語)』 자장편(子張篇) 제9장.
64 『논어(論語)』 안연편(顏淵篇) 제5장.
65 『논어(論語)』 자장편(子張篇) 제5장.

아 자연 속에서 살면서 다른 사람들과 함께 자연 속의 삶을 즐기는 것이라고 생각했다. 염유冉孺(자로子路)·증점曾點(석晳)·염경冉耕(백우伯牛)·공서적公西赤(자화子華)이 공자와 함께 앉아 있을 때 공자가 만약 어떤 사람이 이 네 제자들을 알아준다면 무엇을 하겠는지 물었다. 증점曾點은 비파를 타는 속도를 줄이더니 쨍그랑 하고 비파를 놓고 일어나 대답했다. "세 제자들이 이야기 한 것과 다릅니다." 공자가 물었다. "무엇이 나쁘겠는가? 또한 각기 자기의 뜻을 말한 것이다." 그 말을 듣고 증점은 다음과 같이 말했다. "늦봄에 봄옷이 만들어지고 나면 갓을 쓴 사람 5~6명 동자 6~7명과 더불어 기수(沂水: 중국 산동성山東省 중남부의 강으로 태산泰山에서 발원하여 남쪽으로 흐르는 강)에서 목욕하고 무우(舞雩: 하늘에 기우제를 지내는 제단이 있는 곳)에서 바람 쐬고 노래하면서 돌아오겠습니다." 공자는 아! 하고 감탄하며 말했다. "나는 증점과 함께 하겠다."[66]

증점이 양조羊棗[67]를 좋아했으므로 증삼曾參은 아버지 생각이 나서 차마 양조를 먹지 못했다. 맹자의 제자 공손추公孫丑가 맹자에게 물었다. "회자膾炙[68]와 양조는 어느 것이 더 맛있습니까?" 맹자가 말했다. "회자다." 공손추가 다시 물었다. "그렇다면 증삼曾參은 무슨 연유로 회자는 먹으면서 양조는 먹지 않았습니까?" 그러자 맹자가 대답했다. "회자는 모든 사람이 다 같이 좋아한 것이고 양조는 증삼의 아버지가 혼자서 좋아한 것이다."[69]

증점은 『예기禮記』에서 가장 중요한 장章인 「대학大學」에 주석을 넣었다.[70]

---

66 『논어(論語)』 선진편(先進篇) 제25장.

67 역주: 대추의 일종

68 역주: 회와 불고기

69 『맹자(孟子)』 진심장구하(盡心章句下) 제36장.

70 역주: 원래 『대학(大學)』은 독립되어 나온 책이 아니다. 49편으로 된 『예기(禮記)』 중에서 제42편을 송(宋)나라의 사마광(司馬光)이 분리하여 처음으로 『대학광의(大學廣義)』를 지었다. 그 뒤에 주희(朱熹)가 다시 『대학장구(大學長章句)』를 편찬하여 경(經) 1장(章)과 전(傳) 10장(章)으로 나누어 주석을 달았으며 이것이 세상에 알려졌다. 주희는 경(經) 1장(章)은 공자의 뜻을 증점(曾點)이 기록한 것이고 전(傳) 10장(章)은 증점(曾點)의 뜻을 그 제자들이 기록한 것이라고 한다.

증점은 제자들에게 "효孝"에 대해서 가르쳤는데, 증점의 제자들은 그 가르침을 적은 글을 모아서 비교하여 주를 단 후에 『효경孝經』이라는 책을 후대에 남겼다.

증삼은 복상卜商(자하子夏)과 상당한 차이를 보여준다. 복상은 실생활의 필요성을 강조하고 제자들에게 자식과 사람의 도리를 가르친 반면에 증삼은 도道와 하늘의 운행運行 속에서 사람이 해야 할 도리에 대해 보다 깊은 관심을 가졌다. 이는 증삼이 신비주의자라는 것을 의미하지 않는다. 증삼은 사람이 몸을 닦고 집을 안락하게 한 후 나라를 다스려 천하를 화평하게 하기 위해서 우선 사물을 접하고 연구하여 지혜를 이루어 뜻을 정성되게 한 후 마침내 마음을 바로 잡기를 바랐다.

공자 사후 증삼은 노魯나라의 수도에 머무르면서 공자가 시작한 학당을 이어받아 계속 제자들을 키워나갔다. 복상과 마찬가지로 노나라 뿐만 아니라 그 인근 지역까지 교육을 펼쳤다. 증삼의 학문 영역은 복상과 달리 광범위하지 않지만 복상이 했던 것처럼 많은 사람들에게 큰 영향을 미쳤다.

증삼이 한 유명한 말이 『논어』의 다음 두 곳에 잘 언급되어 있다. (1) "나는 날마다 세 가지로 내 몸을 살피노니, 남을 위하여 일을 도모하면서 진실한 마음으로 하지 아니했는가? 벗과 사귀면서 미더운 마음으로 하지 아니했는가? 전해주신 선생님의 가르침을 익히지 아니했는가?" (2) "윗사람이 도道를 잃어 백성들이 흩어진지 오래되었다. 만일 범법자들의 실정을 파악했다면 당연히 슬퍼하며 불쌍히 여기고 기뻐하지 말라."[71]

11.12 전손사顓孫師(자장子張)

전손사顓孫師(자장子張)는 공자의 제자 중 가장 나이가 어린 복부제宓不齊(자

---

[71] 『논어(論語)』 학이편(學而篇) 제4장, 자장편(子張篇) 제19장.

천子賤) 다음으로 어린 제자였다. 참고로 복부제는 공자보다 49살 연하이며, 전손사는 공자보다 48살 연하이다.

증삼曾參(자여子輿) · 복상卜商(자하子夏) · 언언言偃(자유子游)의 경우와 마찬가지로 전손사도 자신의 학당을 열어 제자들을 가르쳤다. 전손사는 이 3명의 공문십철孔門十哲과 상당히 유사한 면을 지니고 있었는데, 전손사는 이 3명의 나이 때에 그들이 보여주었던 것과 거의 같은 관심을 가졌다. 이 시기는 증삼보다 2년이 빨랐고, 언언보다는 3년 앞섰으며, 복상보다는 4년 먼저 이 3명의 공문십철과 같은 관심을 가지게 되었다.

하지만 전손사의 성격은 이들 세 명과 상당한 차이를 보여주었다. 증삼 · 복상 · 언언은 진지한데 반해 전손사는 개방적이며 적극적이었다. 전손사는 심오한 영역까지는 들어가지 않았지만 인생과 교육의 주요 목적에 많은 관심을 기울였다.

역사적으로 서양에서 소크라테스Socrates와 칸트Kant와 같은 위대한 철인哲人의 제자들의 경우에서 살펴볼 수 있는 것처럼, 공자에게 가르침을 받은 이 4명의 제자들 사이에도 다양한 의견 차이가 나타나고 있다.

『논어』에는 친구를 사귀는 법에 대한 대화가 나온다. 복상의 문인이 전손사에게 사귀는 것에 대해서 묻자 전손사가 물었다. "자하子夏는 무엇이라고 말했는가?" 문인이 대답했다. "자하께서는 '가可한 자를 사귀고 불가不可한 자를 거절하라.' 하셨습니다." 전손사가 말했다. "내가 들은 것과는 다르다. 군자는 어진 이를 존경하고, 윗사람을 포용하며, 잘하는 이를 좋게 여기고, 잘못하는 이를 불쌍히 여긴다. 내가 크게 어질다면 남에 대해서 어느 것인들 용납하지 못할 것인가? 내가 어질지 못하다면 남이 곧 나를 거절할 것이니 어떻게 남을 거절하겠는가?"[72]

단목사端木賜가 공자에게 물었다. "자장과 자하 중에서 누가 낫습니까?" 공

---

72 『논어(論語)』 자장편(子張篇) 제3장.

자가 대답했다. "자장은 지나치고 자하는 미치지 못한다." 단목사가 다시 물었다. "그렇다면 자장이 낫습니까?" 그러자 공자가 대답했다. "지나친 것은 미치지 못하는 것과 같다."**73**

『논어』에서 전손사와 공자가 나눈 대화는 상당히 적은 부분만이 소개되어 있다. 다음의 두 가지는 『논어』에 기록되어 있는 전손사의 말이다. (1) "선비가 위태로움을 보면 목숨 버릴 것을 생각하고, 소득이 생기면 그것이 의로운 것인가를 생각하며, 제사를 지낼 때는 공경할 것을 생각하며, 장례식에서는 슬플 것을 생각한다면, 괜찮을 것이다." (2) "덕德을 집행함이 넓지 못하며 도道를 믿음이 독실하지 못하면, 어찌 있다고 할 수 있으며, 어찌 없다고 할 수 있겠는가?"**74**

11.13 기타 제자들

유약有若(자유子有)에 대해서는 그 자신이 직접 한 말이나 전설 등으로 전해진 네 가지 이야기 밖에 알려진 바가 없다. 전설에 따르면 공자 사후 많은 제자들이 유약을 새로운 스승으로 받아들여 그를 따르고자 했다. 그 이유는 다름이 아니라 유약의 용모가 공자와 비슷했기 때문이었다. 또 다른 이유도 있었는데 그것은 당시 그의 덕행德行과 나이였다. 유약은 공자보다 13살 연하였으며 전손사顓孫師(자장子張)보다 13살이나 나이가 많았다.

증삼曾參(자여子輿)은 유약을 공자를 대신하는 새로운 스승으로 맞이하려는 다른 제자들의 움직임에 반대했다. 증삼은 아무도 공자를 대신할 수 없다고 반박했다.

애공哀公이 유약에게 물었다. "해가 기근이 들어서 쓸 것이 부족하니 어떻게 할까요?" 유약이 대답했다. "어찌 철(徹: 수입의 10분의 1을 세금으로 걷는 것을 모두

---

73 역주: 『논어(論語)』 선진편(先進篇) 제15장.
74 『논어(論語)』 자장편(子張篇) 제1장, 제2장.

에게 적용시키는 과세법)이라는 세법을 하지 아니하십니까?" 애공이 다시 물었다. "2를 거두어도 내가 오히려 부족하게 여기니, 어떻게 그 철徹을 하겠습니까?" 그러자 유약이 대답하여 말했다. "백성이 풍족하면 임금께서 누구와 더불어 부족하겠으며, 백성이 부족하면 임금께서 누구와 더불어 풍족하겠습니까?"[75]

원헌原憲(자사子思)[76]은 청빈한 사람으로 알려져 있었다. 원헌은 안회顔回와 같은 부류의 사람이었다. 그는 빈민가에 사는 것을 좋아했으며 도道를 쌓는 데 만족했다. 원헌이 공자의 가신家臣이 되었는데 공자가 그에게 곡식 구백九百을 주었더니 사양했다. 공자가 말했다. "그것을 너의 이웃이나 마을 또는 고을 사람들에게 주지 않겠느냐?"[77]

복부제宓不齊(자천子賤)[78]는 공자의 제자 중 가장 어린 제자였다. 그는 공자가 군자라고 부른 몇 안 되는 사람이었다. 공자는 복부제를 다음과 같이 평했다. "군자답도다. 그 사람이여! 노魯나라에 군자다운 사람이 없었다면 이 사람이 어디에서 이러한 덕德을 취했겠는가?"[79]

남궁괄南宮适(자용子容)은 공자가 군자君子라고 여긴 또 다른 제자였다. 남궁괄은 능력이 있는 사람이었지만 지위가 높은 관직을 얻으려고 애쓰지 않았다. 공자는 남궁괄을 자기의 조카사위로 받아들일 만큼 그를 아꼈다.

공야장公冶長(자장子長)은 제齊나라 사람이었다. 그는 공자의 문하에 들어가 저지르지 않은 죄 때문에 때때로 감옥에 들어가곤 했다. 공자는 공야장이 선한 사람이라는 것을 알고 있었으며 그가 죄가 없다는 것을 믿었다. 공자는

75　『논어(論語)』 안연편(顔淵篇) 제9장.
76　역주: 공자의 제자, 원(原)은 성, 이름은 헌(憲), 자(字)는 자은(子恩). 공자보다 36세 연하이다. 노(魯)나라 사람이라고도 하고 송(宋)나라 사람이라고도 한다. 청빈한 사람으로 전한다.
77　『논어(論語)』 옹야편(雍也篇) 제3장.
78　역주: 공자의 제자. 노(魯)나라 사람. 성은 복(宓), 이름은 부제(不齊). 자천(子賤)은 그의 자(字). 『사기(史記)』에는 공자보다 30세 연하로 되어 있고, 『공자가어(孔子家語)』에는 40세 연하로 되어 있다. 단부(單父, 산동성(山東省) 단현(單懸))의 지사가 되어 선정을 베풀었다는 일화가 전한다.
79　『논어(論語)』 공야장편(公冶長篇) 제2장.

그를 사위로 받아들이기로 했다. 『논어』는 다음과 같이 나타나 있다. 공자는 공야장을 평하기를 "사위 삼을 만하다. 비록 포승줄 가운데 있었으나 그의 죄가 아니었다." 하고 자기의 딸을 공야장에게 시집보냈다. 공자가 자용子容을 평하기를 "나라에 도가 있을 때에는 버려지지 않을 것이고, 나라에 도가 없을 때에도 형벌 받아 죽는 일을 당하지 않는다."하고 형의 딸을 그에게 시집보냈다.[80]

고시高柴(자고子羔)는 공자의 어린 제자 중의 하나로, 고시가 관직에 오르기에는 아직 나이가 차지 않았는데도 불구하고 중유仲由(자로子路)는 고시로 하여금 비읍費邑의 읍재(邑宰: 한 고을을 다스리는 사람)로 삼자 공자가 말했다. "남의 아들을 망쳤구나!"[81]

사마경司馬耕(자우子牛)은 환퇴桓魋와 향소向巢라는 두 형과 자기子祈와 자차子車라는 두 동생이 있었다. 형 환퇴가 송宋나라 임금과 권력투쟁을 한 결과 환퇴는 위衛나라로 도망가고 향소는 노魯나라로 도망가고, 사마경司馬耕은 제齊나라로 도망갔다. 나중에 환퇴가 다시 제나라로 도망하자 제나라에 있던 사마경은 이를 피하여 오吳나라로 도망했다. 사마경은 공자의 뛰어난 제자 중의 하나였다. 사마경이 공자에게 군자에 대해서 묻자 공자가 대답했다. "군자는 걱정하지 않으며 두려워하지 않는다." 사마경이 다시 물었다. "걱정하지 않으며 두려워하지 않으면 군자라고 합니까?" 그러자 공자가 대답했다. "안으로 반성하여 께름칙하지 않으니 무엇을 걱정하며 무엇을 두려워하겠는가?"[82] 어느 날 사마경이 걱정하면서 말했다. "남들은 모두 형제가 있는데 나에게만 없구나." 복상卜商(자하子夏)이 말했다. "내가 들으니 '죽고 사는 것은 명命에 달려 있고, 부와 귀는 하늘에 달려 있다.' 하였다. 군자가 경건한 마음을 가지면서 잃음이 없으며 남과 더불어 있을 때 공손하고 예가 있으면, 사해

80　『논어(論語)』 공야장편(公冶長篇) 제1장.

81　역주: 『논어(論語)』 선진편(先進篇) 제11장.

82　역주: 『논어(論語)』 안연편(顔淵篇) 제4장.

四海 안이 다 형제다. 군자가 어찌 형제 없음을 걱정하겠는가?"[83]

칠조개漆雕開(자약子若)는 오직 도道에만 관심이 있었기 때문에 언제나 관직에 대한 제의를 완고하게 거절했다. 공자가 칠조개로 하여금 벼슬을 하게 하니, 칠조개가 말했다. "저는 아직 벼슬할 자신이 없습니다." 그러자 공자가 기뻐했다.[84]

번수樊須(자지子遲)가 농사짓는 법 배우기를 청했다. 공자가 말했다. "나는 늙은 농부보다 못하다." 번수가 채소 가꾸는 법 배우기를 청하자 공자가 말했다. "나는 늙은 원예사보다 못하다." 번수가 나가자 공자가 말했다. "소인이구나! 번수여! 윗사람이 예를 좋아하면 백성들은 감히 공경하지 아니함이 없고, 윗사람이 의로움을 좋아하면 백성들은 감히 복종하지 아니함이 없으며, 윗사람이 미더움을 좋아하면 백성들은 감히 사실대로 하지 않음이 없다. 이와 같이 된다면 사방의 백성들이 자기 자녀를 강보에 싸서 엎고 올 것이다. 농사짓는 방법을 어디에 쓰겠는가?"[85] 번수는 공자를 불쾌하게 하려는 의도는 없었다. 그 이후로 번수는 염구冉求(자유子有)와 함께 나라를 위해 전쟁에 나가 승리를 거두었다. 공자는 번수를 아꼈으며 인仁을 실천하도록 가르침을 주었다.

신정申棖(자주子周)은 공자가 정말로 싫어하는 제자 중의 하나로 생각될지도 모른다. 공자가 말했다. "나는 아직 센 자를 보지 못했다." 이 말을 듣고 어떤 사람이 대답했다. "신정申棖입니다." 공자가 말했다. "신정은 욕심내는 것일 뿐이니 어디에 센 구석이 있겠느냐?"[86]

위에 언급한 10명의 제자들을 제외하고 이름만 나와 있는 많은 제자들이 있다. 무마시巫馬施(자기子期)는 진陳나라 사패(司敗: 관명官名. 형刑을 관장한다)의 질

---

83 『논어(論語)』 안연편(顏淵篇) 제5장.
84 역주: 『논어(論語)』 공야장편(公冶長篇) 제5장.
85 역주: 『논어(論語)』 자로편(子路篇) 제4장.
86 『논어(論語)』 공야장편(公冶長篇) 제10장.

문을 공자에게 전한 것 외에 『논어』에 언급되어 있지 않다.[87] 그리고 담대멸명澹臺滅明은 무성武城[88]에 살고 있던 인재였다는 사실을 제외하고는 알지 못한다.[89]

11.14 맺음말

기원전 479년 공자가 세상을 떠나는 것은 그의 제자들 모두에게 충격적인 사건이었다. 노魯나라에서 요직을 맡고 있던 단목사端木賜(자공子貢)는 수도를 떠나 공자가 숨을 거두기 전까지 몇 일 동안 공자의 곁을 지켰다. 다른 누구보다 단목사를 애타게 기다린 공자는 이 아끼는 제자에게 다음과 같이 말했다. "너무 늦게 왔구나!"

공자의 임종 후에 단목사와 제자들은 공자의 묘墓 부근에 기거하면서 당시 부친父親의 상喪을 당해 삼 년 동안 치르는 삼년상三年喪을 치르기로 했다.

역사상 공자와 같이 제자들의 사랑을 받은 스승은 없었다.

단목사는 삼년상을 치른 후 다시 삼년상을 더 치렀다. 단목사는 공자의 묘 일대에 국유림을 조성했다. 이 묘역墓域은 공림이라고 부르는데 산동성山東省에 위치하며 노나라의 수도였던 곡부曲阜의 사수泗水 부근에 있다. 공림을 찾아 온 관광객에게 매우 아름다운 난심목爛心木 한 그루가 쉽게 눈에 띄는데 이 나무는 단목사가 직접 심었다고 한다. 단목사가 심었다고 하는 다른 나무들은 이제 더 이상 찾아보기 힘들다.

노魯나라의 대부大夫 숙손무숙叔孫武叔이 조정에서 대부들에게 말했다. "자공子貢이 공자보다 낫다." 노나라의 대부 자복경백子服景伯이 이 말을 듣고 단목

---

87 『논어(論語)』 술이편(術而篇) 제30장.
88 역주: 노(魯)나라에 있는 지명. 요충지였음. 지금의 산동성(山東省) 비현(費懸)의 서남쪽에 옛 성이 남아 있다.
89 역주: 『논어(論語)』 옹야편(雍也篇) 제12장.

사端木賜(자공子貢)에게 전하니 단목사가 말했다. "집의 담장에 비유하면, 나의 담장은 어깨에 미치므로 집안의 좋은 것들을 볼 수 있지만, 선생님의 담장은 여러 길이므로 문을 열고 들어가지 못하면 종묘의 아름다움과 백관(百官: 모든 벼슬아치)의 풍부함을 볼 수 없는 것과 같다. 그 문을 열고 들어간 자가 적으니, 그 사람의 말이 또한 당연하지 않은가!"[90]

노나라에서 숙손무숙이 공자를 헐뜯자 간접적으로 전해들은 단목사가 말했다. "상관없다. 공자는 헐뜯을 수 없다. 다른 사람 중에서 어진 자는 구릉이어서 넘을 수 있지만 공자는 해와 달이어서 넘을 수 없다. 사람들이 비록 스스로 단절하려 하더라도 해와 달에게 무슨 상처를 주겠는가! 다만 자기가 국량(局量: 남의 잘못을 이해하고 감싸 주며 일을 능히 처리하는 힘)을 알지 못한다는 사실을 드러낼 뿐이다."[91]

자금子禽이 단목사에게 물었다. "공자께서 어느 나라에 가시면 반드시 그 나라의 정치에 대해 듣게 되는데 그런 것을 구한 것입니까? 그렇지 않으면 주는 것입니까?" 단목사가 말했다. "공자께서는 온순하고 어질고 공손하고 검소하고 겸양함으로써 얻으시는 것이니 공자께서 구하시는 방식은 다른 사람의 구하는 것과는 다르다." 어느 날 진자금陳子禽이 단목사에게 말했다. "당신이 공손해서 그렇지 공자가 어찌 당신보다 낫겠습니까?" 단목사가 대답했다. "군자는 말 한 마디만 듣고도 지혜로운 자인지를 알고, 말 한 마디만 듣고도 지혜롭지 못한 자인지를 안다. 말은 조심하지 아니할 수 없다. 선생님에게 미치지 못하는 것은 하늘에 계단을 놓아서 올라갈 수 없는 것과 같다. 선생님께서 나라를 얻으신다면, 이른바 세우면 곧 서고, 인도하면 곧 행해지며, 편안하게 해주면 곧 몰려오고, 감동시키면 곧 화목하게 된다. 그 삶은 영광스러웠고 그 죽음은 슬펐다. 어떻게 미칠 수 있겠는가?"[92]

---

90 역주: 논어(論語)』 자장편(子張篇) 제23장.
91 역주: 『논어(論語)』 자장편(子張篇) 제24장.
92 『논어(論語)』 학이편(學而篇) 제10장, 자장편(子張篇) 제25장.

안회顔回가 '하아!' 하고 탄식하며 말했다. "우러러볼수록 더욱 높아지시고, 뚫을수록 더욱 단단해지시며, 쳐다보면 앞에 계셨는데, 어느덧 뒤에 계시는 도다! 선생님께서는 순조롭게 사람을 잘 이끌어주신다. 나에게 문文을 가르쳐 넓은 교양인으로 만들어 주시고, 나에게 예를 가르쳐 간결한 사람으로 만들어 주신다. 그만두고자 해도 그만둘 수 없다. 이미 내 재주를 다했으나, 선생님께서 서 계신 곳은 우뚝해서 아무리 좇아가려 해도 어찌할 도리가 없다."[93]

---

93 『논어(論語)』 자한편(子罕篇) 제10장.

12

공자의
학통

12.1 중국문화사의 주류

유교가 중국문화사의 주류를 형성한다는 것은 일반적으로 용인되고 있다. 중국 역사상 시대에 따라서는 다른 사상 체계가 유교에 도전장을 내밀었지만 유교의 발전에 커다란 지장을 초래하지는 못 했다.

중국에서 일어난 종교나 외래 종교는 중국인들의 마음은 사로잡았지만 지지는 얻지 못했다. 유교는 종교가 아니다. 도교, 불교, 마니교, 이슬람교, 기독교의 흥망성쇠 속에서도 유교는 종교성의 결핍에도 불구하고 계속 이어져 내려왔다.

이전 시대의 성인들과 견주어 볼 때 공자는 가장 뛰어난 성인으로 그가 시작한 유교는 공자 사후 여러 세대를 거치면서 학식과 덕망을 갖춘 사람들에 의해 전파되어 하나의 철학으로서 끊임없이 부활했으며 단지 과거에 있었던 종교로 치부되지 않았다.

12.2 유교의 창시

유교는 공자로부터 시작된다.

하지만 유교의 기본적인 요소들은 중국 역사에서 공자 시대 이전으로 거슬러 올라가는데 공자는 이러한 요소들을 융합하여 하나의 일관성 있는 독창적인 체제로 발전시켰다.

인仁이라는 개념은 중국인들의 기억 속에 살아 있는 전설전인 요堯임금, 순舜임금과 같은 성왕聖王의 시대만큼 오래 되었다. 중국에서 은殷나라의 폭군 주왕紂王의 경우와 같이 하늘에게 폭군을 징벌해 달라는 백성들의 정의의 호소는 그 폭군의 압정壓政으로 고통을 받고 있던 신하들에 의해서 이루어졌다. 이러한 백성들에 대한 하늘의 사랑은 후에 중국의 지도자들이 다음과 같은 혁명적인 이론을 세우는 기틀을 마련했다. 만장萬章이 맹자에게 물었다. "감히 묻겠습니다. 하늘에 추천하였는데 하늘이 받아들였고 백성에게 드러내 보였는데 백성이 받아들였다는 것은 어떠한 것입니까?" 맹자가 대답했다. "그로 하여금 제사를 주관하게 했는데 모든 신神들이 흠향했으니 이는 하늘이 받아들인 것이고 그로 하여금 일을 주관하게 하였는데 일이 잘 다스려져 백성들이 편안하였으니 이는 백성들이 받아들인 것이다. 하늘이 그에게 주고 사람들이 그에게 준 것이니 '천자天子는 천하를 다른 사람에게 줄 수 없다'고 한 것이다. 순舜이 요堯를 28년 동안이나 도왔으니 사람이 해낼 수 있는 것이 아니므로 하늘의 뜻인 것이다. 요가 붕어하시자 3년상을 마치고 순이 요의 아들을 하남河南의 남쪽에서 피하였는데 천하의 제후들이 조회에 나아가 배알하는 자들이 요의 아들에게 가지 않고 순에게 가며 옥사獄事를 소송하는 자들이 요의 아들에게 가지 않고 순에게 가며 찬송하는 자들이 요의 아들을 찬송하지 않고 순을 찬송하니 그러므로 하늘의 뜻이라고 하는 것이다. 그러한 뒤에 서울에 가서 천자의 자리에 앉았으니 만일 요의 궁궐에 있으면서 요의 아들을 핍박하였다면 이는 빼앗은 것이지 하늘이 준 것이 아니다. 『태서太誓』에 이르기를 '하늘이 보는 것은 우리 백성이 보는 것으로부터 하며 하늘이 듣는 것은 우리 백성이 듣는 것으로부터 한다고 하니 이것을 말한 것이다.'"[1]

하늘은 사람과 같이 느낀다. 따라서 천도天道는 인도人道와 크게 다를 바가 없다. 이러한 의식 구조의 다음 단계 "하늘과 사람은 하나이다."라고 하는 유교의 속담으로 넘어간다.

공자는 사람들을 가르치는 교육자의 길을 걸었지만 공자 시대 이전에도 많은 교육자들이 있었다. 주周나라 초기에 교육자들은 왕실의 관리였는데 사師나 보保로 알려져 있다. 당시 이들을 총괄한 관직은 사도司徒로 전토田土의 관리, 재화財貨, 교육敎育 등을 맡았으며 오늘날 한국의 교육부총리에 해당된다.

기원전 771년 섬서성陝西省에 살던 서융西戎의 일족인 견융犬戎이 주周나라를 침략하여 유왕幽王이 살해되어 서주西周 시대는 막을 내리고 평왕平王이 제후

---

1   역주: 『맹자(孟子)』 만장장구상(萬章章句上) 제5장.

들에 의해 옹립되고 낙양洛陽에 도읍을 정해 동주東周 시대가 시작되었다. 서주와 달리 당시 동주 초기에는 조정에 많은 교육자들에게 관직을 내릴 수 없었다. 그 결과 교육자들은 관직을 얻기 위해 주나라의 각 제후국의 수도로 갔는데 관직을 얻지 못한 자들은 가정교사로 정착해야만 했다.

동주 초기에 나타난 이 새로운 계층은 '주유周遊 교사'라고 할 수 있는데 대부분 관직을 찾아 주나라의 제후국들을 배회하는 무사들을 가리키며 이들 중 극소수가 '사士'의 계층을 형성했다.

동주 초기 관직을 얻기 위해 제후국들을 돌아다녔던 교육자들과 무사들은 관직이 없는 사람들이었을 뿐만 아니라 제례의식 등의 전문가들이었다. 특히 이들 전문가들은 관혼상제와 외교 등에 밝았다.

이와 같이 주나라의 제후국들을 찾아다니던 사람들을 통틀어 유儒라고 불렀는데 그 당시 제후국에서 관직을 얻기 위해서는 성품이 온화하고 부드러워야만 했다. 당시 유儒의 관직은 자손에게 세습되지 않았다.

노魯나라 양공襄公이 재위하던 기간에 추읍鄹邑의 대부大夫 숙량흘叔梁紇의 아들로 태어난 공자는 세 살 때 숙량흘이 세상을 떠났기 때문에 생계를 유지하기 위해 사람들을 가르쳤다. 공자는 제자 몇 명부터 시작하여 성공을 거두어 마침내 고향집 뒤뜰에서 커다란 살구나무 그늘 아래에서 구상을 한 끝에 자신이 경영하는 사설 학당을 세웠다.

공자가 개인 자격으로 학생들을 가르쳤을 때 유儒가 된 것이다.

유는 공자에게 빚을 많이 진 셈인데 유의 명성을 높이고 유의 직업을 고귀하고 숭고한 위치까지 끌어올린 사람은 다름 아닌 공자였다. 공자 시대 이전에 유는 단지 가난하고 힘없는 사람을 가리켰지만 공자 시대 이후에는 유자儒者라는 계층으로 새롭게 거듭났다.

공자는 제자들이 시류를 쫓지 않기를 바랐는데 생계를 꾸리는 것보다 인생에 더 가치를 부여하는 목표를 향해 나아가라고 말했다. 이러한 목표는 도道라는 말로 압축될 수 있다.

도는 하늘과 사람에게 공통적인 기본 원칙이며 사랑의 원칙이기도 하다. 도를 실천하는 것은 이웃을 사랑하는 것이다. 다시 말해서 도를 실천하는 것은 거짓이 없고 진실된 사람으로 마치 다른 동물들을 해치는 맹수와 전적으로 다른 종류의 사람이 되는 것을 말한다.

이는 공자가 도에 대해 말한 것을 한마디로 요약한 것이라고 할 수 있다.

12.3 유교의 전파

중국 역사와 세계사에서 공자 시대 전에 공자만큼 성공적인 교육자는 존재하지 않았다. 3,000여 명 정도의 사람들이 가르침을 받기 위해 공자를 찾아왔는데 나이 많은 제자는 물론 어린 제자들도 있었으며 그 중에는 멀리 진秦나라에서 온 제자도 있었다.

공자 제자들의 숫자는 사마천(司馬遷, 기원전 145~기원전 86)이 쓴 『사기史記』의 두 문헌 「공자세가孔子世家」와 「중니제자열전仲尼弟子列傳」에 『육경六經』을 모두 익힌 제자들에 대한 기록이 나와 있다. 우선 「공자세가」를 살펴보면 다음과 같다. "공자는 『시경詩經』, 『서경書經』, 『예기禮記』, 『악경樂經』을 교재로 삼아 가르쳤다. 제자가 약 3,000명에 이르렀고 그 중 육예六藝에 통달한 자도 일흔두 명이나 되었다. 그런가 하면 안탁추顔濁鄒처럼 다방면으로 가르침을 받고도 일흔두 명의 제자에 들지 못한 자도 크게 많았다."[2] 다음에 「중니제자열전」에는 다음과 같이 나와 있다. "공자가 말했다. '내 제자 중에 학업을 받고 육예에 통달한 사람이 72인으로 모두가 뛰어난 재능을 지녔다. 그 중에서도 덕행德行으로는 안연顔淵 · 민자건閔子騫 · 염백우冉伯牛 · 중궁仲弓이 있고 정치에서는 염유冉有 · 계로季路가 있고 변론辯論에서는 재아宰我 · 자공子貢이 있고 문학文學에서는 자유子游 · 자하子夏가 특히 뛰어나다. 자장子張은 편벽됨이 있고 증

---

2   『사기(史記)』 공자세가(公子世家).

삼參은 둔하고 자고子羔는 우직하고 자로子路는 다듬어지지 않아 거칠고 안연顔淵은 도道를 즐기는 데 뒤주가 자주 빈다. 자공子貢은 내 가르침을 따르지 않고 재산을 늘리는 데 힘을 기울이는데 세상 물정에 밝아 판단이 정확하다.'"[3]

공자 학당에서 공부한 이들 70여 명의 제자들 가운데 대다수는 자기 고향으로 돌아가 학당을 세워 제자들을 가르쳤다.

공자의 제자들은 유교를 널리 전파했는데 이들 가운데 가장 성공을 거둔 두 제자가 자하子夏와 증삼曾參이었다.

자하는 앞 장에서도 언급했듯이 고국 위衛나라로 돌아가 현재 중국 하남성河南省 부근 서하西河 지역에서 학당을 열어 많은 제자들을 가르쳤는데 그 중에는 제후가 될 문후文侯와 비유교非儒教 학파를 이끄는 금활리禽滑厘, 이극李克 등이 있었다. 문후는 이후 중국 전국시대戰國時代 위魏나라의 초대 제후諸侯가 되었으며 금활리는 묵자墨子를 이은 묵가墨家의 지도자가 되었고 이극은 이회李悝로도 알려져 있으며 법가法家로 문후를 도와 위魏나라의 부국강병富國强兵에 커다란 공헌을 했다.

증삼은 노魯나라 사람으로 공자가 세상을 떠난 후 공자 학당에 남아 제자들을 가르쳤는데 증삼의 제자들 가운데 공자의 손자 공급孔伋이 있었다고 한다.

12.4 전국시대戰國時代의 유교

공자의 손자 공급孔伋은 자字가 자사子思이며 하늘과 사람에 대한 유교 사상을 훗날까지 전파하는 데 중요한 역할을 했으며 『중용中庸』에서 사람은 본성을 하늘로부터 부여받았다는 점을 강조했다.

공급 또한 제자들을 가르쳤는데 제자들 중에 노魯나라 임금 목공穆公이 있었고 그의 문하에서 맹자孟子가 나왔다.

---

3   『사기(史記)』 중니제자열전(仲尼弟子列傳).

맹자의 이름은 가軻이고, 자字는 자여子輿이다.

맹자는 주周나라의 제후국인 추鄒나라 사람으로 맹자가 태어난 곳은 공자의 고향에서 가까운 곳이었다고 하며 맹자의 생몰연대는 정확하지 않지만 대략 기원전 390년 ～ 기원전 305년이라고 알려져 있다.

맹자는 헌신의 삶을 살았는데 공자와 마찬가지로 제자들을 가르쳤을 뿐만 아니라 자신의 인仁과 예禮의 사상을 펼칠 기회를 찾으며 많은 제후국을 찾아 다녔다. 공자가 그랬던 것처럼 맹자도 몇몇 제후국 군주들과 접촉할 기회를 가지게 되었지만 군주들은 맹자의 의견을 진지하게 받아들이지 않았다. 결국 맹자는 자신의 정치적인 시도를 단념하고 군주와 제자들을 포함해서 많은 사람들과 나누었던 대화를 바탕으로 책을 편찬하는 데 온 힘을 다 쏟았다. 이 책이 바로 진秦나라의 시황제始皇帝가 분서갱유焚書坑儒 사건 때 불태운 『맹자孟子』이다.

『맹자』를 통해 인간으로서 그리고 철학자로서의 맹자를 엿볼 수 있는데 맹자는 우리에게 현대적인 혁명 사상을 일깨워주고 있다. 맹자가 바랐던 것은 하夏나라의 폭군 걸桀 임금을 쫓아낸 은殷나라 탕왕湯王과 은殷나라의 폭군 주왕紂王을 몰아낸 주周나라 무왕武王을 이상적인 지도자로 삼은 순수한 중국식 혁명이었다.

은나라 탕왕과 주나라 무왕은 작은 제후국의 군주로 시작하여 자신의 신하들과 다른 제후국들의 도움을 받아 인仁의 정치를 펼쳤다. 탕왕과 무왕이 몰아낸 군주들은 민심에 대해 전혀 귀를 기울이지 않았던 폭군들이었다. 맹자 시대에도 중국은 폭군들이 지배했는데 맹자는 탕왕, 무왕과 같은 새로운 임금을 찾으려고 애를 썼다.

당시 맹자는 위魏나라의 혜왕惠王을 설득하면 그가 새로운 탕왕이나 무왕이 될 수 있을 것이라고 생각했으며 이후 제齊나라의 선왕宣王도 맹자가 설득을 하면 혁명의 지도자가 될 수 있을 것이라고 생각했다. 그러나 혜왕과 선왕 모두 맹자의 청을 받아들이지 않았다.

맹자가 말했다. "사람이 배우지 않고서도 할 수 있는 것은 양능良能이고, 헤아려보지 않고서도 알 수 있는 것은 양지良知이다. 어려서 손을 잡고 가는 아이는 그 어버이를 사랑할 줄 모르는 이가 없으며, 그 자라나서는 그 형을 공경할 줄 모르는 이가 없다. 어버이와 하나가 되는 것은 인仁이고 자기보다 나이가 많은 사람을 공경하는 것은 의義이니, 다름이 아니라 천하天下에 두루 통하는 것이다."[4] 맹자는 또 말했다. "사람들에게 모두 남에게 차마 하지 못하는 마음이 있다고 말하는 근거가 되는 것은 지금 사람들이 갑자기 어린 아이가 우물에 들어가려는 것을 보고는 모두 깜짝 놀라고 측은하게 여기는 마음을 갖는 것이니, 그렇게 함으로써 어린 아이의 부모와 교분을 맺으려는 것이 아니며, 그렇게 함으로써 향당鄕黨과 친구들에게 명예롭게 되기를 구하려는 것도 아니며, 그 비난하는 소리를 듣기 싫어서 그렇게 한 것도 아니다. 이로 말미암아 살펴본다면, 측은하게 여기는 마음이 없으면 사람이 아니며, 부끄러워하고 미워하는 마음이 없으면 사람이 아니며, 사양하는 마음이 없으면 사람이 아니며, 시비是非를 가리는 마음이 없으면 사람이 아니다."[5]

맹자의 경쟁자였던 순황荀況은 맹자가 주장한 성선설性善說과 반대로 성악설性惡說을 주장했다. 순황은 자하子夏의 5대째 제자이며 생몰연대는 기원전 322년 ~ 기원전 234년이다. 순황은 『순자荀子』라는 책을 남겼는데 이 책은 대체로 순황의 사상을 충실하게 보여주고 있다.

『순자荀子』에서 순황은 맹자 대신에 유교의 대변인으로 나서려고 하는 논쟁자처럼 보인다. 한 걸을 더 나아가 순황은 맹자가 사람의 본성을 알지 못한다고 했는데 사람의 본성은 악하며 날 때부터 이익을 구하고 서로 질투하고 미워하기 때문에 그대로 놔두면 싸움이 그치지 않는다고 했다. "맹자는 '사람이 학문을 하는 것은 그 선천적 본성이 선善이기 때문이다'라고 한다. 그러나

---

4 『맹자(孟子)』 진심장구상(盡心章句上) 제15장.
5 『맹자(孟子)』 공손추장구상(公孫丑章句上) 제6장.

나는 이 설을 잘못이라고 말하고 싶다. 이 설은 선천적 본성을 모르고 그 결과로서 사람의 선천적 본성과 후천적 작위作爲와의 구분이 잘 안 되기 때문에 생기는 것이다. 무릇 선천적 본성이란 하늘에 의하여 성취된 것이며 사람이 학문에 의하여 변화시킬 수 있는 대상도 아니고 바른 행위를 통하여 변화시킬 수 있는 대상도 아니다. 한편 예의는 성인聖人이 창출한 것으로 사람이 학문에 의하여 획득한 것이며 바른 행위의 성과로서 얻어진 것이다. 학문의 대상도 바른 행위의 대상도 되지 않는 것으로서 나면서부터 사람에게 갖추어져 있는 것 그것을 선천적 본성이라 하는 것이다. 한편 학문에 의하여 획득이 가능하며 바른 행위를 하면 그 결과 손에 넣을 수 있는 것으로서 성인에 의하여 사람 때문에 준비되어 있는 것 그것을 후천적 작위라고 하는 것이다. 이것이 선천적 본성과 후천적 작위와의 구분이다."[6]

순황은 사람의 악한 본성을 고치기 위해서는 예의를 배우고 정신을 수련해야만 한다고 주장했다. "지나가는 행인으로서도 우禹임금과 같은 성인聖人이 될 수 있다는 말이 있는데 어찌하여 그렇게 될 수 있다는 것인가? 말하자면 우임금이 우임금이 된 까닭은 그 인의仁義와 올바른 규범을 실천한 까닭이다. 그러므로 누구든지 다 인의와 규범을 알 수 있는 소질과 행할 수 있는 재능을 가졌으므로 누구든지 다 우임금처럼 될 수 있는 것은 분명하다."[7]

순황은 맹자는 물론 다른 뛰어난 유학자와 반대적인 입장을 취했지만 평생 그가 가는 곳마다 공자를 칭송하면서 독실한 유가儒家로서의 삶을 살았다.

12.5 한漢나라 시대의 유교

진시황秦始皇에 의해 전국 시대를 통일한 중국 최초의 통일 국가 진秦나라는 진시황의 독재로 그리 오래가지 못 했다. 기원전 210년 진시황이 세상을 떠

---

6   역주: 『순자(荀子)』 성악편(性惡篇) 제3장.
7   역주: 『순자(荀子)』 성악편(性惡篇) 제10장.

나자마자 반란이 여러 곳에서 일어났다. 그 중에서 진섭陳涉이라 하는 사람이 수십만을 이끌고 일으킨 난이 유명한데 공자의 후손이 진섭에 가담하여 후에 그에게 대의명분을 주었다.

진섭은 물론 다른 반란 지도자들도 수많은 추종자들과 함께 죽었다. 하지만 몇몇의 반란군이 진秦나라를 몇 나라로 쪼개 결국 두 개의 반란군만이 남게 되고 이들은 기원전 206년에 진나라를 멸망시켰다.

이 두 반란군의 지도자는 각각 유방劉邦과 항우項羽였는데 이 둘 사이에 전쟁이 벌어져 기원전 202년에 유방이 마지막 승리를 차지했다.

기원전 206년 유방은 중국을 통일하고 한漢나라를 세웠는데 220년까지 400년이 넘게 지속되어 중국 역사상 가장 번창하고 눈부신 시기가 되었다.

유방 본인은 유가儒家가 아니었지만 백성들이 유교에 얼마나 관심을 가지고 있는지 잘 알고 있었다. 유방이 중국을 통일한 후 제일 먼저 한 일은 산동성山東省 곡부曲阜에 있는 공자의 묘에서 황소를 제물로 올리고 제사를 지내는 제례를 실시한 것이다.

유방은 공자의 가르침을 문자 그대로 따르지는 않았지만 유교에 반하는 정책을 채택하지 않았다. 유방은 이전 진나라가 제정한 금지법을 대다수 철폐했을 뿐만 아니라 세금을 낮추고 법률을 단순화시켰다.

유방이 죽고 왕위에 오른 유영劉盈은 백성들이 유교 경전을 보관하고 읽는 것을 허용했다. 이후 한漢나라 왕은 유교 경전의 사본뿐만 아니라 그 밖의 다른 모든 제자백가諸子百家의 사본을 가져온 사람들에게 상을 내렸다. 결과적으로 유교 경전『육경六經』중에『삼경三經』,『서경書經』그리고『예기禮記』등이 복원되었다. 게다가『증자曾子』와『맹자孟子』또한 복원되었다.

한나라의 대표적 유가로 동중서(董仲舒, 기원전 176~기원전 104)를 들 수 있는데 한나라의 6대 군주 무제武帝에게 상소를 올렸는데 그 내용은 다음과 같다. 첫 번째로 교육은 나라를 재건하는 데 근본이 되며, 두 번째로 국립대학인 태학太學을 설치할 필요가 있으며, 마지막으로 유교를 교육의 지도 원리로 삼아야 한다는 것이다.

무제는 동중서의 의견을 받아들여 현재 중국 섬서성陝西省 서안시西安市에 위치하고 있는 도읍지 장안長安에 설치할 국립대학 태학太學에서 유교儒教 이외의 제자백가諸子百家 사상을 가르치는 것은 금한다는 칙령을 반포했다.

하지만 유교 이외의 제자백가에 대한 탄압은 없었다. 제자백가 사상을 사적으로 배우는 것은 계속 허용되었으며 분서갱유焚書坑儒처럼 불태워지지도 않았으며 금지되지도 않았다. 실제로 한나라 조정의 고위 관료들 대다수가 법가法家, 도가道家와 같은 제자백가 사상을 계속해서 연구할 수 있었다.

국립대학 태학은 유교 경전을 가르치는 교수 50명을 임용했으며 학생 수는 설립 당시 수십 명에 불과했지만 전한前漢 시대가 끝나갈 무렵에는 대략 3,000여명으로 증가했으며 후한後漢 시대 말기에는 학생 수가 30,000여명을 넘게 되었다.

한나라는 태학을 설립한 이후 중국 전역에 국가 경비로 중등 교육기관을 설치했는데 평민의 자제는 중등 교육기관뿐만 아니라 장안에 있는 태학도 입학이 허가되었다. 후한 시대에 도읍지는 장안에서 현재 중국 하남성河南省 직할시 낙양洛陽으로 옮겨갔지만 이러한 조치는 계속 이어졌다.

동중서는 한나라 조정에서 요직을 차지하려고 하지 않았으며 시간이 지난 후에 공직에서 모두 은퇴하여 저술 작업에 전념했다.

동중서가 집필한 저서 가운데 현재 유일하게 전해지고 있는 책은 『춘추번로春秋繁露』인데 공자가 편찬한 『춘추좌씨전春秋左氏傳』에 대한 주석서로 동중서의 사상과 동중서 시대 당시의 상황을 잘 나타내고 있다. 특히 『춘추번로』에서 동중서는 공자가 한 말의 숨은 뜻을 많이 지적했다. 또한 동중서는 수동적인 의미에서 생각해 볼 때만이 사람의 본성이 선하다고 단언했는데 계몽군주가 지도하지 않는다면 백성들은 적극적으로 선한 행동을 할 수 없기에 이러한 계몽 군주가 필요하며 동시에 계몽 군주는 백성을 가르쳐야 한다고 했다.

이러한 동중서의 이론은 공자가 마음속에 품고 있었던 것과는 사뭇 모순되는 면이 있으며 플라톤Platon이 가지고 있던 이상과도 정반대의 것이었다. 플라톤은 지배자의 이상형으로 철학적으로 단련되고 교육을 받아 철인 정치를 하는 왕을 원했는데 기본적으로 뛰어난 능력이 있다고 인정된 사람이나 지도적 위치에 있는 엘리트에 의한 정치 지배를 옹호했다.

동중서는 『춘추번로』에서 음양가陰陽家의 개념을 다수 도입하여 많은 비판을 받을 수 있을지 모르지만 자유로운 사고의 소유자였다. 그러나 유교를 번성하게 하는 데 동중서를 완벽한 유가儒家로 부르기에는 어려운 점이 있다.

반대로 유교를 번성하게 하기 위해 한나라 무제를 설득하여 국립대학 태학과 국가가 운영하는 수천 개의 지역 교육기관에서 유교를 제외한 제자백가 사상을 가르치는 것을 금지하는 데 큰 공을 세운 점을 부정하는 것도 힘들다.

한나라 시대 전체 400여 년 동안 유가로서 동중서만큼의 위상을 차지한 인물은 없었다.

한나라 시대에 수많은 학자들은 거의 모든 시간을 교육과 정사를 하는 데 보냈는데 한나라 전역은 안정과 평화를 구가했다. 조정은 상당히 인도주의적이었으며 공자 시대에 일어났던 제후국 사이에 벌어진 대규모 전쟁이나 혼란도 일어나지 않았다. 한나라 시대에 유가들은 예禮와 악樂을 바로잡거나 강력한 선인善人을 찾아 그를 새로운 우왕禹王이나 탕왕湯王으로 세우기 위해 중국 전역을 돌아다닐 필요도 없었다.

교육이나 정사 외에 한나라 시대의 유가들은 저술 작업도 했지만 주로 유교 경전에 주석을 다는 것에 집중하여 아무런 새로운 이론이 나오지 않았다.

이는 한나라 시대 학문이 무익했다는 것을 의미하는 것은 아니다. 오히려 이 시대의 학문은 상당히 생산적이었는데 하림何休, 조기趙岐 등의 주석가들이 이룬 업적은 같은 분야에서 후대의 학자들이 결코 뛰어넘을 수 없는 것들이었다. 마찬가지로 마융馬融과 정현鄭玄도 독창적이었다.

정현(鄭玄, 127~200)은 젊었을 때부터 금고문今古文의 경학經學 외에 천문역수

天文曆數에 걸쳐 광범위한 지식을 얻고자 낙양洛陽의 태학太學에 진학했다. 이후에 당시 최고의 학자 마융의 제자가 되었다. 정현의 장례식에는 천여 명의 제자들이 찾아왔는데 이들 중에 다수가 지방 관료들이었다. 다행히도 정현이 집필한 책들은 현재까지 잘 전해지고 있다.[8]

『이아爾雅』는 중국에서 가장 오래된 유의어 사전이자 언어 해석 사전이고, 『방언方言』은 전한前漢 말기의 학자 양웅(揚雄, 기원전 53~18)이 당시 중국 각 지역에서 사용되던 어휘들을 채집하여 체계적으로 정리 수록한 사전이며, 『설문해자說文解字』는 중국의 가장 오랜 자전字典으로, 중국 후한後漢의 경학자經學者로 알려진 허신(許慎, 58~147)이 필생의 노력을 기울여 저술한 책으로 알려져 있다. 허신은 유가儒家의 고전에 정통했고 고전학자 가규賈逵의 제자였다. 『설문해자』의 내용을 보면 무려 1만여 자에 달하는 한자漢字 하나하나에 대해 본래의 글자 모양과 뜻, 발음을 종합적으로 해설하고 있다.

한나라 시대 전체를 통틀어 사마천(司馬遷, 기원전 145~기원전 86)을 견줄만한 학자는 존재하지 않았다. 사마천은 전한前漢시대의 역사가로 전설상으로 전해내려 오던 중국 최초의 임금 황제黃帝로부터 한나라의 무제武帝에 이르기까지의 중국 역사 전체를 기록한 『사기史記』를 집필했다. 사마천은 공자가 시작한 비판적인 방법에 충실하여 입수 가능한 모든 사료를 주의 깊게 검토하면서 대사건의 경우 가능한 한 현지에 가서 직접 눈으로 확인하면서 『사기史記』를 저술했다. 『사기』는 「본기本紀」 12권, 「표表」 10권, 「서書」 8권, 「세가世家」 30권, 「열전列傳」 70권으로 구성된 기전체 형식의 역사서이다. 특히 기전체紀傳體는 사마천이 만든 역사 기술 방법으로 본기本紀, 세가世家, 표표表, 지志, 열전列傳으로 구성되는데 그 '기전紀傳'이라는 이름은 본기本紀의 기紀와 열전列傳의 전傳을 따서 기전체紀傳體라 부른 데서 유래되었다.

또한 사마천은 『사기』에 등장하는 인물 중에서 공자를 가장 존경하여 「공

---

8   錢穆: 《朱子新學案》第1冊, 第31頁。

자세가孔子世家」의 마지막 태사공太史公이 공자를 평하는 부분에서 아무에게도 붙이지 않았던 '지성至聖' 즉 지知와 덕德을 아울러 갖추어 더없이 뛰어난 성인 聖人이라는 호칭을 공자에게 붙였다. "『시경詩經』에 이르기를 '높은 산은 우러러보고 큰 길은 따라간다'고 했다. 내가 비록 그 경지에 이르지는 못할지라도 마음은 늘 그를 따르고 있다. 나는 공자의 저술을 읽어보고 그 사람됨이 얼마나 위대한지 상상할 수 있었다. 노나라로 가 공자의 묘당·수레·의복·예기를 참관했다. 또 여러 유생이 때때로 그 집에서 예를 익히고 있음을 보았다. 존경하고 사모하는 마음이 우러나 머뭇거리며 그곳을 떠날 수 없었다. 역대로 천하에는 군왕에서 현인에 이르기까지 많은 사람이 있었다. 모두 생존 당시는 영예로웠으나 일단 죽으면 그것으로 모든 것이 끝나고 말았다. 그러나 공자는 포의布衣로 평생을 보냈지만 10여 세대를 지나왔어도 여전히 학자들이 그를 추앙한다. 천자天子와 왕후로부터 나라 안의 육예六藝를 담론하는 모든 사람에 이르기까지 모두 공자의 말씀을 판단기준으로 삼고 있다. 실로 최고의 성인聖人인 지성至聖으로 일컬을 만하다!"[9]

12.6 위진남북조魏晉南北朝 시대의 유교

중국은 후한後漢이 멸망한 후 그 자리에 위魏·오吳·촉蜀 세 나라가 맞선 시대인 삼국三國 시대를 맞이하게 되었다.

265년 위·오·촉 삼국은 위나라의 중신 사마염司馬炎이 세운 서진西晉에 의해서 통일되었다. 그러나 서진은 306년 도읍지 낙양洛陽이 영가永嘉의 난에 의해 함락되고 군주 회제懷帝가 포로가 되었으며 북방 민족 출신인 유연劉淵이 세운 전조前趙에 의해 멸망했다. 317년 사마예司馬睿는 강남江南의 건업建業으로 피하여 동진東晉을 세우고 건업의 이름을 건강建康으로 고치고 도읍지로 삼

---

9   역주: 『사기(史記)』 공자세가(孔子世家).

았다. 이때부터 양자강揚子江을 경계로 하여 한족漢族이 강남江南에 세운 남조南朝와 북방 유목민족이 화북華北에 세운 북조北朝가 서로 대립하는 남북조南北朝 시대가 시작되었다.

우선 강남江南에서는 동진東晉의 뒤를 이어 송宋, 제齊, 양梁, 진陳의 4개 나라로 이어지는 남조南朝 시대가 펼쳐졌다. 다음에 북쪽에서는 서진西晉이 멸망한 후 전조前趙가 건국된 304년부터 5개의 비한족을 비롯한 16개의 국가가 회수淮水 북부에 여러 나라를 세우며 난립하다가 북위北魏가 화북華北을 통일한 439년까지의 오호십육국五胡十六國 시대를 거치게 되었다.

534년 북위北魏는 동위東魏와 서위西魏로 분열되었는데 동위는 550년 북제北齊로 정권이 바뀌고 서위는 556년에 북주北周가 대신했다.

577년 북주가 북제를 멸망시켜 화북을 통일하였다. 그 후 581년 수隋나라의 양견楊堅이 북주의 양위를 받아 제위에 오르게 되고 589년 수나라는 남조南朝의 마지막 나라 진陳을 멸망시켜 남북조 시대가 막을 내리게 되었다.

위에서 설명한 위진남북조魏晉南北朝 시대는 369년이나 지속되었다.

이 시기는 수많은 전쟁과 말로 표현할 수 없는 고통의 시대였지만 다행히도 사람들은 마음의 상처를 위로받기 위해 새로운 종교를 믿게 되었는데, 바로 불교가 인도, 카슈미르Kashmir, 아프카니스탄Afghanistan 등지에서 전래되었던 것이다.

유가儒家 가운데 소수가 좋은 의도로 위진남북조魏晉南北朝 시대에 참가했지만 나머지 대부분은 가능한 모든 곳에서 제자들을 계속 가르쳤다.

일부 지식인들은 도교道敎의 부활에 도피처를 발견했는데 이들 중 한 사람으로 삼국三國 시대 위魏나라의 학자 왕필(王弼, 226~249)은 노자老子의 『도덕경道德經』과 장자莊子의 저서를 토대로 『주역周易』을 해석했다. 왕필은 여전히 자신이 유가라고 주장하며 유가로 살았는데 그의 마음속에 성인聖人은 노자가 아니라 공자였던 것이다.

도안(道安, 312~385), 승조(僧肇, 384~414) 등의 일부 유가儒家들은 유교에서 불

교로 개종했다.[10]

도안과 승조는 불교의 개념을 자세히 설명하기 위해 유교의 용어들을 일부 차용했다. 하지만 이들은 당시 보통 중국인들에게 외래 종교인 불교를 이해시키기 위해 도교道教의 개념을 상당히 많이 사용했다.

불교는 이러한 위진남북조魏晉南北朝 시대의 혼란과 분열 속에서 철학으로서 커다란 영향력을 행사하는 위치에까지 올라갔는데 이는 도안, 승조와 같은 뛰어난 학자들이 불교에 대한 믿음을 포용했기 때문이다.

심약(沈約, 441~513)은 남조南朝 송宋 · 제齊 · 양梁에서 활동하던 사람으로 당대에 뛰어난 학자였으며 공자와 부처의 차이를 무시하는 경향을 보였다. 심약은 사람들에게 공자와 부처는 모두 성인이며 따라서 공경과 숭배의 대상으로 동일한 가치를 지니고 있다고 말했다.[11]

동진東晋의 학자 손작(孫綽, 320~377)은 심약과 같은 말을 했는데 부처를 주공周公, 공자와 동일시했다.

12.7 수隋나라 시대의 유교

수隋나라 시대는 짧은 시기였는데 수나라는 581년에 세워져 618년에 멸망했다.

이 시기에 위대한 유가儒家는 왕통(王通, 584~617) 한 사람뿐으로 그의 저서로는 『원경元經』과 『중설中說』이 있다. 『중설』은 『논어論語』와 마찬가지로 왕통의 제자들이 편집했다고 한다.

왕통은 불교와 도교에 대해 반대하는 입장은 보이지 않았지만 유교의 계율을 철저히 지지하는 사람이었다. 왕통은 인의仁義는 물론 예악禮樂의 실제적인

---

10   역주: 도안(道安)은 초기 중국불교를 대표하는 동진(東晉) 시대의 고승(高僧)이며, 승조(僧肇)
       또한 중국 동진 시대의 승려이다.
11   梁啟超:《儒家哲學》, 第33, 34頁。

유용성에 대해 자세히 설명했다.

왕통은 열린 마음의 소유자로 외향적인 성격을 지닌 사람이었다. 왕통은 다음과 같이 말했다. "나는 세상이 근심과 의혹으로 뒤덮여 있을 때라도 이로부터 자유로울 수 있다. 내가 자연에서 일어나는 것들을 즐기며 내 자신의 운명을 알고 있는데 의혹을 품을 일이 있겠는가? 그 끝까지 이유를 찾아냈고 내 본성을 완전히 이루었다면 무엇에 대해 의혹을 품겠는가?"

남송南末 시대의 유가儒家 진량陳亮은 왕통에 대해서 말했다. "왕통은 고칠 수 없는 것처럼 보이는 것을 고친 사람인데 다시 말해서 그가 살던 시대의 도덕적 조건 즉 하늘과 땅을 다스리는 기본 원리를 바로잡은 것을 말한다."[12]

왕통의 제자들 가운데 수많은 사람들이 당唐나라 초기에 유명한 정치가나 장군이 되었는데 대표적인 인물들로는 위징魏徵, 방현령房玄齡, 두여회杜如晦, 이정李靖, 이세적李世勣 등이 있다.

만약 왕통이 그렇게 일찍 세상을 떠나지 않았다면 중국의 질서와 평화를 재건하는 데 훨씬 더 큰 공헌을 할 수 있었을 뿐만 아니라 젊은 시절 수隋나라의 문제文帝 제위 기간 중에 품었던 일시적인 좌절감을 극복하고 당唐나라를 개국하게 될 고조高祖와 태종太宗을 개인적으로 도와 행복한 죽음을 맞이했을지도 모른다.

12.8 당唐나라 시대의 유교

당나라 초기에는 중국 불교의 전성기를 맞이했다. 왕족과 조정의 고위 관료는 대부분 어느 정도 도교道敎에도 관심이 있었지만 불교에 심취했다. 여전히 유교는 교육 기관에서 가르치거나 시제詩題나 과거 시험 등의 문제로 출제되었다. 하지만 이 시기에 유교는 더 이상 지배 이데올로기의 지위를 유지하

---

12 《淸儒學案》第一五四,《儆居學案》下, 第4冊, 第2695頁。黃以周, 字元同, 父黃式三, 號儆居, 浙江定海人。

지는 못했다.

당나라 중기에 접어들어서야 비로소 변화가 일어나기 시작했는데 하남성河南省 출신의 정치가 한유(韓愈, 768~824)는 용기를 내어 목소리를 높여 불교와 도교에 대항했는데 그가 지은 산문「원도原道」에서 자신이 말하는 도道는 불교도나 도가道家가 말하는 도와는 전혀 다르다고 분명히 밝혔다.

한유는 유교의 관점에서 도는 단지 자신만을 구하기 위한 길이 아니라 인仁과 의義를 실천하고자 하는 자를 위한 길이라고 정의하고 다음과 같이 말했다. "과거의 성인聖人들은 마음을 바로잡고 그 뜻을 정성되게 하는 것을 강조했지만 이는 아무 것도 하지 않고 세상 사람들을 무시하는 것이 아닌 실천하기 위한 준비단계에 불과하다."

한유는 확신에서 우러나오는 감성으로 글을 지었는데 문체는 삼국三國 시대 이후 계속 유행으로 이어져 내려오던 미사여구 문체와는 달리 실제로 형식보다 내용 자체에 중점을 두는 새로운 경향을 보여주었다. 한유는 자신의 산문을 고대의 산문이라고 불렀는데 어느 정도 논쟁적인『맹자孟子』와 사마천司馬遷이 저술한『사기史記』의 문체와 유사했다.

한유는 도통道统에 대해서 말할 때 상당히 흥미로운 관점을 보여주었는데 한유보다 훨씬 이전의 사람인 맹자는 다음과 같이 말했다. "요순堯舜으로부터 탕왕湯王에 이르기까지 5백여 년이니, 우禹와 고요皋陶는 직접 보고서 그 도道를 알았고, 탕왕은 들어서 알았다. 탕왕으로부터 문왕文王에 이르기까지가 5백여 년이니, 이윤伊尹과 내주萊朱는 직접 보고서 알았고, 문왕은 들어서 알았다. 문왕으로부터 공자에 이르기까지 500여 년이니, 태공망太公望과 산의생散宜生은 직접 보고서 알았고, 공자는 들어서 알았다. 공자 이래로 오늘에 이르기까지 백여 년이니, 성인聖人의 세대와의 거리가 이와 같이 멀지 않으며, 성인이 거주한 곳과 가까운 것이 이와 같이 심하되, 그런데도 아무도 없으니, 그렇다면 또한 아무도 없을 것인가!"[13]

또 다른 경우에 맹자가 말했다. "5백년에 반드시 왕업王業을 이루는 자가 있는데, 그 사이에는 반드시 세상에 이름난 자가 있다. 주周나라가 생긴 이래로 7백여 년이 되었으니, 연수年數를 가지고 헤아려보면 지났고, 상황으로써 헤아려보면 가능한 때이다. 하늘이 아직 천하天下를 평치平治[14]하려 하지 않는 것이다. 만약 천하를 평치하려 한다면 지금 세상에 나를 두고 그 누구이겠는가? 그렇지 않다면 내가 무엇 때문에 기쁘지 않겠는가?"[15]

전한前漢 시대의 역사가 사마천司馬遷은 자신의 천명에 대해 이와 유사한 감정을 표출했다. "일찍이 아버님은 '주공周公이 죽은 지 5백 년이 지나 공자가 태어났다. 공자가 죽은 후 지금 5백 년이 된다. 능히 큰 도道가 밝았던 세상을 이어받아 『주역周易』의 「계사전繫辭傳」을 정정하고 『춘추春秋』의 뒤를 저술하며 시詩・서書・예禮・악樂의 근원을 규명할 사람이 나타날 것이다.'고 하였는데 아버지의 생각과 뜻은 이 점에 있었던 것일까 내 어찌 겸손만 부리고 있겠는가."[16]

한유는 맹자・사마천처럼 천명天命이 주어진 사람이었다. 한유는 도道의 학통에 대한 기원을 밝히기 위해 보다 더 깊숙이 들어갔지만 자신이 천명을 받아들이지 않았다는 것을 넌지시 우회적으로 말했다. "요堯임금은 순舜임금에게, 순임금은 우禹임금에게, 우임금은 문왕文王・무왕武王・주공周公에게, 문왕・무왕・주공은 공자에게, 공자는 맹자에게 도道를 전해 주었다. 하지만 맹자가 세상을 떠난 후에 그 도를 받을 자는 아무도 없다."

여기에서 한유가 사마천을 언급하지 않은 것은 의미심장한 것이다.

그러나 한유는 다른 두 유가儒家인 순황荀況, 양웅(揚雄, 기원전 53~기원전 18)이 맹자로부터 도道를 받았다고 언급했다. 순황은 『순자荀子』를 저술했으며 양웅은 『방언方言』은 물론 『주역周易』을 모태로 집필한 『태현경太玄經』 등의 저서

---

13 『맹자(孟子)』 진심장구하(盡心章句下) 제38장.
14 역주: 나라를 태평하게 다스림.
15 『맹자(孟子)』 공손추장구하(公孫丑章句下) 제13장.
16 역주: 『사기(史記)』 태사공자서(太史公自序).

를 남겼다. 한유는 순황과 양웅을 신뢰했지만 다음과 같은 말을 덧붙였다. "그들은 논의 주제를 잘못 선택했으며 상세한 내용을 충분히 설명하지 못했다."

한유가 진정으로 말하고자 하는 바는 맹자 사후 끊어진 도道의 학통을 부활할 시기가 도래했다는 것이다.

이후의 학자들은 이 점에 대해서는 한유와 뜻을 같이하는 경향을 보였지만 맹자 사후 단절된 도의 학통을 부활시키는 자에 대해서 제각기 다른 의견을 제시했다. 그러나 한유가 송宋나라 시대에 주자학朱子學이 성립하는 계기를 만드는 데 지대한 공헌을 했다는 데에는 모두 이견이 없다.

한유의 제자 이고(李翱, 772~841) 또한 탁월한 업적을 이루었는데 당시까지 주목을 받지 못했던 『예기禮記』의 두 장章 「대학大學」과 「중용中庸」을 광범위하게 인용한 학자가 바로 이고이다. 이후 송宋나라 시대에 주자학을 창시한 주희朱熹는 이 두 장章을 『예기禮記』에서 떼어 내서 각각 책으로 만들고 여기에 『논어論語』와 『맹자孟子』를 더하여 『사서四書』를 만들었다. 결국 『사서四書』는 20세기 초반까지 모든 초등 교육기관에서 정식 교과 과목으로 가르쳐 오게 되었다.

12.9 북송北宋 시대의 유교

송宋나라는 960년 건국되어 1279년 멸망했다. 역사가들은 송나라 시대를 북송北宋 · 남송南宋의 두 시기로 나누는데 북송 시대는 1126년에 막을 내리며 남송 시대는 1127년에 시작되었다.

북송 초기의 위대한 유가儒家로 범중엄(范仲淹, 989~1052)을 들 수 있는데 재상으로서 뛰어난 정치가이자 장군이었다. 범중엄은 다음의 유명한 말을 남겼다. "천하의 근심에 앞서 걱정하고 천하의 기쁨은 나중에 기뻐한다."

호원(胡瑗, 993~1059)은 범중엄이 주목한 소장 학자 중의 한 사람이었는데 소주蘇州의 주학교수州學敎授로 임명되었으며 그 후 호주湖州의 주학교수로 옮긴 후에도 마찬가지로 교육자로 성공을 거두었으며 하남성河南省의 개봉開封에 새로운 국립대학인 태학太學 설치의 명을 받고 그곳에서 교수가 되었다.

호원은 명체달용(明體達用: 체體를 밝히고 용用에 도달하다)을 자기 학문의 목적으로 삼고 학생들을 가르칠 때 경서 강독을 위주로 하는 경의재經義齋와 정치 실무를 위주로 하는 치사재治事齋로 반을 나누어 교육을 행했는데 사물을 체(體: 근본이 되는 사항)와 용(用: 그 작용)이라는 두 개의 측면으로 나누면서도 양자의 통합을 목표로 했다.[17]

정이(程頤, 1033~1107)는 호원의 제자 중 가장 뛰어났는데 소년 시절 형 정호(程顥, 1032~1085)와 함께 주돈이(周敦頤, 1017~1073) 문하에서 배웠으며 정이와 정호는 숙부 장재(張載, 1020~1077)로부터도 가르침을 받았다.

주돈이, 장재, 이정자二程子 정이와 정호는 소옹(邵雍, 1011~1077)과 함께 신유학新儒學을 대표하는 북송오자北宋五子라고 일컬어진다.

주돈이는 기존의 우주론이 지닌 일체의 인간적 가치를 초월하는 성격을 극복했는데 인仁의 개념을 동물이나 식물에까지 확장시켰다. 주돈이의 제자 정호와 정이의 이정자二程子는 유교의 존재론에 대해 상세히 설명했다.

주돈이는 『태극도설太極圖說』과 『통서通書』[18] 두 권의 명저를 남겼다. 먼저 『태극도설』은 무극無極, 태극太極, 음양陰陽, 오행五行으로써, 사람에 대한 주돈이의 사상을 잘 드러내고 있다. 주돈이가 말한 "무극無極이면서 태극太極"이라는 어구는 다 같이 존재를 지탱하고 있는 원인이 적극積極·소극消極 두 양상의 표현이다. 주돈이는 원인이 되는 이러한 궁극자가 적극적으로 움직이면 양陽을 낳고 이 양동陽動이 궁극하면 정靜이 되는데 정靜이 되면 그것은 음陰이 되지만 이 음정陰靜도 그대로의 상태로 있는 것은 아니고 최종 단계에서는 다

---

17 Biographies of Song and Yuan Confucianists(《宋元学案》). I, 182.

18 역주: 주희(朱熹)의 설에 의하면 『통서(通書)』는 본래 『역통(易通)』으로 불렸다고 한다.

시 적극적인 양동陽動으로 변하며 이와 같이 음과 양이 서로 교대하고 변화하여 흙土·물水·불火·나무木·쇠金의 오행五行이 생긴다고 했다. 『태극도설』에 따르면 그 다음에 오행五行은 팔괘八卦 가운데 건괘乾卦와 곤괘坤卦를 만들고 마지막으로 만물이 생성되는데 그 중에서 만들어지는 사람은 음양오행陰陽五行의 조합 중에서 가장 우수한 존재라고 했다.

다음에 『통서』는 도덕론에 관한 것으로 성誠을 현상現象 세계의 모든 변화 교체에 잠재하는 참된 기능이라고 하는 동시에 성을 인간 도덕의 근본 규범으로 간주했는데 성은 모든 덕德이나 사람 행위의 근본으로 사람이 성을 완전하게 체득할 때 다시 말해서 사람의 행위가 성 자체일 때 오성五性 인仁·의義·예禮·지智·신信도 완성된다고 했다. 『통서』에 따르면 행위의 선악은 감응하여 움직여서 이제 막 행위를 발發하려고 할 때에 기幾가 나누어지기 때문에 덕을 닦고자 하는 자는 반드시 동動을 근신하지 않으면 안 되며 동動을 삼갈 때는 선악으로 나뉘는 행위의 기幾를 삼가도록 하여 이것을 반드시 선으로 향하도록 해야 하는데 이때 기幾를 삼가고 동動을 삼가는 것은 주정主靜이다. 다시 말해서 주정主靜은 무욕無欲하기 때문에 정靜을 보전할 수 있는 그 무욕無欲의 정靜을 뜻한다.

주돈이는 제자 정호와 정이 이정자二程子에게 공자와 그의 수제자 안회顔回가 가졌던 행복의 원천을 찾도록 권했다.

장재張載는 주돈이보다 두 살 연하였지만 저서 『정몽正蒙』 외에도 112자에 지나지 않는 「동명東銘」과 253자로 이루어진 「서명西銘」 등의 짧은 글을 남겼다.

「서명」은 다음과 같은 내용을 담고 있다. 건乾은 나의 부父이며 곤坤은 나의 모母이다. 나는 천지天地의 자子로서 천지의 중간에 만물과 함께 있다. 그런 까닭으로 나의 체體는 단지 나의 형체形體에 그치는 것이 아니다. 사람·산천·초목·금수·곤충에 이르기까지 무릇 천지의 사이에 존재하는 것은 전부 나의 체體이다. 나의 성性도 또한 만물의 성性이다. 천지는 나와 그리고 만물도 생성하기 때문에 나와 마찬가지로 천지 사이에 있는 것은 모두 나의 동포다. 천지가 만물을 양육하는 것은 천지의 인덕人德이요, 천지의 이 운행을 본받고 천지의 존재형식에 복종하면 천지의 인덕을 나의 마음의 덕으로 삼을 수가 있다. 천지의 작용은 화化한다고 하는 것이며, 천지 운행의 뜻은 헤아려 알 수가 없다. 그런 까닭으로 화化를 알고 신神을 궁통窮通하면 천지의 운용과 그 향하는 바 뜻을 밝혀 이것을 계승할 수가 있다. 이렇게 해야 비로소 천지의 마음을 나의 마음으로 삼고 천지의 성性을 나의 성性으로 삼을 수가 있어 천지의 인덕人德과 나의 인덕이 하나가 된다.

장재는 현상 세계의 모든 개체는 사람까지도 음양이기陰陽二氣의 동정動靜·승강昇降·부침浮沈 등에 의한 운동의 결과로 해서 생성된 것이며 그 음양이기陰陽二氣도 실제는 기氣 즉 일기一氣이므로 이 기氣가 객감客感·객형客形을 취한다고 하는 것이 현상의 성립이며 이 세계의 만변만화萬變萬化가 생생生生하는 까닭이고 이와는 반대로 기氣가 흩어지면 무형무감無形無感이어서 사람에게 감각되지 않게 된다고 했다.

정호와 정이 이정자二程子는 특정 관점에 대해서 상당한 견해 차이를 보이지만 대체로 공통된 시각을 가졌는데 근본적으로 이理를 모두 믿었다.

이理는 이치理致 즉 사물의 정당한 도리이며 형이상학적인 우주의 근원이라고 할 수 있다. 이理는 하늘에서 나오는데 실제로 하늘에서 나오는 이理 외에는 다른 이理는 존재하지 않았다. 정호와 정이 이정자二程子에게 하늘은 개인적인 신神이 아니라 자연인 것이다. 이러한 이유로 일부 학자들은 이정자二程子를 자연주의자라고 불렀는데 동시에 이성주의자라고 할 수도 있다. 왜냐하면 이정자二程子는 만물에는 이理가 존재하고 이 이理는 모두 같기 때문이다.

하지만 이정자二程子는 이理를 깨닫는 방법에 대해서 상반된 입장을 취했다. 정호程顥의 관점에서 성性은 인간이 선천적으로 태어나 지니는 것이며 하늘에서 받은 기氣인데 인간이 받은 기氣에는 본래 선악이 없다. 성性의 선악은 물의 청탁淸濁과 같은 것이므로 악한 성性도 깨끗하게만 하면 곧 선한 성性으로 돌아가게 된다. 따라서 정호는 수양법에서도 매우 온화한 방법을 취했는데 성인의 커다란 마음은 어떠한 외적 사물이 온다고 해도 이것을 거부하지 않고 사사로운 정념을 가지지 말아야 한다고 했으며 헛되이 내외의 구별을 해서 외부 사물의 유혹을 물리치는 것이 아니라 본래 외부 사물에 대해 희노애락의 정념을 갖는 것은 인간 성품의 자연적 현상이라고 했다. 즉 이는 희노애락喜怒哀樂의 감정을 그대로 느끼고 포용하는 것을 말한다. 정호의 사상은 맹자에 바탕을 둔 외향적인 성향을 띠었으며 동생 정이程頤나 주희程頤와는 매우 다르며 오히려 왕수인王守仁 등의 양명학陽明學과 통하는 점이 많다.

동생 정이程頤 사상의 근본은 성즉리性卽理에 있다. 형인 정호도 인간의 본성을 천지 이치의 현시顯示라 하여 성즉리性卽理라 할 수 있지만 정이의 경우 이理와 기氣로 엄격히 양분된다. 그에 의하면 기氣는 형이하학적인 것 즉 형태가 있는 것이자 물질적인 것이다. 만물은 이理와 기氣를 소재로 해서 구성된다. 그러나 만물은 기氣만으로 이루어지지 않았다. 기氣의 근거인 이理가 존재한다. 이理는 형이상의 것이고 형체가 없는데, 유형의 기氣 안에서 기氣의 근거가 되며 그 본체가 되는 것이다. 그래서 기氣는 존재하는 것이고 이理는 존재를 가능하게 하는 근거이다. 이와 같은 구분은 곧 이기이원론理氣二元論으로 발전하게 되었다.

형 정호 사상의 핵심은 천리天理와 이기일원론理氣一元論에 집중된다. 정호는 주돈이가 태극太極을 우주 만물의 근원이라 한 것에 대해서 천리天理로써 이를 대신하였다. 성리학의 이理 개념이 여기서 드러난다. 하지만 주희朱熹의 이理와는 성격을 달리한다. 정이나 주희의 이理는 기氣에 대립되고 차갑고 엄격한 것이지만 정호의 이理는 기氣도 포용하는 넓고 따뜻함을 갖춘 것이었다. 그래서 정호의 사상은 이기일원론理氣一元論으로 귀결된다.

동생 정이는 공적이나 사적인 면에서 대단히 진지했는데 성誠을 통하지 않으면 사람은 선천적으로 타고난 온전한 성誠을 지키지도 못할 뿐 아니라 교육을 통해 얻어진 성誠조차 상실할 수 있다고 믿었다. 그리고 정이는 성誠이 없다면 아무도 이理를 알 수 없다고 확신했다.

12.10 남송南宋 시대의 유교

정이程頤의 4세대 제자인 주희(朱熹, 1130~1200)는 북송北宋 시대 신유학新儒學을 대표하는 주돈이周敦頤, 장재張載, 이정자二程子 정이程頤와 정호程顥가 확립한 이론들을 통합했다.[19]

주희는 단지 통합의 단계에만 그치는 것이 아니라 자신의 새로운 이론으로 발전시켰다.

주희는 이정자二程子의 이理와 장재張載의 기氣를 결합했는데 기氣가 발하지 않는다면 이理가 보이지 않는다고 해도 이理와 기氣는 상호 공존한다고 주장했다. 따라서 주희는 새로운 종류의 이기이원론理氣二元論을 발전시켰다.

주희는 누군가 자신에게 이理와 기氣 중 무엇이 우선하는가 묻는다면 이理가 될 것이라고 말했다.

주희는 정이의 사상을 받아들여 사람의 욕망은 천리天理와 상반된 것으로 생각했는데 정이는 사람의 욕망은 예외 없이 악한 것으로 보았다.

주희의 입장은 당시나 그 이후에도 많은 비평가나 경쟁 상대에 의해 도전을 받았지만 이들은 주희를 교육자이자 『논어論語』·『맹자孟子』·『대학大學』·『중용中庸』의 주석자로서 이룬 위대한 업적은 인정했다. 게다가 주돈이, 장재, 이정자 정이와 정호에 대한 주희의 주석도 커다란 기여를 했다.

공자 사후 주희만큼 제자를 키운 학자는 없었는데 그가 직접 가르쳐 육성한 학자는 530명이 넘었다.

주희의 저작 『사서집주四書集註』[20]는 1313년부터 1905년까지 중국에서 과

---

19 張陰麐: 《北宋四字生活與思想》, 見《思想與時代》第27期, 1942年3月.

20 역주: 사서(四書)라 함은 『논어(論語)』·『맹자(孟子)』·『대학(大學)』·『중용(中庸)』을 이른다. 『대학』과 『중용』은 본래 『예기(禮記)』 중의 두 편이었다. 『논어』와 『맹자』에 대해서는

거 시험의 교재로 사용되었으며 중국을 비롯해 한국·일본·안남安南[21] 등지의 지식인층 대부분이 읽었다.

공자와 마찬가지로 그 스스로 배움에 지칠 줄 몰랐던 주희는 실제로 많은 것에 해박했는데 예부터 전해 내려오는 고전에서 많은 오류를 찾아냈다. 주희는 동시대의 사람들에게 자신이 철학자이자 교육자인 동시에 유능한 관리임을 보여주었다.

남송南宋 시대 신유학新儒學의 또 다른 대표적 유학자로는 육구연(陸九淵, 1139~1192)을 들 수 있다. 육구연의 성향은 정이나 주희보다 정호에 더 근접했는데 세부적인 것보다 원칙적인 것에 관심을 기울였으며 육구연에게 가장 중요한 것은 인仁이 뜻하는 바를 알고 그것을 실천하는 것이었다.[22]

육구연은 이理는 사물에 내재하는 것이 아니고 그와 같은 존재의 이理는 나의 마음속에 있으며, 이것이 가능한 것은 나의 마음이 이理 그것이기 때문이라고 했다. 육구연의 사상은 존재를 존재하게 하는 이理는 내 마음의 이라고 하는 심즉리心卽理이다. 성인聖人이 어디에서 태어나도 마음은 같기 때문에 성인聖人의 마음은 같아야 한다는 것이다.

육구연에 따르면 학생이 해야 할 바는 간단한 것인데 마음이 뜻하는 곳으로 따라가야 한다는 것이다. 왜냐하면 그 마음이 옳고 그름을 알려 주기 때문이다. 맹자가 말했다. "사람이 배우지 아니하고서도 할 수 있는 것은 양능良能이고 헤아려보지 않고서도 알 수 있는 것은 양지良知이다."[23] 양능과 양지는 모두 직관적이며 사람의 선한 본성에 내재해 있다고 하는 것이다.

사람이 옳고 자애로운 것을 실천하기 전까지 이理는 사실상 필수 불가결한

제가(諸家)의 주(註)를 취사(取捨)하면서 주해를 붙였고 『대학』과 『중용』은 특히 장구(章句)로 나누어서 주석을 붙였다.

21   역주: 베트남 중부의 옛 왕국.
22   錢穆:《朱子新學案》第5冊, 第151頁。
23   역주: 『맹자(孟子)』 진심장구상(盡心章句上) 제15장.

것이 아니다.

예외 없이 사람의 본성은 선하며 모든 사람에게 그 이理는 다르지 않다. 그렇다면 수많은 시간을 들여서 이理에 대해 상세한 연구를 해야 되는 이유는 무엇인가? 실천을 결정하는 데 자신의 마음을 찾기 위해서 할 수 있는 것은 오로지 자문하는 것뿐이다. 육구연은 중요한 것은 이론화가 아닌 도덕적 실천이라고 했다.

육구연은 주희와 마찬가지로 뛰어난 이론적 업적을 남겼다. 육구연과 주희는 중국 강서성江西省 신주信州 아호사鵝湖寺에서 1175년, 1188년에 우주만물의 원리와 사람을 교육하는 방법을 주제로 하여 두 차례 아호지회鵝湖之會라는 격렬한 학문적 논쟁을 벌였다. 주희는 격물格物 궁리窮理가 여러 가지 사물에 하나하나 널리 연구하고 그 결과를 바탕으로 기본 원리를 주장한데 반하여 육구연은 그 많은 사물을 다 섭렵한다는 것은 지리支離한 일이라고 했다. 육구연은 마음이 곧 이理라고 하는 기본 원리를 근거로 하여 마음이 여럿 있는 것이 아니라 심일심心一心이며 이理가 여럿 있는 것이 아니라 이일리理一理이므로 결국 자기 마음을 아는 것이 바로 사물과 우주를 관통하는 원리를 깨닫는 것으로 보았다. 아호지회鵝湖之會에서 육구연은 주희의 이학理學의 세부 내용이 관련성이 없다고 주장한 반면 주희는 육구연의 심학心學을 지름길이라는 이름을 붙이면서 비판했다. 아호지회는 주희와 육구연이 각자의 철학 관점에서 벌인 이론 논쟁이자 최초의 철학 토론회였는데 비록 서로의 학문적 입장은 달랐지만 이 두 학자는 상호 존중의 자세로 후학들에게 좋은 모범을 보여 주었다. 주희는 육구연보다 9세 연상으로 보다 관용적인 자세를 보여 주었는데 이들은 죽을 때까지 좋은 친구 관계를 유지했다.

육구연의 제자 가운데 네 명이 뛰어났는데 이들은 모두 문천상(文天祥, 1236~1282)으로부터 칭송을 받았다.[24]

---

24 《宋元學案》卷五十二,《象山學案》, 第3册, 第637頁。

문천상은 중국을 위해 자신의 목숨을 바친 위대한 유가儒家였는데 몽고의 침입에 대항하여 수차례 항전을 했지만 결국 수포로 돌아가 붙잡혔다. 이후 원元나라에서는 쿠빌라이칸Kublai Khan이 관직을 주며 회유하려고 계속 노력했으나 끝까지 이를 거부하고 죽음을 맞이했다.

1283년 문천상은 충신은 두 주군을 섬기지 않는다고 하는 요지의 말만 되풀이하다 참수형을 받았다. 참수형을 받고 그가 쓰러지자 그의 옷 속에서 종이쪽지가 발견되었는데 그 종이쪽지 속에서 그가 쓴 시「정기가正氣歌」가 발견되었다. 그 시 속에 다음과 같은 구절이 있다. "맹자가 말하기를 나는 나의 호연지기浩然之氣를 잘 기른다 했다. 저 기운이 일곱이면 내 기운은 하나이다. 하나로써 일곱을 막아내니 내가 걱정할 것이 무엇이냐? 하물며 그 호연이란 것은 바로 천지의 바른 기운 아닌가?"

12.11 원元나라 시대의 유교

원元나라는 몽고족이 다스리던 나라였는데 문학에서 원곡元曲이라 하는 희곡戱曲 장르를 제외하고 문화적 위업 없이 통치 기간은 그리 오랫동안 지속되지 않았다.

원나라 때 한족들은 정복을 당한 민족으로서 상당한 고통을 겪었는데 허형許衡과 유인劉因 두 학자가 이러한 고통을 극복하게 해 주었다. 허형은 조정에서 높은 지위를 차지한 반면 유인은 평범한 백성으로 생을 마쳤다.

유인과 비슷한 삶을 살았던 지식인들 가운데 가장 저명한 학자는 오징(吳澄, 1249~1333)이었다. 오징은 제자들을 많이 배출했는데 그의 주요 저술로는『오경찬언五經纂言』이 있다.

마치 주희가 정이 사후 그의 사상을 전하는 것으로 여긴 것처럼 주희 사후 오징도 스스로 도道의 학통을 계승하는 자로 생각했다. 주희朱熹는 도道의 학통이 요堯임금 때부터 시작하여 순舜임금 · 우禹임금 · 문왕文王 · 무왕武王 · 주공周公 · 공자 · 맹자로 이어졌고 맹자 사후 사마천司馬遷이나 한유韓愈의 손을 거치지 않고 주돈이周敦頤 · 장재張載 · 정이程頤 · 정호程顥를 통해서 내려와 결국 주희朱熹 자신에까지 다다랐다고 했다.

오징은 주희의 학파에 속했지만 육구연에 대한 선입견을 보이지 않았으며 상당히 빈번하게 육구연의 학파처럼 자신의 의견을 피력했다. "만일 덕의 실천을 무시하고 다른 말로 본성에 대해서 계속 말을 한다면 공자의 가르침을 잘 따르는 학생이 아니다. 가령 출발도 하기 전에 수도 연경燕京으로 갈 계획을 세우는 것과 같은데 사람들에게 연경의 궁성과 거리의 모습, 모래 폭풍, 주민의 관습이나 예의 등을 물어 보는 데 시간을 많이 낭비해서는 안 된다. 우선 타고 갈 배를 예약하거나 좋은 말을 구입해야 한다. 만일 이러한 절차가 순조롭게 진행된다면 두 달 정도 기간으로 연경에 도착하게 될 것이다."

이러한 강의를 하면서 오징은 제자들에게 계속 성誠의 중요성을 일깨웠을 뿐만 아니라 사악한 생각을 하지 못하게 했다. 다시 말해서 제자들은 정호와 정이 이정자가 제시하여 주희가 뒷받침한 계율을 지켜야 했다.

12.12 명明나라 시대의 유교

명明나라 시대(1368~1644)는 문화적으로 생산적이지 못했지만 왕수인王守仁으로 인해 철학 분야에서 상당히 인상적인 모습을 보여 주었다. 왜냐하면 신유학新儒學의 하나인 양명학陽明學은 왕수인의 호인 양명陽明에서 유래되었으며 흔히 양명선생陽明先生이라고 불린다.

수인守仁은 그의 이름인데 그의 호號 양명陽明보다 잘 알려져 있지 않고 있는데 양명陽明이라는 호는 그의 아버지 왕화王華가 집을 증축한 곳인 회계會稽 동남쪽 20여 리 떨어진 양명동陽明洞이라는 지명을 따서 지은 것이다.

왕수인은 콜럼버스Columbus가 아메리카 대륙을 발견하기 20년 전인 1472년 절강성浙江省 여요시餘姚市에 태어나 1528년 56세에 세상을 떠났다.

명나라 때 왕수인 이전에 태어난 저명한 학자로 오여필(吳與弼, 1390~1469)을 들 수 있는데 오여필의 제자 유양(劉讓, 1422~1491)은 일찍이 왕수인이 인생의 목표를 성현에 두기를 권했다. 오여필과 유양 모두 주희의 가르침을 받아들였다.

또 다른 저명한 학자로 진헌장(陳獻章, 1428~1500)이 있는데 마음과 이理가 하나로 됨을 믿었으며 평생 마음 편한 생을 구가했다.

왕수인은 행동, 이론, 인격 모든 면에서 다른 학자들을 능가했다. 왕수인(王守仁, 1472~1528)은 28세에 회시會試에 합격하여 비로소 관리가 되었다. 공부工部를 거쳐 이듬해에 형부刑部 운남雲南 청리사주사淸吏司主事가 되었는데 31세 때 병을 이유로 관직을 그만두었다. 35세 때에 귀주貴州 용장龍場에 유배되었다. 새로 즉위한 무종武宗에게 당시 간관諫官 대선戴銑, 박언휘朴彦徽 두 사람이 표表를 올려서 환관宦官 유근劉瑾을 비난했는데 왕수인은 그 두 사람을 지지했는데 천자天子의 뜻에 거역했다는 명목으로 두 사람은 감옥에 갇히자 탄원서를 썼다. 이 죄로 장형 40대를 받고 귀주貴州 용장龍場의 역승驛丞에 임명된 것이다. 왕수인은 이를 피해 바다로 도망쳤다가 복건福建까지 표류하기도 했다. 유근劉瑾이 죽은 뒤 왕수인은 강서江西 여릉廬陵의 지현知縣으로 임명되었다. 이후 10여 년간 왕수인은 일생 중 국가에 가장 큰 공을 세웠다. 45세부터 3년 동안 강서江西, 복건福建의 각지에서 설치던 무장 도적떼를 토벌하고, 영왕寧王 신호宸濠의 난을 평정하는데도 공을 세웠다. 무종武宗이 죽고 세종世宗이 즉위하자 왕수인은 신건백新建伯에 봉해지고, 남경병부상서南京兵部尙書를 겸하게 되었다. 이 때 나이 50세였다. 이듬해에 왕수인의 아버지가 죽어 상을 치르게 되었는데, 3년상을 마친 뒤에도 복직하지 못하고 56세까지 고향에서 아무 임무도 없이 지냈다. 그 사이에 왕수인은 양지良知의 학설을 수립했고 제자들에게 이를 가르쳤다. 왕수인의 나이 56세가 되던 5월에 광서廣西 지역의 도적을 토벌하라는 명령이 내려져 7월에 팔색단등협八塞斷藤峽의 이적을 토벌하고 그 소굴을 소탕해 다년간의 명나라의 커다란 문제를 해결했다.

이론적 측면에서 왕수인은 유교儒敎의 다음 부분에 커다란 공헌을 했다.

(1) 치양지致良知. '致良知'의 글자를 풀이해 보면 우선 '致'는 어떤 장소나 시간에 도달하는 것을 뜻하며 다음으로 '知'는 오늘날 지식을 말하는데 맹자 시대에는 지식이나 지혜를 가리켰다. 맹자는 말했다. "헤아려보지 않고서도 알 수 있는 것은 양지良知이다."[25] 왕수인은 맹자가 제시한 이 개념을 '良知' 앞에 '致'라는 글자를 붙여 발전시켰는데 선을 바로 잡기 위해 양지를 키우는 것을 바랬다. 이는 양지는 누구나 갖고 태어나는 것이기 때문에 어려움이나 외적인 규범에 속박되지 말고 양지에 따라 행동하라는 것이었다.

(2) 지행합일知行合一. '知行合一'을 구성하는 글자를 보면 '知'는 지식을 의미하고 '行'은 실천을 나타내고 '合一'은 둘 이상이 합하여 하나가 되는 것을 말한다. 왕수인은 지식과 실천은 구별되는 것이 아니라 근본적으로 같다고 했다. 만일 지식을 쌓은 뒤에 아무것도 하지 않는다면 아무것도 모르는 것과 같은 것이다. 물론 왕수인은 도덕적인 문제도 언급했는데 만일 효를 안다고 하면서 부모에게 효를 다하지 않는다면 효를 알지 못한다고 할 수 있다. 반면에 효의 중요성을 이미 알고 있다면 이미 효를 실천해야만 한다. 또한 왕수인은 지식은 실천의 시작이며 실천은 지식의 완성이라고 했다. 따라서 지식과 실천은 근본적으로 같다고 할 수 있는 것이다.

(3) 격물格物. '格'이라는 글자는 '이르다', '포박하다', '제한하다' 등의 의미를 가지고 있는데 명사로 쓰일 때는 '격자格子', '격식格式' 등을 가리키며 '物'이라는 글자는 '물건', '사무' 등의 의미를 나타낸다. 격물格物은 "사물事物에 접하여 사물事物을 연구하는 것이다."[26] 주희朱熹는 격물格物

---

25 역주: 『맹자(孟子)』 진심장구상(盡心章句上) 제15장.

을 사물에 임하여 그 이치를 궁구하는 즉물궁리卽物窮理라 하였다. 그러나 왕수인은 주희의 입장에 반대하여 격格을 정正으로 물物을 사事로 보아 일을 바르게 하는 것이라 해석했는데 격물格物이란 마음의 양지良知가 모든 사물事物에 이르는 것이라고 했다.

(4) 친민親民. '親'이라는 글자는 '친척', '가까이하다', '친하다' 등의 의미를 나타냈으며 '民'이라는 글자는 옛날에도 지금처럼 '사람'을 가리켰다. "큰 학문의 길은 밝았던 덕을 밝히는 데 있고 백성과 하나가 되는 데 있으며 지극히 좋은 상태에 있다."[27] 여기에서 '백성과 하나가 되는 것'은 친민親民을 가리키는 데 주희는『사서집주四書集注』의「대학大學」에서 친민親民을 신민新民으로 바꾸어 '백성을 새롭게 하는 것'으로 해석했다. 하지만 왕수인은 주희의 해석이 옳지 않다고 생각하여 원래대로 '친민親民'으로 써야 한다고 했다.

(5) "모든 사람의 마음에는 공자가 있다." 이 말을 했을 때 왕수인은 "무릇 사람의 마음에는 부처가 있다."고 하는 불가佛家의 영향을 받았다는 것은 틀림없는 사실이다. 신기하게도 바울Paul도 이와 같은 말을 했다. "너희 안에 이 마음을 품으라. 곧 그리스도 예수의 마음이니."[28] 따라서 왕수인에게 기본적으로 모든 사람은 선한 마음이 있기 때문에 모든 사람의 마음에 공자가 있다고 한 말은 상당히 논리적인데 왕수인이 상징화한 공자는 그 대상이 무엇이든지 온 천하에 존재하는 선한 존재이다. 왕수인이 뜻하는 바는 모든 사람은 성인聖人이 될 수 있다는 것이다.

(6) "도道는 모든 세계가 공유하는 도道를 말한다." 왕수인은 도는 누구든지 독점할 수 없다고 주장했는데 심지어 공자도 도를 독차지 할 수 없다고 했다. 하지만 주희는 그런 말을 할 수 없었다.[29] 왕수인이 하고자 했던

---

26 역주:『대학(大學)』경일장(經一章).
27 역주:『대학(大學)』경일장(經一章).
28 역주:『신약성경(新約聖經)』빌립보서 2서 5절.

말은 모든 사람은 누구든지 도에 대해서 자기만의 정의를 내릴 수 있으며 아무도 도를 정의하거나 해석하는 데 자기만이 올바르다고 할 수는 없다. 더욱이 왕수인은 다수의 횡포를 반대했는데 "아무리 대다수 의견이 같더라 하더라도 진실은 진실이다. 온 세상 모두가 진실이라고 해도 좋은 것이며 단 한 사람만이 진실하라고 해도 마찬가지로 그것은 진실이다. 온 세상은 모두는 그렇게 많은 것도 아니며 단 한 사람이라고 해도 그렇게 적은 것이 아니다." (따라서 도道에 대한 다른 견해가 있다면 아마도 그것은 주희와 다른 것이 될 것이지만 거기에는 아무 의미가 없다.)

(7) "부처는 인도의 공자라고 할 수 있는데 공자는 중국에서 부처와 같은 존재이다." 왕수인은 불교와 인도 문화를 열린 마음으로 받아들인 최초의 용기 있는 유가儒家였을 것이다. 특히 왕수인은 문화 융합의 혜택을 깨달은 선구자들 중의 한 사람이었다.

당시에 왕수인은 많은 비판을 받았는데 비판자 가운데 나흠순(羅欽順, 1465~1547)은 가장 학식이 높았다. 나흠순은 왕수인에게 마음은 이理와 혼동해서는 안 되며 양지良知는 사람이 지니는 본성의 본질이 아니라 단지 기능에 불과하다고 했다.

이후 학자들 대부분은 주희와 왕수인 두 사람의 이론을 모두 받아들이는 경향을 보였는데 손기봉(孫奇逢, 1584~1675)은 『이학종전理學宗傳』에서 주희를 존경하지만 왕수인과 나흠순을 도외시하지 않았으며 주희와 동등하게 존중했는데 왕수인과 나흠순 두 학자의 비평은 주희와 주희의 학파에 커다란 공헌을 했기에 도道의 길을 찾는데 노력을 경주해야 하며 주희와 왕수인이 후대에 미친 업적을 쌓도록 노력해야 한다고 했다.

---

29 《宋元學案》卷六十九,《廣平定川學案》, 第3冊, 第886頁。

명나라 말기 또 다른 위대한 유가儒家로 이옹(李顒, 1627~1705)을 들 수 있는데 이옹은 주희와 왕수인은 다른 길을 걸었지만 그들이 지향한 목표는 일치했음을 주장했다.

중국인을 특징짓는 화해 정신의 또 다른 사례는 중국인이 사소한 일을 따지는 논쟁보다 조화를 더 중요시한다는 것이다.

12.13 청淸나라 시대의 유교

명明나라를 멸망시킨 후 중국을 통일한 청淸나라 시대에 고염무(顧炎武, 1613~1682), 황종희(黃宗羲, 1610~1695), 왕부지(王夫之, 1619~1692) 등의 뛰어난 학자들이 등장했다.

이들 세 학자는 모두 학식이 높았을 뿐만 아니라 패망한 명나라를 수복하고자 청나라에 끝까지 저항했는데 청나라를 세운 만주족을 몰아내려고 했지만 실패했고 청나라 조정에 들어가지 않았고 명나라에 대한 충절을 끝까지 지켰으며 말년에 제자들을 가르치고 저술에 몰두하여 위대한 명저를 남겼다.

고염무는 중국의 인문 지리학과 경학經學의 고증 등 방대한 저술을 남겼는데 그가 한 가장 유명한 말은 모든 사람은 세계의 문화적 발전이나 붕괴에 책임이 있다는 것이다.

황종희의 가장 중요한 저서는 『명이대방록明夷待訪錄』으로 민의民意에 반한 전제정치를 통렬히 비판하고 구체적인 정책론을 기술한 정치 철학 서적이었는데 독선적인 군주전제를 반대하고 인민을 위한 정치를 강조했다.

왕부지는 주자학朱子學의 정통적 입장에서 사서오경을 연구하여 독자적 견해를 덧붙여서 『주역외전周易外傳』 등을 저작하였는데 화이사상華夷思想에 입각한 정치론을 펼치면서 인의仁義를 논한 학자들에 반대 입장을 제시했다.[30]

---

30   章太貴:《船山遺書序》, 見《船山遺書全集》第1冊, 第11~14頁。

청나라 시대 초기의 두 유가儒家 안원(顏元, 1635~1704)과 그의 제자 이공(李塨, 1569~1733)은 유학儒學의 새로운 사조를 표방했다.

안원은 제자들에게 말보다 실천을 하도록 가르쳤으며 스스로 모범을 보였는데 아침에 일찍 일어나 모든 집안일을 다하고 뜰을 청소를 하기도 하고 붓글씨를 썼다. 안원은 제자들에게 할 일을 찾아 머리를 쓰는 것보다 자주 몸을 쓰도록 했다. 안원은 말했다. "추상적으로 생각하면 할수록 더 깊은 혼돈에 빠지게 되는데 공자가 뜻하는 '문文'은 공자 사후 학자들이 잘못 이해하는 것처럼 많이 읽고, 가르치고, 쓰는 것이 아니며 공자나 훌륭한 학자들이 한 말을 지침으로 삼아야 하는 것이지만 도道를 대체할 수 있는 것은 아니다. 불행히도 거기에 앉아서 공자와 훌륭한 학자들이 한 말을 반복하는 사람은 많지만 실제로 도道를 실천하는 길을 걷는 사람들은 너무나 적다."

안원은 자기 나라에 닥친 재난에 대항하지 않거나 할 수 없는 창백한 얼굴을 하고 학문만 하는 사람을 특히 수치스러워 했다.

이런 부류의 학자 중에 가장 훌륭한 자가 했던 일이란 적이 왔다는 소식을 듣고 자살하는 것인데 이는 정말로 매우 수치스러운 일이다. 이보다 더 치욕스러운 일은 적에게 항복하거나 도망을 치는 것이다.

안원의 제자 이공李塨도 책을 많이 접하면 접할수록 세상 일을 하는 경험은 더 쌓지 못하게 되며 붓글씨를 쓰는 데 노력을 하면 할수록 인생에서 실용적인 일을 하는 데 필요한 힘과 정력은 그만큼 더 소모하게 된다고 했다.

안원, 이공을 비롯하여 이 장의 시작 부분에서 언급한 세 명의 뛰어난 학자들은 진정한 유가儒家라고 할 수 있는데 이후 소수의 예외를 제외하고 청나라 시대에 활동했던 다른 유학자들은 공자에 반하는 입장을 밝히지는 않았지만 단지 학자일 뿐 진정한 유가儒家는 아니었다. 청나라 시대의 학자들 대다수가 한 일이란 옛 문헌이나 청동제기에 새겨진 글자에서 확실한 증거를 찾아 경서를 설명하려고 했다. 이는 이들이 두려움을 가지고 있었다는 것을 보여 주는데 청나라 시대의 군주 옹정雍正과 건륭乾隆은 당시 지배층인 만주족에 반대하는 감정을 암시하는 글이나 책을 저술한 소수의 유가儒家를 처벌했다.

청나라 시대에 활동했던 대부분의 유학자들은 용기가 부족했지만 이들이 제공한 건설적인 경전 비판은 대중으로부터 신뢰를 얻었다. 이들의 학문적 경향을 고증학考證學이라고 하는데 한漢나라 시대 훈고학訓詁學의 부활을 목표로 한학漢學의 기치를 들고 실사구시實事求是를 학문적 신조로 삼았다. 혜동(惠棟, 1697~1758), 아버지 혜사기(惠士奇, 1671~1741), 할아버지 혜주척惠周惕의 삼대三代는 물론 강영(江永, 1681~1762)과 그의 제자 대진(戴震, 1723~1777), 그리고 최술(崔述, 1740~1816)을 대표적인 학자로 들 수 있다.

고증학考證學의 유행은 아편전쟁(阿片戰爭, 1839~1842)과 태평천국(太平天國, 1850~1864)으로 그 원동력을 상실하게 되어 학자들은 청나라의 쇄락에 더욱 더 관심을 기울이게 되었는데 단지 배움을 위해 배운다고 하는 상아탑에서 점진적으로 벗어나게 되었다.

흠차대신欽差大臣이 되어 광동성廣東省에 파견된 유가儒家 임칙서(林則徐, 1785~1850)는 북경北京 조정의 미온적 태도에도 불구하고 밀수한 아편을 불태우고 수입 금지를 명하여 영국의 불법 행위에 강경한 입장을 취했다.

또 다른 유가儒家 증국번(曾國藩, 1811~1872)은 태평천국太平天國의 난을 진압한 의병장이었는데 난을 일으킨 자들은 스스로를 기독교도라고 했으며 그들이 가는 곳마다 공자의 사당을 무너트리면서 공자를 악마라고 불렀다.[31]

증국번은 14년 만에 태평천국의 난 진압에 성공했다.

이후 학문 분야에서 위원(魏源, 1794~1857)의 주도로 새로운 경향이 일어났는데 그의 뒤를 이어 장존여莊存與, 유봉록劉逢祿, 공자진龔自珍 등의 학자들이 발전시켰다. 이들은 공양고公羊高가 지은 『춘추春秋』의 주석서 『춘추공양전春秋公

---

31 역주: 1847년 태평천국(太平天國)의 전신이라 할 수 있는 기독교적인 조직인 배상제회(拜上帝會)를 광동성 계평현(桂平縣) 금전촌(金田村)에서 창설했다. 금전촌에서 처음 소수에 불과했던 찬동자 중 한 명인 풍운산(馮雲山)이 포교활동을 벌여 약 3,000명의 신도를 얻고, 홍수전(洪秀全)을 맞이하여 그를 지도자로 삼았다. 1851년 1월 11일 금전촌에서 배상제회는 국호를 태평천국(太平天國)으로 하고 홍수전을 천왕(天王)이라고 칭했다.

羊傳』에 근거하여 공자가 편찬한 『춘추』의 또 다른 주석서 『춘추좌씨전春秋左氏傳』에 숨겨진 의미를 밝히는 데 평생을 바치는 유가儒家가 되었다.

공양고는 『춘추공양전』에서 공자는 교육과 저술에 헌신한 학자이기도 했지만 그에 앞서 개혁가라고 주장했다.

위원魏源과 그를 따르는 학자들은 공양고를 적극적으로 받아들이면서 당시 지식인들에게 민족의식을 고취시키는 것을 목적으로 하여 중국을 위해 새로운 운동을 하도록 촉구했다.

마침내 1890년대에 개혁 운동이 일어나 1898년 강유위康有爲의 변법자강책變法自强策[32]으로 막을 내렸는데 강유위는 위원의 공양고 학파의 일원이었다.[33]

---

32 역주: 강유위(康有爲)의 변법자강책(變法自强策)에는 과거제도 개혁, 조세 개혁, 탐관오리 혁파, 각종 경제 개혁 등이 담겨 있었고 무술변법을 통해 이중 일부를 실행에 옮기기도 했지만 그의 변법은 당시 청(淸)나라 군주 광서((光緖)의 미약한 권위에 의존했고 결국 서태후(西太后) 등 반개혁파에게 패배해 외국으로 망명을 가는 결과로 끝이 나서 무술변법은 '100일 변법'이라고도 불린다.

33 梁啟超:《儒家哲學》, 第69頁。

13

유교경전

13.1 공자의 저술

공자가 세상을 떠나기 5년 전까지 책을 쓸 마음은 없었다. 공자는 학당을 열어 최초로 귀족에게만 주어진 교육의 혜택을 모든 사람에게 돌아가게 했다.

공자는 당시 예(禮: 예의범절), 악(樂: 음악), 사(射: 활쏘기), 어(御: 말타기와 마차몰기), 서(書: 붓글씨), 수(數: 수학)의 육예六藝를 가르쳤으며 세상을 떠나기 전까지 5년 동안 제자들을 가르치기 위해 수많은 문헌을 편집하거나 발췌하여 『시경詩經』, 『악경樂經』, 『서경書經』, 『예기禮記』, 『주역周易』, 『춘추春秋』 등의 『육경六經』을 편찬했는데 이후 유교儒敎의 경전이 되었다.

『춘추』는 노魯나라의 역사책이다.

『춘추좌씨전春秋左氏傳』 또한 공자가 편찬했다고 한다.

『시경』과 『서경』은 공자가 고대의 시가詩歌와 문헌을 수집 · 정리하여 편찬한 서적들이다.

『의례儀禮』에 대해서 공자가 했던 일은 공자의 제자들과 후학들이 주석을 다는 작업으로 제한되었는데 이로 인해 『예기』가 편찬되었다.

『논어論語』에서 알 수 있듯이 공자는 『악경』을 수정하는 데 많은 시간을 할애했는데 불행하게도 이 개정판은 진秦나라 시황제始皇帝의 분서갱유焚書坑儒로 인해 소실되었다.

이렇게 경서經書 가운데 5종만이 온전하게 남았는데 이 외에도 『예기禮記』, 『춘추삼전春秋三傳』[1], 『효경孝經』, 『주례主禮』, 『이아爾雅』, 『논어論語』, 『맹자孟子』가 전해지고 있다.

다음은 유가儒家가 중시하는 13종의 경서經書이다.

---

1   역주: 『춘추삼전(春秋三傳)』은 『춘추(春秋)』의 주석서로 공양고(公羊高)의 『춘추공양전(春秋公羊傳)』, 곡량적(谷梁赤)의 『춘추곡량전(春秋谷梁傳)』, 좌구명(左丘明)의 『춘추좌씨전(春秋左氏傳)』으로 이루어져 있다.

『오경(五經)』(『춘추좌씨전春秋左氏傳』 등)	5
『예기(禮記)』	1
『주례(周禮)』	1
『춘추공양전(春秋公羊傳)』, 『춘추곡량전(春秋穀梁傳)』	2
『효경(孝經)』	1
『이아(爾雅)』	1
『논어(論語)』	1
『맹자(孟子)』	1

위의 십삼경十三經 가운데 좌구명左丘明의 『춘추좌씨전』은 하나의 독립된 책으로 간주되지 않지만 공자가 편찬한 것으로 전해지기도 한다.

남송南宋 시대에 주희朱熹는 『논어』, 『맹자』 그리고 『예기』 가운데 편篇들인 「대학大學」과 「중용中庸」을 선택하여, 성리학이 제시한 이기론理氣論의 철학적 관점으로 주석하여 『사서집주四書集註』를 저술했는데 『사서집주』도 십삼경十三經에 속한다.

공자는 『주역周易』에서 「십익十翼」, 「문언전文言傳」, 「계사전상繫辭傳上」, 「계사전하繫辭傳下」 등을 저술했다고 한다.

게다가 공자는 『시경詩經』과 『서경書經』을 편찬했다.

공자 시대 이전에는 관리가 포고령, 법령, 역서曆書, 사서史書 등을 저술했다.

공자는 평민들 중에서는 최초의 저술가였는데 귀족에게만 주어진 교육의 혜택을 평민들도 받게 한 이후 평민들도 저술 활동을 할 수 있는 계기를 마련해 주었다.

13.2 주역周易

주역周易이라는 말은 '주周나라의 역易'을 뜻하며 오늘날 남아 있는 『주역』

은「상하경上下經」,「십익十翼」,「십편十偏」으로 구성되어 있다.

중국은 전통적으로 기원전 2,800년 무렵에 살았다고 전해지는 전설적인 중국의 임금 복희씨伏羲氏가 여섯 효爻[2]를 겹쳐 놓은 8괘卦 건괘乾卦 ☰, 곤괘坤卦 ☷, 진괘震卦 ☳, 손괘巽卦 ☴, 감괘坎卦 ☵, 리괘離卦 ☲, 간괘艮卦 ☶, 태괘兌卦 ☱를 만들고 주공周公이 두 개를 조합하여 64괘로 발전시켜 괘사卦辭와 효사爻辭를 달았으며 문왕文王이 계사繫辭를 달아 편찬했고 공자(기원전 551~기원전 479)가 십익十翼을 붙였다고 하는 것이 전통적인 견해이다.

「십익」은『주역』의 원형인 괘와 괘사 또는 효사를 부연하여 설명한 10개의 보조 문헌이라는 뜻이며 다음의 7종 10편으로 되어 있다.

(1)「단전彖傳」2편.「단전」은 64괘의 괘의卦義·괘덕卦德·괘문卦文·괘명卦名 등을 통괄적으로 논한 것으로 단사彖辭라고도 한다. 단彖은 단斷과 통하는 글자로 괘卦의 의미를 단정하는 논술이라는 의미를 가진다. 따라서「단전」에서는 괘사卦辭에 대해서만 언급할 뿐 효사爻辭에 대해서는 언급하지 않는다. 경문에 따라「단전상彖傳上」과「단전하彖傳下」로 나뉘어져 있다.

(2)「상전象傳」2편編. 64괘의 괘상卦象·효사爻辭·효상爻象에 대해 설명하고 있는 설명문으로서 상사象辭라고도 한다. 특히 괘상卦象과 괘의卦義에 대해서 설명하고 있는 부분을 대상大象, 효상爻象과 효의爻義에 대해서 설명하고 있는 부분을 소상小象이라 한다. 상象은 형상이라는 뜻인데 대상大象에서는 주로 괘의 형상에서 괘의 성격을 찾아내어 설명하고 소상小象에서는 효사爻辭가 성립하는 근거나 원인을 밝힌 것이 대부분이다.「상전象傳」도 경문에 따라「상전상象傳上」과「상전하象傳下」로 나누었다.

(3)「계사전繫辭傳」2편.「계사전」은「계사전상繫辭傳上」과「계사전하繫辭傳下」가 있는데 계사전이란 괘사卦辭나 효사爻辭에 연관하여 설명한 글을 말

---

2 역주: 효(爻)는 중간이 이어진 획(劃) "—"과 중간이 끊어진 획 "--" 두 가지를 말한다.

한다. 「계사전」의 특징은 괘사·효사를 설명하되 단지 문자적 해석에 그치는 것이 아니라 그에 대한 통괄적인 설명을 통하여 『주역』과 서법의 대의를 밝혀 역易의 이론을 집대성한 것이다.

(4) 「문언전文言傳」. 문文은 문식文識을 뜻하고 문언전이라는 말은 '문식하는 말을 실은 글'을 가리킨다. 「문언전」은 건괘乾卦 ☰와 곤괘坤卦 ☷의 두 괘에 대해서만 설명을 하고 있다.

(5) 「설괘전說卦傳」. 주로 8괘의 성질과 상징하는 내용들에 대해 설명한 글이다. 내용은 전반부와 후반부로 나누어지는데 전반부에서는 주로 8괘의 형성과 성질, 그리고 8괘가 상징하는 여덟 가지의 자연현상을 설명하고 있으며 또 8괘를 동서남북 각각의 방위에 분속시키고 있기도 하다. 후반부에서는 주로 8괘의 괘상卦象과 괘의卦義에 대해 설명하고 있다.

(9) 「서괘전序卦傳」. 64괘의 배열순서의 원인에 대한 설명문이다.

(10) 「잡괘전雜卦傳」. 64괘의 착종관계를 주로 설명한 편명篇名으로 잡괘전이란 64괘의 뜻을 잡다하게 논술한 것을 의미한다.

웅십력熊十力은 「십익十翼」이 공자는 물론 다른 사람이라도 단 한 사람의 저작물이 아니지만 「십익」의 주요 내용은 아마도 공자의 제자들이나 그 후학들이 집필했을 것이라고 말했다.[3]

괘사卦辭와 효사爻辭의 저자에 대해서도 마찬가지이다. 주공周公이 괘사를 달았고 문왕文王이 계사繫辭를 지었다는 것은 아직까지 입증되지 못했다. 공자가 말했다. "역易이 생겨난 곳은 중고中古 때인가?"[4] "역易이 생겨난 것은 은慇의 말세末世 주周의 성세盛世인가! 문왕文王과 주紂의 일에 해당하는가!"[5]

희창姬昌은 무왕武王이 주周나라를 세운 후 문왕文王으로 추존(追尊: 왕위에 오르지 못하고 죽은 이에게 임금의 칭호를 주던 일)되었는데 은殷나라 말기 서백西伯이 되었

---

3   熊十力:《原儒》第4册, 第188頁.
4   역주: 『주역(周易)』 「계사전하(繫辭傳下)」 제7장.
5   역주: 『주역(周易)』 「계사전하(繫辭傳下)」 제11장.

고 태전太顚, 산의생散宜生 등의 유능한 사람들을 등용하여 백성들의 삶을 넉넉하게 해 주는 정책을 시행하니 국력이 날로 성하게 되었다. 이로 인해 은나라의 마지막 임금 제신帝辛 주왕紂王이 꺼리게 되어 유리羑里에 갇히게 되었다. 희창은 수금囚禁된 기간 동안 『주역』의 괘사를 지었다.

공자는 주공周公이 역易에 공헌한 바에 대해서 전혀 언급하지 않았다.

청淸나라 말기 저명한 역사학자 왕국유(王國維, 1877~1927)는 『주역』의 괘사와 효사는 주周나라 초기에 지어졌다고 했지만 그 지은이의 정확한 이름을 밝히지 않았다.

이는 그렇게 문제가 되지 않는다. 한漢나라 때가 되자 『주역』의 저자에 대해서 관심을 가지기 시작했는데 당시에는 저자가 자신이 쓴 문서나 책에 본인의 이름을 밝히는 것이 그렇게 중요하지 않았다. 『춘추좌씨전春秋左氏傳』의 정확한 저자명은 알려지지 않았지만 맹자와 사마천司馬遷 모두 그 저자를 공자라고 했다.

『주역』은 저자가 누구이건 간에 모든 기준에서 살펴보아도 훌륭한 책이다. 『주역』은 처음에 점을 치는 데 사용하던 책으로 괘사卦辭와 효사爻辭의 설명서였지만 「십익十翼」 가운데 「문언전文言傳」과 「계사전繫辭傳」이 덧붙여진 후 위대한 철학서로 변모했으며 나머지 부분도 흥미로운 면을 보여주고 있다.

64괘는 인생의 64개의 다른 상황을 보여 주면서 때와 장소를 가리지 않고 여자를 만나거나 혁명, 은둔처, 풍년 등과 같이 사람들에게 일어날 수 있는 모든 상황을 다루고 있다.

64괘의 각 괘는 6획으로 이루어져 있는데 그 획을 각각 효爻라고 한다. 64괘가 예순 네 가지 변화의 유형을 제시하는 것이라면 각 효는 그 괘 안에서 나타나는 작은 변화를 표현한다.

효는 기본적으로 양효陽爻 −와 음효陰爻 --의 두 가지로 구성되어 있는데 양효의 이름을 구九라 하고 음효의 이름을 육六이라 한다. 각 괘의 여섯 효는 아래에서 위로 계산하여 초효初爻, 이효二爻, 삼효三爻, 사효四爻, 오효五爻, 상효上爻라 하는데 양효일 경우에는 초구初九, 구이九二, 구삼九三, 구사九四, 구오 九五, 상구上九로 부르고 음효일 경우에는 초육初六, 육이六二, 육삼六三, 육사六 四, 육오六五, 상육上六으로 부른다. 점괘를 뽑을 때 손가락 사이에 끼운 시초 를 제외하고 남은 시초를 세면 4×6, 4×7, 4×8, 4×9 중의 어느 하나가 남는데 공약수인 4를 제하고 남는 수 가운데서 6과 8은 음수이고 7과 9는 양수이다. 음수는 수축되는 작용이 있어 8에서 6으로 수축되었다가 다른 것 으로 변화해가지만 양은 확장되는 성질이 있어 7에서 9로 확장되었다가 다 른 것으로 변화해가기 때문에 6과 9는 변화의 수이다. 변화를 중심내용으로 하는 『주역』에서는 이 변수가 중요한 의미를 갖게 되므로 변수인 6과 9를 음효와 양효를 부르는 이름으로 삼았다고 한다.

「계사전」과 『중용』 저자는 동일인으로 보이는데 「계사전」은 『주역』 전체 에 흐르는 정신을 파악하고 유럽과 인도의 존재론·우주론과 비교할 수 있는 체계를 상세히 설명하고 있다.

"역易에는 태극太極이 있으니 이것이 양의兩儀가 되고 양의兩儀는 사상四象이 되며 사상은 8괘卦가 되니 8괘는 길吉함과 흉凶함을 정하고 길흉吉凶은 큰 사 업을 생성한다."[6]

「계사전」은 상당히 번번하게 공자의 말을 인용하는데 가족·사회·국가· 세계의 조화를 강조하고 있다는 점에서 기본적으로 「계사전」의 철학 체계는 기본적으로 유가儒家라고 할 수 있다. 고대 그리스와 19세기 독일의 변증법은 일탈·반대·모순·갈등을 강조했는데 「계사전」은 다양성 속에서 독자성과 상반된 관계 속에서 상호 보완성을 보았다. 「계사전」은 결정론과 운명을 믿 지 않았으며 선택을 강조했다. 군자君子는 나아가고 물러나는, 남에게 영향을 주고받는, 시의적절하게 적극적으로 행동하거나 외부 세계에 일어나는 일에

---

6   역주: 『주역(周易)』 계사전상(繫辭傳上) 제11장. 양의(兩儀)는 두 가지 기둥으로 일반적으로 이를 음양(陰陽)으로 파악한다. 사상(四象)은 태양(太陽), 소양(少陽), 태음(太陰), 소음(少陰) 의 네 형태를 말한다.

관심을 갖지 않고 현실에 안주하여 아무런 행동을 취하지 않는 등의 이 모든 것에 자유로운 선택권이 주어져 있다. 공자가 말했다. "군자는 몸이 편안해진 뒤에 움직이고 마음을 다스린 뒤에 말하며 사귐을 확고하게 한 뒤에 남에게 요구한다. 군자는 이 세 가지를 닦아서 완수하기 때문에 온전하다."[7]

「계사전」의 저자와 공자에게 세상은 항상 변화하는 것으로 그 상태가 계속 유지되는 것은 아니며 역易은 호전될 수도 있고 악화될 수도 있으며 사람은 세상과 화평하게 지내기 위해서 체제에 순응하여 아무것도 하지 않으려는 태도를 바꾸어야 한다는 것이었다. 이는 순응하는 태도를 항상 버려야 한다는 것을 말한다. 사람은 더 나은 미래를 향하여 시간을 따라 나아가야 한다.

세계, 국가, 개인은 막다른 골목에 다다를 때가 있는데 역易은 완전히 변화하는 것으로 이 때 필요하게 된다.

『주역』은 영국인 선교사 제임스 레게(James Legge, 1815~1897)가 영어로 번역했고 리처드 빌헬름(Richard Wilhelm, 1873~1930)은 독일어로 번역했는데 칼 베인스Carl F. Baynes가 이 독일어 번역판을 다시 영어로 번역하여 프린스턴 대학 출판부Princeton University Press에서 출판되었다. 위달韋達은 『주역소의周易疏義』의 영어판 『An Exposition of the I-Chang or Book of Change』를 저술하여 대만臺灣의 사립대학 중국문화대학中國文化大學 부속 화강서성출판華岡書城出版에서 1970년 출판되었다. 존 블로펠드(John Blofeld, 1913~1987) 등의 학자들은 『주역』에 대해서 뛰어난 영어 번역판을 많이 출판했다.

13.3 시경詩經

『주역周易』의 육십사괘六十四卦의 예순 한 번째 괘卦 풍택중부風澤中孚 두 번째 획劃 효사爻辭는 『시경詩經』에 수록되어 있지 않은 고대 가사가 들어 있다.

---

7 역주: 『주역(周易)』 계사전하(繫辭傳下) 제5장.

494

『춘추좌씨전春秋左氏傳』, 『국어國語』, 『예기禮記』에 인용된 278편의 노래 가사 가운데 수 십여 편 이상이 현존하는 『시경』에 빠져 있다.

사마천司馬遷은 현존하는 『시경』은 공자가 수많은 고대 시가를 수집·정리하여 편찬한 선집이라고 했다.

『시경』은 기원전 12세기경부터 시작되는 중국 서주西周에서부터 춘추시대春秋時代 초기까지 불렸던 노래 가사의 모음집으로 노래 가사의 수가 합계 311편인데 이 중에서 6편은 편명만 있고 가사가 없으므로 실제로는 305편이다. 주희朱熹와 오징吳澄은 편명만 있는 6편이 가사 없이 연주만 한 것이라고 한 반면에 다른 학자들은 이 6편도 다른 305편과 마찬가지로 가사가 있었지만 불행히도 소실된 것으로 믿었다.

『시경』의 내용은 궁중의 향연이나 제례에서 불리던 노래 가사나 민간에서 불리던 민요의 가사로 국풍國風 160편·소아小雅 80편·대아大雅 31편·송頌 40편 합계 311편인데 이 중에서 소아 6편은 편명만 있고 가사가 없으므로 실제로는 305편이다. 국풍은 각국의 민요, 아는 조정의 음악, 송은 종묘 제사 때 연주하던 음악의 가사를 말한다.

공자가 『시경詩經』을 편찬했을 때 특정 곡조에 따라 춤을 곁들여서 노래 가사를 선택했는데 상당히 많은 시간을 들여 아와 송의 가사를 검토하고 수정했다. 공자는 주周나라의 두 제후국 정鄭나라와 위衛나라의 민요가 민간 음악으로 조정에서 쓰이는 전통 아악과 다르며 남녀 사이의 애정을 노래한 시였기 때문에 음란하다는 이유로 두 제후국 민요들의 곡조를 대다수 바꾸었다.

노魯나라는 주周나라의 제후국 중에서 무용을 비롯하여 주공周公이 만든 예禮와 악樂을 가장 잘 보존한 것으로 보인다. 오吳나라의 공자 찰札이 노나라를 예방했다. 노나라의 군주는 찰의 요청에 따라 주나라의 음악, 패邶나라·용鄘나라·위衛나라·천자 직할지直轄地·정鄭나라·제齊나라·빈豳나라·진秦나라 민요시를 들려주었다. 그러자 찰은 감동하여 다음과 같이 말했다. "아름답습니다. 이야말로 주나라 옛 고장의 노래이겠지요."**8**

당시 외교 행사는 흔히 주인과 손님이 예의를 다하는 태도로 곡조에 맞추어 노래를 하고 춤을 추면서 행해졌는데 이때 부르던 노래는 대개 『시경』의 305편 가운데에서 선택되었다.

　『시경』의 모든 곡조와 춤에 대한 설명이 진시황秦始皇의 분서갱유焚書坑儒로 소실된 것은 실로 안타까운 사실이지만 그럼에도 불구하고 『시경』에 실린 가사는 현재까지도 시의 전형典型으로 남아 있다. 수많은 비평가들은 아직도 『시경』의 가사 305편이 중국 문학사에서 최고의 시詩라고 평가하고 있으며 305편 가운데 몇몇 가사의 수준은 후대 당唐나라 시대에 걸작으로 간주되는 시를 넘어서는 것으로 보이는데 305편은 유사한 특성과 성격을 지닌 다른 시로 대체할 수 없다고 할 수 있다.

　형식면에서 『시경』 305편 대다수는 4연聯으로 되어 있으며 각 연은 4음절音節로 이루어져 있는데 모든 연은 각운脚韻에 엄격하다.

　『시경』 305편을 현대 중국어로 발음하면 모두 각운이 맞는다고 할 수 없지만 공자 시대에는 각운이 맞았다고 할 수 있기 때문에 고대 중국어 음운학을 연구하는 학자들은 205편 가사의 각운 연구를 통해서 중국어 발음의 기원과 변화를 탐구하고 있다. 송宋나라의 오역吳棫과 청淸나라의 고염무顧炎武, 강영江永은 이 분야에서 뛰어난 업적을 남겼다.

　『논어』의 많은 구절은 공자가 『시경』 연구의 중요성을 부각했다는 사실을 보여 주고 있다. 공자가 말했다. "『시경』에 있는 시 300편을 외우더라도 정치를 맡겨주었을 때 통하지 못하고 사방의 나라에 사신으로 가서 혼자서 대처하지 못한다면 비록 많이 외운다 하더라도 또한 무엇을 하겠는가?"[9] "너희들은 어찌하여 시를 배우지 아니하느냐? 시는 순수한 감정을 일으킬 수 있고 사리를 살필 수 있으며 무리를 이룰 수 있고 제대로 원망할 수도 있으며 가까

8　『춘추좌씨전(春秋左氏傳)』 양공(襄公) 29년.
9　역주: 『논어(論語)』 자로편(子路篇) 제5장.

이는 어버이를 섬길 수 있고 멀리는 임금을 섬길 수 있으며 새와 짐승과 풀과 나무의 이름에 대해서 많이 알 수 있다."[10]

『시경』의 305편은 독자에게 어떤 일을 하는 데 영감을 주는데 시를 지은 사람이 창작할 때 가졌던 감정을 느끼게 해 준다.

『시경』 305편 가운데 두 사람 사이의 사랑을 노래한 시의 경우조차도 교훈적인 내용을 전달하는데 그것이 진실한 사랑이라면 사심이 없는 이타적인 사랑을 묘사한다고 하는 것이다.

공자의 제자 가운데 자하子夏가 『시경』을 가장 좋아했는데 공자로부터 『시경』에 대해 많은 것을 배우면서 주석을 많이 남겼다. 이후 『시경』을 필사하고 짧은 서문을 만들었으며 이 서문은 제자들을 통해 전해졌다. 한漢나라 때 자하子夏 학파의 한 사람인 모장毛萇이 『시경』에 대한 권위 있는 주석을 완성했는데 다른 모든 주석은 모장의 주석으로 바뀌어 유일한 주석으로 자리를 잡았다고 한다. 송宋나라 시대 이후 『시경』의 원문과 함께 인쇄되어 『시경』의 책이름이 『시詩』에서 『모시毛詩』로 바뀌게 되었다.

자하의 훨씬 뒷세대 제자 순자荀子는 『순자시설荀子詩說』을 지었는데 이 책에서 순자는 44개의 주석을 한漢나라의 한영韓嬰이 편찬한 『시경』의 해설서 『한시외전韓詩外傳』을 인용하는 형식으로 달았다.

13.4 서경書經

『서경書經』은 요堯임금에서부터 주周나라에 이르기까지 여러 제왕들의 정치와 법률에 대한 발언과 행위를 기록한 문서들을 공자가 선택하여 정리한 선집이다.

공자가 『서경』의 편찬을 마쳤을 때 100여개의 문서가 수록되었는데 여기

10　역주: 『논어(論語)』 양화편(陽貨篇) 제5장.

에서 누락된 문서 일부는 공자 사후 저자 미상의『일주서逸周書』에 수록되었다.

공자가 편찬한『서경』은 진시황秦始皇의 분서갱유焚書坑儒로 인해 불태워졌다. 진秦나라 학자 복승(伏勝, 기원전 260~?)은 벽 속에『서경』을 숨겼다. 이후 진나라가 망하고 한漢나라가 건국되자 다시 벽을 파 보았는데 수십 편이 유실되고 28편만 남아 있었다. 한나라 문제文帝가 복승伏勝이『서경』에 정통한 학자라는 소식을 듣고 조정으로 부르려고 했지만 복승의 나이가 90세였기 때문에 조서를 내려 조조鼂錯를 보내 복승에게『서경』을 배우도록 했다.

복승이 복원한『서경』28편은 당시 예서체隸書體로 기록되었는데 이 판본을『금문상서今文尙書』라고 한다.

한漢나라 무제武帝 때 제후국 노魯나라의 공왕恭王이 정원을 확장하려고 공자의 생가를 철거하던 중 벽 속에서『예기禮記』·『서경書經』·『춘추春秋』·『논어論語』·『효경孝經』등의 유교경전이 발견되었는데 모두 과두문자蝌蚪文字[11]로 기록되어 있어 이 때 발견된『서경』판본을『고문상서古文尙書』라고 이름을 붙였다.

『고문상서』는『금문상서』와 더불어 200여 년간 한나라의 정부 교육기관에서 교재로 사용되었다. 하지만 한나라에서 발생한 민란과 이민족의 침입으로『고문상서』는 유실되었다.

4세기 초 진晉나라의 매색梅賾이『고문상서』를 발견했는데 당시 조정으로부터 한나라의 공안국孔安國이 전한『고문상서』와 함께 매색의『고문상서』도 진본으로 인정받았다.

그러나 청淸나라의 학자 염약거(閻若璩, 1634~1704)는 매색의『고문상서』를 매색이 위조한 것이라 했다.

이는 실제로 유교경전이 모든 판본이 전해지고 있으며 위본이라고 주장하

---

11 역주: 과두문자(蝌蚪文字)는 고대 중국에서 쓰였던 한자 서체의 하나로 필묵이 쓰이기 전에 쪼갠 대나무 같은 것으로 옻을 묻혀 썼는데 글자 모양이 머리는 굵고 끝이 가늘어서 올챙이를 닮았기 때문에 붙여진 이름이다.

는 『고문상서』 안에서 『금문상서』에 수록된 다양한 문서가 섞여 있음이 판명되었기 때문이다.

청淸나라의 손성연(孫星衍, 1753~1818)의 『상서금고문주소尚書今古文注疏』는 『금문상서』의 진위에 엄격한 독자들을 만족시켰는데 『상서금고문주소』에는 『고문상서』의 다른 판본에 수록된 문서는 물론 『금문상서』에 수록된 전체 문서 외에도 손성연 자신의 주석도 자세히 기록했다.[12]

『금문상서』와 『고문상서』 두 사본은 가장 귀중한 사료史料로 취급되는데 요堯임금 시대부터 주周나라 중기까지 중국의 상황을 그대로 반영하며 과거 먼 시대의 뛰어난 업적을 남긴 임금과 재상의 언행으로 가득 차 있다.

공자는 사람들의 변화하는 의지를 강조하면서 왕조의 흥망성쇠에 대한 교훈을 제자들에게 심어 주기 위해서 『서경』을 사용했다. 거의 모든 경우에 사람들은 정의를 위해 백성들의 요구를 무시하고 잔인하고 탐욕에 가득 찬 악행만을 저지른 군주를 폐하고 새로운 군주에게 충성을 다했다.

『서경』이 사람들에게 주는 또 다른 가르침은 중도中道가 사람이나 사물을 대하는 데 가장 좋은 방법이라는 것이다. 중도라는 말이 뜻하는 바는 가운데 길이 아니라 적절한 방법인 것이며 중국어에서 中이라는 글자는 '타당하다'라는 의미를 나타낸다.

『금문상서』를 포함하여 『서경』에 수록된 대다수 문서는 수많은 필경사와 학자의 손을 거쳐 오늘까지 전해졌는데 사마천司馬遷은 그 중의 한 사람으로 독자들이 『서경』을 이해하는 것을 돕기 위해 『서경』 속에 있는 극소수의 글자를 다시 고쳤다.

하지만 『서경』의 문서 중 일부는 원래대로 남아 있는데 「상서商書」의 반경盤庚이라고 하는 문서의 이름은 도읍지를 엄奄에서 은殷으로 천도한 은殷나라의 19대 임금 반경盤庚에서 비롯되었는데 『서경』에서 가장 오래된 문서라고

---

12 1815년에 저술되었으며 上海商務印書館이 2쇄(刷)를 출판했다.

할 수 있다.

13.5 춘추春秋

공자가 『서경』을 편찬할 때 한 일은 수많은 문서 중에 취사선택을 하여 각 문서의 내용·저자·집필 동기에 대한 서론을 기록하면서 대부분은 아니지만 일부를 수정하는 것이었다.

『서경』과는 달리 노魯나라의 역사서『춘추春秋』의 경우 공자는 단지 편집만을 한 것이 아니라 실제로 전체적인 수정을 했다.

주周나라의 다른 제후국들과 마찬가지로 노나라는 주요 사건에 대해 년·월·일 뿐만 아니라 정확한 날짜까지도 기록하는 사관史官이 있었다.

노나라의 사관史官은 전문적인 교육은 받지 않았기에 자신이 기록한 사건에 대한 진실에 대해 주의를 기울이지 않았다. 게다가 사건의 중요성을 판단하는 눈도 부족했는데 사건이 크던 작던 그리고 그 중요성의 유무에 상관없이 모든 사건이 뒤섞여 있었다.

공자가 『춘추』를 제자들에게 가르치는 교재로 쓰기 위해서는『춘추』의 원본을 사실적이며 읽기 쉽고 간결하게 수정해야만 했다. 한漢나라의 사마천司馬遷은 우리가 알고 있는 것보다 훨씬 그 이상으로 이러한 공자의 역사 기술 태도를 보여 주고 있다.

"공자는 서쪽 주실周室의 도적圖籍을 관람하고 역사의 기록과 지난날의 전해지는 말을 논열論列하여 노魯나라의 역사 기록에서 출발하여『춘추』를 편년체로 썼으니 위로는 노魯 은공隱公으로부터 아래로는 노魯 애공哀公 시대 기린麒麟을 획득한 때까지 망라했다. 그는 사적史籍의 문사文辭를 간략하게 기술하고 장황하고 중복되는 점을 산거刪去하고 의리와 법도를 제정함으로써 왕도王道가 완비되도록 했으며 인사人事에 통달하게 했다."[13]

사마천은『사기史記』130권의 맨 마지막 권에서 위의 말을 반복했다. 상대부上大夫 호수壺遂가 물었다. "옛날 공자는 무엇을 위해『춘추』를 지었을까요?" 태사공太史公 천遷이 대답했다. "나는 동중서董仲舒에게서 들은 바가 있습니다. 즉, '주周나라의 도道가 쇠하여 없어지고 나서 공자가 노魯나라의 사구司寇가 되었다. 제후들은 이를 싫어하고 대부大夫들이 이를 꺼렸다. 공자는 자기의 말이 쓰여지지 않고 도가 행해지지 않을 것을 알자 노나라의 은공 1년부터 노나라의 애공 14년까지 242년 동안의 노나라의 사적事蹟의 옳고 그름을 따져 천하의 의표로 삼았다. 천자라 할지라도 그의 불선不善은 깎아내리고 제후들의 무도함을 물리치며 대부의 불의不義를 규탄함으로써 제왕의 사업을 완수하였던 것이다.'는 말입니다. 또 공자는 '나는 이것을 추상적인 말로 적으려고 했으나 구체적인 사적事蹟으로 표현하는 쪽이 더 절실하다.'고 말하고 있습니다."[14]

사마천은「공자세가公子世家」에서 공자의 역사 기록 태도에 대해 보다 자세히 기록했다. "공자는 역사의 기록에 근거해『춘추』를 지었다. 이는 위로는 노 은공에서 아래로는 노 애공 14년까지 노나라 열두 명 군주의 시대를 포괄했다. 『춘추』는 노나라의 역사를 중심으로 삼고 주周나라를 종주로 하고 은殷나라의 제도를 참작해 하夏 · 은殷 · 주周 삼대의 법률을 계승하고 있다. 그 문서는 간략하지만 제시하고자 하는 뜻은 넓다. 오吳나라와 초楚나라 군주가 왕을 지칭했지만『춘추』에서는 이를 낮추어 본래의 작위인 자작으로 칭했다. 천토의 회맹은 실로 제후가 주나라의 천자를 부른 것이지만『춘추』에서는 그 사실을 피해 '천자가 하양河陽으로 수렵을 나갔다'고 기록했다. 이런 사안들을 들어서 당대의 법통을 바로잡는 기준으로 삼았다. 이런 제후들에 관해 폄하하고 꾸짖는 의도는 이후 군주가 될 자들이 참고해 실행하는데 가르침을 주고자 한 것이다. 『춘추』의 대의가 행해지면 곧 천하의 난신적자亂臣賊子가 두

---

13 역주: 『사기(史記)』 십이제후연표(十二諸侯年表).
14 역주: 『사기(史記)』 태사공자서(太史公自序). 사구(司寇)는 형벌 · 도난 등을 관장하는 벼슬이다.

려워하게 될 것이다."

"공자는 지난날 소송안건을 심리할 당시 문사를 두고 다른 사람과 의논해야 할 때는 결코 홀로 판단을 내리지 않았다. 그러나 『춘추』를 지을 때는 결단코 기록할 것은 기록하고 삭제할 것은 삭제했다. 자하子夏 같은 제자도 한 마디 거들 수 없었다. 제자들이 『춘추』의 뜻을 전수받은 후 공자는 말했다. '후대에 나를 알아주는 사람이 있다면 『춘추』 때문일 것이고 나를 비난하는 사람이 있다면 그 역시 『춘추』 때문일 것이다.'"15

맹자가 말했다. "왕도정치를 한 자의 자취가 사라지자 시詩가 없어지고 시가 없어진 연후에 『춘추』가 나왔다."16

공자는 『춘추』에서 사건에 대해 자세히 기술하지 않았는데 세부 사항은 제자들에게 말했을 지도 모른다. 『춘추』의 주석서 『춘추좌씨전春秋左氏傳』에는 사건에 대해 상당히 흥미로운 내용이 자세히 기록되어 있는데 『춘추좌씨전』은 노魯나라의 사관史官 좌구명左丘明이 지었다고 한다.

『춘추좌씨전』의 저자가 공자의 제자인지 노나라의 사관 좌구명인지 그 저자의 진위 여부에 상관없이 산문체로 쓰인 걸작이며 세계에서 가장 흥미로운 역사서라고 할 수 있다.

『춘추좌씨전』은 한漢나라의 환담(桓譚, 기원전 24~기원전 56)의 극찬을 받았으며 서진西晉의 정치가 두예(杜預, 222~184)는 『춘추좌씨전』에 주석을 붙였는데, 『춘추좌씨전』은 너무나도 유명해져서 저자가 좌구명으로 알려지고 당(唐, 618~917)나라 왕조가 주공周公과 더불어 공자에게도 제사를 지내기까지 했다.

『춘추좌씨전』은 『춘추』 3대 주석서 『춘추삼전春秋三傳』의 하나이다.

『춘추삼전』의 다른 두 주석서는 공양고公羊高의 『춘추공양전春秋公羊傳』, 곡량적谷梁赤의 『춘추곡량전春秋谷梁傳』인데 공양고와 곡량적은 모두 자하子夏의

---

15 역주: 『사기(史記)』 공자세가(公子世家).
16 역주: 『맹자(孟子)』 이루장구하(離婁章句下) 제21장.

제자로 사건에 대한 세부 사항보다는 오히려 특정한 문장이나 단어를 중심으로 공자가 말하고자 하는 뜻에 대해 주안점을 더 크게 두었다.

공양고와 곡량적도 차이를 보이는데 공양고는 직설인 반면에 곡량적은 보다 더 설득적인 모습을 보여 주었다.

『춘추삼전』모두 사소한 문제가 있다. 맹자는 물론 순자荀子의 제자 시교尸佼 이후의 학자들이 인용할 때 "공양고 선생이 말하기를", "곡량적 선생이 말하기를"이라는 표현을 쓰는 것은 공양고와 곡량적이 실제로『춘추삼전』을 지었다고 생각하는 사람들에게는 쑥스러운 일이다.

하휴(何休, 129~182)가『춘추공양전』, 범녕(范寧, 339~401)이『춘추곡량전』에 대해서 가장 뛰어난 해설서를 저술했다.

13.6 예경禮敬

『예경禮敬』은『삼례三禮』를 가리키는 데『삼례三禮』는『의례儀禮』, 『예기禮記』, 『주례周禮』로 이루어져 있다.

『의례』는 진秦나라의 분서갱유焚書坑儒를 겪고 한漢나라 초기에 17편이 남았지만 대부분의 학자는『의례』가 원전 그대로 전해졌다고 믿고 있다.『의례』의 구성을 살펴보면 다음과 같다. 우선 사례士禮에 속하는 것으로는 「사관례편士冠禮篇」, 「사혼례편士婚禮篇」, 「사상견례편士相見禮篇」, 「향사례편鄕射禮篇」, 「상복편喪服篇」, 「사상례편士喪禮篇」, 「기석편旣夕篇」, 「사우례편士虞禮篇」의 8편이다. 다음에 경대부례卿大夫禮는 「향음주례편鄕飮酒禮篇」, 「소뢰궤식편少牢饋食篇」, 「유사편有司篇」의 3편이다. 마지막으로 6편은 공公인 제후나 천자가 행하는 예이다.[17]

『예기』는 다음과 같이 편찬되었을 것이다. 공자는 제자들에게 장시간『예

---

17 韓愈: 《讀《儀禮》, 見《昌黎先生集》卷十一, 《四部叢刊》本。

기』에 대해서 설명을 하고 제자들은 그것을 적고 이 기록은 다음 세대의 제자들에게 전해졌다. 공자의 제자들과 2세대 제자들이 함께 적은 기록을 모아 하나로 책을 편찬했는데 그것이 바로 『예기』인 것이다.

공자의 1세대 제자 중에서 자유子游는 『예기』 편찬에 커다란 공헌을 했는데 제9편 「예운禮運」을 집필했으며 다른 편도 집필했을지도 모른다고 한다.

증삼曾參은 『예기』 편찬에 자유子游보다 더 중요한 역할을 했을지도 모른다. 제7편 「증자문曾子問」에는 증삼과 공자 사이에 이루어진 대화가 많이 수록되어 있다. 증자曾子가 물었다. "제후가 천자에게 여현旅見할 때 문 안에 들어섰으나 예禮를 마치지 못하고 중도에 그치는 경우가 몇 가지나 됩니까?" 공자가 말했다. "네 가지의 경우가 있다." 증자가 청해 물으니 공자가 말했다. "태묘大廟에 불이 났을 때, 일식日食이 있을 때, 왕후王后의 상喪이 있을 때, 비가 의복을 적셔 용의가 바르지 못할 때에는 여현旅見의 예를 중지한다. 만일 제후가 모두 있을 때에 일식이 일어나면 모두 천자를 따라 구일救日을 하되 이 경우에는 각각 자기 방위方位의 옷빛과 자기 방위의 병기兵器를 갖는다. 태묘에 불이 나면 천자를 따라 구화救火하되 이 경우에는 자기 나라 방위의 복색과 병기를 사용하지 않는다."[18]

증삼은 제42편 「대학大學」에서 「경일장經一章」은 공자의 뜻을 증자曾子가 기술했다고 한다.

증삼의 제자로 공자의 손자인 자사子思는 제31편 「중용中庸」을 집필했다고 한다.

전한前漢의 소제昭帝로부터 선제宣帝에 걸쳐서 기원전 1세기 중기에 대덕戴德과 대성戴聖이 지은 『대대예기大戴禮記』가 기준적인 예서禮書가 되었고 다시 후한後漢에 이르러 대성이 만든 『소대예기小戴禮記』가 기준이 되는 지위를 독점하여 그 다음은 『예기禮記』라면 『소대예기』를 가리키는 것으로 되었다. 대덕

18　역주: 『예기(禮記)』 증자문(曾子問).

의 형의 아들이 대성이기 때문에 숙부인 대덕을 대대大戴, 조카인 대성을 소
대小戴라고 불렀다.

『악경樂經』은 진秦나라의 분서갱유焚書坑儒로 소실된 후 복원되지 못했다.
『예기』의 제19편 「악기樂記」는 전국시대戰國時代부터 한漢나라 시대까지 성립
된 여러 가지의 음악 이론이 수록되어 있어 중국 고대의 음악에 대한 견해나
이상 등을 알기 위한 중요한 문헌이다. "음악은 사람들의 마음을 화합시키고
예의는 사람들의 신분의 차별을 분명하게 한다. 화합하면 서로 친하고 차별
을 분별하며 존경할 줄 안다."[19]

『주례周禮』는 주공周公이 지었다고 하지만 저자 개인적인 의견으로는 분명
하지 않으며 주희朱熹도 이와 같이 생각했다. 오늘날 전해지고 있는 『주례』를
누가 편찬했는가는 알려지지 않고 있지만 『주례』가 실제적인 자료를 토대로
집필되었다고 하는 사실은 의심할 여지가 없다.

청淸나라의 저명한 학자 손이양(孫詒讓, 1848~1908)은 『주례』에 탄복하여 『주
례』의 두 주석서 『주례정의周禮正義』와 『주례정요周禮政要』를 편찬하는 데 일
생을 바쳤다.

유이징(柳詒徵, 1880~1956)이 『주례』와 같이 행정의 모든 측면과 세부 사항을
망라한 책은 없었다고 말했을 정도로 『주례』는 상당히 체계적이고 논리적
이다.[20]

웅십력(熊十力, 1885~1968)은 자신의 저서 『원유原儒』에서 『주례』의 기본 정
신을 자세히 설명했는데 '평등'과 '결속'으로 요약할 수 있다. 주周나라 조정은
백성을 모두 평등하게 대했으며 모두 서로 서로 하나로 결속되기를 촉구했다.

주나라 관제는 후대 왕조의 관제와 필적했는데 그 이유는 주나라의 육관六
官이 이후 명明나라와 청淸나라의 육부六部 관직으로 되었기 때문이다.

---

19   역주: 『예기(禮記)』 악기(樂記).
20   柳詒徵:《中國文化史》, 第166, 245頁。

"천관(天官)"　　대재(大宰) : 총재(冢宰) ;

　　　　　　　　소재(小宰) : 국정을 관장.

"지관(地官)"　　대사도(大司徒) ;

　　　　　　　　소사도(小司徒) : 국가의 교육을 관장.

"춘관(春官)"　　대종백(大宗伯) ;

　　　　　　　　소종백(小宗伯) : 무리들을 인솔하고 예(禮)를 관장.

"하관(夏官)"　　대사마(大司馬) ;

　　　　　　　　소사마(小司馬) : 군(軍)을 관장.

"추관(秋官)"　　대사구(大司寇) ;

　　　　　　　　소사구(小司寇) : 형(刑)을 관장.

"동관(冬官)"　　대사공(大司空) ;

　　　　　　　　소사공(小司空) : 토목(土木)·공작(工作)을 관장.

천관天官의 대재大宰 총재冢宰는 모든 관원을 통솔하여 왕국과 소속된 나라를 다스리는 일을 관장하며 왕을 도와 나라를 공평무사한 마음으로 다스리는 관직이다.

『주례』는 지방 정부에 대해서도 설명이 있는데 사냥철에 대한 상세한 설명이 기록되어 있다.

『주례』의 「동관고공기冬官考工記」는 본래 독립된 책이었지만 하간헌왕河間獻王 유덕劉德이 백성에게 받아 한漢나라의 무제武帝에게 바쳤는데 무제는 「동관고공기」를 『주례』 중에서 진秦나라의 분서갱유焚書坑儒 이후 복구되지 못한 부분에 끼워 넣었다.

13.7 효경孝經

『효경孝經』은 단 2,000자로 이루어진 책으로 총 18장으로 구성되어 있다. 『효경』은 공자가 한 말을 제자 증삼曾參이 편찬했다고 한다.

『효경』에서 공자 말했다. "대저 효孝라는 것은 인간의 모든 덕성의 근본이며 교화教化가 모두 그로 말미암아 생겨나는 것이다. 증삼아 네 자리로 돌아가 앉거라! 내가 정식으로 너에게 가르침을 주겠노라. 다음의 말들을 가슴 깊이 새기어라. 너의 몸통과 사지 그리고 머리카락과 피부가 모두 부모로부터 받은 것이다. 그것을 감히 훼상하지 아니 하는 것 그것이야말로 효의 시작이다. 몸을 반드시 세우고 인생의 정도를 걸어가는 것 그렇게 하여 아름다운 이름을 후세에 떨치는 것 그리고 내 이름으로 부모님까지 영예롭게 만드는 것 이것이 효의 종착이다."

"대저 효라는 것은 어려서부터 부모님을 섬기는 것으로부터 시작하여 사회에 나아가서는 임금을 섬기는 것으로 진행되다가 결국은 자기 몸을 반듯이 세우는 것으로 완성되느니라."

"『시경詩經』 대아大雅 「문왕文王」 노래에 이런 구절이 있느니라. '그대의 선조들을 항상 잊지 말아라. 선조들의 덕을 이어 그것이 한층 빛나도록 몸을 닦아라.'"[21]

『효경』의 교의教義는 『논어』, 『맹자』와 일치한다. 공자가 말했다. "우禹임금은 내가 비난할 데가 없다. 음식은 간략하게 하면서도 귀신에게는 효도를 다하였다."[22] 유자有子가 말했다. "군자는 근본적인 것에 힘쓴다. 근본적인 것이 확립되면 방법은 생기기 마련이다. 효도와 공손함은 인仁을 행하는 근본이 되는 것이다."[23] 맹자가 말했다. "사람들이 자기의 어버이를 친하며 자기의 어른을 어른으로 섬기면 화평해질 것이다."[24]

한漢나라 조정은 『효경』을 초등교육기관 아동들의 필수 독서 교재로 삼았다. 중국 왕조는 군주가 세상을 떠나면 바로 시호諡號를 받았는데 한漢나라

---

21 역주: 『효경(孝經)』 개종명의장(開宗明義章) 제1.
22 역주: 『논어(論語)』 태백편(泰伯篇) 제21장.
23 역주: 『논어(論語)』 학이편(學而篇) 제2장.
24 역주: 『맹자(孟子)』 이루장구상(離婁章句上) 제11장.

무제武帝는 효무孝武라는 시호를 받았다.

한나라 조정은 과거 시험을 실시했는데 과거 응시생은 우선 효행과 근면성으로 출신 지역 원로의 추천을 받아야 시험을 치를 자격이 주어졌다.

한나라 후기에 들어와서는 궁성의 근위병조차 『효경』을 배워야 했다.

『효경』의 뛰어난 영역판이 해리 렐리아 마크라Harry Lelia Makra에 의해 번역되어 세인트 존스 대학교St. John's University 출판부에서 발간되었다.[25]

원元나라의 저명한 화가 조맹부(趙孟頫, 1254~1322)는 『효경』의 내용을 담은 두루마리 『효경도권孝經圖卷』을 그렸다.

13.8 사서집주四書集註

『사서집주四書集註』는 주희朱熹가 모든 학교의 학생들을 대상으로 『논어論語』, 『맹자孟子』, 『대학大學』, 『중용中庸』을 필수 독서 교재로 선정하여 편찬한 선집이다.

『대학』과 『중용』은 본래 『예기禮記』 중의 두 편이었다.

주희는 학생들이 『대학』부터 시작하여 하나씩 다른 책을 공부하기를 바랐는데 『중용』의 내용이 가장 심오하고 이해하기 어렵다고 생각했다.

주희는 『논어』, 『맹자』, 『대학』, 『중용』의 주석을 만들고 발전시키는 데 일생을 바쳤으며 주희 이전의 주석가와 저자들이 지은 주석서 중 가장 높은 평가를 받았는데 이들은 동중서董仲舒, 정현鄭玄, 한유韓愈 등을 비롯하여 송宋나라 이전의 15명, 송나라의 41명을 들 수 있다.

주희의 『사서집주』는 『시경詩經』, 『서경書經』, 『주역周易』, 『춘추春秋』, 『예기禮記』를 합친 『오경五經』 대신에 교육 기관에서 맨 처음 읽어야 할 교재로 채택되었으며 그 자리에서 물러난 『오경』은 선택 과목이 되고 말았다.

---

25 Hary Lelia Makra tr. The Hsiao Ching. New York: St. John's University Press, 1962.

남송南宋의 영종寧宗은 주희의 주석을 『논어』, 『맹자』, 『대학』, 『중용』 등의 『사서四書』에 실어 간행하라고 명을 내렸다.

원元나라의 인종仁宗은 조정에 주희의 『사서집주』를 과거 시험의 기본 문제로 낼 것을 명했다.

주희 시대 이후 많은 학자들이 『사서』의 주석서를 세상에 내놓았지만 주희의 『사서집주』가 가장 권위 있는 주석서로 평가되었으며 1905년 중국의 과거제가 폐지될 때까지 과거 시험의 문제를 만드는 데 유일한 교재로 쓰였다.

중국의 역사가 전목(錢穆, 1895~1990)은 모든 중국인이 중국 문화를 부활하기 위해서는 9종의 책을 읽어야 한다고 생각했는데 여기에 『사서집주四書集注』, 『노자老子』, 『장자莊子』, 혜능(慧能, 638~713)의 『육조단경六祖壇經』, 주희朱熹의 『근사록近思錄』, 왕수인王守仁의 『전습록傳習錄』이 속한다.[26]

13.9 대학大學

『대학大學』은 본래 『예기禮記』 제42편으로 하나의 편명이었는데 오늘날 하나의 책으로 독립되어 『사서四書』 중의 하나로 자리 잡았다.

주희가 『예기』 제42편 「대학」의 중요성을 발견하기 전에 당唐나라의 한유韓愈, 북송北宋의 이정자二程子 정이程頤와 정호程顥 또한 「대학大學」을 높이 평가했는데 주희가 혁신을 시작하기 전까지는 『대학』은 『사서』에 포함되지 않았다.

주희의 『사서집주』 외에도 『대학』에 대한 다른 주석서가 나타났는데 그중에서 진덕수(眞德秀, 1178~1235), 왕수인王守仁이 가장 뛰어난 『대학』 주석서를 내놓았다.

진덕수는 『대학』을 성군聖君이 되고자 하는 군주의 필독서로 보았으며 『대

---

26 錢穆: 《朱子新學案》第3冊, 第590頁.

학』은 군주에게 칙령이나 법과 같은 것이었다. 군주가『대학』을 법으로 따르게 되면 훌륭한 정사를 펼칠 수 있지만 그렇지 못하다면 나라를 위태롭게 할 것이다. 진덕수는『대학』의 해설서로『대학연의大學衍義』를 지었는데 여기에는 역사 속에서 많은 사례를 들었으며 당시 남송南宋의 군주 이종理宗을 섬기면서 오늘날 재무장관에 해당되는 관직을 담당했다.

왕수인王守仁은『대학』을 대인大人의 학문 '대인지학大人之學'이라고 불렀는데 제자들에게『대학』을 공부하게 되면 바로 성인聖人이 될 수 있다고 했다.

"큰 학문의 길은 밝았던 덕을 밝히는 데 있고 백성과 하나가 되는 데 있으며 지극히 좋은 상태에 있다."[27] 여기에서 '백성과 하나가 되는 것'은 친민親民을 가리키는 데 주희는『사서집주』의「대학」에서 친민親民을 신민新民으로 바꾸어 '백성을 새롭게 하는 것'으로 해석했다. 하지만 왕수인은 주희의 해석이 옳지 않다고 생각하여 원래대로 '친민親民'으로 써야 한다고 했다.

『대학』은『예기』속에 들어 있는 하나의 편으로 전해졌지만 주희가『대학』의 내용을「경經」1장과「전傳」10장으로 나누어「경經」은 공자의 뜻을 증삼曾參이 기술한 것이고「전傳」은 증삼의 뜻을 그 제자들이 편찬했다고 한다.

증삼이『대학』에 단 주석에 쓰인 중국어가 공자 시대의 중국어와 차이가 있음은 의심할 여지가 없다. 고염무(顧炎武, 1613~1682)는 이러한 언어적 차이를 지적하면서『논어』에서 '斯'라는 글자가 70번이나 나오며『예기』「단궁檀弓」에서 '斯'라는 글자가 53차례 나오는데 같은「단궁」에서 '斯'의 동의어로 후대에 쓰인 신조어 '此'라는 글자가 단 한 번만 찾아볼 수 있고『대학』에서는 '斯'라는 글자가 열아홉 차례 정도 보인다고 했다.[28] 그래서『대학』을 증삼曾參의 제자가 편찬했다고 했을지도 모른다.

『대학』은 이 세상에서 사람이 평생 동안 이루어야 할 사명을 가르쳐 주는

---

27   역주:『대학(大學)』경일장(經一章).
28   顧炎武:《日知錄》卷十, 製217頁, 黃侃, 張繼校本, 1958年。

510

지침서로 8단계를 제시한다. "사물이 연구된 후에 지혜가 이루어지고 지혜가 이루어진 후에 뜻이 정성스러워지며 뜻이 정성스러워진 후에 마음이 바르게 되고 마음이 바르게 된 후에 몸이 닦이며 몸이 닦인 후에 집이 안락해지고 집이 안락해진 후에 나라가 다스려지며 나라가 다스려진 후에 천하가 화평해진다."[29]

『대학』은 서恕를 자세하게 설명하고 있다. 어느 날 자공子貢이 공자에게 물었다. "한 마디 말로써 종신토록 행할 만한 것이 있습니까?" 공자가 대답했다. "서恕일 것이다. 자기가 하고 싶지 않은 것을 남에게 시키지 않는 것이다."[30]

손문(孫文, 1866~1925)은 『대학』을 중국의 유일한 보물로 보았으며 허버트 조지 웰스(Herbert George Wells, 1866~1946)는 전 세계에서 가장 중요한 10종의 책 가운데 『대학』을 그 하나로 꼽았다. 게다가 유이징(柳詒徵, 1880~1956)은 『대학』이 공자의 제자들과 후학들이 『서경書經』과 『시경詩經』에서 배워야 할 바를 자세히 설명해 주고 있다는 신념을 가지고 있었다.

13.10 논어論語

『논어論語』는 공자와 제자들이 기록한 책으로 『사서四書』의 하나이다.

이정자二程子 정이程頤와 정호程顥는 공자의 제자 유약有若과 증삼曾參이 『논어』를 편찬했으며 이 두 사람은 공자의 제자들 중에 유일하게 성姓 다음에 '子'라는 글자가 붙여서 증자曾子, 유자有子라고 칭한다고 말했다. 이에 반해 다른 공자의 제자들을 지칭할 때 이름, 자字, 호號 등이 사용된다.

『논어』는 15,917자로 이루어져 있으며 내용을 보면 499개로 나눌 수 있는데 20편으로 구성되어 있다.

공자 시대 이후 『논어』와 같이 방대한 언행을 기록한 책은 나오지 않았다.

---

29 역주: 『대학(大學)』 경일장(經一章).
30 역주: 『논어(論語)』 위령공편(衛靈公篇) 제23장.

『논어』는 한漢나라 때부터 지금까지 중국의 모든 지식인이 탐독하고 있는데 한나라 때 8세가 되는 학생은 『효경孝經』과 더불어 『논어』를 교재로 공부를 시작했다. 한나라 이후 중국을 지배한 모든 왕조 체제에서 『논어』는 교육 기관뿐만 아니라 개인적으로 계속 읽혔으며 결국 당唐나라 때 공자와 제자 간에 오고 간 문답은 과거 시험의 중요한 부분을 차지했다.

『논어』는 진秦나라의 분서갱유焚書坑儒 사건 이후 『노논어魯論語』, 『제논어齊論語』, 『고논어古論語』 등 3종류의 판본이 전해졌다. 『노논어』는 노魯나라 지역의 학자들이 구술해 전한 것으로, 20편이었는데 현존 판본과 같았다. 『제논어』는 제齊나라 지역 학자들이 구술해 전한 것으로 22편이었는데 『노논어』보다 「지도知道」·「문왕文王」 두 편이 더 있었다. 『고논어』는 한漢나라의 경제景帝 때 공자의 고택古宅 벽 속에서 발견된 것으로 21편이었는데 『제논어』 중의 「지도知道」·「문왕文王」 두 편이 없는 대신 『노논어』에서 「요왈편堯曰篇」이 두 편으로 나뉘어 있었다.

주희(朱熹, 1130~1200)의 『논어집주論語集註』가 나오기 전까지 『논어』를 읽는 데 가장 기본이 되는 주석서는 다음의 3종이다. 먼저 위衛나라 하안(何晏, 193~249)이 지은 『논어집해論語集解』이며 다음에 양梁나라 무제武帝 때의 황간(皇侃, 488~545)이 쓴 『논어의소論語義疏』이고 마지막으로 북송北宋의 형병(邢昺, 932~1010)이 편찬한 『논어주소論語注疏』이다.

주희 시대 이후 청淸나라의 유보남(劉寶楠, 1791~1855)이 지은 『논어정의論語正義』는 훈고訓詁 고증이 가장 자세하며 간조량(簡朝亮, 1851~1933)의 『논어집주보정술소論語集註補正述疏』(1866)는 주희의 『논어집해』를 철저히 분석하여 부연 설명을 했고 근대에 들어와 양수달(楊樹達, 1855~1956)의 『논어소증論語疏證』(1933)과 전목(錢穆, 1895~1990)의 『논어신해論語新解』(1963)도 주희의 『논어집주』를 설명했다.

『논어』는 제임스 레게James Legge가 1861년 『Confucian Analects』라는 책명으로 영어 번역판을 내놓았는데 세계적인 권위를 인정 받았다.

윌리엄 에드워드 수트힐William Edward Soothill의 『The Analects of Con-
fucius』(1910), 임어당林語堂의 『The Wisdom of Confucius』(1938), 진영첩陳
榮捷의 『A Source Book in Chinese Philosophy』(1963), 아서 웨일리Arthur
Waley의 『The Analects of Confucius』(1938), 제임스 웨어James R. Ware의
『The Sayings of Confucius』(1955) 등의 『논어』 영역판이 계속해서 출판되
었다.

공자의 전기는 『논어』가 아니고서는 이루어질 수 없으며 『논어』는 인간
공자뿐만 그의 철학 체제의 핵심 사상을 생생한 그림처럼 우리에게 전해 주
고 있다.

그러나 공자의 언행이 모두 『논어』에만 있는 것이 아니며 『맹자』에 나오
는 공자의 인용문 29개 가운데 8개만이 『논어』에 수록되어 있다. 게다가 『예
기禮記』에 기록된 공자의 인용문 대다수도 『논어』에 빠져 있다.

『논어』는 오늘날과 같이 하나의 책이 아니라 본래 20편의 독립된 책들로
『논어』를 구성하는 편명篇名이 각각의 서명書名으로 쓰였다가 공자의 11세손
공안국孔安國과 『사기史記』의 저자 사마천司馬遷이 논어라는 이름을 이 책에 붙
였다. 『논어』의 영어판 제목 Analects는 '어록'이나 '선집'을 뜻하는데 『논
어』의 '論'과 '語'의 두 글자에 대한 정확한 직역은 아니지만 『논어』의 내용을
살펴볼 때 훨씬 더 정확한 번역이라고 할 수 있다.

13.11 맹자孟子

『맹자孟子』는 맹가孟軻의 어록으로 맹가는 후대에 맹자孟子로 잘 알려져 있
다. 『맹자』는 『논어』와 마찬가지로 맹자와 그의 친구나 제자 사이에 오고간
언행을 기록한 선집이다. 『맹자』는 7편으로 구성되어 있으며 각 편은 상上·
하下로 나누어져 있다.

공자처럼 맹자도 제자들을 훈육訓育했는데 맹자는 공자가 한 모든 말을 믿

었으며 맹자는 자신의 사명을 마치 바울Paul이 예수Jesus를 믿고 기독교를 전파시킨 것과 같이 공자의 가르침을 세상에 알리는 것으로 삼고 일생을 바쳤다. 아마도 맹자는 조직을 구성하는 것이 아니라 철학 체제를 발전시킨다는 측면에서 바울보다 더 커다란 공헌을 했을 것이다.

여러 가지 면에서 맹자는 공자보다 한 단계 더 진전했는데 공자가 하늘의 뜻을 아는 것을 강조한 반면에 맹자는 제자나 『맹자孟子』를 읽는 이에게 하늘의 뜻을 따르도록 권했다. 맹자가 말했다. "명命 아닌 것이 없으나 그 바른 것을 순조롭게 받아야 한다. 이 때문에 명命을 아는 자는 돌담 밑에 서 있지 않는다. 자기의 도리를 다해서 죽는 것은 바른 명命이지만 형벌을 받아 죽는 것은 바른 명命이 아니다."[31]

공자가 말했다. "인자仁者는 자신이 서고자 할 때 남을 세우며 자신이 출세하고 싶을 때 남도 출세하게 한다. 가까운 곳에서 취하여 알아차리는 것을 인仁을 실천하는 방법이라고 할 수 있다."[32] 맹자는 사람의 본성은 선하다고 단언했다.

공자가 말했다. "군자君子는 의로움에 대해 잘 알아듣고 소인小人은 이로움에 대해 잘 알아듣는다."[33] 맹자는 소인小人에게 의로움과 이로움의 비교 우위를 가르쳐야 한다고 생각했다. 공자는 사람들이 중용中庸을 중도中道로 파악하는 오류를 범하지 말라고 권했는데 맹자는 공자가 말한 '中'이라는 글자가 중도中道가 아님을 명확하게 밝혔다.

맹자는 공자의 가르침을 해석하는 데 가장 뛰어났으며 단지 공자의 가르침을 올바로 해석하는 데 그치지 않고 공자의 사명까지 계승하는 것을 인생의 목표로 삼았다. 공자와 마찬가지로 맹자도 당시의 제후국 군주들이 인仁과 의義를 실천하도록 설득했으며 제자들을 가르쳐 그들이 자신의 사명을 계승

---

31   역주: 『맹자(孟子)』 진심장구상(盡心章句上) 제2장.
32   역주: 『논어(論語)』 옹야편(雍也篇) 제28장.
33   역주: 『논어(論語)』 이인편(里仁篇) 제16장.

시키는 데 헌신했다.

맹자의 필체는 장자莊子, 굴원屈原 등과 같이 그가 만나지는 못했지만 그가 살았던 당시의 뛰어난 학자들보다 더 강렬했다.

13.12 중용中庸

『중용中庸』은 본래 『예기禮記』의 제31편으로 수록되어 있었지만 주희朱熹가 하나의 독립된 책으로 만들어 『사서집주四書集註』의 하나로 실었다.

『중용』의 저자는 노魯나라의 유가儒家 공급孔伋이라고 하는데 공급의 자字는 자사子思이며 공자의 손자이다.

『중용』은 『사서四書』 가운데 가장 내용이 심오하다. 이는 자사가 그의 제자들이 『논어論語』, 『맹자孟子』, 『대학大學』 등의 다른 『사서四書』를 읽은 후에 마지막으로 『중용』을 읽기를 바랐기 때문이다.

『중용』은 사람의 본성과 도道를 논하기 때문에 그 내용이 심오하다. 자사는 사람의 본성은 하늘이 부여한 것으로 결과적으로 사람은 하늘의 본성을 공유하며 하늘의 본성은 선하다고 하였다.

"성誠은 하늘의 도道이고 성誠해지려고 노력하는 것은 사람의 도道이다. 성誠한 자는 힘쓰지 않아도 적중하고 생각하지 않아도 얻게 되며 저절로 도道에 적중하니 성인聖人이다. 성誠해지려고 하는 자는 선善을 선택해서 굳게 붙잡는 자이다."[34]

교육의 목적은 사람들에게 성誠해지는 것을 가르치는 것이며 다시 성誠해지는 것은 본성을 가지고 하늘을 가지는 사람이 되는 것이다.

성誠을 말하는 사람은 결코 멈추려 하지 않는데 멈추지 않음으로써 기적을 이루며 결국 천지天地의 일에 동참하여 신과 같은 존재가 되는 것이다.

---

[34] 역주: 『중용(中庸)』 제20장.

이러한 도道를 실천하기로 마음을 먹은 사람은 자신을 수양하는 데 열심이며 혼자 있을 때조차도 올바르게 행동하려고 한다.

역으로 성誠하지 않은 사람은 결코 출발하지도 않으며 움직이는 것조차 할 수 없다.

일상생활에서 사람의 도道는 일시적인 것과 영속적인 것, 그리고 과도한 것과 적절한 것 가운데에서 선택을 하는 것이다. 中庸의 두 글자를 보면 '中'은 적절함을 뜻하며 '庸'은 영속성을 나타낸다.

하지만 이러한 선택은 언제나 쉽지 않다. 사람은 이러한 문제에 직면할 때 올바른 결정을 내리는 데 도덕적 가치를 세우는 것이 선결 조건이 되는데 예를 들어 이로움보다 의로움을 더 좋아해야 한다.

"공자가 말했다. '배우기를 좋아함은 지知에 가깝고 실천을 힘씀은 인仁에 가까우며 부끄러움을 아는 것은 용勇에 가깝다.' 이 세 가지를 알면 몸을 닦는 방법을 알며 몸을 닦는 방법을 알면 남을 다스리는 방법을 알며 남을 다스리는 방법을 알면 천하와 국가를 다스리는 방법을 안다." "지知, 인仁, 용勇 세 가지는 천하의 달덕達德이니 이를 행하는 소이所以는 한 가지이다. 혹 나면서 알며 혹 배워서 알고 혹 고심苦心해서 알지만 안다는 점에서 보면 같은 것이다. 혹 편안하게 행하며 혹 이롭게 여겨서 행하며 혹 애쓰고 억지로 힘써서 행하지만 그 꿈을 이루는 점에서 보면 같은 것이다.[35]

이러한 모든 가르침이 높은 수준에 있음은 분명한 사실이다.

『중용』은 본래 『예기』 속의 한 편이었는데 주희가 이를 따로 떼어내서 한 권의 책으로 편집하여 『사서四書』의 하나로 편입시켰는데 노魯나라의 애공哀公과 공자 사이에 오고 간 정치에 대한 문답이 실려 있다.

"무릇 천하국가를 다스림에 아홉 가지 원칙이 있으니 몸을 닦음과 어진 사람을 존경하는 것과 친족과 하나가 되는 것과 대신을 공경하는 것과 여러 신

---

35 역주: 『중용(中庸)』 제20장.

하를 내 몸처럼 여기는 것과 서민들을 자식처럼 여기는 것과 백공들을 오게 하는 것과 먼데 있는 사람을 부드럽게 어루만지는 것과 제후를 따뜻하게 풀어주는 것을 말한다."

"몸을 닦으면 꼭 방법이 생기고 어진 사람을 존경하면 미혹되지 않으며 친족과 하나가 되면 제부諸父와 형제가 원망하지 않고 대신을 공경하면 현혹되지 않으며 여러 신하들을 내 몸처럼 여기면 선비들의 보례報禮가 증후하게 되고 서민들을 자식처럼 여기면 백성들이 분발하게 되며 백공들을 오게 하면 재물을 쓰는 것이 풍족해지고 먼데 있는 사람을 부드럽게 어루만지면 사방 사람들이 돌아오며 제후들을 따뜻하게 풀어주면 천하가 두려워하게 된다."

"재계하고 깨끗이 하며 정복을 갖추어 입고서 예가 아니면 움직이지 않는 것은 몸을 닦는 수단이고 아첨하는 자를 제거하고 여색女色을 멀리하며 재물을 천하게 생각하고 덕德을 귀하게 여기는 것은 현자賢者를 권면하는 수단이며 그 지위를 높이고 그 녹祿을 무겁게 해주며 그 호오好惡를 같이 하는 것은 친족과 하나 됨을 권면하는 수단이고 관직의 수가 많아져 지휘권을 맡기는 것은 대신을 권면하는 수단이며 충심忠心으로 대하고 믿으며 녹을 많이 주는 것은 사士를 권면하는 수단이고 부역을 때맞게 하고 세금 걷는 것을 줄이는 것은 백성을 권면하는 수단이며 날로 살피고 달로 시험하여 보수를 일의 능력에 맞게 하는 것은 백공을 권면하는 수단이며 가는 이를 보내고 오는 이를 맞이하여 착한 것을 칭찬하고 잘못하는 것을 불쌍히 여기는 것은 먼데 있는 사람을 부드럽게 어루만지는 수단이고 끊어진 대를 이어주고 망하는 나라를 일으켜주며 어지러운 것을 다스리고 위태로운 것을 붙잡아주며 조회와 초빙을 때에 맞게 하며 보내는 것을 많이 하고 무릇 천하와 국가를 다스리는 데에는 아홉 가지 원칙이 있으나 그것을 행하는 수단은 하나이다."[36]

---

36   역주: 『중용(中庸)』 제20장.

13.13 고전 해석

지금까지 『십삼경十三經』 가운데 경전經典을 12종까지 논했는데 마지막 남은 경전 『이아爾雅』는 사전으로 표제어가 수 천 단어이며 대부분이 오늘날 쓰이고 있지 않은 것들이다. 이 표제어들은 과거 한 시기에 청동제기에 새겨진 금석문에 상당히 많이 사용되었다.

실제로 모든 고전과 마찬가지로 『이아』는 중국에서 가장 오래된 유의어 사전이다. 중국 고대는 책을 집필하거나 편찬하는 사람들이 명예나 돈에 연연하지 않았기에 저자는 지은 책에 자신의 이름을 넣으려고 하지 않았다.

고전 해석이 어려운 이유는 대체로 저자의 친구, 제자, 자식 그리고 이후 학자들이 저자만큼 고전 원전을 주의 깊게 다루지 않았다는 것이다. 이들은 원전의 필사본을 만들 때 실수를 범하기도 했으며 필사본에도 오류가 발견되었다.

필사본을 만드는 사람도 인간이기에 원전을 필사할 때 현실에 맞추거나 보다 더 큰 규모로 확장해야겠다고 생각하여 글을 덧붙이는 유혹을 뿌리칠 수 없었는데 필사본을 다시 필사하는 경우에도 마찬가지였다. 이들도 원전 저자와 같이 자신의 이름을 세상에 널리 알리고자 하는 욕망은 없었다.

공자 자신도 『춘추春秋』를 편찬했을 때 자신의 이름을 표시하지 않았으며 공자 시대 이전 역시 『주역周易』의 초기본, 『서경書經』에 수집된 수많은 문서, 『시경詩經』에 실린 수천 가사 모두 저자가 익명이다.

『춘추』 3대 주석서 『춘추삼전春秋三傳』은 공양고公羊高의 『춘추공양전春秋公羊傳』, 곡량적谷梁赤의 『춘추곡량전春秋谷梁傳』, 좌구명左丘明의 『춘추좌씨전春秋左氏傳』에서 알 수 있듯이 서명書名에 저자의 이름을 붙였는데 이는 저자의 이름이 『춘추삼전』을 확인하는 데 필요하다는 생각을 하지 못하게 한다. 왜냐하면 저자 모두 책에 서명하지 않았기 때문이다.

앞에서도 언급한 바와 같이 공양고의 『춘추공양전』, 곡량적의 『춘추곡량전』에는 각각 공양고와 곡량적이 보지도 듣지도 못한 사람의 인용문이 실려 있다.

여기에서 고전에 미심쩍은 부분이 있다는 것을 말하려고 한 것은 아니다. 고전은 진본도 있지만 위본偽本도 나오기 마련이다. 한漢나라 조정은 진秦나라의 분서갱유焚書坑儒 사건으로 소실된 서적을 복원하기 위해 고전을 가져오는 사람에게 포상을 내렸는데 이로 인해 위본이 많이 나오게 되었다.

유교儒教는 엄격한 비평을 하는 데 좋은 사례를 보여 주고 있다. 공자는 하夏나라와 은殷나라의 예禮를 논하지 않았는데 이는 공자가 주周나라의 제후국 기杞나라와 송宋나라를 문헌을 조사하기 위해 일부러 찾아갔는데 두 제후국은 각각 하나라와 은나라 왕족의 후손들이 살고 있었던 곳으로 공자는 기나라와 송나라 모두 문헌이 상당히 부족한 데 대해 크게 실망했기 때문이다.

한漢나라의 저명한 역사가 사마천司馬遷은 세부 사항까지 공자의 가르침을 따랐다. 사마천이 「삼대세표三代世表」를 작성할 때 일부러 각 통치 기간의 연수年數에 세부 정보가 들어 있는 오래된 문서를 상당수 폐기했다.

사마천 사후 익명의 참견하기 좋아하는 사람이 사마천의 저서를 시대에 맞게 고치거나 여기저기에서 일부를 덧붙이는 행위를 하려고 한 것은 정말로 부끄러운 일이다.

사마천의『사기史記』에 기록된 은殷나라의 기사가 일본의 저명한 역사가 백조고길(白鳥庫吉, 1865~1942)과 그의 숭배자로부터 의심을 받았지만 중국 하남성河南省 안양현安陽縣 은허殷墟에서 발굴된 은殷나라 시대의 유적을 통해 은나라의 기사가 입증되었다.『사기』에 사마천이 기록한 탕湯왕 전후의 은나라 역대 군주를 표시한 표가 은허에서 발굴된 다량의 갑골문자甲骨文字로 입증되었다.

사마천 다음으로 존경을 받는 학자는 한漢나라의 정현(鄭玄, 127~200)을 들 수 있는데 정현은『의례儀禮』,『예기禮記』,『주례周禮』등의『삼례三禮』를 비롯하여 경전 대다수에 주석을 달았다. 정현은 주석 작업을 할 때 객관성의 규칙을 고수하면서 한漢나라의 금고문학今古文學 논쟁에서 경쟁 관계에 있던 고문학파古文學派와 금문학파今文學派 어디에도 기울지 않고 중립을 지켰다. 정현은 원문의 이동移動을 중시하는 훈고訓詁 해석의 방법에 의하여 수경數經을 겸수兼修하는 경향을 보였으며 훈고에 의한 모든 경전의 통일적 해석을 완성하여 한漢나라와 당唐나라의 훈고학訓詁學의 지표가 되어 경학經學의 권위를 높였다.

이후 남송南宋의 주희朱熹는 정현의 위대한 정신을 되살려 경전 해석 방법을 발전시켰는데 정현과 마찬가지로 주희도 경전에 나오는 모든 단어의 의미에 대해서 깊이 연구하면서 한漢나라부터 송宋나라까지 이전의 학자뿐만 아니라 동시대의 학자 대다수의 저작물 가운데에서 가장 뛰어난 부분을 선택했다. 게다가 주희는 간단한 구두점을 찍어서 한 문장을 그 이상으로 만들고 장章 하나를 여러 개로 나누었으며 경전의 여러 판본의 다양성에도 주의를 기울였다.

주희의 경험을 통해 주석자가 흔히 범할 수 있는 실수는 다음과 같다.

(1) 변변치 않은 표현의 거창한 해석
(2) 단순한 표현의 복잡한 해석
(3) 관련 있는 표현을 관계가 없는 것으로 해석
(4) 명확한 표현의 명료한 해석

주희와 왕수인王守仁 이후 신유학자新儒學者는 문헌에 토대를 두지 않고 심心·성性·이理를 논하는 경향을 보였다. 청淸나라의 저명한 학자들은 보다 객관적으로 연구하고자 했으나 다른 방향으로 오류를 범했는데 경전의 진본·위본 진위 문제와 특정 경전에 나오는 단어의 정확한 뜻을 파악하는 데 중점을 두어 결국 도덕적 행동, 정치력과 같은 실생활에 관련된 문제에 대해서 경전이 가지고 있는 더 커다란 중요성을 무시하기에 이르렀다.

근대 특히 19세기의 일부 학자는 유럽 과학으로 인해 혼란을 맞이했는데 부정적인 태도로 중국 전통에서 좋은 것을 받아들이지 않으면서도 서양 유산 중에 나쁜 것은 무시했다. 이들은 중국사가 고대 그리스와 로마보다 일찍 시작되었으며 중국 문명이 은殷나라와 주周나라에 이미 고도로 발전되었다는 사실을 믿지 못했다.

이제 학술적인 목적을 달성하는 데 보다 균형 잡힌 태도를 취해야 할 때이며 의심해야 하는 것은 무엇이든지 의심하고 믿을 만한 이유가 있다면 믿어야 한다. 완전히 신뢰할 수 없는 책이 있는 한편 특정 대목만 신뢰하지 못하는 책도 있다.[37]

13.14 곡부曲阜

산동성山東省 곡부시曲阜市 공묘孔廟[38]는 중국에서 공자를 모시고 제사를 드리는 곳 중 최대의 공자묘孔子廟이다. 그 규모는 곡부시 현성縣城 성벽 내부 면적의 절반을 차지하고 있으며 현성 남문에서 북문까지 가는 길 중앙에 위치하며 서쪽 지역과 동쪽 지역 각각 사분의 일을 차지하고 있다.

공묘는 공자의 고택古宅 근처에 세워진 후 몇 세기에 걸쳐 확장되었는데 공묘는 처음에 사당이 아니라 기념관에 불과했다. 공자의 직계 제자들은 3년 동안 공자의 무덤 앞에서 묘막을 짓고 살면서 공자를 추도하며 공자가 제자들에게 가르쳤던 행복한 나날을 떠올리게 한 살구나무 밑의 행단杏壇과 공자의 고택古宅과 정원을 지키기 위해 무엇인가 했을 것이다. 공자의 의복과 다른 유품은 이후 사마천司馬遷이 공자의 고택을 찾아온 5세기 동안 보존되었다. 사마천은 공자의 고택에서 무리를 지어 정기적으로 예로부터 전해 내려온 의식을 거행하는 그 지역 젊은이들을 보았다.

---

37 梁啓超:《先秦政治思想史》, 第10頁。 양계초(梁啓超)는 고전에 실제적인 자료가 들어 있기 때문에 고전을 연구하는 데 의심스러운 내용을 무시하지 말아야 한다고 충고했다.

38 역주: 묘(廟: 사당 묘)는 무덤(墓: 무덤 묘)이 아니라 위패를 모시고 제사 드리는 곳을 뜻한다.

한漢나라의 군주 유방劉邦이 중국을 통일한 후 공자를 기념하는 건물인 공묘孔廟에서 제사 지내는 제례를 올렸다. 공묘는 개인적인 구원을 해 주지 않고 신자를 보살피는 성직자가 존재하지 않기 때문에 기독교의 교회, 이슬람교의 모스크mosque, 유대교의 시너고그synagogue와 전혀 다르다.

공묘의 부지 면적은 16,000km²에 나무들로 덮인 넓은 부지에 높고 큰 지붕의 누각이 돌출되어 있고 건물에 있는 방의 총수는 460개나 된다. 대성전大成殿은 모든 건축군의 중심이 되는 건물로 가로 54m, 세로 34m, 높이는 32m에 이른다. 28개의 장식된 기둥으로 받쳐져 있고 각각 6m의 높이와 0.8m의 직경으로 되어 있어 각각 현지의 한 개의 돌로 만든 것이다. 대성전 정면의 10개의 기둥은 휘몰아 감기는 용으로 장식되어 있다.

대성전은 공자에게 제사를 지내며 예물을 올리는 장소이기도 하다. 대성전의 뜰에 있는 것은 행단杏壇으로 이곳은 공자가 제자들에게 가르쳤던 곳이라고 하며 그때 살구나무 아래에서 가르친 것을 기념하여 행단杏壇이라 이름 붙였다.

행단 바로 남쪽에 규문각奎文閣이 위치하는데 규문각은 1018년에 축조되어 1504년과 1985년에 대규모 개수된 건물로 중국 역대 군주로부터 하사된 경서 등을 비치하고 있다. 더 남쪽으로 내려가면 양쪽에 문이 두 개가 있는데 각각 금성金聲과 옥진玉振이라고 이름을 지었다. 다시 말해서 공묘는 성곽에 난 문을 보호하기 위해 성문 바깥에 설치한 이중 성곽인 옹성甕城 형태로 두 번째 성문을 지나면 문 위에 금성옥진金聲玉振이라고 써진 금성옥진방金聲玉振坊이 보인다. 방坊은 충효나 정절을 기리기 위한 패방牌坊을 말한다. 금성옥진은 사상이 세상에 널리 알려져 존중받게 되었다는 의미가 있는데 맹자가 공자의 성덕聖德을 음악에 비하여 찬양한 말이다. 맹자가 말했다. "공자는 성인聖人 중에서 상황에 맞게 행동하는 자이시니 공자를 집대성이라 하는 것이다. 집대성이라는 것은 쇠로 만든 악기로 소리를 늘어뜨리고 옥玉으로 만든 악기로 거두어들이는 것이다. 쇠로 만든 악기로 소리를 늘어뜨린다는 것은 가락을 떼는 것이고 옥으로 만든 악기로 거두어들인다는 것은 가락을 마무리하는 것이다. 가락을 떼는 것은 지혜로움을 가지고 하는 일이고 가락을 마무리하는 것은 성스러움을 가지고 하는 일이다. 지혜로움을 비유하자면 공교로움에 해당하고 성스러움을 비유하자면 힘이 있는 것에 해당하는 것이니 백보 밖에서 활을 쏠 때 화살이 과녁에 이르는 것은 너의 힘 때문이지만 적중하는 것은 너의 힘 때문이 아닌 것과 같다."[39]

대성전 후면에는 양쪽에 많은 건물들이 있는데 각각 특별한 기능이 있다.

공묘孔廟의 동쪽에 봉사관奉祀官이 거처하는 저택이 있다. 봉사관의 1935년 이전의 명칭은 연성공衍聖公인데 중국의 봉작封爵의 이름으로 공자의 적손嫡孫이 대대로 세습하였던 작위이다. 공자의 자손에 대한 봉작은 처음 진秦나라의 시황제始皇帝가 공자의 9세손인 부鮒를 노국문통군魯国文通君에 봉했고 이후 왕조의 교체에 따라 이 관직의 명칭은 계속 바뀌었다. 연성공으로 바뀐 것은 북송北宋 인종仁宗때인 1055년의 일이며 이 명칭은 청淸나라까지 이어졌으나 1935년 국민당 정부가 청나라의 작위를 폐지하게 되어 연성공은 대성지성선사봉사관大成至聖先師奉祀官으로 바뀌었다.

공묘에 있는 공자의 초상 중에서 가장 유명한 것이 두 개가 있는데 첫 번째는 동진東晉의 고개지(顧愷之, 341~402)가 그린 것이고 두 번째는 당唐나라 현종玄宗 때의 오도현(吳道玄, 685~758)이 그린 것인데 오도현의 작품이 보다 유명하며 더 잘 알려져 있다.

자공子貢이 조각한 공자의 목상은 오늘날 절강성浙江省 구주시衢州市에 있는 문묘文廟[40]에 보존되어 있으며 이곳에는 익명의 예술가가 그린 공자 부인의 초상화도 있다.

---

39 역주: 『맹자(孟子)』 만장장구하(萬章章句下) 제1장.
40 역주: 공자의 위패를 모신 사당을 가리켜 문묘(文廟)라고 한다. 동아시아 전반에 분포해 있으며 공자를 중심으로 제자들의 위패(位牌)까지 함께 모신다. 다른 말로 선사묘(先師廟)·성묘(聖廟)·공자묘(孔子廟) 등으로 부른다.

자공子貢은 공자가 가장 아끼던 제자 중의 한 사람으로 공자의 다른 직계 제자들과 함께 3년 동안 공자의 무덤 앞에서 묘막을 짓고 살았을 뿐만 아니라 혼자서 3년 더 이와 같은 생활을 지속했다. 자공은 스승 공자의 목상을 조각했을 뿐만 아니라 공자 무덤 주위에 나무를 많이 심었다.

다른 제자들도 나무를 심었는데 그들은 심은 나무 가운데 일부를 자기 고향이나 고국으로 가지고 갔다. 그 결과 곡부시曲阜市 현성縣城 북문에서 숲의 정문까지는 1,266m 길이의 임도로林道路라고 하는 울창한 가로수가 있는 직선로 길이 있는데 이 숲을 공림孔林이라고 한다. 공림의 둘레는 8킬로미터이며 그 아름다움과 장엄함을 이루 말로 다할 수 없다.

공림의 실질적인 출입문인 지성림문至聖林門을 들어서면 공림 안을 흐르는 작은 하천인 수수洙水가 보인다. 수수는 공림 동쪽에서 흘러나와 공자 무덤 앞을 꾸불꾸불 굽이치며 흘러 서남쪽으로 흘러가 사하泗河에 합류되며 사하는 기수沂水를 만나고 기수는 회수淮水와 합류하여 바다로 흘러 들어간다.

공자의 무덤은 공림 중앙 우측에 여전히 있는데 공자 무덤의 한 쪽에는 공자 아들 공리孔鯉의 무덤이 있고 다른 한 쪽에는 공자의 손자인 자사子思 공급孔伋의 무덤이 있다.

공림에는 10만이 넘는 공자의 자손들의 묘비가 숲처럼 산재해 있으며 단일 가문의 묘지로서는 세계 최대 규모이다.

공묘와 공림을 방문하면 이동양(李東陽, 1417~1516)이 느꼈던 감정이 일어나게 될 것이다. 이동양은 말했다. "공자의 책을 읽고 도道를 실천하면서 공자가 어떠했는지 상상한 후에 아직도 공자의 일부인 건물들과 숲속에 있는 자신을 발견한 공자를 흠모하는 자가 여기에 있다. 이 사람은 이름 없는 자가 가지는 감정을 느낄 수 밖에 없었다."

공자 자신과 같이 공묘와 공림은 세계적으로 독특하며 다른 기념관이나 기념수도 이에 필적할 만한 것이 없다.

마지막으로 안회顔回도 한 때 곡부시 동북부에 살았고 곡부시에서 24km

떨어진 추현鄒縣에 가면 맹자의 고택古宅을 찾아볼 수 있다.

13.15 공자의 시호諡號와 제례 의식

공자에 대한 공식적인 제례 의식은 기원전 195년 한漢나라 군주 유방劉邦이 황소 등을 제물로 바쳐 공자에게 제사를 올리면서 시작되었으며 원元나라 쿠빌라이 칸Kublai Khan을 비롯하여 이후 중국 왕조에서도 끊임없이 이러한 제례 의식이 이어졌다.

교육기관에서 공자에게 제사를 지내는 것은 한漢나라의 명제明帝가 내린 칙령에 따라 기원전 59년 주周나라 주공周公의 제사와 함께 시작되었다. 명제는 백성들이 주공周公을 고대의 성인聖人으로 공자를 고대의 스승으로 부르기를 바랐다.

628년 당唐나라 태종太宗의 칙령에 따라 공자만이 고대의 성인으로 추앙받기 시작했다.

739년 당나라 현종玄宗은 시호諡號를 왕으로 높여 공자를 문선왕文宣王으로 봉했다.

1012년 송宋나라 진종眞宗은 공자의 시호를 더 승격하여 현성문선왕玄聖文宣王이라고 불렀다.

이로부터 300여년이 흐른 1307년 원元나라 무종武宗은 공자의 시호를 대성지성문선왕大成至聖文宣王으로 고쳤는데 지성至聖은 지덕智德이 지극히 뛰어난 성인聖人을 뜻한다.

자칭 도가道家인 명明나라 세종世宗은 공자의 시호를 지성선사至聖先師로 바꾸었는데 이 때 시호에서 '王'이라는 글자가 누락되었다.

곡부曲阜의 공묘孔廟는 다른 지역의 문묘文廟보다 일찍 세워졌다. 630년 당唐나라 태종太宗의 칙령에 따라 중국 전역에 공자묘孔子廟가 세워졌다.

곡부에 있는 공묘 다음으로 규모가 큰 문묘는 북경北京에 위치하고 있으며 북경대학北京大學 옆에 있다.

또 다른 대규모 문묘는 대만臺灣의 대남시臺南市에 있는데 1665년 정성공鄭成功의 맏아들이자 정씨왕국鄭氏王國의 2대 임금인 정경鄭經과 정경의 반청복명反淸復明운동을 도운 진영화陳永華에 의해 세워졌다.

중국 이외의 국가에도 문묘가 있는데 그 중에서 가장 유명한 것은 일본 탕도湯島에 있다.

720년을 시작으로 공자와 더불어 그의 제자 72명에게도 제물을 바쳤으며 1267년에는 대성전大成殿에 공자의 두 제자 안회顔回와 증삼曾參뿐만 아니라 공자의 손자 자사子思 공급孔伋 그리고 맹자의 위패位牌를 모셨다. 이후 청淸나라 때는 12명이 넘는 훌륭한 유가儒家들의 위패를 모셨으며 이들 가운데 11명은 공자의 직계 제자였으며 나머지 1명은 남송南宋의 유가儒家 주희朱熹였다.

대성전 전방 양쪽에 있는 동무東廡와 서무西廡는 고대 주택의 부속 건물 혹은 곁채 개념으로 천정은 비교적 낮다. 내부의 닫집에는 공부자孔夫子[41]의 걸출했던 제자 및 역사상으로 유학의 보급에 공헌했던 공자의 제자들 79명과 저명한 유가儒家 65명의 위를 봉안하고 있다.

13.16 공자의 탄생일과 스승의 날

전 세계의 모든 문묘文廟에서 지난 이천여 년 동안 공자의 탄생일을 기념하여 공자에게 제사를 올리고 있다. 중국은 물론 한국, 일본, 오키나와沖繩, 월남越南 등지에서 위정자나 백성 모두 다 함께 진심으로 공자를 모시는 제례의식에 참여하고 있다.

공자의 정확한 탄생일에 대해서 두 학파 사이에 논쟁을 벌이고 있는데 한쪽은 노魯나라 양공襄公 22년 10월 21일이라고 하는 반면에 다른 한쪽은 같은

---

41 역주: 공부자(孔夫子)는 공자를 높여 이르는 말이다.

해 10월 27일로 보았다. 양쪽 모두 주周나라 역법을 사용했다.

1939년 중국 정부는 후자 학파의 주장을 받아들여 공자의 탄생일을 기원 전 551년 9월 29일로 제정하고 이날을 스승의 날로 정했다.

인仁의 가르침은 유교儒敎의 핵심 그 자체이며 지난 이천여 년 동안 유가儒 家들이 세대를 걸쳐 이룬 업적이며 중국인의 사고방식 중에서 가장 중요한 특징이다. 인仁은 중국인뿐만 아니라 모든 인류가 오랜 옛날부터 간직해 온 귀중한 문화유산이다.

14

동양의
유교

14.1 유교와 동양 문화

중국인, 한국인, 일본인, 베트남인, 유구沖繩인 등의 동양 사람은 인종적인 특성에서 볼 때 친밀감을 느끼는 것 외에도 문화적 측면에서 유사점이 있다. 인종적으로 동양 사람은 그 특징이 정도의 차이가 있지만 여러 가지로 혼재되어 있다고 해도 그 조상이 같지는 않다.

다른 한 편으로 문화의 유사성은 실재한다. 동양인은 거의 젓가락을 쓰면서 거의 같은 음식을 먹고 느슨한 옷을 입으며 나무나 초가로 지은 집을 짓고 살고 있는데 그 중에 일부는 디자인이 잘 되어 있고 미적으로 아름다울 지도 모른다.

동양인은 모두 비영어권 사람이며 사람과 마주할 때 언제나 상대방에게 머리를 숙여 인사를 한다.

동양 문화가 형성되는 데 수많은 세월이 걸렸다. 중국은 4대 문명권 중에서도 이른 시기에 문명이 시작되었다고 할 수 있는데 중국은 물질적·정신적 발전에 필요한 핵심 요소를 개발하여 고대 그리스가 지중해 지역에 한 바와 같이 이웃 나라에 전파했다.

음식, 의복, 주택 모두 중요하지만 사회생활이나 가정생활만큼 중요하지는 않은데 공자는 모든 인간관계를 원만히 해결하는 데 적용할 수 있는 종합적인 방법을 제시했다. 이 방법은 기본적인 원칙, 일반적인 규칙, 사람들을 대하는 데 지켜야 할 특별한 법도가 들어 있다.

기본적인 원칙은 인仁으로 동물이 아니라 사람, 다시 말해서 참된 사람이되는 것이며 다른 사람을 모두 사랑하는 것이다. 일반적인 규칙은 자신이 하고 싶지 않은 것을 남에게 시키지 않는 것이다. 행동에 대한 특별한 기준은 군주에게 충성하고, 백성을 공손히 대하고, 부모에게 효도하고, 자녀들에게 자애하고, 부인에게 온화하고, 남편을 따르고, 손위 동기를 공경하고, 손아래 동기에게 친절하게 대하고, 친구에게 신의를 지키는 것이다.

한국은 3세기에 공자의 가르침이 전파되어 이후부터 발전하게 되었다. 한국의 고대 국가 신라에서 화랑花郎은 국가 발전에 중요한 역할을 했으며 오덕五德과 육예六禮를 좌우명으로 삼았다. 여기에서 오덕은 인仁 · 의義 · 예禮 · 지知 · 신信이며 육예는 악(樂: 음악) · 사(射: 활쏘기) · 어(御: 말타기와 마차몰기) · 서(書: 붓글씨) · 수(數: 수학)이다.

일본 역사상 가장 뛰어난 개혁자 두 사람이 공자의 도덕 체계를 받아들였는데 604년 성덕태자聖德太子와 1890년 일본의 군주 명치明治가 바로 그 사람들이다. 우선 성덕태자는 17조 헌법을 제정했는데 그 중에 15개조는 유교적인 내용을 담고 있다. 다음에 군주 명치는 『교육칙어教育勅語』를 내렸는데 이 속에는 부모에 대한 효도, 부부 사이의 조화, 형제애 등의 우애, 학문의 중요함, 준법정신, 자신에게 주어진 일이나 나라를 위해서 온 힘을 다해 노력하라는 등의 12가지 덕목이 명기되어 있다.

베트남은 대월大越 후여왕조後黎王朝 시대 19대 군주 현종玄宗이 1663년 47조의 칙령을 반포했는데 이는 성덕태자의 17조 헌법, 명치천황明治天皇의 『교육칙어』 등과 유사한 내용을 담고 있다. 현종은 북쪽 국경 너머의 중국과 같이 백성들이 공자의 가르침 속에 살기를 바랐다.

유구沖繩에 살던 사람들은 그들의 왕국 유구국琉球國이 1879년 일본에 유구현沖繩県으로 강제 병합되기 전까지 중국과 마찬가지로 공자의 가르침 속에 사는 것을 자부심으로 여겼다.

동양에서 한국, 일본, 베트남, 유구국琉球國은 공자에게 제사를 지내는 문묘文廟가 현존하며 이곳에 사는 사람들은 오늘날도 유교儒教 경전經典을 존중하는 사회의 영향을 받고 있다.

4개국은 자신만의 고유한 문화를 가지고 있지만 중국 문화 중에 유교儒教의 정수를 공유하며 위대한 동양 문화를 이룩하는 데 중요한 역할을 한다고 할 수 있다.

중국을 포함해서 5개국은 유교儒教, 대승 불교 외에도 다른 문화적인 요소를 가지고 있다.

중국은 한국, 일본, 베트남, 유구국沖繩國에 예술 · 공예 · 문학 등에 큰 빚을 지고 있다. 중국은 특히 4개국이 고대 제식 의례 · 곡조 · 악기 · 춤 · 복장 · 서적 · 필사본 등 대다수를 보존한 데 대해 크게 감사하고 있는데 중국은 이러한 것들을 수많은 혁명 · 전쟁의 와중 속에서 상실해 버리고 말았다.

장본립莊本立은 고대 중국 음악에 정통한 사람으로 공자의 제례 의식에 4개국의 예술 공연에 깊은 감명을 받아 고대 · 중세에 행해진 의식을 복원하기로 결심했다. 장본립은 주周나라의 종소리와 한국의 징소리를 섞고 송宋나라와 명明나라의 복식과 더불어 한국 · 일본 · 베트남에서 전수된 곡조와 춤을 혼합하여 새로운 제례 의식을 창조했다.[1]

진립부陳立夫는 세상 정세에 상당한 관심을 가지고 있었기에 중국과 외국의 친구들에게 동양 문화 발전에 최선을 다할 것을 촉구했다. 진립부는 동양 문화가 유교儒敎의 평화주의에 토대를 두고 있기에 동양 문화를 통해 인류가 영원한 평화를 이룰 수 있다는 신념을 가지게 되었다.[2]

저자는 중국인, 한국인, 일본인, 베트남인, 유구沖繩인 사이에 문화 교류가 더 활발해지고 동양과 서양 전 세계에서 자유와 평등을 사랑하는 사람들이 유교 사회를 이루는 개인적인 소망이 있다.

14.2 중국과 한국의 문화 교류

신석기 시대에 한국과 중국은 문화가 균등하게 발전했다. 『상서대전尚書大全』에 따르면 은殷나라가 주周나라에 멸망하자 기자箕子가 주나라의 지배를 거부하고 한국으로 건너갔을 때 이미 한국에는 단군檀君이 세운 조선朝鮮이라는

---

1 莊本立:《祭孔樂舞》, 見《第一届"國際"華學會議論文提要》, 中華學術院編, 華岡書城本, 1969年, 第245頁。
2 陳立夫:《孔子學說對世界之影響》第2册序言, 臺灣復興書局, 1972年, 第10頁。

왕국이 있었었는데 당시 기자箕子는 점을 치는 8괘卦, 갑골문자甲骨文字를 비롯하여 은殷나라의 문명을 가지고 와서 왕조를 세웠다고 한다. 하지만 국호인 조선朝鮮은 바꾸지 않았다.

기자 이후 그 후손이 조선을 계속 다스리다가 기원전 194년 연燕나라에서 이주한 위만衛滿이 당시 조선의 군주인 준왕準王의 왕위를 찬탈하고 국호는 그대로 조선朝鮮으로 한 뒤 왕검성王儉城에 도읍하여 건국하였다.

위만이 군주가 된 이후 조선의 세력이 성장하면서 진국辰國과 한漢나라의 교역로를 가로막게 되었고 이에 한漢나라 무제武帝가 기원전 109년 사신 섭하涉何가 조선의 군대에 살해된 것을 빌미로 대대적으로 침공하였다. 한漢나라와의 1년간의 전쟁 끝에 내분이 발생하여 위만의 손자이자 조선의 마지막 왕인 우거왕右渠王이 살해되고 왕검성이 함락되어 기원전 108년 멸망하고 한사군漢四郡이 설치되었다.

한사군에 중국의 문헌과 경전을 가르치는 교육 기관이 세워지고 지역 사람들이 교육을 받고 과거시험에 응시하여 합격하면 조정이나 지방 관청에 관리가 될 수 있었다. 왕경王景이 그 중의 한 사람이었다. 한漢나라 영평永平 때 왕경의 감독 하에 수십만의 인력을 동원하여 종합적인 치수 공사가 이루어졌다. 이 때 황하에 제방을 건설하는 한편 강바닥을 파내고 강둑을 보강하는 등 황하의 물길을 고정시키기 위한 작업이 시행되었다. 이 작업으로 인해 물길을 만들고 제방을 쌓아 형양滎陽에서 천승千乘[3] 해구까지 천여 리의 물길이 완성되었다. 한나라가 멸망한 이후에도 왕경의 치수공사가 효과를 보았던 것과 화북평원 지역의 생태환경이 변화함에 따라 토양침식이 늦춰진 이유로 인해 약 700여 년간 황하의 물길은 안정을 보였다.

한나라가 멸망했을 때 고구려高句麗는 이미 한강漢江 이북 지역과 만주滿洲 일대에 걸친 방대한 영토를 가진 왕국이었다. 한반도韓半島에서 고구려 남쪽

---

3   역주: 천승(千乘)은 지금의 산동성(山東省) 고청현(高靑縣)에 해당된다.

국경에는 백제百濟와 신라新羅라는 두 왕국이 접하고 있었다.

중국이 일본과 교류하는 주된 경로는 먼저 한국을 경유하여 바다를 건너 일본으로 가는 것이었다.

고구려 · 백제 · 신라 삼국은 일본보다 앞서 중국으로부터 경전과 문헌을 가져왔는데, 285년 백제의 왕인王仁 박사가 『논어論語』 10권과 『천자문千字文』 1권을 일본에 전해 주었다.

고구려는 한나라의 교육 제도를 모델로 하여 국립대학 태학太學을 세웠는데 여기서는 유교 경전 등을 가르쳤다.

화랑도花郞徒를 실시한 신라도 국립대학 태학을 세웠으며 한반도에서 백제와 고구려 영토 중 대동강大同江 이남 지역을 차지한 후 번영을 누렸지만 다시 영토가 후백제後百濟 · 후고구려後高句麗 삼국으로 분리되었다가 결국 마지막 임금 경순왕敬順王이 스스로 후고구려의 뒤를 잇는 고려高麗에 복속을 청하여 고려가 신라를 흡수한 후 후백제를 정복하여 고려가 삼국을 통일했다.

고려를 세운 초대 군주는 왕건王建이며 이후 고려는 신하 이성계李成桂의 역성혁명으로 막을 내리고 이성계를 초대 군주로 하는 조선朝鮮으로 왕조가 바뀌었다. 조선은 1392년부터 1910년까지 존속되었다.

1910년 한국은 일본의 일방적인 무력에 의해 이루어진 한일병합조약韓日合併條約으로 인해 1945년까지 일본의 식민지 지배하에 있었다. 일본 패망 이후 한반도는 한국과 북한으로 분단되어 현재에 이르고 있다.

14.3 신라와 화랑

신라新羅는 680년 화랑花郞에 힘을 입어 백제百濟를 점령하고 고구려高句麗 영토 중 대동강大同江 이남 지역을 차지했다.

신라 진평왕眞平王 때 589년부터 600년까지 수隋나라에서 수행을 하고 돌아온 원광법사圓光法師가 귀산貴山과 추항箒項의 요청으로 세속오계世俗五戒를 내렸다. 세속오계는 다섯 가지 계율로 다음과 같다.

(1) 사군이충事君以忠 : 충성으로써 임금을 섬기어야 한다.
(2) 사친이효事親以孝 : 효로써 부모를 섬기어야 한다.
(3) 교우이신交友以信 : 믿음으로써 벗을 사귀어야 한다.
(4) 임전무퇴臨戰無退 : 싸움에 나가서 물러남이 없어야 한다.
(5) 살생유택殺生有擇 : 살아있는 것을 죽일 때에는 가림이 있어야 한다.

신라는 백제와 고구려를 멸망시키고 영토를 확장한 후 중국으로 유학생을
많이 보냈다. 717년 신라 제33대 군주 성덕왕聖德王 때 당唐나라에 갔던 사신
이 돌아와 공자와 그 제자들의 초상화를 바치자 성덕왕은 국학인 태학太學에
이를 안치했는데 성덕왕이 유교적 측면에 입각해 통치 체제를 정비하고자
했다.

신라의 군주는 대다수 국립대학 태학에 나가 공부를 했는데 필수 과목으로
『논어論語』와 『효경孝經』이 채택되었다.

신라의 저명한 학자로 설총薛聰과 최치원崔致遠을 들 수 있다. 설총은 한자
의 음과 뜻을 빌려 한국어를 적는 표기법인 이두吏讀를 만들었다. 최치원은
6두품頭品 출신으로 12세의 나이로 당唐나라에 유학하여 6년 만에 당나라에
서 외국인에게 보게 하던 빈공과賓貢科에 장원으로 급제하였으며 황소黃巢의
난亂이 일어나자 절도사節度使 고병高駢의 막하幕下에서 참모 격으로 일을 하면
서 「토황소격문檄黃巢書」을 지어 당나라 전역에 문장으로 이름을 떨쳤고 한시
문집 『계원필경桂苑筆耕』을 지었고 만년에 가야산伽倻山 해인사海印寺에서 여생
을 마쳤다.

신라 때 문묘文廟는 제33대 군주 성덕왕聖德王이 세웠는데 설총과 최치원은
사후 문묘에 고위 관리로 위패位牌가 모셔졌다. 당시 문묘에는 공자의 제자
72명과 고위 관리 18명의 위패가 있었다.

14.4 고려高麗의 유교

고려高麗는 918년부터 1392년까지 475년 동안 지속되었다.

고려 때 과거제는 958년 제4대 군주 광종光宗에 의해 실시되었으며 문묘文廟는 993년에 세워졌다.

고려의 사학私學은 11세기에 번창했다. 문종文宗 때 문신 최충(崔沖, 984~1068)이 벼슬에서 물러난 후 자신의 집에 구재九齋라는 사립 학당을 열어 후진을 양성한 것이 시초이다. 이후 고위 관직을 역임한 유신儒臣들이 사립 학당을 열어 최충의 구재를 포함하여 총 12개의 도徒가 설립되었다. 이와 같이 개경開京에 있었던 12개의 사립 학당을 사학십이도私學十二徒라고 한다.[4]

13세기에 주희朱熹의 이론이 고려에 널리 전파되는데 이는 안향(安珦, 1243~1306)의 노력에 의해서 이루어졌다. 1286년 안향은 고려의 군주 충렬왕忠烈王을 따라 김관金管과 함께 원元나라에 건너가 현재 북경北京에 해당하는 당시 도읍지 연경燕京에서 처음으로 『주자전서朱子全書』를 보고 기뻐하여 유학儒學의 정통正統이라 하며 손수 그 책을 베껴 쓰고 또 공자孔子와 주자朱子의 화상畵像을 그려 가지고 돌아와서 주자학朱子學을 연구했다.

안향 시대 이후 주희의 유산을 자세히 설명한 학자는 정몽주鄭夢周였는데 주희의 가르침에 따라 자신의 조상을 모시는 사당을 세웠다. 다른 학자들도 정몽주를 본받아 자신들의 조상을 모시는 사당을 세웠다.

14.5 조선朝鮮의 유교

조선朝鮮은 1392년 이성계李成桂에 의해서 건국되어 1910년 일본의 일방적인 무력에 의해 이루어진 한일병합조약韓日合倂條約에 의해 막을 내리게 되었다.

---

4 [韓國]卓用國: 《韓國高麗朝私學十二徒之研究》, 見《中華學術與現代文化叢書》三, 《史學論集》, 第807頁。

이성계는 1397년 현재 서울에 해당하는 당시의 도읍지 한양漢陽에 문묘文廟를 세우고 그 안에 국립대학 성균관成均館을 세웠다.[5] 그리고 모든 도시에 문묘가 건립되고 그 안에 정부가 운영하는 학교를 세웠다. 사립 학당은 전국 각지에 열렸는데 유교儒敎 경전을 가르쳤다.

한국은 완전히 유교화가 이루어져 사람들 대부분은 군자君子처럼 행동했는데 당시 조선을 방문한 서양인은 한국인의 공손함에 탄복하고 조선을 동양에서 가장 문명화된 나라로 불렀다.

조선의 제3대 군주 태종太宗은 조선을 건국한 태조太祖 이성계의 다섯 번째 아들로 주자소鑄字所를 설치하고 수십만 자의 동활자銅活字를 만들어 책을 인쇄했는데 특히 중국의 주자학朱子學 학자들이 지은 책들에 집중했다.

조선의 제4대 군주 세종世宗은 농사에 관한 책을 펴내었지만 백성들이 글을 읽지 못해 이용하지 못하는 모습을 보고 1443년 누구나 쉽게 배울 수 있는 효율적이고 과학적인 문자 체계인 훈민정음訓民正音을 창제하고 3년 동안 다듬고 실제로 써본 후 1446년 음력 9월에 이를 반포했다.

조선 제22대 군주 정조正祖는 즉위한 뒤인 1776년 창덕궁昌德宮 후원後苑 북쪽에 규장각奎章閣을 세웠다. 규장奎章은 임금의 시문이나 글을 가리키는 말로 규장각은 그 이름대로 역대 왕의 글과 책을 수집 보관하기 위한 왕실 도서관의 역할을 했다. 정조는 규장각에 비서실의 기능과 문한文翰 기능을 통합적으로 부여하고 과거 시험의 주관과 문신 교육의 임무까지 부여했다. 규장각은 조선 후기의 학문을 발달시키는 중심기관으로 많은 책을 편찬했다. 한국이 일본으로부터 독립한 이후 일부 남아 있는 도서가 현재 서울대학교 규장각한국학연구원으로 개칭된 서울대학교 규장각으로 이관되었다.

---

5   역주: 성균관(成均館)의 전신은 국자감(國子監)으로 국자감은 992년 고려(高麗) 성종(成宗) 때 개경(開京)에 설치했는데 고려 충렬왕(忠烈王) 때 성균감(成均監)으로 바뀌었다가 그 뒤로도 몇 차례 개칭되었다가 1362년에 성균관(成均館)으로 개칭되어 조선(朝鮮)으로 이어졌다. 조선 시대에는 성균관이 한양(漢陽)과 개경(開京)에 한 곳씩 두 개가 존립했다.

한국 역사상 문화적 측면에서 조선은 가장 생산적인 국가였다. 근대 중국의 역사가는 저술 작업에서 한국인이 쓴 수많은 책을 배제할 수 없다. 예를 들어『조선왕조실록朝鮮王朝實錄』[6]은 중국과 관련된 사실이 많이 기록되어 있다. 또 다른 중요한 사료로『승정원일기承政院日記』[7]를 들 수 있다.

조선 시대의 저명한 학자로 이황(李滉, 1501~1570)과 이이(李珥, 1536~1584) 두 학자를 언급할 수 있다. 이황이 활동하던 당시 왕수인王守仁이 학파를 세운지 얼마 되지 않았는데 왕수인이 소개 되었을 때 이황은 자신의 저서『전습록변傳習錄辨』에서 양명학陽明學에 대해 매우 체계적으로 날카로운 비판을 가했기 때문에 양명학은 이후 유성룡柳成龍과 같은 성리학性理學 학자들로부터 이단 취급을 받게 되어서 한동안 조선에서 주요한 학파로 자리를 잡지 못했다. 이이는 성리학자로 그의 학문적 특징은 논리적이다. 반면에 이황은 체험을 중시한 것이었다. 이이는 학문에 대하여 실생활에 적용할 수 있는 학문을 참된 학문이라고 규정했다. 이이는 시인이기도 했는데 사신으로 명明나라에 갔을 때 많은 시를 남겼다.

한국은 학자의 나라이기도 하지만 애국자의 나라이기도 하다. 1910년부터 1945년까지 일제 치하에 있던 36년 동안 많은 한국인이 독립을 위해 목숨을 바쳤으며 이들의 삶은 인仁과 의義의 가르침을 따른 것이라고 할 수 있다.

14.6 한국의 국악國樂

한국은 음악 분야에 다음의 두 가지 괄목할 만한 업적을 이루었는데 먼저

---

6 역주:『조선왕조실록(朝鮮王朝實錄)』은 1392년 태조(太祖)부터 1863년 철종(哲宗)까지 25대에 걸친 472년간 조선 왕조의 역사적 사실을 연월일순(年月日順)에 따라 편년체로 기술한 역사서이다.

7 역주:『승정원일기(承政院日記)』는 조선(朝鮮) 및 대한제국(大韓帝國)의 승정원(承政院)에서 왕명 출납, 행정 사무 등을 매일 기록한 일기이다. 단일 사료로서는 가장 방대한 양으로서 사료적 가치가 높게 평가된다. 모두 3,245책, 글자 수 2억 4,250만 자이다.

고대 중국 음악을 보존했으며 다음에 국악 전통을 발전시켰다.

한국은 종묘제례 음악을 잘 보존하고 있는데 한국의 경우보다 원형 그대로 풍부한 종묘제례 음악을 잘 보존하고 있는 나라는 전 세계에서 찾아 볼 수 없으며 심지어 대만臺灣의 대북臺北에서도 찾아 볼 수 없다. 한국인은 공자에게 깊은 존경심을 보여 주고 있기 때문에 놀랄만한 일은 아니다. 오늘날 한국에서 유가儒家의 숫자는 대략 4,750,000명이나 된다.

종묘제례 때 추는 일무佾舞[8]는 문덕文德을 찬양하는 문무文舞와 무덕武德을 찬양하는 무무武舞로 나누어진다. 문무文舞를 추는 무인舞人들은 왼손에는 구멍이 셋 뚫린 관악기 약籥을 들고 오른손에는 긴 막대에 꿩 깃털로 장식한 적翟을 들고 보태평지무保太平之舞를 추었다. 무무武舞를 추는 무인舞人들은 맨 앞줄부터 두 줄씩 각각 나무로 만든 칼과 창, 활과 화살을 쥐고 정대업지무定大業之舞를 추었다.

고대 중국의 궁중 음악은 한국에 잘 보존되고 있다. 조선 조정은 고대 중국의 궁중 음악을 보존하기 위해 때때로 악사를 700명이나 고용했다. 이들 대부분은 장악원掌樂院[9]을 나와 악기나 노래·무용 등의 모든 음악 분야의 전문가들이었다.

위에 언급한 악기 외에도 점토로 빚은 뒤 구워서 만든 관악기 훈塤도 최근 신라新羅 시대 고분古墳에서 발굴되었다.

궁중 음악을 연주할 때 녹초삼綠綃衫[10]을 입은 지휘자 집박執拍이 여섯 개의 나뭇조각 사이에 엽전을 하나씩 끼우고 가죽으로 묶은 다음 오색 끈으로 장

8　역주: 일무(佾舞)는 종묘나 문묘 제향 때에 여러 사람이 여러 줄로 벌여 서서 추는 춤이다. 줄의 수와 사람 수는 가로·세로가 꼭 같으며, 팔일무(八佾舞)·육일무(六佾舞)·사일무(四佾舞)·이일무(二佾舞) 등이 있다.

9　역주: 장악원(掌樂院)은 조선시대 궁중에서 연주되는 음악 및 무용에 관한 모든 일을 맡아보던 음악관청으로 문관 출신의 관원이 관장했고 악공과 악생 등의 음악 교육 및 춤과 연주에 관한 일은 전악(典樂) 이하 체아직(遞兒職)의 녹관(祿官)들이 수행했다.

10　역주: 녹초삼(綠綃衫)은 종묘 제향 때 당악이나 당악 정재, 향악이나 향악 정재를 주로 하는 우방 악사들이 입던 푸른색의 예복이다.

식을 달아 만든 박柏을 탁탁 작게 두드려서 홍초삼紅綃衫[11]을 입은 합주단에게 신호를 건넨 뒤 쫘악 소리를 내며 오른손으로 박柏을 완전히 벌린다. 이윽고 힘차게 딱하고 울리면 지체 없이 연주가 시작된다. 마칠 때는 같은 박자로 세 번 단음을 낸다. 가사를 부르는 사람들은 당시唐詩나 송시宋詩를 읊는다.[12]

한국인은 중국의 곡조나 가사를 단지 반복하는 것만이 아니라 고대 중국의 모델에 많은 것을 부가하여 한국적인 색채를 더 많이 내었다. 게다가 한국 고유의 음악을 창조해 내었다.

박연(朴堧, 1378~1458)은 동양에서 가장 위대한 음악가인데 조선 초기 음악이론가로서 출판 제작, 악기 제작, 악서 편찬, 아악雅樂의 제정 등 음악을 정비하는 데 많은 공헌을 했다.

14.7 중일 문화 교류

중국과 일본의 문화 교류사는 다음의 몇 시기로 나눌 수 있다.

제1시기는 수당隋唐 시대 이전인데 일본은 285년 백제百濟의 왕인王仁 박사로부터 『논어論語』 10권과 『천자문千字文』 1권을 받았다. 이때 일본은 중국의 한자를 받아들였으며 공자의 도덕에 관심을 가지게 되었다.

제2시기는 수당隋唐 시대로 일본은 중국의 제도를 모방하려 했고 중국에 유학생을 많이 보냈다. 성덕태자聖德太子와 천지天智 조정은 일본을 또 다른 중국으로 만들기 위해 많은 일을 했다.

제3시기는 송宋나라 · 원元나라 · 명明나라 시대에 해당되며 일본은 족리씨足利氏의 실정막부室町幕府[13]와 덕천가강德川家康의 강호막부江戶幕府의 통치를 받

---

11 역주: 홍초삼(紅綃衫)은 종묘나 문묘 제향 때에, 댓돌 위에서 악장을 노래하는 사람이 입던 붉은 빛깔의 예복이다.

12 [韓國]李惠求:《韓國音樂簡史》, 見《孔孟月刊》第9卷第1期, 第16頁。

13 역주: 막부(幕府)는 1192년에서 1868년까지 일본을 통치한 장군(將軍)의 정부로 군주는 상징적인 존재가 되고 장군이 실질적인 통치권을 가졌다. 1192년에 원뢰조(源賴朝)가 겸창(鎌倉)

고 있었는데 중국과 좋은 관계를 유지하고 있었으며 주희朱熹, 왕수인王守仁 등의 신유학新遊學 대다수를 받아들였다.

청淸나라 시대에 덕천씨德川氏의 강호막부는 1637년부터 1854년까지 쇄국 정치를 유지했지만 일본에서 중국 연구는 지속적으로 발전되었다. 결국 명치 유신明治維新은 거세게 밀어닥치는 서구 물결에 대항하기 위한 변혁이었지만 대체로 왕수인의 양명학陽明學에 영향을 받은 반막부反幕府 세력이 주도했다. 중강등수(中江藤樹, 1608~1854)는 일본 양명학의 시조이며 이후 명明나라의 문신 으로 일본에 정착한 쥬지유(朱之瑜, 1600~1682)가 오늘날 동경東京에 해당하는 강호江戶에서 양명학을 가르쳤고 일본 양명학에 상당한 영향력을 미쳤다.

명치유신 이후 일본은 세계열강의 대열에 들어서면서 서양 제국을 모방하고 중국과 중국 문화에 등을 돌렸지만 일본 국민은 여전히 조상 때부터 내려 오던 유교儒敎 전통의 상당 부분을 간직했다.

14.8 수당隋唐 시대 이전의 일본 유교

신화와 전설로 일본 역사의 시작 부분이 불투명한 것과는 달리 일본의 선 사시대는 명백히 알 수 있다. 일본에는 중석기·신석기 유적이 많이 있으며 승문문화繩文文化는 중국의 해안 지역과 직접적인 관계가 있고 승문문화 이후 미생문화弥生文化 지역에서 청동으로 만들어진 검·거울·종 등의 발전된 유 물들이 발굴되었는데 이는 아시아 대륙으로부터 청동 제품이 유입되었다는 것을 보여 주고 있다.

57년 일본 북부구주北部九州 노국奴國의 왕이 한漢나라에 조공하여 한나라 군주 광무제光武帝로부터 '한위노국왕漢委奴國王'이라고 하는 글자가 쓰인 금인 金印을 하사 받았다. 일본의 비미호卑彌呼 여왕은 3세기 초에 사마태국邪馬台国

에 최초의 막부(幕府)를 설치했다.

일대를 통일했다.

일본에서 최초로 입증된 역사적 사실은 아마도 285년 왕인王仁이 일본을 방문한 사실일 것이다. 왕인은 백제百濟에서 온 박사로『논어論語』10권과『천자문千字文』1권을 일본에 가져 왔는데 일본에 도착하자마자 왕인은 왕자의 개인 교사로 한자와『논어』를 가르쳤다.

왕인이 오기 전까지 일본에는 문자가 없었다고 한다. 중국 문자는 여러 일본 종족을 연결해 주는 공통어로 사용되었으며 왕인이 가져 온『논어』,『천자문』이외의 책도 결국 일본으로 전래되었으며 일본의 지배계층이 열심히 탐독하고 배웠다.

일본의 지식인들은 중국어와 일본어의 언어적 차이에도 불구하고 중국어를 말하고 쓰는 법뿐만 아니라 한자를 빌려서 일본어를 말하고 쓰려고 했는데 한자를 훈독으로 읽었으며 일본어의 문법 규칙에 따라 한자의 어순을 바꾸었다.

『논어』가 일본인에 미치는 영향은 한자의 역할보다 더 중요시되고 있는데 공자가 하는 말은 일본인이 계속적으로 직접 받아들일 수 있을 만큼 분별성과 공감대가 충만하다. 중국과 마찬가지로 일본도『논어』는 가장 유명하며 17세기의 일본 학자 이등인재(伊藤仁齋, 1627~1705)는『논어』를 세상의 모든 책 중에서 가장 숭고한 최고의 책이라고 했다.

『논어』는 일본 어휘를 풍부하게 했으며 효孝, 인仁 등의 도덕 개념으로 가득 차 있다.『논어』는 높은 수준의 사회·정치 체제 요소를 제공하며 게다가 간결하고 상당히 압축적인 산문체로 되어 있다. 일본 전체가『논어』를 받아들였을 뿐만 아니라 잘 활용했다.『논어』가 일본어와 일본 문화와 일체가 된 후 유교가 들어오기 전의 일본어와 일본 문화를 구별할 수 없을 정도까지 이르렀다.

14.9 수당隋唐 시대의 일본 유교

왕인王仁이 일본에 온 사건과 604년 성덕태자聖德太子의 17조 헌법 제정 사이의 300여년은 잘 알려져 있지 않다. 유교儒敎는 천천히 지속적으로 일본의 토양에 뿌리를 내리고 있었던 것 같다. 6세기 중엽에 백제百濟로부터 전래된 불교는 공자의 가르침과 경쟁하지 않고 영향을 미치는 경향뿐만 아니라 중국어 책에 잘 설명되어 있었다.

17조 헌법의 내용은 불교 · 유교 · 법가의 영향이 짙으며 일본 군주를 중심으로 하는 국가의식이 강하게 반영되어 있다. 불교에서 말하는 화和와 유교의 예禮 등에 의한 정치의 이상이 제시되었고 호족간의 화和, 불교에의 존숭尊崇, 군주에의 복종 등을 강조하고 있다.

성덕태자는 17조 헌법을 제정하기 직전에 관위冠位 12계階라 하는 관위제冠位制를 제정한다. 관위제는 성씨제氏姓制와 달리 재능을 기준으로 인재를 등용했는데 이는 천황의 중앙집권을 강화하는 데 목적이 있었다.

성덕태자는 607년 소야매자小野妹子를 사신으로 수隋나라 조정에 보냈다. 수나라의 군주 양제煬帝는 배세청裴世淸을 사신으로 임명하면서 일본으로 가는 길에 소야매자 일행을 데리고 갈 것을 명했다. 배세청이 일을 다 마친 후에 성덕태자에게 소야매자를 비롯하여 8명이 견수사遣隋使로 임명되어 배세청을 따라 수나라에 파견되었다. 이때 처음으로 일본인이 중국으로 유학길을 떠났다.

수나라에 파견된 견수사는 모두 15년을 넘게 지냈으며 몇몇은 32년이란 오랜 세월이 흐른 640년이 되어야 일본으로 돌아왔다. 견수사는 수나라 말기부터 당唐나라 초기까지의 중국 제도에 정통하여 일본의 대화개신大化改新에서 중요한 역할을 했다.[14]

중국을 모델로 한 대화개신은 일본의 군주 천지天智가 즉위한 645년에 시

---

14 陳固亭：《古代中日文化關係之回溯》, 見《中日文化論集》第1冊, 華岡書城本, 1955年, 第19頁。

작되어 이후 계승자들에 의해 계속 이어졌는데 일본 역사의 획기적인 사건으로 서양을 모델로 한 명치유신明治維新에 필적하는 것이었다. 대화개신의 목적은 당나라의 율령체제와 군현제도를 도입하여 일본을 군주 중심의 강력한 중앙집권의 국가로 만드는 것이었다. 대화개신은 결국 성공하지 못했지만 소수 귀족에 의해 좌지우지되던 이전의 일본을 율령과 법에 의해 움직이는 국가로 바꾸었다는 점에 커다란 의의가 있다.

일본의 왕가는 귀족 가문의 하나에 지나지 않으며 다른 귀족 가문보다 권력이나 토지 소유에서 우위를 차지하지는 않았다. 대화개신 이후 일본의 군주는 중앙집권의 권력을 손에 넣게 되었다. 군주 천지天智는 701년 유교를 도덕적 바탕으로 하고 당의 율령체제를 본받아 형법과 행정법을 반포했다. 왕족 및 귀족의 토지를 국유화 하고 지방 행정 조직을 정비하며 호적을 작성해 백성들을 평민과 노비로 나눈 뒤 평민들에게 농토를 나누어 주는 반전수수법班田收受法을 실시하고 조용조租庸調를 근간으로 하는 새로운 조세제도를 시행했다.

당시 소국으로 난립하고 있던 일본은 대화개신으로 중앙집권 체제의 국가로 변신하여 새로운 지평을 열었다.

710년 군주 원명元明이 내량奈良의 평성경平城京으로 천도하여 794년 군주 환무桓武가 평안경平安京으로 천도할 때까지의 84년 기간을 내량 시대라 하며 이 시기에 인구는 200,000명으로 증가했다. 평안경은 오늘날 경도京都라고 부르는데 1,200년의 역사를 가지는 오래된 도시로 748년부터 1968년까지 일본의 수도였다.

630년부터 894년까지 200여 년 동안 일본 조정은 견당사遣唐使[15]를 총 19차례 당唐나라에 파견했다. 그 중에 두 차례는 실패했고 한 번은 전前 견당사

---

15 역주: 견당사(遣唐使)는 일본에서 내양(奈良)·평안(平安) 시대 초기에 당(唐)나라에 파견하던 사신으로 당나라의 군주에게 외교 문서, 공물을 바치는 것이 임무였다.

들의 귀국을 영접하기 위해 이뤄진 파견이었으며 또 당나라 사절들의 귀국을 호송하기 위한 파견도 세 차례 있었다. 실제로 일본이 정식으로 당나라에 견당사를 보낸 횟수는 열 세 차례라 해야 할 것이다. 견당사의 주요 성원들은 모두 학식이 해박하고 한문 지식이 깊으며 여러 면에서 모두 우수한 사람들로 수행하는 인원까지 합하면 200명에서 500명까지 이른다.[16]

일본 조정은 718년 양로율령養老律令을 제정했는데 도읍지의 국립대학 각지의 교육기관에서 채택할 교재를 열거했다. 여기에는 당나라에서 채택한 교재들을 그대로 받아들였지만 공양고公羊高의 『춘추공양전春秋公羊傳』과 곡량적谷梁赤의 『춘추곡량전春秋谷梁傳』이 제외 되었다.

대경(大經)	『예기(禮記)』
	『춘추좌씨전(春秋左氏傳)』
중경(中經)	『시경(詩經)』
	『주례(主禮)』
	『의례(儀禮)』
상경(上經)	『주역(周易)』
	『서경(書經)』

견당사로 파견된 승려와 유학생 중에 길비진비吉備真備, 공해空海, 아배중마려阿倍仲麻呂가 가장 잘 알려져 있다. 먼저 길비진비는 내량奈良 시대의 학자로 717년 23세 때 견당사로 파견되어 당나라에 파견되었는데 735년 『동관한기東觀漢記』를 비롯한 『당례唐禮』 등의 경서 130여권의 서적을 가지고 일본에 돌아왔다. 귀국 후 경도京都에 있는 국립대학에서 가르쳤고 동궁학사東宮學士로 훗날 군주가 될 아베阿倍 내친왕內親王에게 『예기禮記』 등을 가르쳤다. 이후 견

---

16   黃得時:《遣唐使與唐代文化之輸日》, 見《中日文化論集》, 華岡書城本, 1967年, 第141頁.

당부사遣唐副使로 파견되기도 했다. 일본어를 표기하기 위해 만들어진 문자 중의 하나인 편가명片假名을 길비진비가 만들었다고도 한다. 두 번째로 홍법대사弘法大師 공해(空海, 774~835)는 진언밀교眞言密敎를 일본에 정착시킨 것으로 알려진 승려로 804년 견당사로 당나라에 파견되어 2년 동안 있었는데 장안長安 청룡사靑龍寺의 혜과惠果를 섬기고 반야삼장般若三藏에게 『화엄경華嚴經』 등을 듣고 혜과에게서 태장계胎藏界 대만다라법大曼陀羅法·금강계金剛界 대만다라법大曼陀羅法을 받았으며 또한 전법傳法 아도리위阿闍梨位 관정灌頂을 받아 변조금강遍照金剛의 호號를 얻고 806년 귀국했다. 공해는 당대 최고의 문인이었으며 글만 잘 쓰는 것이 아니라 시와 문장 쓰는 법을 가르치는 문학 비평서『문경비부론文鏡秘府論』을 저술했다. 『문경비부론』에 인용된 중국 서적 대다수가 소실되었는데 이에 대한 연구는 반중규潘重規에 의해서 이루어졌다.[17] 마지막으로 아배중마려阿倍仲麻呂는 773년 견당사로 파견된 후 50여 년 동안 당나라에 머물렀고 결국 이국땅인 당나라에서 생을 마쳤다. 아배중마려는 당나라의 국립대학 태학太學의 과거에 합격하여 당시 군주 현종玄宗을 섬기고 725년 낙양洛陽의 사경국교서司經局校書로 임관하고 728년 좌습유左拾遺 731년 좌보궐左補闕 등의 관직을 겸직했다. 아배중마려는 당나라 조정에서 주로 문학에 관련된 직무를 맡았기 때문에 당시 저명한 중국의 시인 이백李白, 왕유王維 등과 좋은 관계를 맺으면서 자주 그들과 시를 교환했다. 아배중마려의 중국 이름은 조대晁衡로 알려져 있다.

14.10 송宋·명明·청淸 시대의 일본 유교

일본의 견당사遣唐使는 족리씨足利氏의 실정막부室町幕府가 지배한 실정시대(室町時代, 1338~1573)에는 파견되지 않았다. 그러나 이 시기에 유생儒生이나 승

---

17   潘重規:《文鏡秘府論研究發凡》, 見《中日文化論集》第1冊。

려들은 원씨源氏의 겸창막부鎌倉幕府가 지배한 겸창시대(鎌倉時代, 1185~1333)에 했던 것과 마찬가지로 개인적인 신분으로 당나라로 건너갔다. 당시 일본은 해상 교통이 비교적 발달하여 무역선이 끊임없이 중국과 내왕하였으며 승려들도 중국을 자주 왕래하였다.

겸창시대의 뛰어난 학자로 명암영서(明庵榮西, 1141~1215), 준잉(俊芿, 1166~1227), 일산일령(一山一寧, 1247~1317) 등의 세 명을 들 수 있는데 명암영서과 준잉은 일본의 승려이고 일산일령은 원元나라의 승려였다.

명암영서는 1168년과 1187년 두 차례 남송南宋으로 유학을 떠났는데 한국을 통한 육로나 한국·북중국의 해안을 따라 뻗어 있는 바닷길을 이용하지 않고 나침판을 이용하여 일본의 복강福岡에서 중국의 절강성浙江省 영파寧波까지 직접 배를 타고 갔다. 명암영서는 남송에 있는 동안 주희朱熹의 제자들과 교분을 맺었으며 일본으로 귀국할 때 남송에서 배운 새롭고 다양한 사상들을 가지고 왔다.

준잉은 주희의 성리학性理學을 일본에 최초로 전파한 일본 승려였으며 1199년 송宋나라에 들어가 불학佛學은 물론 성리학도 함께 배웠고 1211년 일본으로 귀국하면서 많은 책을 가지고 왔는데 그 가운데 유학儒學 서적이 256권이나 되었다고 한다.

일산일령은 중국 저장성浙江省 동북쪽 해안 단산군도舟山群島의 보타산普陀山에 있는 유명한 사찰의 승려 출신이었으며 원元나라의 쿠빌라이 칸Khubilai Kahn은 두 번의 일본 원정이 실패로 끝나자 일산일령을 사신으로 일본에 파견했다. 일산일령은 일본에 그대로 남아 당시 일본의 도읍지 경도京都에서 국사國師가 되었다. 일산일령은 일본에 건너갈 당시 가져온 주희의『사서집주四書集註』를 통해 불교는 물론 성리학을 전파하는 데 사용했다.

일본에서 주희의 성리학을 전파하는 데 공헌을 한 사람으로 위의 세 명의 승려 외에도 이용李用을 들 수 있다. 이용은 1276년에 일본으로 건너갔는데 그는 자신이 태어난 남송南宋이 몽고에게 멸망을 당하여 일본에 남기로 결심을 하고 세상을 떠날 때까지 일본에서 개인적으로 중국어를 가르쳤다. 이용은 정이程頤와 주희朱熹 학파의 학자였을 뿐만 아니라 가르친 것을 실천한 군자君子였다. 이용李用의 고향은 현재 중국 광동성廣東省 동완시東莞市에 위치하고 있다.

실정시대室町時代에 선승禪僧들이 많이 나왔는데 이들은 선불교禪佛敎와 주희의 성리학을 전파하는 데 헌신했다. 이들 가운데 의당義堂이 가장 저명한 승려였는데 의당은 주희가 지은 『사서집주』가 최고의 책이라는 것을 실정막부室町幕府의 제3대 장군 족리의만足利義滿에게 납득시켰다. 이때부터 『사서집주』는 일본의 모든 학교와 가정에서 읽혀지기 시작했다.

또 다른 일본 선승禪僧은 계암현수(桂庵玄樹, 1427~1508)인데 1467년 명明나라로 건너가 5년여 간 소주蘇州, 항주杭州에서 성리학 학자들로부터 많은 것을 배우고 1473년 일본으로 왔다. 귀국 후 자신의 학당을 세워 성리학을 많은 제자들에게 가르쳤다.

백여 년이 흐른 후 일본 학술계에 새로운 지평을 여는 등원성와(藤原惺窩, 1561~1619)가 등장했다. 등원성와는 성리학 학자가 되기 전에 승려였다. 당시 다른 학자와 달리 남송南末의 학자 육구연(陸九淵, 1139~1192)의 사상에 대한 편견은 없었다.

등원성와의 수제자 임나산(林羅山, 1583~1657)은 스승과 달리 육구연의 양명학陽明學 사상을 선호하지 않았고 학문 경향이 오히려 주희의 성리학에 기울었다. 임나산은 1605년 등원성와의 천거를 받아 덕천가강德川家康을 섬기면서 덕천德川 가문의 교사로 발탁되어 1607년 덕천씨德川氏의 제2대 장군 덕천수충(德川秀忠, 1579~1632)에게 경전을 가르쳤고 제3대 장군 덕천가광(德川家光, 1604~1651)의 스승이 되었고 이후 덕천막부德川幕府의 정치에도 관계했다. 1635년에 무가제법도武家諸法度의 기초를 담당했다. 1632년 동경東京 상야上野에 학당을 건립했는데 이것이 나중에 창평횡昌平黌의 기원이 되었다. 임나산의 창평횡은 덕천막부가 지배하던 강호시대江戶時代 유학儒學의 총본산이 되어 유학을 장려

하는 덕천막부에 의해 최고의 교육기관으로 자리 잡았고 이후 동경대학東京大學의 모태가 되었다.

주희의 성리학에 상대적인 입장에 있던 왕수인의 양명학에도 많은 일본 학자들이 있었다. 승려 요암계오(了庵桂悟, 1425~1514)는 1512년 명明나라에 갔을 때 개인적으로 왕수인을 만날 기회가 있었다. 요암계오가 명나라를 떠날 때 왕수인은 그에게 시를 한 수 보내어 작별 인사를 대신했다.

중강등수(中江藤樹, 1608~1648)는 왕수인의 양명학을 전파하는 데 가장 공이 큰 사람으로 왕수인이 지은 책들을 모두 읽고 몸소 실천하여 제자들에게 모범을 보였다. 중강등수는 당시 성인聖人으로 불렸다.

성리학性理學, 양명학陽明學 외에도 일본에는 또 다른 학파가 존재했는데 이 학파는 성리학과 양명학을 모두 부정하고 『논어論語』와 『맹자孟子』에 담겨 있는 고대의 가르침을 밝히는 고학古學에 전념했다. 일본 고학古學의 가장 저명한 학자로 이등인재(伊藤仁斎, 1627~1705)를 들 수 있다. 이등인재는 『논어』와 『맹자』를 상당히 중시했고 『시경詩經』·『서경書經』·『주역周易』·『춘추春秋』를 정경正經이라 하고 『삼례三禮』와 『춘추삼전春秋三傳』을 잡경雜經이라고 했다. 이등인재는 『논어』가 모든 유교 경전 가운데 가장 중요한 책이었기에 『논어』를 세상의 모든 책 중에서 가장 숭고한 최고의 책이라고 했다.

14.11 주지유朱之瑜와 수호水戶

주지유(朱之瑜, 1600~1682)는 중국 절강성浙江省 여요시余姚市에 태어나 일본 동경시東京市 부근 자성현茨城縣 수호水戶에서 세상을 떠났는데 본명보다는 순수선생舜水先生으로 더 잘 알려져 있다.

주지유는 주희와 왕수인을 모두 존경했지만 자신과 왕수인의 고향이 모두 여요시에 있고 조상의 묘도 왕수인의 조상들이 묻힌 곳과 가깝기 때문에 왕수인을 더 선호했다.

젊었을 때는 배우고 가르치는 데 정진했지만 명나라 조정에 등용되는 것을 거부했다. 명나라가 청나라에 멸망을 당하자 반청복명反淸復明 운동에 가담했지만 결국 실패로 끝나 도움을 청하러 일본으로 왔지만 불행하게도 아무런 도움도 받지 못했다.

일본 학자들은 주지유의 철학적 업적에 대해서 듣고 일본 각지에서 주지유를 찾아가서 가르침을 구했다. 그들 중 일부는 주지유와 함께 지내게 되었고 결국 그의 제자가 되었다.

주지유는 당시 덕천씨德川氏 장군將軍의 조카인 수호번주水戶藩主[18] 제2대 대명大名[19] 덕천광국(德川光圀, 1628~1701)을 제자로 받아들였다. 덕천광국은 주지유를 깊이 존경하여 반청복명反淸復明 운동으로 인해 18년 동안 하지 못했던 학문 활동을 가능하게 해 주었다.

당시 수호번水戶藩은 오늘날 동경東京에 해당되는 강호江戶 북쪽의 작은 마을에 지나지 않았지만 주지유가 자신의 지혜와 덕을 가르치자마자 학문의 중심지가 되었다. 주지유가 가장 강조한 것은 『춘추春秋』의 정신으로 존왕양이尊王洋夷 네 글자로 압축될 수 있다. 일본 지식인층은 세대가 흘러감에 따라 점진적으로 이 정신을 신봉하게 되고 의식 구조가 바뀌게 되었다. 이때 일본은 들이닥치는 서양 세력에 대항해야 하는 절박한 필요성이 대두되고 있었다. 19세기 중반이 되자 주지유의 가르침에 고무된 젊은이들이 열정적으로 왕정복고王政復古와 존왕양이尊王洋夷를 부르짖었다.

『춘추春秋』의 정신을 따라 덕천광국德川光圀은 『대일본사大日本史』를 편찬했

---

18 역주: 강호(江戶) 시대의 유학자들이 장군(將軍)에게 영지를 안도 받은 대명(大名)을 제후에 그 영지를 번국(藩國)에 빗대어 호칭한 데에서 비롯되었다고 한다. 번(藩)이라는 말은 강호(江戶) 시대 당시에는 공식 명칭이 아니었으나 간혹 그 용례가 보이고 명치(明治) 시대에 들어서는 공식 명칭화가 되어 오늘날에도 일반적으로 널리 사용되고 있다.

19 역주: 대명(大名)은 일본 평안(平安) 시대 말기에서 중세에 걸쳐 많은 영지(領地)를 가졌던 봉건 영주이다. 무사 계급으로서 그 지방의 행정권, 사법권, 징세권을 가졌으며 군사 사무도 관할했다.

는데『대일본사』는 한문으로 되어 있으며 일본 역사의 초기부터 근대에 이르기까지 모든 시대를 포괄하고 있다.『대일본사』편찬 사업은 덕천광국 사후에도 계속되어 1906년에 완성되었다. 사마천司馬遷의『사기史記』와 같은 형식으로「본기本紀」제왕 73권,「열전列傳」170권은 후비后妃·황자皇子·황녀皇女를 가장 처음에 두고 군신은 대략 연대순으로 배열했으며 역신전逆臣傳·효자전孝子傳으로 분류하고「지志」·「표表」154권으로 전체 397권 226책 목록 5권으로 구성되어 있다.『대일본사』는 수록된 과거 인물에 대해서 선한 자는 칭송을 하고 악한 자는 비난을 하는 비평적인 논평이 많이 들어 있다는 점에서 커다란 공헌을 했다.

『대일본사』편찬 사업을 기획하고 시작하는 일을 맡은 사람은 주지유의 또다른 제자 안적각安積覺이었는데 그는 젊은 시절부터 주지유의 문하에 들어갔으며 일본 국민이 각자 가졌던 신뢰도에 따라 일본 역사 역대 정권과 관리를 평가했다. 주지유는 천도天道와 사람의 도道가 같을 뿐만 아니라 도道와 기器도 같다는 것을 굳게 믿었는데 기器는 바로 도道가 현시顯示된 것임을 말하는 것이다.

주지유는 제자들이 실천의 중요성에 대해 말하는 데 주안점을 두었지만 그들이 주희의 가르침을 알고자 하는 것도 무시하지 않았다. 주지유는 왕수인이 주장한 지행합일知行合一을 설명했다. 왕수인에 대한 주희의 입장에서 행行이 없는 지知는 지知가 아니다. 결과적으로 도道를 위해 어떤 일을 하는 데 주춤하는 사람은 학자도 군자君子도 아니라는 것이다.

주지유, 덕천광국, 안적각의 노력은 훗날 명치유신明治維新의 성공으로 나타났다.[20]

---

20   宋越倫:《中日民族文化交流史》, 第28頁。

14.12 현대 일본의 유교

명치유신明治維新 시기에 왕정복고王政復古 운동의 군지도자 중의 한 사람이 동향평팔랑東鄕平八郎 장군이었는데 '일생저수배양명(一生低首拜陽明: 나는 평생 양명에게 절을 한다)'라고 하는 한자漢字 일곱 자가 새겨진 인장印章을 항상 가지고 다녔다. 이 일곱 자 가운데 '양명陽明' 두 글자는 왕수인의 제자들이 스승을 존경을 표하는 명칭인데 이는 덕천광국이 스승 주지유를 존경하는 표시로 붙인 순수舜水라는 명칭과 같은 경우다. 양명이라는 글자는 왕수인의 아버지 왕화王華가 집을 증축한 곳인 회계會稽 동남쪽 20여 리 떨어진 양명동陽明洞이라는 지명을 따서 지은 것에서 유래된 왕수인의 호號이다.

명치유신 운동에 중요한 역할을 한 사람들로 이등박문(伊藤博文, 1841~1909)과 산현유붕(山縣有朋, 1838~1922) 두 사람을 들 수 있는데 모두 좌구간상산(佐久間象山, 1811~1864) 문하에 있던 길전송음(吉田松陰, 1830~1859)의 제자들이었다. 좌구간상산과 길전송음 모두 왕수인의 양명학을 추종했다.[21]

당시 양명학은 가장 압도적인 지지를 받았는데 그 외에도 일본에는 주희朱熹의 성리학性理學과 고학古學이 있었다.

일본에서 주희의 성리학 연구의 가장 중요한 학자는 원전영부(元田永孚, 1818~1891)였다. 원전영부는 일본의 군주 명치明治의 신임을 얻어 1879년『교학성지敎學聖旨』를 기초起草하고 1881년『유학강요幼學綱要』를 편집 · 반포하고『국헌대강国憲大綱』을 제출했다. 명치에게 원전영부는 덕천광국德川光圀의 주지유朱之瑜와 같은 존재였다.

1890년 반포된『교육칙어敎育勅語』는 배움의 중요성을 강조하고 부모에 대한 효도, 형제애 등의 우애, 부부 사이의 조화, 사회적 신의, 사생활의 존중과 검약, 인류애 등의 주요한 공자의 덕德을 열거했다.『교학성지敎學聖旨』에

---

21 阿部吉雄:《孔子學說對日本明治維新前之影響》, 見《孔子學說對世界之影響》第2冊, 第19頁.阿部吉雄東京大學敎授.

는 다음과 같은 구절이 있다. "배울 때나 유능하고 덕이 있는 사람이 되기 위해서는 근면해야 한다."

1879년에 기초한 『교학성지』에는 또 다음의 문장이 들어 있다. "공자의 가르침은 도덕의 근본을 이룬다."

일본의 고학古學 학자들은 명치시대에 활동했지만 주희의 성리학에도 왕수인의 양명학에도 반감을 보이지 않았다.

일본의 국립 학교는 유교儒敎를 신도神道로 대처하려는 적극적인 움직임이 일어나 1869년 동경대학東京大學에서 신사참배神社參拜가 거행되었다. 그러나 그러한 움직임은 그리 오래 지속되지 않았다.

일본의 국립 학교에서 유교에 대항하는 거센 움직임이 정치 지도자나 국민 가운데 부유하고 강한 일본을 원하는 사람들로부터 일어났다. 과학이나 서양에 관련된 다른 과목들이 교육 과정에서 더 많은 시간을 할당받았을 뿐만 아니라 깊은 관심도 기울여졌다. 유교 과목들이 한꺼번에 없어진 것이다.

그럼에도 불구하고 일본에서 유교는 결코 사리지지 않았으며 무사도武士道, 사문회斯文會[22] 등의 다른 형태로 부활되었다.

무사도는 문자적으로 무사가 지켜할 도리를 뜻하는데 유儒와 사士에 대한 유가儒家의 요건에 해당하는 규칙으로 이루어져 있다. 무사武士는 주군主君에게 충성하고 친구에게 신의를 지키고 사생활을 올바르게 하고 두려워하지 말아야 했다. 『무사도武士道』를 저술한 신도호도조(新渡戸稲造, 1862~1933)는 무사도의 풍부한 영감의 원천은 공자의 가르침에 있다고 했다.

일본의 군주 명치가 의무 병역 제도를 시작할 때 새로 편성된 일본군 병사들의 정신에 무사도를 불어 넣으려고 했다. 명치는 1882년 『군인칙유軍人勅諭』에서 군인들에게 충성, 겸손, 용기, 신의, 정결한 마음 등의 다섯 가지 덕목을 제시하고 다섯 가지 덕목의 기본 원칙을 성誠이라고 말했다. 성誠이 없으

---

22 역주: 사문회(斯文會)는 일본 동경(東京) 소재의 문묘(文廟)를 지원하는 단체이다.

면 덕德은 덕德이 될 수 없다는 것이다.

무사도는 유교를 거름으로 한 일본 토양의 깊숙한 곳에 뿌리를 박고 자란 나무라고 할 수 있다.

14.13 성당聖堂과 사문회斯文會

본 절은 일본의 문묘文廟 성당聖堂과 공자의 제례의식을 담당하는 기구에 대해서 설명하려고 한다.

일본 최초의 공자 제례 의식은 701년 군주 문무文武 재위 기간 중에 학교에서 이루어졌다. 이때부터 전국시대戰國時代 전까지 중국과 마찬가지로 매년 두 차례 모든 학교에서 공자의 제례 의식이 거행되었다. 이러한 전통은 전국시대 동안 지켜지지 못했지만 덕천막부德川幕府가 출범하자마자 부활했다.

덕천막부의 제3대 장군將軍 덕천가광德川家光이 강호성江戶城 북쪽 교외 상야 인강上野忍岡의 땅에 1630년 임나산(林羅山, 1583~1657)의 학당을 짓고 1632년 학당의 부속 건물로 문묘文廟를 세웠는데 정식 명칭은 선성당先聖堂이며 인강 성당忍岡聖堂이라고 부른다. 여기에서 '선성先聖'이라고 하는 말은 학술적으로 도道의 시조를 가리킨다. 그리고 1690년 덕천막부의 제5대 장군 덕천강길德川綱吉이 선성당을 대신하는 문묘를 세우고 대성전大成殿이라고 명명했는데 탕도성당湯島聖堂이라고도 한다. 대성전은 1923년 관동關東대지진으로 파괴되었지만 1935년 철근 콘크리트로 복원되었다.[23]

1935년 복원된 대성전의 외관은 1633년 지어진 당시의 모습과 변함이 없는데 대성전은 주지유(朱之瑜, 1600~1682)가 설계했다. 주지유는 당시 위대한 철학자였을 뿐만 아니라 뛰어난 예술가이자 기술자로 대성전 외에도 석조 다리를 설계했다. 게다가 주지유는 고대 복장과 가구까지 디자인했는데 그가

---

23 劉寧顏:《中華文化在湯島聖堂》, 見《孔子學說對世界之影響》第2冊, 第390頁。

설계한 대성전는 목조 건물이었다.

공자의 제례 의식은 매년 4월 말에 거행되며 행사 당일 일본 정부의 문부과학성文部科學省 장관, 동경도지사東京都知事, 지방 정부 관료, 문화재보호위원회 위원장, 학술 및 정치 분야의 저명인사들이 대성전의 제례 의식에 참석한다.

1922년 10월 29일 공자 탄생 2,400주년을 기념해서 대성전에서 특별 행사가 열렸다. 무악舞樂 두 곡이 연주되었는데 첫 번째는 순舜임금 시대의 유산으로 알려진 오상악五常樂이며 두 번째는 한국에서 전해져 온 고대 문서에서 나온 인화악仁和樂이다.

대성전에는 초상화가 있는데 주지유가 그렸다고 한다. 주지유는 초상화를 제자에게 주었으며 그것은 다른 사람에게 주고 이런 방식으로 전해지다가 결국 군주 소화昭和가 즉위하기 전에 초상화를 헌상 받았는데 관동대지진冠童大地震으로 파괴된 대성전이 복원되자 초상화를 대성전에 기증했다.

공자 초상화 외에도 대성전에는 현재 당唐나라의 오도현(吳道玄, 685~758)이 그린 그림을 모델로 한 세계에서 제일 높은 공자의 청동상이 있는데 높이가 15피트이며 무게가 2톤이 된다. 1975년 11월 4일 일본의 문화의 날에 대북臺北의 라이온스 클럽Lions Club이 공자의 청동상을 대성전에 기증했다.

대성전 주위에는 커다란 황련목이 많이 있는데 황련목의 씨는 1916년 백택보미白澤保美가 곡부曲阜에 있는 공림孔林에서 가져왔다.

대성전을 지원하는 단체는 사문회斯文會이다. 사문회는 회원수가 1,500명을 넘으며 1880년 조직되었다. 사문회는 공자의 제례 의식 외에도 정기 간행물과 『논어論語』의 일본어판 간행 등 여러 가지 사업을 하고 있다.

따라서 유교는 상당 부분이 현대 일본에 남아 있으며 유교 관련 서적이 해마다 출판되고 있으며 실제로 중국 철학이 모든 대학에 개설되어 있다.

14.14 천리대학天理大學

천리대학天理大學은 유교儒敎와 동일한 원칙을 건학이념으로 1925년 천리교 天理敎 교단에 의해 개교되었다. 천리교는 1838년 나라현奈良縣의 여성 농민 중산미기中山美伎에 의해 창시되었다.

천리교 교리는 다음의 네 가지 계율로 요약할 수 있다.

    (1) 천인합일(天人合一)
    (2) 심물합일(心物合一)
    (3) 도기합일(道器合一)
    (4) 예악합일(禮樂合一)

천리교 교리는 대부분 유교에서 비롯되었다. 유가儒家에게 하늘과 사람, 심心과 물物, 실제와 기능, 예禮와 악樂은 모두 하나라는 것이다. 세 번째 계율 도기합일道器合 은 다음 구절을 다른 말로 표현한 것으로 보인다. "천하를 잘 다스려서 한 집안처럼 하고 중국 전체를 합쳐 한 몸처럼 한다."[24] 네 번째 계율도 다음 구절에서 유래된 것 같다. "너의 몸통과 사지 그리고 머리카락 과 피부가 모두 부모들로부터 받은 것이다. 그것을 감히 훼상하지 않는 것 그것이야말로 효의 시작이다."[25] 첫 번째 계명과 두 번째 계명은 『주역周易』 중천괘重天卦 계사繫辭와 『중용中庸』의 많은 구절에서 비롯되었다.[26]

14.15 유구沖繩의 유교

13세기말 유구沖繩는 남산南山, 중산中山, 북산北山의 세 왕국이 각축을 벌인

---

24   역주: 『예기(禮記)』 예운(禮運).
25   역주: 『효경(孝經)』 개종명의장(開宗明義章) 제1.
26   張其昀: 《孔子學說與天理教》, 見《華岡理想》第5冊, 《華岡叢書》, 1976年, 第207頁。

삼산三山 시대였다. 1372년 명明나라의 태조太祖 주원장朱元璋은 삼국에 조공을 바치도록 해 삼국 모두 명나라의 조공국이 되었다.

오늘날 유구沖繩섬에 해당하는 중산中山섬에 기반을 둔 중산 왕국은 1416년 남산을 병합하고 1429년 북산을 정복해 유구 제도를 통일했다.

중산 왕국은 중국의 남부 성省들과 자유롭게 무역을 하고 문화를 교류했는데 중국의 복건성福建省 복주福州와 중산의 나패那霸가 항구로 사용되었다.

삼국을 통일한 후 중산 왕국은 수리首里에 도읍지로 두고 명明나라에 조공을 했는데 2년마다 한 번씩 이루어졌다. 중산 왕국이 명나라 선종(宣宗, 1398~1435)으로부터 삼산三山 시대에 책봉을 받을 때 받은 유구국琉球國 중산왕中山王의 칭호는 훗날 유구琉球가 일본에 합병되어 멸망할 때까지 사용되었다.

2년에 한 번씩 이루어지는 일본과 중국 사이의 조공 무역은 500여 년 동안 계속되었는데 1609년 일본 구주九州 살마번薩摩藩의 화산구고樺山久高가 군사 3,000명을 이끌고 중산 왕국을 침공했지만 중국의 조공국가로 존재하면서 생기는 이익이 있었기 때문에 멸망시키지는 않았다. 이후 유구는 중국·살마번薩摩藩·강호막부江戶幕府에 이중, 삼중으로 조공 국가로 복속되는 국가로 나아가게 되었다.

중산 왕국은 새 군주가 즉위할 때 마다 중국에 조공을 하고 책봉을 받았다.

유구沖繩 인구의 상당수가 중국에서 온 이주민들의 후손이라고 한다. 명나라 태조太祖 주원장朱元璋은 많은 중국인들을 중산 왕국에 보냈는데 이들 성씨의 숫자는 총 36개에 이르렀다. 이들 이주민은 나패那霸에 정박하는 중국 배를 지키거나 중산 백성들에게 중국어와 경전을 가르쳤는데 이는 14세기가 끝나기 전 25년 동안 지속되었다.

17세기에 정순칙(程順則, 1663~1735)은 유구에 이주한 중국인 후손으로 중국에 유학을 떠나 귀국 후 저명한 학자가 되었다. 정순칙은 1698년 조공을 바치는 사신으로 중국에 파견되었으며 1714년 유구의 최초 국립 교육기관 명륜당明倫堂 건립을 건의했는데 그의 건의가 받아들여져 그의 책임 하에 1718년 명륜당이 건립되었다. 정순칙은 학동을 위해 저술한 도덕 관련 서적들을 강호막부江戸幕府에 보냈고 『지남광의指南廣義』를 지었다.

정순칙은 강호江戸를 방문하는 중에 그의 이름이 널리 알려지게 되었고 유구로 돌아왔을 때 동포들은 그를 성인이라고 불렀다.

유구의 또 다른 학자로 정순칙보다 19세 연하의 채온蔡溫을 들 수 있다. 채온은 1644년에 태어나 국사國師가 되었으며 30여 년간 유구의 재상을 지냈다.

정순칙과 채온은 모두 유구沖繩 제도에 있는 구미久米섬 태생이다. 1673년 중산 왕국 군주의 명으로 구미섬에 문묘文廟가 건립되었는데 중국의 공묘孔廟와 똑같이 해마다 두 차례 공자의 제례 의식이 거행되었다. 유구 문묘 건물의 구조와 자재는 공묘 그대로였다.

유구의 문묘는 1944년 10월 10일 미국의 폭격으로 파괴되었지만 구매숭성회久米崇聖會 회원의 모금으로 4백만 달러가 모아져 복구되었다.

14.16 베트남의 유교

기원전 218년 현재 베트남 북부 지역의 남월南越은 진秦나라 시황제始皇帝의 10만 대군에 의해 정복되었는데 당시 이 지역은 밀림 지대였다.

진나라 멸망 이후 기원전 203년 남월에 파견되었던 군사령관 남해군南海郡 위尉 조타趙佗가 스스로 남월을 지배하는 무왕武王이라고 선언하고 나라를 세워 남월국南越國이라고 하고 중국의 지배에서 벗어나 독립했다.

기원전 112년 남월국 제5대 군주 조건덕趙建德과 한漢나라 무제武帝 간에 전쟁이 벌어져 기원전 111년에 남월국은 한나라에 정복 당했다. 이때부터 10세기 초까지 베트남은 중국의 지배를 받았는데 이 기간 동안 베트남에서는 중국어와 한문을 사용하고 유교 경전을 가르쳤으며 과거제가 실시되었고 중국 역법을 기준으로 절기를 정하여 농사에 이용했다.

베트남의 많은 젊은이들이 학문과 관리에 등용되기 위해 중국 내륙으로 갔다.

그 중의 대표적인 사람으로 강공보姜公輔를 들 수 있는데 강공보는 과거에 급제했고 당唐나라의 재상이 되었다.

강공보 시대 이전에 현재 베트남에 속해 있는 교주交州의 태수太守 사섭(士燮, 137~226)이 있었다. 사섭 집안은 교주에서 6대를 살아왔고 그의 아버지가 교주 최남단인 현재 베트남 중부 지역 일남군日南郡의 태수太守를 지낸 배경으로 사섭은 이 지방의 사정을 잘 알았고 또 이곳을 떠나 중앙으로 진출하기보다는 정착하여 안정된 통치를 했다. 훗날 베트남 일대를 지배한 진왕조(陳王朝, 1225~1400)는 사섭을 선감가응령무대왕善感嘉應靈武大王으로 추존했다.

베트남은 눈이 내리지 않는 열대 지역에 위치하고 있다. 혹독한 추위를 피해 베트남에 온 중국인은 세상을 떠날 때까지 중국으로 돌아가지 않았을 뿐만 아니라 그의 자손도 베트남인이 되었다. 10세기 중국이 혼란기에 접어들기 전까지는 독립을 이루지 못했으며 907년 당唐나라가 멸망한 후에 오권(吳權, 897~944)이 오랜 중국의 통치에서 벗어난 베트남 최초의 왕조 오조吳朝를 세웠다.

오조의 군주 오창문吳昌文의 사망 후에 965년부터 12 장군의 반란이 일어나자 정부령(丁部領, 924~979)은 하나씩 물리치고 968년 대구월大瞿越을 건국했다. 979년 대구월은 왕위계승 문제로 궁중 변란이 일어나 대장군인 여환黎桓이 정부령의 아들 정경丁璿을 즉위하게 하고 자신이 권력을 장악하고 980년 정권을 찬탈하여 전여조前黎朝를 세웠다.

전여조(前黎朝, 980~1009)는 30년간 지속되었는데 1006년 여환이 세상을 떠나자 그 아들 여용정(黎龍鋌, 986~1009)이 즉위하였고 1009년 여용정이 죽자 베트남 북부를 지배하고 있던 전여조의 장군인 이공온李公蘊은 신하들에게 추대를 받는 형식으로 즉위하여 이조(李朝, 1009~1225)를 열었다. 이조는 9대 217년간 지속되었으며 베트남 사상 최초의 장기 왕조였다.

베트남 역사에서 이조 이후의 왕조는 진조(陳朝, 1226~1428), 여조(黎朝, 1226~

1428), 원조(阮朝, 1802~1883)로 이어졌다. 그러나 프랑스의 나폴레옹 3세가 원조阮朝의 로마 카톨릭 탄압을 구실로 1856년 다낭을 공격하고 1857년 사이공을 점령하였는데 그 후 프랑스는 베트남의 북부 및 중부를 점령하여 1882년 베트남은 프랑스의 보호국이 되었고 1884년 베트남의 전국토가 프랑스의 식민지가 되었다. 제2차 세계대전(1939~1945) 이후 베트남은 인도차이나 전쟁에서 프랑스에게 승리하여 독립을 맞게 되었다.

베트남이 중국으로부터 정치적으로 독립을 하기 전이나 후나 상관없이 유교儒敎는 베트남의 국가 이데올로기였다. 베트남인은 한자와 한문을 사용했으며 정부도 마찬가지였다. 베트남 학교는 유교 경전을 가르쳤으며 공자의 제례 의식도 매년 거행되었다.

베트남은 989년부터 1883년까지 실질적으로 독립국이었지만 외교적으로 조공국의 형식으로 해마다 중국에 사신을 파견하여 중국 군주에게 조공을 했다.

베트남의 저명한 유가儒家로 원병겸阮秉謙을 들 수 있는데 원병겸은 『주역周易』에 정통했다. 이 외에도 두 역사가 반부선潘孚先, 오사련吳士連 등이 있었다. 이들 세 학자는 모두 진조(陳朝, 1226~1428)때 활동했다.

15

서양의
유교
연구

15.1 유교와 서양 문화

『정글북』의 저자 조지프 러디어드 키플링(Joseph Rudyard Kipling, 1865~1936)은 동양과 서양은 아주 오랜 옛날에 만났다고 말했다.

프랑스의 프란체스코회 수도사 기욤 드 뤼브룩(Guillaume de Rubrouck, 1220~1293)과 이탈리아의 탐험가 마르코 폴로(Marco Polo, 1254~1324)는 13세기에 중국에 갔다. 하지만 기욤 드 뤼브룩이 저술한 여행기나 마르코 폴로의 『동방견문록』 모두 그 내용이 유교와 관계가 거의 없기 때문에 본서에서 다루지 않았다.

이탈리아 출신으로 포르투갈의 지원을 받은 마테오 리치(Mateo Ricci, 1552~1610)[1]는 16세기에 중국 땅을 밟은 천주교 선교사 가운데 가장 잘 알려진 사람이었다. 마테오 리치는 1601년 명나라의 군주 신종神宗을 만나 그의 신하가 되어 수많은 중국인을 포교했으며 1610년 북경에서 세상을 떠났다.

17세기부터 18세기의 마지막 사반세기까지 동양과 서양의 교류는 사실상 중국에서 활동한 천주교 선교사들의 역사라고 할 수 있다. 선교사들은 상당한 업적을 남겼으며 서양을 동양에 소개한 만큼 동양을 서양에 소개했다. 이들은 종교인이었지만 많은 분야에서 업적을 남겼다.

프랑스의 철학자와 혁명가는 천주교 선교사들이 그들의 활동 무대인 서양 전반에 남긴 유산을 계승했다. 미국인은 1776년 독립선언서에 행복추구권을 천부인권의 하나로 들었으며 가장 진지한 영국인은 중국에서 전해진 것 중에서 과거제를 선택했다.

19세기가 저물고 20세기로 들어갈 때 중국인은 동서양 문화의 역동적인

---

1   역주: 마테오 리치(Mateo Ricci)는 이탈리아의 예수회 선교사(1552~1610)였다. 중국 이름은 이마두(利瑪竇)였으며 명(明)나라 만력제(萬曆帝)로부터 베이징(北京) 정주를 허가받고, 중국에 가톨릭 포교의 기초를 쌓았다. 특히 1603년 마테오 리치가 쓴 『천주실의(天主實義)』는 단순한 교리 문답서가 아니라 중국의 학자를 대상으로 하고, 서양 교주와의 문답형으로 가톨릭교 신학을 서술하였다.

융합에 대해 진지하게 생각하기 시작하여 좋고 나쁨에 관계없이 서양의 모든 것을 배우려고 애를 썼다. 서양은 10년마다 성숙하면서 그에 걸맞게 학문적으로 동양에 대해 보다 더 잘 알려고 했다. 여기에 동양은 인도, 일본, 동남아시아 등이 들어가지만 중국과 공자에 대해서 가장 높은 관심을 가졌다.

본장은 다음과 같은 순서로 이루어진다. 먼저 중국에서 활동한 초기 천주교 선교사들과 이들이 유럽인에 미친 영향을 살펴본다. 다음에 독일, 오스트리아, 프랑스, 벨기에, 영국, 이탈리아, 스페인, 포르투갈, 네덜란드, 스웨덴, 미국의 공자 연구 발전을 논하면서 라이프니츠Leibnitz, 볼테르Voltaire, 리치Ricci, 칼그렌Kalgren, 제퍼슨Jefferson, 에머슨Emerson, 배빗Babbitt의 주장과 업적에 중점을 둘 것이다.

15.2 중국의 초기 천주교 선교사

마테오 리치(Mateo Ricci, 1552~1610)는 이전에 중국에 온 천주교 선교사가 이루지 못한 업적을 달성했다. 마테오 리치는 교황령 마체레타Macerata에서 태어나 예수회 회원으로 선교에 헌신했다. 마테오 리치는 1582년 마카오Macao에 간 후 거기에 머물면서 중국어와 유교 경전을 공부하여 중국어를 쓰고 읽는 것은 물론 한시까지 지을 수 있게 되었고 1583년 광동廣東을 거쳐 1601년 명나라의 도읍지 북경에 도착하여 당시 군주 신종神宗의 환대를 받았다. 마테오 리치는 많은 중국인들을 천주교로 개종시켰을 뿐만 아니라 일부 저명한 중국인 학자[2]와 친분 관계를 유지하면서 루지에리 선교사가 1584년에 저술

---

2 이들 가운데 서광계(徐光啓, 1562~1633)와 이지조(李之藻, 1571~1630)는 대표적인 인물이다. 서광계는 1600년 지식인을 대상으로 한 선교를 하는 마테오 리치(Matteo Ricci)를 처음 만나 1603년에는 그에게 세례를 받아 로마 가톨릭교회로 개종해 천문학과 수학을 배웠으며 한림원(翰林院)의 서길사(庶吉士)로 있으면서 선교사들과 협력하여 포교서와 유럽의 역서 등을 번역하고, 양학을 철저히 연구하여, 유클리드의 기하학을 마테오 리치와 함께 번역하여 『기하학 원본』 전 6권을 간행하였다. 이지조는 중국 명나라 후기의 학자로 1598년 조정 관직에 처음 발을 들여놓고 1601년 마테오 리치를 만나 같이 과학 기술 활동을 시작하였

한『천주실의天主實義』를 출판했다. 『천주실의』는 천주교의 천주天主는 유교의 상제上帝라는 것을 입증하기 위해 유교 경전이 상당히 많이 인용되었다.

1595년『천주실의』는 남창南昌에서도 출판되었다. 마테오 리치는 여러 권의 저서와 번역서를 남겼는데 그 중에서『교우론交友論』은 공자와 예수의 가르침에 따라 친구를 사귀는 법에 대해 논하고 있다.

또 다른 이탈리아 출신의 예수회 선교사로 1613년 중국에 온 줄리오 알레니(Julio Aleni, 1582~1646)를 들 수 있다. 알레니 또한 중국어뿐만 아니라 모든 유교 경전에 정통했다. 그의 저서『구탁일초口鐸日抄』(1635), 『삼산논학기三山論學記』(1625), 라틴어와 중국어를 교차하여 작성된 명나라의 관리 엽향고葉向高와 주고받은 서신은 중국의 문화유산에 대한 박식함을 보여주며 그를 존경하는 중국인들이 줄리오 알레니에게 붙인 '서양의 공자'라는 칭호가 과장이 아님을 입증한다.

이 외에도 프랑스 출신의 예수회 선교사로 1687년 청나라에 온 조아킴 부베(Joachim Bouvet, 1656~1730)와 루이 르 콩테(Louis Le Comte, 1655~1728)가 있다. 이들은 명망이 있는 과학자로 천문학과 수학의 전문가였는데 프랑스의 왕 루이 14세의 명으로 선물을 가지고 청나라의 군주 강희康熙를 찾아갔다. 군주 강희는 그 답례로 조아킴 부베에게 한문 서적 49권을 주었는데 나중에 명을 내려 이 책들을 다시 가져오게 했다.

콩테가 또 다른 프랑스 선교사 프랑수아 푸케(Jean-François Foucquet, 1665~1741)와 함께 중국에 돌아오자 강희는 부베에게 명하여『주역周易』을 연구하게 했다. 13년에 걸쳐 부베는『주역』을 연구한 끝에『주역』의 일반적인 사상을 파악하여『역경요지Idea generalis doctrinae libri I-King』(1716)라는 라틴어『주역』연구서를 완성했다. 부베는 연구서를 저술하는 동안 콩테에게 진척 사항

으며 1610년 로마 가톨릭 교인이 되었다. 1621년 이지조는 서광계의 천거로 광록사소경이 되었다.

을 말하면서 독일의 철학자로 자신의 친구인 라이프니츠Leibniz와도 편지를 주고받았다.

푸케는『주역』연구를 완성하지 못하고 그 대신 관심을 노자老子의『도덕경道德經』과『시경詩經』으로 돌렸다.

콤테는 어떤 이유로 인해 5년 동안 청나라에게 머무르게 되었다. 프랑스로 귀국 후 콤테는『중국의 현재 상황에 대한 새로운 설명Nouveaux Mémoires sur l'État Présent de la Chine』이라는 프랑스어 서한집書翰集 두 권을 출판했다.

콤테는 조상과 공자에게 제사를 지내는 중국 풍습을 옹호하는 글을 썼는데 여기에서 중국의 제례 의식은 천주교의 교리와 상충되지 않는다고 했다.

콤테의 입장에 대해서 예수회 회원 선교사는 모두 동조한 반면 일부 프랑스인은 수용하지 않았다. 부베와 콤테의 시대 반세기 전 중국에 온 프란치스코회Ordo Fratrum Minorum 선교사 한 명은 조상 숭배와 공자의 제례 의식을 용인했다. 그의 이름은 안토니오 사네타 마리아 카발렐라Antonio Saneta Maria Caballera이다. 그는 1632년에 중국에 와서 1669년 세상을 떠날 때까지 중국에 살았는데『천유인天儒印』이라는 중국어 책을 저술했다. 이 책에서 카발렐라는 천주교와 유교儒敎는 도장을 찍어 놓은 것처럼 똑같다는 입장에서 저술을 하여 유교와 천주교를 소통하는 논리를 선교방식으로 선택했다고 한다.

도미니크회와 프란체스코회는 스페인인이 주를 이루었으며, 예수회는 이탈리아인과 포르투갈인이 주로 하고 있었던 관계로 수도회의 세력다툼과 민족감정 대립이 생겨 유교의 습관을 어느 정도 용서하는가에 대해 100년간 논쟁이 전개되어 중국 천주교 선교에서 전례문제典禮問題로 큰 사건이 되었다. 도미니크회와 프란체스코회는 로마 교황에게 호소하고 특사特使인 투르농은 1705년 청나라 군주 강희에게 그 주장을 상주했으나 각하却下되었으며 투르농Tournon은 마카오에서 옥사했다. 이리하여 불리해진 도미니크회와 프란체스코회는 이 문제에 대해 교황의 재결裁決을 요구했다. 1742년 교황 베네딕투스 14세는 도미니크회와 프란체스코회의 주장을 지지하고 예수회 쪽의 주장에 대해서는 반대하는 재결을 내렸다.[3] 문제는 이것으로 해결된 듯이 보였으나 청나라로서는 교황의 금지명령이 자국自國 내에 미치게 되므로 이를 주권의 침략이라고 생각하게 되었다. 그래서 1692년에 공인한 로마 가톨릭 교회의 전도의 자유를 취소하고 허가제로 하였으며 전례문제典禮問題에 관해 청나라의 군주 강희의 훈령訓令을 받드는 선교사에게만 체재滯在와 전도를 허가하고 그 밖에는 국외로 추방하기로 결정하여, 여기서 중국의 기독교 박해가 시작되었다.

15.3 천주교 선교사의 유교 경전 번역

마테오 리치는 『사서四書』를 라틴어로 번역했지만 출판을 하지 못했다. 그 이유는 아직까지 알려지지 않았다. 벨기에 출신 예수회 선교사 미셸 트리고 (Michel Trigault, 1577~1629)는 『주역周易』, 『서경書經』, 『시경詩經』, 『예기禮記』, 『춘추春秋』 등의 『오경五經』을 라틴어로 번역하여 1626년 절강성浙江省 항주杭 州에서 출판했다.

필리피 쿠플레(Philippi Couplet, 1623~1693)는 1681년 이전에 프로스페르 인토르체타(Prosper Intorcetta, 1625~1696)의 도움을 받아 『사서四書』 중에 『논어論語』, 『대학大學』, 『중용中庸』 세 권을 라틴어로 번역하였고 『맹자孟子』가 빠진 부분을 공자의 전기로 대체했다. 쿠플레는 이 라틴어 번역서를 프랑스 루이 14세에게 헌상했는데 루이 14세는 쿠플레에게 이 번역서의 출판 비용을 지원해

---

3 역주: 이냐시오 데 로욜라는 1534년 6명의 동료들과 함께 청빈, 정결, 순명과 교종에 대한 순명을 서원하고 영혼 구원에 헌신할 것을 맹세하며 예수회라는 가톨릭 수도회를 설립하였다. 당시 예수회 설립에 참여한 6명 중 한 사람이자 로마 가톨릭교회 사제였던 프란치스코 하비에르(Franciscus Xaverius)는 1549년 최초로 일본에 기독교를 전파했다. 1540년 로마에서 교황 바오로 3세를 알현한 그는 이 수도회를 인정해 줄 것을 요청하였고 바오로 3세는 예수회라는 이름을 내려 이 수도회를 승인하였다. 1773년 교황 클레멘스 14세는 포르투갈, 스페인, 프랑스에서 들어온 추방 청원을 받아들여 예수회를 해산하였지만 40년 후에 복권되어 현재에 이르고 있다.

주었다. 쿠플레와 인토르체타가 라틴어로 번역한 책의 서명書名은 'Confucius Sinorum Philosophu중국의 철학자 공자'이고 그 부제는 'Scientia Sinensis Latine Exposita라틴어로 배우는 중국어 학습'이다.

『맹자』의 라틴어 번역서는 1711년에 이루어졌는데 1687년 중국에 온 벨기에 선교사 프란시스 노엘(Franciscus Noël, 1651~1729)이 『사서四書』의 라틴어 완역본을 1771년 프라하 대학에서 출판했다. 노엘은 이 번역서와 함께 『중국철학Philosophu Sinica』을 저술했으며 『효경孝經』과 『소학小學』도 번역하여 중국 유교 경전과 중국 고대 철학 사상을 체계적으로 서양에 소개했다.

『중국철학中國哲學』Philosophu Sinica의 프랑스어판은 1783년과 1786년 사이에 출판되었다.

미셸 베노이트Michel Benoit는 1744년부터 1773년 사이에 『맹자』를 라틴어로 번역했는데 청나라 군주 건륭乾隆이 직접 지켜보는 가운데 중국 지도 104장을 그렸으며 『맹자』 외에도 『서경』을 번역하려고 했다.

100년 뒤에 프랑스 출신 예수회 선교사 안토니오 고우빌(Antonio Goubil, 1689~1759)은 미셸 트리고의 번역서를 토대로 『오경五經』 중 네 권을 프랑스어로 번역하고 이 프랑스어 번역서에 주석을 풍부하게 달았다. 고우빌은 『춘추』를 번역하지 못했는데 청나라 조정의 외교 문서를 처리하고 청나라의 젊은이들에게 라틴어를 가르치느라 시간이 부족했기 때문이었다. 불행하게도 고우빌의 라틴어 번역판은 출판되지 못했으며 1770년 『서경』의 라틴어 번역판만이 발견되었다. 프랑스의 철학자 죠셉 드 기네스(Joseph de Guignes, 1721~1800)는 이 『서경』의 라틴어 번역판을 고우빌이 번역한 책 중의 최고 걸작으로 보았다.

일부 서양 선교사들은 이미 이와 같은 전통을 따르려고 했지만 아무도 유교 경전 번역을 계획했지만 그 뜻을 이루지 못했다. 왜냐하면 선교사의 주된 사명은 천주교를 전파하고 중국인을 천주교로 개종하는 일이었기 때문이다.

유교 경전은 라틴어나 프랑스어 번역판을 통해 유럽 전역 특히 프랑스의 지식인들에게 전파되었다. 서양 지식인들은 유교 경전을 통해 전혀 새로운 세상에 눈을 뜨게 되어 서양의 제도와 신조에 상반되지만 발전된 도덕과 정치 철학을 지닌 또 다른 문명이 존재했다는 데 대해 놀라움을 금치 못했다.

앞에서 언급한 루이 르 콤테(Louis Le Comte, 1655~1728)의 『중국의 현재 상황에 대한 새로운 설명Nouveaux Mémoires sur l'État Présent de la Chine』, 오스트리아 신부 그뤼버Grüber의 『중국에 대한 다양한 설명the Noticia varie dell imperio della Cina』 등과 같이 중국에서 활동한 천주교 선교사들이 내놓은 책들은 당시 중국의 어느 정도 이국적인 상황에 보다 생생한 관심을 서양 지식인들에게 불러일으켰다. 서양의 철학자들과 백과사전 편찬자들은 프랑스 출신의 예수교 선교사들 아미오트, 할데, 마일라 등의 학술적 업적에 사상적으로 커다란 영향을 받았는데 서양의 역사가들은 공자의 사상이 이들 철학자와 백과사전 편찬자의 이데올로기에 중요한 위치를 차지하고 있다는 결론을 내렸다.

(1) 진 요제프 마리아 아미오트(Jean Joseph Maria Amiot, 1718~1793): 『건축물로 입증된 중국 고대 유물L'Antiquite des Chinois Prouvée par les Monuments』, 『공자의 생애La Vie de K'ongtse』, 『공자 제자의 간략 전기Abrégé de la Vie des Principaux Disciples de K'ongtse』.

(2) 할데(Jean-Baptiste Du Halde, 1674~1743): 『중국과 중국 타타르 개설La Description de l'Empire de la Chine et de la Tartarie Chinoise』.

(3) 마일라(José Francois Moyriae Mailla): 『서경書經』과 중국 신화 이전의 중국사 연구Recherches Sur les Temps Antérieurs àceux dont Parle le Chouking et sur la Mythologie Chinoise』[4]

---

[4] Cf. Adolf Reichwein, China and Europe; Virgile Piont, La Chine et la Formation de l'Esprit Philosophique en France(1640-1740), Paris, 1932.

일반적으로 중국풍으로 알려진 자기 제품, 비단, 중국 정원 등의 중국 문물에 대한 열풍은 프랑스를 비롯하여 서부 유럽 대부분을 휩쓸었지만 본서는 이에 대해서 언급하지 않았다. 대신에 천주교 선교사들이 동양을 서양에 소개하는 데 이룬 업적에 대해서만 논했다.[5]

15.4 독일의 유교 연구

고트프리트 빌헬름 라이프니츠(Gottfried Wilhelm Leibnitz, 1646~1716)은 유교 경전에 열광한 최초의 저명한 유럽 학자로 수학에서 미적분을 발명하고 형이상학에서 공간을 설명하는 단자monad 개념을 제시했다.

라이프니츠는 로마를 방문하는 기간 동안에 선교사 몇 명으로부터 들었던 이야기에 감명을 받아 이후 시간이 있으면 언제나 중국에서 받은 서적과 편지를 읽으면서 평생을 보냈다.

중국에서 활동하던 선교사들 가운데 1687년 중국에 간 프랑스 선교사 부베(Joachim Bouvet, 1656~1730)와 활발하게 교류를 하면서 『주역周易』에 대한 모든 정보를 얻으려고 했다. 주희朱熹가 편찬한 『주역』의 한문 필사본을 가지고 있었는데 이 필사본에는 송宋나라의 사상가 소옹(邵雍, 1011~1077)이 만들었다고 하는 도해圖解가 들어 있었다.

이 도해에서 64괘卦가 논리적으로 배열되었는데 라이프니츠는 자신이 만든 미적분에 따라 64괘를 연구하면서 중간이 끊어진 획劃 '┅' 음陰과 중간이 이어진 획劃 '━' 양陽이 각각 아라비아 숫자 '0'과 '1'에 대응한다고 보았다.

라이프니츠는 『주역』의 저자가 만물을 음과 양 두 가지의 기호로 환원했기

---

5 方豪：《明末清初天主教比附儒家學說之研究》, 見中《中國哲學史》第11期, 臺灣大學出版, 1962年, 第159頁。중국학자 방호(方豪)가 연구한 선교사 20명 가운데 18명은 20년 넘게 중국에 체류했으며 1명은 10년 넘게 있었고 1명은 10년을 넘지 못했는데 20명 가운데 15명은 중국에서 세상을 떠났고 나머지 5명은 귀국했다.

때문에 그를 존경했으며 이와 같은 방식으로 모든 수를 0과 1의 기호로 표시하는 이진법을 발명했다.

라이프니츠는 만물이 음과 양으로 나누어지기 이전의 우주 만물의 근원이 되는 실체인 태극太極에 더욱 감명을 받았는데 이는 그가 세웠던 방법과 같다고 할 수 있다.

라이프니츠는『주역』에 강한 호기심을 가질 때마다 중국 상황과 중국 문화에 대해 배웠는데 중국은 도덕을 강조한 공자의 가르침으로 정치적으로나 사회적으로 당시의 유럽 국가보다 더 나은 국가 형태를 지녔다는 것을 믿게 되었다.[6] 게다가 라이프니츠는 주희 등의 성리학자가 제시한 이理는 유물론적인 것이 아니며 천도天道를 나타내고 기독교의 가르침과 상반되지 않는다는 것을 알게 되었다.

라이프니츠는 비유럽 문명에 대해 알게 된 것을 신에게 감사했는데 확신에 찬 목소리로 이 문명은 유럽 문명과 모든 사람의 유익을 위한 하나의 지구 문명으로 융합될 수 있다고 말했다.

라이프니츠는 러시아가 중국과 유럽 사이를 잇는 다리 역할을 할 수 있다고 깨닫고 이러한 역할을 러시아가 해 줄 것을 설득하기 위해 러시아의 군주 표트르 1세를 만나러 당시 러시아의 수도 상트페테르부르크St. Petersburg로 갔다.

라이프니츠는 또한 초대 프로이센의 국왕 브란덴부르크 선제후 프리드리히 1세에게 이러한 일에 일정 부분 역할을 감당할 것을 청하자 프리드리히 1세가 중국 연구를 비롯한 수많은 연구의 진흥을 목적으로 '브란덴부르크 선제후립 과학학회Kurfürstlich Brandenburgische Societät der Wissenschaften'를 설립하고 라이프니츠를 학회장으로 임명했다. 이후 프리드리히 1세가 1701년 외

---

6   라이프니츠는 1967년에 출판된 자신의 저서 『최신 중국 소식(Neues China)』서문에서 유럽이 형이상학, 수학, 논리학, 천문학이 뛰어난 반면에 중국의 정치 윤리, 실천 철학 분야는 서양을 뛰어넘는다고 밝히고 있다.

공爵公 내왕內王의 형식으로 프로이센 국왕이 되어 프로이센 왕국이 출범하자 학회는 '왕립 프로이센 과학학회Königlich Preußische Sozietät der Wissenschaften'로 개칭했다.

철학자, 과학자 외에도 라이프니츠는 뛰어난 언어학자로서 유럽에 잘 알려져 있었다. 라이프니츠는 언어학자로 중국어와 한문 연구를 상당히 좋아했으며 이 속에 많은 의미와 지혜가 들어 있다고 했다.

라이프니츠는 수개 국어에 능통했으며 저술 작업을 할 때에는 라틴어나 프랑스어를 사용했다. 그의 라틴어 저술『de la Nature et de la Grâce』와『인간 이해에 대한 새로운 과제Nouveaux Essais sur l'entendement humain』는 매우 흥미롭다.

라이프니츠의 제자 크리스티안 볼프(Christian Wolff, 1679~1754)는 노엘의 유교 경서 번역판을 탐독했다. 볼프는 독일의 대학에서 교수로 재직하는 동안 중국의 실전 철학을 강의하면서 기독교 교리와 비교했다. 교회는 이를 못마땅하게 여겨 볼프를 해직시켰다.

볼프는 유교가 기독교 교리보다 더 낫다고 한 적이 없으며 오히려 라이프니츠와 마찬가지로 양자간에 상충되는 것은 존재하지 않는다고 믿었다. 그러나 볼프는 중국에서 하는 도덕과 국가 정치의 통합을 지나치게 긍정으로 본 면이 없지는 않는 것 같다. 게다가 볼프는 유교를 통해 덕이 있는 정부가 세워지면 국민은 행복하게 된다고 주장했다. 이러한 측면에서 볼프는 당시 계몽 운동의 대변인이었다. 이후 볼프는 또 다른 대학의 교수가 되었다.

서양의 일부 역사가는 이마누엘 칸트(1704~1824)가 라이프니츠와 볼프를 통해서 유교 사상에 간접적으로 영향을 받았다고 생각하는 경향이 있다. 칸트의 선험적 도덕à priori morality 개념은 사람의 선善은 하늘이 부여한 본성이라는 유교의 명제와 어느 정도 관련성이 있다고 한다.

독일이 배출한 위대한 문호 요한 볼프강 폰 괴테(Johann Wolfgang von Goethe, 1749~1832)는 중국과 중국 문물을 찬양하는 데 서슴지 않았다. 괴테는 바이마르 도서관Weimar Library이나 다른 곳에서 중국에 대한 수많은 책을 읽었으며 특히 중국 소설과 여행기의 번역판을 탐독했다. 어느날 괴테는 활과 화살이 만들어지기 전에 유럽인이 돌로 사람을 죽이는 시절에 중국은 소설을 읽었다고 말했는데 물론 이 말은 과장된 표현이다. 괴테는 만년에 공자의 깊은 지혜를 조용히 묵상하면서 고대 그리스의 문화 유산과 비교할 수 있게 되었다. 괴테는 중국에 대한 시 14수를 짓고 1830년 베를린Berlin의 학술지에 출판했다.

가벨렌츠(Georg von der Gabelentz, 1840~1893)는 공자는 2천여 년이 넘는 오랜 기간 동안 인류의 삼분의 일에 커다란 영향을 미치고 있기 때문에 전 세계에서 가장 위대한 성인이라고 하면서 괴테가 공자에게 한 찬양을 반복했다.

독일은 라이프니츠를 시작으로 괴테에 이르기까지 중국학이 크게 융성했다. 본서는 수많은 학자들 가운데 리처드 빌헬름(Richard Wilhelm, 1873~1930), 알프레드 포르케(Alfred Forke, 1867~1944), 오토 프랑케(Otto Franke, 1863~1946)를 소개하고자 한다. 먼저 빌헬름은 25년 동안 중국에 머물렀으며 독일에 귀국한 후 프랑크푸르트에 중국학재단the Institut fur Sinologie을 설립하고 학술지『중국Sinica』을 간행했다. 빌헬름의 가장 큰 업적은『주역周易』의 독일어판 출판이며 이는 베인즈C. F. Baines에 의해 다시 영어로 번역되었다. 게다가 빌헬름은 칼 융Karl Jung에게『주역』을 가르쳤으며 그 답례로 융은 베인즈의 『주역』 영어판을 탐독하게 되었다. 다음에 포르케는 독일 함부르크 대학교 중국학과 교수를 역임했고 중국 철학에 대한 기념비적인 논문 세 편『중국고대철학사Geschichte der alten chinesischen Philosophie』(1927), 『중국중세철학사 Geschichte der mittelalterischen chinesischen Philosophie』(1934), 『중국근대철학사 Geschichte der neueren chinesichen Philosophie』(1938)를 저술했다. 마지막으로 프랑케는 교재 세 권과 주석서 두 권을 지었는데 원元나라의 멸망을 다루었다. 프랑케는 유교 교리와 중국 국교에 대한 논문집도 남겼다.[7]

15.5 프랑스의 유교 연구

프랑스는 17세기의 두 번 째 사반세기 동안 중국의 천주교 선교에 커다란 역할을 했다.

당시 유교 경전 번역은 대부분 프랑스 선교사들의 손에 이루어졌으며 여기에 벨기에 출신 선교사 필리피 쿠플레(Philippi Couplet, 1623~1693)가 동참했다.

이들은 18세기 전반에 선구자적인 유교 경전 번역 작업을 지속했다. 그 중에서도 특히 마일라J. F. M. Mailla는 가장 정열적으로 번역을 했는데 주희朱熹의『자치통감강목資治通鑑綱目』[8] 번역을 시작하여 1783년 번역판을 출판했다.

프랑스는 18세기에 계몽기와 혁명기를 맞이했다. 당시 위대한 사상가 볼테르(Voltaire, 1694~1778)는 앙시앙레짐ancien régime[9], 귀족·성직자의 특권, 미신 등을 타도하는 데 가장 단호한 자세를 취했다. 볼테르가 취한 방법 중의 하나가 프랑스와 유럽의 불합리를 중국에 활동하던 선교사의 저술을 통해 얻은 지식인 중국의 합리성과 비교하는 것이었다.

볼테르가 지은『철학 사전Dictionnaire philosophique』(1756)에서 중국을 세계에서 가장 오래되고 인구가 많으며 정치 체제가 잘 잡힌 국가로 정의했다. 볼테르의 또 다른 저서『각 국민의 풍습·정신론Essai sur les mœurs et l'esprit des nations』은 세계의 풍습뿐만 아니라 정치·사회 제도의 비교 연구서이다. 게다가 볼테르는 중국은 완벽에 도달했다고 주장했으며 만약 세계의 미래를 알고 싶다면 중국 북경北京에 가야 한다고 말했다. 다른 모든 저자와 마찬가지로 볼테르는 한 가지 관점만 과대평가하지 않았다. 볼테프의 철학 소설

---

7   Otto Franke, Studien zun Geschichte des Konfuzianischen Dogma und der Chinesischen Statsreligion. Hamburg, 1920.

8   역주:『자치통감강목(資治通鑑綱目)』은 주희(朱熹)가 송(宋)나라의 사마광(司馬光)이 지은 『자치통감(資治通鑑)』에 대해『춘추(春秋)』의 체재에 따라 사실에 대하여 큰 제목은 강(綱)을 따로 세우고 사실의 목(目)으로 구별하여 강목의 형식으로 편찬한 책이다.

9   역주: 앙시앙레짐(ancien régime)은 프랑스 혁명 때 타도의 대상이 되었던 절대왕정체제를 가리킨다.

『자디그Zadig, ou la Destinee』(1748)와 『루이 14세의 세기Le Siècle de Louis le Grand』(1751)에 나오는 중국은 실제보다 훨씬 더 나은 모습으로 그려져 있다. 그러나 볼테르의 저서가 프랑스의 일반 대중에게 미친 영향은 1789년 프랑스 대혁명의 토대를 마련했다.

몽테스키외(Montesquieu, 1689~1755)는 볼테르보다 온건한 정치 사상가로 프랑스인에게 친중 정서를 가지게 하는 데 공헌했는데 모든 종교에 대한 관용, 군주를 비판하는 특권, 어사御史[10] 등과 같이 프랑스에 없던 중국의 정치 구조의 특징을 프랑스인에게 소개했다.

프랑스의 백과전서파를 대표하는 계몽주의자 철학자 드니 디드로(Denis Diderot, 1713~1784)도 중국 문화의 독창성 특히 유교 도덕을 인정했다. 프랑스의 계몽 사상가 폴 앙리 디트리히 돌바크(Paul Henri Dietrich d'Holbach, 1723~1789)는 유교 사상 체제의 정치와 도덕의 융합에 대해 무조건적으로 찬성했으며 중국 유가儒家와 같이 선한 정부는 선한 가정 위에서만 세워질 수 있으며 논리적으로 가정은 국가를 구성하는 하나의 단위임을 주장했다.

프랑스의 수학자이자 정치가인 마리 장 앙투안 니콜라 드 콩도르세(Marie Jean Antoine Nicolas de Caritat, Marquis de Condorcet, 1743~1794)는 프랑스 대혁명 초기에 지도자로 활동했는데 혁명 동지에게 첫 번째 규칙도, 두 번째 규칙도, 세 번째 규칙도 모두 하나이며 이는 정의라고 말했다. 유가儒家는 다르게 말할 수 없는 것이다.

프랑스 혁명에 유교가 끼친 영향을 알 수 있는 가장 뚜렷한 증거로 1795년 프랑스 헌법에 다음과 같은 조문이 들어 있다. "자신이 하고 싶지 않은 일을 남에게 시키지 않으며 자신이 갖고 싶은 것을 남에게 주어야 한다."

프랑스의 작가 페르디난드 브륀티에르(Ferdinand Brunetière, 1849~1906)는 중국을 찬양하고 공자와 맹자를 받아들인 철학자가 프랑스 대혁명의 도화선에

---

10 역주: 어사(御史)는 군주의 명으로 특별한 사명을 띠고 지방에 파견되는 임시직이다.

불을 붙였다고 말했다.

프랑스의 경제학자 프랑수아 케네(François Quesnay, 1694~1774)는 유럽의 공자라는 별칭을 받았는데 마치 공자처럼 말했다. 케네는 땅을 부의 유일한 원천으로 그 중요성을 강조했으며 자유 무역을 설파했고 모든 수입의 10%만 내는 단세제單稅制를 권장했는데 공자는 고대 그리스의 칠현인七賢人보다 더 현인이라고 생각했다.

1789년 프랑스 대혁명 이후 19세기에 걸쳐 중국에 대한 프랑스인의 관심은 볼테르나 케네보다 더 진지했다. 이러한 관심은 학술 분야 특히 비평적인 중국사 연구로 이어졌는데 소규모이지만 유교 경전을 연구하게 되었다.

독일의 중국학 업적과 같이 이 분야에서 프랑스 학자들도 많은 업적을 이루었다. 수십 년 동안 파리Paris는 전 세계의 중국학 연구의 중심지 역할을 했다. 두 예수교 선교사 마일라와 아미오트가 이 분야의 초기 선구자로서 존경을 받았다. 이 두 선교사의 친구와 제자는 'Sociétéasiatique' 등의 단체나 『Journal Asiatique』, 『통보通報』 등의 학술지를 통해서 청淸나라의 두 군주 강희康熙와 건륭乾隆 치세 기간(1736~1820) 동안 중국인 학자들의 최고의 학식을 받아들이는 결실을 일구어냈다. 이러한 이유로 본서에서는 레비(Sylvain Lévi, 1863~1935), 에두아르드 샤반느(Édouard Chavannes, 1865~1918), 르네 그루세(René Grousset, 1885~1952) 등의 소수 학자의 이름만 언급하고자 한다. 프랑스 중국학 학자들 모두의 헌신적인 연구를 소개하기 위해 예로서 이들의 서적과 논문을 단편적으로 소개하고자 한다.

헨리 코디어(Henri Cordier, 1849~1925): 『중국서지(Bibliotheca Sinica)』(1994~1924).

폴 펠리오(Paul Pelliot, 1878~1945): 『고문서경(古文書經)과 서경석문(書經釋文) (Le Chou-king en Caractêres Anciens et le Chang-Chou Che-Wen)』(1916).

마손 우르셀(Paul Masson-Oursel, 1882~1956): 『La Démonstration Confucienne(Revue des Religions)』(1916).

레옹 비거(Léon Wieger, 1856~1933): 『Histoire des Croyances Religieuses et des Opinions Philosophiques en Chine, depuis l'Origine jusqu'à Nos Jours』(1917).

마르셀 그라네(Marcel Granet, 1884~1940): 『중국 고대의 제례와 가요(Fêtes et Chansons Anciennes de la Chine)』(1919).

개인적으로 본 저자는 우리 시대의 예수회 선교사 쿠브레F. S. Couvreur를 깊이 존경하고 있다. 쿠브레는 몇 권의 유교 경전을 번역했을 뿐만 아니라 권위 있는 사전 『Dictionnaire Classique de la Langue Chinoise』를 편찬했는데 쿠브레는 여기에 수록된 중국어 단어는 모두 하나 혹은 둘 이상의 유교 경전의 문맥을 토대로 하여 번역되었다.

15.6 영국의 유교 연구

영국의 명예혁명은 『논어論語』, 『대학大學』, 『중용中庸』이 라틴어로 번역되기 1년 전인 1688년에 일어났지만 유교儒敎의 영향을 받지는 않은 것은 분명한 사실이다.

다른 한 편으로 19세기 중에 영국의 헌법 개정은 유교 사상을 받아들인 사무엘 존슨(Samuel Johnson, 1709~1784), 데이비드 흄(David Hume, 1711~1776), 토머스 칼라일(Thomas Carlyle, 1795~1881) 등의 의해 간접적으로 이루어졌다.

영국의 시인이자 평론가인 존슨은 1738년 런던 학술지에 공자에 대한 논문을 출판했는데 학술지에 입회할 때 공자와 뜻을 같이 하여 이 논문에서 삶에 대해 완전히 알고 있지 못하다면 죽음이나 내세에 대한 지식을 가지는 것은 불가능하다고 했다. 게다가 존슨은 중국에서 사회적 지위는 그가 지식을 얼마나 소유하는가에 달려 있다고 주장했다.

존슨의 친구로 저명한 소설가인 올리버 골드스미스(Oliver Goldsmith, 1728~

1774)는 유교의 기본적인 계율과 함께 중국의 유교 제도를 해학적으로 표현하기 위해 몽테스키외의『페르시아인의 편지Lettres persanes』(1721)를 모방하여『중국에서 온 편지들Letters from China』(1762)을 지었다.

스코틀랜드 출신의 철학가이자 경제학자인 흄은 자유사상가로 교회에 반대적인 입장을 취하여 자신의 견해와 주장을 책속의 등장인물을 통해 말하게하는 등 우회적으로 표현하였으나 종교에 대한 그의 논문은 1776년 사망할때까지 출간되지 않았다. 흄은 기독교도로 실천하는 신의 개인적 숭배를 중국의 자연 숭배와 비교했으며 공자의 제자는 자연 숭배자 가운데 가장 순수하다고 말했다.[11]

영국의 평론가이자 역사가인 칼라일은 그의 대표작『영웅 숭배론On Heroes, Hero-Worship, and the Heroic in History』(1841)에서 성실하고 용기 있는 영웅적 지도자가 필요하고 그들을 존경해야 하며 영웅을 알아보고 존경하기 위해서는 안목을 갖춘 작은 영웅들이 필요하므로 영웅들로 가득한 세계에서만 진정한 영웅 숭배가 가능하다는 이상주의적인 주장을 폈다. 칼라일은 중국은 모든 사람이 차별 없이 시험에는 평등하기 때문에 그 결과 모든 중국인은 완벽한 평등을 이루었다고 하는 이유로 중국의 과거제를 상당히 높이 평가했다. 과거제로 중국 조정은 부자나 귀족이 아니라 잘 교육받은 자가 통치하는 제도로 운영되었기 때문이다. 칼라일의 조언에 따라 영국 정부는 1855년 중국의 과거제와 같이 공무원을 능력 · 성적 · 자격 등의 실적에 기초하여 임용하는 제도를 채택했다.

16세기, 17세기, 아니면 18세기에도 영국 선교사는 중국에 선교하러 가지 않았다. 결과적으로 영국인은 19세기 후반까지 중국 서적이나 경전을 번역하지 않았다.

---

11 영국의 정치가 볼링브로크(Henry Bolingbroke, 1678~1751)도 흄과 유사한 입장을 취했다. 영국의 신학자 매튜 틴달(Matthew Tindal, 1657~1733)도 기독교 도덕성이 중국의 이(理)에 토대를 둔 윤리로 바꾸어지기를 바랐다.

영국 최고의 중국학자 제임스 레게(James Legge, 1815~1897)는 영국 최초로 유교 경전을 영어로 번역했다. 레게는 1839년 현재 말레이시아의 말라카 Malacca에 도착하여 오랫동안 중국어와 중국 경전을 연구했다. 이후 홍콩으로 가서 중국어 전문가들의 도움을 받으면서 연구를 계속 진행했다. 레게는 유교와 중국 문화에 커다란 감명을 받아 자신의 선교 사명을 포기하고 그 대신에 유교 경전을 영어로 번역하는 일에 집중하기로 결심했다.

레게는 『주역周易』, 『시경詩經』, 『서경書經』, 『예기禮記』, 『춘추春秋』, 『춘추좌씨전春秋左氏傳』 등의 번역을 끝마쳤다. 만년에 레게는 옥스퍼드 대학에서 중국어를 가르쳤다.

대영박물관 중국 큐레이터 라이오넬 길레스(Lionel Giles, 1875~1958)는 『맹자孟子』를 번역했는데 라이오넬의 아버지 허버트 길레스(Herbert Giles, 1845~1935)는 『중국 문학사a History of Chinese Literature』를 저술했고 수많은 중국시를 번역하여 『중국 문학 보고Gems of Chinese Literature』라는 한 권의 책으로 묶어 출판했다.[12]

폴란드 태생 영국인 아서 웨일리(Arthur Waley, 1989~1966)는 혼자 힘으로 『논어論語』와 『서경書經』을 영어로 번역했는데 그의 영어판은 레게보다 읽기 쉬웠지만 정확하지 못했다.

휴즈E. R. Hughes는 제2차 세계대전 당시 중국의 중경重慶을 방문했는데 『대학大學』과 『중용中庸』을 영어로 번역하여 각각 『The Great Learning』과 『The Mean-in-action』이라는 제목으로 출판했다.

제1차 세계대전 직후부터 제2차 세계대전 전인 1920년에 영국의 저명한 교수 버트런드 러셀(Bertrand Russell, 1872~1970)은 중국에 가서 북경대학에서 1년 동안 가르쳤는데 이후 중국인들과 겪었던 경험을 요약한 『러셀 북경에 가다The Problem of China』(1922)를 출판했다. 러셀은 중국인과 친분 관계를 맺

---

12   허버트 길레스 캠브리지 대학에서 33년 동안 중국어를 가르쳤다.

으면서 중국의 단점보다는 국민으로서 중국인의 진정한 가치를 보았는데 합리적인 생활 방식에 대한 중국인의 사상을 높이 평가했다. 러셀의 입장은 중국의 이러한 사상과 서양의 과학 기술을 접목하는 것이었다.

러셀은 전에는 깨닫지 못했지만 문명화된 중국인이 전 세계에서 가장 발달된 문명이라는 것을 이제 알게 되었다고 말했다.[13]

영국의 저명한 역사 철학가 아널드 조지프 토인비(Arnold Joseph Toynbee, 1889~1975)는 12권으로 이루어진 저서 『역사의 연구A Study of History』(1934~1961)에서 문명은 탄생 · 성장 · 붕괴 · 해체의 4단계 주기를 겪는다는 문명순환론을 주장했는데 인류역사에 알려진 문명은 모두 30개로 정상적인 순환과정 4단계를 거친 성장문명은 21개이며 자연재해나 전쟁 같은 불의의 요인으로 인해 이 과정을 제대로 다 거치지 않고 일부만 거친 정체문명은 5개이고 탄생 요인을 잉태했다가 태어나지 못한 유산流産문명은 4개로 보았다. 토인비는 성장문명 21개 중에서도 아직 살아 있는 생존문명이 인도 · 이슬람 · 극동 · 비잔틴 · 동남 · 유럽 · 그리스정교 · 서구 7개 문명이라고 했다. 토인비는 중국을 포함하는 극동 문명이야말로 공자의 인본주의 가르침에 따르는 대동大同의 세계정부를 수립하여 전쟁을 종식시킬 수 있는 유일한 문명권이라고 했다.

15.7 기타 유럽의 유교 연구

이탈리아, 스페인, 포르투갈, 네덜란드, 스웨덴 등지에서도 중국이나 유교에 대한 연구가 이루어졌다.

13　영국의 철학자이자 수학자인 알프레드 노스 화이트헤드(Alfred North Whitehead, 1861~1947)는 자신의 저서 『과학과 근대세계(Science and the Modern World)』에서 중국의 예술, 문학, 인간 철학을 알면 알수록 중국을 더욱 더 경외하게 되며 중국의 역사는 다른 나라보다 더 오래되었고 인구도 전 세계에서 가장 많기에 중국은 결국 세계 문명에 중요한 역할을 하게 될 것이라고 기술했다.

이탈리아의 탐험가 마르코 폴로(Marco Polo, 1254~1324)는 17세 때 중국으로 가서 관리로서 원元나라를 위해 일하면서 17년 동안 중국의 여러 도시와 지방을 비롯하여 몽골·버마·베트남까지 다녀왔다. 마르코 폴로는 1292년 고향으로 돌아왔으며 제노바와의 해전에 출전하였으나 전쟁에 패하여 포로가 되었다. 1년간 감옥 생활을 하면서 아시아의 재미있는 이야기를 동료들에게 들려주었는데 이를 바탕으로 나온 작품이 『동방견문록』이다. 이 『동방견문록』은 이후 이탈리아 제노바 출신의 탐험가 크리스토퍼 콜럼버스(Christopher Columbus, 1450~1506)에게 영감을 주어 콜럼버스가 아메리카 대륙을 발견하는 계기를 마련해 주었다.

마테오 리치(Mateo Ricci, 1552~1610)는 중국인과 마찬가지로 중국어와 유교 경전에 정통했으며 그가 번역한 『논어論語』, 『맹자孟子』, 『대학大學』, 『중용中庸』은 『사서四書』 라틴어 번역판 중에 가장 오래된 것이다.

리치 이후 이탈리아 출신 예수회 선교사 줄리오 알레니(Julio Aleni, 1582~1649)는 라틴어로 『the Correspondence with Andreas Rudomina』를 지었으며 1623년 중국어로 세계 지리서 『직방외기織方外紀』를 편찬했다. 리치의 동료로 예수회 선교사 라자로 카타네오(Lazzaro Cattaneo, 1554~1640)는 중국어-라틴어 사전을 내놓았으며 우르수스(S. de Ursis, 1665~1741)는 치수治水 전문가였다. 이탈리아 출신 예수회 선교사 마르티누스 마르티니(Martinus Martini, 1614~1661)는 라틴어로 『중국고대사中國古代史Sinicae Historiae Decas Prima』(1658) 등을 저술했다.

명明나라·청淸나라 때 중국에서 활동하던 이탈리아 예수회 소속 선교사들은 바티칸의 로마 교황청뿐만 아니라 포르투갈·스페인·프랑스로부터 지원을 받았다.

당시 이탈리아는 공국과 도시 국가가 난립하고 있어 통일을 이루지 못한 상태이기 때문에 천주교 선교 사업은 지역 정부에 따라 좌우되었다. 그럼에도 불구하고 미래의 천주교 선교사를 교육하는 중국학회Chinese Institute가 조직되어 1732년 캠퍼스가 나폴리에 설치되었다. 중국협회는 천주교 선교에 일생을 바치기로 결심한 중국 젊은이도 학생으로 받아들였는데 이후 동방학회Oriental Institute로 개칭되고 1925년 대학으로 승격되면서 박사학위를 수여할 수 있게 되었다. 동방학회는 1937년 이탈리아 왕국 정부가 운영하는 국립대학으로 바뀌었는데 이곳에서 발간하는 학술지로 『중국문화Culture of Chinese』가 있다.

나폴리의 동방학회는 방대한 중국어 장서를 구비하고 있는데 규모 면에서 바티칸 도서관 다음을 차지한다. 동방학회는 중국의 원元나라 · 명明나라 · 청淸나라 시대의 고서 외에도 수많은 문서를 보존하고 있다.

우리 시대의 이탈리아인 가운데 시세로 콘스탄티니(Celso Constantini, 1876~1958)는 1922년부터 1930년까지 교황 사절로 중국에 있었으며 유교에 대해 정통한 사람 중의 하나였다. 콘스탄티니는 말했다. "여러분은 예수 탄생 500여 년 전에 살았던 한 사람 공자가 예수의 진리를 이미 알고 있었다는 것을 예측하지 못하겠지만 공자의 가르침에 토대를 둔 경전은 왕조가 바뀌고 혁명이 일어나는 가운데 일어나는 많은 어려움들 속에서도 중국이 생존할 수 있도록 해 주는 관습과 제도를 마련해 주었습니다."

스페인과 포르투갈은 한 때 하나의 나라로 통일된 적이 있었는데 바로 이것 때문에 중국인이 두 나라에서 온 천주교 선교사를 만났을 때 어리둥절했다.

포르투갈은 처음 수십 년을 제외하고 중국에서 천주교 선교에 중요한 역할을 하지 못했다. 다른 한 편으로 예수회를 조직한 로욜라의 성 이냐시오(Sanctus Ignatius de Loyola, 1491~1556)가 스페인 귀족 가문의 기사 출신의 사제였지만 스페인 국가 자체는 예수회 소속 선교사가 그리 많지 않았다.

중국에 파견된 저명한 스페인 출신 예수회 소속 선교사로 디에고 데 판토하(Diego de Pantoja, 1571~1618)를 들 수 있다. 판토하는 1500년 마카오에 도착했으며 처음에는 일본으로 배속되었지만 당시 마카오에 있던 발리냐노A. Valignano가 판토하를 남경南京의 리치에게 보냄으로써 중국에서 활동하게 되었다. 판토하는 리치보다 15세 연하였지만 리치와 가장 가까운 사이였다. 판토하는 1601년 리치를 따라 북경北京으로 가서 명明나라의 군주 신종神宗을 만났고 북경에 진출한 리치의 활동에 많은 도움을 주었다. 판토하는 1610년 리치가 세상을 떠나자 서광계徐光啓, 이지조李之藻 등과 의논한 후 명나라 조정에 상소上疏하여 장지葬地를 하사받기도 하였다. 판토하는 줄리오 알레니(Julio Aleni, 1582~1646)가 인문지리를 체계적으로 소개한 최초의 중국어 서적『서학범西學凡』(1623)을 저술하는 데 많은 도움을 주었다. 『서학범』은 주로 판토하의 원고에 기초를 두었다고 하는 설도 있다. 판토하는 그의 중국어 저서『칠극七克』(1604)으로 인해 가장 위대한 스페인의 중국학자가 되었다.

중국에서 가장 잘 알려진 포르투갈 출신 예수회 소속 선교사는 이그나티우스 다코스타Ignatius de Costa로 1659년 중국 북경에 도착하자마자 유교儒敎를 공부하고 1662년 이탈리아 출신 예수회 소속 선교사 프로스페로 인토르체타 (Prospero Intorcetta, 1625~1696)와 공동 작업으로 『중용中庸』을 라틴어로 번역했다. 또 다른 포르투갈 출신 예수회 소속 선교사 알바루스 세메도(Alvarus de Semedo, 1585~1658)는 중국사를 쓰고 1642년 마드리드에서 출판했다. 3년 후에 이 책의 프랑스어판이 나왔는데 이후 수많은 라틴어판과 프랑스어판의 재판들이 간행되었다.

마카오를 발판으로 하여 포르투갈인은 중국학을 더 많이 연구할 수 있었지만 실제로는 그렇게 하지 못했다.

다른 유럽 국가 가운데 네덜란드와 스웨덴이 중국학 분야에서 괄목할 만한 업적을 이루었다. 네덜란드 라이덴Leiden 대학의 중어중문학과 초대 교수 슐레겔(Gustav Schlegel, 1840~1903)은 동료 연구자들과 더불어 고대 중국 천문학 분야에 커다란 영향을 미쳤다. 슐레겔은 1890년 프랑스 학자 헨리 코디어 (Henri Cordier, 1849~1925)와 함께 중국학 학술지 『통보通報』를 창간했다.

또 다른 네덜란드 중국학자 얀 율리우스 로데위크 도이펜다크(Jan Julius Lodewijk Duyvendak, 1889~1954)는 『순자荀子』를 번역했고 슐레겔과 코디어가 세상을 떠난 후 학술지 『통보通報』 편집자로 활동했다.

뛰어난 중국학자의 한 사람으로 스웨덴의 베른하르드 칼그렌(Bernhard Karlgren, 1889~1978)을 들 수 있다. 칼그렌은 저명한 언어학자이자 역사가였는데 스웨덴의 중국학을 높은 수준으로 올리는 데 커다란 공헌을 했다. 칼그린은 1910년에서 1912년까지 중국에 체류하면서 중국어를 익히는 한편 중국 각지의 24개 방언을 수집하여 로마자 음사로 비교 · 정리했는데 『시경詩經』, 『서경書經』, 『춘추좌씨전春秋左氏傳』을 번역하면서 중국어의 언어학적 중요성을 나타내는 수많은 주석을 달았다. 게다가 칼그린은 주周나라의 청동 문화와 기타 연구 주제에 대해서 많은 논문을 출판했다.

15.8 미국의 유교 연구

미국 건국의 아버지 벤자민 프랭클린(Benjamin Franklin, 1706~1790)과 토머스 제퍼슨(Thomas Jefferson, 1743~1826)은 프랑스 체제 중에 볼테르(Voltaire, 1694~1778) 등의 학자들이 저술한 서적을 통해 공자 사상을 접하게 되었으며 게다가 프랑스 학자 콩도르세(Condorcet, 1743~1794)나 프랑수아 케네(François Quesnay, 1694~1774)를 만나기도 했다.

프랭클린은 친구들에게 국민을 사랑하라고 권했다. 어느 날 공자의 제자 번지樊遲가 인仁을 묻자 공자가 대답했다. "사람을 사랑하는 것이다."[14] 공자의 이 말은 기독교의 가르침과 유사하다.

제퍼슨이 미국 독립 선언서를 기초할 때 지인들과 그 문구에 대해서 토론할 때 인간의 천부인권의 하나로 '재산property'이라는 단어보다는 '행복happiness'이라는 단어를 우선적으로 넣어야 한다고 주장했는데 다른 두 개의 권리로 삶과 자유가 있다. 제퍼슨은 공자를 인용하면서 이 점에 대해서 자신의

14　역주: 『논어(論語)』 안연편(顔淵篇) 제22장.

의견을 피력했다. 교육을 잘 받은 사람은 이상주의자인 반면에 교육의 혜택을 받지 못한 사람은 물질주의자라는 것이다. 이 때 제퍼슨은 공자의 다음 말을 인용했다. "군자君子는 의로움에 대해 잘 알아듣고 소인小人은 이로움에 대해 잘 알아듣는다."[15] 아마도 제퍼슨은 공자가 말한 다음 대목을 유념했을 지도 모른다. "거친 밥을 먹고 물을 마시며 팔을 굽혀 베고 누워도 즐거움은 그 가운데 있으니 의롭지 않으면서 부자 되고 귀하게 되는 것은 나에게는 뜬 구름과 같다."[16]

제퍼슨은 자신의 노트에 다음과 같은 말을 적었다. "중국에서 권력은 시험에 합격한 자의 손에 쥐어진다."

제퍼슨은 가난한 학생들을 위한 법을 제정했는데 이 법은 가난한 학생들에게 등록금을 내지 않고도 고등 교육을 받을 수 있는 권리를 부여하는 규정을 명시했다. 이는 제퍼슨이 모든 사람에게 교육의 혜택을 누리기를 바랐다는 것이다.

미국의 사상가 랠프 월도 에머슨(Ralph Waldo Emerson, 1803~1882)은 19세기 미국에서 공자에 대해 가장 정통한 것으로 알려져 있다. 에머슨은 1833년 영국과 유럽에 체류하는 동안에 중국의 과거제를 지지한 토머스 칼라일(Thomas Carlyle, 1795~1881)과 깊은 친분 관계를 맺게 되었다.

그로부터 10년이 지난 1843년 에머슨은 『사서四書』를 모두 구해 탐독하면서 상당히 많은 주석을 달았다. 에머슨은 강의나 에세이에서 『사서』의 많은 구절을 인용했다.

에머슨의 입장에서 공자는 소크라테스와 예수에 필적하며 많은 공통점이 있었다. 소크라테스와 마찬가지로 공자도 자신이 모르는 것에 대해서는 무엇이든지 자신의 무지를 인정했다. 예수가 설교한 황금률 "남에게 대접을 받고

---

15 역주: 『논어(論語)』 이인편(里仁篇) 제16장.
16 역주: 『논어(論語)』 술이편(述而篇) 제15장.

자 하는 대로 너희도 남을 대접하라"(마태복음 7:12)는 공자가 말한 다음 대목에 의해서 완성된다는 것이다. "자기가 하고 싶지 않은 것을 남에게 시키지 않는 것이다."[17]

에머슨은 공자는 물질주의가 만연한 세상 속에서 고귀한 목적을 위해 헌신한 사람이며 도道를 위해서 죽을 수 있고 자신을 수양하는 데 전력을 다하며 사람과 사건을 평가하는 데 공정한, 동시대를 뛰어 넘는 위인으로 생각했다. 다시 말해서 공자는 중국 문화에 중심적인 역할을 하는 높은 도덕 수준에 도달하려는 모든 사람의 모델이 되는 위인이자 철학자이며 성인이라는 것이다.

공자에 대한 에머슨의 평가는 공자가 다른 사람에게 했던 것처럼 공정한 것이었다. 1886년 에머슨은 미국의 북경 주재 전권대리공사 앤슨 버링검(Anson Burlingame, 1820~1870)을 환영하는 만찬에서 중국인의 근면과 절약, 자녀에 대한 교육열, 과거제 등을 높이 평가했다. 하지만 에머슨은 중국이 풍부한 철학적인 풍토에도 불구하고 과학 기술 분야에서 발전을 이루지 못한 것에 대해 깊은 유감을 표했다.

에머슨은 공자와 같이 우주를 움직인 것은 도덕이었기 때문에 도덕이 교육의 목표라는 신념이 있었다. 에머슨에 따르면 사람을 교육시키는 것은 그 사람이 가지는 본성을 개발하는 데 있다. 또한 에머슨은 주周나라 중기에 공자가 편찬한 『춘추春秋』에서 당시 저명한 사람을 평가한 것과 똑같이 오늘날 유명 정치가도 도덕적 기준에서 평가를 받아야 한다고 믿었다.

이러한 각도에서 볼 때 에이브러햄 링컨(Abraham Lincoln, 1809~1865)은 공자의 기준에 맞는 극소수 사람 중의 한 사람이다.

세계의 미래는 동서 문화의 융합에 달려 있다.

에머슨도 당시의 시대적 한계를 뛰어 넘은 극소수의 사람이며 수많은 공부

---

17   역주: 『논어(論語)』 위령공편(衛靈公篇) 제23장. 황금률은 많은 종교와 도덕, 철학에서 볼 수 있는 원칙의 하나로, '다른 사람이 해 주었으면 하는 행위를 하라'는 윤리 원칙이다.

와 멀리 내다보는 식견으로 고귀한 목적에 헌신한 사람이라고 할 수 있다.

하버드 대학의 로망스 언어학과 교수였던 어빙 배빗(Irving Babbitt, 1865~1933)은 미국보다 중국에 더 잘 알려져 있다.

배빗은 젊은 시절에 프랑스에서 공부했으며 하버드 대학 재직 시 학생 중에서 훗날 저명한 교수가 될 매광적梅光迪이 있었다. 매광적은 1922년 중국 남경南京에서 잡지 『학형學衡』 창간호에 장문의 논문을 실었다. 이 논문을 통해 배빗의 신념이 중국 대중에게 조직적으로 알려졌다. 『학형』에 참여한 중국 문인들을 학형파學衡波라고 하는데 매광적은 『학형』이 출간될 때 1949년 남경대학南京大學으로 개칭된 동남대학東南大學의 교수로 재직하고 있었다. 학형파는 배빗의 영향을 크게 받았는데 학형파 대부분이 미국 유학 중에 배빗의 사상에 영향을 받아 중국에 돌아와 학계에서 활동했다.

매광적은 배빗이 인본주의자이자 인도주의자라고 했는데 배빗은 공자와 마찬가지로 정도의 차이가 있었지만 다양한 사람들을 사랑했기 때문에 인본주의자였을 뿐만 아니라 선한 기독교인이나 묵가墨家처럼 모든 궁핍한 사람들을 돌보았기 때문에 인도주의자이기도 했다. 배빗은 공자나 영어로 정의를 내릴 때 모두 군자君子라고 할 수 있다. 배빗은 올바르게 행동하고 다른 이웃을 깊이 동정하며 언제나 절제를 했다.

배빗은 제자들에게 자신은 아무것도 알지 못한다고 말했다.

배빗은 종교, 과학, 초자연적인 것에 대해 논하기를 회피했으며 이른바 자연주의자, 유물론자, 낭만주의자, 감상주의자에 대해서 반대 입장을 취했는데 이들 때문에 세계대전이 일어났다고 말했다. 그럼에도 불구하고 배빗은 인생의 물질적인 면이 발전하는 것도 필요하며 낭만주의와 자연주의는 예술 발전에 기여하고 감상주의는 일정한 한도 내에서 문학에 정취를 더해준다는 것은 받아들였다. 그러나 이러한 주의를 신봉하는 대다수는 극한에 치우친다고 할 수 있다.

사람이 감정 대신에 이理에 따라 산다면 인생은 좋은 결말을 맺을 것이다.

감정에 이끌리면 언제나 비극으로 막을 내리게 된다.

배빗에 따르면 인류 발전은 감정과 이理의 균형과 개인의 수양을 통해 이루어진다. 각 개인은 외적이 아닌 내적으로 노력을 해야 한다.

요약하면 배빗은 자신이 한 말이 공자의 말이라는 사실을 알지 못했지만 유가儒家의 한 사람이라고 할 수 있다. 배빗은 중국의 풍경화를 좋아하고 중국에서 유교儒敎 연구 상황이 악화되고 공자가 예수·부처·아리스토텔레스만큼 위대한 성인이라는 등등의 이야기를 상당히 자주 하곤 했다.

그러나 배빗은 중국에 간 적은 없지만 그의 아내는 몇 해 동안 중국에 머무른 적이 있었는데 아내보다는 중국에 대해서 더 많이 알고 있다고 생각했다. 배빗은 말했다. "사람을 안다고 하는 것은 그 사람의 마음을 아는 것이며 보고 듣는 것은 마음을 아는 것만큼 중요하지 않다."

배빗의 이 말은 옳다고 할 수 있다. 배빗이 한 다음의 말을 통해서 그가 중국에 대해서 잘 알고 있었다는 것을 알 수 있다. "사람은 이理에 따라 삶으로써 마음에서 자유로워야 한다." 주희朱熹도 성리학性理學적 입장에서 배빗보다 더 나은 말을 하지 않았다.

미국은 대서양을 사이에 두고 유럽으로부터 떨어져 있어 예수회 소속이나 다른 천주교 선교사가 번역한 유교 경전의 라틴어판의 혜택을 많이 받지는 못했다. 따라서 미국에서의 중국학 연구는 유럽보다 늦게 시작되었다.

그러나 세기가 바뀌면서 제2차 세계대전을 전후로 중국학 연구가 급속도로 발전하기 시작되었다. 의화단義和團 사건(1900), 워싱턴 회담(1921), 만주사변(1931), 루거우차오 사건(1937), 중일전쟁(1937~1945), 진주만 공격(1941) 등의 사건으로 인해 미국은 중국과 중국인에게 깊은 관심을 가지게 되었다.

본서는 괄목할 만한 업적을 쌓은 미국의 대다수 중국학자들 가운데 배르톨트 라우퍼(Berthold Laufer 1874~1934)를 시작으로 몇 사람만 논하고자 한다. 라우퍼는 독일 태생의 미국의 동양학자로 인생의 대부분을 시카고의 필드 자연사 박물관Field Museum of Natural History에서 보냈는데 중국을 세 차례 방문했으며 중국어 · 일본어 · 몽골어 · 페르시아어 외에도 기타 몇 개의 외국어에 능통했다. 라우퍼의 저서 가운데 『옥, 중국 고고학과 종교 연구Jade: A Study in Chinese Archaeology and Religion』(1912)와 『고대 아시아페르시아에 유래하는 식물과 문화의 박물사Sino-Iranica』(1919)는 중국학 분야에 고전이 되었으며 동료 학자들 가운데 지도적인 역할을 했다는 것은 의심할 여지가 없다.

라우퍼는 중국과 중국인에 대해서 다음과 같이 평가했다. "맹자가 군주에 대한 백성의 중요성을 강조한 이후 중국의 민주주의 전통이 이어졌다. 진秦나라와 한漢나라 때 봉건제 폐지 이후 중국 사회는 기본적으로 평등주의를 이루기 시작하여 종교적인 관용과 믿음의 자유가 존재하고 있다. 중국 사회에서 존재하는 유일한 사회적 차별은 지적 업적의 차이이며 과거제는 사회 · 정치적 발전에 동등한 기회를 부여했다. 전체적으로 볼 때 중국인은 지식과 학습을 중요시하며 교육에 대한 신앙을 가지고 있다. 중국인은 발전은 교육의 토대 위에서 이루어질 수 있다는 신념을 가지고 있다."

또 다른 학자로 윌 듀란트(Will Durant, 1885~1981)를 들 수 있는데 듀란트는 미국의 문명 사학자이며 철학자이며 뉴저지 주 세튼홀 칼리지에 자리를 잡고 라틴어와 프랑스어, 영어, 기하학을 가르쳤다. 듀란트는 시리즈 『문명이야기 The Story of Civilization』를 저술했는데 이 시리즈는 고대 인류 문명의 기원에서 시작해 1930년대의 인도 · 중국 · 일본에 이르기까지 1만년의 시간을 다루고 있으며 역사의 대중화에 커다란 공헌을 했다. 이 시리즈 가운데 『우리가 물려받은 동양의 유산Our Oriental Heritage』(1935)이 들어 있는데 이 책에서 듀란트는 다음과 같이 말했다.

"중국의 역사는 유교儒敎 교육의 관점에서 볼 수 있다. 유교 교육은 중국 문화의 원동력이 되고 외국의 침입으로부터 중국 문화를 지키고 침입자를 완전히 변화시킬 수 있다. 옛날과 마찬가지로 유교 교육은 여전히 그 역할을 하고 있으며 지식인만을 위주로 하는 교육 제도로 허약해진 나라는 젊은이들이 공자의 가르침을 접하게 해야 한다."

미국의 중국학자 헬리 글레스너 크릴(Herrlee Glessner Creel, 1905~1994)은 시카고 대학의 명예교수이며 『공자, 인간과 신화Confucius, the Man and the Myth』를 비롯하여 많은 책을 저술했는데 모든 제자가 행복하기를 바랐던 스승 공자를 미국 대중에게 알리는 데 가장 큰 공헌을 했다. 행복은 물질과 자극적인 만족으로 구하는 것이 아니며 도道를 통해서 깨닫는 것이다. 또한 크릴은 손문孫文이 서양 과학 기술과 유교 도덕의 융합을 목표로 했다고 말했다.

공자의 탄생일은 8월 27일이라고 추정되었지만 전문 학회의 발표로 1952년에 9월 28일로 변경되었다.

산호세San Jose시 시장은 중국계 미국인 유국능劉國能의 건의를 받아들여 매년 9월 28일을 스승의 날로 제정했는데 이러한 결정은 1970년 5월 28일에 이루어졌다.

다음 해 1971년 6월 7일 산타 클라라Santa Clara에서도 같은 일이 일어났다. 같은 해에 캘리포니아주도 산호세와 산타 클라라를 따라 캘리포니아주 전 지역에 1971년 9월 28일을 스승의 날로 할 것을 선포했다. 1973년 1월 미국의 하원도 미국 전역에 9월 28일을 스승의 날로 제정하는 법안을 통과시켰다.

언젠가 전 세계 모든 국가가 공자의 탄생일을 기념하는 날이 오기를 바란다.

16

공자세기

16.1 공자의 시대정신

『춘추春秋』는 공자가 주周나라의 제후국 노魯나라의 302년 역사를 기록한 역사서이다.

주나라(기원전 1046~기원전 256)는 서주西周와 동주東周로 나누는데 서주는 기원전 771년 주周나라가 중국 섬서성陝西省에 살던 서융西戎의 일족인 견융犬戎의 침공으로 현재의 서안西安 부근에 있던 도읍지 호경鎬京이 함락되고 주나라의 제12대 군주 유왕幽王이 피살되어 제후들이 의구宜臼를 옹립하여 제13대 군주 평왕平王이 기원전 771년 도읍지를 호경鎬京에서 낙양洛陽으로 옮기기 전의 주나라를 가리킨다.

동주는 기원전 771년 도읍지 천도 이후의 주나라를 말하는데 춘추전국시대春秋戰國時代라고도 하며 213년 동안 지속되었다.

주나라는 856년의 역사를 지녔는데 중국에서 가장 오래 유지된 국가이다.

주周나라 초기	= 서주西周	도읍지: 호경鎬京(서안西安 부근)
주周나라 중기	= 동주東周 I	도읍지: 낙양洛陽
	= 춘추시대春秋時代	
주周나라 후기	= 동주東周 II	도읍지: 낙양洛陽
	= 전국시대戰國時代	

서주 시대에 주나라 조정의 권력은 강력하여 도읍지 호경鎬京 직할지뿐만 아니라 제후국 봉토까지 법과 질서를 행사했다.

서주 영토는 위현渭縣 남쪽 황하黃河 지류를 따라 펼쳐졌다. 위현은 토양이 기름지고 농업이 번성했다. 군주는 마음껏 충분한 세금을 거두어들였으며 제齊나라·진晉나라·오吳나라·초楚나라·월越나라 등의 제후국 군의 침입을 막을 병력도 있었는데 제후국 중 어느 나라도 제후국 삼국을 모두 합친 군사력을 능가하는 국력을 가지지 못하게 했다.

서주가 은殷나라를 멸망시키고 전 중국을 지배하게 되자 주나라의 군주는 이전 은나라의 제후국을 지배하면서 제후국을 새로 많이 만들어 자신의 형제 후손이나 다른 친척들을 공公으로 임명하여 그곳을 다스리게 했다. 주나라가 제후국의 군주에 내린 작위는 다양했다.

이로부터 341년이 흐른 뒤 주나라에 참사가 일어났다. 주나라가 견융犬戎의 침공으로 호경이 함락되고 기원전 771년 주나라의 제12대 군주 유왕幽王이 피살되었다.

제후들이 유왕의 아들 의구宜臼를 옹립하여 제13대 군주 평왕平王이 기원전 771년 도읍지를 호경鎬京에서 낙양洛陽으로 옮겨 동주가 시작되었다.

평왕과 그의 후손은 위현을 수복하지 못했다. 이 당시 위현은 서융을 몰아낸 진秦나라의 주군이 차지하고 있었다. 토양이 기름진 위현과 여기에 사는 백성들을 소유하지 못하였기에 주나라는 그저 평범한 제후국에 지나지 않은 상황이었다. 주나라는 제후국을 제압할 충분한 군사력이 없었기 때문에 진晉나라, 진陳나라 등의 제후국으로부터 빈번히 재정이나 군사적 지원을 받아야 할 처지였다.

진晉나라(기원전 1042~기원전 376)는 주周나라 무왕武王의 둘째 아들 당숙우唐叔虞가 형인 성왕成王에게 삼감三監의 난亂이 평정된 이후 그 땅을 분봉지로 받아 세운 나라이다.

진晉나라 초기 영토는 오늘날 산서성山西省 남부 지역이었는데 이웃 제후국을 정복하면서 제24대 문공文公은 춘추오패春秋五霸[1]의 하나가 되었다.

정鄭나라(기원전 806~기원전 375)는 주나라 여왕厲王의 아들이자 주나라 선왕의 동생인 우友가 서주의 기내畿內에 있는 현재 섬서성陝西省 화현華縣 서북쪽 땅에

---

1   역주: 춘추오패(春秋五霸)는 춘추시대 제후 간 회맹의 맹주를 가리키며 춘추시대의 5대 강국을 일컫기도 한다. 춘추오패는 제(齊)나라의 환공(桓公), 진(晉)나라의 문공(文公), 초(楚)나라의 장왕(莊王), 오(吳)나라의 합려(闔閭), 월(越)나라의 구천(句踐)을 말한다.

환공桓公으로 봉해짐으로써 세워졌다. 기원전 697년 정나라 제2대 군주 무공 武公이 동성同姓 제후국인 동괵東虢²을 멸망시키고 이름을 지금의 하남성河南省 에 해당하는 신정新鄭으로 바꾸어 도읍지를 삼았다. 주周나라 왕실에서 정鄭나 라의 세력이 약화되자 제3대 장공莊公은 주나라 왕실의 권위를 무시하고 노魯 나라와 상대방의 봉토 안에 있는 각자의 제사용 봉토를 교환했으며 이에 분 노한 주나라의 제14대 군주 환왕桓王은 정나라의 영토 일부를 몰수하고 주변 제후국인 진陳나라, 채蔡나라, 위衛나라의 군사를 소집해 정나라를 공격했다. 그러나 정나라 장공莊公의 반격으로 주나라 왕실과 그 연합군은 패배했으며 주나라 환왕桓王이 팔에 화살을 맞아 부상당하는 지경에 이르렀다. 이 사건으 로 인해 동주東周 왕실의 힘은 결정적으로 약화되었으며 주나라 환왕桓王이 정 나라 장공莊公에게 패배한 시기가 대략적으로 춘추 시대가 시작하는 때이다. 정나라 장공이 죽은 후에는 군주 계승을 위한 권력 다툼으로 인해 정나라의 국력은 급속히 약화되었으며 주변 강국인 진晉나라, 초楚나라, 제齊나라의 사 이에 끼어 제대로 된 힘을 발휘하지 못했다.

제齊나라는 주周나라 문왕文王이 나라를 건국할 때 재상 강상姜尙을 태공太公 으로 봉해 세워졌다. 제나라는 소금과 해산물이 풍부한 부유한 주나라의 제 후국이었으며 제나라의 16대 군주 환공桓公은 춘추오패春秋五覇에서 최초의 패 자가 되었다.

제나라 환공이 춘추오패의 패자가 된 후 그 지위는 당대에 끝났지만 진晉나 라 문공文公 이후 패자의 지휘는 몇 세대를 거쳐 이어졌다.

초楚나라(기원전 1042~기원전 223)는 현재 호북성湖北省이 있는 양자강揚子江 중 류 지역에 위치한 주周나라의 제후국이었는데 주나라 제2대 군주 성왕成王이

2   역주: 동괵(東虢)은 서주(西周) 무왕(武王)이 은(殷)나라를 멸망시킨 후 서주 문왕(文王)의
     두 동생은 모두 괵(虢)나라에 봉해졌다. 그중 괵숙(虢叔)은 옹(雍) 땅에 봉해져 서괵(西虢)으
     로 칭했으며 괵중(虢仲)은 지금의 하남성(河南省) 신양시(信陽市)에 해당하는 제(制) 땅에 봉
     해져 동괵(東虢)으로 칭했다. 이 두 나라는 주(周)나라 왕실에 대해 동서 양면의 울타리 격의
     역할을 했다.

문왕文王과 무왕武王을 도운 공신들의 후손들을 찾아내어 논공행상을 할 때 웅역熊繹의 증조부인 육웅鬻熊이 세운 공로로 웅역에게 자작의 작위를 수여하고 형만荊蠻 땅에 봉해서 세워졌다. 웅역은 그 봉지가 남작에 준하기 때문에 초나라의 도읍지를 단양丹陽으로 정했다. 초楚나라는 영토를 동쪽 멀리까지 확장시켰다. 초나라의 제17대 군주 웅철熊徹이 제6대 군주 웅거熊渠에 이어 두 번째로 자작에서 왕으로 칭했는데 그가 바로 무왕武王이다. 웅철 이후 초나라 군주는 계속 왕이 되었다.

그러나 공자는 『춘추春秋』에서 초나라의 군주의 명칭으로 왕王이 아닌 공公을 사용했다.

초나라의 장왕莊王은 제齊나라의 환공桓公과 진晉나라의 문공文公의 뒤를 이어 춘추오패 중에서 세 번째 패자가 되었다.

진秦나라는 기원전 900년경에 주周나라 제8대 군주 효왕孝王을 시중들고 있던 비자非子가 말의 생산에 공적을 올려 영嬴이라는 성을 받아 대부大夫가 되어 진秦 땅에 영지를 받아 세워졌는데 진나라가 최초로 흥한 곳은 중국 서남쪽에 있는 감숙성甘肅省 위현渭縣 부근이었다. 진나라는 춘추시대春秋時代에 들어가자마자 제후국이 되었고 주로 서융西戎을 정복하면서 영토를 확장했고 법률의 정비 등을 실시하여 나라의 기틀을 만들어 갔다. 춘추시대 중기 이후 진나라는 북쪽의 진晉나라와 남쪽의 초楚나라에 비해 약소국에 불과했지만 전국시대戰國時代에 전국칠웅戰國七雄[3]의 하나로 성장했다. 기원전 221년 진나라 제37대 군주 왕인 영정嬴政이 전국을 통일하고 황제의 위에 올랐는데 이가 바로 시황제始皇帝이다. 동주東周는 기원전 249년 영정嬴政의 아버지인 진나라 제36대 군주 장양왕莊襄王 군대의 침공을 받아 멸망했다.

전국시대에 반해 춘추시대는 제후국 간에 벌어진 전쟁은 대체로 소규모로

---

3   역주: 전국칠웅(戰國七雄)은 전국시대(戰國時代)부터 진(秦)나라의 시황제(始皇帝)가 중국을 통일할 때까지 멸망하지 않고 살아남은 연(燕)나라, 위(魏)나라, 제(齊)나라, 조(趙)나라, 진(秦)나라, 초(楚)나라, 한(韓)나라 등의 일곱 제후국을 말한다.

간헐적으로 일어났는데 하루나 기껏해야 며칠 안에 끝났다.

춘추시대에 제齊나라의 환공桓公, 진晉나라의 문공文公, 초楚나라의 장왕莊王 등의 춘추오패가 없었다면 제후국 간의 전쟁은 대규모로 더 빈번하게 일어났을 것이다. 춘추오패의 패자들은 자신이 전쟁을 일으키지 않는 자신의 힘이 미치는 다른 제후국은 평화를 구가할 수 있다고 보았다. 패자가 전쟁을 일으키면 그 때마다 힘이 없는 제후국의 군주는 사신을 패자에게 보냈으며 자신이 직접 패자를 찾아가는 경우도 흔히 있었다.

대부분의 경우에 패자는 제후 간 회맹을 소집하여 그 맹주로서 문제들을 해결했다. 회맹에 모인 패자와 제후들은 뜻을 모아 결정한 것을 성스럽게 맹세하고 제례의식을 거행한 후 연회를 열었는데 여기에서 음악과 춤을 즐겼다.

회맹은 자주 소집이 되었는데 이때 사신들은 수행원이나 필요한 경우 군대를 이끌고 참석했다. 이 회맹에 상인들도 찾아와 진귀한 물품을 가지고 교역을 했으며 훌륭한 음식을 가져 온 일행은 이 회맹을 성공적으로 이끌었다.

주나라의 봉건제 해체에 영향을 미친 또 다른 요소가 있다. 제후국 군주의 자식들은 공작, 후작, 백작, 자작 등의 작위에게 내려지는 봉토가 세대가 내려감에 따라 사라지기 때문에 자신의 형들과 같은 영주가 될 수 있는 기회가 점점 더 적어진다는 것을 깨닫게 되었다.

그러는 사이에 일반 평민으로부터 새로운 계층이 등장했는데 몇 세대를 걸치는 동안 절약을 통해 부유해진 농부들, 뛰어난 기술을 가진 장인, 제후의 맹약을 따라다니거나 여러 지역을 돌아다닐 수 있는 상인들을 말한다. 이들은 귀족과 평민 사이의 중간 계층을 형성했다.

철은 있었지만 사람들의 주의를 끌지 못했고 쇳물을 거푸집에 붓지도 못했다. 춘추시대春秋時代가 되어서야 철제 기구와 무기를 만들기 시작했다.

귀족의 도덕은 한탄스러울 정도로 땅에 떨어졌는데 근친상간, 살인, 암살, 부친 살해까지 흔한 일이 되자 공자는 충격을 받고 분개심을 느끼게 되었고 결국 그러한 악인들을 처벌하고자『춘추春秋』에 이들의 행적을 기록하여 훗날 똑같은 일이 반복되지 않도록 하려고 했다.

더 나아가 공자는 학당을 열어 모든 사람에게 차별 없이 교육의 혜택을 베풀었으며 도덕을 강조하면서 종교심으로 제자들을 가르쳤다. 공자는 중국의 새로운 시대를 연 것이다.

주나라의 제후들이 했던 회맹이나 전쟁은 결국 커다란 혼돈을 불러일으켜 중국이 전국시대戰國時代로 들어가게 했다. 공자가 한 일은 조용히 제자들의 새로운 세대와 함께 힘을 키웠다. 그 결과 중국은 봉건 귀족이 사라졌고 모든 사람에게 자유와 평등이 주어졌으며 이제는 공손하고 사려 깊은 사람들이 사는 나라가 되었다.

양계초(梁啓超, 1873~1929)는 주나라 시대는 포도주를 만드는 발효의 단계와 같다고 말했다.[4]

16.2 춘추시대 주요 연표

초기 기원전 770년 ~ 기원전 682년 (89년간)

770 주(周)나라 평왕(平王) 낙양(洛陽) 천도.

중기 기원전 681년 ~ 기원전 586년 (96년간)

656 제(齊)나라 환공(桓公) 춘추오패(春秋五霸)의 첫 번째 패자가 됨.

645 관중(管仲)의 사망으로 제(齊)나라 환공(桓公) 몰락.

640 솔론(Solon)[5] 탄생.

632 진(晉)나라의 문공(文公) 성복(城濮) 전투 승리로 춘추오패(春秋五霸)의 두 번째 패자가 됨.

4　梁啓超:《春秋裁記》, 第2頁, 收入《國史研究六篇》, 中華書局, 1956年。

5　역주: 솔론(Solon, 기원전 638~기원전 558)은 고대 그리스 아테나이의 정치가, 입법자, 시인으로 그리스의 일곱 현인 가운데 한 사람이다. 솔론은 토지 생산물의 많고 적음에 따라 시민을 4등급으로 나누고 각 등급에 따라 참정권과 군사 의무를 정했다.

627 진(晉)나라 효함(殽函)전투에서 진(秦)나라를 물리치고 패자 유지.

597 초(楚)나라의 장왕(莊王) 필(邲) 전투 승리로 춘추오패(春秋五覇)의 세 번째 패자가 됨.

후기 기원전 585년 ~ 469년 (117년간)

585 그리스 철학자 탈레스(Thales) 탄생.

575 진(晉)나라 여공(勵公)이 언릉(鄢陵) 전투에서 초(楚)나라 공왕(共王)을 물리치고 패자가 됨.

563 석가모니 탄생.

16.3 주周나라의 제후국

춘추시대春秋時代는 몇몇 강국을 포함하여 제후국 14개국이 있었다. 이 가운데 제齊나라, 진晉나라, 초楚나라가 춘추오패春秋五覇의 패자를 차지하고 나서 뒤 이어 오吳나라, 월越나라가 힘 없는 소국에서 그 자리에 올라갔다.

다음은 주周나라 제후국의 이름과 영토를 정라한 것이다.

(1) ① 제(齊)나라　영토: 산동(山東) 반도.

　　② 진(晉)나라　영토: 산서(山西) 고원.

　　③ 초(楚)나라　영토: 양자강(揚子江) 중류 지역.

(2) ④ 진(秦)나라　영토: 위현(渭縣).

(3) ⑤ 오(吳)나라　영토: 양자강(揚子江) 삼각주.

　　⑥ 월(越)나라　영토: 절강성(浙江省)을 중심으로 중국 동남부.

(4) ⑦ 노(魯)나라　영토: 산동(山東) 남부 산간 지역.

　　⑧ 위(衛)나라　영토: 하남(河南) 남부 평원.

(5) ⑨ 송(宋)나라　영토: 산동(山東) 서부 평원과 하남(河南) 동부 평원(황하(黃河) 평원과 회하(淮河) 평원)

　　⑩ 정(鄭)나라　영토: ⑨와 동일.

	⑪	조(曹)나라	영토:	⑨와 동일.
	⑫	진(陳)나라	영토:	⑨와 동일.
	⑬	채(蔡)나라	영토:	⑨와 동일.
(6)	⑭	연(燕)나라	영토:	하북(河北) 북부 평원.

주나라 조정의 영토는 낙양(洛陽), 황하(黃河) 지역 일부 외에도 황하(黃河)의 지류 인 이수(伊水)까지 축소되었다.

위에 열거한 주나라 제후국 14개국은 다음과 같이 6개의 범주로 나눌 수 있다. (1)은 춘추오패(春秋五覇) 초기 삼국(三國)이며, (2)는 춘추시대(春秋時代)에 제 후국으로 성장한 국가이며, (3)은 춘추오패(春秋五覇) 후기 이국(二國)이고, (4)는 강성하고 문화적으로 발전한 이국(二國)이며, (5)는 영토는 넓었지만 방어력이 약한 오국(五國)이고, (6)은 변경에 떨어져 있고 동주(東周)시대에 주목을 받지 않 은 약소국이다.

16.4 문화 동화와 영토 확장

춘추시대(春秋時代)에는 중국 대륙 안팎으로 많은 이민족의 침입이 있었다. 이민족은 삶의 방식이 중국인과 달랐으며 경제적으로 중국인보다 윤택하 지도 않았고 문화적으로도 중국인에게 있던 예(禮)를 갖추지도 않았다. 이민족 가운데 소수는 문자가 있었지만 인종이나 언어가 중국인과 상당한 차이를 보 였다.

공자는 제자들에게 예(禮)만이 이민족과 중국인을 구별하는 잣대라고 했는데 만일 중국인이 예를 무시하면 이민족으로 취급했지만 역으로 이민족이 선한 중국인과 같이 예를 따른다면 중국인으로 간주했다.

대체로 중국 대륙 내부에 살고 있던 이민족 대다수는 구릉이나 산지에서 소나 양을 키우면서 살았다. 이민족 가운데 부근에 사는 중국인에게 심거나 경작하는 방법을 배운 자는 농사를 지으면서 살았다. 이민족이 자연적으로 동화하게 되면서 결국 중국은 이전보다 다양한 사회가 되었다.[6]

춘추시대 제후국은 서로 정복 전쟁을 벌이면서 인근의 이민족을 병합했다. 제후국 가운데 일부는 그 기원이 이민족인 경우도 있기에 군주나 지배층이 이민족과 중국인으로 이루어졌지만 의심할 여지없이 백성 대부분은 이민족이었는데 보다 엄밀하게 말하면 중국인이 아닌 민족이라고 할 수 있다. 이민족 제후국 가운데 강력한 국가는 초楚나라, 오吳나라, 월越나라였다. 왜냐하면 중국인은 서주西周 시대부터 예현禮縣 일대에 살았기 때문이다.

진秦나라는 예현의 중국인과 감숙성甘肅省 중부 · 남부 일대의 이민족, 그리고 오늘날 신강新疆 유오이維吾爾 자치구의 타클라마칸Taklamakan 사막을 넘어 멀리 서쪽에서 온 이란 계통의 이주민 등을 통합했다.

초楚나라는 서쪽의 협곡과 동쪽의 파양호鄱陽湖 사이의 양자강揚子江 일대에서 발흥하여 남쪽으로 호남성湖南省 북쪽으로 하남성河南省까지 영토를 확장했다. 초나라는 삼황오제三皇五帝의 한 사람인 전욱고양顓頊高陽의 후손이 세운 나라이다. 초나라 군주들은 자신들이 이민족 출신이라는 것을 자랑스럽게 말했다고 한다. 초나라 사람의 말은 처음에 중국인이 알아듣지 못했지만 세월이 흘러 접촉이 잦아짐에 따라 초나라 사람과 중국인은 아무 어려움 없이 의사소통을 할 수 있게 되었다.

다른 이민족과 달리 초나라는 고유 문자를 썼지만 훗날 진秦나라 시황제始皇帝가 문자를 통일하면서 한자漢字로 대체되었다.

한수漢水가 흐르는 호북성湖北省 중부지역과 하남성河南省 서남지역에 산재한 소국들이 초나라에 정복되고 흡수된 이후 자신을 정복한 초나라 지배층인 이민족을 중국인으로 동화시키는 데 커다란 공헌을 했다.

뒤이어 초나라 사람은 변경 지역인 호남성湖南省과 하남성河南省에 살고 있

---

6   江統:《徙戎論》, 見《兩晉南北朝文匯》, 第54頁,《中華叢書》, 1960年。

는 이민족을 동화시켰다.

오吳나라와 월越나라도 초나라와 마찬가지로 이민족이 동화되었다. 오나라
는 소주蘇州에 위치한 제후국으로 주周나라 무왕武王이 태왕太王으로 추승雛僧
한 단보亶父의 장남 태백太伯이 삼남인 계력季歷에게 후계를 양보하려고 차남
인 중옹仲雍과 함께 양자강揚子江 남안南岸으로 가서 세운 나라이다. 주나라 문
왕文王은 오나라 시조 태백의 조카였다. 월越나라는 무여無余가 주나라 왕실로
부터 책봉을 받아 세운 제후국이다. 월나라 군주의 성은 사姒씨로 하夏왕조에
서 나왔다고 한다.

다른 제후국 제齊나라와 진晉나라는 국경 안팎에 살고 있었던 이민족을 바
로 동화시켰다.

춘추시대 말기에 중국은 춘추시대 초기보다 영토는 몇 배로 확장되었다.
현재 대만臺灣에 해당하는 이주夷洲는 춘추시대에 알려졌다. 대만에 월왕석越
王石이라는 석조 명패가 있었는데 이 명패는 위魏나라, 오吳나라, 촉蜀나라가
맞서 있던 삼국시대三國時代(220~280)에도 여전히 그 모습을 드러냈다고 한다.[7]

16.5 춘추시대 저명인사 42명

다음은 춘추시대春秋時代에 활약한 수많은 사람들 중에서 선별한 위인 40명
이다.

주(周)나라 1명　노자(老子) : 사관(史官), 철학자.
노(魯)나라 10명 공자(孔子) : 성인.
　　　　　　　유하혜(柳下惠) : 군자.
　　　　　　　양중(襄仲) : 정치가.

7　張其昀: 《中華五千年史》, 第3冊, 第107頁。

계문자(季文子) : 정치가.

숙손표(叔孫豹) : 정치가.

경강(敬姜) : 훌륭한 여성.

왕기(汪琦) : 젊은 애국자.

안회(顏回) : 공자의 수제자.

증삼(曾參) : 유가(儒家) 사상가, 공자 가르침의 전파자.

중유(仲由) : 공자의 용기 있는 제자.

제(齊)나라 2명　관중(管仲) : 정치가.

　　　　　　　제태사(齊太史) : 역사가.

위(衛)나라 4명　거백옥(遽伯玉) : 군자.

　　　　　　　사어(史魚) : 역사가.

　　　　　　　단목사(端木賜) : 외교관, 공자의 제자.

　　　　　　　복상(卜相) : 학자, 공자의 제자.

진(晉)나라 6명　호언(狐偃) : 정치가.

　　　　　　　선진(先軫) : 장군.

　　　　　　　개지추(介之推) : 은자.

　　　　　　　숙향(叔向) : 정치가, 비평가.

　　　　　　　편작(扁鵲) : 의사.

　　　　　　　사광(師曠) : 악사.

진(秦)나라 2명　백리해(百里奚) : 정치가, 장군.

　　　　　　　백락(伯樂) : 말 전문가.

정(鄭)나라 2명　현고(弦高) : 애국자, 상인.

　　　　　　　자산(子産) : 정치가, 군자.

송(宋)나라 1명　향술(向戌) : 정치가, 반전주의자.

진(陳)나라 1명　전손사(顓孫師) : 공자의 제자.

초(楚)나라 5명　식부인(息夫人) : 신의가 있는 여성.

　　　　　　　영윤자문(令尹子文) : 정치가.

손숙오(孫叔敖) : 정치가, 군자.

신숙시(申叔時) : 정치가.

신포서(申包胥) : 애국자.

오(吳)나라 4명　계찰(季札) : 학자, 외교관.

오원(伍員) : 전략가, 부친의 복수를 한 사람.

손무(孫武) : 전략가.

언언(言偃) : 공자의 제자.

월(越)나라 2명　범려(范蠡) : 정치가, 장군, 상인.

문종(文種) : 정치가, 장군.

위에 열거한 위대한 인물 중에서 노자老子, 백리해百里奚, 오원伍員, 손무孫武, 범려范蠡, 문종文種 등은 아래와 같이 고국을 떠나 타국에 등용된 사람들이다.

노자(老子) : 초(楚)나라.

백리해(百里奚) : 우(虞)나라.

오원(伍員) : 초(楚)나라.

손무(孫武) : 제(齊)나라.

범려(范蠡), 문종(文種) : 초(楚)나라.

본서는 경강敬姜, 식부인息夫人 두 여성을 위인으로 선택했다.

16.6 춘추시대의 예치禮治

춘추시대와 다음에 이어지는 전국시대를 구별하는 특징은 예禮를 지키는 데에 있다. 여기에서 말하는 예는 서주西周시대부터 내려온 것이다.

『춘추좌씨전春秋左氏傳』 기사는 대다수가 사신 접대나 행사에 관련된 기록인데 여기에서 관계자들은 거의 예의 규칙에 대해 세심한 주의를 기울였다.

군주와 지배층은 이러한 예를 따라야 했으며 그렇지 않으면 예를 아는 자들의 반대에 직면할 수 있었다.

예를 아는 전문가 중 일부는 사람이 어떤 경우에 보여준 행위를 통해서 백성, 나라, 군대, 미래에 대해서 예측할 수 있다고 생각했다.

주周나라 사관 태사과太史過는 진晉나라의 문공文公을 동행한 이후 문공의 앞날에 대해서 예측했는데 그에게 예는 바로 나라의 기둥이자 정책의 원동력이었다.

제齊나라 군주가 노魯나라의 서쪽 변방을 침범한 것은 제후들이 어찌할 능력이 없다고 보아서였고, 그 뒤 바로 조曹나라를 쳐 외성外城으로 돌입한 것은 조나라 군주가 노나라를 찾아왔던 일을 응징함이었다. 그 일을 두고 계문자季文子는 말했다. "제齊나라 군주는 화를 면하지 못할 것이니 자기가 무례하면서 예의를 지키고 있는 이에게 추궁해서 말했다. '네 어찌 예된 일을 하는가?'라 하고 있다. 예를 행해서 하늘의 뜻에 순종함은 하늘의 도道이다. 자신이 하늘의 뜻을 배반하고 또 다른 사람을 치니 화를 면하기는 어려울 것이다."[8]

진晉나라의 군주 문공文公은 기원전 632년에 성복城濮 전투 직전에 자신의 군대를 보고 승리를 확신하게 되었다. 이는 군대가 규율이 잘 서 있는 것으로 보였기 때문이다. 하지만 문공은 규율이 서 있다고 하지 않고 대신에 자기 군대의 젊은이와 나이 든 이가 예禮를 따른다고 말했다. 문공은 성복 전투의 승리로 춘추오패春秋五覇의 두 번째 패자가 되었다.

관중管仲은 재상으로 제齊나라 제16대 군주 환공桓公을 춘추오패의 첫 번째 패자로 만드는 데 큰 역할을 했다. 관중의 예의염치禮義廉恥[9]를 줄로 비유하여 다음과 같이 설명했다. "네 가지 근본 중에서 한 줄이 끊어지면 기울고 두 줄이 끊어지면 위태롭고 세 줄이 끊어지면 엎어지며 네 줄이 모두 끊어지면

---

8 『춘추좌씨전(春秋左氏傳)』 문공(文公) 15년.
9 역주: 예의염치(禮義廉恥)는 예절(禮節)과 의리(義理)와 청렴(淸廉)한 마음과 부끄러워하는 태도(態度)를 말한다.

멸망한다. 기운 것은 바르게 하고 위태로운 것은 안정시키며 엎어진 것은 일으킬 수 있는 여지가 있으나 일단 멸망해 버리면 다시는 손 쓸 도리가 없게 된다."[10]

진晉나라 정치가 유향劉向은 예禮를 사람을 모으고 연합을 유지하며 부끄러움을 잊지 않게 하는 효과적인 방법으로 보았다.[11]

16.7 관중管仲

『논어論語』에는 공자가 관중管仲을 찬양한 기사가 들어 있다. "관중이 환공桓公을 도와 제후의 패자가 되어 천하를 통일하여 바로잡았으니, 백성들이 지금에 이르도록 그 은혜를 받고 있다. 관중이 없었더라면 우리는 머리를 풀어 헤치고 옷깃을 왼쪽으로 여몄을 것이다."[12]

"환공이 제후들을 규합하되 병거(兵車: 전쟁할 때 쓰는 수레)로써 하지 않은 것은 관중의 힘이었다. 그의 인仁만 같겠는가? 그의 인仁만 같겠는가?"[13]

이러한 관중의 성공의 바탕에는 그의 논리적인 사고방식이 있었다. 관중은 일의 우선순위를 잘 알고 있었기에 당시 중국의 무정부 상태와 같은 제후국 간의 전쟁을 종식시키기 위해서는 제齊나라를 강국으로 발전시켜야 된다는 것을 알고 있었다.

관중은 제齊나라를 강대국으로 발전시키기 위해 소금과 철에 대한 전매제의 시행과 함께 제나라 전국을 농업지구, 공업지구, 자유무역지대 등으로 나누어 부국강병정책을 시행했다. 관중은 군비의 증가에 따라 무장이 가능한 군사들의 수가 크게 증가하자 이들을 모집하고 훈련시키는 새로운 체제를 도

---

10 『관자(管子)』 경언(經言).

11 『전국책(戰國策)』.

12 역주: 『논어(論語)』 헌문편(憲問篇) 제18장.

13 『논어(論語)』 헌문편(憲問篇) 제17장.

입했다. 전국을 21개의 향으로 나누고, 그 중 6개는 상공인들로 구성하고 15개는 사인士人들로 구성했다. 상공인들로 구성된 6개의 향에는 공인工人들로 구성된 향이 3개, 상인들로 구성된 향이 3개가 있었다. 이들 6개 향은 군대에 필요한 각종 물품을 제공하는 대신 전쟁에 참여하지는 않았다. 이에 제齊나라는 경제단위와 군사단위가 융합된 그 어느 제후국보다 체계적이고 안정적인 3군을 거느릴 수 있게 되었다. 이들 3군은 계절마다 모여 군사훈련을 겸한 사냥을 실시해 전쟁이 일어나면 언제든 모여 전쟁터로 나아갈 수 있게 정예화 했다.

관중은 위대한 기술자였는데 제나라 백성에게 중국 전역에 좋은 물자를 찾고 농기구나 최상의 무기를 제작하는 방법을 가르쳤다.

관중은 제나라를 부국으로 만드는 업적을 이루었고 백성의 창고가 곡식으로 가득 찰 때 공손하게 되고 의복과 음식이 충분할 때 명예를 지키려고 한다고 말했지만 물질주의자는 아니었다. 관중은 의복이나 음식을 예禮보다 우선시하지 않았는데 그가 추구하는 목적은 제나라 백성에게 예를 가르치는 것이었다. 의복과 음식은 단지 도구에 불과하며 예는 목적이라는 것이다.

관중은 의義는 물론이고 예禮는 뇌물을 볼 때 수치를 느끼고 그것을 거부하는 자제력을 가지게 하는 것으로 어떤 상태에서도 네 가지 근본이 되는 줄이라고 말했다. 이 네 개의 줄이 알맞게 늘어나지 않고 끊어진다면 나라는 분명히 멸망의 구렁텅이에 빠진다는 것이다.

16.8 자산子産

자산子産은 춘추시대春秋時代 주周나라 제후국 정鄭나라의 정치가이며 성은 희姬, 이름은 교僑인데 그의 자字로 잘 알려져 있다. 자산은 공손교公孫僑라고 호칭되며 정나라의 귀족 출신으로 정나라 제9대 군주 목공穆公의 손자로 정나라 유력 귀족 가문인 칠목七穆의 일원이었다.

자산은 관중管仲과 마찬가지로 유능한 사람이었는데 만약 북쪽의 진晉나라와 남쪽의 초楚나라와 같이 사방에 강대국에 끼인 정나라가 아닌 제齊나라와 같은 제후국에서 재상을 지냈다면 관중보다 더 큰 업적을 이루었을 것이다.

모든 점에서 자산은 정나라를 보존하여 백성을 지키는 데 성공한 탁월한 외교가였으며 성문법의 중요성도 알고 있었으며 백성의 비판을 감내할 정도로 마음이 열린 정치가였다. 자산은 국내의 귀족간의 항쟁에 대해 혹은 중립 혹은 역이용하는 등 갖가지의 방법을 써서 나라의 유지에 노력하면서 토지제도를 개혁하였고 경지를 정하여 강제적으로 계획적 농업행정을 단행하고 세제를 개혁했다.

자산의 외교 업무는 쉬운 일이 아니었는데 강대국에게 빌미를 주지 않기 위해서 온갖 경우의 수를 살펴야 했다. 자산은 진晉나라와 초楚나라 사이에서 양쪽의 심기를 건드리지 않고 중립 외교를 펼쳤으며 때로는 원치 않았지만 강대국 속에서 정나라를 지키기 위해 두 강대국 중에서 하나를 이용해야 했고 강대국에게 강경 노선을 취해야 하는 때도 있었다. 결국 자산은 모든 제후국으로부터 깊은 존경을 받았다.

자산의 외교에서 이룬 업적은 어느 정도 인재 등용과 외교 문서에 기인했다. 그가 발탁한 대표적인 인재는 풍간자馮簡子, 자대숙子大叔, 자우子羽, 비심裨諶이었다. 풍간자는 사리판단과 정세 분석에 탁월한 재주를 보였다. 자대숙은 수려한 외모와 신뢰감을 주는 말솜씨가 돋보였으며 자우는 특히 외국의 실상을 파악하는 정보 분석 능력이 뛰어났다. 그리고 비심은 계책을 세우고 전략을 짜는데 월등했다. 자산은 이들의 재주를 한 곳으로 모으는 전략적인 능력으로 당시 가장 중요한 외교 문서를 작성할 때 이 네 사람의 능력을 골고루 썼다. 우선 자우를 불러 외국의 정보를 상세히 파악한 후에 비심에게 전체적인 전략을 세우게 했고 이를 풍간자가 다시 세부적인 항목을 다듬으면 자대숙이 이 외교 문서를 직접 갖고 가 다른 제후국을 설득하는 업무 분담을 한 것이다. 정나라의 외교 문서는 각 제후국에게 표본이 될 정도로 명분과 실리 어느 쪽도 기울지 않는 명문장으로 가득 찼다.

정나라는 하층 대부大夫나 사士 등 지방 귀족을 교육시키기 위해 설치한 향교鄕校가 있었는데 점차 정치활동의 장소로 변질되어 당파를 짓고 폭동을 일으키기도 하여 자산의 아버지 자국子國도 이 폭동의 와중에서 피살되기도 했다. 이러한 향교가 자산의 정책과 행적을 비판하기 위해 모였을 때 대부大夫 연명然明이 자산도 그의 아버지처럼 해를 입지 않을까 걱정하여 향교를 없앨 것을 건의했지만 다음과 같이 말하여 백성들에게 존경을 받았다. "왜 향교를 없애려 하는가? 조만간 그곳에 모여 권력을 쥔 사람들의 장단점을 논의할 텐데. 그들이 칭찬하는 점은 계속 유지하고 비판하는 점은 고치면 될 터이니 그곳이 바로 우리의 스승이 될 것이다."

자산이 법령의 조문을 명문銘文으로 하는 동기銅器를 만들었을 때 자산이 존경하던 진晉나라의 귀족 숙향叔向은 이것에 반대하였다. 그 이유는 씨족제 하에 있어서의 형벌은 임금의 덕과 믿음에 의지해야 하는데 성문법成文法을 공포하면 덕치주의德治主義의 전통과 정면으로 대립하고 당시 신장伸長하고 있던 사士와 서인庶人의 세력을 인정하는 것이 되어 종래의 귀족 중심의 예에 대한 질서를 파괴하는 것이라고 생각하였기 때문이었다. 이에 자산은 단지 백성을 구원하기 위한 바람으로 이 법령을 만들었다고 대답했다. 이는 자산의 법령이 진秦나라의 시황제始皇帝가 제정한 법보다 관대했다는 점에서 이해할 수 있다.

자산은 다른 사람으로부터 자신이 만든 법령의 엄격한 처벌에 대해서 비판을 받았을 때 자신의 후계자 자대숙子大叔에게 말했다. "너그러움으로 다스리기 어려울 때는 사나움을 따를 수 밖에 없다. 사나움은 불이며 그것은 뜨겁다. 백성들은 그것을 보고 두려워한다. 너그러움은 물이라 약해 보이므로 백성들은 그것을 두려워하지 않다가 물에 빠져 죽은 사람들이 많다. 그러니 그대는 다스리기 어려운 관용으로 백성을 다스리지 말라."

자산의 일화에서도 알 수 있듯이 자산은 제후국 사이에 위험한 교차로에서서 상업을 진흥하고 다른 제후국보다 산업을 발전시켜야 되는 상황 속에서 실제로 법령의 조문을 명문銘文으로 하는 동기銅器를 만들어야 할 필요가 있었다.

공자는 정치적인 수단으로 법보다 예禮를 우선시 했지만 어떤 정부라도 법이 필요하다는 당위성은 배제하지 않았다. 공자가 말한 진정한 뜻은 법만이 백성을 행복하게 할 수 없으며 범죄를 방지하고 사람의 삶을 행복하게 하는 데에는 예禮가 더 중요하다는 것이다.

16.9 노자老子

춘추시대春秋時代에 또 다른 중요한 인물로 위대한 사상가 노자老子를 들 수 있다.

노자는 초楚나라 사람으로 주周나라 조정에서 사관史官으로 관직 생활을 보냈다. 노자의 정치 경력은 잘 알려 있지 않으며 자신의 저서 맨 앞에 본인의 이름을 넣는 것을 원치 않았다.

무위無爲는 노자 철학이 주는 가르침 중의 하나였다.

공자가 주周나라에 갔을 때 예禮에 관해서 노자에게 가르침을 받으려 하자 노자는 이렇게 말했다. "그대가 말하는 옛날의 성현이라 그 육신과 뼈다귀가 이미 썩어 버리고 남은 것이란 오직 공언空言뿐이오. 게다가 군자君子라는 사람도 때를 얻으면 마차를 타고 건들거리는 신분身分이 되지만 때를 만나지 못하면 쑥대 씨앗이 바람에 날려 이곳 저곳 떠돌듯이 떠돌아다니는 신세가 될 뿐이오. 나는 '훌륭한 장사꾼은 물건을 깊숙이 감춰 언뜻 보면 가게가 텅 빈 것 같지만 속이 실하고 진실로 훌륭한 사람은 많은 덕德을 몸에 갖추고 있으나 겉으로 보기에는 어리석은 것 같이 보인다.'고 들었소. 그대는 그 몸에 지니고 있는 교만과 탐욕 그리고 잘난 체하려는 것과 편견을 다 버려야 할 것이오. 그런 것들은 그대에게 아무런 이로움도 주지 못하오. 내가 그대에게 말하고자 하는 것은 오직 이것뿐이오."[14]

『도덕경道德經』은 노자 자신이 지었다는 설도 있으며 그의 제자가 편찬했다는 설도 있다. 오늘날 학자들에게 『도덕경』의 저자 문제는 중대한 관심사이지만 본서는 이에 대해서는 다루지 않기로 하겠다.

『도덕경』은 5,000자로 이루어진 책으로 몇 가지 독창적인 사상을 담고 있다. 먼저 "말로 표현할 수 있는 것은 정상定常의 도道가 아니다."[15]

다음으로 어디서나 한 쌍의 반대되는 성질이 존재하는데 다음은 『도덕경』에 기록되어 있는 것이다.

(1) 미악(美惡).

(2) 선불선(善不善).

(3) 유무(有無).

(4) 난이(難易).

(5) 장단(長短).

(6) 고하(高下).

(7) 허실(虛實).

(8) 강약(强弱).

(9) 선후(先後).

(10) 득실(得失).

(11) 곡전(曲全).

(12) 광직(枉直).

(13) 와륭(窪隆).

(14) 폐신(敝新).

(15) 다소(多少).

---

14 역주: 『사기(史記)』 노자(老子)·한비열전(韓非列傳).
15 『도덕경(道德經)』 제1장.

(16) 중경(重輕).

(17) 정조(靜躁).

(18) 자웅(雌雄).

(19) 백흑(白黑).

(20) 영욕(榮辱).

(21) 장로(壯老).

(22) 장흡(張歙).

(23) 폐흥(廢興).

(24) 여탈(與奪).

(25) 귀천(貴賤).

(26) 손익(損益).

(27) 견유(堅柔).

(28) 득망(得亡).

(29) 성결(成缺).

(30) 생사(生死).

(31) 화복(禍福).

(32) 대세(大細).

(33) 정기(正奇).

(34) 유여부족(有餘不足).

노자는 아마도 『주역周易』 연구를 통해 위와 같은 반대의 성질을 갖는 한 쌍을 얻게 되었을 것이다. 노자는 수많은 세월을 거쳐 이러한 한 쌍을 연구한 끝에 이들이 일체가 된다는 결론을 얻게 되었다. 따라서 노자 철학을 일체一體의 철학이라고 할 수 있을 것이다.

노자의 세 번째 사상은 유약승강강柔弱勝剛强이다. 『도덕경』에는 다음과 같은 대목이 있다. "장차 움츠리게 하려면 잠시 펴지게 해준다. 장차 약하게 하려면 잠시 강하게 해준다. 장차 없애버릴 생각이면 잠시 흥하게 해준다.

이것을 미명微明이라 한다. 모든 유약한 것은 모든 강하고 강한 것을 이긴다. 물고기가 연못 밖으로 나오면 살 수 없듯이 국가를 다스리는 이치는 남에게 보여서는 안 된다."[16]

『도덕경』의 이 대목은 유교儒敎에 근접하지만 유교와 같다고 단정할 수는 없다. 노자는 유약柔弱을 권했지만 유약 그 자체를 위함은 아니었다.

기본적으로 『도덕경』은 적극적인 실천에 대한 유교의 가르침에 반대되는 무위無爲를 권하는데 이는 마음속으로 실천하는 것을 뜻하는 것으로 노자에게 무위는 모든 것을 하는 것이라고 할 수 있다.

16.10 공자의 중요한 공헌

본서의 맨 처음에 밝혔듯이 한 국가에서 사상사는 그 국가 역사의 핵이 된다. 따라서 유교儒敎는 핵 중의 핵이며 중국 사상사의 핵이라고 할 수 있다.

공자는 중국 문화를 대표하며 중국 문화의 창조자이다. 공자는 중국 역사상 가장 위대한 위인이라고 할 수 있다. 맹자의 제자 공손추公孫丑가 성인聖人에 대해서 물었다. "백이伯夷와 이윤伊尹은 어떠합니까?" 맹자가 대답했다. "도道가 같지 않으니, 제대로 된 임금이 아니면 섬기지 않으며, 제대로 된 백성이 아니면 부리지 않고, 세상이 다스려지면 나아가고 어지러우면 물러가는 것은 백이伯夷이고, '누구를 섬긴들 군주가 아니며 누구를 부린들 백성이 아닌가' 하여, 다스려진 세상에서도 나아가고 혼란한 세상에서도 나아가는 것은 이윤伊尹이며, 벼슬해야 될 때는 벼슬하고 그만두어야 될 때는 그만두며, 오래 머물러야 될 때는 오래 머물고, 빨리 떠나야 될 때는 빨리 떠나는 것은 공자이다. 모두 옛 성인聖人이니 나는 아직 그런 것을 행할 수 없지만 원하는 것은 공자를 배우는 것이다."[17]

---

16   역주: 『도덕경(道德經)』 제36장.
17   『맹자(孟子)』 공손추장구상(公孫丑章句上) 제2장.

공자는 중국의 위대한 전통을 모두 융합하여 철학, 도덕, 교육, 정치, 법, 예술 분야에서 커다란 공헌을 했다.

유교儒教는 중국인의 사상과 동의어가 되었으며 공자의 가르침을 공부하는 학생은 유가儒家라고 할 수 있다.

중국인 어느 누구도 공자의 사상과 덕德에 커다란 영향을 받지 않았다고 할 수 없다.

공자는 전 세계에서 가장 위대한 사상가이자 교육자였다. 본 저자는 공자의 가장 중요한 6가지 공헌을 밝히고자 한다.

1. 사람에 대한 분명한 해석

공자는 '사람'을 하늘이 하는 일에 대한 가장 고귀한 표현으로 생각했다. 사람이 된다는 것은 하늘의 일에 관계되는 것이다. 가장 높은 덕, 가장 기본적인 덕, 모든 덕의 총체적인 이름은 바로 인仁이며 사람이 된다는 것은 하늘과 같이 하는 참된 사람이라는 것이다.

인仁은 사람을 사랑하고 부모, 형제, 배우자, 친구를 사랑하는 것이다. 인은 스승을 존경하고 군주나 상관에게 충성하고 친구를 믿고 도와주는 형태로 나타날 수 있다.

인은 이기적인 뜻에서 개인주의와 관계가 없으며 오히려 개인주의와 상반되는 것이다.

공자는 제자들이 홀로 사는 것뿐만 아니라 자신의 유익만을 구하는 것을 바라지 않았으며 대신에 제자들이 가족, 공동체, 국가, 세계와 같은 더 큰 자신의 일원이 되기를 바랐다.

공자는 사회를 개선하려고 했는데 인류가 더 나은 삶을 살 수 있다는 신념을 가졌다. 따라서 공자는 인본주의자였을 뿐만 아니라 도덕주의자였다. 공자는 정치는 도덕의 확장이라고 보았다.

공자의 도덕 체계에서 볼 때 덕德은 절대적인 덕德이 아니며 상호간의 의무였다. 신하는 군주에게 충성을 다해야 하지만 군주도 자신의 입장에서 신하에게 사려가 깊고 자애로워야 한다. 아들은 아버지에게 효도를 다 해야 하고 아버지도 자식을 사랑하고 자애로워야 한다. 이상적인 군주는 마치 부모가 자식을 사랑하듯 신하를 대하는 자라고 할 수 있다.

2. 교육 진흥

공자 시대 이전에 모든 학당은 귀족의 자제에게 교육의 혜택을 주기 위해 정부가 운영한 곳이었다. 공자는 사회적 지위나 계급에 차별 없이 모든 사람에게 열려 있는 사립 학당을 연 최초의 교육자였다. 공자가 말했다. "군자는 시비를 가려서 옳은 것을 따르지만 무조건 믿지는 않는다."[18]

공자가 새로운 교육 제도를 시작하자 평민 자제들은 귀족의 자제들과 대등한 위치에서 행정과 전투 기술을 공부할 기회를 가지게 되었다. 여러 가지 이유로 봉건제는 해체되었지만 공자가 가져온 이러한 교육 민주화도 그 이유 중 하나라는 사실은 분명하다.

공자는 자신의 학당에서 육예六藝만이 아니라 가장 신비롭고 가장 흥미진진한 내용을 담고 있는 『주역周易』에서 새로운 많은 주제를 가르쳤다. 『주역』은 우주에 대한 새로운 시야와 우주에서 차지하는 인간의 위치를 모두 제시하고 있다.

공자는 인仁에 대한 자신의 철학을 정리했다. 공자는 제자들에게 인을 실천하면 하늘과 하나가 되는 희망을 품을 수 있다고 말했다. 간단히 말해서 인은 사랑이기 때문에 공자의 가르침은 인류 역사상 위대한 종교 지도자들과도 크게 다를 바가 없었다.

『시경詩經』과 『서경書經』은 공자의 계율을 설명하는 데 편리한 교재였다. 보다 더 중요한 교재는 공자가 편찬한 『춘추春秋』였는데 이 책에서 공자는 역

18　『논어(論語)』 위령공편(衛靈公篇) 제36장.

사적으로 저명한 인물 가운데 선인은 칭송하고 악인은 혹독하게 비평했다.

공자의 교육 방식은 인류 역사상 최고의 교사임을 입증했다. 공자는 제자들에게 평생에 걸쳐 계속 스스로 배움의 길을 걷도록 강하게 권면했다. 공자는 몸소 실천을 통해 제자들을 가르쳤으며 게다가 무안한 인내심도 보여 주었다. 따라서 공자는 수제자들 개개인의 적성과 기질을 발견하는 데 시간을 아끼지 않았으며 제자들의 학술적인 욕망을 충족시켜 주었다. 공자의 학당은 70여 명의 수제자 외에도 때때로 배움을 위해 3,000여 명이 찾아 왔는데 공자는 이들을 모두 제자로 받아들였다. 공자의 교육은 질적이나 양적인 면에서 모두 우리의 상상을 초월하는 것이었다.

공자는 제자들을 모두 따뜻하게 대했지만 엄격한 면도 있었다. 공자는 제자들의 특이한 점도 허용했지만 진리나 의義에 관한 한 아무것도 타협하지 않았는데 학문적이나 도덕적으로 옳고 그른 것에 대해서는 주의를 기울였다.

공자는 제자들이 단지 학자뿐만 아니라 군자君子가 되기를 바랐다.

공자는 실제로 중국의 새로운 시대를 열어 중국을 문명국으로 변화시킴으로써 정도의 차이는 있지만 중국인을 도덕적인 사람으로 만들었다.

군대의 장교나 궁중 악사를 지칭하던 '師'라는 글자는 공자 시대 이후 교사라는 뜻이 더해졌다. 게다가 '士'라는 글자도 공자 시대 이후 무사의 덕을 갖춘 학자를 뜻하게 되었다.

공자의 제자와 그 뒷 세대가 지도층이 됨에 따라 교사 '師', 학자 '士' 등의 새로운 계층은 급속히 성장했다. 제자백가諸子百家가 등장함에 따라 수많은 학자들이 자신들의 사상을 펼치고자 주周나라의 제후국을 여기저기 돌아다녔다.

3. 저술 혁신

공자 시대 이전 중국인에게는 실제로 저자의 개념이 없었다. 그 당시 유일한 서적은 조정의 관리가 작성한 문서, 편람, 달력 등이었다.

공자는 300여 수의 시를 편찬하여 『시경詩經』을 만들었으며 수백 편의 역사 문서를 선별하여 『서경書經』을 완성했다. 공자는 많은 시간을 들여서 제자들에게 예禮를 가르쳤는데 제자들은 공자가 가르치는 동안 적은 주를 다음 세대로 전하여 그 결과 『예기禮記』가 편찬되었다.

『주역周易』에 대한 공자의 강의에서 제자들이 기록한 주석들은 수집되어 하나의 책으로 완성되었는데 이 책은 단지 주석뿐만 아니라 공자가 인용한 문구, 공자가 언급한 것을 기록한 수많은 문서 등으로 이루어져 있다.

『춘추春秋』는 공자의 수제자 자유子有, 자하子夏 등이 말을 덧붙이거나 첨가할 수 없는 또 다른 책으로 공자가 직접 편찬한 것이다.

『논어論語』는 유교 경전 가운데 최고의 책으로 공자의 언행과 그가 가르칠 때 제자들과의 문답을 모은 것이다. 『논어』의 주요 내용은 2,000여 년 넘게 중국 지식인층의 남녀 모두가 알고 있다.

초기의 유교 경전은 『육경六經』이었는데 그 중 한 권은 시황제始皇帝의 분서갱유焚書坑儒 사건으로 인해 소실되어 한漢나라가 세워진 이후부터 학자들이 복원하려고 했지만 실패했다. 한나라 도읍지에 있었던 국립대학 태학太學에서는 『육경』 중 다섯 권만 가르쳤다. 후대에 들어와서 『논어』 등의 경전이 추가되어 현재 유교儒教 경전의 총수는 13권에 이르고 있다.

4. 도덕 정치

공자는 정치를 사회생활에 필요한 요소로 보았다. 공자의 철학 체계에서 모든 학자는 환경의 제약을 받을 때 천하를 화평하게 하고 나라를 잘 다스리는 것을 최종 목표로 삼아야 했다. 몸을 닦고 집을 안락하게 하는 것은 자기 동포나 전 세계의 모든 사람을 위해 일을 하기 위한 바로 전 단계였다.

그러나 공자가 정의한 정치는 단지 통치술만이 아니라 공자가 뜻하는 바에 따르면 올바로 바로잡는 뜻을 나타내는 정正과 동의어인 것이다. 정치에 입문한다는 것은 바로잡힐 필요가 있는 것을 바로잡는다고 하는 것이다. 정치는 군주와 그의 조력자가 범한 실수를 정정하여 백성이 고통 받는 부정을 바로잡는 일도 그 범주에 들어간다.

다음에 정치 경력은 권력을 잡거나 부를 축적하는 것이 아니라 헌신하는 것이며 사악한 권력과 투쟁하고 나라나 천하를 이전보다 더 낫게 만드는 힘 들기만 하고 보상은 받지 못하는 일인 것이다.

이상적인 나라는 사람들에게 벌금을 부과하거나 장기간 징역형을 선고하 는 법률을 강제로 따르게 하는 것이 아니라 예禮와 음악으로 사람들을 충만하 게 하는 나라를 말한다.

이상적인 세계는 모든 사람이 서로 조화를 이루어 사는 세계를 가리키는데 이는 다른 사람을 가족처럼 대하며 노인, 어린이, 과부, 홀아비, 병자, 외로 운 사람을 보살피며 남자가 직장에서 일을 하고 여자는 가정을 꾸리며 훌륭 한 사람을 선택하고 능력 있는 사람을 임명하며 서로간의 신뢰를 유지하고 우호 관계를 지속하는 정책을 유지하는 등을 말한다.

이런 이상은 숭고한 것이지만 사람들이 정책을 도덕의 확장으로 보는 것을 납득하게 되면 깨달을 수 있게 된다.

이는 공자의 정치 분야에서의 매우 중요한 공헌이었다.

5. 천도의 교육

하늘은 신이며 천도天道를 밝히는 것은 종교적인 일이다. 이는 종교 지도자 나 새로운 종교의 창시자가 그러한 성스러운 일을 완성하게 하는 것이다. 공 자는 종교 지도자도 새로운 종교의 창시자도 아니었다. 공자는 교육자이자 철학자였는데 이 때문에 공자가 천도를 밝히는 일은 매우 어려웠지만 공자는 끝내 성공을 거두었다.

공자는 천도가 자신이라는 것을 발견한 후에 그것을 다른 사람에게 말하기 시작했다. 공자의 초기 제자 일부가 운명, 이득, 인仁이라는 주제에 대해서 공자가 침묵을 지키는 대에 불평을 했다.

공자는 50세가 되기 전에 운명에 대해서는 알지 못한다고 스스로 인정했다. 특히 공자의 만년에 『주역周易』으로 자신의 전 인생에 대해 강한 흥미를 가지게 되었는데 그것에 대해 많이 이야기하기 시작했다. 그 결과 만년에 그의 제자가 「계사전繫辭傳」을 편집하게 되었다. 「계사전」은 인생과 우주에 대해 상당히 포괄적인 관점이 있다. 이러한 관점은 서양 철학자가 말하는 우주론, 존재론, 윤리학이라고 부르는 것과 유사하다.

『주역』의 「계사전」과 다른 부분을 통해서 공자가 말한 개념의 주요 요소를 파악할 수 있다. 공자에게 천도는 사람이 알 수 있는 것이다. 왜냐하면 사람은 자연의 일부로 자연의 창조자이자 어떤 의미에서는 자연 그 자체인 하늘의 속성을 필연적으로 공유했기 때문이다. 만일 인간이 정직하다면 하늘이 좋아하고 싫어하는 것을 느끼는 데 어려움이 없어야 한다.

하늘은 어떤 특정한 사람만을 사랑하는 것이 아니라 모든 사람을 사랑한다. 몇몇 역사 문서가 지적한 것처럼 하늘은 사람들을 사랑하며 사람들의 눈으로 보고 사람들의 귀로 듣는다. 백성에게 악행을 저지르는 폭군이 나타날 때마다 하늘은 언제나 그 폭군의 권력을 빼앗아 새로운 군주가 그 권력을 대신하도록 도와준다.

초기의 유교 경전에서 권력을 바꾸는 것은 현대에서 사용되는 혁명과 같다. 『주역』에 대해 언급하면서 공자는 고대 중국사에서 두 혁명가 은殷나라 탕왕湯王과 주周나라 무왕武王이 천명天命을 따라 백성의 염원을 만족시켰다는 것을 말하는 데 주저하지 않았다.

6. 영원한 화평의 시작

앞에서 논한 바와 같이 유학자儒學者의 최종 목표는 순수한 학문 세계에 있지 않았다. 공자는 물론 배우고 끊임없이 배웠지만 단지 배우기 위해 배우지 않았으며 환경의 벽에 부닥치게 되면 전 세계와 자기 나라의 동포의 상황을 개선하기 위하여 배움이나 지식을 사용하는 것을 목적으로 삼았다.

사람은 그 뜻을 정성되게 하고 그 마음을 바로잡는 것부터 시작한다. 다음에 마음이 바르게 된 후에 몸을 닦고 집을 안락하게 한다. 집이 안락해진 후에 나라를 다스린다. 마지막으로 나라가 다스려진 후에 천하를 화평하게 한다.

화평한 천하는 대동大同의 세계이다. 행복한 세계를 가장 잘 나타낸 것이 『예기禮記』의 「예운禮運」에 나오는 '대동大同'에 대한 단락이다. 이 단락은 앞 절에서 여러 번 언급했다.

16.11 지성선사至聖先師

지성선사至聖先師는 명明나라 건국 이후에 공자에게 내려진 호칭이며 여전히 중국에서 사용되고 있다.

공자는 이전의 많은 학자나 성왕聖王으로부터 전해내려 오는 모든 것의 핵심을 흡수했기 때문에 모든 것을 융합하여 새로운 것을 만든 위대한 창조자였다. 공자는 당대에 읽어야 할 모든 것을 탐독했는데 예禮, 음악, 도덕, 정치, 철학, 형이상학, 예술, 공예, 무술, 경제학, 금융 등 다양한 분야에서 고대 중국의 모든 요소를 연구했다. 공자는 이러한 요소를 요약하고 조직하고 계발하고 많은 것을 첨가하여 인생의 모든 측면을 포괄하는 체계적이고 새로운 철학으로 바꾸었다.

공자는 고대의 성인 중에서 우리 마음속에 가장 깊이 스며드는 가르침을 주었기 때문에 가장 위대한 성인이었다. 맹자가 말한 바와 같이 공자는 불멸의 성인이었다. 공자가 세상을 떠난 지 거의 25세기가 흘렀지만 공자의 말은 지금도 여전히 타당하다. 공자의 가르침은 언제나 새롭다. 25세기 전에 공자의 제자가 스승 공자에게 보여준 똑같은 열정으로 공자의 이러한 가르침을 받아들인다. 역설적으로 공자는 자기가 실천할 때와 다른 사람에게 주는 충고에 대해 가장 주의를 기울인 성인이었다.

송宋나라 유가儒家 주희(朱熹, 1130~1200)는 역원驛院의 벽에 누군가가 써놓은 다음의 시구를 보았다.

하늘이 공자를 낳았더라면,
만고(萬古)가 긴 밤과 같았을 것이다.[19]

실제로 공자는 우리 모두를 위한 등불로 우리에게 모든 것을 가르쳐 주고
있으며 추앙받는 스승으로 받들 수 있는 존재이다.

공자는 모든 것을 가르쳤는데 그 중에서도 가장 중요한 것은 '중용中庸'이었
다. 중용은 가운데를 가리키는 것이 아니라 모든 경우에 적절한 표시이며 적
절한 때와 장소에서 적절한 양을 적절하게 측정한 것이어야 한다.

16.12 공자의 현대화와 세계화

공자의 가르침은 과거 한국, 일본, 유구沖繩, 베트남까지 전파되어 정도의
차이는 있지만 이 나라들의 모든 사람이 받아들였다. 공자의 가르침은 이들
의 국가 유산으로 자리잡았다.

유럽 국가들은 중국에 파송된 천주교 선교사들의 노력으로 17세기에 유교
儒敎 경전이 널리 알려지게 되었다. 18세기 유럽의 철학자들은 공자의 지혜로
프랑스인과 다른 유럽 국가 사람들을 계몽시켰다. 이후 19, 20세기 학자들은
다른 방식으로 서양과 동양을 만나게 했다. 유교를 포함한 중국 문화의 모든
측면을 주류로 과학적으로 연구하면서 미국은 1941년 일본의 진주만 공격을
전후로 중국학을 유럽 수준까지 따라잡았다.

우리에게는 가까운 미래에 더 나은 세상을 만들고 머지않아 대동大同의 이
상적인 세상을 건설하는 희망이 있다.

---

19 錢穆: 《朱子新學案》第3冊, 第276頁。

부록

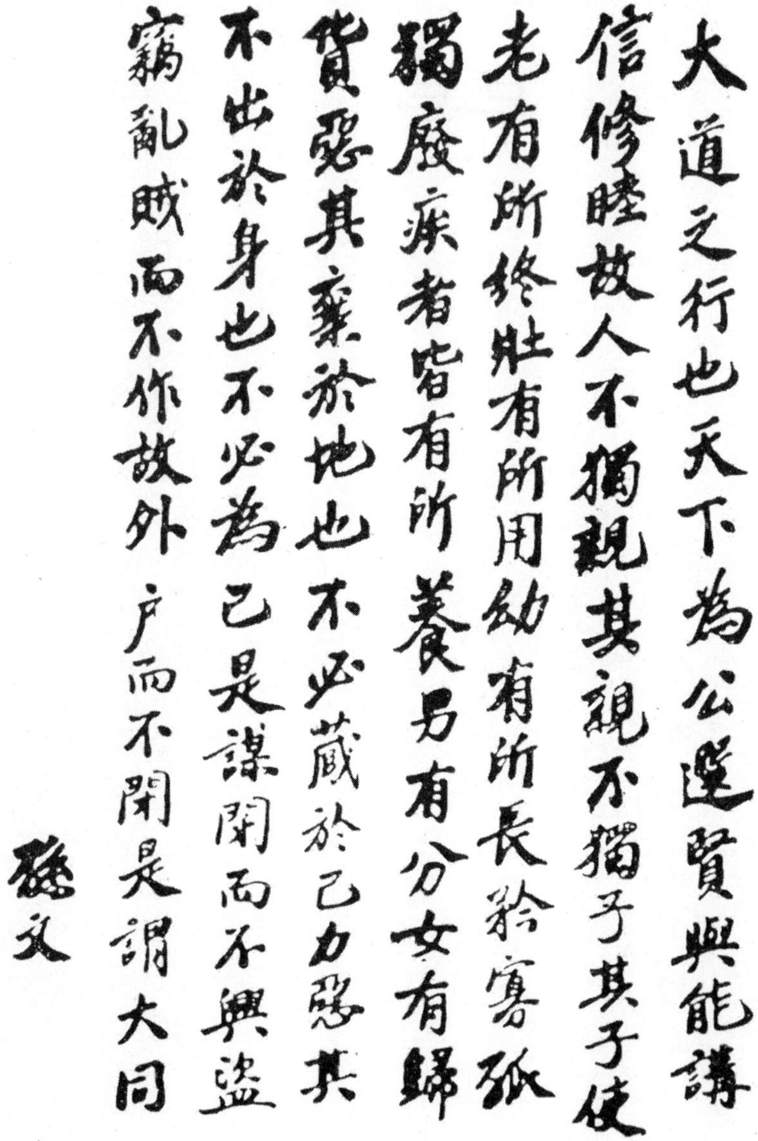

大道之行也天下為公選賢與能講
信修睦故人不獨親其親不獨子其子使
老有所終壯有所用幼有所長矜寡孤
獨廢疾者皆有所養男有分女有歸
貨惡其棄於地也不必藏於己力惡其
不出於身也不必為己是謀閉而不興盜
竊亂賊而不作故外戶而不閉是謂大同

孫文

그림 1. 『예기(禮記)』 「예운(禮運)」, 손문(孫文)의 글씨

그림 2. 공자의 초상화, 오승연(吳承硯) 작,
현재 대북(臺北) 중국문화대학(中國文化大學) 화강박물관(華岡博物館) 소장

그림 3. 공자의 조각상, 방연걸(方延杰) 작

그림 4. 공자의 초상화, 손다자(孫多慈) 작,
현재 대북(臺北) 중국문화대학(中國文化大學) 화강박물관(華岡博物館) 소장

그림 5. 편종(編鐘) 복제, 장본립(莊本立) 교수,
현재 국립대만예술대학(國立臺灣藝術大學) 소장

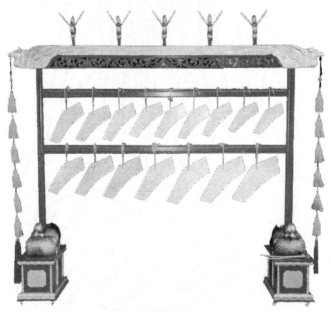

그림6. 편경(編磬) 복제, 장본립(莊本立) 교수,
현재 대만(臺灣) 중국문화대학(中國文化大學) 소장

그림 7. 대북(臺北)시 공묘대성전(孔廟大成殿)

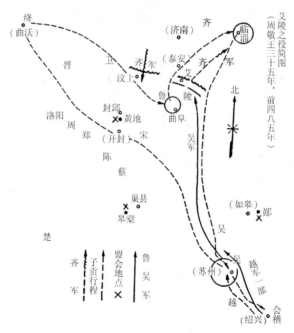

그림 8. 애릉(艾陵) 전투 약도

그림 9. 자공연기도(子貢連騎圖), 증후희(曾后希) 작,
현재 대북(臺北) 양명산(陽明山) 중산루(中山樓) 소장

孝經定本

開宗明義章第一

仲尼居曾子侍子曰先王有至德要道以
順天下民用和睦上下無怨女知之乎
曾子避席曰參不敏何足以知之
子曰夫孝德之本也教之所繇生也復坐吾
語女身體髮膚受之父母不敢毀傷孝之
始也立身行道揚名于後世以顯父母孝之終
也夫孝始于事親中于事君終于立身
大雅云無念爾祖聿脩厥德

天子章第二

子曰愛親者不敢惡於人敬親者不敢慢於
人愛敬盡於事親而德教加於百姓刑于四
海蓋天子之孝也甫刑云一人有慶地民賴之

그림 10. 『효경(孝經)』 정본

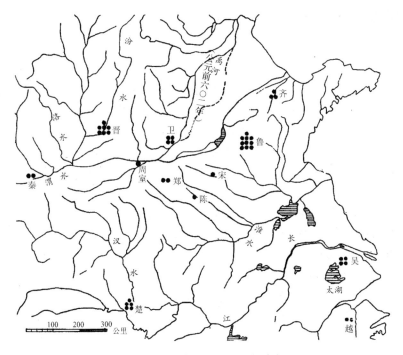

그림 11. 춘추(春秋) 시대 저명인사 지리분포도

참고문헌

1. 서양어

Bruce, J. Percy. Chu Hsi and His Masters. London: Probsthain, 1923.

Cady, Lyman Vanlaw. The Philosophy of Lu Hsiang-shan. New York: Union Theology Seminary, 1939.

Chan, Win-tsit. A Source Book in Chinese Philosophy. Princeton: Princeton University Press, 1963.

Chang, Carsun. The Development of Neo-Confucian Thought. New York: Bookman Associates, 1957.

Chang, Carsun. Wang Yang-ming: The Idealist Philosopher of Sixteenth Century Chian. New York: Bookman Associates, 1962.

Chou, Yieh-ching. La Philosophie Morale dans le Neo-Confucianisme. Paris: Presses Universitaires de France, 1953.

Creel, H. G. Confucius the Man and the Myth. New York: John Day, 1949.

Day, Clarence Burton. The Philosophers of China, Classical and Contemporary. New York: Philosophical Library, 1962.

Forke, Alfred. Geshichte der Neueren Chinesischen Philosophie. Hamburg: de Gruyter and Co., 1938.

Hsiao, Kung-chuan. Kang Yu-wei and Confucianism. Monumenta Serica, No. 18, 1959.

Huang, Siu-chi, Lu Hsiang-shan, a Twelfth Century Chinese Philosopher. New Haven: American Ori- ental Society, 1944.

Legge, James. The Chinese Classics (5 Vols). London: London University Press, 1895.

Lin, Yu-tang. The Wisdom of Confucius. New York: The Modern Library, 1938.

Liu, Wu-chi. A Short History of Confucian Philosophy. Baltimore: Penguin Books, 1955.

Mei, Yi-pao. Motse, the Neglected Rival of Confucius. London:

Probsthain, 1934.

Moore, Charles A. (ed.) Philosophy East and West. Princeton: Princeton University Press, 1944.

Needham, Joseph. History of Scientific Thought. Cambridge: Cambridge University Press, 1956.

Tung, Chung-shu. Tch'ouen-ts'ieu fan-lu (French translation by Kao Ming-kai). Paris: Presses Universitaires de Rance, 1945.

Theodore de Bary, William. Approaches to the Oriental Classics. New York: Columbia University Press, 1959.

Waley, Arthur. The Analects of Confucius (Translation). London: Allen & Unwin, 1938.

Wieger, Leon. A History of the Religious Beliefs and Philosophical Opinions in China from the Beginning to the Present Time (Translation by E. T. C. Werner), New York: Paragon Book Reprint Corp., 1969.

Wilhelm, Richard. The I Ching (English translation by Cary F. Baynes). Princeton: Princeton University Press, 1950.

Wright, Arthur R. Studies in Chinese Thought. Chicago: Chicago University Press, 1953.

2. 중국어

中華學術編. 中國文化綜合硏究. 臺北: 華岡出版部, 1971.

李日剛. 編纂. 先秦文匯. 臺北: 中華叢書偏審委員會. 中華叢書, 1956.

夏曾佑. 中國古代史. 上海: 商務印書館, 1933.

唐君毅. 中國哲學原論(六冊). 香港: 新亞硏究所, 1975.

熊十力. 原儒. 臺北: 史地敎育出版社, 1974.

梁啟超. 春秋載記. 臺北: 中華書局, 1956.

淸姚彦渠. 春秋會要. 臺北: 世界書局, 1960.

晉杜預集解, 日本竹添光鴻會箋. 左傳會箋. 臺北: 廣文書局, 1969.

高本漢著, 陳舜政譯. 左傳註釋. 臺北: 中華叢書編審委員會. 中華叢書, 1972.

李宗侗註釋. 春秋左傳今註今釋. 臺北: 商務印書館, 1973.

李宗侗註釋. 春秋公羊傳今註今釋. 臺北: 商務印書館, 1973.

三國吳韋昭. 國語韋氏解. 臺北: 世界書局, 1966.

漢袁康, 吳平. 越絕書. 臺北: 世界書局, 1967.

漢趙曄. 吳越春秋. 臺北: 世界書局, 1967.

魏王弼注. 老子道德真經. 臺北: 中國子學名著集成編印基金會, 1977.

清戴望校正. 管子. 臺北: 世界書局, 1956.

張純一校注. 晏子春秋. 臺北: 世界書局, 1955.

錢穆. 四書釋義. 臺北: 中華文化出版事業委員會, 1953.

陳立夫. 四書道貫. 臺北: 世界書局, 1969.

清劉寶楠, 劉恭冕. 論語正義. 臺北: 中華書局, 1965.

簡朝亮. 論語集注補正述疏. 臺北: 世界書局, 1961.

朱熹集注, 日本竹添光鴻會箋. 論語會箋. 臺北: 廣文書局, 1961.

馬浮. 論語大義(復性書院講錄·卷二). 臺北: 廣文書局, 1971.

錢穆. 論語新解(二冊). 香港: 新亞研究所, 1963.

李榕階. 論語孔門言行錄. 香港: 李致知草堂, 1954.

梁啟超. 儒家哲學. 臺北: 中華書局, 1959.

錢穆. 孔子與論語. 臺北: 聯經出版事業公司, 1974.

陳大齊. 孔子學說. 臺北: 正中書局, 1958.

陳大齊. 與青年朋友們談孔子思想. 臺北: 孔孟學會, 1967.

高明. 孔學管窺. 臺北: 廣文書局, 1972.

陳大齊等. 孔學論集(二冊). 臺北: 中華文化出版事業委員會, 1957.

陳立夫主編. 孔子學說對世界之影響. 臺北: 復興書局, 1972.

楊化之編. 孔子研究集. 臺北: 中華叢書編審委員會.《中華叢書》, 1960.

許同萊. 孔子年譜(二冊). 臺北: 中華文化出版事業委員會, 1955.

張其昀. 孔子學說與現代文化. 臺北: 中華文化出版事業委員會, 1959.

謝幼偉. 中國哲學論文集. 臺北: 華岡出版部, 1973.

黃宗羲, 全祖望著, 陳叔諒重編. 重編(宋元學案)(四冊). 臺北: 正中書局, 1968.

黃宗羲著, 李心莊重編. 重編明儒學案(二冊). 臺北: 正中書局, 1968.

徐世昌等編纂. 清儒學案(五冊). 臺北: 國防研究院, 中華大典編印會, 1967.